Israel

Palästina · Sinai

Michel Rauch

DUMONT RICHTIG REISEN

Inhalt

Wissenswertes über Israel

Wissenswertes für die Reise

Unterwegs in Israel

Kapitel 1 Jerusalem und Totes Meer

Inhalt

Kapitel 2 Tel Aviv und die Küste

Kapitel 3 Haifa und Umgebung

Inhalt

Kapitel 5 Negev und Sinai

Kapitel 6 Autonomes Palästina

Themen

Alle Karten auf einen Blick

Inhalt

Das Klima im Blick

Reisen bereichert und verbindet Menschen und Kulturen. Wer reist, erzeugt auch CO_2. Der Flugverkehr trägt mit einem Anteil von bis zu 10 % zur globalen Erwärmung bei. Wer das Klima schützen will, sollte sich für eine schonendere Reiseform (z. B. die Bahn) entscheiden – oder die Projekte von *atmosfair* unterstützen. *Atmosfair* ist eine gemeinnützige Klimaschutzorganisation. Die Idee: Flugpassagiere spenden einen kilometerabhängigen Beitrag für die von ihnen verursachten Emissionen und finanzieren damit Projekte in Entwicklungsländern, die dort den Ausstoß von Klimagasen verringern helfen. Dazu berechnet man mit dem Emissionsrechner auf *www.atmosfair.de*, wie viel CO_2 der Flug produziert und was es kostet, eine vergleichbare Menge Klimagase einzusparen (z. B. Berlin – London – Berlin 13 €). *Atmosfair* garantiert die sorgfältige Verwendung Ihres Beitrags. Klar – auch der DuMont Reiseverlag fliegt mit *atmosfair*!

nachdenken • klimabewusst reisen
atmosfair

Gläubige aus aller Welt und vier verschiedener Religionen haben Israel als Pilgerziel

An ihren schwarzen Hüten, den langen, schwarzen Mänteln
und Bärten sind die orthodoxen Juden zu erkennen

Wissenswertes über Israel

Wiege des Abendlands

Der Staat Israel und das arabische Palästina existieren nebeneinander in einem ungelösten Dauerkonflikt, dessen Wurzeln Jahrhunderte zurückreichen. Die Reise dorthin schärft nicht nur das Verständnis für die Ursachen, sie führt vor allem zu den Wurzeln abendländischer Zivilisation und in das modernste und weltoffenste Land des Nahen Ostens.

Shalom und Marhaba – das eine sagen die hebräisch sprechenden Israelis, das andere Palästinenser und Araber (auch die mit israelischem Pass). Damit ist schon bei der Begrüßung klar: In dieser Region ist alles ein bisschen komplizierter. Dafür wird man entlohnt mit einer spannenden Reise durch ein Land, das nicht nur mit Heiligtümern dreier großer Weltreligionen, sondern auch mit reichlich Naturschönheiten, Parks und Reservaten, mit drei Meeren und levantinisch zelebrierter Lebensfreude gesegnet ist.

Ein Land – auch das ist etwas vertrackter und so nicht ganz richtig. Denn die Palästinenser sind dabei, ihren eigenen, von Israel unabhängigen Staat zu etablieren. Eine schwierige Geburt, wie man immer wieder sieht.

Palästina, so nannten einst die römischen Kaiser ihre Provinz an der östlichen Mittelmeerküste, der Levante, die noch keinen Libanon, kein Jordanien und auch kein Syrien kannte, alles willkürliche Gebilde des 20. Jh.

Israel, so berichtet das Alte Testament, war der Zweitname von Jakob, Sohn des Isaak und der Rebekka, Bruder des Esau, den er übervorteilt hatte und deswegen geflohen war. Als Jakob, inzwischen ein reicher Mann, zurückkehrte, um sich mit dem Bruder zu versöhnen, wurde er in der Nacht am Jabbok-Fluss angegriffen. Der Kampf dauerte bis zum Morgengrauen und der Angreifer musste aufgeben. Doch Jakob verlangte, gleichsam als Lösegeld, einen Segen. Den bekam er: »Du sollst nicht mehr Jakob heißen, sondern Israel, denn du hast mit Gott … gekämpft und gewonnen« (1. Moses 32,29). Gottesstreiter – das bedeutet Israel.

Jakobs bzw. Israels Söhne gelten als die zwölf Ahnherren der Stämme Israels. Der Name Israel bezeichnet ursprünglich die Gesamtheit aller Stämme, die im 13. Jh. v. Chr. östlich und westlich des Jordan sesshaft geworden waren. Der hebräische Begriff Eretz Israel, das Land Israel, meint die Gebiete, die Teil des jüdischen Königreichs zur Zeit des Ersten und des 70 n. Chr. zerstörten Zweiten Tempels waren. Die Römer nannten die Provinz Palästina. Palästina im heute verwendeten Sinn bezeichnet die autonomen palästinensischen Gebiete.

Obwohl Israel und Palästina sich seit ihrem Bestehen ständig am Rand eines Kriegs befinden und durch Gewalt geprägte Ausschreitungen die Medien beherrschen, gibt es doch auch eine ganz andere Seite. Hier findet man die Stätten und Wurzeln des Christentums und damit auch die Grundlagen unseres abendländischen Denkens und unseres gesamten Wertesystems. Auch die ursprüngliche Bedeutung der Bibel meint man wieder fühlen zu können: Nicht ein veraltetes und verwaltetes Kirchensystem war das Ziel, sondern Botschaften von Verzeihen und Verzichten, von Verständnis und Liebe gewinnen plötzlich wieder an Bedeutung. Die Kraft der damaligen Zeit, die in Ortsnamen wie Kanaan, Kapernaum oder Bethlehem unsere Fantasie beflügelt, zieht uns in ihren Bann.

Eine Welt, deren Zentren nicht in New York oder London, sondern in Saba, Ägypten, Bagdad oder Persien lagen.

Durch die Lage am Schnittpunkt vieler Kulturen, durch Handel und Reisende war man hier offen und neugierig, tolerant und vielsprachig. Auch wenn es angesichts des täglichen Rassismus, des Stacheldrahts, der Mauer und der stetigen Bomben(-Drohungen) fast zynisch klingen mag – es gibt dieses Heilige Land noch. Es berührt uns und bringt uns ein wenig ins Träumen.

Aber: Wer nach Israel fährt, um in Jerusalem, Bethlehem, Nazareth und Hebron einzig auf den Spuren des Judentums, der Christenheit und des Islams zu wandeln, der sieht zwar allerhand, verpasst aber vor lauter Kirchen, Moscheen, Synagogen, Kreuzritterburgen und archäologischen Ausgrabungen all das, was den zusätzlichen Reiz dieser Reise ausmachen kann: die Begegnung mit Israelis und Palästinensern, Wanderungen in Naturreservaten, Badespaß in drei Meeren, Trekking in der Negev-Wüste, Aufenthalte im Kibbuz oder Entspannung an den Stränden Tel Avivs, das sich ganz unbescheiden für Big Orange hält, die Schwesterstadt des Big Apple New York. In einem Punkt stimmt der Vergleich auf alle Fälle: Mit Bürgern und Einwanderern aus über 140 Ländern ist Tel Aviv die kosmopolitische und schillernde Metropole, wohingegen Jerusalem mehr als spirituelles Zentrum fungiert.

Israel und die palästinensischen Gebiete sind gerade mal so groß wie das Bundesland Hessen. Der Gazastreifen im Süden des Landes und das Westjordanland sehen derzeit auf der Landkarte noch aus wie ein Flickenteppich. Ob es die gegensätzlichen Interessen schaffen, ein Gleichgewicht zwischen den in aller Härte aufeinander treffenden Kulturen herzustellen, wird sich zeigen. Ein guter Anfang schien ja schon öfter gemacht.

»A shlechte sholem is besser vi a guter krig«, sagt ein jiddisches Sprichwort, ›ein schlechter Frieden ist besser als ein guter Krieg‹. Es sind zahlreiche Faktoren, die den Frieden bislang vereiteln. Viele Israelis trauen den Arabern nicht über den Weg, sehen sich durch blutige Selbstmordattentate militanter Hamas-Anhänger darin bestätigt, lieber keinen Frieden als einen unsicheren Frieden zu schließen. Für die orthodoxen Juden, die sich mehr und mehr aus Zuwanderern rekrutieren, zahlenmäßig stark zunehmen und längst eine sich abschottende Gruppe mit erheblichem politischem Gewicht ausgeformt haben, ist jeder Frieden mit den Arabern schon im Ansatz Verrat. Die gleiche Denkart, die sich gegen Israel wendet, findet man auch bei Extremisten auf arabisch-palästinensischer Seite.

Der Graben innerhalb Israels Gesellschaft scheint manchmal so unüberbrückbar wie die Kluft zu den Arabern: Orthodoxe und Anhänger der Friedensbewegung haben sich spätestens seit der Ermordung des Ministerpräsidenten Yitzhak Rabin 1995 wegen seines Handschlags und Friedensschlusses mit Palästinenserpräsident Jassir Arafat nichts mehr zu sagen. Israels Gesellschaft, die sich, so beklagte es der prominente Historiker Tom Segev, allzu lange zuallererst über den Holocaust definiere, scheint in einer tiefen Identitätskrise zu stecken und sich über Partikularinteressen auseinanderdividiert zu haben. Eine besondere Rolle kommt dabei den Immigranten aus dem ehemaligen Ostblock zu. Sie scheinen in ihrer Mehrheit und bar jeder Kriegsmüdigkeit jeden Quadratmeter Boden verteidigen und neues fremdes Land hinzugewinnen zu wollen.

All diese Eindrücke prägen eine Israelreise. Der Maler Marc Chagall empfand: »Ich kam nach Palästina, um gewisse Vorstellungen zu überprüfen, ohne Fotoapparat, sogar ohne Pinsel. Keine Dokumente, keine Touristeneindrücke, und trotzdem bin ich froh, dort gewesen zu sein. Von weit her strömten sie zur Klagemauer, bärtige Juden in gelben, blauen, roten Gewändern und mit Pelzmützen. Nirgendwo sieht man so viel Verzweifelung und so viel Freude; nirgends ist man so erschüttert und so glücklich zugleich beim Anblick dieses 1000-jährigen Haufens von Steinen und Staub in Jerusalem, in Sefad, auf den Bergen, wo Propheten über Propheten begraben liegen.«

Steckbrief Israel und Palästina

Fläche: Israel 20 770 km^2, Palästina 6000 km^2
Hauptstadt Israel: Jerusalem (hebr. Yerushalayim, arab. Al Quds)
Regierungssitz der palästinensischen Selbstverwaltung: Ramallah
Amtssprachen: Hebräisch, Arabisch
Einwohner: Israel 7,41 Mio., Palästina 4,02 Mio.
Bevölkerungswachstum: Israel 1,8 %, Palästina 3,3 %
Lebenserwartung: Frauen 82,3 Jahre, Männer 78,3 Jahre
Währung: Neue Israeli Schekel (NIS), 1 NIS = 0,18 € = 0,27 CHF; 1 € = 5,5 NIS; 1 CHF = 3,65 NIS (2009)
Zeit: MEZ/MESZ + 1 Std.
Landesvorwahl: 00972
Internetkennung: Israel .il, Palästina .ps
Landesflagge Israel: Blauer Davidstern (Symbol des Judentums) zwischen zwei blauen Streifen auf weißem Grund (blau und weiß sind die Farben des Gebetsmantels Tallit).
Landesflagge Palästina: Hervorgegangen aus der jordanischen Flagge. Die panarabischen Farben stehen für den zweiten Kalifen Omar (rot), die Abassiden (schwarz), die Omaijaden (weiß) und die Fatimiden (grün, gleichzeitig die Farbe des Islam).

Geografie

Israel gehört zu Asien, misst von Nord nach Süd maximal 420 km, von Ost nach West zwischen 20 und 116 km. Die landschaftliche Vielfalt reicht von der Mittelmeerküste und dem grünen Bergland Galiläas über den trockenen Jordangraben, die im Winter verschneiten Golanhöhen und die Wüste Negev bis zum Toten Meer.

Der palästinensische Gazastreifen liegt im Süden Israels, grenzt an Ägypten. Die Westbank (Westjordanland) umfasst einen Teil Jerusalems und grenzt im Osten an Jordanien. Ein Friedensvertrag muss regeln, wie beide Territorien als Staat verbunden werden.

Geschichte

Bis zu Abraham und David reichen die Wurzeln des heutigen Nahost-Konflikts zurück. Wem gehört das Heilige Land, auf dem 1948 der Staat Israel entstand? Durch die gesamte Geschichte zieht sich ein roter Faden: Wechselnde Herrscher erobern das biblische Palästina, eine blühende Kornkammer – Babylonier, Perser, Ptolemäer, Römer, Byzantiner, Araber, Kreuzfahrer, Osmanen und Briten, um nur einige zu nennen. Mit dem ersten Zionistenkongress im Jahr 1897 begann sich Theodor Herzls Idee von einem Judenstaat zu verwirklichen. In die Tat umgesetzt wurde sie 1948 nach dem Holocaust. Der Konfliktherd

Nahost war entstanden, da die Palästinenser heimatlos gemacht wurden. Vier Kriege (Unabhängigkeitskrieg 1948, Suezkrieg 1956, Sechstagekrieg 1967, Jom-Kippur-Krieg 1973) führte Israel gegen die arabischen Staaten. 1993 begann man zu verhandeln. In mehreren Schritten wurde den Palästinensern seither die Autonomie übertragen.

Staat und Politik

Israel ist eine parlamentarische Demokratie. Die 120 Abgeordneten der Knesset werden alle vier Jahre gewählt, der Staatspräsident alle sieben Jahre. Er hat v. a. repräsentative Aufgaben. Seit 2007 hat Shimon Peres das Amt inne. Der mächtige Mann im Land ist der Ministerpräsident (Premierminister), gewählt vom Parlament. Wegen der starken Zersplitterung der Parteienlandschaft konnte bisher niemand ohne Koalitionspartner die Regierung bilden. Eine einflussreiche Minderheit, viel stärker als nach Prozentzahlen der Stimmanteile gerechtfertigt, stellen die Mitglieder religiöser und ultranationalistischer Gruppen dar, für die Frieden mit den Arabern meist Verrat am Heiligen Land ist. Mit der unter Palästinenserpräsident Arafat ausgehandelten Autonomie hat eine allmähliche Annäherung zwischen Arabern und Israelis eingesetzt. Doch es wird in Israel heftig gestritten, ob Land gegen Frieden wirklich der Schlüssel zum Frieden im gesamten Nahen Osten ist. Größter Knackpunkt: die Jerusalem-Frage. Auf palästinensischer Seite könnte die Zerstrittenheit nicht größer sein. Die gemäßigte Fatah-Bewegung liegt im Clinch mit der militanten Hamas, die den Staat Israel nicht anerkennt und mit Terror bekämpft.

Wirtschaft und Tourismus

Die Inflationsrate liegt bei 0,4 %. Wichtigste Exportgüter sind Industrieprodukte (72,9 % aller Exporte) und geschliffene Diamanten (16,9 %). Im Tourismusbereich versucht man, den Studientourismus auszuweiten sowie zusätzlichen Erholungstourismus zu gewinnen. Die Einnahmen durch ausländischen Tourismus beliefen sich 2008 auf 2,8 Mrd. Euro. 2,5 Mio. Touristen besuchten 2008 das Land.

Einige Eckdaten der israelischen Wirtschaft: Arbeitslosigkeit 7,3 %, Wachstum 5,3 %, Bruttoinlandsprodukt 117,3 Mrd. Euro, Außenhandelsdefizit 3 Mrd. Euro, Staatshaushalt 57,8 Mrd. US-Dollar, Auslandsverschuldung ca. 81 Mrd. US-Dollar. Wichtigste Handelspartner sind die EU und die USA. In Palästina liegt die Arbeitslosigkeit bei weit über 30 %. Laut Schätzungen von Nichtregierungs- und UN-Organisationen leben mehr als 50 % der Haushalte unter der Armutsgrenze von zwei US-Dollar pro Tag.

Bevölkerung und Religion

Israel ist eine multikulturelle Gesellschaft – aus etwa 140 Nationen stammen die Bürger des Staats. Von 1948 (806 000 Einw.) bis 2009 (7,41 Mio.) hat sich die Bevölkerung nicht zuletzt durch Einwanderer mehr als verneunfacht. Ca. 1 Mio. sind Einwanderer aus der früheren UdSSR.

75,5 % der Israelis bekennen sich zum jüdischen Glauben, 20,2 % sind israelische Muslime, 2,3 % Christen, 1,6 % Drusen, 0,4 % gehören anderen Glaubensgemeinschaften an. 37 % aller Juden weltweit leben in Israel, ca. 70 % der israelischen Juden wurden im Land geboren. Die Bevölkerung in Palästina ist zu 97 % muslimisch, 2,5 % sind Christen. Immer mehr Christen verlassen das Heilige Land. In Bethlehem hat sich ihr Anteil seit 1948 auf heute maximal 40 % halbiert. Viele Christen flohen vor israelischer Besatzung und islamischem Fundamentalismus. In Jerusalem leben ca. 10 000 Christen (2 % der Bevölkerung).

Natur und Umwelt

Meer, Wüste, Berge. So klein Israel ist, so abwechslungsreich sind seine Landschaften. Geradezu bizarr wird es am Toten Meer, eine der tiefstgelegenen Regionen der Erde. Extrem fällt auch der Kontrast zwischen Nord und Süd aus: Während man auf dem Berg Hermon Ski fahren kann, sonnen sich bei Eilat am Roten Meer die Badeurlauber.

Landschaftsmosaik

Mittelmeer, Rotes Meer, der See Genezareth und das Tote Meer prägen gänzlich verschiedene Landschaften Israels. Das **Mittelmeer** bildet die gesamte Westküste, fast überall flankiert von schmalen, feinsandigen Stränden. Von Süden nach Norden zieht sich eine gerade Küstenlinie, die erst von der Bucht von Haifa gebrochen wird. Von Haifa nach Norden zerklüftet die Küste zusehends und beim weißen Kreidefelsen Rosh HaNikra, der Grenze zum Libanon, endet Israels Nordküste an steilen Kliffs, die sich in den Libanon fortsetzen.

Von der Küste erstreckt sich bis zu 50 km landeinwärts ein landwirtschaftlich intensiv genutztes Gebiet. Diese fruchtbare **Küstenebene** erhebt sich Richtung Osten zu einer Höhenkette: im Norden zum **Hochland von Galiläa,** das sich in Oberes Galiläa (bis 1000 m) und Unteres Galiläa (bis 600 m) aufteilt. Nach Süden verbindet das Kalksteingebirge die biblischen Landschaften **Samaria** und **Judäa** und auf 800 m liegt in den **Bergen von Judäa** die Stadt Jerusalem.

Nach Osten fällt das Hochland steil zum **Jordangraben** ab. Er ist Teil eines im Tertiär entstandenen Risses in der Erdkruste, der von der Türkei über Syrien, die libanesische Bekaaebene, den See Genezareth, das Tote Meer und den Golf von Aqaba bis nach Ostafrika an den Sambesi-Fluss reicht – insgesamt eine Länge von über 6400 km.

Die Nordostgrenze Israels bildet der **Golan,** ein aus Vulkangestein bestehender Höhenzug mit steil abfallenden Schluchten. Der von Israel besetzte Teil umfasst 11 300 km². Höchste Erhebung des Basaltplateaus, das auf syrischer Seite 2800 m erreicht, ist der **Berg Hermon** mit 1208 m, im Winter ein beliebtes Skigebiet.

Zweitgrößtes Binnengewässer Israels ist der **See Genezareth,** auch See von Tiberias, Galiläisches Meer und – auf englischen Karten – Sea of Galilee (hebr. Jam Kinneret) genannt. Sein Wasserspiegel lag bei der letzten Messung bei –210 m.

Israels Süden ist zwischen Be'er Sheva und Eilat am **Roten Meer** von der 12 500 km² großen **Negev-Wüste** geprägt, die mit Sanddünen im sonst eher flachen Nordteil und zahlreichen Canyons im Zentrum mehr als die Hälfte des israelischen Staatsgebiets ausmacht. 403,5 m unter dem Meeresspiegel liegt die Oberfläche des **Toten Meers,** ein Salzsee mit 940 km² Fläche, dessen tiefster Punkt wiederum bei 794 m unter Normalnull liegt.

Gewässer

See Genezareth

Hauptsächlich zur Bewässerung wird der fischreiche **See Genezareth** genutzt, der mit seinen 165 km² etwa ein Drittel der Wasserfläche des Bodensees einnimmt. Von ihm hängt ein Großteil der israelischen Wasserversorgung ab. Im Sommer erreicht das Wasser Temperaturen von 33 °C. Die Form des Sees Genezareth erinnert an eine Harfe (hebr. *kinnor*) – von diesem Vergleich aus dem Alten Testament rührt der hebräische Name Jam Kinneret her. Nach einer Legende schuf Gott selbst den Namen ›Harfensee‹, da der Herr den Klang seiner Wellen mit dem von Harfenmusik verglichen haben soll. Trotz der göttlichen Namenswahl gaben allein die vier Evangelisten dem meist im Dunst liegenden Gewässer drei verschiedene Namen: Meer von Galiläa, Meer von Tiberias oder schlicht der See. Flavius Josephus, der jüdische Historiker des ersten Jahrhunderts, sprach vom See Genessar, woraus sich die deutsche Bezeichnung See Genezareth ableitet.

Totes Meer

Einmaligkeit darf Israels 940 km^2 großes Binnenmeer, das **Tote Meer,** beanspruchen, das durch eine Insel in zwei Becken geteilt wird. Durch den See verläuft die jordanisch-israelische Grenze. Bis zu 420 m unter Normalnull liegt der Wasserspiegel des Jam HaMelah, eines abflusslosen Binnenmeers von bis zu 75 km Länge und einer Breite zwischen 6 und 16 km. Das ursprüngliche Meer war vier- bis fünfmal so groß wie heute. Der Name resultiert aus dem hohen Salzgehalt, der jedes Leben – für Pflanzen, Algen und Fische – im Wasser unmöglich macht. Dafür erlaubt die hohe Dichte das Pflichtfoto für jeden Touristen: auf dem Rücken im Wasser liegend und eine Zeitung lesend. Das Salzmeer, wie es schon in der Genesis heißt, im Jordangraben gelegen, wird gespeist vom Jordan (s. S. 18), der allerdings so stark für die Bewässerung genutzt wird, dass der Wasserspiegel des Toten Meers ständig sinkt und seine Fläche konstant abnimmt. Sonneneinstrahlung sorgt für die Verdunstung von 8 Mio. m^3 Wasser pro Tag. Mit dem steigenden Trinkwasserbedarf Israels und Jordaniens, wozu die natürlichen Zuflüsse teilweise in Stauseen umgeleitet wurden, verliert das Meer ungefähr 600 Mio. m^3 Wasser jährlich.

Salzsee in der Wüste: das Tote Meer, zur Hälfte jordanisches Staatsgebiet

Der Jordan

Thema

Der Jordan ist eine der wichtigen Lebensadern des Landes – und seines Nachbarn Jordanien. Der Bedarf an Wasser, dem blauen Gold des Nahen Ostens, steigt auf beiden Seiten. Doch die Ressourcen werden immer knapper. Der Fluss ist in bemitleidenswertem Zustand.

Am Jordan wuchsen Getreide, Gemüse und Obst, die Berghänge waren bewaldet mit Akazien und Mimosen. Aber das Land wurde rücksichtslos ausgebeutet. Von den Wäldern ist nach der brutalen Abholzung in vergangenen Zeiten kaum mehr etwas übrig und mit Getreide, Gemüse und Obst hat man hier heute ein anderes Problem – Wasser.

Es ist knapp, zumal seit dem Friedensschluss mit Jordanien Israels arabischer Nachbar einen höheren Wasseranteil beansprucht. Drei Flüsse aus dem syrischen Hermongebirge – Dan, Hermon (arab. Banias) und Snir – vereinigen sich im obergaliläischen Hulatal zum Jordan, der von dort bis zum Toten Meer fließt und es im 252 km langen Jordantal durch seine Mäander auf eine Länge von 353 km bringt. ›Der herabfällt‹ bedeutet der hebräische Name HaJarden: 916 m beträgt der Höhenunterschied vom Zusammenfluss bis zur Mündung. Der Jordan durchfließt den See Genezareth, südlich davon mündet der von Osten kommende Jarmuk in den Jordan.

Ein unüberwindbarer, reißender Grenzfluss war der Jordan, in dem Jesus von Johannes dem Täufer getauft wurde, auch nicht zu biblischer Zeit. Für den Besucher ist die Begegnung daher meist enttäuschend, wenn der Jordan sich als klägliches Rinnsal erweist. Östlich des Flusses, auf jordanischer Seite, entstand 1959 der etwa 100 km lange East Ghor Canal, ein vom Jarmuk gespeistes Wassersystem, das seither jenseits des Jordan eine intensive Landwirtschaft erlaubt.

Dass die Wasser des Jordan heute nicht mehr ausreichen, hat mehrere Gründe. Der spürbare Klimawandel bescherte zuletzt mit Regelmäßigkeit auf bedrohliche Weise weniger Niederschläge, als für einen stabilen Wasserhaushalt nötig wären. In ganz schlimmen Wintern fiel nur ein Siebtel der üblichen Regenmenge. Gleichzeitig wird durch das steigende Bevölkerungswachstum und damit verbunden eine intensivere Landwirtschaft sowie die zunehmende Industrialisierung mehr Wasser denn je verbraucht. Nicht genug: Wasser vom Jordan wird ans Mittelmeer gepumpt, um den dortigen Mangel auszugleichen.

Bei all dem hat der Wassermangel noch eine zusätzliche politische Komponente. Schon vor über zwei Jahrzehnten warnte der damalige UN-Generalsekretär Boutros Ghali, die neuen Kriege im Nahen Osten könnten um Wasser geführt werden – am Jordan nicht mehr ganz abwegig. Den instrumentalisierten Wassermangel bekommen v. a. die Palästinenser im Westjordanland durch rigorose Kontingentierung zu spüren. Während jüdische Siedler ihre Autos waschen, kommen aus palästinensischen Bewässerungsanlagen für Felder manchmal nurmehr Tropfen. Viel Fruchtland liegt ganz brach. Nach einer Erhebung von Peace Now hat jeder jüdische Siedler 13 mal mehr bewässerte Fläche zur Verfügung als die Palästinenser. Das Konfliktpotenzial ist gewaltig. Wissenschaftler sehen inzwischen nur noch eine Lösung: den Bau von weiteren Meerwasserentsalzungsanlagen und Pipelines.

Medizinisch wird das Wasser zur Behandlung von Rheuma- und Hauterkrankungen genutzt. Vier- bis sechswöchige Kuren wirken bei scheinbar hoffnungslosen Fällen oft noch Wunder. Wirtschaftlich bedeutend ist das Tote Meer wegen der Gewinnung von Kali-, Brom- und Magnesiumsalzen.

Rotes Meer

Israels Zugang zum indischen Ozean – für die Fernostverbindungen nach Indien, Singapur, Japan und Hongkong – ermöglicht das **Rote Meer.** Es erstreckt sich vom Süden her von der Meerenge Bab el Mandab, über die es mit dem Golf von Aden (Jemen) verbunden ist, bis zur Südspitze des Sinai. Dort teilt es sich auf in den westlichen Golf von Suez sowie den östlichen Golf von Aqaba, von Israel als Golf von Eilat bezeichnet.

Während das Mittelmeer in erster Linie eine Rolle für den innerisraelischen Tourismus spielt, zieht das Rote Meer sowohl in Ägypten und Jordanien als auch in Israel den internationalen Tourismus an, da man hier – ein wesentlicher Unterschied zum Mittelmeer – ganzjährig baden und tauchen kann. Und die Unterwasserwelt des Roten Meers sucht ihresgleichen.

Flora und Fauna

Vegetation

Das Alte Testament schreibt es, römische Schriftsteller berichteten davon und Kreuzfahrer schwärmten von der Schönheit der Landschaft, vom Reichtum an Obst, Gemüse und Getreide. Das Buch Moses nennt Weizen und Gerste, Wein, Feigen, Oliven- und Apfelbäume, dazu Dattelpalmen. Wälder überzogen das Land. Was die Wälder angeht, die in der Zwischenzeit hemmungsloser Rodung zum Opfer gefallen sind, so ist es heute beinahe wieder wie in biblischen Zeiten – dank einer Aktion des Jüdischen Nationalfonds (Keren Kay'yemet Le'Israel). Dieser ließ von Israelis und Touristen, die sich mit einem blühenden Geschenk an die Natur bedanken wollen, schon 240 Mio. Pinien, Eukalypten, Tamarisken, Akazien, Eichen, Zypressen und Kiefern anpflanzen (s. u.). Israels älteste Bäume befinden sich im Olivenhain von Gethsemane und sollen aus der Zeit vor Christi Geburt stammen.

Im Süden beginnt der Frühling bereits im Januar und Februar, wenn der Löwenzahn im Negev aus der Erde treibt. Kurz darauf, spätestens im März, sprießen auf dem Golan Heckenrosen, Krokusse und Alpenveilchen, später kommen Lilien, Orchideen, Tulpen, schwarze Iris und Hyazinthen, Oleander, Kamille und Narzissen dazu. Insgesamt gibt es in Israel etwa 2400 Pflanzenarten.

Tierwelt

Es scheint heute unvorstellbar: Löwen, Hyänen und sogar Elefanten hatten einst in Palästina ihren Lebensraum. Klimaveränderungen und später unkontrollierte Jagd sind die Ursache für das Aussterben vieler Wildtiere. In Israel kennt man heute rund 430 Vogelarten, 80 verschiedene Säugetiere und beinahe 90 Arten von Reptilien. Zugvögel, die von Europa nach Afrika fliegen, machen hier regelmäßig Rast. So kommt es, dass man Schwärme von Störchen und Schwalben am Himmel vorbeiziehen sieht. Für Adler, Falken, Strauße, Gazellen, Luchse, Steinböcke und Wildkatzen hat man eigene Naturschutzreservate (s. S. 20) geschaffen. Die am häufigsten zu sehende Eidechsenart sind Geckos. In den trockenen, wasserarmen Gebieten des Negev leben Schlangen und Spinnen, die aber mit Ausnahme von Kobras, der Palästinaviper und einer Skorpionart dem Menschen nicht gefährlich werden.

Pflanze einen Baum – Plant a Tree

Damit u. a. der Negev grünt, sammelt der Jüdische Nationalfonds, Tel. 00972 2 563 56 38, www.jnf.org, www.jnf-kkl.de, Geldgaben. Ein Baum kostet 18 US-$, zehn Stück gibt es für 100 US-$, Spenderzertifikat inklusive. Es lässt sich auch organisieren, die Bäume im Rahmen einer Pflanzreise mit eigenen Händen zu setzen.

Unterwasserwelt

In Israel lohnt auch der Blick unter Wasser. Das **Rote Meer** ist weltberühmt für seine Unterwasserwelt, die es zu einem der aufregendsten und meistbesuchten Tauchreviere der Welt werden ließ – allerdings haben die Riffe durch respektloses Verhalten der Taucher gegenüber der Natur schon sehr gelitten. Korallen sind Nesseltiere, die Stöcke oder Außenskelette, aus denen Riffe wachsen, bilden. Im Küstengebiet des Roten Meers existieren rund 150 von 4800 bekannten Korallenarten, die zwischen 75 000 und 20 Mio. Jahre alt sind. Einen guten Eindruck von Feuer-, Horn- oder Lederkorallen bekommt man auch ohne zu tauchen, wenn man in Eilat eine Fahrt mit dem Glasbodenboot unternimmt oder das Unterwasserobservatorium besucht (s. S. 333). Zur Faszination der Korallenriffe kommt das blanke Staunen über die Fischwelt. Um die Riffe, fast greifbar nahe, tummeln sich Barrakudas, ungefährliche Haie, Makrelen, Trompeten- und Napoleonfische, Rochen, Muränen, Kaiserfische und Meeresschildkröten, ab und an sogar Delfine.

Weniger aufregend ist das Unterwasserleben im **Mittelmeer** oder dem **See Genezareth,** der berühmt ist für seinen St. Petersfisch und die Silberkarpfen, die man dort zahlreich und mühelos mit dem Angelhaken ködert. Im Toten Meer gibt es wegen des hohen Salzgehalts keine Fische, wie schon das berühmte Palästinamosaik von Madaba (Jordanien) zeigt: Mit salzsaurer Miene weichen die im Jordan schwimmenden Fischlein vor der Mündung zurück.

Nationalparks

Per Gesetz gründete die Knesset 1963 die National Parks Authority, die zwischen Galiläa und dem Roten Meer heute 43 Nationalparks unterhält. Jährlich zählt man in den Schutzgebieten etwa 8 Mio. Besucher. Der Begriff Nationalpark ist weit gefasst: Er reicht von archäologisch bedeutenden Fund- und Grabungsstellen wie Qumran oder Massada bis zu dem, was man sich gewöhnlich darunter vorstellt, nämlich naturschöne Gebiete zum Wandern, Erholen und Genießen. Sehr schöne Naturparks sind **Ein Gedi** (s. S. 197, eine wundervolle Oase am Toten Meer), das **Hurshattal** (s. S. 308, der Dan-Fluss fließt durch einen Park mit Eichenwäldern, Wasserfällen und einem Badesee), **Gan HaShelosha** (s. S. 296, am Fuß des Giboa-Bergs im Harodtal nahe dem Kibbuz Beit Alfa gibt es Wälder und natürliche Badeteiche mit warmen Quellen), der **Yarkon River Park** (ein bei Anglern beliebter, sehr idyllischer Park) sowie der **Beit Govrin Park** (s. S. 234, Wanderwege führen u. a. zu den beeindruckenden Höhlen von Tel Maresha).

Der See Genezareth ist Israels wichtigster, aber ein sehr unzuverlässiger Wasserlieferant

Umwelt

Man schreibt das Jahr 2067. China, Japan und andere kontrollieren die Wasserreserven der Welt und große Konzerne bestimmen, wann wo auf der Erde Regen fällt. Als in Israel der Regen ausbleibt, kommt es zur Hydromania. Doch da ist die Israelin Maya, Ehefrau eines prominenten verschwundenen Wasseringenieurs. Sie kämpft gegen die mächtigen Wasserkonzerne. Maya ist die Öko-Hauptfigur in dem utopischen Roman »Hydromania« des israelischen Autors Assaf Gavron (s. S. 78). Die Umweltproblematik – sie ist als Thema inzwischen in der hebräischen Belletristik angekommen. Denn heute ist das Umweltbewusstsein angesichts der wirtschaftlichen und politischen Probleme in breiten Bevölkerungskreisen wohl geringer als nach der Staatsgründung 1948.

Vernachlässigte Ökologie

Der Kishon-Fluss im Norden verseucht, die Verbrennungsanlage Ramat Hovav im Süden eine Dreckschleuder, die Luft in Jerusalem und Haifa belastet, dazu das Müllproblem in Tel Aviv – Umweltschutz ist als Aufgabe in Israel erkannt, doch die Priorität scheint nicht die höchste zu sein, wie Yannit Shannon von Greenpeace Israel in einem Interview sagte:

»Umweltfragen gelten hier als kleines Detailproblem.« Seiner Meinung nach sorgten sich die Menschen um Sicherheit, um ihre Existenz, allenfalls um den Friedensprozess. Außerdem stocke die Wirtschaft und es gebe kaum ausländische Investitionen, dafür aber wachsende Arbeitslosigkeit. »Wenn wir mit ökologischem Handeln zuwarten, bis hier hoffentlich mal Frieden ist, wird es sehr schlecht aussehen mit der Umwelt«, so Shannon.

Wasserknappheit

Das Ignorieren von Problemen beklagte auch Ophir Pines-Pas, Vorsitzender des Knesset-Komitees für Innere Angelegenheiten, als wieder einmal die sich verschärfende Wasserknappheit diskutiert wurde: »Wir haben eine schwere Krise, aber niemand verhält sich so, als gäbe es eine«, sagte er der Tageszeitung Ha'aretz.

Wasser, das blaue Gold des Nahen Ostens, wird immer knapper. So waren 2008 im sonst regenreichen Winter bis zum Januar erst rund 70 % der sonst üblichen Niederschläge gefallen. »Wir haben die Höchstmarke einer Wasserkrise erreicht, wie wir sie seit 80 Jahren nicht mehr hatten«, warnt der Direktor der israelischen Wasserbehörde, Uri Schani. Starkes Bevölkerungswachstum, wachsende Agrarflächen und ausbleibende Regenfälle sind die Ursachen. Dazu kommt der sorglose Umgang einer luxusorientierten Gesellschaft mit der Ressource Trinkwasser, die trotz größter Knappheit zum Bewässern von Gärten verwendet wird. Der fröhlich rotierende Rasensprenger ist ein Statussymbol. Dabei sind die Alarmsignale im Land deutlich zu hören, seit der Jordan immer weniger Wasser führt. Als erste, weil am schnellsten wirkende Maßnahme werden meist die für die Landwirtschaft freigegebenen Wassermengen reduziert. Umstritten sind immer wieder angedachte Bohrungen im Golan. Experten fürchten, dass der Schaden für die Natur größer als der Nutzen wäre.

Trinkwassergewinnung

Ein anderer Ausweg sind Meerwasserentsalzungsanlagen. Eine der weltgrößten, mit einer Kapazität von über 300 000 m^3 am Tag,

Der Negev – Teil eines Wüstengürtels, der sich vom Atlantik bis nach Indien erstreckt

wurde 2005 in Ashkelon eröffnet. Diese Anlagen sind jedoch Stromfresser. Beim thermischen Entsalzen von Wasser wird die Natur kopiert: Der beim energieaufwendigen Kochen des Salzwassers entstehende Süßwasserdampf kondensiert in bis zu zwei Dutzend Durchlaufkammern an gekühlten Rohrwendeln. Pro Kubikmeter gewonnenen Süßwassers werden 70 Kilowattstunden Strom verbraucht. Etwas sparsamer arbeiten Umkehrosmoseanlagen, die das Salz durch halb durchlässige Membranen filtern. Das Verfahren nutzt den Größenunterschied zwischen den größeren Salzionen und den kleineren Wassermolekülen – nur diese lässt der Filter durch. Moderne Membranen halten bis zu 99,7 % des Salzes zurück und erzeugen somit Trinkwasser, das ohne weitere Nachbehandlung ins Netz gespeist werden kann. Den Stromverbrauch macht hier aus, dass das Meerwasser mit bis zu 80 bar Druck durch die Filter gepresst werden muss. Ein bis zu 90 % Energie sparendes elektrochemisches Verfahren (Inbetriebnahme der ersten Pilotanlage 2011) entwickelt Siemens.

Sinkende Wasserspiegel

Wie dünn die Versorgungsdecke dennoch ist, zeigt die Hauptwasserquelle des Landes, der See Genezareth. Liegt sein Wasserspiegel bei 208 m unter Normalnull, dann wird Wasser in den Jordandamm abgeleitet. Liegt der Pegel knapp 6 m tiefer, muss jeder Abfluss unterbunden werden.

Einem Wasserproblem anderer Art stehen Israel und Jordanien am Toten Meer gegenüber, das von der Austrocknung bedroht ist. Der Wasserspiegel sinkt jährlich um 1 m. Im Jahr 2050, so fürchten Umweltschützer, könnte das Meer völlig ausgetrocknet sein. Israel und Jordanien wollen, so bekundeten sie 2002 auf dem Weltgipfel für nachhaltige Entwicklung in Johannesburg, den Bau einer 800 Mio. US-Dollar teuren und 320 km langen Pipeline prüfen, die Wasser aus dem Roten Meer nach Norden ins Tote Meer pumpt. Die Realisierung lässt auf sich warten, stockte 2009 aufgrund der siechenden politischen Beziehungen. Vereinbart ist dagegen die intensivere Zusammenarbeit zwischen Israel und Deutschland in den Bereichen Klimawandel, Energieeffizienz, erneuerbare Energien sowie Wasser- und Abfallmanagement.

Klima

Israel hat ein mediterranes Klima, das im Sommer an der Mittelmeerküste von einer steten Brise gemildert wird, während sich in Jerusalem wie unter einer Glocke die heiße Luft staut und sich kein Lüftchen bewegt. Die heiße Jahreszeit steigert sich in Eilat am Roten Meer – angenehm warm im Winter – im Juli und August mit Temperaturen von 42 °C und mehr bis zur Unerträglichkeit. Bei einer Fahrt von Jerusalem (800 m) zum Toten Meer und nach Jericho (–394 m) spürt man mit beinahe jedem Kilometer das Ansteigen der Temperaturen auf Höchstwerte, die oft nur knapp unter 50 °C liegen. Ähnliche Spitzentemperaturen verzeichnen die Meteorologen gelegentlich auch am See Genezareth, der 210 m unter dem Meeresspiegel liegt, ohne dass irgendein Wind Kühlung verschaffen würde. Erträglicher wird es erst wieder auf den windigen Golanhöhen.

Die Zeit, in der man mit Regen rechnen muss, reicht von Ende November bis Anfang März. Die durchschnittlichen jährlichen Niederschlagswerte sind in Jerusalem 486 mm, in Tel Aviv 539 mm, in Haifa 601 mm und in Eilat 25 mm. Im Frühjahr und im Herbst weht gelegentlich ein trockener und heißer Wind, der Sharav. In den Bergen von Judäa, gekrönt von Jerusalem, wird es im Winter selten kühler als 6 oder 7 °C. Aber an einzelnen Tagen überzieht eine Schneedecke Jerusalem, das ab der ersten Schneeflocke im Chaos versinkt: Die Stadt ist wie gelähmt. Für die wenigen israelischen Skifahrer ist das spätestens der Startschuss, zum Berg Hermon aufzubrechen, dem einzigen Wintersportzentrum des Landes.

Das Klima in der Negev ist – wie in allen Wüsten – zu jeder Jahreszeit von gewaltigen Temperaturunterschieden zwischen Tag und Nacht gekennzeichnet.

Wirtschaft, Soziales und aktuelle Politik

Israels Wirtschaft kennt nur einen Verlauf: auf und ab. Wohl und Wehe hängen davon ab, ob die Zeichen im Konflikt mit den Palästinensern mehr auf Krieg oder mehr auf Verständigung stehen. Innenpolitisch leidet Israel unter Parteienzersplitterung und dem Erstarken rechter und ultraorthodoxer Kräfte. Palästinas Fluch ist die Hamas, die Israel nicht anerkennt und mit ihrem Terror den Frieden sabotiert.

»Was unsere Region, den Nahen Osten angeht«, schrieb Shimon Peres in seiner Biografie »Shalom«, »so besteht Israels Rolle darin, am Aufbau einer dauerhaften gemeinsamen Friedens- und Wirtschaftsordnung mitzuarbeiten. Es soll ein Naher Osten ohne Fronten, ohne Feinde ... werden; ein Naher Osten, in dem jeder frei in seiner Sprache, sei es Hebräisch, Arabisch, Lateinisch oder ein anderes Idiom, beten und seine Gebete ungehindert und ohne Ärgernis zu erregen seinem Gott darbringen kann; ... ein Naher Osten des Wettbewerbs, nicht der Hegemonie; ein Naher Osten, in dem die Menschen die Verbündeten, nicht die Feinde ihres Nachbarn sind; ein Naher Osten, der kein Schlachtfeld, sondern ein Feld der Kreativität und des Wachstums ist; ein Naher Osten, der seine Vergangenheit in Ehren hält und seiner Geschichte neue, rühmenswerte Kapitel hinzufügt. Mit diesem Buch bekenne ich mich zum Recht jedes Menschen zu träumen – nicht gerade jeden Traum, aber Träume von einer besseren Zukunft.« Diese Vision, 1995 von Peres niedergeschrieben, ist von der Wirklichkeit noch weit entfernt.

Wirtschaft

»Lasst die Wüste blühen« – so lautete das Wirtschafts- und Aktionsmotto der vom Pioniergeist beseelten Israelis nach 1948. Die harte Arbeit des Aufbaus trug ihre Früchte. Vom Ende der 50er-Jahre bis zum Jom-Kippur-Krieg 1973 blühte das Land und das jährliche Wirtschaftswachstum lag konstant bei knapp 10 %. Die hohen Ausgaben wurden in der Hauptsache von den USA finanziert oder über Kredite vorgestreckt.

Der Einschnitt in die israelische Wirtschaft kam im Kriegsjahr 1973. Das Ölembargo besiegelte das Ende des Wachstums. Die unflexible, in vielen Bereichen staatlich gegängelte Wirtschaft, ein Relikt aus der Pionierzeit des sozialistisch gefärbten Zionismus, rutschte in die Dauerkrise. Eine wuchernde Bürokratie erstickte obendrein jede Privatinitiative im Keim und ausländische Investoren mieden Israel wegen der Unbeweglichkeit des Staats- und Wirtschaftsapparates. Erst Premierminister Shimon Peres gelang es Ende der 80er-Jahre mithilfe der USA, die Wirtschaft zu ordnen. Seither sind die schlechtesten Zeiten mit Inflationsraten von 444,9 % (im Jahr 1984) Vergangenheit. Einige große Probleme sind geblieben: Die hohe Auslandsverschuldung und immensen Verteidigungsausgaben fressen im Schnitt mehr als die Hälfte des Budgets auf.

Blühende Hightech-Industrie

Israels Wirtschaft hat seit Ende der 1990er-Jahre einen fundamentalen Wandel durchlebt. Landwirtschaftliche Produkte, die in Vor-Hightech- und Vor-Internet-Zeiten das wichtigste Exportprodukt darstellten, sind heute nachrangig. Computer statt Kibbuz könnte man flapsig formulieren. Zwischen Tel Aviv und Haifa ist nach dem Vorbild des kalifornischen Silicon Valley das Silicon Wadi entstanden. Israelische Software ist weltweit bei Firmen- wie Privatanwendern in Gebrauch. Firewalls, Voicemail oder Voice-over-IP-Telefonie sind israelische Erfindungen, ebenso der USB-Stick. Beliefen sich Softwareexporte in den frühen 90er-Jahren gerade einmal auf 90 Mio. US-Dollar, so waren es 2008 bereits über 3 Mrd. US-Dollar. Software stellt rund 25 % des israelischen Technologieexports und rund 10 % aller Exporte Israels dar.

Nach den USA hat Israel die größte Zahl der an der Technologiebörse Nasdaq registrierten Unternehmen. Kein anderes Land investiert mehr in Forschung und Entwicklung: 4,9 % des Bruttoinlandsprodukts. Ein Drittel der ausländischen Investitionen fließt in den Softwaresektor. Das Vertrauen in israelisches Know-how und in israelischen Erfindergeist scheint groß zu sein. Während sich Risikokapitalgeber schon zu Beginn der Finanzkrise 2008/09 von europäischen Startup-Unternehmen zurückzogen, stiegen die Investitionen in israelische Startups weiter zweistellig. Dabei flossen 86 % des Risikokapitals von 1,6 Mrd. US-Dollar (2008) in Unternehmen der Informationstechnologie.

Krisen bremsen Wirtschaft

Die Diamantenindustrie ist mit Exporten von knapp 10 Mrd. US-Dollar (2008) die größte der Welt. Für Israels Produktpalette ist der Handel mit Deutschland typisch, nach den USA und China der drittwichtigste Handelspartner Israels. 2007 betrug das Volumen 4,26 Mrd. Euro. Die deutschen Warenexporte lagen bei 2,62 Mrd. Euro, die Warenimporte aus Israel bei rund 1,64 Mrd. Euro, womit der deutsche Handelsüberschuss knapp unter 1 Mrd. Euro lag. Die Importe aus Israel umfassen Maschinen, optische und Messgeräte, Medizintechnik, chemische Erzeugnisse, Kunststoff- und Gummiprodukte sowie Metallerzeugnisse. Landwirtschaftliche Güter haben gegenüber früheren Jahren stark an Bedeutung verloren. Deutschland exportierte nach Israel hauptsächlich Maschinen, chemische Vor- und Endprodukte, Fahrzeuge sowie optische und Messgeräte. Made in Germany gilt in Israel als Qualitätssiegel erster Güte. Besonders der deutsche Maschinen- und Anlagenbau konnte vom kräftigen Wirtschaftswachstum in Israel profitieren.

Typisch für Israels Wirtschaft sind die raschen und extremen Wechsel von blühend zu stagnierend und schrumpfend, von Wachstum zu Rezession. War z. B. das Jahr 2000 eines der besten der Wirtschaftsgeschichte, so erwies sich 2001 als eines der schlechtesten. Der Konflikt mit den Palästinensern, noch dazu, wenn er sich in Krieg entlädt, schlägt ebenso negativ zu Buche wie das plötzliche Ausbleiben von Touristen in und nach Krisenlagen. Der desaströse Libanonkrieg im Sommer 2007 kostete Israel nach Schätzungen bis zu 2 % seines Bruttoinlandsprodukts.

Für Israels Wirtschaft und Handel, soweit sie auf dem Seeweg abgewickelt werden, ist das Mittelmeer ein wichtiger Zugang zu allen europäischen sowie süd- und nordamerikanischen Häfen. Eilat ist von ähnlicher Bedeutung am Golf von Aqaba, dem Zugang zum Roten Meer und zum Indischen Ozean.

Tourismus in Israel und Palästina

2008 war für Israel ein Rekordjahr, dem mit dem Weltkrisenjahr 2009 kein Ähnliches folgen dürfte: 2,5 Mio. Touristen, die länger als 24 Stunden blieben, und 500 000 Tagesausflügler (aus Ägypten und Jordanien) besuchten das Land. Das waren 13 % mehr als 2000, dem letzten Rekordjahr vor der zweiten Intifada. 20 % der Reisenden kamen aus den USA. 66 % der Touristen waren Christen. Die Einnahmen beliefen sich auf 2,9 Mrd. Euro. Die höchsten Hotelbelegungsraten hatte Tel Aviv (75 %), gefolgt vom Toten Meer (70 %) sowie Eilat und Jerusalem (je 68 %). Problematisch für die Reisebranche ist die sinkende Aufenthaltsdauer. Jeder Tourist gab 2008 im Schnitt 1200 US-Dollar aus, ein deutlicher Abfall gegenüber 1999, da waren es noch 1550 US-Dollar.

Wie nicht anders zu erwarten ist auch der Tourismus in Palästina erheblichen Schwankungen unterworfen. 1,3 Mio. Touristen besuchten 2008 Bethlehem, 87 % mehr als im Jahr zuvor. Jericho empfing mit 400 000 Touristen ein Drittel Besucher mehr als 2007. Anfang 2009 machten sich die Weltfinanzkrise und v. a. der Gazakrieg mit einem Rückgang der Touristenzahlen um 30 % bemerkbar. Für Israel bedeutet dies erfahrungsgemäß: Im Tourismussektor entfallen rund 20 000 Arbeitsstellen, das Bruttoinlandsprodukt sinkt um 3,9 Mrd. US-Dollar.

Politische Struktur in Israel

Verfassung und Regierung

Zwei Symbole stehen für den Staat Israel. Der Davidstern, seit dem 14. Jh. religiöses Symbol des Judentums und 1897 von der zionistischen Bewegung zum Wahrzeichen erkoren, ziert die Staatsflagge. Das Wappen zeugt allein vom Glauben und der Hoffnung auf Frieden: Zwei Ölzweige, Sinnbild eben dieses Hoffens, umranken eine Menora, den siebenarmigen Leuchter, der aus dem jüdischen Kultus nicht wegzudenken ist.

Ein Land für das Volk Israel, wo es in Frieden leben kann – dieses Streben führte 1948 zur Gründung und Unabhängigkeitserklärung Israels. Israel ist eine parlamentarische Demokratie, die allerdings keine schriftlich niedergelegte Verfassung besitzt. Bürgerrechte wie Rede-, Presse-, Reise- und Glaubensfreiheit werden als selbstverständliche Grundrechte betrachtet. Gleiches gilt für das Verbot der Diskriminierung von Menschen aufgrund ihrer Rasse, Religion oder ihres Geschlechts. Dass man diese Verfassungstheorie zu einem entscheidenden Teil nicht verwirklichen konnte, darum dreht sich seit Anfang der 90er-Jahre eine anhaltende innenpolitische Diskussion. Die Behandlung der rund 1,5 Mio. israelischen Araber als nur halbwertige Bürger, die abweisende Aufnahme der äthiopischen Juden und schließlich die diskriminierende Behandlung der Palästinenser trugen den Politikern und Militärs schwere Vorwürfe ein, Minimalforderungen dieser Verfassung nicht respektiert zu haben.

Zentralismus

Der Staatsaufbau Israels ist wegen der geringen Landesgröße betont zentralistisch. Die Kommunen besitzen nur wenige Vollmachten und kaum finanzielle Eigenständigkeit. Staatsoberhaupt ist der Präsident, der für fünf Jahre vom Parlament, der Knesset, gewählt wird. Seine Aufgaben sind v. a. repräsentativer Art. Doch dem Präsidenten kommt eine bedeutende Rolle zu, wenn er nach Parlamentswahlen oder dem Rücktritt einer Regierung den Auftrag für die Regierungsbildung an den Vorsitzenden der stärksten Partei vergibt.

Die Politik des Lands bestimmt der Premierminister mit seinem Kabinett. Seit einer Wahlrechtsreform 1992 wird der Premier direkt vom Volk gewählt. Die Regierung ist der Knesset gegenüber verantwortlich.

Parlament

Das Parlament, die **Knesset,** besteht aus 120 Abgeordneten, die alle vier Jahre nach dem Verhältniswahlrecht in allgemeiner, freier, geheimer und direkter Wahl von den Bürgern über 18 Jahre gewählt werden und Immunität genießen. Die Knesset zählt zu den lebhafteren Parlamenten dieser Welt. In ihr wird heftig diskutiert und im Eifer des Gefechts kommt es auch mal zu Handgreiflichkeiten. Doch die Knesset ist von ihrem tatsächlichen Gewicht her nicht sehr stark. Ihre Zustimmung ist weder bei außenpolitischen Verträgen noch bei Kriegserklärungen nötig.

Wahlpflicht besteht nicht in Israel. Das reine Verhältniswahlrecht begünstigt auch aufgrund der Sperrklausel von nur 1,5 % die kleineren Parteien, sodass in der Knesset relativ viele Parteien vertreten sind und bisher noch niemand ohne Koalitionspartner regieren konnte. Dieser Splittereffekt war bei der Staatsgründung durchaus gewünscht, da man alle Gruppen am Prozess der parlamen-

Tel Aviv – das New York des Nahen Ostens oder kurz: Big Orange

CROWNE PLAZA
CITY CENTER

tarischen Willensbildung beteiligen wollte. Da dies in der Praxis jedoch häufig bis fast zur Unregierbarkeit geführt hat, gab es in den letzten Jahren Vorschläge, das bestehende Wahlsystem zu reformieren. Dabei dachte man an ein gemischtes Wahlrecht, ähnlich dem deutschen.

Parteien und Gewerkschaften

Israels älteste Parteien sind älter als der Staat selbst und stammen noch aus der britischen Mandatszeit. Es gibt eine Vielzahl von Parteien. Die kleinen spielen oft eine größere Rolle, als ihnen rein stimmenmäßig zukäme.

Zur 18. Knessetwahl im Februar 2009 traten 33 Parteien an. Von Bedeutung darunter sind **Kadima** (›Vorwärts‹), die 2005 von Ariel Sharon und anderen Likud-Politikern gegründet wurde; bis zur Wahl 2009 stellte die Zentrumspartei in Koalition mit Arbeitspartei, Gil und Shas als stärkste Partei den Premier. Die sozialdemokratische **Arbeitspartei** (Mifleget HaAvodah HaYisraelit) wurde 1968 aus drei Gruppierungen gegründet und tritt für einen selbstständigen Palästinenserstaat ein. Für den **Likud** (›Zusammenschluss‹), gegründet 1973 aus Herut (›Freiheit‹), Liberaler Partei und Laam (›Für die Nation‹), bekam Benjamin Netanjahu 2009 den Regierungsauftrag, nachdem ihm Avigdor Liberman, Chef der drittstärksten Kraft, **Israel Beitenu** (›Israel unser Haus‹), die entscheidende Unterstützung zugesagt hatte. Diese ultrarechte, rassistische Partei, Sammelbecken v. a. russischer Immigranten, gilt gegenüber den Palästinensern als noch unversöhnlicher als der Likud.

Als Zünglein an der Waage bei Regierungs- und Koalitionsbildungen tut sich häufig auch die ultraorthodoxe **Shas** hervor, die Partei der sephardischen Juden. Das **Vereinigte Thora-Judentum** (Yehudit HaTorah), ein Bündnis der u. a. aschkenasischen ultraorthodoxen Kleinparteien Agudat Israel und Degel HaTorah, kämpft für eine Politik auf der Basis jüdischen Rechts; man ist gegen einen eigenen Palästinenserstaat und für eine unbegrenzte jüdische Besiedlung auch auf palästinensischem Territorium. Vertreten sind in der Knesset auch arabische Parteien. Die kommunistische **Chadash** (Demokratische Front für Frieden und Gleichheit), die **Arabische Demokratische Partei** und die **Fortschrittliche Liste für Frieden** setzen sich unter Anerkennung Israels für ein Rückkehrrecht palästinensischer Flüchtlinge von 1948 und einen souveränen Palästinenserstaat mit Jerusalem als Hauptstadt ein. Die 1996 gegründete **Balad** (Nationale Demokratische Versammlung) will erreichen, dass Israel sich nicht länger als jüdischer Staat definiert, sondern zum Gemeinwesen mit gleichen Rechten für alle, auch für die arabischen Staatsbürger, öffnet.

Der Arbeiterbund **Histradrut** ist die größte Gewerkschaft des Landes (ca. 700 000 Mitglieder), in der sich Arbeiter aller Berufszweige und egal welcher Parteizugehörigkeit ebenso sammeln wie Selbstständige, Hausfrauen, Studenten und Rentner. Die Gewerkschaften sind auf lokaler, regionaler und nationaler Ebene organisiert. Sie schließen für ihre Mitglieder Tarifverträge ab, engagieren sich in Sozial-, Gesundheits-, Schul- und Kulturpolitik. Streik und Aussperrung sind erlaubte Mittel des Arbeitskampfs in Israel.

Rechtssystem

Das israelische Rechtssystem vereint verschiedene Traditionen: Relikte aus osmanischer Zeit, Elemente aus der britischen Besatzungszeit, englisches Gewohnheitsrecht, jüdische, christliche und islamische Personenstandsgesetze sowie seit 1948 neu geschaffene israelische Gesetze. Die Unabhängigkeit der Richter und Gerichte ist garantiert. Zivilrichter aller drei Instanzen werden von einem Richterkollegium vorgeschlagen und vom Präsidenten ernannt. Das Oberste Gericht besteht aus zehn Mitgliedern. Diese Institution verhandelt auch jede Klage eines Bürgers gegen die Regierung. Mit Familienrecht befassen sich die dem Religionsministerium zugeordneten religiösen Gerichte, die nach dem jeweils greifenden Kodex – jüdisch, muslimisch, christlich oder drusisch – urteilen.

Militär

Israels Militär (IDF, Israel Defence Force) begann mit der Staatsgründung 1948. Es ist alltäglich, dass wehrpflichtige Frauen und Männer nach dem Dienst mit ihren Maschinengewehren und in Uniform in Cafés und Restaurants sitzen oder in Diskotheken tanzen. Die Existenz der Armee infrage zu stellen war angesichts der Notwendigkeit einer effektiv operierenden Truppe nie ein Thema in Israel. Die Armee galt als Garant für die Souveränität und Unversehrtheit der Grenzen, gewann sogar bei jedem Krieg Land dazu. Das hat seinen Preis: Die Armee kostet Geld, viel Geld. 2008 lag der Verteidigungshaushalt bei rund 9 Mrd. Euro.

Seit Beginn der 90er-Jahre wird die Armee weniger wichtig genommen. Angesichts hoher Immigrantenzahlen braucht man gar nicht mehr alle Wehrpflichtigen, Soldaten werden sogar frühzeitig entlassen. Gedient zu haben kann folgerichtig auch nicht mehr wie früher den Ausschlag dafür geben, ob jemand einen Job bekommt und Karriere machen darf.

Einen tiefer gehenden Grund hat das verblassende Image der Armee: Der menschenverachtende Umgang mit den Palästinensern hat in der israelischen Bevölkerung viel Sympathie gekostet. Durch die Intifada hat jeder begriffen, dass v. a. die Armee im Namen Israels gegenüber den Palästinensern viel Unrecht begangen hat. Von Soldaten erschossene Kinder, Soldaten, die mit Planierraupen willkürlich Häuser palästinensischer Familien niederrollen, zu Tode gefolterte Palästinenser – das sind Bilder, die viele Israelis vor Augen haben, wenn sie heute an die Armee denken.

Palästinas Verwaltung und Regierung

Wichtigster Mann in Palästina ist der Präsident der Palestinian National Authority (PNA), der für fünf Jahre direkt vom Volk gewählt wird. Seit 9. Januar 2005 hat Arafats Nachfolger Mahmoud Abbas dieses Amt inne. Als vom Volk gewählte Vertretung mit 132 Sitzen fungiert der Palästinensische Legislativrat PLC (Palestinian Legislative Council, arab. Al-Majlis Al-Tashri'i). Ein zusätzlicher Sitz steht dem jeweiligen PNA-Präsidenten zu.

Das erstmals im Februar 2006 zusammengetretene Parlament wurde dominiert von Hamas mit 74 Sitzen und Fatah mit 45 Sitzen (s. S. 44), war zuletzt beschlussunfähig und wurde von der Hamas boykottiert, nachdem Abbas im Juni 2007 die Regierung des Hamas-Manns Ismail Hanija abgesetzt hatte. Laut Oslo II (s. S. 45) hat das Parlament in der Interimsphase bis zur endgültigen Staatsgründung keine sicherheitspolitischen und außenpolitischen Vollmachten. 2006 wurde der Parlamentspräsident Abdel Aziz Duwaik (Hamas) von Israel verhaftet. Dieses Schicksal teilen rund ein Dutzend weiterer Abgeordneter. 2009 gab es de facto zwei Regierungen. Das Westjordanland regierte die friedenswillige **Fatah,** den Gazastreifen die militante **Hamas,** die die dortige Bevölkerung gleichsam als Geisel ihrer Terrorpolitik hält.

Aktuelle Politik

Gegossenes Blei war das Codewort für den Krieg der israelischen Armee um die Jahreswende 2008/09 im Gazastreifen. Eine überwältigende Mehrheit der Bevölkerung befürwortete den Krieg, darunter auch als Friedensaktivisten bekannte Persönlichkeiten wie der Schriftsteller Amos Oz. Die Hamas als Urheber des täglichen Raketenterrors gegen Israel sollte endlich ausgeschaltet werden. Der Schock kam für Israel Monate nach Kriegsende. Wurden im Gazaeinsatz wehrlose Zivilisten ermordet? Wurden wehrlose Frauen und Kinder exekutiert? Erteilten Offiziere Mordbefehle?

Kriegsverbrechen in Gaza?

Es sah ganz danach aus, nachdem erstmals – unzensiert – offizielle Berichte israelischer Soldaten über ihren Einsatz im Gazakrieg veröffentlicht worden waren. Der Report war das Wortprotokoll einer Diskussion von Absolventen des Oranim Academic College in Tivon und wurde im offiziellen Rundbrief der Akademie publiziert.

»Immer, wenn wir ein Haus stürmten, sollten wir die Tür eintreten und dann auf alle

Personen schießen«, berichtete ein israelischer Soldat. »Ich nenne das Mord.« Ein anderer Soldat erzählte: »Mein Vorgesetzter befahl, auf eine alte Frau zu schießen, die eine Straße überquerte. Ich weiß nicht, ob sie verdächtig oder harmlos war. Ich weiß aber, dass mein Offizier Kameraden aufs Dach geschickt hat, um sie umzulegen. Das war kaltblütiger Mord.« Ein Kommandeur berichtete: »Ein Scharfschütze hat eine Mutter und ihre zwei Kinder erschossen, weil sie bei der Evakuierung irrtümlich in die falsche Richtung gelaufen sind. Ich glaube nicht, dass der Schütze sich besonders schlecht fühlt. Aus seiner Sicht handelte er nur nach seinen Vorschriften.« Andere Soldaten räumten Vandalismus ein: »Wir haben alles aus den Fenstern geworfen. Den gesamten Hausstand. Kühlschrank, Teller, Möbel. Der Befehl war, alles soll raus.«

Es sind Dutzende Schilderungen, wie israelische Soldaten »Tod den Arabern« an Häuserwände schmierten. »Man muss verstehen«, so ein Soldat, »wie tief die Armee in Sachen Moral gesunken ist.« Ein Beteiligter erzählte: »Die Vorgesetzten sagten uns, jeder

Auch während des Purimfestes gehören Soldaten mit Maschinenpistolen zum Straßenbild

in Gaza sei ein Terrorist, es sei so in Ordnung, weil jeder, der dageblieben ist, ein Terrorist ist. Aber wohin hätten die Menschen denn fliehen sollen?« Und ein anderer Soldat schilderte: »Viele haben absichtlich die Häuser von Familien zerstört, weil es ihnen Spaß machte. Wir können sagen, sooft wir wollen, dass die israelische Armee moralisch überlegen ist, aber im Feld ist das einfach nicht so.«

Soldaten kritisieren Armee

Niemals zuvor hatten Soldaten derart deutlich Kritik an der Armee geübt. Internationale Menschenrechtsgruppen wollten Israel wegen Kriegsverbrechen zur Verantwortung ziehen. Während der dreiwöchigen Offensive im Gazastreifen starben nach Angaben der palästinensischen Rettungskräfte über 1417 Menschen, rund 5000 wurden verletzt. Den Angaben zufolge waren 313 Kinder und Jugendliche unter 16 Jahren unter den Toten, fast 1900 Kinder erlitten Verletzungen.

Unter dem falschen Namen Ram meldete sich auch ein Offizier in der Presse zu Wort und belastete die Militärrabbiner. Sie hätten die Offensive als Glaubenskrieg gerechtfertigt und eine sehr deutliche Botschaft gesendet: »Wir sind das jüdische Volk, wir sind durch ein Wunder in dieses Land gekommen, Gott hat uns in dieses Land zurückgebracht, und jetzt müssen wir kämpfen, um die Nichtjuden, die unserer Eroberung dieses Heiligen Landes in die Quere kommen, zu vertreiben«, zitierte die Zeitung Ha'aretz den Offizier. Er habe sich wie auf einer beinahe religiösen Mission gefühlt. Die israelische Organisation Rabbiner für Menschenrechte nannte die Vorfälle einen »moralischen Tsunami« und rief zur nationalen Trauer und Buße auf. Israels Verteidigungsminister Ehud Barak kommentierte: »Ich sage immer noch, dass wir die moralischste Armee der Welt sind.«

Stiftungen

Wissenschaft und soziale Einrichtungen hängen in Israel stark von Stiftungen und Spenden ab. Nach Schätzungen überweisen ausländische Spender, reiche jüdische Philanthropen v. a. aus den USA, jährlich ca. 1,5 Mrd. US-Dollar für gute Zwecke. Ohne diesen Spendentopf könnten sich Organisationen wie Hazon Yeshaya Humanitarian Network nicht um 14 000 Bedürftige kümmern, sie täglich mit Essen versorgen.

Während der Finanzkrise 2009 schrumpften die ankommenden Spenden um bis zu zwei Drittel. Viele jüdische Spender waren dem Anlagebetrüger Bernard Madoff aufgesessen, der Investoren um ca. 50 Mrd. US-Dollar geprellt hat.

Geschichte

Untrennbar sind die Geschichte des Judentums und die Geschichte Israels verwoben. Ereignisse, die Tausende von Jahren zurückliegen, spielen noch heute eine Rolle in der Politik. Es ist mehr als Rhetorik, wenn immer wieder von arabischer wie israelischer Seite auf die Geschichte verwiesen wird. Der Konflikt der heutigen Tage reicht in seinen Wurzeln zurück bis in die Zeit Abrahams.

Frühzeit

Erste Hochkulturen

Die ersten Spuren, die auf die Existenz des *homo erectus* in Palästina hinweisen, wurden in El Ubeidiya nahe dem See Genezareth gefunden und sind etwa 800 000 Jahre alt. Die Menschen der Jungsteinzeit (ca. 14 000–8000 v. Chr.) lebten als nomadische Jäger und Sammler und schlugen ihre Quartiere an zahlreichen Flüssen und Seen auf. Im Land Kanaan entstanden während der Frühen Bronzezeit (3100–2300 v. Chr.) wohlhabende, von Ägyptern besiedelte Stadtstaaten.

Das gelobte Land

Nordöstlich und südwestlich von Palästina existierten zwei semitische Zivilisationen, die bis etwa 2000 v. Chr. nichts voneinander wussten – Mesopotamien zwischen Euphrat und Tigris und Ägypten am Nil. Um 1800 v. Chr. beschloss ein Nomadenvolk unter seinem Patriarchen Terah, dessen Sohn Abraham und seiner Frau Sarah, über den Euphrat nach Nordwesten in das Gebiet der heutigen Südtürkei auszuwandern. Gott erschien **Abraham** und versprach ihm, seine Nachkommen zum auserwählten Volk zu machen, wenn er ihm gehorche. Als Zeichen des neuen Glaubens, als ›ewiges Bundeszeichen‹ verlangte Gott die Beschneidung aller männlichen Neugeborenen am achten Tag nach der Geburt (Abrahams Bund), dafür verhieß er Abraham und seinen Nachfahren das Land Kanaan (Palästina).

Versklavung

400 Jahre lebten Abraham und seine Nachkommen als Nomaden im Land Kanaan, heute syrisches und israelisches Territorium. Eine Dürre zwang sie an die Ufer des Nil zu wandern. Aus der Genesis ist die Geschichte von **Joseph** und seinen Brüdern bekannt, die ihn in die Sklaverei nach Ägypten verkauften. Mit Zustimmung des Pharaos holte Joseph sein Volk nach Ägypten, wo es herzlich empfangen wurde. Erst unter einem anderen Machthaber begann die Versklavung. 400 Jahre liegen zwischen Joseph und Moses.

Exodus

Moses führte nach der Überlieferung die Israeliten im 13. Jh. v. Chr. aus Ägypten. 40 Jahre soll die Wanderung auf geheimen Wegen und durch das sich teilende Rote Meer über den Sinai und durch den Negev gedauert haben, während der Moses am Berg Horeb die Zehn Gebote Gottes, geschrieben auf zwei Steintafeln, empfing. Von 600 000 Männern im Gefolge spricht die Bibel, eine Zahl, die heute stark bezweifelt wird. Als wahrscheinlich gilt eine Zahl von lediglich 6000, maximal 60 000, verteilt über mehrere Jahrzehnte. Nach Moses Tod führte **Josua** das Volk in das gelobte Land beiderseits des Jordan.

Zeit der Richter, Zeit der Könige

Die zwölf Stämme Israels gaben sich während der Zeit der Eroberungen eine der Monarchie ähnliche Staatsform: Der Richter wurde von den Stämmen gewählt, er befehligte das Heer. Diese Konstruktion, basierend auf einem starken Stammesrecht, taugte für Kriegszeiten. Der Wandel von der halbnomadischen zur sesshaften Gesellschaft verlangte nach einer zentralen Regierung. Erster Monarch bzw. militärischer Führer mit königlichen Befugnissen, wurde, ausgerufen vom Propheten Samuel, **Saul** (ca. 1022–04 v. Chr.), der nach der Niederlage gegen die Philister Selbstmord beging. Ihm folgte, und damit beginnt die eigentliche Liste der Könige von Israel und Juda, von Nord- und Südreich, sein Adoptivsohn **David** (ca. 1004–965 v. Chr.), ein kriegerischer Mann, der nach seinem Tod ein Reich sechsmal größer als das heutige Israel hinterließ. David machte Jerusalem zum Symbol, zum heiligen Platz.

Macht durch Frieden

Nach Davids Tod bestieg sein Sohn **Salomo** als König (965–ca. 928 v. Chr.) den Thron. Salomo, dessen Weisheit und Urteilskraft sprichwörtlich sind, wurde schon zu Lebzeiten Davids zum König gekrönt, da David die zu erwartenden Streitigkeiten um das Erbe richtig vorhergesehen hatte. Salomo errichtete den Ersten Tempel und ließ dort die Bundeslade mit den steinernen Gesetzestafeln aufbewahren. Wenn er auch allerlei Widersacher aus dem Weg räumen ließ, um seinen Thron zu sichern, so bevorzugte Salomo doch eine Friedenspolitik, um das Reich zu sichern, entwickelte eine blühende Wirtschaft mit Handelsbeziehungen bis in den Jemen zur Königin von Saba.

Salomos Tod

Zwischen 931 und 926 v. Chr. starb Salomo. Über seine Nachfolge konnte man sich auch wegen festzuschreibender Steuernachlässe nicht einigen und das Reich zerbrach in Israel und Juda. So wurde **Rehabeam** König von Juda im Süden und **Jerobeam** König von Israel im Norden. Jerusalem blieb wegen des Tempels, in dem die Bundeslade aufbewahrt wurde, religiöses Zentrum für beide Reiche. Etwa 210 Jahre sollte das Nordreich Israel bestehen. Es regierten 20 Könige aus neun Dynastien, kaum ein König starb eines natürlichen Todes.

Dann brach der zehnjährige **assyrisch-israelitische Krieg** aus, bei dem das Großreich aus dem heutigen Kurdistan gegen das kleine Israel antraten. 722 v. Chr. ließ König Schalmaneser die gesamte jüdische Oberschicht nach Mesopotamien in Gefangenschaft bringen, insgesamt 30 000 Israeliten. Das Nordreich war damit ausgelöscht, zehn Stämme Israels verschwunden. Ein ähnliches Schicksal, nur zeitlich verzögert, erwartete das Südreich Juda, in dem Salomos Sohn Rehabeam die Nachfolge seines Vaters angetreten hatte.

Juda hatte Phönizier, Araber, Moabiter und Syrer besiegt und Gebiete dazugewonnen. Als sich das assyrische Reich, zerschlagen von den Babyloniern, 609 v. Chr. auflöste, endete die relativ friedliche Zeit des assyrischen Vasallenstaates Juda. König **Jojakim** leistete anfangs den Tribut an die neuen Großherrscher in Babylon, stellte aber 600 v. Chr. die Zahlungen ein. Eine der großen Tragödien der jüdischen Geschichte begann. **Nebukadnezar II.** schickte erst Söldnertruppen, die den Widerstand Jerusalems aber nicht brechen konnten. Daraufhin belagerte er selbst mit seinen Truppen die Stadt, nahm den 18 Jahre jungen König gefangen – und mit ihm etwa 8000 mögliche Aufrührer, die er alle nach Babylon schaffen ließ. Als Marionettenkönig setzte Nebukadnezar den letzten Spross aus der Linie König Davids ein, den 21-jährigen **Zedekia.** 589 v. Chr. aber erklärte er Juda für unabhängig. Die babylonischen Truppen Nebukadnezars rückten an, besetzten Juda und belagerten Jerusalem bis 587 v. Chr. Als die Stadt fiel, war König Zedekia bereits auf der Flucht. Er wurde gefasst, zu Nebukadnezar gebracht, geblendet und nach Babylon verschleppt. Jerusalem wurde 586 v. Chr. geplündert. Die Paläste und den Tempel, Aufbewahrungsort der seither verschwundenen Bundeslade, machten die Babylonier dem

Anhand von Modellen versucht man Jerusalems Ersten Tempel zu veranschaulichen

Erdboden gleich. Das vorläufige Ende Judas und Jerusalems waren besiegelt.

Zeit der Hohenpriester

559 v. Chr. wurde **Kyros** König der Perser und vernichtete 20 Jahre später Babylon. Persien wurde die neue Weltmacht. Kyros' Sohn **Kambyses** gestattete den Juden die Heimkehr nach Jerusalem. Im neuen Judenstaat regierten die Hohenpriester. Jerusalems Wirtschaft blühte. Kyros finanzierte den Wiederaufbau des Zweiten Tempels mit. **Alexander der Große** besiegte 333 v. Chr. bei Issos den Perserkönig Darius III. 332 v. Chr. marschierte Alexander in Jerusalem ein und zog dann weiter, um das persische Reich zu zerstören. Nach seinem Tod fiel Palästina an die makedonischen Ptolemäer (Hauptstadt Alexandria), die 198 v. Chr. wiederum Palästina an den mesopotamischen Seleukidenkönig **Antiochus** verloren. 165 v. Chr. besiegte Judas Makkabäus die überlegenen Seleukiden, konnte Jerusalem und den Zweiten Tempel zurückerobern. Das Chanukah-Fest erinnert bis heute an den Makkabäer-Aufstand.

Römische Herrschaft

Zwangsweise waren die Idumäer zum Judentum bekehrt worden, und aus ihren Reihen ernannten die Römer, nachdem **Gnaeus Pompejus** 63 v. Chr. Palästina dem Imperium Romanum eingegliedert hatte, **Antipater** zum Statthalter. Antipaters Sohn, König **Herodes der Große,** führte von 40 v. Chr. bis 4. v. Chr. ein grausames Regiment, ließ eine seiner zehn Frauen, zwei seiner Söhne und jeden nur irgendwie verdächtigen Rivalen ermorden. Als ihm eine Weissagung verhieß, in Bethlehem werde der neue König der Juden geboren, befahl er die Tötung aller Kinder des Orts. Den Tempel Jerusalems erweiterte er und baute sich eine mächtige Palastfestung. Nach Herodes Tod flammten überall im Land Aufstände auf, die von den Römern blutig niedergeschlagen wurden.

Im Jahr 66 begann, weil sich die Juden nicht länger der Romanisierung stellen wollten, der erste jüdische Krieg, in dem Jerusalem zwar rasch besetzt werden konnte, aber der Tempelberg ungestürmt blieb. **Titus Fla-**

vius Vespasian eroberte im Jahr 68 Galiläa und beauftragte seinen Sohn Titus mit dem Sturm auf Jerusalem. 70 000 Soldaten versuchten vergebens die Festungsmauern zu Fall zu bringen. Durch Aushungern fielen im Jahr 70 die letzten Festungen, darunter der Zweite Tempel, von dem nur noch die westliche Mauer existiert, die heutige Klagemauer.

Drei Jahre später fiel die von Herodes erbaute Festung Massada am Westufer des Toten Meers. Sie diente den **Zeloten,** einer radikal römerfeindlichen jüdischen Gruppe, und den **Essenern** (s. S. 196) als letzte Zuflucht. Die Römer hielten ihre Schreckensherrschaft aufrecht, verboten den Juden die Beschneidung und entweihten den Tempelberg. Etwas über 60 Jahre nach der Zerstörung des Zweiten Tempels, dessen Kultgegenstände nach Rom gebracht worden waren, schmiedeten ein Mann namens **Simon Ben Kosiba,** genannt **Bar Kochba** (›Sohn der Sterne‹), und einer der heute noch meistverehrten jüdischen Gelehrten, **Rabbi Akiba,** weitreichende Pläne.

Bar Kochba sagte von sich, er sei ein militärischer Messias, er werde die Römer vernichten. Rabbi Akiba bestätigte Bar Kochbas Status. Bar Kochba begann 132 gegen die Römer einen Guerillakrieg, dem die Legionäre nicht gewachsen waren. Doch 135 mussten Bar Kochbas Leute aufgeben. Er selbst fiel, Rabbi Akiba wurde hingerichtet. Die Überlebenden wurden in die Sklaverei verkauft. Juda wurde in Palästina umbenannt, Juden durften Jerusalem drei Jahre lang nicht mehr betreten. In den folgenden zwei Jahrhunderten herrschte Frieden im Land. Jerusalem wurde neu gebaut, überall entstanden römische Theater, Paläste und Aquädukte.

Byzantinische und arabische Zeit

Ab 324 regierte **Konstantin I.** als Alleinherrscher über Rom und erklärte nach dem Konzil von Nicäa das Christentum, größte Religionsgemeinschaft im Reich, zur Staatsreligion. Konstantin und seine Mutter Helena überzogen Palästina mit Kirchen, zogen Pilger in Scharen an. In den folgenden 200 Jahren wurde den Juden – wie auch den anderen Glaubensgemeinschaften – die Heirat mit Christen und der Zugang zu hohen Regierungsämtern verboten. Nach dem Tod von Theodosius 395 spalteten seine Söhne Arcadius und Honorius das römische Reich in Ostreich mit Byzanz und Westreich mit Rom als Hauptstadt. Im Heiligen Land, das Byzanz zugeschlagen wurde, blühte das christliche Pilgertum und sorgte für Wohlstand und Frieden. Die Juden bildeten mit nur 10 % die Bevölkerungsminderheit in Palästina. 614 überfielen die Perser Palästina und eroberten Jerusalem. 638 fiel Jerusalem an den Islam.

Das 7. Jh. brachte die Entstehung des Islam. Zuerst breitete er sich über die arabische Halbinsel, dann über Palästina und später tief nach Asien aus. Unter drei arabischen Dynastien, den **Omaijaden** (Kalifen aus Damaskus), den **Abbasiden** (Bagdader Kalifen) und anfangs auch unter den schiitischen **Fatimiden** blühte Jerusalem als jedermann zugängliche Pilgerstätte, geradezu heimgesucht von christlichen Wallfahrern.

1071 nahmen die Türken Jerusalem ein und konnten Palästina fast kampflos besetzen. Christliche Pilger waren nun unerwünscht und wurden überfallen: Eine Wallfahrt nach Jerusalem war lebensgefährlich. Europas Christenheit wollte sich damit nicht abfinden, aber nicht nur aus religiösen Gründen.

Kreuzzüge

Erster Kreuzzug

Der Aufbruch Europas nach Palästina war nicht nur ein Kreuzzug zur Befreiung der heiligen Stätten. »Das Allerheiligste ist entweiht … bewaffnet euch Brüder.« Mit diesen Worten hatte 1095 **Papst Urban II.** in Clermont zum ersten Kreuzzug aufgerufen, indem er auf die Schändung der Jerusalemer Grabeskirche durch den Kalifen Hakim anspielte – die jedoch schon 86 Jahre zuvor stattgefunden hatte. »Gott will es«, hieß der Schlachtruf überall in Europa, das nach einer religiös inspirierten Massenbewegung aus sozialen

Die Kreuzzüge aus muslimischer Sicht

Mit den Kreuzzügen stießen Muslime und Christen aufeinander, nicht nur in Schlachten, sondern auch danach. Die Krieger von einst kannten einen Feierabend vom Krieg. Feind und Feind begegneten sich. Dabei trafen unterschiedlichste Kulturen aufeinander, aber anders, als man aus heutiger Sicht vermuten mag.

Es war ein früher *clash of civilizations,* mit anderen Vorzeichen als heute. »Als die Araber die christlichen Ritter, die während der Kreuzzüge in den Orient gekommen waren, in den Pausen zwischen den Schlachten näher kennenlernten, waren sie entsetzt über den niedrigen Stand der Heilkunst, die die Europäer mitbrachten, und amüsierten sich allgemein über deren rohe Sitten.« So fasste es der verstorbene Islamwissenschaftler Fritz Steppat zusammen.

Belege dafür gibt es genug. Zeugnisse über »Die Kreuzzüge aus arabischer Sicht« dokumentierte Francesco Gabrieli. Autor der beiden folgenden Ausschnitte ist Usama Ibn Munqid (1095–1188), syrischer Emir, Ritter, Jäger und Literat:

Fränkische Medizin. Der Herr von Munaitira schrieb an meinen Onkel und bat ihn, einen Arzt zu senden, der seine kranken Gefährten heilen sollte. Mein Onkel schickte ihm einen christlichen Arzt mit Namen Tabit. Nach kaum zehn Tagen kam er wieder zurück, und wir sagten zu ihm: »Du hast die Kranken ja schnell geheilt«, worauf er erzählte: »Sie führten mir einen Ritter vor, der einen Abszess am Bein hatte, und eine Frau, die an Auszehrung litt. Dem Ritter machte ich ein erweichendes Pflaster, und der Abszess öffnete und besserte sich; der Frau verschrieb ich eine Diät und führte ihrer Säftemischung Feuchtigkeit zu. Da kam ein fränkischer Arzt daher und sagte: ›Der weiß doch überhaupt nicht, wie sie zu behandeln sind!‹, wandte sich an den Ritter und fragte ihn: ›Was willst du denn lieber: mit einem Bein leben oder mit beiden Beinen tot sein?‹ Der antwortete: ›Lieber mit einem Bein leben!‹ Da sagte er: ›Holt mir einen kräftigen Ritter und ein scharfes Beil!‹ Ritter und Beil kamen, ich stand dabei. Er legte das Bein auf einen Holzblock und sagte zu dem Ritter: ›Gib dem Bein einen tüchtigen Hieb, der es abtrennt.‹ Er schlug, unter meinen Augen, einmal zu, und da das Bein nicht abgetrennt war, ein zweites Mal: Das Mark des Beines spritzte weg, und der Ritter starb sofort. Hierauf untersuchte er die Frau und sagte: ›Die da hat einen Dämon im Kopf, der sich in sie verliebt hat. Schert ihr die Haare.‹ Sie schoren sie, und sie aß wieder von ihren gewohnten Speisen, Knoblauch und Senf, wodurch die Auszehrung sich verschlimmerte. ›Der Teufel steckt in ihrem Kopf‹, urteilte er, nahm ein Rasiermesser und schnitt ihr kreuzförmig über den Kopf, entfernte die Haut in der Mitte, bis der Schädelknochen freilag, und rieb ihn mit Salz ein: die Frau starb augenblicklich. Da fragte ich: ›Habt ihr mich noch nötig?‹ Sie verneinten, und ich ging weg, nachdem ich von ihrer Heilkunde gelernt hatte, was ich vorher nicht wusste.«

Die Franken und eheliche Eifersucht. Bei den Franken findet man keinerlei Ehrgefühl oder Eifersucht. Wenn einer von ihnen mit seiner Frau auf der Straße geht und einen anderen trifft, nimmt der die Frau bei der Hand

Thema

und zieht sie beiseite, um mit ihr zu sprechen, während ihr Mann dabei steht und wartet, bis sie ihre Unterhaltung beendet hat. Wenn es ihm zu lange dauert, lässt er sie mit ihrem Gesprächspartner allein und geht.

Eine eigene Erfahrung ist folgende: Als ich nach Nabulus kam, wohnte ich im Hause eines gewissen Muizz, dessen Haus als Herberge für die Muslime diente. Seine Fenster gingen zur Straße hinaus. Auf der anderen Straßenseite lag das Haus eines Franken, der Wein auf Rechnung der Kaufleute verkaufte: Er nahm eine Flasche Wein und pries sie folgendermaßen an: »Kaufmann Soundso hat ein Fass dieses Weines geöffnet. Wer davon kaufen will, komme zu dem und dem Ort, ich gebe ihm den ersten Wein davon, der in dieser Flasche ist.« Als er eines Tages nach Hause kam, fand er einen Mann mit seiner Frau im Bett. Er fragte ihn: »Wie bist du hierher zu meiner Frau gekommen?« »Ich war müde«, antwortete der andere, »und bin hier hereingekommen, um mich auszuruhen.« »Und wie bist du in mein Bett gekommen?« »Ich fand ein Bett bereitet und habe mich darin schlafen gelegt.« »Und diese Frau schläft mit dir?« »Es ist ihr Bett«, versetzte der, »konnte ich sie vielleicht hindern, sich in ihr Bett zu legen?« »Das sage ich dir: wenn du das noch einmal machst, regeln wir die Sache vor Gericht!« schloss der Erste – das war seine ganze Antwort, der heftigste Ausdruck seiner Eifersucht.

Bei den Kämpfen der Muslime gegen die Kreuzritter prallten nicht nur zwei Religionen, sondern auch verschiedenste Kulturen aufeinander

und politischen Gründen geradezu dürstete. Europa erlebte eine Bevölkerungsexplosion wie nie zuvor. Ritter warteten auf lohnenswerte Beute. Der Papst selbst lebte von Almosen armer Witwen. Hungersnöte und Kriege wechselten sich ab. Da war ein Raubzug, für den es obendrein einen Sündenerlass gab, mehr als willkommen. Das Gefolge von **Gottfried von Bouillon** und seinem Bruder **Balduin,** der am Weihnachtstag 1100 zum König von Jerusalem geweiht werden sollte, hatte europäischen Juden ihr Vermögen abgepresst, jüdische Städte geplündert und verwüstet. Die Truppen aus Rittern, Taugenichtsen, Bettlern, Haudegen, Kaufleuten, religiösen Fanatikern, Frauen und Kindern sowie mitreisenden Prostituierten rückten auf Jerusalem vor, töteten unzählige Juden und Muslime und fielen selbst zu Tausenden, wovon wiederum die Kirche profitierte. Die Kreuzritter hatten all ihr Vermögen treuhänderisch an die Kirche abgetreten.

Zweiter Kreuzzug

Nach dem Tod des Jerusalem-Befreiers Gottfried von Bouillon und der Krönung seines Bruders Balduin Ende 1100 war Jerusalem eine Kreuzfahrermonarchie. In Palästina tobte Krieg und in Jerusalem gründeten sich mehrere Orden, darunter der auf dem Tempelberg in der Al-Aqsa-Moschee residierende Templerorden: Sein Zeichen war das rote Kreuz, er war direkt dem Papst unterstellt. Der über Jahrzehnte anhaltende Widerstand der Fatimiden, die entscheidende Schlachten gewonnen hatten, führte 1144 zum Zweiten Kreuzzug, der für die Christen im Desaster endete und die Muslime endgültig einte. Das 80 000 Mann starke Heer des deutschen Königs **Konrad III.** und die Truppen des französischen Königs **Ludwig VII.** waren bei Damaskus in alle Windrichtungen vor den Türken geflohen. Es dauerte aber noch einmal 43 Jahre, bis Jerusalem von den Arabern erobert werden konnte. Ihren Meister fanden die Kreuzritter in **Salah el-Din Jusuf Ibn Aijub (Saladin)** aus Tikrit im heutigen Irak, Begründer der Aijubiden-Dynastie, die die Fatimiden-Herrschaft ablöste. Saladin, der von seinen Begleitern als gottesfürchtiger Muslim beschrieben wurde, der den Großteil seiner Habe an Arme verschenkte, sicherte sich zuerst die Macht, wurde Sultan von Ägypten und Syrien und suchte die Unterstützung anderer muslimischer Herrscher, ehe er seine Jerusalempläne zu verwirklichen begann.

Nachdem 1185 der an Lepra leidende König Balduin IV. von Jerusalem gestorben war und eine Hungersnot die obendrein zerstrittenen Franken zu einem vierjährigen Waffenstillstand gezwungen hatte, den Saladin abermals zur Erweiterung seines Imperiums nutzte, kam es im Juli 1187 auf den Hügeln von Hattin zu jener Schlacht, mit der auch Jerusalem fiel. Saladin nahm in nur einem Tag Tiberias ein. Die christlichen Löwen, schrieb ein Chronist Saladins, hatten sich in Igel verwandelt, denen die Klingen der Schwerter das Leben aussaugten. Auf Mitglieder des Templerordens und der Hospitaliter setzte Saladin 50 Dinar Kopfgeld aus, zu Hunderten ließ er sie köpfen. Drei Monate später, nach der Einnahme aller Städte und Festungen in Palästina, fiel Jerusalem, dessen Bewohner sich auf die Stadtmauern stellten und Katapulte aufbauten. Fünf Tage soll Saladin im September 1187 um die Stadt geritten sein, um einen geeigneten Angriffspunkt zu finden. Dann ließ er sie von Norden, von der Zionskirche her, mit Belagerungsmaschinen beschießen. Immer wieder brachen fränkische Reiter aus der Stadt, um zur Schlacht herauszufordern. Doch am Ende und nach langen Verhandlungen darüber, ob Saladin wie die Kreuzritter 1099 alle Bewohner Jerusalems töten oder aber freies Geleit gewähren sollte, übergaben sie Saladin und seinem gewaltigen Heer die Stadt gegen freies Geleit, das sie mit Lösegeld bezahlen mussten. Am Freitag, dem 2. Oktober 1187, wehten auf den Mauern Jerusalems islamische Banner.

Dritter Kreuzzug

Europa reagierte auf den Fall Jerusalems mit dem Dritten Kreuzzug (1189–92). Kaiser **Friedrich I. Barbarossa,** 1190 ertrunken, der französische König Philip Augustus und Richard Löwenherz von England führten ihn an.

Er endete, nachdem Richard Jerusalem zwar eingenommen hatte, aber keine Chance hatte, es zu behalten, mit einem Friedensvertrag (1192) zwischen ihm und Saladin. Ein Jahr später starb Saladin. Es folgten in den kommenden 99 Jahren vier weitere Kreuzzüge. Traurige Berühmtheit erlangte der Kinderkreuzzug Ludwigs von 1212, bei dem Tausende von Kindern umkamen oder in die Sklaverei verkauft wurden.

Osmanische Zeit

Unter den **Mamluken** diente Jerusalem als Verbannungsort für in Ungnade gefallene Fürsten und Heerführer, die die Stadt mit Palästen, Moscheen und Mausoleen schmückten. Der türkische Sultan **Selim I.** beendete 1517 jedoch die Herrschaft der Mameluken und eroberte Jerusalem. Sultan **Sulaiman der Prächtige** baute Jerusalems Altstadt und die Stadtmauern, so wie man sie heute kennt, wieder auf.

Ende des 17. Jh. begann wegen der einsetzenden Judenverfolgung in Europa eine anhaltende Einwanderung. 1799 scheiterte Napoleons Versuch, Palästina einzunehmen. Ab Mitte des 19. Jh. engagierten sich die europäischen Großmächte Russland, Preußen, Großbritannien und Österreich verstärkt im Heiligen Land.

Jüdische Heimstatt

1878 wurde Petah Tiqwa als erste jüdische Landwirtschaftssiedlung gegründet. Mit der damals beginnenden Aufforstung und Urbarmachung des Lands unterstreicht Israel noch heute seinen Anspruch auf dieses Land. 1882 setzte – als Folge der in Europa zunehmenden Verfolgung und der Pogrome im zaristischen Russland, in Rumänien und im Jemen – die erste Alijah (›Aufstieg‹) ein, die erste große Einwanderungswelle.

1903 lehnte es Großbritannien ab, den jüdischen Staat in Argentinien, Uganda, im Kongo oder auf Zypern zu errichten.

Britische Mandatszeit

Im Verlauf des Ersten Weltkriegs brauchte Großbritannien sowohl die Unterstützung der Araber als auch die der Juden gegen die Türkei, deren Macht man brechen wollte, nachdem man den Wert der arabischen Ölfelder erkannt hatte. Großbritannien entwickelte eine Politik der Beschwichtigung, die in ihrer Doppelzüngigkeit sowohl Araber wie Juden betrog und entscheidend zur Verschärfung des arabisch-jüdischen Konflikts beitrug. Zwischen März 1915 und Mai 1916 korrespondierte der britische Hochkommissar in Ägypten mit dem Sharifen von Mekka, den er für den Kampf gegen die Osmanen gewinnen wollte und dafür zusicherte, dass Großbritannien »innerhalb der Grenzen, in denen Großbritannien frei handeln kann und ohne Nachteil für die Interessen ihres Verbündeten Frankreichs … bereit ist, die Unabhängigkeit Arabiens anzuerkennen und zu unterstützen«.

Balfour-Erklärung

Eineinhalb Jahre später verfasste Großbritanniens Außenminister **Arthur James Balfour** einen Brief an den Zionistenführer **Lord Rothschild,** die Balfour Declaration, die Chaim Weizmann jubeln ließ: »Wir hören die Schritte des Messias.« Balfour befürwortete im Namen der Regierung seiner Majestät die Errichtung einer »nationalen Heimstatt« für das jüdische Volk. Es sei aber, so Balfour, »unmissverständlich zum Ausdruck gebracht, dass nichts unternommen wird, was den zivilen und religiösen Rechten bestehender nicht-jüdischer Gemeinschaften in Palästina vorgreift«.

Während man den Arabern die Unabhängigkeit und den Juden ein eigenes Land versprach, einigten sich Großbritannien, Frankreich, Russland und Italien im geheimen Sykes-Picot-Abkommen, wer im Fall des alliierten Siegs welche Territorien zugeschlagen bekäme. Frankreich sicherte sich Syrien und den Libanon, die Briten den Irak und die Kontrolle über die Häfen Haifa und Akko. Zwei rivalisierende Entwürfe versprachen also Arabern und Juden Unabhängigkeit und favorisierten gleichzeitig die Kolonialisierung, mindestens die Einrichtung von Mandatsgebieten.

Nach dem alliierten Sieg, durch den der englische Schriftsteller und Archäologe **T. E. Lawrence** (1888–1935) als Anführer der Araber berühmt wurde, versuchten die Briten bei verschiedenen Friedenskonferenzen für Palästina einen Kolonialstatus durchzusetzen, mussten sich aber auf Druck der USA und anderer Staaten auf ein Mandatssystem beschränken. Im Jahr 1920 übertrug der Völkerbund Großbritannien das Mandat über Palästina. Durch die dritte und vierte Alijah verdreifachte sich zwischen 1919 und 1928 die jüdische Bevölkerung in Palästina. 1921 besetzte Emir Feisals Bruder, **Emir Abdullah,** das unter britischem Mandat stehende Transjordanland östlich des Jordan. 1946 entließen die Briten das Königreich in die Unabhängigkeit. Abdullahs Großenkel ist der heute regierende **König Abdulla.** Emir Feisal fanden die Briten mit einem unter Mandat stehenden Königreich ab, dem heutigen Irak.

Hussein und Hitler

Zur weiteren Eskalation des jüdisch-arabischen Konflikts in den 1920er-Jahren trugen ebenfalls die Briten bei, als sie **Hadj Amin el-Husseini,** der Hass gegen die Juden verbreitete, zum Großmufti von Jerusalem ernannten. Hussein pflegte engen Kontakt zu Nazi-Deutschland, schrieb Anfang 1941 an Adolf Hitler: »Der arabische Nationalismus schuldet Eurer Exzellenz Dankbarkeit und ist erkenntlich dafür, dass Sie bei wiederholten Gelegenheiten in widerhallenden Reden die palästinensische Frage aufgegriffen haben … Ich schließe, indem ich Eurer Exzellenz ein langes und glückliches Leben wünsche sowie in naher Zukunft den glänzenden Sieg und die Wohlfahrt des großen deutschen Volkes und der Achse.«

Je mehr Juden in Palästina einwanderten, um so öfter kam es zu Feindseligkeiten. Jüdische Immigranten gründeten die **Hagana,** eine paramilitärische Schutzorganisation. NS-Judenverfolgung und Schoah lösten die fünfte Alijah aus. Gegen Ende des Zweiten Weltkriegs lebten ca. 500 000 Juden in Palästina. Großbritannien versuchte aus Angst vor dem eskalierenden jüdisch-arabischen Konflikt die Einwanderung gerade jener dem Holocaust Entkommenen zu unterbinden, die es selbst aus den Konzentrationslagern zu befreien mitgeholfen hatte. Es begann die **Alijah Beit,** die illegale Einwanderung der Juden.

»Die Tatsache, dass kein europäischer Staat imstande gewesen ist, die elementaren Rechte des jüdischen Volkes zu verteidigen und es gegen die Gewalt der faschistischen Henker zu beschützen, erklärt den Wunsch der Juden, einen eigenen Staat zu gründen. Es wäre ungerecht, das nicht zu berücksich-

Bedrückende Gedenkstätte für die Opfer des Holocaust: Yad Vashem in Jerusalem

tigen und das Recht des jüdischen Volkes auf Verwirklichung dieses Wunsches zu verneinen.« So sprach 1947 der sowjetische UN-Botschafter Andrej Gromyko. Die 1947 von der Völkerversammlung beschlossene, auf dem **Peel Report** von 1937 basierende Teilung Palästinas in einen jüdischen und einen arabischen Staat mit wirtschaftlicher Einheit und Jerusalem unter internationaler Kontrolle wurde von den Arabern nicht akzeptiert. Großbritanniens Einfluss in Palästina nahm ab. Am 18. Februar 1947 erklärte die britische Regierung Seiner Majestät, dass sie im Verlangen nach einem jüdischen souveränen Staat und der ebenso starken arabischen Ablehnung einen »unvereinbaren Konflikt der Prinzipien« sehe und deshalb den vorzeitigen Abzug der Briten für den 15. August 1947 plane.

Gründung des Staats Israel

Mit dem Rückzug Großbritanniens war Palästina ein Problem der UN geworden. Uneinig war sich auch das jüdische Lager, wie die Zukunft aussehen könnte. **Ben Gurion,** Leiter der Sicherheitsabteilung der Jewish Agency, war strikt gegen jede Teilung Palästinas. **Chaim Weizmann** entwickelte einen Teilungsplan. Danach sollten die Küstenebenen, Galiläa und der jüdische Teil Jerusalems das Territorium des Staats Israel bilden. Palästina stand unter Kontrolle des United Nations Special Committee on Palestine (UNSCOP). Schon vor der Ausrufung des Staats wanderten Menschen aus 52 Ländern nach Palästina ein. Am 29. November 1947 nahmen die UN die **Resolution 181** an, nach der »unabhängige arabische und jüdische Staaten sowie das besondere internationale Regime für den Stadtbezirk von Jerusalem ... nicht später als am 1. Oktober 1948 zur Existenz gelangen« sollten.

Unabhängigkeitskrieg

Die Araber lehnten jede Teilung Palästinas kategorisch ab und begannen mit Kriegsvorbereitungen, auf welche die Juden reagieren mussten. Um Mitternacht am 14. Mai 1948 endete das britische Mandat. Am selben Tag versammelten sich der jüdische Volksrat und das Volksdirektorium, eine Art Kabinett, unter der Leitung Ben Gurions im Museum von Tel Aviv. Man konstituierte einen provisorischen Staatsrat. Die neue israelische Fahne wurde entrollt, der blaue Davidstern auf weißem Untergrund, flankiert von zwei blauen Längsstreifen. David Ben Gurion verlas die Unabhängigkeitserklärung, in der es u. a. hieß: »Gleich allen anderen Völkern ist es das natürliche Recht des jüdischen Volkes, seine Geschichte unter eigener Hoheit selbst zu bestimmen. Deswegen haben wir ... heute, am letzten Tag des britischen Mandates über Palästina, uns hier eingefunden und verkünden hiermit kraft unseres natürlichen und historischen Rechtes und aufgrund des Beschlusses der UN-Vollversammlung die Errichtung eines jüdischen Staates im Lande Israel – des Staates Israel.«

Bereits in der Nacht vom 14. auf den 15. Mai 1948 erklärten die arabischen Staaten Israel den Krieg. Die Armeen Ägyptens, Syriens, des Transjordanlands, Iraks und des Libanon marschierten in Palästina ein. Doch die arabischen Armeen waren schlecht ausgerüstet, unzureichend ausgebildet, während Israel ein hochmotiviertes, kampferfahrenes und bestens ausgerüstetes Heer in den Krieg schicken konnte. Am 24. Februar 1949 war der Unabhängigkeitskrieg zu Ende. Israel schloss mit Ägypten und den anderen arabischen Gegnern einen Waffenstillstand.

Suezkrise

Verschiedene Ereignisse führten 1956 zu diesem Krieg. Vom ägyptisch besetzten Gazastreifen wurden immer öfter Angriffe gegen Israel gestartet. Ägyptens Präsident Nasser verstaatlichte den Suezkanal und blockierte die Straße von Tiran, wodurch Israels Zugang zum Indischen Ozean und nach Asien abgeschnitten war. Großbritannien und Frankreich, die einen 99-jährigen Pachtvertrag über den Kanal hatten, entschieden sich in Absprache mit Israel für Krieg. Am 29. Oktober 1956 begann die Auseinandersetzung. Oberbefehlshaber **Moshe Dajan** marschierte auf der Halbinsel Sinai ein. Zwei Tage später bombardierten Frankreich und Großbritannien Ägypten, dessen Niederlage am 6. November, als die USA ein Ende des Kriegs erzwangen, besiegelt war.

Sechstagekrieg

Soldaten der Vereinten Nationen auf dem Sinai und in Gaza sicherten seit 1957 den Frieden an der ägyptisch-israelischen Grenze. Doch an den Grenzen zu Syrien und Jordanien kam es seit 1962 immer häufiger zu Gefechten, die im Juli 1966 zu schweren Zusammenstößen von syrischen und israelischen Panzerverbänden führten. Als auf Ägyptens Drängen die Friedenstruppen aus dem Sinai und von Gaza abziehen mussten und Nasser kurz darauf abermals die Straße von Tiran blockierte, machte Israel mobil. Die Großmächte reagierten unterschiedlich auf die Situation: Frankreich wollte keinen Krieg, die USA und Großbritannien stellten sich auf die Seite Israels und die Sowjetunion erklärte sich zu Ägyptens Schutzmacht.

Am 1. Juni 1967 bildete Israels Premier **Levi Eschkol** eine Regierung der nationalen

Einheit. Verteidigungsminister wurde Moshe Dajan, der Mann mit der Augenklappe. Am 5. Juni 1967 starteten 183 israelische Kampfjets Richtung Ägypten und zerstörten in zwei Wellen und knapp fünf Stunden 304 ägyptische Kampfflieger auf dem Boden – drei Viertel der ägyptischen Luftwaffe, die nicht vorbereitet war. Nun griffen Jordanien und Syrien in den Krieg ein. Jordanien verlor seine gesamte Luftwaffe, Syrien etwa die Hälfte. Am 6. Juni besetzte Israel den Gazastreifen, am 7. und 8. Juni Hebron, Ramallah, Nablus und Jericho, am 10. Juni den Sinai. Doch am wichtigsten war die Einnahme Jerusalems. Kurz darauf wurde Jerusalem zur Hauptstadt Israels erklärt, eine Entscheidung, die bis heute nicht international anerkannt ist. Am 9. Juni führte Syrien von den Golanhöhen aus Angriffe gegen Israel. Einen Tag später war der Golan gefallen, der Krieg zu Ende. Neun Tage nach Kriegsende bot Israel Syrien und Ägypten die Rückgabe des Golan und des Sinai als »Gegenleistung für Frieden und Entmilitarisierung« an. Diese Formel sollte auch während der Friedensverhandlungen Anfang der 1990er-Jahre wieder verwendet werden.

Jom-Kippur-Krieg

Die Spannungen zwischen Israel und den Arabern hatten sich seit dem Sechstagekrieg neu aufgebaut. Anstatt auf Frieden zu setzen, beschossen Ägypter vom Frühjahr 1969 an über den Suezkanal hinweg den besetzten Sinai. Die palästinensische Terrorwelle erreichte mit dem Anschlag bei den Olympischen Spielen in München 1972 ihren Höhepunkt. Doch der Krieg, der 1973 an Jom Kippur, also am 6. Oktober, losbrach, überraschte die Israelis, deren Armee nicht mobilisiert war, nicht minder als die übrige Welt. Ägypten und Syrien begannen mit gleichzeitigen Angriffen. Der Sieg schien für die Araber greifbar nahe. Doch am 16. Oktober war die ägyptische Armee eingekesselt und die Israelis standen jenseits des Suezkanals 220 km vor Kairo. Der 18-tägige Krieg endete durch das Drängen der UN auf Verhandlungen, was wohl auch die Absicht war, die Ägyptens Präsident Sadat mit dem Angriff verfolgte – Gespräche am grünen Tisch. Sein Kalkül ging auf, als Ägypten 1979 den Sinai zurückbekam. In Israel musste Ministerpräsidentin **Golda Meir** zurücktreten, das Vertrauen in die stets siegreiche israelische Armee war erschüttert. Die arabische Welt reagierte mit dem Ölembargo gegen den Westen.

Der Weg zum Camp-David-Abkommen

Premierminister **Menachem Begin** rief am 21. Juni 1977 die Führer Jordaniens, Syriens und Ägyptens auf, mit ihm über Frieden zu sprechen. Einzig Ägyptens Staatschef Sadat ergriff die Chance und reiste – nach langen offiziellen Vorgesprächen – am 19. Juli 1977 nach Jerusalem, wo er sich in Yad Vashem vor den Opfern des Holocaust verbeugte und am Nachmittag in der Knesset sprach. »Frieden ist nicht mehr als ein leeres Wort, wenn er nicht auf Gerechtigkeit basiert, sondern auf der Okkupation von Land, das anderen gehört ... Wir bestehen auf dem vollständigen Abzug aus diesen Gebieten, einschließlich aus dem arabischen Jerusalem.«

Am 26. März 1979 wurden in Camp David, dem Landsitz des US-Präsidenten Jimmy Carter, Rahmenvereinbarungen für einen Friedensvertrag zwischen Israel und Ägypten geschlossen. Die meisten arabischen Länder lehnten dies ab. Ägypten wurde von der Arabischen Liga ausgeschlossen und Sadat, der mit Begin dafür den Friedensnobelpreis erhielt, unterschrieb mit der Urkunde auch sein Todesurteil. Am 6. Oktober 1981 wurde er von Terroristen »wegen seines Verrats« erschossen. Der Frieden zwischen Ägypten und Israel ist bis heute ein kalter Frieden geblieben. Aber Camp David bereitete den Weg für die Verhandlungen ab den 1990er-Jahren.

Operation Frieden für Galiläa

Am 6. Juni 1982 marschierte die israelische Armee im Südlibanon ein. Sechs Wochen lang wurde der von palästinensischen und schiitischen Gruppen kontrollierte Westteil Beiruts trotz internationaler Proteste systematisch bombardiert und ausgehungert, bis PLO-Führer Arafat nachgab und mit 13 000

Fatah und Hamas

Thema

Der Feind meines Feindes ist mein Freund – Fatah und Hamas, die großen palästinensischen Flügel, entsprechen selten dieser Redewendung. Zu unterschiedlich sind die Ansichten, wie mit dem Kontrahenten Israel umzugehen sei.

Die Fatah ist die Bewegung zur nationalen Befreiung Palästinas. Sie tritt für eine Zwei-Staaten-Lösung unter Anerkennung Israels ein. Die Hamas spricht Israel jedes Existenzrecht ab, will den Judenstaat von der Landkarte löschen.

Die Fatah wurde 1959 von Jassir Arafat und anderen gegründet. Ein unabhängiges demokratisches Palästina, so die Doktrin, sollte durch den weltweiten bewaffneten Kampf erreicht werden. 1968 schloss sich die Fatah der PLO an, wurde deren stärkster Flügel. Bis zum schwarzen September 1970 (Attentat auf König Hussein, Entführungen westlicher Flugzeuge) beherbergte Jordanien die PLO, dann warf König Hussein die Freischärler aus seinem Land. Libanon und Tunesien waren Stationen von Arafats bis 1993 andauerndem Exil. Dem Terrorismus hatte die PLO damals schon abgeschworen, erkannte im Rahmen der Oslo-Verhandlungen das Existenzrecht Israels schriftlich an.

1993/94 war Arafat bereits ein gefährlicher Gegner auf eigenem Territorium erwachsen. Unter dem Eindruck der ersten Intifada (1987–91) hatte sich aus der im Gazastreifen und dem Westjordanland ursprünglich nur sozial und karitativ tätigen Moslembruderschaft die militante Hamas (Islamischer Widerstand) gebildet. Damit war unter dem gewaltbereiten Scheich Ahmed Yasin ein Gegengewicht zu Arafats Fatah geschaffen. Viele Politologen sind überzeugt, Israel habe die Hamas zu eben diesem Zweck anfangs gefördert. Der Plan, so es ihn gab, ging schief. Die Hamas wurde zwar der härteste Gegner der Fatah – aber auch der größte Feind Israels.

Die Hamas, munitioniert von Syrien und dem Iran, überzog mit Islamischem Jihad und Al-Aqsa-Brigaden Israel v. a. während und nach der zweiten Intifada (2000–05) mit Dutzenden Selbstmordattentaten, permanentem Raketenbeschuss. Tat die Fatah einen Schritt zum Frieden, dann sorgte die Hamas dafür, dass er durch Terror wieder rückgängig gemacht wurde. Kritiker wurden von der Hamas verfolgt, oft getötet.

In den offenen Bruderkrieg traten Hamas und Fatah (seit 2005 unter Arafat-Nachfolger Mahmoud Abbas) mit den Wahlen von 2006. Die Hamas stellte ihren Wahlkampf auf die unter den Fatah-Anhängern grassierende Korruption ab, gewann die absolute Mehrheit. Auskosten konnte die Hamas ihren Sieg nicht. Die USA und die EU verweigerten ihrer Regierung jede Unterstützung. 2006 bildeten Hamas und Fatah eine Einheitsregierung, die nur kurz hielt. Nach blutigen Kämpfen übernahm die Hamas 2007 die Kontrolle über Gaza. Abbas und die Fatah zogen sich, unterstützt von EU, USA und Arabischer Liga, auf die Westbank zurück – eine Art innerpalästinensische Zwei-Staaten-Lösung.

2009, nach Israels Operation Gegossenes Blei, die die Hamas provoziert und dafür auch aus dem arabischen Lager heftige Schelte geerntet hatte, bahnt sich eine neue Entwicklung an. Die neue US-Regierung scheint bereit zu sein, als Vermittler die Hamas in Gesprächen einzubinden.

Menschen auf dem Seeweg evakuiert wurde. Die Operation Frieden für Galiläa (Shalom HaGalil) hätte zu Ende sein können, doch die Israelis marschierten in West-Beirut ein. In den Flüchtlingslagern Sabra und Shatila wurden 3000 Männer, Frauen und Kinder ermordet. Erstmals formulierte die israelische Öffentlichkeit Kritik an der Armee und den Übergriffen auf Zivilisten. In Tel Aviv kam es zu Demonstrationen. Im September protestierten über 400 000 Israelis, ein Fünftel der erwachsenen Bevölkerung, gegen die Barbarei der Armee. Begin sah sich deswegen 1983 zum Rücktritt gezwungen. Die PLO ging aus dieser Situation gestärkt hervor.

Jüngere Geschichte

Erste Intifada

Internationale Anerkennung blieb der PLO wegen ihres Terrorismus auch dann noch verwehrt, als sie einen Beobachterstatus bei den Vereinten Nationen bekam und botschaftsähnliche Büros in vielen Hauptstädten unterhielt. Seit 1974 akzeptierte die PLO den Staat Israel in seinen Grenzen vor dem Sechstagekrieg von 1967. Auf dem Nationalkongress 1988 wurde der Palästinenserstaat proklamiert, basierend auf den Grenzen des UN-Teilungsplans von 1947. Jordaniens König Hussein verzichtete auf alle die Westbank betreffenden Rechte zugunsten der Palästinenser. Doch dem ging die Intifada voraus. Vom 8. zum 9. Dezember 1987 begann auf der Westbank und in Gaza der Aufstand der Palästinenser. Mit Steinen, Flaschen, Knüppeln und Molotowcocktails griffen vor allem Jugendliche israelische Soldaten an und provozierten damit harte Gegenmaßnahmen, durch die die Weltöffentlichkeit auf die palästinensische Tragödie aufmerksam wurde.

Israels Regierung reagierte hart, sperrte die palästinensischen Gebiete, schloss Schulen, reagierte auf Steinewerfer mit Plastikgeschossen. Auch auf Kinder und Jugendliche wurde das Feuer eröffnet. Die Intifada veränderte auch Israels Innenpolitik. Junge Israelis verweigerten den Wehrdienst in den Intifada-Gebieten. Eine breite Öffentlichkeit erkannte das Recht der Palästinenser auf einen selbstständigen Staat an.

Palästinensische Autonomie

Vom 20. bis 22. Januar 1993 verabredeten sich israelische und arabische Unterhändler zu einem Geheimtreffen in Oslo/Norwegen. Diese Zusammenkunft und die zahllosen folgenden Verhandlungen führten schließlich zur Declaration of Principles, kurz **Oslo I,** und zum Gaza-Jericho-Grundsatzabkommen, kurz **Oslo II,** das am 13. September 1993 von Premier **Yitzhak Rabin,** Außenminister **Shimon Peres,** Palästinenserführer **Jassir Arafat** und US-Präsident **Bill Clinton** in Washington unterzeichnet wurde. In Artikel XIV heißt es kurz und knapp: »Israel wird sich aus dem Gazastreifen und dem Gebiet von Jericho zurückziehen.« Bereits vorher hatte Arafat »das Recht des Staates Israel anerkannt, in Frieden und Sicherheit zu existieren«. Ausgespart blieb die alles entscheidende Jerusalem-Frage (s. S. 150).

Dem **Washingtoner Rahmenabkommen** mit den Palästinensern, im Mai 1994 in Kairo *en détail* bestätigt, folgte der **Frieden mit Jordanien,** feierlich besiegelt am 26. Oktober 1994 im Wadi Araba bei Aqaba. Seit 1999 zeigte sich Israel bereit, mit Syrien zu verhandeln. Syrien fordert zuerst die bedingungslose Rückgabe der Golanhöhen, danach wolle man über Frieden verhandeln. Israels Position lautet »Land gegen Frieden«. Vorangebracht wurde die Verwirklichung der palästinensischen Autonomie. Im September 1995 unterzeichneten Premier Rabin und Arafat in Washington das **erweiterte Autonomieabkommen,** das den Rückzug aus sieben Städten (u. a. Bethlehem, Nablus und Ramallah) und 450 Dörfern im Westjordanland regelt.

Ermordung Yitzhak Rabins

Am 4. November 1995 waren 100 000 Israelis in Tel Aviv zu einer Friedensdemonstration zusammengekommen. In den Seitenstraßen sammelten sich rechtsradikale Juden, die die US-Flagge verbrannten und eine Puppe anzündeten, die Ministerpräsident Yitzhak Rabin darstellte. Auf der Kundgebung sprach auch Rabin. Kurz nach seiner Rede stürmte ein 27-jähriger Student, Anhänger der extremistischen jüdischen Kach-Bewegung, auf den Friedensnobelpreisträger zu und tötete ihn mit drei Schüssen. Wie weit der Friedensprozess zu diesem Zeitpunkt schon gediehen war, sah man bei der Beisetzung Rabins: Außer König Hussein von Jordanien und Ägyptens Staatschef Hosni Mubarak kamen wichtige arabische Regierungsmitglieder der palästinensischen Selbstverwaltung, dazu Minister aus dem Oman, Qatar, Mauretanien und Marokko, die erstmals ihren Fuß auf israelischen Boden setzten.

Im Januar 1996 wurde Jassir Arafat mit überwältigender Mehrheit zum palästinensischen Präsidenten gewählt. Seine Wahl war eine klare Absage an die **Hamas-Bewegung** (s. S. 44), die aus Protest gegen den israelisch-palästinensischen Frieden die Wahl boykottierte und in den Wochen darauf bei spektakulären Bombenattentaten u. a. in Jerusalem und Tel Aviv über 60 Zivilisten tötete und damit den Friedensprozess stoppen wollte. Kurz vor den Knesset-Wahlen im Mai 1996 geriet die Regierung Peres, die sich ihres Siegs schon sicher war, durch Anschläge palästinensischer Anti-Friedens-Terroristen unter innenpolitischen Druck, denn Benjamin Netanjahus oppositioneller Likud-Block gewann dadurch bei Umfragen mehr und mehr die Sympathien der Wähler.

Bomben auf Beirut

Im April 1996 reagierte die Regierung Peres militärisch auf die Terrorwelle der Hamas und auf die zunehmenden Katjuscha-Angriffe der pro-iranischen Hisbollah im Süden des syrisch kontrollierten Libanon. In der Operation Früchte des Zorns (u. a. 104 Tote im UN-Hospital von Qanaa) bombardierten Artillerie und Kampfflugzeuge erstmals nach 14 Jahren wieder Beirut. Doch die Wahlen gewann **Benjamin Netanjahu,** der in den drei Jahren seiner Regierung den Friedensprozess systematisch demontierte, Abkommen brach und den Bau von Siedlungen vorantrieb. Die Quittung der Wähler bekam er im Mai 1999, als **Ehud Barak** mit überraschend klarer Mehrheit zum neuen Premier gewählt wurde und eine breite Koalition bildete.

Zweite Intifida

Am 28. September 2000 machte sich der Likud-Führer und spätere Premier Ariel Scharon in Begleitung von Hunderten Journalisten, Militärs und Polizisten zu einem Besuch des Tempelbergs auf. Die Botschaft war eindeutig: Der Tempelberg, auf dem Felsendom und Al-Aqsa-Moschee stehen, war, ist und bleibt jüdisch. Es kam zu gewalttätigen Auseinandersetzungen mit Palästinensern, auf die israelische Sicherheitskräfte mit scharfer Munition schossen und viele verletzten, etliche töteten. In der durch eine Reihe von Selbstmordattentaten im Herzland Israels bereits aufgeheizten politischen Situation führte der Scharon-Besuch zur zweiten Intifida, zumindest aber beschleunigte die provokante Aktion deren unaufhaltsames Ausbrechen. Die Palästinenser sprechen von der Al-Aqsa-Intifada, ein Aufstand, der ungleich blutiger ausfiel als die erste Intifada. Israels Antwort waren die Besetzung von Teilen des Westjordanlands und des Gazastreifens sowie regelmäßige schwere Bombardierungen.

Scharon wird Premierminister

Im Februar 2001 wurde **Ariel Scharon** Ministerpräsident von Israel, 2003 im Amt bestätigt. Die Wahlen gewann er mit dem Versprechen, die durch zahlreiche palästinensische Selbstmordattentate desolate innere Sicherheit Israels wiederherzustellen. Als Kopf des Terrors gegen Israel betrachtete Scharon seinen Erzfeind, Jassir Arafat, den er als Gesprächspartner von Anfang an ablehnte.

2003 begann Israel mit dem Bau einer über 750 km langen Sperranlage, die das Westjordanland von Israel trennt und international kritische Assoziationen zum Berliner Mauerbau hervorruft. Durch den rechtswidrigen Verlauf der Anlage verlor das palästinensische Westjordanland, wie später Israels höchste Gerichte bestätigten, einen Teil seines Territoriums. Am 11. November 2004 starb Arafat bei Paris.

Scharon-Plan

Im Dezember 2003 überraschte Scharon Freund, Feind und die Völkergemeinschaft mit dem sogenannten Scharon-Plan, der den einseitigen Abzug aus Gaza und Teilen des Westjordanlands vorsah, da die militärische Besetzung auf Dauer nicht bezahlbar war. Die Umsetzung führte zu einer Regierungskrise, in deren Verlauf Scharon die Arbeitspartei als neuen Koalitionspartner gewinnen konnte. Siedlerbewegung und Rechte warfen Scharon Verrat an seiner eigenen Politik vor. Als Reaktion auf den wachsenden Widerstand auch in seiner eigenen Likud-Partei trat Scharon im November 2005 als Premier zurück, verließ die Partei und wollte mit der neu gegründeten Partei Kadima (›Vorwärts‹) zu Neuwahlen antreten. Die Zeichen standen auf Wahlsieg, doch es kam nicht mehr dazu. Schlaganfall, Gehirnblutung, Koma – im April 2006 wurde Scharon vom Kabinett für amtsunfähig erklärt, sein bisheriger Stellvertreter **Ehud Olmert** neuer Premierminister.

Olmert gewann die Wahlen 2006, will bis 2010 unter Aufgabe illegaler jüdischer Siedlungen die Grenzen für Israel festlegen, einseitig – so sagt er es. Einen Gesprächspartner hat Olmert auf palästinensischer Seite ohnehin nicht, seit die Hamas, die Israels Existenzrecht nicht anerkennt, bei den Wahlen 2006 die absolute Mehrheit gewonnen und der gemäßigte Arafat-Nachfolger **Mahmoud Abbas** kaum noch politischen Spielraum für verbindliche Gespräche oder Verhandlungen hat. Olmert selbst ist Premier auf Abruf und wegen nachgewiesener Korruption innenpolitisch schwer angeschlagen.

Libanon-Desaster

»Israel vollzieht mit der am 12. Juli 2006 begonnenen Militäroperation Gerechter Preis einen Akt der Selbstverteidigung in seiner wesentlichsten Natur.« So rechtfertigte im Sommer 2006 Premier Olmert eine gegen den Libanon gerichtete Militäraktion, deren erklärtes Ziel es war, nach der Entführung eines israelischen Soldaten durch die Hisbollah diese im Südlibanon zu entwaffnen und den unaufhörlichen Beschuss des Nordens Israels mit Katjuscha-Raketen ein für allemal zu

Ariel Sharon – seine Politik verschärfte den Nahost-Konflikt

Von Mauern umgeben: das autonome Palästina

unterbinden. International heftig kritisiert, aber von den USA toleriert, legte die israelische Luftwaffe im Zug dieses Kurzkriegs Teile Beiruts und des Libanons in Schutt und Asche, zerbombte Wohnviertel (und wissentlich sogar einen UN-Posten) und tötete Unschuldige – erfolglos. Am Ende musste Israel einen so peinlichen Waffenstillstand akzeptieren, wie ihn das Land noch nie erlebt hat. Die Aktion geriet zu einer Selbstdemontage der Regierung Olmert, von einer Entwaffnung der Hisbollah konnte keine Rede sein.

Ende 2006 geriet Olmert wegen des Libanon-Debakels innenpolitisch unter Druck. Den Palästinensern stellte er zwar für wahren Frieden einen unabhängigen Staat in Aussicht, doch seine politischen Gegner wie der Journalist und Historiker Tom Segev glauben, Olmert kehre zu seinem wahren Ich zurück. Er werde keine jüdische Siedlungen, nicht einmal die illegalen auflösen, habe auch nicht das Format, um mit den gesprächsbereiten Syrern und den Palästinensern Friedensgespräche zu beginnen. Mit wem auch? Die Hamas, die Israel das Existenzrecht abspricht, hat die Wahlen in Palästina mit absoluter Mehrheit gewonnen. Olmerts Verhandlungspartner, Palästinenserpräsident Abbas, ist nach dem Scheitern seiner im März 2007 vereidigten Einheitsregierung aus Fatah und Hamas ein Herrscher ohne wirkliche Macht.

Treffen von Annapolis

Beim Treffen von Annapolis 2007, der ersten Nahost-Friedenskonferenz seit 2000, nahmen Israel und Palästina einen neuen Anlauf, Frieden auf der Basis der Zwei-Staaten-Lösung zu schließen. Olmert signalisierte die Bereitschaft, seit Jahrzehnten besetzte Gebiete zurückzugeben, auch heikle Themen wie die Jerusalem-Frage, die Grenzen des Palästinenserstaats oder die Flüchtlingsfrage anzugehen. Innenpolitisch blieben Abbas ähnlich glänzende Auftritte verwehrt. Im Juni 2007 setzte Abbas die Einheitsregierung ab, denn der Bruderkrieg zwischen Fatah und Hamas hatte nicht nur über 100 Tote auf beiden Seiten gefordert, sondern auch der radikalen Hamas die vollständige Machtübernahme im Gazastreifen ermöglicht. Die Hamas-Herrschaft sollte sich als blutig erweisen. Andersdenkende werden verfolgt, Kollaborateure gefoltert und gelyncht – der Verdacht genügt.

60 Jahre Israel

Das Jahr 2008 stand für Israel im Zeichen der Feiern zum 60-jährigen Bestehen des Staats. Eine neue Friedensinitiative unternahm die internationale Gemeinschaft im Juni 2008 mit der Palästina-Konferenz in Berlin. Über 40 Staaten sagten der Palästinensischen Autonomiebehörde für das Westjordanland 156 Mio. Euro für den Aufbau von Polizei, Justiz und Strafvollzug zu. Ausgenommen von der Unterstützung blieb ausdrücklich der von der militanten Hamas kontrollierte Gazastreifen.

Über Frieden nachdenken, den Unfrieden zementieren, das war im Juli 2008 in gewohnter Manier die Politik der Jerusalemer Stadtverwaltung. Den jüdischen Siedlern im östlichen Stadtteil Har Homa genehmigte die Planungsbehörde den Bau von 920 Wohnungen. Die Neubauten in Har Homa hatten bereits 1997 zu Protesten von Palästinensern und zur Aussetzung der Besiedlung für zwei Jahre geführt. In Akko kam es nach Provokationen arabischer Jugendlicher (sie fuhren an Jom Kippur durch ein jüdisches Viertel) zu blutigen Unruhen zwischen jüdischen und arabischen Israelis, Ausdruck des wachsenden gegenseitigen Misstrauens. In den Augen der radikalen Rechten sind die israelischen Araber eine feindselige fünfte Kolonne. Ultrarechte verlangen, israelische Araber in die palästinensischen Gebiete zu deportieren.

Operation Gegossenes Blei

Zwischen Weihnachten und Silvester 2008 startete Israels Armee als Antwort auf den anhaltenden Raketenbeschuss eine Großoffensive gegen die Infrastruktur und Führung der Hamas im Gazastreifen. Nach offiziellen Angaben hatten seit Herbst 2001 über 10 000 Raketen in israelischen Grenzstädten eingeschlagen und dabei 32 Israelis getötet, über 600 verletzt. Auf Vermittlung insbesondere Ägyptens, das der Hamas eine erhebliche Mitschuld an dem Krieg zuspricht, kam es zu einer Waffenruhe.

Koalition der Friedensverweigerer

Aus den Neuwahlen 2009 ging **Benjamin ›Bibi‹ Netanjahu** (Likud) als Ministerpräsident hervor. Möglich machte dies eine Koalition mit Ehud Baraks Arbeitspartei sowie dem Chef der ultrakonservativen Partei Beitenu (›Unser Israel‹), dem bulligen **Avigdor Lieberman.** Netanjahu und Lieberman lehnen beide eine Eigenstaatlichkeit Palästinas ab. Lieberman, nach seiner Übersiedlung 1978 von Moldawien zunächst Nachtclub-Türsteher, gilt als ein Mann der markigen Worte. In der Vergangenheit hatte er die Hinrichtung arabischstämmiger Abgeordneter mit Kontakten zur radikalislamischen Hamas gefordert. Im Wahlkampf forderte er von arabischen Israelis unter dem Motto Kein Bürgerrecht ohne Loyalität einen Treueschwur auf den Staat Israel. Bei seinen Gegnern trug ihm dies den Ruf eines Rassisten und Faschisten ein. Doch sein Kalkül geht auf: Liebermans Wähler sind, seit er 1999 erstmals in die Knesset einzog, die rund 1 Mio. Einwanderer aus der früheren Sowjetunion. Bei der Wahl im Februar 2009 gewann Beitenu 15 Mandate, wurde drittstärkste Kraft im Land. An seinem ersten Arbeitstag als Außenminister erteilte Lieberman Anfang April 2009 umfassenden Friedensgesprächen mit den Palästinensern eine Absage, an Annapolis sei Israel nicht gebunden. Die Koalition galt von Anfang an als wackelig. Die Arbeitspartei spricht sich – anders als Netanjahu und Lieberman – für eine Zweistaatenlösung aus. Parteimitglieder werfen Barak vor, nur aus billigem Machtstreben und Angst vor dem Verlust seines Amts als Verteidigungsminister dieser Koalition beigetreten zu sein. Netanjahus Regierung ist mit 30 Ministern und neun Stellvertretern die größte der Welt – jeder zweite Abgeordnete der Koalition sitzt zugleich am Kabinettstisch, der eigens verlängert wurde.

2009 leiteten die USA eine neue Friedenspolitik ein. Barack Obama forderte von Israel in nie gehörter Deutlichkeit den Stopp jeglichen Siedlungs(aus)baus und die Zweistaatenlösung; die Hamas müsse dem Terror abschwören, Israel anerkennen, verhandeln.

Zeittafel

ab 14 000 v. Chr.	In Palästina existieren nomadische Jäger und Sammler.
3100–13. Jh. v. Chr.	Erste Stadtstaaten in Kanaan. Abrahams Nachkommen wandern nach Ägypten aus. Moses führt die Israeliten ins gelobte Land.
11./10. Jh. v. Chr.	König Salomo errichtet den Ersten Tempel. Nach seinem Tod zerbricht das Reich in Israel (Norden) und Juda (Süden).
586 v. Chr.	Der Tempel in Jerusalem wird zerstört. Juden kommen in babylonische Gefangenschaft.
529 v. Chr.	Perserkönig Kyros erlaubt den Juden die Rückkehr nach Jerusalem. Die Arbeiten für den Zweiten Tempel beginnen.
336–323 v. Chr.	Alexander der Große erobert Palästina und Jerusalem.
1. Jh. v. Chr.	Palästina wird 63 v. Chr. römische Provinz. Herodes restauriert den Zweiten Tempel.
3–39 n. Chr.	Unter dem Prokurator Pontius Pilatus wird Jesus gekreuzigt.
66–73	Aufstand gegen die Römer. 70 erobern die Römer Jerusalem, zerstören den Tempel.
135–350	Der Bar-Kochba-Aufstand scheitert. Kein Jude darf mehr Jerusalem betreten.
638–1009	Siegeszug des Islam. Jerusalem bleibt allen Religionen zugänglich.
1095–1291	Papst Urban II. ruft zu den Kreuzzügen auf. Jerusalem ist Kreuzfahrermonarchie. Araberführer Saladin erobert 1187 Palästina zurück.
1516–1917	Der osmanische Sultan Selim I. nimmt Jerusalem ein. Sein Sohn Sultan Sulaiman errichtet Jerusalems Altstadt.
1897	Theodor Herzl präsentiert seine Idee vom eigenen Judenstaat.
1937–47	Die Briten schlagen die Teilung Palästinas in einen jüdischen und einen arabischen Staat vor.
1948	Abzug der Briten. Am 14. Mai erklärt Israel die Unabhängigkeit.

Suezkrise – Israel erobert den Sinai und räumt ihn auf UN-Drängen. **1956**

Sechstagekrieg: Israel erobert Ost-Jerusalem, Westjordanland, Golan und Sinai. **1967**

Jom-Kippur-Krieg: Ägypten gewinnt einen Teil des Sinai zurück. **1973**

Ägyptens Präsident Sadat verhandelt in Jerusalem über Frieden. **1977**

Im Camp-David-Abkommen gibt Israel den Sinai an Ägypten zurück. **1979–85**

Beginn der ersten Intifada. Jordanien tritt 1988 seine Ansprüche auf das Westjordanland an die PLO ab. **1987–88**

1993 einigen sich Israel und die PLO auf die Osloer Prinzipienerklärung. Jordanien und Israel schließen 1994 Frieden und nehmen diplomatische Beziehungen auf. Bei einer Friedenskundgebung 1995 in Tel Aviv erschießt ein jüdischer Extremist Ministerpräsident Yitzhak Rabin. Jassir Arafat wird 1996 zum ersten palästinensischen Präsidenten gewählt. **1993–96**

Likud-Führer Ariel Sharon, ab 2001 Premier, löst mit seinem Tempelbergbesuch Unruhen aus. Beginn der zweiten Intifada. **2000–01**

Baubeginn der Grenzmauer zum Westjordanland. Das Nahost-Quartett USA, EU, UN und Russland präsentiert einen Plan für die Zwei-Staaten-Lösung. **2002–03**

Am 9. November endet Israels Besetzung des Gazastreifens. **2005**

Die Hamas gewinnt die Wahlen in den Autonomiegebieten. Premier Ehud Olmerts Südlibanon-Feldzug endet als Desaster. **2006**

Bruderkrieg im Gazastreifen. Die Hamas jagt und tötet Fatah-Anhänger. Im Krieg gegen die Hamas marschiert Israel 2008 im Gazastreifen ein. **2007–08**

Der neue Premier Benjamin Netanjahu bildet eine Koalition u. a. mit dem ultranationalistischen Avigdor Lieberman. Beide lehnen die Zwei-Staaten-Lösung und den Siedlungsstopp, wie sie Barack Obama in seiner Kairoer Rede mit Nachdruck einfordert, ab. **2009**

In Israel leben rund 1,5 Mio. Araber,
etwa 20 % davon sind gläubige Christen

Gesellschaft und Alltagskultur

Israel war schon eine Multikulti-Gesellschaft, als es den Begriff noch gar nicht gab. Das Land ist ein Schmelztiegel für Menschen aus aller Welt und Kreuzungspunkt für die drei monotheistischen Weltreligionen.

Bevölkerung

Wenn man die vielen verschiedenen Gesichter und Menschentypen in Israel ansieht, hat man in Augenblicken eine kleine Weltreise hinter sich. Israel ist ein ausgesprochenes Einwanderungsland mit Bürgern aus über 140 Nationen. Anspruch auf den israelischen Pass hat, wer entweder Kind einer jüdischen Mutter oder aber zum jüdischen Glauben übergetreten ist und keiner anderen Religion angehört – unabhängig von einer anderen Nationalität. Israel hält seine Tore demonstrativ weit offen, wohl auch deshalb, weil man während des Holocaust erleben musste, wie Großbritannien als Mandatsmacht die Auswanderung von Juden nach Palästina erbarmungslos blockierte oder wie die USA sich weigerten, die Quote für jüdische Flüchtlinge hinaufzusetzen.

Israel hatte 2009 7,41 Mio. Einwohner. Im Vergleich zu 1960 (2,15 Mio. Einw.) hat sich die Bevölkerung in knapp 50 Jahren in etwa verdreieinhalbfacht. Über ein Drittel aller Juden weltweit lebt in Israel – Tendenz steigend. Die Bevölkerungsdichte lag 2008 bei 305 Menschen pro Quadratkilometer gegenüber 106,2 im Jahr 1960. Über 20 % der Bevölkerung leben im Großraum Tel Aviv, mehr als 10 % in Jerusalem. 3,3 % der Israelis wohnen im Kibbuz. Die Lebenserwartung in Israel gehört zu den höchsten der Welt. Sie liegt für Frauen bei 82,3 und für Männer bei 78,3 Jahren. Die Fertilität von 2,9 ist die höchste unter den Industriestaaten.

Ein besonderes Problem der Unterbringung und auch Eingliederung in die Gesellschaft stellten in den vergangenen Jahren die Einwanderer dar. Über 800 000 kamen zwischen 1989 und 1999 v. a. aus der ehemaligen Sowjetunion, aber auch aus Äthiopien. Unter den Einwanderern, die Hälfte 15 Jahre und älter, gab es überdurchschnittlich viele Akademiker. Ein Großteil davon fand bis heute keine Anstellung im erlernten Beruf. Israels Wirtschaftsaufschwung ermutigte bis 2008 auch Juden aus Europa und den USA, in Israel einzuwandern.

Sephardim

Mehr als die Hälfte der Bevölkerung stammt aus dem Orient. Sie werden als Juden sephardischen Ursprungs bezeichnet. Sephardisch leitet sich von dem Wort Sefarad ab, das eigentlich Spanien bedeutet. Man versteht darunter heute alle Juden (und deren Nachfahren) aus Arabien und dem Maghreb, die bis zu ihrer Vertreibung im 15./16. Jh. in Spanien und Portugal gelebt hatten.

Ashkenasim

Als Ashkenasim (›deutscher Herkunft‹) bezeichnet man Juden aus Europa, den Vereinigten Staaten, Australien und Neuseeland. Im 19. Jh. stellten die Sephardim die jüdische Elite in Palästina. Doch den ashkenasischen Juden, meist aus wohlhabenden Gemeinschaften stammend, wird der weitaus größere Einfluss auf die Entwicklung Israels und der modernen Gesellschaft zugeschrieben.

Andere jüdische Gruppierungen

Soweit die Mehrheit der Bevölkerung, aber es gibt auch **kurdische Juden** aus dem Irak, **in-**

dische Juden oder die **Buchara-Juden** aus Zentralasien. Die in den 1980er- und 1990er-Jahren aus Äthiopien evakuierten 26 000 Juden werden **Falaschen** genannt. Um sie gab es einen erbitterten Streit, da sie Riten aus der Zeit des Ersten Tempels pflegten und nicht koscher lebten. Das Oberrabbinat als höchste jüdische Autorität wollte diesen Immigranten aus Äthiopien die Zugehörigkeit zum jüdischen Glauben absprechen. Unter dem öffentlichen Druck gaben die obersten Rabbiner schließlich nach.

Araber

Rund 1,5 Mio. Israelis sind Araber, davon 20 % koptische, katholische, maronitische oder griechisch-orthodoxe Christen und 80 % Muslime, meist der sunnitischen Glaubensrichtung angehörend. Die Araber mit israelischem Pass haben sich in den vergangenen Jahren mehr und mehr von ihrem Staat entfremdet. Wie in Sippenhaftung fühlen sie sich für Israels Konflikt mit den Palästinensern verantwortlich gemacht. Viele bezeichnen sich heute demonstrativ als Palästinenser und sagen, Israel sei nicht ihr Staat, zumal sie weder in der Nationalhymne noch in Symbolen der Flagge vorkämen.

Drusen

In vielen Dörfern Galiläas leben Drusen, die sich arabisch kleiden und arabisch sprechen, sich aber im 11. Jh. vom Islam mit einem eigenen Verständnis des Korans abgewandt haben. Darazi, persischer Vertrauter des Fatimiden-Kalifen Hakim, hatte sich Anfang des 12. Jh. in den Libanon geflüchtet und dort die Glaubensgemeinschaft gegründet. Die Drusen verehren als höchsten Heiligen Hakim, glauben an Seelenwanderung (ausschließlich unter Menschen, nicht Tieren) und Reinkarnation, lehnen Polygamie ab. Nach ihrem Glauben ist von der Geburt bis zu Tod alles vorbestimmt. Eine Missionierung Andersgläubiger verbietet der Respekt vor allen Religionen und Propheten – man kann weder zum drusischen Glauben konvertieren noch ihn verlassen.

Menschen unterschiedlichster Kulturen prägen das Einwanderungsland Israel

Auf dem Golan gibt es einige Drusendörfer, die jede Zugehörigkeit zu Israel ablehnen, deren Bewohner einen syrischen Pass haben, die wiederum ihre Kinder in Damaskus studieren lassen. Als offen und freundlich gelten die Drusen in den Dörfern Isfiya und Daliyat el Karmel (s. S. 247). Sie fühlen sich dem Staat Israel zugehörig, dienen in der Armee.

Beduinen und Samaritaner

Bei den Beduinen, die man im Negev findet, existiert sowohl traditioneller Nomadismus mit Viehzucht und Handel als auch die halbnomadische und sogar sesshafte Lebensweise. Eine kaum mehr fassbare Minderheit sind die Samaritaner (s. S. 67). Sie erkennen nur das Buch Mose an und lassen ihn als einzigen Propheten gelten.

Sprache

Hebräisch ist die Sprache der Bibel und seit damals hat sich das Vokabular vervielfacht. Vom 2. Jh. n. Chr. bis zum Ende des 19. Jh. war Hebräisch eine nur der Religion vorbehaltene Sprache. Theodor Herzl (s. S. 186) hatte für die neue Nation an Deutsch als eine der Hauptsprachen gedacht. Vollendete Tatsachen schuf ein anderer: Der Immigrant Eliezer Ben Jehuda (1858–1922) war der erste, der Hebräisch im Alltag sprach, denn jede Nation, so argumentierte er stets, brauche ihre eigene Sprache. Von seinen Mitbürgern wurde er anfangs schlicht für verrückt gehalten. Er erzog seine Kinder in dem von ihm modernisierten Hebräisch. 1911 gab es bereits die ersten Demonstrationen, die forderten, Hebräisch zur Amtssprache zu erklären.

Heute hat die Akademie für Hebräische Sprache (www.hebrew-academy.huji.ac.il) u. a. die Aufgabe, für alle Dinge, die nach der Bibel entdeckt und erfunden wurden, neue Wörter zu kreieren. Über 100 000 Begriffe wurden so geprägt. Im Alltag erlebt das moderne Hebräisch *(Iwrit)* seine Modernisierung auf ganz andere Weise. Wenngleich sich die Akademie bemühte, durch die hebräischen Substantive ›Ferne‹ und ›Sprecher‹ ein eigenes Wort für Telefon zu schaffen – durchgesetzt hat es sich nicht. Fast jeder sagt ›Telefon‹.

Anglizismen prägen die Sprache und Immigranten brachten aus dem Jiddischen, Spanischen, Russischen, Französischen und Deutschen einen eigenen Wortschatz mit, der häufig mit dem Hebräischen verschmolzen ist. Auch das Arabische findet sich in der Umgangssprache reichlich wieder, *yalla* (›los geht's, auf geht's‹) wird z. B. gern gebraucht.

Im Umgang mit Palästinensern ist die zweite Amtssprache **Arabisch.** Viele Israelis sprechen fließend Englisch, Französisch, Deutsch und auch Arabisch. **Jiddisch** ist eine Mischung aus Mittelhochdeutsch und Hebräisch. In seiner modernen Ausprägung ist es – durch Juden aus Polen, Litauen, Weißrussland und der Ukraine – um slawische und sogar alte romanische Elemente erweitert. Hören Sie gut hin bei Jiddisch: Manches Wort kommt Ihnen sicher sehr bekannt vor!

Religionen

Israel ist der einzige Staat der Welt, in dem Juden die Mehrheit der Bevölkerung bilden. Kaum ein Staat als Israel war mehr prädestiniert, eine Theokratie zu werden. Doch schon Theodor Herzl, der Vater des Zionismus, bestand gegen vielerlei Widerstände auf absolute Religionsfreiheit. Auch Ben Gurion, ab 1948 Israels erster Premierminister, machte sich für den Schutz aller Religionen stark, wenn er auch zeitweilig, wie in seinen Memoiren nachzulesen ist, eine jüdische Theokratie vorgezogen hätte. So garantiert Israels Unabhängigkeitserklärung Religionsfreiheit und sichert den Schutz der heiligen Plätze aller Religionen. Die Nagelprobe für dieses Versprechen kam mit dem Sechstagekrieg, in dem Israel den Ostteil Jerusalems eroberte. Vorher war es den Juden verwehrt, im jordanischen Ost-Jerusalem an der Klagemauer zu beten, und israelische Araber hatten keinen Zugang zum Felsendom und der Al-Aqsa-Moschee. Seit 1967 haben nun alle Gläubigen die Möglichkeit, an den heiligen Stätten *ihrer* Religion zu beten.

Judentum

Aufgeklärte Theologen trennen zwischen Judentum als ethnischem Begriff und Judentum als religiösem Begriff, verstehen das Judentum teils als Religion, teils als Nationalität, nicht unbedingt untrennbar verbunden. Das Judentum ist die älteste existierende monotheistische Religion und zugleich Mutterreligion für das Christentum und den Islam.

Laut Genesis befahl Gott Abraham, sein Haus in Mesopotamien zu verlassen und in jenes Land zu ziehen, das er ihm und seinen Nachkommen als ewiges Erbe versprach. So ließen sich die israelitischen Stämme im Land **Kanaan,** dem späteren Palästina, nieder. Ein Teil von ihnen siedelte sich in Ägypten an, wo die meisten in der Sklaverei endeten. Um 1200 v. Chr. führte sie Moses während einer langen Wanderschaft aus der Gefangenschaft in die Freiheit. Auf dem Berg Horeb auf dem Sinai offenbarte sich Gott Moses.

Gottes Offenbarung

Die Offenbarung Gottes findet sich in der Bibel im Alten Testament, wie die Christen sagen, in der Thora, wie die Juden sagen: in den fünf Büchern Moses also, von der Theologie als **Pentateuch** bezeichnet, dem griechischen Wort für Fünfbuchrolle. Höchste Autorität haben die Aussagen der **Halacha,** die die Thora und deren Interpretation umfasst. Der **Talmud** sammelt die Auslegungen und protokolliert die Deutungen.

Oberster Grundsatz ist die Anerkennung eines einzigen wahren Gottes und Schöpfers der Welt – **Jahwe,** der sich dem jüdischen Volk offenbart hatte. Nach jüdischer Tradition wurde mit Abraham das Volk Israel dazu auserwählt, den Glauben an Jahwe zu bekennen. Im Mittelpunkt steht weniger das persönliche Glück als die Erfüllung des kollektiven Heilsauftrags, mit dem die Einhaltung einer Fülle von strengen Vorschriften einhergeht. Religiöse Juden sind bestrebt, 613 aus der Thora abgeleitete Gebote einzuhalten, die von der Kleidung über das Benehmen bis hin zu Vorschriften, wie religiöse Feste zu feiern sind, das gesamte Leben regeln. Speisen werden noch heute nach den Regeln des Alten Testaments zubereitet, das heißt, sie müssen koscher sein, rituell rein.

Rabbinat

Eine Institution vergleichbar dem Papst und dem Vatikan kennt man im Judentum nicht. Nur während der Antike existierten überregional anerkannte Autoritäten. Traditionell waren die jüdischen Gemeinden bis ins 20. Jh. hinein voneinander unabhängig. Das Wort des jeweiligen örtlichen Rabbiners, des Gesetzeskundigen, hatte bindende Kraft.

Heute beansprucht das **Oberrabbinat** in Jerusalem die höchste Autorität in Religionsfragen für sich. Es besteht aus einem ashkenasischen und einem sephardischen Rabbiner sowie dem obersten Rabbinischen Rat. Dieser Rat wiederum entscheidet in Fragen des jüdischen Rechts und kontrolliert die religiösen Gerichtshöfe, die für alle Personenstandsangelegenheiten wie Ehe und Scheidung zuständig sind. Im Alltag führt die Spruchpraxis der Oberrabbiner häufig zu Auseinandersetzungen, da ihre Vorstellung davon, was sich an modernen gesellschaftlichen Entwicklungen mit dem Wort der Bibel verträgt, von anderen Rabbinern und auch von Gläubigen anders beurteilt werden. Die Rabbiner gehen häufig auf Konfrontation mit der Regierung, wie etwa im Juli 1995, als sie in einem religiösen Dekret Soldaten de facto zur Befehlsverweigerung aufriefen, falls diese das Westjordanland, das sie Samaria und Judäa nennen, den Palästinensern überließen und abzögen.

Dazu haben noch örtliche Rabbiner ein Mitspracherecht und konnten, ebenfalls im Juli 1995, in Bnei Brak, einem kleinen Ort bei Tel Aviv, durchsetzen, dass Männer und Frauen in öffentlichen Bussen getrennt sitzen müssen. Rabbinerinnen, wie es sie in den USA und seit Juli 1995 auch in Deutschland gibt, werden in Israel nicht zugelassen.

Erster und Zweiter Tempel

Eine zentrale Rolle im jüdischen Glauben spielt der Tempel von Jerusalem, Bezugspunkt für viele biblische Ereignisse, bis

Shabbat – die Ruhe am siebten Tag

Thema

Der Shabbat ist der siebte Tag der Woche, an dem man ruhen soll. Der jüdische Sonntag beginnt am Freitagabend mit dem Sonnenuntergang und endet am Samstagabend. Von den Israelis wird er ganz unterschiedlich begangen, von vielen auch ignoriert.

In den großen Hotels wird Sie ein Schild schmunzeln lassen, das ab Freitagabend den Weg zum Shabbat Elevator, zum ›Shabbat-Lift‹, zeigt. Das Besondere an diesem Aufzug ist, dass er automatisch in allen Stockwerken hält, selbsttätig die Tür öffnet und schließt, ohne dass der Fahrgast einen Knopf drücken muss. Orthodoxe Juden halten diesen Knopfdruck und den Liftbetrieb an sich für genauso verboten wie Schreiben und jedes Bedienen von Geräten und Maschinen aller Art, inklusive Radio, Fernseher, Auto.

Der Shabbat ist der siebte Tag der Woche, ein Tag der Freude, an dem der Mensch nach dem Vorbild des Schöpfers ruhen und sich besinnen soll, und zwar vom freitäglichen bis zum samstäglichen Sonnenuntergang. Nur lebensnotwendige Tätigkeiten dürfen verrichtet werden. In vielen Familien, nicht nur in den traditionellen, ist das Shabbat-Abendessen die wichtigste Familienzusammenkunft der Woche und ein schöner Brauch. Wird man dazu eingeladen, darf man das als Gast durchaus als Zeichen der Wertschätzung deuten.

Nach der gründlichen Reinigung des Hauses bereiten die Frauen ein koscheres Mahl vor. Währenddessen gehen die Väter mit ihren Söhnen in die Synagoge. Zurück zu Hause, liest der Vater dann vor dem gemeinsamen Essen aus dem Alten Testament, segnet die Kinder und begrüßt, so ist es Pflicht, mit einem Glas Wein den Shabbat. Auf dem von Kerzen erleuchteten Tisch muss auch Salz stehen, in der Bibel Symbol des ewigen Bundes. Es weiht den Tisch zum Altar.

Das randvolle Weinglas stellt der Vater in den rechten Handteller und spricht aus 1. Moses 2,1–3: »So wurden vollendet Himmel und Erde mit ihrem ganzen Heer. Und so vollendete Gott am siebenten Tag seine Werke, die er machte, und ruhte am siebenten Tag von allen seinen Werken, die er gemacht hatte. Und Gott segnete den siebenten Tag und heiligte ihn, weil er an ihm ruhte von allen seinen Werken, die Gott geschaffen und gemacht hatte.« Sobald vom Vater die Schlussworte der Bibelpassage über die Schöpfung gesprochen sind, so berichtet der Talmud, würden zwei Engel ihre Hände auf seinen Kopf legen und sagen: »Deine Schuld ist von Dir genommen und deine Sünde ist gesühnt.« Danach trinkt der Vater einen Schluck Wein und reicht das Glas an die Familie weiter. Nach dem Wein werden die in Ziertuch eingeschlagenen ungesalzenen Shabbatbrote (Challoth) gebrochen, in Salz gestippt und gegessen.

Der Shabbat, Tag der Besinnung, endet bei Anbruch der Nacht mit Gebeten wie diesem: »Begnadige uns aus Deiner Gnadenfülle mit Erkenntnis, Einsicht und Verstand. Gelobt seist Du, Gott, der da begnadigt den Menschen mit seiner Erkenntnis.«

In dieser Strenge wird der Shabbat aber nicht überall eingehalten – in Jerusalem mehr als in Tel Aviv und Haifa. Eine der strengsten Anwendungen findet man im Jerusalemer Orthodoxenviertel Mea She'arim. Da gibt's zum Shabbat weder Licht noch Autoverkehr, sogar Geldautomaten werden ausgeschaltet.

zu seiner Zerstörung das religiöse Zentrum schlechthin. Um 950 v. Chr. errichtete König Salomo den **Ersten Tempel,** der 563 v. Chr. von Nebukadnezar zerstört wurde. 538 v. Chr., nach der Rückkehr aus der babylonischen Gefangenschaft, bauten die Juden an derselben Stelle den **Zweiten Tempel,** 70 n. Chr. von den Römern zerstört. Von diesem Tempel ist nur die westliche Mauer erhalten, die heutige **Klagemauer.** Seit der Zerstörung des Zweiten Tempels ist die Synagoge (s. S. 61) alleinige Kultstätte des Judentums.

Thora und Thorarolle

Die **fünf Bücher Moses** sind das Gesetz schlechthin. Verfasst ist die Thora in hebräischer Sprache, einige Abschnitte der Bücher Esra und Daniel sind in Aramäisch geschrieben. Unterteilt ist die hebräische Bibel in Gesetz, Schriften und Propheten.

Die fünf Bücher beinhalten die Schöpfungsgeschichte, Urgeschichte, Sündenfall, Vertreibung aus dem Paradies, Sintflut, die Geschichte der Stammväter Israels, den Auszug Moses und der Israeliten aus Ägypten sowie die Offenbarung und Gesetzgebung Gottes auf dem Sinai. Darüber hinaus enthält die Thora gesetzliche und rituelle Vorschriften. Während Juden und Christen das Alte Testament als Bund Gottes mit dem jüdischen Volk verstehen, wird das Neue Testament im Christentum als der Bund interpretiert, den Gott mit allen Menschen schloss.

Nach jüdischer Tradition werden die Bücher Josua, Richter und Samuel als ein einziges Buch betrachtet und zusammen mit den Büchern der Könige als frühe Propheten bezeichnet. Dabei handelt es sich um historische Schriften. Sie berichten vom göttlich gelenkten Schicksal des Volks Israel, beginnend bei der Landnahme Josuas bis zum Untergang der Nord- und Südreiche. Die **Prophetenbücher** gehen ins Gericht mit den sündigen Israeliten und verheißen das Kommen des Messias, des Retters der Welt.

Es gibt drei große Prophetenbücher – Jesaja, Jeremia und Ezechiel – sowie zwölf sogenannte kleine Propheten: Amos, Habakuk, Haggai, Hosea, Joel, Jona, Maleachi, Micha, Nahum, Obadja, Sacharja und Zephanja. Zu den Schriften gehören die Psalmen, das Buch Hiob, die Apokalypse des Daniel sowie die fünf Bücher Ruth, Hoheslied, Prediger, Klagelied und Esther. Die **Thora,** im 1. Jh. n. Chr. zusammengefasst, basiert vermutlich auf vier verschiedenen Quellen aus dem 10. bis 5. Jh. v. Chr.

Festgehalten ist die Thora nicht in einem Buch, sondern niedergeschrieben auf **Rollen,** die in der Synagoge im Laufe eines Jahrs vom Anfang bis zum Ende vorgelesen werden. Strenge Regeln gelten für die Herstellung dieser Rollen, wie der Anleitung eines Rabbiners zu entnehmen ist: »Allerdings ist nicht jedes beliebige Pergament, das man im Geschäft kaufen kann, es wert, das Wort Gottes zu tragen. Verwendet werden dürfen nur Pergamente jener Tiere, die auch nach den Speisevorschriften als rein gelten. Ebenso müssen das Färben der Häute und alle übrigen Vorbereitungen so vorgenommen werden, dass der Arbeiter stets den heiligen Zweck des Pergaments vor Augen hat. Ebenso muss die Tinte einer Reihe von rituellen und technischen Vorschriften entsprechen. Sie sollte pechschwarz sein und vor allem dauerhaft, damit sie ziemlich dick aufgetragen werden kann, ohne dass sie beim Aufrollen der Schriftrolle rissig wird oder abblättert.« Die meisten Schreiber bereiten ihre Tinte eigenhändig nach einem streng gehüteten Rezept zu.

Der Text der Thora wird in Spalten angeordnet, jede Spalte mit 40 bis 60 Zeilen. Auf ein Pergamentblatt passen fünf Spalten. Die gesamte Rolle besteht dann aus etwa 200 Spalten oder 40 Pergamentblättern, die mit den Sehnen koscherer Tiere aneinandergenäht werden. Nach dieser monatelangen Arbeit wird die Pergamentbahn von beiden Enden auf zwei reich verzierte Holztrommeln mit Griffen aufgerollt, sodass sich das schwere Pergament handhaben lässt. Die erwähnten Lesungen sind so eingeteilt, dass stets der Abschnitt von Moses Segen und Tod auf den letzten Tag des Laubhüttenfests fällt. Am gleichen Tag beginnt man den Text von vorne. »Am Anfang schuf Gott den Himmel und die

Die Thora: ein wesentliches Element des Judentums

Erde. Und die Erde war wüst und leer; und es war finster aus der Tiefe; und der Geist Gottes schwebte auf dem Wasser. Und Gott sprach: Es werde Licht. Und es ward Licht.« (1. Moses 1,1)

Talmud

Oft sprechen Schriftgelehrte nicht nur schlicht vom Talmud (›Belehrung‹), sondern vom Meer des Talmud. Er ist nicht das Werk eines einzelnen Autors, sondern entstand im Lauf vieler Jahrhunderte und ist eine Hilfe zur Benutzung der Thora und zum Verständnis des jüdischen Glaubens, seiner Gesetze und Vorschriften. Über 2000 Gelehrte wirkten am Talmud mit. Er diskutiert, wie der in einem KZ ermordete niederländische Rabbiner S. Ph. de Vries schrieb, »u. a. materielle, geistige, ethische, religiöse, mystische, rationale, soziale, politische und wissenschaftliche Fragen. Er umfasst die gesamte Kultur seit dem babylonischen Exil, d. h. vom Zeitalter Esras bis ungefähr zum 6. Jh. unserer Zeitrechnung.«

Der Talmud besteht aus zwei zu den heiligen Schriften zählenden Werken: **Mischna** und **Gemara.** Die Mischna hat sechs soge-

nannte Ordnungen, insgesamt 63 Traktate mit Paragraphen und Absätzen, die die Thora kommentieren und ergänzen. Mischna bedeutet ›Lehren durch Wiederholen‹. Verschiedene Rabbis legten Sammlungen von Gelehrtenmeinungen an, hielten neue geistige Entwicklungen fest, um sie ihren Schülern jederzeit als Studienstoff an die Hand geben zu können. Um 200 n. Chr. fasste der Rabbi Juda Hanasi das bekannte Material zusammen – die Mischna war entstanden. In den darauffolgenden Jahrhunderten wurde diese Ur-Mischna in den Schulen als Lehrmittel benutzt, aber auch um neue Erklärungen erweitert. Diese rabbinischen Kommentare bilden die Gemara, die Ergänzung.

Allerdings: Es gibt den Talmud doppelt – aus zwei Zentren jüdischer Gelehrsamkeit: den in einer kleinen Palästinaausgabe aus dem 5. Jh. n. Chr., Jerusalemer Talmud genannt, sowie den jüngeren, viel umfassenderen, heute vornehmlich verwendeten und zitierten babylonischen Talmud aus dem 7. Jh. Die Sprache der Mischna ist nicht mehr das Hebräisch der Bibel. Es ist ein jüngeres Hebräisch, vermischt mit lateinischen und griechischen Ausdrücken. Die Gemara wurde auf Aramäisch verfasst. Der Jerusalemer Talmud wurde in einem palästinensischen, der babylonische Talmud in einem dem Syrischen verwandten Dialekt niedergeschrieben.

Synagoge

Die Synagogen bilden das Zentrum der Gemeinden. Beit HaKnesset, sagt man im Hebräischen für Synagoge, ›Haus der Versammlung‹ oder ›Haus der Zusammenkunft‹. Im Jiddischen wird die Synagoge *schul* genannt, was den Unterschied zur Kirche deutlich macht. Männer und Frauen, die getrennt sitzen und stets ihren Kopf bedecken, beten hier nicht nur dreimal am Tag und zu Feiertagen noch öfter, sondern kommen auch zum Studieren und Lesen. Man unterhält sich, diskutiert, Kinder spielen. Synagogen entdeckt man überall, sogar auf Flughäfen und in großen Busbahnhöfen.

Je nach Größe und finanzieller Ausstattung der Synagoge, des Lese- und Gebetsraums, stehen Thora, Talmud, Mischna und Gemara in einem Regal zur Verfügung. Zur Erinnerung an das ölgespeiste ewige Licht in den Tempeln brennt nahe dem **Thoraschrein,** in dem die Gesetzesrolle aufbewahrt wird, das **ewige Licht** einer Hänge- oder Wandlampe. Es erinnert an das Licht des goldenen Leuchters, der im Zelt der Offenbarung, in der Stiftshütte und im Tempel Salomos und Esras stand. Zu den Ehrendiensten gehört es, beim Herausnehmen, Tragen, Halten während des Lesens und Zurücklegens der Rolle in den Schrein behilflich sein zu dürfen.

Mittelpunkt der Synagoge ist die **Bima,** ein Podest, von dem aus während des Hauptgottesdiensts der Vorleser die Thora liest. Am Ende hält er die Gesetzesrolle hoch und sagt: »Dies ist das Gesetz, das Mose den Kindern Israel vorlegte.« Meist hüten Synagogen Kopien der steinernen Gesetzestafeln mit den Zehn Geboten. Zeichnungen von der Klagemauer schmücken oft die Wände.

Den Gottesdienst leitet der Vorbeter, der **Chasan,** der nicht zwingend ein Rabbiner sein muss. Dieses Ehrenamt kann jeder Mann ausüben, der über 13 Jahre alt ist. Im Mittelpunkt, egal ob in der Synagoge oder zu Hause, steht die Lesung aus der Thora. Der Name Gottes wird von orthodoxen Juden aufgrund eines alten Verbots niemals ausgesprochen oder ausgeschrieben, obwohl er über 7000-mal in der Bibel genannt wird, und zwar auf drei verschiedene Weisen: **Elohim** (Gott), **JHVH** (der Herr) oder **JHVH Elohim** (Herrgott). JHVH sind die vier Konsonanten, die man heute wie Jahwe oder Jehowa ausspricht. Ob das die ursprüngliche und korrekte Aussprache ist, lässt sich jedoch nicht mehr feststellen. Stattdessen hört man oft das Wort **Adonai,** ›mein Herr‹. Und im Schriftverkehr liest man, übertragen ins Deutsche, **G–t.** Nach orthodoxer Tradition müssen für den Gottesdienst mindestens zehn Männer anwesend sein, eine *minjam,* wie die Mindestversammlungsgröße im Hebräischen heißt. Und ein Sprichwort sagt: »Zehn Schuster sind eine Minjam, neun Rabbis nicht.«

Menora, Mesusa und Tefillin

Der siebenarmige Leuchter ist eines der wichtigsten Motive der jüdischen Kunst. In der Stiftshütte und im Tempel aufgestellt, wurde er nach dessen Zerstörung 70 n. Chr. nach Rom gebracht. Die **Menora** ziert den Eingang zur Knesset und ist auf Münzen abgebildet. In fast jedem Haus findet man so einen Leuchter, der v. a. zum Lichterfest Chanukah verwendet wird, wenn man der Wiedereinweihung des Tempels gedenkt. Jede Nacht wird eine Kerze angezündet, bis alle sieben brennen.

Die **Mesusa** ist ein Zeichen an der Tür, das entweder am Türpfosten im Haus, meist aber am äußeren Türrahmen angebracht ist. Sie soll immer daran erinnern: Heilige dein Haus, es ist dein Tempel! Auf Pergament geschrieben, wird die entsprechende Stelle aus dem Alten Testament in eine Kapsel aus Holz, Glas oder Metall gelegt und in Augenhöhe an den rechten Türstock genagelt, sodass man sie beim Betreten und Verlassen sieht. Viele berühren oder küssen die Mesusa, in der sie den Talisman des Hauses sehen.

Die **Tefillin,** um Stirn und Arm gebundene Gebetsriemen, sind ein Symbol, das stets beim Morgengebet, gelegentlich beim Mittagsgebet verwendet wird. Beim Besuch der Klagemauer sieht man es mit Sicherheit. Aber wie sieht die Tefillin aus? Auf zwei koschere Pergamente werden die Verse aus dem Buch Mose übertragen, die den Gebrauch von Mesusa und Tefillin vorschreiben. Die Pergamente werden zusammengerollt und in kleine, würfelförmige Leder- oder Pergamentbeutel eingenäht. Mit einem Riemen befestigt man die Tefillin an Armen und Stirn. Die Kopftefillin muss genau zwischen Auge und Haaransatz sitzen. Beide sind eine Mahnung, den von Gott geschenkten Körper und Geist nur für Gutes zu nutzen.

Islam

Begründer des Islam ist der 571 n. Chr. geborene Prophet Mohammed, der 622 n. Chr. mit seiner Urgemeinde von Mekka nach Medina auswanderte. Mit dieser Hidschra beginnt für die Muslime die Zeitrechnung, die das Mondjahr zugrunde legt. 1996 ist nach islamischem Kalender das Jahr 1416/17. In Medina und Mekka im heutigen Saudi-Arabien offenbarte Gott über den Kaufmann Mohammed in arabischer Sprache den Koran. Mohammed stieß erst auf große Ablehnung, da Mekkas Kaufleute v. a. von Pilgern lebten, die eine Vielzahl von Gottheiten verehrten. Doch innerhalb von zwei Jahrzehnten war beinahe der gesamte arabische Raum islamisiert, anfangs gewaltfrei, später zunehmend mithilfe von leichtem Druck, wie z. B. mit Sondersteuern für Ungläubige. »Es gibt

Jüdische Kleiderordnung Thema

Wer's wie mit der Religion hält, das kann man in Israel oft aus der Kleidung schließen. Religiöse Juden erkennt man am ehesten an der Kippa. Aber das ist nicht die einzige Utensilie der Kleiderordnung.

Man sieht sie überall, diese kleine, manchmal farbige, oft aber schwarze und bestickte Kopfbedeckung, die mit einer Klammer im Haar fixiert wird – mal aus Stoff, mal aus Leder: die Kippa. Das Bedecken des Kopfes wird als Zeichen der Bescheidenheit und als Demut vor Gott gedeutet, ist während des Gebets Pflicht. Nicht-Juden müssen dies in Synagogen, an der Klagemauer, auf jüdischen Friedhöfen und in der Gedächtnishalle von Yad Vashem bedenken. Dort wird das Tragen der Kippa erwartet, auch wenn dies lediglich ein Brauch, kein religiöses Gebot ist. Ein Hut erfüllt den gleichen Zweck, eine Baseballmütze aus Respekt- und Stilgründen eher nicht.

Während es im frühen Mittelalter – wie im Katholizismus – ein Zeichen der Ehrerbietung war, mit unbedecktem Kopf zu beten, hat sich das heute ins Gegenteil umgekehrt: bei Männern. Bei verheirateten Frauen war es dagegen schon immer üblich, den Kopf mit der Perücke zu bedecken. Alles andere galt als anstößig und anzüglich. In orthodoxen Gemeinden wird von Frauen das Tragen von Perücken oder Hüten erwartet.

Orthodoxe und ultraorthodoxe Juden wie die Chassidim tragen schwarze Hüte, lange schwarze Mäntel, weiße Hemden, Bärte und an ihrem kurzgeschorenen Haar fallen lange Schläfenlocken auf. Zu feierlichen Anlässen, auch im Hochsommer, trägt man eine Pelzmütze. Diese Kleidung entspricht den Talmudvorschriften und dem, womit die mittelalterliche Aristokratie Polens – von daher stammt die Tradition – sich einzukleiden pflegte. Winters wie sommers wird das Gleiche getragen, um zu unterstreichen, dass der Einzelne vor Gott klein und unbedeutend ist, sich keiner Eitelkeit schuldig machen dürfe. Die Farbe Schwarz drückt die Trauer, das Klagen um den zerstörten Tempel aus, der für die Rückkehr des Messias neu zu errichten ist.

Häufig getragen werden von orthodoxen Männern Betschals mit Schaufäden (Zizith) an den vier Ecken. Ihre Bedeutung erklärt sich aus 4. Moses 15,38–40: »Rede mit den Kindern Israel und sprich zu ihnen, dass sie unter ihren Nachkommen sich Quasten machen an den Zipfeln ihrer Kleider und blaue Schnüre an die Quasten der Zipfel tun. Und dazu sollen die Quasten euch dienen: Sooft ihr sie anseht, sollt ihr an alle Gebote des Herrn denken und sie tun, damit ihr euch nicht von euren Herzen noch von euren Augen verführen lasst und abgöttisch werdet, sondern ihr sollt an alle meine Gebote denken und sie tun, dass ihr heilig seid eurem Gott.«

Da der Betschal nur fürs Gebet gedacht ist, gibt es einen kleineren Tallit für den Alltag. Die vier Kordeln sind heute meist weiß, obwohl das Blau eine gedankliche Brücke zum himmlischen Blau herstellen soll. Diese Veränderung wird damit erklärt, dass der tierische Farbstoff heute nicht mehr erhältlich sei. Nach einer anderen Variante ging das Rezept für die Farbe im Laufe der Zeit verloren.

Bleibt die Frage: Was tut der nicht-jüdische Gast, wenn er zu einem Anlass oder einem Ort geladen ist, bei dem gebetet wird? Vorher fragen, was üblich ist – eine Kippa in der Tasche kann nie schaden. Bei Synagogen bekommt man sie oft leihweise am Eingang.

keinen Gott außer Allah und Mohammed ist sein Prophet.«

Das Wort Islam bedeutet so viel wie Hingabe an Gott, Ergebung in seinen Willen. Fünf Pfeiler tragen den Islam: das fünfmal täglich zu verrichtende Gebet, dem eine rituelle Waschung vorausgeht, das Fasten im Ramadan, Almosen an Bedürftige, die Pilgerfahrt nach Mekka für den, der sie sich leisten kann, und – wichtigster Pfeiler – das Zeugnis von der Einheit Gottes. Der gelehrte Islam kennt im Gegensatz zum Volksislam keinen Heiligenkult, was jedoch nicht heißt, dass nicht eine Anzahl von Heiligen verehrt und deren Geburtstage sowie der des Propheten groß gefeiert würden.

Koran

Als *kitab* (›Buch‹) wird der Koran im Arabischen kurz und bündig oft bezeichnet. Koran bedeutet einfach ›Vorlesung‹. 114 Suren und Tausende Berichte über das Tun und Lassen und die Aussprüche des Propheten summieren sich zur **Sunna,** zur Lebenspraxis des

In gläubigen Familien werden schon die Kinder zum Studieren des Koran angehalten

Propheten. Nach dieser Praxis leben die **Sunniten.** Eine Minderheit stellen die **Schiiten** dar, die religiöse Gelehrte als weitere Quelle der Willensauslegung Allahs betrachten und akzeptieren, so beispielsweise im Iran. Als oberste Instanz in Fragen der Auslegung wird die Al-Azhar-Universitätsmoschee in Kairo angesehen, deren Entscheidungen aufgrund eines Zweikammersystems häufig widersprüchlich sind.

Der Koran stellt ein Meisterwerk arabischer Prosa dar, dem Johann Wolfgang von Goethe im »Westöstlichen Divan« (1819) seine kritische Bewunderung zollte: »Und so wiederholt sich der Koran Sure für Sure … Nähere Bestimmungen des Gebotenen und Verbotenen, fabelhafte Geschichten jüdischer und christlicher Religion … bilden den Körper dieses Buches, das uns, so oft wir auch daran gehen, immer von Neuem anwidert, dann aber anzieht, in Erstaunen setzt und am Ende Verehrung abnötigt.«

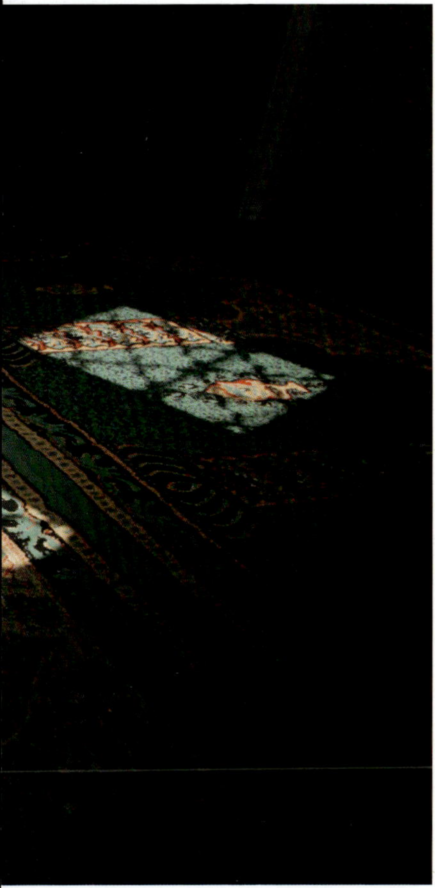

Der Islam erlebt seit Jahren eine Renaissance, die man in den palästinensischen Gebieten ebenso beobachten kann wie in den meisten arabischen Ländern. Eine andere Sache ist der militante Fundamentalismus, der oft zur Mobilisierung der Massen und zur Motivierung der Kämpfer den **Jihad** ausruft, was mit ›heiliger Krieg‹ allerdings nur unzulänglich übersetzt ist. Grundsätzlich ist das Bemühen, Gottes Wort zu folgen und ein guter Mensch zu sein, gemeint. Die militante Komponente steht jedenfalls nicht an erster Stelle. Hier wird der Koran hemmungslos für zweifelhafte politische Ziele benutzt, wie das aus dem Christentum des Mittelalters hinlänglich bekannt ist.

Die Nachtreise des Propheten

Jerusalem ist für Muslime nach Mekka mit der Kaaba und noch vor Medina der wichtigste Pilgerort – einst wurde auch Richtung Jerusalem gebetet. Man muss diese sehr poetische Geschichte kennen, um zu verstehen, wie eng Jerusalem auch mit dem Islam verbunden ist. »Ehre sei demjenigen, der in einer Nacht seinen Sklaven aus dem heiligen Tempel in den fernen Tempel führte, dessen Umgebung wir gesegnet haben, um ihm unsere Wunder zu zeigen.« So berichtet der Koran, Sure 17, Vers 1 über die Himmelsreise Mohammeds, die in Mekka begann. Dort lag Mohammed wach, nicht sicher vor Überfällen seiner Gegner, verstoßen von seinen Verwandten, als ein Mann in goldbestickten Gewändern sein Zimmer betrat: der Engel Gabriel, der Mohammed die Offenbarungen Gottes überbracht hatte. Mit sich führte der Engel Al Buraq (›Blitz‹), ein Wesen mit menschlichem Kopf, dem Torso eines Pferdes, glänzendem Pfauenschwanz und weißen Flügeln.

Mit Al Buraq flog Mohammed über Wüsten, Täler und Berge und landete an der großen Mauer des (längst zerstörten) Tempels von Jerusalem. Essad Bey, Pseudonym des 1943 gestorbenen jüdischen Schriftstellers Leo Noussimbaum, beschreibt in seiner Mohammed-Biografie, was die Tradition überliefert: »In dieser Nacht vermochten die Diener des Tempels die Pforte nicht zu schließen. Sie musste offen bleiben für den Gesandten Gottes. Sie wurde offengehalten von einer himmlischen Gewalt. Mohammed betrat den Tempel. Die Geister von Abraham, Moses und Christus begegneten ihm dort und sie begrüßten ihn. Zusammen mit ihnen verrichtete Mohammed das Gebet. Plötzlich sah er einen Lichtstrahl, der vom Himmel kam und den Stein Jakobs beleuchtete. Mohammed näherte sich dem Lichtstrahl und entdeckte in seiner Mitte eine Treppe, die er mit Gabriel bestieg. Sie wanderten hinauf und klopften an die silbernen Türen des ersten Himmels. Adam öffnete ihnen und grüßte den Größten unter den Propheten. Viele Wunder sah der Prophet im ersten Himmel, unter anderem einen Hahn, dessen Kamm bis zur Pforte des zweiten Himmels reichte. Die Entfernung von Himmel zu Himmel beträgt aber, wie jedermann weiß, fünfhundert Jahre.«

Mohammed durchschritt alle sieben Himmel, begegnete Noah, begrüßte Aaron, und im siebten Himmel, wo ein Engel mit 70 000 Köpfen, Mündern und Zungen in 70 000 Sprachen sang, da sah Mohammed 70 Schleier, die den Thron des Herrn der Welten bedeckten. Gott legte seine rechte Hand auf die Schulter, seine linke auf die Brust des Propheten, und er sprach mit ihm 99 000 Worte. Und der Herr der Welten zeigte Mohammed die Strafen der Hölle für unzüchtig lebende und verworfen handelnde Menschen. Danach bestieg Mohammed Al Buraq und flog zurück nach Mekka. Wie lange hatte diese Reise gedauert? Als Mohammed sein Bett verließ, warf er in Eile einen Kelch mit Wasser um, als er zurückkehrte, hatte der Rand des Kelchs den Boden noch nicht erreicht.

Moschee

Moschee (arab. Masjid), bedeutet Gebetshaus. Es ist der Platz, an dem sich die Gemeinschaft zum Beten trifft, an dem man jederzeit ausruhen, entspannen, meditieren und Korankundige um Rat und um Auslegung des heiligen Buchs fragen kann. An Arme wird dort auch das Geld verteilt, das Muslime spenden. Für das wichtigste Wochengebet am Freitag kommen die Gläubigen in der jeweiligen Freitagsmoschee zusammen. Da figürliche Darstellungen im Islam verboten sind, gibt es keinerlei Abbildungen, dafür aber kunstvolle Kalligrafien aus dem Koran. Moscheen sind stets mit Teppichen ausgelegt. Stühle oder Bänke gibt es nicht. Männer beten räumlich getrennt von Frauen.

Der Aufbau der Moschee hat sich seit den Anfängen kaum verändert, er fällt bei kleineren Moscheen nur bescheidener aus: Arkaden umrahmen einen großen Innenhof. Die Architektur beugt sich dem praktischen Zweck und den religiösen Normen: Die **Nische** *(mihrab)* in der **Qibla,** der nach Mekka ausgerichteten Wand, weist dem Gläubigen die Richtung, in die er zu beten hat. Weitere typische Elemente sind die **Predigerkanzel** *(minbar)* und das **Brunnenhaus** im Hof. Der **Muezzin,** der die Gläubigen zum Gebet ruft, tut das von einem hohen, schlanken Minarett aus.

Nichtgläubige können die meisten Moscheen jederzeit betreten – allerdings ohne Schuhe. Während des Gebets, das Richtung Süden nach Mekka gerichtet wird, sollte man sich aber entfernen.

Bahaismus

Haifa und Akko sind die bedeutendsten spirituellen Zentren der Bahai-Religion, die rund um die Welt etwa 110 000 Glaubensstätten unterhält, in Israel selbst aber nur einige Hundert Anhänger hat. Die Lehre besagt, dass der Glaube permanentem Wandel unterliegt und nicht bereits endgültig von Gott festgelegt wurde. Der Bahaismus, begründet 1863 in Bagdad, versteht sich als Offenbarungsreligion. Die Propheten Moses, Zarathustra,

Buddha, Jesus und Mohammed seien von Gott Entsandte, die den Menschen ihrer jeweiligen Zeit die nötige Lehre vermitteln. Der vorerst Letzte dieser Propheten, mit dem eine neue Zeit begann, war Baha Ullah, Stifter des Bahaiglaubens, beigesetzt in Akko, wo er 1892 starb. In Haifas Bahaitempel auf dem Berg Karmel liegt der Märtyrer und Vorbote der Bewegung, Ali Mohammed, auch Bab (›die Pforte‹) genannt, begraben. Persische Offizielle erschossen ihn 1844 im südpersischen Shiraz wegen seiner Glaubenslehre. 1910 wurden seine Überreste nach Haifa gebracht und beerdigt. Im Iran werden die Bahai-Anhänger zunehmend verfolgt.

Samaritaner

Die Samaritaner sehen sich als direkte Nachfahren Josephs und haben sich vom jüdischen Glauben abgespalten. Sie erkennen einzig die fünf Bücher Mose als heilige Schrift an. Ihr religiöses Leben wird bestimmt von Priestern, die alleine die Auslegung der Schrift bestimmen. Die Zehn Gebote haben sie auf neun reduziert und dafür die Verehrung ihres Berges Gerizim bei Nablus (Shechem) hinzugefügt. Es gibt nur noch einige Hundert Familien, die dieser Gemeinschaft angehören.

Feiertage und Feste

Den Feiertagskalender zu kennen ist in Israel unerlässlich. Denn am wöchentlichen Shabbat und an den zahlreichen anderen Feiertagen ruhen weite Teile des öffentlichen Lebens, sind Museen geschlossen und verkehren im Land kaum öffentliche Verkehrsmittel, außer den teuren Taxis.

Wenn auch im täglichen Leben der gregorianische Kalender benutzt wird, so gilt doch auch der jüdische Kalender, der die Jahre seit dem Entstehen der Bibel zählt: Das gregorianische 2011 beginnt im jüdischen Jahr 5771 und endet 5772. Grundlage der jüdischen Zeitrechnung ist das gegenüber dem Sonnenjahr kürzere Mondjahr. Um die Differenz zwischen Mond- und Sonnenjahr auszugleichen, wird in sieben von 19 Jahren ein zusätzlicher Monat eingefügt. Neujahr ist stets im September oder Oktober. Dieser Ausgleich ist nötig, da sonst beispielsweise das Erntedankfest irgendwann in den Januar fallen würde.

Für die Muslime wiederum gilt einzig das Mondjahr mit 354 Tagen, dessen Zeitrechnung mit der Hidschra im Jahr 622 beginnt, der Flucht des Propheten Mohammed von Mekka nach Medina. Dieser Kalender kennt keine Schaltjahre und -monate und so verschieben sich die Daten der islamischen Feste gegenüber dem gregorianischen Kalender jedes Jahr um etwa elf Tage nach vorne.

Awil sanaa hijreya
Beginn des islamischen Jahres …
… 1432 am 07. Dez. 2010
… 1433 am 26. Nov. 2011
… 1434 am 15. Nov. 2012
… 1435 am 05. Nov. 2013

Jüdische Feiertage

Der **Shabbat** beginnt am Freitagabend mit Sonnenuntergang und endet am Samstag mit Sonnenuntergang. Geschäfte, Museen und andere öffentliche Einrichtungen schließen freitags spätestens um 14 Uhr.

Purim (Febr./März) ist eines der heitersten Feste. Im ganzen Land feiert man mit Kostümbällen, die dem Karneval ziemlich nahekommen, die Befreiung von der persischen Knechtschaft.

Beim **Pessach** (März/April) gedenkt man eine Woche lang, eher im familiären Rahmen, des Auszugs aus Ägypten. Gegessen wird ungesäuertes Brot als Erinnerung an die Zeit in der Sklaverei.

Seit 1951 wird am **Holocaust Day** (Jom HaShoah, April/Mai) der Opfer der nationalsozialistischen Judenvernichtung gedacht. Wenn die Sirenen im ganzen Land heulen, dann ist das der Beginn einer langen Schweigeminute, für die jeder die Arbeit niederlegt:

Offizielle Feiertage

... der Juden:

Purim: 28. Febr. 2010, 20. März 2011, 8. März 2012

Pessach (1. Tag): 30. März 2010, 19. April 2011, 7. April 2012

Jom HaShoah: 11. April 2010, 1. Mai 2011, 19. April 2012

Jom HaAtzmaut: 19. April 2010, 9. Mai 2011, 27. April 2012

Shawuot (1. Tag): 19. Mai 2010, 8. Juni 2011, 20. Jan. 2012

Rosh HaShana (1. Tag): 9. Sept. 2010, 29. Sept. 2011, 18. Sept. 2012

Jom Kippur: 18. Sept. 2010, 8. Okt. 2011, 26. Sept. 2012

Sukkot (1.Tag): 23. Okt. 2010, 13. Okt. 2011, 1. Okt. 2012

Simchat Thora: 1. Okt. 2010, 20. Okt. 2011, 8. Okt. 2012

Chanukah (1.Tag): 2. Dez. 2010, 21. Dez. 2011, 9. Dez. 2012

... der Muslime:

Ramadan (1. Tag): 11. Aug. 2010, 31. Juli 2011, 20. Juli 2012

Eid el Adha (1. Tag): 16. Nov. 2010, 6. Nov. 2011, 26. Okt. 2012

Mulid el Nabi: 26. Febr. 2010, 15. Febr. 2011, 4. Febr. 2012

Autos und Busse halten an, Fahrgäste steigen aus – und erinnern sich, oft weinend, der Opfer des Holocaust.

An **Jom HaAtzmaut** (April/Mai) gedenkt man der am 14. Mai 1948 von Ben Gurion in Tel Aviv erklärten Unabhängigkeit Israels. Die meisten Israelis unternehmen an diesem Tag Ausflüge.

An **Shawout** (Mai/Juni), dem Tag der Offenbarung Gottes, endet die 50-tägige Zeit der Trauer und des Fastens.

Das jüdische Neujahr, **Rosh HaShana** (Sept./Okt.), erinnert an den Tag, an dem Gott begann, die Welt zu erschaffen.

An keinem anderen Tag ruht das öffentliche Leben so sehr wie an **Jom Kippur** (Sept./Okt.), nicht einmal Radio und Fernsehen arbeiten. Die Juden erbitten in der Synagoge die Vergebung ihrer Sünden. Das Land steht still, die Straßen sind so leer, dass Rollerskater und Familien mit Kind und Kegel gefahrlos mitten auf der Autobahn unterwegs sein können – und auch sind.

Zum biblischen Erntedankfest **Sukkot** (Sept./Okt.) bauen die Gläubigen einfache Hütten, in denen sie während der siebentägigen Feiern wohnen sollen. Das Laubhüttenfest erinnert an die 40-jährige Wanderschaft von Ägypten in das Gelobte Land. Den Abschluss bildet **Simchat Thora:** Mit Musik und Tanz und viel Alkohol feiert man den Empfang der Thora, der Gesetze Gottes.

Die Menora, den siebenarmigen Leuchter, sieht man zum Lichterfest **Chanukah** (Nov./Dez.) überall. Gedacht wird der Reinigung und der Wiedereinweihung des Tempels in Jerusalem durch Judas Makkabäus, der 166/164 v. Chr. den jüdischen Aufstand gegen die Seleukiden angeführt hatte. Am ersten Tag des Fests wird das erste Licht der Menora angezündet, am zweiten das zweite – bis zum siebten.

Islamische Feiertage

Die Daten der islamischen Feste verschieben sich gegenüber dem gregorianischen Kalender jedes Jahr um etwa elf Tage nach vorne. Ramadan etc. bewegen sich also im Laufe der Zeit durch alle Monate des (gregorianischen) Jahrs.

Beim **Ramadan,** so verlangt es der Islam, muss jeder, der dazu gesundheitlich in der Lage ist, einen Monat lang von Sonnenauf- bis Sonnenuntergang fasten. Mit **Eid el Fitr** wird drei, mancherorts vier Tage lang das Ende des Fastenmonats Ramadan gefeiert. Im Monat der Pilgerfahrt nach Mekka liegt das fünftägige Opferfest **Eid el Adha,** auch Hammelfest genannt. Es erinnert an Abraham, der bereit war, seinen Sohn zu opfern. **Ashura** ist der Fasten- und Rettungstag des Propheten Moses. An **Moulid el Nabi** wird der Geburtstag des Propheten gefeiert.

Purim wird fast so ausgelassen wie Karneval gefeiert, auch von Orthodoxen

Architektur, Kunst und Kultur

Die israelische Kulturszene ist faszinierend vielfältig und wird von der Bevölkerung gut aufgenommen. Egal ob klassisch, traditionell, modern oder experimentell – die Vorstellungen sind immer gut besucht. Ein Streifzug durch Musik, Tanz, Literatur, Film und Architektur.

Musik

»Hava nagila« (›Lasst uns glücklich sein‹) dürfte im deutschsprachigen Raum eines der bekanntesten jüdischen Lieder sein. Viele lernen es in der Schule und Hollywoodregisseure unterlegen mit der inoffiziellen jüdischen Hymne gerne Szenen jüdischer Partys.

Die Wurzeln der jüdischen Musik reichen bis in biblische Zeiten zurück. Aus der babylonischen Gefangenschaft wird berichtet, wie die jüdischen Sänger an den Flüssen von Babylon, Euphrat und Tigris das Hohelied auf die Herrscher sangen. Im Tempel von Jerusalem diente die Musik dem sakralen Zweck, dem Gottesdienst. Das Alte Testament berichtet immer wieder von Musik. David spielte bekanntlich die Harfe und erwähnt werden, neben Trompeten, zahlreiche Saiten- und Pfeifinstrumente. »Die Sänger gehen voran, am Ende die Spielleute, in der Mitte die jungen Frauen, die da Pauken schlagen«, heißt es in Psalm 68, Vers 26. Mit der Zerstörung des Jerusalemer Tempels 70 n. Chr. endete diese Phase. Musikinstrumente sind seither in Synagogen verboten, auch wenn es gelegentlich Reformversuche gab, die aber an orthodoxen Juden scheiterten.

Die zeitgenössische jüdische Musik hat ihre Ursprünge in der Diaspora, durch die sich die unterschiedlichsten Musikstile vermischten: nordafrikanische und arabische, spanische und osteuropäische. Mit den Immigranten aus aller Welt vermengten sich Musiktraditionen, die unter anderen Umständen wohl nie zueinander gefunden hätten. So vielfältig wie die Melodien, so artenreich waren die Texte, die vom Kinderlied über Patriotismus bis zu Sozialismus und Liebe kein Thema unbesungen ließen. Zur offiziellen Nationalhymne erhob man 2004 »HatIkvah« (›Hoffnung‹), das bereits 1897 beim ersten Zionistenkongress gesungen worden war.

Klezmer

Die Musik der osteuropäischen Juden ist der Klezmer, der die Klarinette zum Schluchzen und Lachen bringt und nach einem Revival in den USA heute auch im deutschsprachigen Raum Popularität genießt, u. a. durch Interpreten wie **Giora Feidmann** oder das **Ensemble Colalaila.** Die Klezmorim (›Klezmerkünstler‹) waren im osteuropäischen Raum seit dem 15. Jh. übers Land ziehende Musikanten, die zu Tanz und Festen, meist bei Hochzeiten ashkenasischer Juden, aufspielten. Die Instrumentierung bestand ursprünglich aus Streichinstrumenten, Hackbrett (Zimbl), Flöte (Schtolper) und Trommel (Tschekal). Die führende Geige (Verfli) wird heute von der Klarinette (Foyal) ersetzt und seit rund 100 Jahren durch Klavier und Akkordeon ergänzt.

In Israel wurde Klezmer lange Zeit allenfalls bei Hochzeiten und Familienfeiern gespielt. Das änderte sich allmählich, denn immer mehr Künstler engagieren sich in diesem Musikstil und übernehmen Elemente davon in ihre Musik. Im Pop sind dies z. B. die Band **Balkan Beat Box** (www.balkanbeatbox.com), die den Sound mit Flamenco und Ska kombiniert, oder **Oy Division** mit dem wundervollen Klarinettisten Eyal Talmudi. Tausende

Fans zieht es jedes Jahr nach Safed zum größten Klezmer-Festival Israels (s. S. 307).

Pop und Rock

Tonangebend sind israelische Stars, die russische, afrikanische und deutsch klingende Namen tragen und ihre Musik ethnisch einfärben. Reinen (westlichen) Pop hört man selten. Als Talentschmiede fungiert in Israel die Armee, in der begabte Männer und Frauen den Wehrdienst am Instrument ableisten können. Viele Künstler starteten ihre Karrieren bei den Streitkräften, die mit dem Armeeradio auch einen der besten Sender für Rock und Pop betreiben (s. S. 128).

Ein Superstar ist **Aviv Geffen** (s. S. 72). **David Broza** (www.broza.com) spielt spanisch beeinflussten Folkpop. Genauso populär ist das **Idan Raichel Project** (www.idanraichel.com), das äthiopische Volksmusik mit Pop, Afrobeats, Reggae, orientalischer und asiatischer Musik mischt und darin die echte israelische Musik sieht. **Yehudit Ravitz,** eine der erfolgreichsten israelischen Rockmusikerinnen, begann in einer Armeekombo. **Yael Naim,** geboren in Frankreich, verbindet Hebräisch mit Französisch, während andere Sänger immer öfter englische Texte verwenden.

Als eine der Stimmen Israels galten lange Zeit die transsexuelle **Dana International,** die 1988 den Eurovision Song Contest gewann, sowie die 2000 verstorbene israelische Jemenitin **Ofra Haza,** die 1988 mit »Im nin alu« einen überraschenden Hit landete. Eine weitere erfolgreiche Israelin jemenitischen Ursprungs ist die in New York aufgewachsene **Noa,** die schon früh mit Santana, Quincy Jones und Stevie Wonder auftrat. Sie verbindet angloamerikanischen Pop mit folkloristischen Elementen des Nahen Ostens, singt in Englisch, Hebräisch und Jemenitisch. Noas Texte werben um die Verständigung zwischen Israelis und Palästinensern.

Hip-Hop und Goa-Trance

Israelischer Hip-Hop zeichnet sich durch sozialkritische Texte aus, die auch den Nahostkonflikt aufgreifen. **Mooke E,** einer der Mitbegründer von **Shaback Samech,** der ersten Hip-Hop-Band Israels, war einer der Pioniere dieser Musikrichtung und hat mit seinem Song »Medabrim al shalom« (›Vom Frieden reden‹) eine Art Hymne geschaffen. Stilprägend sind Israelis bei elektronischer Goa-Trance-Musik, der modernen Fortschreibung des in Goa kreierten Hippiesounds.

Klassik

Israels Opernbetrieb ist eher brav zu nennen und macht doch immer wieder von sich reden. Erstklassig ist das **Israel Philharmonic Orchestra** (www.ipo.co.il), das 1936 unter dem Namen Palestine Symphony Orchestra gegründet wurde. **Daniel Barenboim** und **Zubin Mehta** sind nur zwei der Namen, die für erste Güte am Taktstock stehen.

Zum Politikum geriet die erste Aufführung in Jerusalem von Richard Wagner, der in Israel als Antisemit und Hofkomponist der Nazis gilt. Daniel Barenboim und die Berliner Staatskapelle brachen 2001 ein Tabu, als sie auf dem Israel-Festival einen Auszug aus Wagners Oper Tristan und Isolde spielten, dem ein monatelanges Tauziehen vorausgegangen war. Später sagte Barenboim in einem Interview mit dem Spiegel 2001: »Musik ist nicht ideologisch. Wagner war antisemitisch, aber seine Musik nicht. Hitler hat sich ihn als Propheten gewählt. Gott sei Dank nicht Brahms oder Bruckner.«

Wie kaum ein anderer sieht Barenboim in Musik eine Brücke, die alle Gräben überwindet. 1999 gründete er zusammen mit dem palästinensischen Literaturwissenschaftler Edward Said das **Orchester West-östlicher Divan,** in dem israelische und arabische Musiker aus Palästina, Beirut und Kairo zusammenspielen. Im Mikrokosmos dieses Orchesters ist es Barenboim gelungen, was er fürs wahre Leben noch als Utopie betrachtet.

Palästinensische und arabische Musik

Der Musikgeschmack der israelischen Araber und der Palästinenser orientiert sich weitgehend am panarabischen Musikmarkt, den libanesische und ägyptische Stars dominieren. Große Sängerinnen von einst wie die Li-

Aviv Geffen – Pop-Star und Visionär

In Israel ist der Popmusiker Aviv Geffen ein Jugendidol. Ein Superstar, vielfach ausgezeichnet mit Goldplatten und Preisen. Er füllt Stadien und ist obendrein ein engagierter Friedensaktivist, der Israels Jugend aus der Seele spricht.

Der Star zelebriert sein Erscheinen in der Öffentlichkeit. Im wallenden erdbeerroten Zorro-Mantel betritt er das Café des Habima-Theaters in Tel Aviv, grüßt mit einem weichen Händedruck, setzt sich und bestellt erst einmal Kaffee und Croissant. Die Bedienung und viele Gäste des Intellektuellentreffs starren und sind sich nicht sicher: Ist das wirklich der Popmusiker Aviv Geffen, Israels Superstar, Idol der Jugend.

Berühmt wurde Geffen, seit er am 4. November 1995 bei einer Friedenskundgebung als letzter Mensch von Israels Yitzhak Rabin umarmt worden war – wenige Minuten, bevor der damalige Premierminister und Friedensnobelpreisträger ermordet wurde. Yitzhak Rabin und Aviv Geffen – dass sich die Wege der beiden je kreuzen würden, das konnte sich, nicht nur wegen des Altersunterschieds von 52 Jahren, niemand in Israel vorstellen.

Hier Rabin, der General, Held des Sechstagekriegs 1967 und des Jom-Kippur-Kriegs 1973, ein Falke, dem erst die Weisheit des Alters das Falkengefieder taubenweiß färbte. Dort Geffen, ein junger Mann, der in einem Land den Kriegsdienst verweigerte, in dem man dafür in der Regel im Gefängnis landet und sich seine Zukunft verbaut, ein Rebell, der den Premier Rabin in einem Lied als Trunkenbold verhöhnt. Rabins Frau Leah, vermutet Geffen, machte den Regierungschef auf ihn, das Idol, damals aufmerksam.

»Ich glaube, Rabin kannte die Stimmung in der Jugend sehr gut. Er wusste, dass ich wahnsinnige Macht über die Jugend habe, dass ich auf meine Weise nichts anderes will als er: Frieden. Jeder ging seinen Weg und bei unserem gemeinsamen Auftritt bei der Friedenskundgebung verschmolzen unsere Wege. Rabin mochte meine Lieder. Er hielt mich für einen cleveren und tapferen Jungen, obwohl ich nicht in der Armee war.«

Rabin hatte Geffen persönlich zu jener Friedenskundgebung in Tel Aviv eingeladen. Da standen sie, der alte Mann und das Rockidol, umarmten sich und Geffen sang zum Schluss der Kundgebung die Ballade Livkot leha: »Ich werde um dich weinen, so sei stark da oben im Himmel. Für alle Ewigkeit, mein Bruder, ich werde dich immer in meiner Erinnerung behalten. Und am Ende werden wir uns wiedersehen, du weißt es.«

Dann ging Geffen von der Bühne. Rabin machte sich auf zu seiner Limousine. Noch einmal umarmten sich die beiden, bereits beobachtet von Yigal Amir, dem rechtsradikal-orthodoxen Juden, der kurz darauf in Erfüllung eines göttlichen Auftrags Rabin mit zwei Dum-Dum-Geschossen von hinten niederstreckte.

Seit damals avancierte Geffen zum Symbol für die Hoffnung, die sich aus Rabins vergossenem Blut nährte. Die Ballade Livkot leha wurde zur Hymne einer Trauer, die über die Phase des Schocks weit hinauswirkte. Von der *fucked generation* sprach Geffen in einem seiner großen Hits. Fucked, z. B. von der Armee, die alle 18-jährigen Männer und

Thema

Frauen einzieht. »Die Armee«, so Geffen, »benutzt uns doch nur. Sie lehrt uns zu töten, ehe wir wissen, was das Leben ist.«

Ein rebellischer Poet in der Politik, davon wollte Geffen nie etwas wissen. »Ich bin kein Politiker und ich werde niemals einer sein, weil ich ein ehrlicher Mensch bin. Ich bin Liedermacher, sonst nichts. Ich schreibe über mein Leben, das dem Leben vieler junger Israelis gleicht. Und ich hoffe, das bringt den Frieden weiter. Ich kann mehr über Fehler und Schwächen reden als über Lösungen. Im Vordergrund stehen für mich aber weiterhin meine eigenen Gedanken und Probleme.« Wie Geffen diese in Songs packt, damit scheint er einer Generation aus der Seele zu sprechen, deren Leben immer wieder vom Nahostkonflikt bestimmt und eingeholt wird.

Ein Träumer ist Geffen dabei nicht, kein Total-Peacenik. Seinen naiven Glauben an Frieden um jeden Preis habe er am Abend der Ermordung Rabins verloren, sagt er. Die Hamas beispielsweise, sie ist für ihn eine Terrorgruppe, die Israels Bevölkerung so behandelt »wie die Nazis uns früher«. Sie zu bekämpfen ist für Geffen notwendige Pflicht. Damit seine Songs gegen den Krieg und Gewalt nicht mehr nur die Israelis verstehen, hat er nach 14 Alben in Hebräisch seine erste englischsprachige CD aufgenommen.

Mit Songs gegen Gewalt, Drogen und Alkohol wurde Geffen zum Idol der Jugend

banesin **Fairuz** – oder auch Farid el Atrash – (1915–74) brachten Evergreens hervor. Die Ägypterin **Om Kalthum** (1908–75) hält den Rang eines panarabischen Idols. Die Texte dieser Alt-Stars gelten als zu Schlagern gewordene arabische Poesie.

Traditionelle Instrumente sind u. a. die **Oud,** die arabische **Laute,** die **Rababa,** ein mandolinenähnliches Instrument, und die **Tabla,** eine mit der flachen Hand geschlagene (Doppel-)Trommel. Der **Qanun,** eine Zither, wird schon in »1001 Nacht« erwähnt.

Als revolutionäre Virtuosen der Oud feiert das **Trio Joubran** (www.letriojoubran.com) aus Nazareth große Erfolge, auch in Europa und hier v. a. in Frankreich. Die drei Brüder, Söhne eines Lautenbauers, brechen mit der arabischen Tradition und schreiben Stücke, die nicht mehr nur auf eine einzelne stimmführende Oud mit Begleitung, sondern auf drei gleichberechtigte Oud-Instrumente zugeschnitten sind. Auf Texte verzichtet man bewusst. Vorbild für das Trio ist das einzigartige Live-Album »Friday Night in San Francisco« der Gitarristen Al Di Meola, John McLaughlin und Paco de Lucia.

Arabischer **Pop** *(shaabi)* mischt häufig arabische Musik mit westlichen Stilelementen.

An Israels Stränden geht im Sommer die Post ab – erlaubt ist, was Spaß macht

Das Ergebnis ist ein eingängiger, von Synthesizerklängen überladener Sound. Für Popkarrieren von Frauen ist es oft wichtiger, sexy und frech aufzutreten, als wirklich singen zu können. Satellitenkanäle importieren diese Musik nach Palästina.

Mit **Hip-Hop** tourt der in Berlin lebende palästinensisch-libanesische Rapper **Massiv** ab und zu durch Palästina. **Tamer Nafer,** Idol der palästinensischen Jugend, rappt auf Arabisch und Hebräisch, je nachdem, wen er ansprechen will. Mit seinem Bruder Suhell und seinem Cousin Mahmoud Jrerei tritt er als **DAM** (www.dampalestine.com) auf. Der Name steht für Da Arabic MCs und bedeutet im Hebräischen ›Blut‹, im Arabischen ›Ewigkeit‹.

Die palästinensische **Volksmusik** pflegt einfache Texte, denn es war einst die Musik der Bauern. Heutzutage drehen sich die Themen um Vertreibung, Exil, Sehnsucht nach Heimat, Besatzung und Widerstand.

Tanz

Israelischer Tanz

Als Israels Nationaltanz gilt der ungestüme Kreistanz **Hora,** der aus dem Balkan kommt und dort bis heute weit verbreitet ist – wie beim griechischen Sirtaki liegen die Arme als Zeichen der Gemeinsamkeit über den Schultern des Nachbarn. Der Name des Tanzes entwickelte sich aus dem altgriechischen Wort für ›Kreis‹. Getanzt wird die Hora zu freudigen Anlässen, an Urlaubsorten auch mal als Einheizer oder Rausschmeißer in Diskotheken. Die typische Musik dazu stammt beispielsweise von **Hava Nagila.**

Die harmonisierende Hora steht für eine bestimmte Phase der Geschichte Israels. Ihr folgte der **Ausdruckstanz,** der zeitweise auch das Ballett verdrängte. Amerikanischer Postmodern Dance der 1960er- und 1970er-Jahre, deutscher Expressionismus und der konzeptuelle Tanz beeinflussten die Szene.

Geburtsstätte des international erfolgreichen **modernen israelischen Tanzes** ist das 1989 gegründete **Suzanne Dellal Centre for Dance and Theatre** in Tel Aviv (s. S. 228). Dort widmet man sich tänzerisch der israelischen Identität und versucht Stimmung, Gefühle, Konflikte, die im Land fühlbar sind, auf die Bühne zu bringen. Tanztraditionen aus Äthiopien, dem Maghreb und Jemen fließen ebenso ein wie Bauchtanz und Flamenco.

Auf internationalen Bühnen sind häufig die Ensembles **Inbal Dance Company** (www.inbalpinto.com), **Bat-Dor** und **Kibbutz Contemporary Dance Company** (www.kcdc.co.il) sowie die **Batsheva Dance Company** (www.batsheva.co.il) zu Gast. Letztere wurde 1964 mit finanzieller Hilfe der namensgebenden Baronin Batsheva de Rothschild ge-

Jüdischer Humor – Lachen auf eigene Kosten

Thema

Der jüdische Humor ist bekannt für seine weise und verschmitzte Hintergründigkeit, aber auch für die Gnadenlosigkeit, mit der sich Israelis und Juden selbst auf die Schippe nehmen. Moderne Comedians machen heute auch vor dem Holocaust nicht mehr halt.

Natürlich gibt es noch immer die Witze über die überfürsorgliche jiddische Mama oder über die Jockes, die einst nach Israel eingewanderten deutschen Juden. »Wird einer gefragt: Schämst du dich nicht, dass du nach so vielen Jahren in Israel noch kein Hebräisch sprichst? – Ja, ich schäme mich, aber das ist immer noch einfacher, als diese Sprache zu lernen.« Das sind Klassiker des Spaßes.

Der moderne Humor der Comedians hat eine andere Temperatur. Kein Tabu, kein Thema ist heilig. Der sephardische Comedian Jacki Levi glaubt, die Juden hätten bei ihren heiligen Liedern einen Grundsatz: »schreckliche Worte und fröhliche Musik – und umgekehrt«. Levi: »An Jom Kippur lauten die fröhlichsten Lieder, ›wir haben gesteinigt, verbrannt, getötet und erstickt‹. Es gibt weltweit keine andere Kultur, die Hinrichtungen vertont hat.« Der Therapeut Lenny Ravitz fügte in einer TV-Dokumentation an: »Fast alle jüdischen Feiertage basieren auf drei Dingen: Sie haben versucht uns zu vernichten. Wir haben gesiegt. Los, lasst uns essen!«

Über sich selbst zu lachen ist die hervorstechende Eigenschaft des im Stetl geborenen jüdischen Humors. In ihrer wechselvollen Geschichte konnten sich die Juden nie ungestraft über andere lustig machen. Deswegen, so eine häufige Erklärung, richte sich der jüdische Humor selten gegen andere.

Der Tabubruch ist ein probates Instrument des Humors. Inzwischen wird auch der Holocaust thematisiert. Nach dem Vorbild großer US-Comedians wie der schonungslosen Sarah Silverman hat sich in Israel eine Riege von Comedians etabliert, die auf politische Korrektheit keinen Wert legt. Der oft provokante Gil Kopatsh ließ in seiner TV-Show Anne Frank und Hitler »I got you Babe« Im Duett singen. Kopatsh will, dass die Juden über den Holocaust auch lachen können.

Ziemt sich dieses Lachen, auch wenn es einen therapeutischen Ansatz haben soll, oder hat noch immer der 2005 verstorbene Bestsellerautor Ephraim Kishon recht, der einmal sagte: »Humor ist eine sehr ernste Sache, das größte Geschenk nach Sigmund Freud, das der Mensch vom Allmächtigen bekommen hat … Der jüdische Humor ist ein Humor der Ghettos. Es ist nicht hebräisch, es ist jiddisch. Mit dem Ghetto ist auch der jüdische Humor verschwunden. Der jüdische Humor ist ein selbstkritischer Humor, geschaffen von verfolgten Leuten, die geschlagen und erniedrigt wurden und sich miserabel gefühlt haben. Sie haben sich damit getröstet, das sie noch immer lächeln konnten. Und noch eines – über den Holocaust kann man keine Witze machen.« Oder hat inzwischen Woody Allen recht? In seinem Streifen »Verbrechen und andere Kleinigkeiten« lässt er den TV-Produzenten Lester sagen: »Komödie ist Tragödie plus Zeit.«

Kishon sagte dies, Jahre bevor beim internationalen Jerusalemer Filmfestival Roberto Benignis Film »Das Leben ist schön« (1997) frenetisch beklatscht und mit einem Preis bedacht wurde. Die zu Tränen und Lachen rührende Tragikomödie spielt im KZ.

gründet und nachhaltig durch **Martha Graham,** eine der bedeutendsten Choreografinnen des 20. Jh., geprägt, die den gesamten israelischen Tanz beeinflusste. Aus dem Ensemble ging eine Reihe renommierter Choreografen hervor. Zu den Stars der jungen Tanzszene gehören **Emanuel Gat** (www.gatgat.com) und **Maya Levi.**

Palästinensische und arabische Tänze

Der bekannteste palästinensische Tanz ist der **Dabke,** der wie die Hora an den Sirtaki erinnert. Bei fröhlichen Anlässen wie Hochzeiten sind Männer und Frauen auf der Tanzfläche, das Publikum singt und klatscht dazu. Je nach Region tanzen Männer und Frauen gemeinsam oder in getrennten Kreisen. In Reihen gegenüber stehen sich die Tänzer beim **Sahdsche.** Wie Ebbe und Flut wiegen sich die Tänzer klatschend zum Rhythmus.

Überall in Israel gibt es Workshops für orientalischen **Bauchtanz,** einer der wenigen Bereiche, der das Land und seine arabischen Nachbarn eint. Der *raks shraq* ist eine hohe Kunst. Um die geschmeidig kreisende Hüfte ist ein mit Strass besetztes Seidentuch drapiert. Der Körper windet sich im engen Paillettenkleid um die Körperachse, die Arme schlängeln sich rhythmisch zur Musik um den Körper. Bauch und Nabel sind frei, der Blick lasziv. Was man in Israel erlebt, unterscheidet sich meist erheblich von dem, was man daheim präsentiert bekommt. Der Bauchtanz in Nahost ist technisch womöglich nicht so perfekt, aber im Ausdruck gefühlvoller. »Europäerinnen wollen oft nicht so sexy tanzen, wie es sein muss«, bemängeln orientalische Bauchtänzerinnen oft. »Sie haben den Bauchtanz verfremdet, suchen darin eher Erfüllung und Einklang mit ihrem Körper. Das ist schade. Das entspricht nicht der Seele des Tanzes.«

Literatur

Israel ist ein junger Staat mit einer weit zurückreichenden Literaturgeschichte. Je nach Definition beginnt sie mit der Bibel, dem Buch der Bücher, oder mit der Diaspora. Bekannten Autoren jüdischer Herkunft, darunter Heinrich Heine und Franz Kafka, fehlte anfänglich noch das moderne Hebräisch, wie es sich als Gebrauchssprache erst durch Theodor Herzl entwickeln konnte.

Laut Amos Oz, dem bedeutendsten zeitgenössischen israelischen Schriftsteller, sind die Anfänge der modernen hebräischen Sprache im 18. Jh. von Deutschland geprägt und auch die moderne hebräische Literatur wurde in Berlin geboren. In der Tat gab es im Verlauf des 18. und 19. Jh. Zeitschriften in Hebräisch, die in Berlin herausgegeben wurden. Anfang des 20. Jh. lebten einige der wichtigsten Charaktere oder Figuren der hebräischen Literatur in Berlin und in Leipzig, darunter Agnon, Bialek, Martin Buber. Erst mit der Judenverfolgung, so Oz, verlagerte sich dieses Zentrum von Deutschland aus nach Tel Aviv und bis heute manifestiert sich das Verhältnis zu Deutschland in der modernen hebräischen Literatur. Nicht minder wichtig sind die Wurzeln des Ostjudentums.

Klassische israelische Literatur

Samuel J. Agnon (1888–1970), einer der großen Erzähler des 20. Jh. und oft mit Kafka verglichen, erhielt 1966 – gemeinsam mit der deutsch-jüdischen Schriftstellerin Nelly Sachs – als erster in Hebräisch schreibender Autor den Nobelpreis für Literatur. Gewürdigt wurde nicht ein bestimmtes Werk von Agnon, sondern seine charakteristische Erzählkunst, seine Vorliebe für Motive des jüdischen Lebens. Agnon wurde als Shmuel Josef Czaczkes in einer strenggläubigen jüdischen Gemeinde im damals habsburgischen Galizien geboren, die Kulisse für viele seiner Werke. 1908 ließ er sich in Palästina nieder, reiste 1913 nach Deutschland und lebte bis 1921 in Berlin, später in Bad Homburg, wo der Religionsphilosoph Martin Buber und er Freunde wurden. Als 1924 ein Feuer Agnons Wohnung samt Bibliothek und Manuskripten zerstörte, kehrte er nach Palästina zurück. Zu Agnons bekannten und in Deutsch erhältlichen Romanen zählen »Eine einfache Geschichte« sowie »Schira«. In der Geschichte verliebt sich in einem Stetl Ende des 19. Jh. Hirschel Hurwitz in die arme Blume Nacht, die in seinem Elterhaus als Hausmädchen arbeitet. Hirschels Eltern vereiteln die unstandesgemäße Heirat. Die Schilderung von Hirschels Liebesleiden und einer Gemeinschaft im Wandel haben kaum an Reiz verloren. Man lernt dabei auch das Leben des von den Nazis zerstörten Ostjudentums kennen.

Tabus kennt die israelische Literatur heute kaum mehr. Das war bei der sogenannten Stadtgeneration, der **Dor Hamedina,** anders. So bezeichnet die israelische Literaturgeschichte jene Schriftsteller, die schon zur Staatsgründung 1948 im Land lebten und den Aufbau des Staats literarisch begleiteten. Als **Yoram Kaniuk** 1968 »Adam Hundesohn«, eine Groteske über den Holocaust, veröffentlichte, wurden Werk und Autor von der Kritik zerrissen. Der Protagonist Adam lebt im Negev in einer lagerähnlichen Nervenheilanstalt, in der alle Patienten Überlebende des Holocaust sind. Ihr Held ist Adam, im Berlin der 1930er-Jahre ein Zirkusclown, der für seinen Lagerkommandanten im KZ auf allen Vieren als Hund herumlaufen musste, was ihm das Leben rettete. Das Buch gilt heute als Meisterwerk – es ziemt sich, Tränen zu lachen.

Moderne israelische Literatur

Israelische Literatur bewegt. Das Interesse daran ist weltweit gestiegen. 1980 gab es Übersetzungen in 25 Sprachen, über 20 Jahre später waren es bereits 70 Sprachen. Der Löwenanteil des Zuwachses geht auf israelische Kinderbücher zurück. Zu den meistübersetzten und bedeutendsten Autoren Israels gehören **Amos Oz** (geb. 1939, »Der perfekte Frieden«), **Ephraim Kishon** (1924–2005, »Arche Noah, Touristenklasse«) sowie der Kinderbuchautor **Uri Orlev** (geb. 1931, »Die Insel in der Vogelstraße«). Internationale Bekanntheit erlangten auch **A. B. Yehoshua** (geb. 1936, »Der Liebhaber«), **Etgar Keret** (geb. 1967, »Gaza Bleus«), **Yosef Agnon** (1888–1970, »Gestern, Vorgestern«), **David Grossman** (geb. 1954, »Diesen Krieg kann keiner gewinnen«) und **Yoram Kaniuk** (geb. 1930, »Ein Leben für ein Leben«).

Die Gefühle der jungen israelischen Generation thematisieren Autoren wie Ron Leshem, Assaf Gavron oder Eshkol Nevo. Sie schildern, wie die ständige Bedrohung von außen das Privatleben und die Befindlichkeit beeinflussen und eine Gesellschaft verändern. Allzu oft handeln die Figuren wider Willen, sind fremdbestimmt. So lässt **Assaf Gavron** in seinem tragikomischen Buch »Ein schönes Attentat« seinen Protagonisten Eitan drei Selbstmordattentate überleben. Eitan wird ungewollt zur Berühmtheit, was sein gesamtes Leben ruiniert. Und dann ist da der Palästinenser Fahmi, der den Nationalhelden, das neue Symbol der Überlebenskraft Israels, endgültig auslöschen soll. Das Attentat scheitert, Fahmi liegt in einem israelischen Hospital im Koma und räsoniert im Unterbewusstsein über sein Leben. Intensiv dringt der Leser über die beiden Figuren in die Gedankenwelten der Israelis und Palästinenser ein.

Ron Leshems Antikriegsroman »Wenn es ein Paradies gibt« schildert eindringlich die Welt junger Israelis. Im einen Moment feiern sie noch in Tel Avivs Clubs, im nächsten Moment werden sie von der Armee zum Kämpfen und Sterben an die libanesische Grenze geschickt. Das Buch gewann den angesehenen israelischen Sapir-Literaturpreis. Die Buchverfilmung wurde 2007 mit dem Silbernen Bären ausgezeichnet und 2008 für den Oscar nominiert.

Ein modernes Sittengemälde entwirft **Eshkol Nevo** in seinem Roman »Vier Häuser und eine Sehnsucht«. Hier geht es um die Beziehungen zwischen Mann und Frau, zwischen orthodoxen und anderen Juden, zwischen Israelis und Arabern, um Nachbarschaft, Misstrauen, Sehnsucht.

Palästinensische Literatur

Eine palästinensische Literatur, deren Themen und Tonalität aus der israelischen Okkupation resultierten, entwickelte sich erst ab 1948. Aufgrund eines Publikationsverbots waren die Autoren in den Untergrund gezwungen. Das Recht zur freien Meinungsäußerung in Buchform existierte bis zum Beginn der Friedensverhandlungen in den 90er-Jah-

Alltagsprobleme, Bürokratie und Politik waren die Zielscheiben von Kishons Satire

ren unter israelischer Herrschaft weder im Westjordanland noch im Gazastreifen. Wer veröffentlichen wollte, musste dies meist unter einem Pseudonym und über ausländische Verlage tun. Palästinensische Literatur war immer zugleich Exilliteratur.

Im Ausland erschienen die Bücher von **Emil Habibi, Ghassan Kanafani, Jabra Ibrahim Jabra** und **Sahar Khalifa.** Ihre Werke über Vertreibung, Entfremdung und Sehnsucht hielten über Jahrzehnte die Idee eines palästinensischen Staats wach, erzählen vom Kampf ums Überleben in den Autonomiegebieten, von der Intifida, dem Irrsinn der Selbstmordattentäter, der Spirale der Gewalt.

Wenn es eine Stimme Palästinas und Arabiens gab, dann gehörte sie dem Poeten **Mahmoud Darwish** (1941–2008). Geboren als Bauernsohn in Galiläa, flüchtete er 1948 mit seiner Familie in den Libanon, kehrte später zurück, besuchte die Oberschule in Nazareth, wurde Mitglied der israelischen KP und ging nach etlichen Verhaftungen ins Exil, u. a. nach Beirut, Tunis und Kairo, wo er für Al Ahram schrieb. Anfangs feierte er in seinen Büchern den bewaffneten Widerstand und das Märtyrertum, eine radikale Position, die er später aufgab. 1996 durfte Darwish zurück nach Israel und trat 2007 sogar dort auf. Darwish engagierte sich nicht nur kulturell als Herausgeber der Literaturzeitschrift Al-Karmal (›Der Karmel‹), sondern wurde Mitglied des Palästinensischen Nationalrats und begleitete die palästinensisch-israelischen Friedensverhandlungen mit kritischem Blick. 1998 überraschte Darwish mit ganz anderen Tönen: »Sareer el Ghariba« (›Das Bett eines Fremden‹) enthielt erstmals Liebesgedichte. 2003 erhielt Darwish den Erich-Maria-Remarque-Friedenspreis der Stadt Osnabrück.

Film

Israelischer Film

Israelisches Kino bestand lange, zumindest in der internationalen Wahrnehmung, aus der mehrteiligen Teenagerkomödie **»Eis am Stil«.**

Davor gab es Kishons **»Salah Shabati«** oder den **»Blaumilchkanal«**. Das hat sich grundlegend geändert. Israels Filmschaffen stößt auf wachsendes internationales Interesse. Beherrschende Themen sind neben den normalen Kinoproduktionen eines normalen Kinolands: der schwelende Nahostkonflikt, der Wandel Israels durch die Zuwanderungswelle aus dem Ostblock, die alles andere als schleichende Orthodoxisierung des Lebens.

Beeindruckend widmet sich Amos Gita den Haredim, den Ultraorthodoxen. **»Kadosh«** (›Heilig‹, 1999) führt in das Jerusalemer Viertel Mea She'arim, wo für den Protagonisten Meir der Morgen mit dem Gebet beginnt: »Danke, Gott, der Du unsere Wege lenkst, dass Du mich nicht zur Frau gemacht hast.« Meir ist glücklich verheiratet, doch muss er die Ehe auf Druck seines fundamentalistischen Vaters der Religion opfern – sie bleibt nämlich kinderlos und gilt somit als sündig.

Israels Filmemacher lieben die Sprache der Ironie. Der Streifen **»Mivza Savta«** (1999) von Dror Shaul ist Kult seit dem ersten Tag. Er nimmt das israelische Alltagsleben auf den Arm, erwies sich aber als unübersetzbar. Tiefgründig, mal melancholisch, mal heiter beschreibt Eran Kolirins Komödie **»Die Band von nebenan«** (2007) die israelisch-ägyptische Nachbarschaft. Das Polizeiorchester von Alexandria soll zur Eröffnung eines arabischen Kulturzentums in Israel auftreten, doch aus einem Missverständnis heraus verschlägt es die Musiker an den falschen Ort. Es beginnt eine bezaubernde Begegnung von Israelis und Ägyptern, die sich so nah und doch so fremd sind. In Ägypten ist der Film verboten.

Aus dem Blickwinkel der oft vergessenen Opfer des Nahostkonflikts nähert sich die Dokumentation **»Promises«** (2002) dem Konflikt. Über fünf Jahre hinweg werden sieben israelische und palästinensische Kinder aus Jerusalem und dem Westjordanland im Alltag begleitet. Man erfährt von ihren Ängsten, Gedanken, Gefühlen und Hoffnungen, mit denen sie heranwachsen. Der Film wurde mit Nominierungen und Auszeichnungen überhäuft.

Das mit Tabus beladene Thema Homosexualität greift Eytan Fox in **»Walk on Water«** auf. Der Plot des Films, der seine internationale Premiere bei der Berlinale 2004 feierte, ist bizarr: Mossadagent Eyal soll einen Nazi-Verbrecher aufspüren und töten, dazu wird er auf Pia und Axel, die erwachsenen Enkel des Manns, angesetzt. In der Gestalt Axels wird Eyal mit der Natürlichkeit von Homosexualität konfrontiert, was letzten Endes Einfluss auf seinen Mordauftrag hat.

Ari Folmans **»Waltz with Bashir«** (2008), ein großartiger animierter Dokumentarfilm, war 2008 für die Goldene Palme in Cannes nominiert. Der Filmtitel spielt auf den mit Israel verbündeten christlich-maronitischen Milizenführer und libanesischen Präsidenten Bashir Gemayel an. Seine Ermordung 1982 sollte mit Israels Massakern in den palästinensischen Lagern Sabra und Schatila gerächt werden. Folman, 1982 im Libanon stationiert, ist die tragende und fragende Trickfilmfigur des Films, die sich erst mithilfe von Augenzeugen wieder an den Krieg und die Massaker der israelischen Armee erinnert, die der Film – in Originalaufnahmen – zeigt.

Mit Komik und Musik nimmt sich Ari Sandels **»West Bank Story«** (2005) des israelisch-palästinensischen Konflikts an. Soldat David liebt Kassiererin Fatima. Beider Eltern, konkurrierende Besitzer von Felafel-Ständen, sind gegen die Beziehung. Zwischen beiden Imbissen wird eine Mauer errichtet.

Palästinensischer Film

Beachtenswert sind auch Produktionen palästinensischer Filmemacher, denen es oft an vergleichbarer Finanzierung und Vertriebswegen mangelt. U. a. eine Oscar-Nominierung und einen Golden Globe als bester ausländischer Film heimste 2006 der niederländisch-palästinensische Regisseur Hany Abu Assad für **»Paradise Now«** ein. Der Streifen erzählt ohne Sympathie, aber mit Respekt von den beiden Palästinensern Khaled und Said, die von radikalen Religiösen dazu bestimmt wurden, sich als Selbstmordattentäter in Tel Aviv in die Luft zu sprengen. Die beiden Männer verbringen eine letzte Nacht mit ihren ahnungslosen Familien, dann ziehen sie los. Doch an der Grenze zu Israel verlieren sich

Said und Khaled. Auf sich alleine gestellt, muss nun jeder für sich entscheiden, ob er zum Massenmörder werden will.

Ganz anders, polemisch, wütend und rasant im Schnitt ist der Dokumentarfilm **»Jenin, Jenin«** (2002) von Mohamed Bakri, ein bekannter israelisch-arabischer Schauspieler, der durch die zweite Intifada zum Dokumentarfilmer wurde. Sein Film zeigt die Besetzung und Zerstörung des palästinensischen Flüchtlingslagers Jenin durch die israelische Armee. Israels Zensurbehörde verbot den Film.

Kunst

Jüdische Kunst, allein der Begriff ist schwer zu fassen. Da jüdische Kunst wie auch die Literatur durch die Diaspora lange weder an ein bestimmtes Land noch an eine bestimmte Kultur oder Epochen gebunden war, ist sie am ehesten als religiöse Kunst zu verstehen, im modernen Kontext auch als Auseinandersetzung mit dem Judentum und der Kultur Israels. Das Werk eines jüdischen Malers, so betont man gerne, sei nicht per se jüdische Kunst. Die Zirkusmotive von Marc Chagall beispielsweise, Sohn orthodoxer Juden, zählt demnach nicht dazu, die von ihm gestalteten Fenster der Synagoge des Jerusalemer Hadassa Medical Center dagegen schon.

Religiöse Kunst

Der Glaube an das Gebot des einen Gottes, von dem man sich kein Bildnis machen soll, wurde über lange Zeit als Verbot (miss-)interpretiert, Gott, Mensch und Tier darzustellen. Während christliche Künstler ihrer Fantasie freien Lauf ließen, man denke an Gott als alten gütigen Mann und den langhaarigen Jesus im wallenden Gewand, war diese Ausdrucksform jüdischen, d. h. religiös motivierten Schaffenden oft versagt. Ähnlich verhält es sich im Islam, dessen sakrale Künstler sich bis heute der Kalligrafie hingeben.

Trotzdem gibt es in der jüdischen Kunst einen farbenprächtigen Bilderreichtum. In den Katakombengräbern von Beit She'arim (s. S. 283) findet man Darstellungen heidnischer Götter, Bilder von Vögeln, Löwen und Adlern sowie Pflanzenornamente. Die Beit-Alfa-Synagoge beim See Genezareth (s. S. 296) besitzt ein großes Mosaik, das u. a. Abraham mit dem Messer in der Hand zeigt, der seinen Sohn Isaak opfern will. An anderer Stelle sind die zwölf Tierkreiszeichen zu sehen.

Das Argument gegen ein allzu rigoroses Bilderverbot lautete, Darstellungen in Synagogen, meist Fresken, würden nicht angebetet, was dem mosaischen Gebot widerspräche, sondern dienten in Einklang mit dem Gebot einzig als Schmuck. Andere Künstler argumentierten, es sei nur verboten, den Menschen als Ganzes zu zeigen. So verzichteten sie auf die Darstellung des Gesichts, indem sie die Köpfe von hinten malten bzw. dem menschlichen Körper einen Tierkopf aufsetzten. Erst in der Buchmalerei ab der Mitte des 14. Jh. war der Mensch als solcher zu sehen: mit Körper, erkennbarem Gesicht, von vorne. Gebetsbücher erzählten als anerkannte Literatur für den Hausgebrauch in Wort und begleitender Illustration die Bibelgeschichte, die Quelle aller Kunst.

Kunst während und nach dem Holocaust

Nach dem Holocaust, was für eine Kunst sollte da noch möglich sein? Verlangte die Schoah ein Abbildungsverbot, so wie Theodor Adorno nach Auschwitz die Lyrik anfangs kategorisch für barbarisch gehalten hatte? Der Philosoph relativierte später: »Das perennierende Leiden hat so viel Recht auf Ausdruck wie der Gemarterte zu brüllen; darum mag falsch gewesen sein, nach Auschwitz ließe kein Gedicht mehr sich schreiben.«

Die größte Sammlung zu Schoah und Kunst findet man mit rund 10 000 Exponaten im Kunstmuseum von Yad Vashem (s. S. 180). Da sind zum einen Bilder, Skizzen und Zeichnungen, die in Ghettos und Konzentrationslagern unter größter Lebensgefahr und im Angesicht des Tods entstanden. Zum anderen sieht man hier vor der Deportation entstandene Werke von Künstlern, wie die der 1939 nach Frankreich emigrierten Berliner

Mit ihren Fotografien über palästinensische Flüchtlingslager beeindruckte die israelische Künstlerin Ahlam Shibli bei der documenta in Kassel

Malerin **Charlotte Salomon** (geb. 1917), die 1943 vom Vichy-Regime an die Gestapo ausgeliefert und in Auschwitz ermordet wurde. 1940 hatte Salomons Großmutter in Frankreich Selbstmord begangen – um zu überleben flüchtete Salomon in die Malerei. In wenigen Monaten entstanden über 1300 farbintensive Gouachen mit comicartigen Elementen, die das Leben einer jungen Frau im Berlin der 20er- und 30er-Jahre erzählen und den zunehmenden Antisemitismus dokumentieren.

Zu sehen sind in Yad Vashem auch drei Fresken des polnisch-jüdischen Autors und Malers **Bruno Schulz** (1892–1942), die unter mysteriösen Umständen 2001 in der Ukraine verschwanden und dann in Jerusalem auftauchten, wo sie 20 Jahre lang als Leihgabe ausgestellt bleiben sollen. Nach dem deutschen Überfall auf die Sowjetunion 1941 wurde Schulz im Ghetto vom SS-Referenten für Judenfragen, Felix Landau, ausgewählt, die Zimmer seiner Kinder mit Märchenbildern zu verschönern. Es entstanden Schneewittchen und die sieben Zwerge, eine schöne Prinzessin und eine Kutsche mit Kutscher. Die Figuren tragen Gesichtszüge von Angehörigen der Familie von Schulz, sein eigenes Antlitz gab er dem Kutscher. Schulz wurde 1942 nach

einer Schießerei im Ghetto, mit der er nichts zu tun hatte, von einem SS-Mann getötet.

Moderne Kunst

Lange vor der Staatsgründung Israels gab es die frühen Einwanderer, deren Schaffen durch Fotos und zahllose Gemälde dokumentiert ist. Gewehr und Spaten geschultert, mit den Stiefeln tief in der neuen Erde – purer Pionierrealismus, gemalter Stolz in Kohle, Öl und Aquarellfarben.

1905 hatte der siebte zionistische Kongress die Gründung der Bezalel School of Art in Jerusalem beschlossen, die heute **Bezalel Academy of Arts and Design** (www.bezalel.ac.il) heißt. Sie ist Dreh- und Angelpunkt der modernen Kunst, war in den Anfängen ein Anlaufhafen für die nach Palästina eingewanderten Künstler, die z. B. in den 30er-Jahren den Expressionismus aus Deutschland mitbrachten. Fast alle bekannten israelischen Künstler sind Bezalel-Absolventen.

Eine spezielle Bewegung verkörpert der 1895 in Rumänien geborene **Marcel Janco,** Mitbegründer des **Dadaismus,** den junge Künstler 1916 aus dem Züricher Cabaret Voltaire heraus als antibürgerliches Gegengewicht erdacht hatten. Janco übersiedelte 1941 nach Palästina, organisierte hier mit anderen die Gruppe **Neue Horizonte** und ließ sich 1953 in dem verlassenen arabischen Dorf Ein Hod nieder, das sich zur Künstlerkolonie entwickelte (s. S. 246).

Israels aktuelle Kunstszene findet immer stärkere internationale Beachtung. In Tel Aviv gibt es Dutzende Galerien, viele südlich des Rothschild Boulevard und im früheren Rotlichtbezirk Gan Hahashmal. **Fresh Paint** (www.freshpaint.co.il) heißt die erste, seit 2007 bestehende Messe der jungen Szene in Tel Aviv. Das Herzliya-Museum gilt als erste Adresse für zeitgenössische israelische Kunst, der Louvre des Nahen Ostens ist das Jerusalemer Israel-Museum.

Zu den Etablierten im laufenden Kunstbetrieb gehört **Sigalit Landau** (geb. 1969), die für ihre Installationen gerne Pappmaschee und Bronze verarbeitet. Mit Installationen im öffentlichen Raum, die für den Besucher auch begehbar sein müssen, hat sich der Bildhauer und Gestaltungskünstler **Dani Karavan** (geb. 1930, www.danikaravan.com) weltweit einen Namen gemacht. Ein Pionier der israelischen Videokunst ist **Guy Ben Ner** (geb. 1969), der in witzigen Selbstporträts die Widersprüche des Alltags herausarbeitet, mit seiner Familie schon mal bei Ikea einzieht und filmisch festhält, wie man es sich in Dusche und Bett dort gemütlich macht. Als unpolitische Künstlerin sieht sich **Talja Keinan.** Ihre Aquarelle, Zeichnungen, Collagen und Videos bewegen sich gleichsam als Kontrast zur Realität in friedlichen Traumwelten. **Yehudit**

Sasportas kombiniert in ihren Rauminstallationen Zeichnungen, Skulptur und Malerei.

Die Künstlerin **Ahlam Shibli,** 2007 Gast der documenta 7, beschäftigt sich in ihren Fotoserien mit dem Schicksal der Palästinenser, anhand von Flucht und Vertreibung auch mit dem ihrer eigenen Familie. Sie sieht sich nicht als israelische, sondern als palästinensische Künstlerin. Der Konflikt mit Palästina zeigt nicht nur in ihrer Person die Grenzen der Integrationskraft von Kunst. In der Bezalel-Akademie in Jerusalem sitzen palästinensische Studenten neben Studenten aus Familien jüdischer Westbanksiedler. Eine palästinensische Dozentin spricht demonstrativ kein Hebräisch im Unterricht, nur Englisch. Sie würde auch ihre Kunst nicht neben israelische Werke hängen. V. a. für Palästinenser ist der Kontakt zur Kunstszene des Besatzers mit Problemen beladen. Ein wichtiger Kunsttreff in Palästina ist die **Ramallah-Riwaq-Biennale** (www.riwaqbiennale.org).

Architektur

Israels Architektur wird in erster Linie mit dem **Bauhaus** in Verbindung gebracht. Einige dieser wundervollen Gebäude stehen in Tel Aviv und wurden 2003 zum UNESCO-Welterbe erklärt (s. S. 214 u. 216). Der erste Bauhaus-Architekt im damaligen britischen Mandatsgebiet war eine Frau, die Berlinerin **Lotte Cohn,** die 1921 nach Palästina auswanderte und 1930 in Tel Aviv ein Architekturbüro eröffnete. Sie entwarf die ersten jüdischen Gartenvorstädte, baute 1925 die erste landwirtschaftliche Mädchenschule in Nahalal und entwickelte den sozialen Wohnbau mit, der nach 1948 durch die vielen Einwanderer nötig wurde.

Mit der Gründung Israels und dem Neuentwurf eines kompletten Staats am Reißbrett spielte der Bauhausstil quantitativ keine große Rolle mehr. Das Credo des Neuanfangs lautete: Hell, luftig, funktionell sollten die Häuser gestaltet sein. Andernorts mussten Gebäude wie die Knesset und das Israel-Museum in Jerusalem die neue nationale Identität widerspiegeln, was sich in heute teils überzogen wirkender Kolossalität manifestiert. Dass unter dem obendrein enormen Zeitdruck kein großes Augenmerk auf städtebauliche Bedürfnisse gelegt werden konnte, zeigt der Blick auf den Stadtplan von Tel Aviv mit seinen kreuz und quer verlaufenden Straßen und Sträßchen. Die Stadt, bis heute ein wildes architektonisches Sammelsurium, erlag ab 1960 dem Hochhauswahn, von dem man annahm, er zeichne eine Metropole von Welt aus. Den Anfang machte der 140 m hohe Shalomturm (s. S. 214).

Sichtbeton war der Schick der 1950er- und 1960er-Jahre. Unverputzte Bauten und die Fassaden so roh, wie sie die Maurer ge-

schaffen haben, findet man vielerorts, auch in Be'er Sheva, das noch aus anderem Grund bemerkenswert ist. Dort entstanden schon in den frühen 1960er-Jahren Wohnviertel, die dem Wüstenklima angepasst sind und beim Betrachter gemischte Eindrücke hinterlassen. Zum Schutz vor der sengenden Sonne hat man Gehsteige überdacht und Häuserzeilen so nah aneinander gerückt, dass Schatten spendende Gassen entstanden. Gleichzeitig ist die Stadt im Negev mit ihren breiten Straßen und den großen, der Wüste abgerungenen Grünflächen eine blühende Gartenstadt, die wie kaum eine andere den Pionierwillen der jungen Nation abbildet. »Be'er Sheva bedient das fundamentale Bedürfnis, über die Demonstration jüdischer Siedlungspräsenz den Besitzstand am Territorium zu wahren«, analysierte die Architekturhistorikerin Anna Minta in ihrem Buch »Israel Bauen«. Das Urteil lässt sich auf die modernen, teils illegalen Bauten jüdischer Siedlungen auf palästinensischem Land übertragen. Angesichts der politischen-symbolischen Funktion der Architektur tritt die Ästhetik in den Hintergrund.

Im Neubaurausch der 1970er- und 1980er-Jahre ließ man alte Viertel verfallen, was man heute, beispielsweise in Jaffa, mit aufwendigen Renovierungs- und Restaurierungsmaßnahmen zu korrigieren versucht. Dass das mit Bravour gelingt, zeigen der alte Hafen und das Künstlerviertel (s. S. 221).

Das Gottgold Building (re.) an Tel Avivs Rothschild Boulevard – ein Meisterwerk des Bauhausstils

Essen und Trinken

Die israelische Küche ist reich an Gemüsegerichten und dank der Einwanderer ein internationaler Mix. Man findet Spezialitäten aus Süd- bis Osteuropa, aus Asien, Amerika und Nordafrika. Den Kontrapunkt setzt die arabische Küche, in der es viel Gegrilltes gibt.

Das biblische Himmelsbrot war die Speise der Israeliten nach dem Auszug aus Ägypten. »Das Haus Israel nannte das Brot Manna. Es war weiß wie Koriandersamen und schmeckte wie Honigkuchen«, heißt es in Exodus 16,31. Das Wort Brot darf man nicht wörtlich nehmen. Man geht davon aus, dass es sich dabei um Honigtau, das weiße, süßliche Sekret der Schildlaus, handelte (»Sobald die Sonnenhitze einsetzte, zerging es.« Ex 16,21).

Multikulturelle Einflüsse

Eine originär israelische Küche gibt es nicht. Die Gastronomie Israels, die vielfältigste des gesamten Orients und des Maghreb, orientiert sich an *nouvelle cuisine* und *californian new wave* ebenso wie an den Küchen Bangkoks, Mexikos oder Rio de Janeiros. *Fusion* ist das Modewort, das Köche gerne benutzen, wenn sie verschiedene Küchen, die erst einmal nichts miteinander zu tun haben, kreuzen.

Üppig ist das israelische **Frühstück,** wie man es in Hotels findet. Die Büfetts bieten Eier, Käse, Joghurt, (Fisch-)Salate, Oliven, marinierten und geräucherten Fisch, dazu Hummus (Kichererbsenbrei) und Marmeladen, aber wegen der jüdischen Speisevorschriften keine Wurst.

Zum **Mittag- und Abendessen** entfaltet sich die kosmopolitische Küche, die von Couscous über Moussaka, Kebab (Lammspießchen) und *gefilte fish* (Hecht- oder Karpfenbällchen) bis zu äthiopischem *wat,* einem feurig scharfen Hühnerfrikassee, reicht. Was man an jeder Straßenecke bekommt, ist *shawerma,* eine Art Gyros vom Lamm, Huhn oder Truthahn in Pita (Fladenbrot), dessen Beilagen (Krautsalat, Hummus, Peperoni, Zwiebel etc.) man sich selbst vom offenen Büfett in die Pita legt. *Felafel,* schmackhaft in Öl ausgebackene Gemüsefrikadellen, bekommt man beinahe an jeder Ecke. Koscher zubereitete Nachspeisen können etwas gewöhnungsbedürftig sein – Kuchen mit künstlicher Schlagsahne muss man nicht unbedingt probiert haben!

In vielem ähneln sich die jüdische und die arabische Küche – Hummus und Felafel sind nur zwei Beispiele dafür. Bei den Arabern ist das Abendessen die wichtigste und üppigste Mahlzeit des Tages. Als Vorspeisen werden dicke Soßen zum Tunken mit Fladenbrot serviert. Am beliebtesten ist die *tehina,* eine schmackhafte und sehr sättigende Sesamcreme. Auberginen werden in Öl gebraten oder püriert *(babaganug)* gereicht, dazu *labnah,* ein würziger Joghurtsalat. Außer Linsensuppe gilt *maluk* als eine – für viele ungenießbare – Spezialität. Sie wird aus grünem, etwas schleimenden Gemüse hergestellt. Die Hauptgerichte sind nicht so vielfältig: Huhn, Lamm, Rind und Fisch serviert man meist gegrillt, dazu gibt es Reis mit Rosinen und Nüssen oder der besonders leckere Safranreis.

Fast immer vegetarisch und sehr sättigend: *Mezze,* die typisch arabischen Vorspeisen

Koschere Küche

Thema

Fleisch und Milch vertragen sich nicht, Schalentiere sind ganz tabu – die jüdischen Speisegesetze regeln mit Liebe zum Detail, was überhaupt gekocht und wie und mit welchen Zutaten zubereitet werden darf. Koscher zu kochen, das ist eine Wissenschaft.

An vielen Restaurants, egal ob jiddisch oder chinesisch, findet sich ein Schild mit der Aufschrift »koscher« oder »vom Oberrabbinat überwachte Küche«. Das ist der Hinweis auf die rituell richtige Auswahl und Zubereitung von Speisen, wodurch immer mehr Lokale religiös bewusste Klientel zu gewinnen versuchen. Die koschere Küche und ihre Regeln gleichen in vielem den entsprechenden islamischen Vorschriften.

Nach den fünf Büchern Moses begann der Mensch erst nach der Sintflut, sich nicht mehr nur vegetarisch zu ernähren, oder, wie es im 1. Moses 9,3 heißt: »Alles, was sich regt und lebt, das sei eure Speise, wie das grüne Kraut habe ich's euch alles gegeben.« Allerdings gibt es eine Reihe von Vorschriften (Kashrut) zu beachten. Grundsätzlich unterscheidet man zwischen Naturprodukten, für die es keiner besonderen Zubereitung bedarf (Früchte, Gemüse, Kaffee etc.), Fleisch, das unter bestimmten Bedingungen verwendet werden darf, und unreinen Produkten, die überhaupt nicht zubereitet werden dürfen. Koscher ist nur Fleisch von geschächteten Tieren, das kein Lebensblut mehr enthält. Vor Blut, das als Teil der Seele angesehen wird, warnt die Thora zehnmal, ebenso vor dem Genuss von Fett. Wer also Blut oder Fett isst, »der wird ausgerottet aus seinem Volk«, droht das dritte Buch Moses gleich mehrmals. Fleisch wird in Wasser gelegt, gesalzen und dann gereinigt, ehe es weiterverarbeitet werden darf.

Koschere Säugetiere sind Wiederkäuer mit gespaltenem Huf (Rind, Lamm, Ziege), nicht aber z. B. Schweine oder Kamele. Von den Vogelarten sind 24 unrein, koscher dagegen ist Geflügel wie Ente, Gans, Huhn, Taube, Fasan oder Truthahn. Von den Wassertieren ist koscher, was Schuppen und Kiemen hat, also keine Schalentiere. Milchprodukte müssen von koscheren Tieren stammen.

Fleisch und Milch vertragen sich nicht, denn die Thora sagt mehrmals an zentralen Stellen, wie in 2. Moses 23,19: »Du sollst das Böcklein nicht kochen in seiner Mutter Milch.« Diese Regelung bedeutet, dass Fleischspeisen weder in Butter gebraten noch mit Milch oder Sahne zubereitet werden dürfen, auch bekommt man zum Abschluss eines Mahls weder Eis serviert noch Milch für den Kaffee angeboten. Nach dem Verzehr von Fleisch muss man mindestens fünf Stunden bis zum Genießen von Milchprodukten warten. Umgekehrt (Fleisch auf Milch) sind es nur zwei Stunden. Für die Hausfrau bzw. den Hausmann bedeutet dies, Töpfe, Schüsseln und Essgeschirr in jeweils doppelter Ausführung zu besitzen – einmal für Fleisch, einmal für Milch. Geflügel gilt als Fleisch. Fisch aber darf mit Milchprodukten zubereitet werden.

Wenn man Juden zum Essen einlädt, sollte man ohne Scheu fragen, ob koschere Küche erwünscht ist. Keine Angst: Es gibt genügend Leute, die nichts lieber mögen als Muscheln und Hummer oder ein Steak mit Kräuterbutter und hinterher einen Milchkaffee. In den Hotels wird üblicherweise koscher gekocht, nur die Top-Restaurants des Landes halten sich meist nicht daran.

Wahre Kalorienbomben sind die **Nachspeisen,** z. B. das honigsüße *baklawa* oder *konafa,* ein Käse-Honig-Gebäck, das sesamschwere *halva* und *mutabak,* ein leichter, sirupüberzogener Blätterteig mit Käsefüllung. Zum Abschluss trinkt man Tee – am besten schmeckt er mit Minze – oder türkischen Kaffee und raucht dazu eine Wasserpfeife. Tabake gibt es mit Apfel-, Erdbeer-, Minz- und Früchtegeschmack.

Biere und Weine

Die beiden populärsten Biersorten sind Goldstar und Maccabee. Importbiere werden fast überall serviert, sind aber erheblich teurer. Nach dem Dorf Taybeh ist die erste und einzige palästinensische Brauerei benannt, die nahe Ramallah seit 1996 drei Sorten (light, golden, dark) nach dem deutschen Reinheitsgebot braut. Möglich macht das im islamischen Palästina, dass die Brauereifamilie Khoury und alle Bewohner Taybehs Christen sind, die Alkohol herstellen, trinken und vertreiben dürfen. 6000 hl produziert man in guten Zeiten, wenn Israels Gastronomie das Bier ordert – was während der zweiten Intifada nicht der Fall war. Hopfen und Malz werden aus dem Ausland importiert. Innerpalästinensische Märkte will man durch ein alkoholfreies Bier erschließen, das auch Muslime trinken dürfen.

Große Weintrinker sind die Israelis nicht. Der jährliche Pro-Kopf-Konsum liegt bei rund 4 l (Frankreich: über 60 l). Schon vor 4000 Jahren gab es in der Region Weinanbau, dessen Produkte für heutige Verhältnisse aber wohl ungenießbar waren. Als aus Palästina noch Wein ins pharaonische Ägypten exportiert wurde, musste das Getränk vor dem Genuss erst einmal mit Zuckersirup trinkfähig gerührt werden. 1870 nahm man sich mit finanzieller Hilfe des Barons Edmond de Rothschild des Weinbaus erneut an – mit allerlei Anfangsschwierigkeiten. Als der britische Premier Benjamin Disraeli 1875 ein Glas koscheren Weins kostete, meinte er, »es schmeckt nicht so sehr wie Wein; eher wie das, was ich bei starkem Husten von meinem Doktor verschrieben haben möchte«. Vom Hustensaftbouquet ist israelischer Wein heute weit entfernt. Aus den Winzereien Carmel und Montfort kommen die populärsten Tropfen des Landes, die teilweise bereits eine Reihe von Preisen bei internationalen Weinmessen bekamen, beispielsweise der rote Cabernet Sauvignon Rothschild und der weiße Emerald Riesling. Nach dem Champagnerverfahren werden die prickelnden Sorten Blanc de Blanc und Brut produziert.

Von ausgezeichneter Qualität sind auch die Golanweine. In dem kleinen Ort Qatzrin produziert die Golan Heights Winery (s. S. 314) die Sorten Golan, Gamla und Yarden. Als exzellent gelten der rote Cabernet Sauvignon und die fruchtigen Merlots.

Aktuelle Informationen und Empfehlungen von Israels bekanntestem Gastronomiekritiker findet man in Daniel Rogovs »Guide to Israeli Wines«. Das Buch, die Bibel für Freunde israelischen Weins, wird jährlich aktualisiert.

Essen gehen

Ob großes oder kleines Budget – es gibt für jeden Reisenden eine reiche Auswahl an Restaurants im Land. Das sind im preiswerten Bereich – neben den bekannten Fastfood-Ketten – die an fast jeder Ecke zu findenden Imbisse. Vom Vormittag bis in die Nacht bekommt man hier Felafel und Shawerma in die Hand, Hummus dazu – und satt ist man. Für Verabredungen wählt man eher eines der zahllosen Cafés, wo es auch Sandwiches und kleine Mahlzeiten gibt.

Restaurants haben in der Regel in der Mittagszeit geöffnet und schließen nachmittags, bevor der Abendbetrieb aufgenommen wird. Gerade am Shabbat, wenn viele Lokale zu sind, tut man gut daran, frühzeitig zu buchen. Zwei Tipps für (teure) In-Restaurants: rechtzeitig reservieren und nachfragen, ob es einen Business-Lunch gibt. Für einen Bruchteil dessen, was man abends zu bezahlen hätte, bekommt man werktags oft zur Mittagszeit ein komplettes Menü zum Schnäppchenpreis.

Kulinarisches Lexikon

Im Restaurant

Ich habe Hunger.	Ana r'ev/re'ava.
Ich habe Durst.	Ana zame/zme'a.
Gibt es hier ein Restaurant?	Jesch po bassiva missada?
Speisekarte	tafrit
Essen	ochel
Frühstück	aruchat boker
Mittagessen	aruchat zoharajim
Abendessen	aruchat erve
Besteck	sakum
Messer/Gabel	sakin/masleg
Löffel/Teelöffel	kaff/kapit
Glas/Tasse	koss/sefel
Teller	zalachat
Serviette	mapit
scharf	schatta
süß/sauer	matock/chamutz
Salz/Pfeffer	melach/pilpel
Zucker	sukar
Öl/Essig	schemen/chsomets
Guten Appetit.	Bete'awon.
Darf ich bitte zahlen?	Efschar leschalem?
Die Rechnung, bitte.	Awakesch leschalem.
Stimmt so (Trinkgeld).	Se bischwilcha.

Snacks, Suppen und Vorspeisen

amba	Mango-Pickles
babaganug	Auberginencreme
bourekas	Teigblätter, gefüllt mit Käse, Kartoffeln, Spinat oder Pilzen
chavitah	Omelett
felafel	Gemüsefrikadellen
gilderne joch	Hühnersuppe zum Shabbat
hummus	Hummus (Kichererbsenbrei)
kibbeh	Getreidefleischklöße
kneidlach	Hühnerbrühe mit Einlage
labnah	Joghurtsalat
lewanim	Kürbiskerne
mana rischona	Vorspeise
marak	Suppe
mazza	gemischter Vorspeisenteller
sajit	Oliven
shakshouka	würziges Omelett mit Tomaten
tehina	Sesamcreme

Fisch und Meeresfrüchte

amnun, mosusht	St. Petersfisch
bakala	Hochtdorsch
barbunia	Rotbarbe
buri, sultan ibrahim	Meeräsche
dag	Fisch
dag chadkan	Stör
dag cherev	Schwertfisch
dag malu'ach	Salzhering
forel	Forellen
gefillte fisch	kalte oder warme Fischpastete mit Zwiebeln, Eiern, Mandeln etc.
karpion	Karpfen
lavrak, sargus	Seebrasse
lochs	Lachs
lucus	Weißer Zackenbarsch
perot jam	Meeresfrüchte
sakombira	Makrele
sfanmun	Wels
sofach	Aal
sole, moshe rabbainu	Seezunge
zirbida	Rotbrasse

Fleisch und Geflügel

backar	Rind
bassar	Fleisch
barvas	Ente
of	Huhn, Geflügel
ejgel	Kalb
gedl	Zicklein
holischkes	Kohlrouladen

kebab	Hackbällchen vom Lamm, Rind
knisches	mit Fleisch, Kartoffeln, Zwiebeln gefüllte Teigtaschen
kreplech	gefüllte Nudeltaschen (ähnlich Maultaschen)
of sumsum	Sesambackhuhn
shashlik	Lamm oder Rind mit Tehina
steyk	Steak
tale	Lamm
tschulent	Shabbateintopf (Bohnen, Kartoffeln, Fleisch)

Gemüse und Beilagen

agvaniot	Tomaten
bassal	Zwiebeln
beyza	Ei
challa	Shabbatzopf
chassa	Kopfsalat
chazilim	Aubergine
chema	Butter
chips	Pommes frites
gesar	Karotte
gwina	Käse
gwina lewana	Quark
itriot	Nudeln
jerakot	Gemüse
kischuin	Zucchini
lachmanja	Brötchen
lechem	Brot
margarina	Margarine
melafon	Gurke
naknik	Wurst
ores	Reis
pilpil	Paprikaschote
pita	Fladenbrot
ptitim afujim	reiskorngroße Woizennudeln
riba	Marmelade
sche'u'it	Bohnen
tapuchey adama	Kartoffeln

Nachspeisen und Obst

afarseck	Pfirsich
awatiach	Wassermelone
baklawa	Honig-Nuss-Blätterteig
banana	Banane
bejgl	Bagel (Hefegebäck)
blinzes	Pfannkuchen mit süßer Quarkmischung
challa	Shabbatzopf
hamantaschen	Hefeteig oder Strudel mit Mohn und Pflaumenmus
konafa	Gebäck mit Sirup, Mandeln, Pistazien
latkes	Kartoffelpuffer (mit Zimtzucker, Apfelmus, Sauerrahm)
mahallebi	Milchreis mit Rosenöl
melon	Melone
mischmesch	Aprikose
pa'al	Trauben
sufganjot	Krapfen, gefüllt mit Marmelade
tapu'ach	Apfel
tapuss	Orange
tut sade	Erdbeere
uga	Kuchen
ugia	Kekse

Getränke

arak	Anisschnaps
birra	Bier
chalaw	Milch
ja'in (lawan/adom)	Wein (weiß/rot)
kaffe	Kaffee
kaffw hafux	Milchkaffee
mits	Saft
majim	Wasser
majim minerahlim, soda	Mineralwasser
mahshke	Getränk
mahschkekal	Softdrink
te	Tee

Sechs Konfessionen teilen sich die Jerusalemer Grabeskirche, eines der bedeutendsten Heiligtümer des Christentums

Wissenswertes für die Reise

Infos im Internet

Websites in Deutsch

www.goisrael.de: Offizielle Seite der israelischen Fremdenverkehrsämter.

www.hagalil.de, www.israelnetz.de: Jüdische Welt, eine unerschöpfliche Fundgrube. News, Kultur, Jiddisch, Klezmer, Holocaust, jüdische Geisteswelt u. v. a. m.

www.dienste-in-israel.de: Infos über freiwillige soziale Dienste in Israel.

Websites in Englisch

www.inisrael.com: Reisemarkt mit Buchungsmöglichkeiten für Hotels, Mietwagen etc.

www.virtualjerusalem.com: Jerusalemseite, u. a. mit Webcam-Blick auf die Klagemauer.

www.templemount.org: Infos über den Jerusalemer Tempelberg.

www.isracamera.co.il: Webcams in Israel.

www.peacenow.org.il: Israels Friedensbewegung Peace Now informiert über Aktuelles, Aktivitäten etc.

www.thisweekinpalestine.com: Aktuelle Informationen und Nachrichten aus dem Westjordanland und dem Gazastreifen.

www.jmcc.org: Die aktuellsten Infos über Termine, Ausstellungen etc. in Palästina.

www.sakakini.org: Infos über Kunst und Kultur in Palästina.

www.jerusalemites.org: Jerusalem-Forum mit Beiträgen aus palästinensischer Sicht.

www.pngo.net: Infoseite des regierungsunabhängigen Non-Governmental Organizations Network in Palästina.

http://www.ims.gov.il/imseng/all_tahazit/homepage.htm: Wetterdienst.

Fremdenverkehrsämter

... in Europa

Staatliches Israelisches Verkehrsbüro
Friedrichstr. 95
10117 Berlin
Tel. 0049 (0)30 20 39 97-0
Fax 0049 (0)30 20 39 97-30
www.goisrael.de
Das Büro hat keinen Publikumsverkehr und ist zuständig für Deutschland, Österreich und die Schweiz. Generell ist man sehr freundlich und hilfsbereit. Man verschickt auch gerne Broschüren, die aber leider teilweise zehn Jahre alt sind (z. B. Galiläa, Nazareth) und reihenweise falsche und nicht mehr existierende Adressen beinhalten.

... in Israel

Die örtlichen israelischen Touristenbüros geben eine Reihe von mehr oder minder aktuellen Reiseführern und Broschüren heraus, die oft auch an Hotelrezeptionen ausliegen.

... in Palästina

Palästinensisches Tourismusministerium
Bethlehem, Manger St.
P. O. Box 534
Tel. 02 274 15 81, Fax 02 274 37 53
Ramallah: Tel. 02 240 25 33, Fax 02 240 25 31
Nablus: Tel. 09 238 50 42, Fax 09 238 50 43
Hebron: Tel. 02 222 96 33
Jericho: Tel./Fax 02 232 12 29, 02 232 29 35
Gaza: Tel. 07 282 48 66, 07 282 94 61/2, Fax 07 282 48 56
www.visit-palestine.com
www.travelpalestine.ps

Diplomatische Vertretungen

... in Deutschland

Botschaft des Staates Israel
Auguste-Viktoria-Str. 74–76
14193 Berlin
Tel. 030 890 45-500, Fax 030 890 45-222
www.israel.de

Generaldelegation Palästinas
Michaelkirchstr. 17/18
10179 Berlin

Tel. 030 20 61 77-0, Fax 030 20 61 77-10
www.palaestina.org

... in Österreich

Botschaft des Staates Israel
Anton-Frank-Gasse 20
1180 Wien
Tel. 01 47 64 65 00, Fax 01 47 64 65 55
http://vienna.mfa.org
Palästinensische Vertretung
Josefsgasse 5
1080 Wien
Tel. 01 408 82 02/03, Fax 01 408 81 19
www.vertretungpalaestina.at

... in der Schweiz

Botschaft des Staates Israel
Alpenstr. 32
3006 Bern
Tel. 031 356 35 007, Fax 031 356 35 56
http://bern.mfa.gov.il
Palästinensische Vertretung
Bernastr. 46
3005 Bern
Tel. 031 352 14 07, Fax 031 352 14 09
gdpalestine@swissonline.ch

... in Israel und Palästina

Deutsche Botschaft
3 Daniel Frisch St., 19. Stock
61160 Tel Aviv
Tel. 03 693 13 12/13, Fax 03 696 92 17
www.germanemb.org.il
Konsulate und Vertretungsbüros
31061 Haifa
Tel. 04 838 14 08, Fax 04 837 13 53
88104 Eilat
Tel. 08 633 42 77, Fax 08 633 04 91
Al Hurieh St., Ramallah
Tel. 02 297 76 30, Fax 02 298 47 86
www.ramallah.diplo.de

Österreichische Botschaft
Beit Crystal
Hachilason St. 12, 6. Stock
52522 Ramat Gan
Tel. 03 612 09 24, Fax 03 751 07 16
tel-aviv-ob@bmeia.gv.at
Konsulate und Vertretungsbüros
Technology Park – Manahat
Building Nr. 1
91487 Jerusalem
Tel. 02 649 06 49, Fax 02 649 06 59
imolho@smplaw.co.il
c/o Ofer Brothers
9 Andre Saharov St.
31905 Haifa
Tel. 04 861 06 10, Fax 04 861 06 27
Noadia@oferb.co.il
The Red Canyon Offices
88000 Eilat
Tel. 08 637 51 53, Fax 08 637 51 57
moshe_sf@inter.net.il
Abdullah Joudeh Old House
8C Al-Majless St., Ras Al-Tahounieh
Ramallah-El-Bireh
Tel. 02 240 14 77, Fax 02 240 04 79
ramallah-ovb@bmeia.gv.at
www.aussenministerium.at/telaviv

Schweizerische Botschaft
228 HaYarkon St.
Tel Aviv
Tel. 03 546 44 55, Fax 03 546 44 08
www.eda.admin.ch/telaviv
Konsulate und Vertretungsbüros
88130 Eilat
Tel. 08 637 27 49, Fax 08 637 27 49
Jerusalem St., Al Wata Building
Al-Bireh, Ramallah
Tel. 02 240 83 60, Fax 02 240 83 62
www.eda.admin.ch/ramallah

Karten

Israelkarten sind in Deutschland, Österreich und der Schweiz in vielen Variationen erhältlich. In Israel selbst bekommt man sie in allen Buchhandlungen und oft auch an den Zeitungskiosken der größeren Hotels. Brauchbar sind die sogenannten Tourist Maps, in denen aus der Vogelperspektive auch wichtige Bauten und Monumente eingezeichnet sind. Es gibt sie von allen touristischen Orten.

Als Landkarten und Stadtpläne sind zu empfehlen: Freytag & Berndt Autokarten Israel, Sinai (1 : 400 000–1 : 1 000 000); World Mapping Project Israel (1 : 250 000); Freytag & Berndt Jerusalem (1 : 10 000).

Eine gute Online-Karte findet man unter www.oyeonisrael.com. Auf www.weltkarte.com/mosten/landkarte_israel.htm gibt es u. a. politische Karten, Reliefkarten und Karten der Siedlungen im Westjordanland.

Lesetipps

Autoren aus Israel und Palästina

Ashrawi, Hanan: Ich bin in Palästina geboren. Ein persönlicher Bericht, München 2001. Die Autorin, 1998 aus Protest gegen die Korruption unter Arafat als Bildungsministerin zurückgetreten, ist die wohl bekannteste palästinensische Politikerin. Sehr persönlich berichtet sie über das Leben in Palästina, die Nahostverhandlungen, beschreibt, wie sie für die Zwei-Staaten-Lösung kämpft, und wie sie empfindet, wenn sie Unschuldige sterben sieht. Interessant ist auch der Einblick, den sie in die PLO mit ihren widerstreitenden Meinungen gibt.

Avnery, Uri: Ein Leben für den Frieden. Klartexte über Israel und Palästina, Heidelberg 2003. Avnery, gebürtiger Deutscher, kämpft seit 1948 für den Frieden zwischen Israel und Palästina und wurde 2006 Opfer eines Mordaufrufs eines rechtsextremen jüdischen Politikers. Avnery schreibt kenntnisreich, wie und warum der Frieden immer wieder nicht zustande kommt. Sein Buch ist ein beherztes Plädoyer für den politischen Dialog und eine klare Zwei-Staaten-Lösung.

Darwish, Mahmoud: Wo du warst und wo du bist, München 2008. Eine Auswahl an Gedichten.

Gavron, Assaf: Ein schönes Attentat, 2008. Ein Israeli überlebt drei palästinensische Attentate, wird wider Willen zur Berühmtheit und verliert sein ganzes Leben.

Grinberg, Hanit und Itamar: Flying High Israel, Köln 2008. Fotos von Israel aus der Vogelperspektive. Der Verlag hat sich die Übersetzung des Titels erspart, aber der Begleittext ist auf Deutsch.

Gur, Batya: In Jerusalem leben. Ein Requiem auf die Bescheidenheit, München 2001. Bekannt wurde die 2005 verstorbene Gur als exzellente Krimiautorin. Hier beschreibt sie einen ganz normalen Tag in Jerusalem. Spannend ist die distanzierte und kritische Sichtweise, mit der die aus dem modernen Tel Aviv Zugezogene Jerusalem erfasst.

Habibi, Emil: Der Peptimist oder Von den seltsamen Vorfällen um das Verschwinden Saids des Glücklosen, Basel 1992. Polit-Roman über den Palästinenser Said, der sich aus Not an die Israelis verkauft und in tragikomische Situationen gerät.

Hass, Amira: Morgen wird alles schlimmer. Berichte aus Palästina und Israel, München 2006. Die Autorin, Korrespondentin der israelischen Zeitung Ha'aretz, lebt seit Jahren als erste und einzige israelische Journalistin in Gaza und der Westbank und wurde mit renommierten Preisen ausgezeichnet. Sie beschreibt das Leben der Palästinenser zwischen Widerstand, Ausweglosigkeit und Überlebenswillen.

Khalifa, Sahar: Heißer Frühling, Zürich 2008. Beklemmender Roman über das Leben im Westjordanland.

Leshem, Ron: Wenn es ein Paradies gibt, Berlin 2008. Antikriegsroman über junge Israelis, die von der Armee verheizt werden.

Ofer, Eyal: Die Mauer: Israel/Palästina. Ein Bildband mit Beiträgen, Neu-Isenburg 2004. Der Fotograf Eyal Ofer hat den Bau der Mauer glänzend dokumentiert, sofern dieses Adjektiv zu einer so traurigen und entwürdigenden Angelegenheit passt. Optimistisch stimmt dennoch z. B. das Vorwort von Uri Avnery, in dem er »irgendwann in der Zukunft« den Abriss dieses »scheußlichen Bauwerks« prophezeit.

Nevo, Eshkol: Vier Häuser, München 2007. Eine Jerusalemer Nachbarschaft wird zum Spiegel des Lebens und der Gesellschaft.

Oz, Amos: Mein Michael, Frankfurt 2009. Brillanter Roman von 1968 über eine scheiternde Ehe als Metapher der israelischen Gesellschaft.

Raheb, Mitri/Strickert, Fred: Bethlehem Zweitausend. Eine Stadt zwischen den Zeiten, Heidelberg 1999. Mitri Raheb ist der evangelische Pfarrer von Bethlehem – und das macht diesen Band so lesenswert. Raheb präsentiert kein verklärtes, aber ein euphorisches Bethlehem, erzählt aus der täglichen Erfahrung heraus vom Zusammenleben zwischen Muslimen und Christen. Historische und aktuelle Fotografien ergänzen den Band.

Sahm, Ulrich W./Grinberg, Itamar: Jerusalem und die heiligen Stätten, München 2000. Ein wundervoll unaufgeregter Text- und Bildband über Jerusalem, der zeigt, wie eng die drei monotheistischen Weltreligionen seit jeher in der Stadt zusammenleben. Die Lektüre nährt die Hoffnung, dass hier irgendwann Frieden herrscht. Die Fotografien zeigen ganz nah die Menschen, die in dieser Stadt leben.

Segev, Tom: Es war einmal ein Palästina: Juden und Araber vor der Staatsgründung Israels, München 2009. Dieses Buch ist zeitlos gut. Es beschreibt analytisch klug, wie in den drei Jahrzehnten britischer Herrschaft über Palästina die Weichen für den aktuellen israelisch-palästinensischen Konflikt (falsch) gestellt wurden. Als Fortsetzung über Identitätssuche und Amerikanisierung der modernen israelischen Gesellschaft empfiehlt sich Segevs »Elvis in Jerusalem. Die moderne is-

1992 mit dem Friedenspreis des deutschen Buchhandels ausgezeichnet: Amos Oz

raelische Gesellschaft« (2003). Sehr lesenswert ist auch sein Buch »Die siebte Million. Der Holocaust und Israels Politik der Erinnerung«, das ins Innerste der israelischen Gesellschaft und ihrer Gefühlslage führt. Der Holocaust, er einte die Überlebenden nicht immer. Er führte in Israel oft zur vorwurfsvollen Frage: Warum habt ihr überlebt, während die anderen wehrlos wie Schafe in der Tötungsmaschinerie der Nazis abgeschlachtet wurden? Segev beschreibt die schmerzliche Beziohung der Juden zu ihrem Staat (1995).

Andere Autoren

Sacco, Joe: Palästina: Eine Comic-Reportage, Frankfurt 2004. Überwältigt von Eindrücken kam der US-Autor und Zeichner Sacco von einer Israelreise nach Hause. Statt eines reinen Wortberichts packte er seine Impressionen und Erlebnisse in einen exzellenten und lehrreichen Comic.

Broder, Henryk M.: Die Irren von Zion, München 1999. Israel und Palästina auf dem Weg zum Frieden und wieder zurück. Broder, in Deutschland als zynischer und geistreicher Talkshowgast einem breiten Publikum bekannt geworden, beschreibt in Reportagen, Interviews, Anekdoten und Essays die blutige Spirale von Gewalt, Fanatismus, Gegengewalt, kurz: den alltäglichen Irrsinn in Nahost.

Finkelstein, Norman G.: Die Holocaust-Industrie: Wie das Leiden der Juden ausgebeutet wird, München 2006. Das Buch des amerikanischen Politologen löste einen Skandal aus. Der Jewish Claims Conference und anderen jüdischen Organisationen wirft Finkelstein vor, den Holocaust für ökonomische, politische und ideologische Zwecke zu missbrauchen. »Finkelstein ist *Agent provocateur,* Gaukler und Aufklärer zugleich. Sein Buch ist verletzend. Er selbst ist verletzlich. Es wäre falsch, seine Kritik als destruktive Polemik abzutun. Sie ist anregend. Vor allem aber notwendig wie ein Reinigungsmittel«, urteilte ein jüdischer Publizist in der Welt am Sonntag.

Goldhagen, Daniel: Hitlers willige Vollstrecker, München 2002. Der amerikanische Soziologe erregte mit seinem Buch weltweit Aufsehen. Dabei war die Frage einfach, Goldhagens Antwort aber umso komplexer: Wie konnte unter Hitler ein ganzes Volk zu Tätern werden?

Weitere Sachbücher

Arafat, Jassir: Die Biographie. Mit einem Vorwort von Nelson Mandela, Heidelberg 2005.

Croitoru, Joseph: Hamas: Der islamische Kampf um Palästina, München 2007.

Herz, Dietmar: Palästina. Gaza und Westbank. Geschichte, Kultur, Politik, München 2003.

Kahn, Anna-Patricia: Die Sache zwischen uns. Israel, die Juden und die Deutschen, München 2007.

Kaniuk, Yoram/Habibi, Emil: Das zweifach verheißene Land, München 1997.

Kolatch, Alfred J.: Jüdische Welt verstehen, Wiesbaden 2005.

Kollek, Teddy: Jerusalem und ich. Memoiren, Frankfurt 1995.

Lasch, Eli: Das Wunder von Gaza, Dachau 2007.

Peres, Shimon: Shalom – Erinnerungen, München 1997.

Rabin, Leah: Ich gehe weiter auf seinem Weg. Erinnerungen an Yitzhak Rabin, München 1998.

Rees, Matt Beynon: Ein Grab in Gaza: Omar Jussufs zweiter Fall, München 2009.

Schneider, Richard Chaim: Zwischenwelten. Ein jüdisches Leben im heutigen Deutschland, München 1995.

Seligmann, Rafael: Die Kohle-Saga. Der Tatsachenroman aus dem Revier, Hamburg 2006.

Wali, Najem: Reise in das Herz das Feindes – ein Iraker in Israel, München 2009.

Wasserstein, Bernard: Jerusalem – Der Kampf um die Heilige Stadt, Wiesbaden 2007.

Israel als Reiseziel

Israel ist ein kompaktes Land, die Strecken sind überschaubar, was Reisen enorm beschleunigt. Wer jedoch nur in Eilat am Roten Meer in der Sonne liegt, der hat von Israel so gut wie nichts gesehen – außer Israelis und Ausländern in Urlaubsstimmung und, ach ja, jenseits des Roten Meers am Horizont die zerklüftete saudische Küste.

Die erste Weichenstellung steht nach der Ankunft am Flughafen Ben Gurion an. Spaß oder Spiritualität, Stil oder Substanz heißt die Entscheidung. Richtung Osten geht's zu viel alter Geschichte, also ins religiöse und hochpolitische **Jerusalem.** Im Westen dagegen lockt **Tel Aviv** mit moderner Kultur, Strand, schicken Läden und prickelndem Nachtleben.

Nördlich und südlich von Tel Aviv erstreckt sich die **Mittelmeerküste,** die im Süden in den palästinensischen, für Touristen derzeit nicht zugängigen **Gazastreifen** übergeht. Von Tel Aviv Richtung Norden wird es landschaftlich immer schöner. Über die Küstenorte **Caesarea, Haifa, Akko** und etliche Badezentren gelangt man bis **Rosh Haniqra** – und dort keinen Meter weiter. Die Fahrt endet am unüberwindbaren Stacheldraht und den Wachtürmen an der Grenze zum Libanon.

Reisende auf den Spuren der Weltreligionen brechen von Jerusalem ans **Tote Meer** nach **Qumran** und zur Festung **Massada** auf, besuchen im palästinensischen **Westjordanland** die Städte **Jericho, Bethlehem** und **Ramallah.** Danach zieht es die meisten weiter in den Norden des Landes nach **Galiläa,** der Heimat Jesu. **Nazareth, Kapernaum, Kana** sowie **Tiberias** am **See Genezareth** sind die Orte des Interesses. Diese Region bildet mit den **Golanhöhen,** dem **Berg Hermon,** Naturreservaten, Weinanbaugebieten und der einen oder anderen Kreuzritterfestung eine so großartige Landschaft, dass man gut verstehen kann, dass kaum ein Israeli Teile davon, namentlich den von Syrien eroberten Golan, wieder hergeben mag, falls dies ein Nahostfrieden eines Tages erfordern sollte.

Die bestechende Eigenschaft der Israelis ist, dass sie jeden Quadratmeter ihres Landes gleichermaßen zu schätzen scheinen, auch eine Landschaft, die viele Touristen auf dem Weg nach Eilat links und rechts liegen lassen: die **Wüste Negev.** Wie man der Wüste Grün, Felder, Wiesen, blühende Parks abgetrotzt und dazu in der Mitte von Nirgendwo die Universitätsstadt, **Be'er Sheva,** etabliert hat, das alleine ist schon sehenswert. Rechnet man die überwältigenden Wüsten- und Kraterlandschaften dazu, die Möglichkeiten, mit Beduinen ihr Territorium zu erkunden, per Jeep oder Kamel auf Tour zu gehen, dann ist der Negev eigentlich eine eigene Israelreise wert, und die kann durchaus in **Eilat** am **Roten Meer** beginnen oder enden. Nur wenige Schritte sind es noch von hier in den geschichtsträchtigen **Sinai** (Ägypten), an dem sich das Erlebnis von Meer, Wüste und Gebirgen fortsetzt.

Vorschläge für Rundreisen

Die folgenden Rundreisen zeigen, wie man auch mit wenig Zeit möglichst viel von Israel und Palästina sieht. Natürlich kann man die vorgeschlagenen Touren ausbauen: Etliche Orte lohnen einen längeren Aufenthalt.

Klassische Rundreise (8 Tage)

1. Tag: Flug nach Tel Aviv, Transfer zum Hotel in Jerusalem. **2. Tag:** Besichtigung der Altstadt, beginnend am Jaffator. Rundgang durch das jüdische Viertel mit Klagemauer, Tempelplatz und Via Dolorosa. Besuch der Grabeskirche, des Ölbergs und des Garten Gethsemane. Fahrt nach Bethlehem und Besuch der Geburtskirche und -grotte Jesu. **3. Tag:** Ausflüge zum Skopusberg und zum Berg Zion mit dem Grab Davids. Besuch des Israel-Muse-

Zahlreiche Veranstalter vor Ort bieten Jeeptouren durch die Wüste Negev an

ums und des Qumran-Schreins. Fahrt zur Gedenkstätte Yad Vashem auf dem Herzlberg. **4. Tag:** Fahrt durch die judäische Wüste und das Jordantal nach Tiberias am See Genezareth. Entlang dem See nach Kapernaum zur Synagoge und der Wohnstätte des heiligen Petrus. **5. Tag:** Fahrt zu den Golanhöhen, Besichtigung der ehemaligen syrischen Befestigungen und Drusendörfer, über Banias mit den Jordanquellen und dem Hula-Tal-Nationalpark in die Kabbala-Stadt Safed, dort Besuch der alten Synagogen und des Künstlerviertels. Fahrt nach Nazareth, Besichtigung der Verkündigungskirche. **6. Tag:** Fahrt in die Kreuzritterstadt Akko, dort Besichtigung von Altstadt, Kreuzritterstadt, Zitadelle, Tunnel und Karawansereien. Dann Weiterfahrt nach Haifa, Stadtrundfahrt, Besuch des Bahaischreins und seines Parks, Blick vom Berg Karmel auf Haifa. Weiterfahrt ins römische Caesarea. Besichtigung der Ausgrabungen, des Amphitheaters und des Aquädukts. Entlang dem Mittelmeer über Netanya nach Tel Aviv. Stadtrundfahrt mit Besuch der Altstadt von Jaffa. **7. Tag:** Fahrt ans Tote Meer, mit der Kabinenseilbahn zur Festung Massada, Bad im Toten Meer. Rückfahrt nach Tel Aviv. **8. Tag:** Rückreise oder Verlängerungswoche, z. B. in Tel Aviv, in der Negev-Wüste oder am Roten Meer in Eilat.

Rundreise mit Wanderungen und Jeep-Safari (12 Tage)

1. Tag: Ankunft in Jerusalem. **2. Tag:** Jerusalem-Besichtigung. **3. Tag:** Nach dem Tal der Terebinthen, wo David gegen Golitah gekämpft haben soll, erkundet man das Höhlensystem der Bar-Kochba-Rebellen nahe Beit Guvrin. Danach Weiterfahrt über Akko an den See Genezareth. **4. Tag:** Kapernaum, Berg der Seligkeiten, Tabgha, Jordan. **5. Tag:** Wanderung durch den Yehudiya-Nationalpark, Fahrt zum Toten Meer. **6. Tag:** Wanderung zur Festung Massada, Rückweg über Schlangenpfad (ca. 5 km) oder den Ben Yair (ca. 9 km), danach Bad im Toten Meer. **7. Tag:**

Fahrt zur nabatäischen Ruinenstadt Avdat, Wüstenwanderung, Bad in der Ein-Akev-Quelle, Picknick, Wanderung mit Blick über das Zintal, Besuch des Grabs von Ben Gurion im Kibbuz Sde Boker, Übernachtung im Gästehaus der Har-Hanegev Field School. **8. Tag:** Beginn einer dreitägigen Jeep-Safari in der Wüste Negev inkl. Wanderungen mit herrlichen Ausblicken am Ramon-Krater, durchs Nachal (Wadi) Gavanim Saharonim in die Oase Ein Saharonim. Mit dem Jeep auf den Spuren der Nabatäer-Karawanen der Weihrauchstraße. Zeltcamp nahe der Nekarot-Festung. **9. Tag:** Jeep-Tour entlang der Nabatäerstraße zur Festung Kazra und der Oase Moa (antike Karawanserei, Zisterne). Fahrt zum Barak Canyon, zu Fuß weiter, auf Strickleitern über die Wasserlöcher des Barak zum Berg Kippa, Nacht im Camp. **10. Tag:** Mit dem Jeep Richtung Eilat zum Canyon Nachal Eteq. **11. Tag:** Badetag in Eilat. **12. Tag:** Rückflug oder Verlängerung.

Christliche Pilgerreise (8 Tage)

1. Tag: Anreise, von Tel Aviv über Haifa zum See Genezareth (3 Übernachtungen). **2. Tag:** Bootsfahrt auf dem See Genezareth, weiter nach Kapernaum mit seiner Synagoge aus dem 2. Jh. und nach Tabgha, dem Ort der wundersamen Brotvermehrung. Nachmittags Fahrt nach Kana und Nazareth, Besuch der Verkündigungsbasilika. **3. Tag:** Fahrt zum Berg der Seligpreisungen, dann durch das Hulatal zur Jordanquelle Banias, dem biblischen Caesarea Philippi. Danach Besichtigung der Festung Nimrud. **4. Tag:** Fahrt zum Berg Tabor, dem Ort der Verklärung Jesu. Besuch der Basilika und der Überreste des mittelalterlichen Benediktinerklosters. Durch das Jordantal über Jericho ans Tote Meer und nach Qumran, dem Fundort der alten Schriftrollen. Am Abend Ankunft in Jerusalem oder Bethlehem (4 Übernachtungen). **5. Tag:** Besuch der heiligen Stätten von Jerusalem, u. a. Ölberg, Himmelfahrtsheiligtum, Paternosterkirche, Dominus Flevit und Garten Gethsemane. Nachmittags Besichtigung von Geißelungskirche, Lithostrotos, Ecce-Homo- und St.-Anna-Kirche am Teich von Bethesda. **6. Tag:** Rundgang durch die Altstadt von Bethlehem mit Besuch der Geburtsbasilika und der Hirtenfelder. Nachmittags Fahrt nach Ain Karem, dem Geburtsort Johannes des Täufers, und Besuch der Magnificat-Kirche. Fahrt nach Jerusalem ins Israel-Museum, dort Besichtigung des Qumran-Schreins und eines Modells des antiken Jerusalem. **7. Tag:** Besichtigung von Jerusalem und seiner Altstadt, z. B. Abteikirche Dormitio auf dem Berg Zion, Abendmahlsaal und Haus des Kaiphas (Gallicantu), Tempelplatz, Klagemauer, Felsendom, Al-Aqsa-Moschee, Via Dolorosa, Grabeskirche und Golgotha. **8. Tag:** Rückreise.

Tipps für die Reiseorganisation

Pauschal oder individuell?

An wenigsten anstrengend ist es natürlich, eine Reise zu buchen und sich von Sehenswürdigkeit zu Sehenswürdigkeit fahren zu lassen. Den höheren Erlebniswert haben aber Individualreisende, für die Israel und Palästina ideale Destinationen sind. Das Land ist überschaubar, die Menschen sind in der Regel (mit Ausnahme im Jerusalemer Orthodoxenviertel Mea Shearim) offen und freundlich, die Bus- und Zugverbindungen günstig und – außer am Shabbat – ausgesprochen gut. Ein Auto kann man alles inklusive schon für 300 US-$ pro Woche mieten (s. S. 108). Mit entsprechender Zeit kann man dann auch den Gazastreifen und die Westbank erkunden, sofern diese aus Sicherheitsgründen (s. S. 126) nicht abgeriegelt sind.

Reiseveranstalter

Hunderte große und kleine Reiseveranstalter tummeln sich auf dem Markt für Israel. Im Angebot sind u. a. Individual-, Gruppen-, Rund-, Pilger-, Studien- und Städtereisen, Kibbuz- und Kuraufenthalte sowie Badeurlaube und Wüstentouren.

Bayerisches Pilgerbüro: Dachauer Straße 9, D-80335 München, Tel. 089 54 58 11-0, Fax 089 54 58 11-69, www.pilgerreisen.de.

Biblische Reisen GmbH: Silberburgstraße 121, D-70176 Stuttgart, Tel. 0711 619 25 10, Fax 0711 61 92 58 10, www.biblische-reisen.de.

DERTOUR: Emil-von-Behring-Straße 6, D-60424 Frankfurt/M., www.dertour.de.

Kuoni – Cosmos: Kärntner Ring 15, A-1010 Wien, Tel. 01 51 53 32 30, Fax 01 513 41 47, www.kuoni.at.

Oft Reisen: Siemensstraße 6, D-71254 Ditzingen, Tel. 07156 16 11 68, Fax 07156 16 11 50, www.oft-reisen.de.

Orbis Reisen: Poststrasse 38, CH-9001 St. Gallen, Tel. 071 222 21 33, Fax 071 222 23 24, www.orbis-reisen.ch.

Stern Tours: Hohenzollerndamm 157, D-10713 Berlin, Tel. 030 68 80 98 94, Fax 030 68 80 98 95, www.stern-tours.de.

Studiosus Reisen: Riesstraße 25, D-80992 München, Tel. 089 500 60-0, Fax 089 500 60-100, www.studiosus.com.

TUI: Karl-Wiechert-Allee 23, D-30625 Hannover, www.tui.de.

Arbeits- und Studienaufenthalte

Arbeiten im Kibbuz – für viele (junge) Leute ist dies der Weg, um Land und Leute kennenzulernen. Dabei geht es weniger um den Verdienst als um die Erfahrung als solche. Verpflegung und Unterkunft sind frei, außerdem bekommt man ein kleines Taschengeld. Die Bewerber sollten zwischen 18 und 32 Jahre alt sein und mindestens vier Wochen à sechs Arbeitstage bleiben. Anmeldung unter www.kba.org.il/eng/welcome.htm oder in Tel Aviv bei: **United Kibbuz Movement,** 82 HaYarkon St., Tel. 03 65 52 07; **Moshav Movement,** 19 Leonardo da Vinci St., Tel. 03 695 84 73.

Wer als Volunteer bei archäologischen Ausgrabungen mitwirken will, wird oft eine Registriergebühr bezahlen müssen. Man bekommt keinen Lohn und auch die Unterkunft wird nicht gestellt. Die Freiwilligen müssen sich selbst versichern und verpflegen. Dennoch ist der Ansturm von Bewerbern, die unter Anleitung von Profis graben wollen, sehr groß. Außer Gottes Lohn arrangieren die Archäologen Vorlesungen und oft auch Ausflüge zu anderen Ausgrabungen. Das Mindestalter beträgt 18 Jahre. Infos: www.mfa.gov.il/mfa/go.asp?MFAH00wk0; **The Center for Archaeology in the Galilee,** Israel Antiquities Authority, P. O. Box 35, 10600 Nahalal, Tel./Fax. 06 641 56 07; **The Center For Archaeology in Jerusalem,** P. O. Box 586, 91004 Jerusalem, Tel. 02 560 26 21, Fax 02 560 26 28, 02 628 50 54; **The Center for Archaeology in the Negev,** Israel Antiquities Authority, 1 HaTzav St., P. O. Box 271, 84965 Omer, Tel./Fax 07 646 99 40.

Acht Universitäten und 50 Colleges in Israel werben um Studenten aus dem Ausland. Das Fachstudium wird fast immer um intensive Hebräischkurse ergänzt. Infos zu Bewerbungsmodalitäten, Finanzierungsfragen etc. gibt es unter **www.studieren-in-israel.de.** Wer an der palästinensischen Universität Bir Zeit studieren möchte, kann sich direkt dorthin wenden: www.birzeit.edu.

Reisen mit Kindern

Viele Hotels, v. a. in Urlauberzentren wie Tel Aviv und Eilat, sind auf Familien mit Kindern eingestellt und vermitteln oft auch kurzfristig Baby- und Kindersitter. An Freizeitangeboten für Kinder mangelt es nicht. Adressen von (Vergnügungs-)Parks, (Streichel-)Zoos, kindgerechten Museen etc. für Kinder bis zu zehn Jahren findet man auf der Webseite **www.tooty.co.il.** Besonders hingewiesen sei auf das nahe Latrun liegende israelische **Mini-Is-**

rael, ein Park, in dem man alle Highlights des Landes durchläuft (Tel. 08 913 00 00, Fax 08 921 41 22, www.minisrael.co.il, tgl. im Sommer 10–20/22, im Winter 10–18 Uhr, 69 NIS, Kinder bis 6 J. 15 NIS, bis 3 J. frei).

Das Tote Meer ist wegen seines hohen Salzgehalts für Kinder geradezu gefährlich. Für einen Familienbadeurlaub eignen sich am besten das Rote Meer und der See Genezareth.

Reisen mit Handicap

Spezielle Einrichtungen für Behinderte, z. B. Rampen, gibt es in vielen öffentlichen Gebäuden und Hotels – was aber nicht bedeutet, dass die Lage optimal wäre. Die palästinensischen Gebiete sind für Behinderte nur unter größten Mühen bereisbar, auch der Besuch von Altstädten wie in Jerusalem, Akko oder Jaffa erweist sich als sehr anstrengend.

Behinderte können sich mit ihren Fragen und Anliegen an das Beratungszentrum **Milbat** (Advisory Center for the Disabled) im Sheba Medical Center in Tel Aviv wenden, Tel. 03 530 37 39. Die Organisation **Yad Sarah,** Tel. 02 644 45 55, Fax 02 644 45 49, www.yadsarah.org, mit Filialen in ganz Israel stellt kostenlos, aber gegen eine kleine Kaution, Rollstühle, Krücken und andere medizinische Provisorien zur Verfügung. Ein große Hilfe ist auch **Access Israel,** Tel. 057 723 92 39, Fax 057 733 33 77, www.aisrael.org. Auf der Webseite kann man u. a. nach geografischen Kriterien Infos für barrierefreies Reisen aufrufen, man findet Hotels, Pensionen, Taxiunternehmen etc., die auf behinderte Gäste eingerichtet sind.

Spezielle Reisen für Behinderte organisiert in unregelmäßigen Abständen **Israel 4 All,** Mark Reitkopp, www.israel4all.com. Rollstuhl- und behindertengerechte Unterkünfte listet das Buch **»Handicapped-Reisen Ausland«** von Yvo Escales (ISBN 3-926191-20-1, FMG Verlag, 40644 Meerbusch, Tel. 02159 81 56 22, Fax 02159 81 56 24) auf.

Besucher werden mit einem neugierigen Lächeln empfangen

Einreise und Zoll

Visa

Deutsche, Österreicher und Schweizer benötigen einen noch mindestens sechs Monate gültigen Reisepass und bekommen ihr Visum bei der Einreise. Die einzige Ausnahmeregelung betrifft Deutsche, die vor dem 1. Januar 1928 geboren sind – sie müssen ihr Visum vor Reisebeginn beantragen. Reisende mit mehreren Nationalitäten, die auch einen palästinensischen Pass besitzen, müssen diesen bei der Einreise vorlegen.

Wer in ein arabisches Land weiterreisen will, sollte einen zweiten Pass besitzen, da die meisten arabischen Staaten die Einreise verweigern, wenn sich ein israelischer Stempel im Pass befindet. Zwar besteht die Möglichkeit, das israelische Visum auf ein loses Beiblatt gestempelt zu bekommen, doch gelegentlich überhören Grenzbeamte dieses Anliegen. Nach Ägypten und Jordanien kann man auch mit israelischem Stempel im Pass problemlos einreisen.

Wer länger als drei Monate im Land bleiben will, braucht eine – mühelos zu bekommende – Genehmigung der Innenbehörde. Transitvisa gelten fünf Tage, können aber um zehn Tage verlängert werden. Bei Überschreitung dieser Fristen drücken die Beamten in aller Regel ein Auge zu. Geöffnet sind die Visabüros täglich außer freitags und samstags von 8–12 Uhr. Die wichtigsten Anlaufstellen sind: Jerusalem, 1 Shlomzion St., Tel. 02 629 92 22; Tel Aviv-Jaffa, Shalom Tower, Tel. 03 736 25, 03 565 19 41; Eilat, Municipality Building, Tel. 08 637 63 32.

Sicherheitsbefragungen

Für Flüge nach und von Israel ist es ratsam, sich spätestens zwei Stunden vor Abflug, besser zweieinhalb Stunden zuvor, am Check-in einzufinden. Es gelten sehr hohe Sicherheitsstandards, angefangen damit, dass man an den meisten Flughäfen in besonders abgelegenen oder abgeschirmten Bereichen eincheckt. Zur üblichen Prozedur gehört es, dass man befragt wird, warum, wohin, mit wem man reist, wo genau man sich in Israel aufhalten wird bzw. aufgehalten hat, wie oft man schon in Israel war, wen man zu treffen plant bzw. getroffen hat, wie es um Kontakte mit Arabern und Palästinensern steht etc. In der Regel wird man nacheinander von zwei Sicherheitsleuten befragt – da ist angesichts der bohrenden Fragen, die man oftmals als zu aufdringlich empfinden kann, äußerste Geduld gefragt. Noch ein wenig intensiver wird verhört, wer Stempel arabischer Länder im Reisepass hat oder trotzig reagiert und sich beschwert. Elektronische Geräte, ob Smartphone oder Laptop, können von den Beamten (zumindest in Israel) legal zurückgehalten, technisch kontrolliert, d. h. geöffnet, und dem Reisenden an die Heimatadresse nachgesandt werden. Für Schäden wird nicht gehaftet. Ob dabei auch Daten von Festplatten und Speicherchips geöffnet, kopiert und ›geprüft‹ werden, ist nicht bekannt. Die Koffer werden meist geöffnet und komplett gefilzt.

Zoll

Zollfrei eingeführt werden dürfen nach Israel 1 l Spirituosen mit mehr als 22 % oder 2 l Wein oder 2 l Bier (Reisende über 17 Jahren); 200 Zigaretten oder 100 Zigarillos oder 50 Zigarren oder 250 g Tabak, 500 g Kaffee, 100 g Tee (Reisende über 15 Jahren); 50 g Parfüm, 0,25 l Eau de Toilette, Arzneien für den persönlichen Gebrauch während der Reise. Videokameras und Laptops, die in Israel noch ziemlich teuer sind, sollte man anmelden. Mit Fotoausrüstungen gibt es keine Probleme. Lebensmittel bis zu 3 kg darf man einführen, außer frischen Früchten und frischem Fleisch. Ebenfalls verboten ist die Einfuhr von Narkotika und Messern mit mehr als 10 cm langen Klingen. Wer mehr als 80 000 NIS bei sich führt, muss das Geld sowohl bei der Ein- als auch bei der Ausreise anmelden.

Bei der Heimreise (Flugzeug oder Schiff) dürfen in die EU Waren bis zu einem Wert von 430 € (Reisende unter 15 Jahren 175 €) eingeführt werden. Reisende ab 17 Jahren dürfen außerdem in die EU einführen: Tabakwaren (200 Zigaretten oder 100 Zigarillos oder 50 Zigarren oder 250 g Rauchtabak oder eine anteilige Zusammenstellung dieser Waren), Alkohol und alkoholhaltige Getränke (1 l Spirituosen mit mehr als 22 % oder unvergällter Ethylalkohol mit 80 % oder mehr oder 2 l Alkohol und alkoholische Getränke mit höchstens 22 % oder eine anteilige Zusammenstellung dieser Waren und 4 l nicht schäumende Weine und 16 l Bier).

Bei der Einreise in die Schweiz dürfen Personen ab 17 Jahren abgabenfrei einführen: 2 l Alkohol bis 15 % und 2 l Alkohol über 15 % sowie 200 Zigaretten oder 50 Zigarren oder 250 g Tabak. Andere Privatwaren sind bis zu einem Gesamtwert von 300 CHF pro Person abgabenfrei. Übersteigt der Gesamtwert der mitgeführten Waren 300 CHF, so sind alle Waren abgabenpflichtig. Weitere Infos unter **www.zoll.de, www.bmf.gv.at, www.zoll.ch.**

Anreise

... mit dem Flugzeug

Alle großen Gesellschaften fliegen Israel mehrmals wöchentlich an. Wichtigster Flughafen ist der Ben Gurion Airport, Tel. 03 975 55 55, www.iaa.gov.il. Er liegt 25 km östlich von Tel Aviv bzw. 45 km westlich von Jerusalem. Am Flughafen sind alle großen Mietwagenfirmen mit rund um die Uhr geöffneten Schaltern vertreten (s. S. 108), auch Sammeltaxis, Taxis und Busse warten auf Reisende. Chartermaschinen fliegen meist direkt nach Eilat am Roten Meer, wo man das seltene Vergnügen hat, mitten in der Stadt zu landen.

Flüge sind bereits ab ca. 200 € zu bekommen. Ob Rückflüge bestätigt werden müssen, hängt von der Fluggesellschaft ab. Preisgünstig, aber immer mit Umsteigen verbunden, sind Flüge von u. a. **KLM, Malev, Alitalia** und **Turkish Airlines.** Günstige israelische Anbieter sind **Israir** (fliegt von Berlin, Köln, München, Stuttgart, Tel. 00972 (03) 795 40 38, Fax 00972 (03) 795 58 30, www.israirairlines.com) und **Arkia,** www.arkia.co.il. Schnäppchenflüge findet man häufig bei **TuiFly,** www.tuifly.com, und **Air Berlin,** www.airberlin.de. **Germania,** Tel. 01805 73 71 00, www.flygermania.de, fliegt in Israel – allerdings nicht zu allen Jahreszeiten – Tel Aviv und Eilat an; Abflughäfen sind Berlin, Düsseldorf, Stuttgart und Basel. Billige Flüge findet man auch im Internet, u. a. auf www.expedia.de, www.traveloverland.de und www.opodo.de.

Weitere Airlines, die Flüge nach Israel anbieten, sind: **Lufthansa,** Ben Gurion International Airport, Terminal 3, Ebene G, Tel Aviv, Tel. 03 975 40 50, 18 09 37 19 37 (gebührenfrei, Ticketing), Fax 03 975 40 51, www.lufthansa.de; **Swiss,** Tel. 03 513 90 00, 17 00 70 02 57 (gebührenfrei von außerhalb Tel Avivs), Fax 03 513 90 01, www.swiss.com; Airport-Ticket-Schalet (betrieben von QAS), Tel. 03 975 43 08, Fax 03 975 43 09; **Austrian Airlines,** 1 Ben-Yehuda St., Migdalor Bldg., 15. Stock, Tel Aviv, Tel. 03 511 51 10, 18 00 44 47 77 (gebührenfrei von Haifa und Jerusalem), Fax 03 510 38 92, www.aua.com; Ben Gurion Airport, Terminal 3, Ebene G, Tel. 03 975 40 64, 03 975 40 65, Fax 03 975 40 66, 03 975 40 38 (Fax Ticketing Counter).

Die nationale Airline **El Al** fliegt nicht am Shabbat. Nach etlichen Flügen, die wegen Notfällen an Bord dennoch durchgeführt wurden, und einem Boykott durch orthodoxe Juden musste die Airline 2007 einen Rabbi engagieren, der entscheidet, ob ein Shabbat-Flug ein Notfall ist oder nicht. Kontaktdaten: in Frankfurt Tel. 069 92 90 42 22, Fax 060 92 90 42 44, info@elal.de; in Berlin Tel. 030 201 77 90, Fax 030 20 17 79 16, elal-ber@t-online.de; in München Tel. 089 210 69 20, Fax 089 21 06 92 10, elal-muc@t-online.de; in

Wien Tel. 01 700 73 24 00, 0800 21 50 01 (gebührenfrei), Fax 01 700 73 29 79, reservation.vie@elal.at; in der Schweiz Tel. 044 225 71 71, Fax 044 225 71 12, sales@elal.ch; in Israel, 32 Ben-Yehuda St., Tel Aviv, Tel. 03 977 11 11, 2250 (landesweit), Fax 03 629 23 12, www.elal.co.il.

… mit dem Schiff

Wer auf Disco, Restaurant und luxuriöse Kabine verzichten kann, reist mit dem Frachtschiff nach Israel. Eine Schiffsverbindung gibt es nurmehr zwischen Monafalcone (Norditalien) und Ashdod bzw. Haifa. Fünf Tage dauert die Fahrt nach Haifa. Die Doppelkabine inkl. Vollpension kommt auf ca. 500 € (990 € hin und zurück). Kinder zahlen in der Regel die Hälfte. Etwa 400 € kostet ein Auto, 610 € ein Camper, 150 € ein Motorrad. Maximal 12 Passagiere werden akzeptiert.

Bei den eingesetzten Schiffen der italienischen Reederei Grimaldi handelt es sich um Roll-on-Roll-off-Fähren, die auf dem neunten Deck über sechs Doppelkabinen mit freier Sicht verfügen. Die Gäste essen in der Offiziersmesse. Weitere Stopps der Fähren können Alexandria und Port Said in Ägypten sowie Piräus in Griechenland sein.

Die Überfahrten können gebucht werden über **Neptunia Cruises & Ferries,** Bodenseestr. 3 a, 81241 München, Tel. 089 89 66 47 35, 0700 63 78 86 42, Fax 089 89 66 47 37, www.grimaldi-lines.de; **Globoship,** Rütligasse 3, CH-6000 Luzern 7, 041 248 00 48, 041 248 00 49, www.globoship.ch. Frachtschiff-Rundreisen ab Hamburg ins südliche Mittelmeer und zurück vermittelt **Hamburgsüd-Frachtschiffreisen,** Tel. 040 37 05 24 91, www.hamburgsued-frachtschiffreisen.de.

Israels Häfen Tel Aviv, Haifa und Netanya werden oft von Kreuzfahrtschiffen angelaufen.

… mit dem eigenen Fahrzeug

Man braucht für fast alle Länder der Strecke Westeuropa–Israel den internationalen Führerschein, eine internationale Kfz-Zulassung,

An den Grenzübergängen zur Westbank warten palästinensische Taxis auf Kunden

die grüne Versicherungskarte (evtl. eine gesonderte Haftpflichtversicherung) sowie ein Carnet de Passage (aktuelle Informationen sollte man bei den Automobilclubs einholen). Da fast überall Visa verlangt werden, muss man diese rechtzeitig zu Hause beantragen. Nach Auskunft des ADAC verschlechtert sich der Zustand der Straßen ab der Türkei zusehends. Man sollte daher auf Nachtfahrten verzichten und damit rechnen, dass auch Fußgänger, spielende Kinder oder Eselskarren die Fahrbahn benutzen.

Bleibt man nicht länger als ein Jahr, reichen Führerschein und Zulassung aus dem Land, in dem das Auto angemeldet ist. Die grüne Versicherungskarte gilt in Israel, eine Haftpflichtversicherung ist obligatorisch. Die hintere Stoßstange muss mit Reflektorstreifen ausgestattet sein.

Unterwegs in Israel

... mit dem Flugzeug

Arkia heißt Israels Inlands-Fluggesellschaft, die Tel Aviv, Eilat sowie Haifa bedient und auch im internationalen Chartergeschäft antritt. Die Preise sind verglichen mit anderen öffentlichen Verkehrsmitteln hoch. Flüge nach Eilat muss man rechtzeitig buchen, wenn man einen sicheren Platz bekommen will. Arkia bietet für Eilat auch Flug-Hotel-Pakete an. Infos unter Tel. 03 690 37 12, 03 690 37 12, www.arkia.co.il.

... mit dem Zug

Zugfahren hat keine große Tradition in Israel und so liegen die Bahnhöfe manchmal weit ab von den Stadtzentren. Jede Busverbindung ist schneller als der Zug. Doch es sind die Landschaften, die eine Fahrt lohnenswert machen – wenn man die notwendige Zeit dafür mitbringt. Insbesondere die Strecke Tel Aviv–Jerusalem gilt als ausgesprochen reizvoll. Das Bahnnetz verbindet die Südküste des Landes (Gaza) über Tel Aviv mit dem Norden (Haifa, Akko), außerdem Tel Aviv und Jerusalem mit Be'er Sheva und dem Toten Meer. Fahrplanauskünfte erhält man unter Tel. 03 611 70 00, *5700 (Schnellwahl), www.rail.co.il.

... mit dem Bus

Das Busnetz Israels ist nahezu perfekt ausgebaut. Teilweise im Viertelstundentakt verbinden Schnellbusse die großen Städte des Landes. Erwähnenswert ist die Geschichte der 1933 gegründeten **Egged-Busgesellschaft,** Tel. 03 694 88 88, www.egged.co.il, eine Kooperative mit heute knapp 7000 Mitgliedern und 3000 Angestellten. Ursprünglich dienten die Egged-Buslinien dazu, zwischen den Zentren und den abgelegenen Landesteilen außer Passagieren v. a. Waren und Lebensmittel zu befördern. Da die Egged-Busse noch heute in Koordination mit dem Verteidigungsministerium dafür sorgen, dass Soldaten und Wehrpflichtige auch aus den entlegensten Gebieten nach dem Wochenende rechtzeitig in die Kaserne zurückkommen, genießt Egged mehr einen Ruf als nationale Institution denn als schlichte Busgesellschaft.

Für Fahrten nach Eilat können zur Beschleunigung des Einsteigevorgangs telefonisch oder online georderte Tickets seit 2009 an den Busbahnhöfen an Eilautomaten ausgedruckt werden. Auskunft über Fahrtzeiten, Preise usw. erhält man per Telefon im ganzen Land einheitlich unter *2800 (Schnellwahl).

... mit dem Taxi

Das Taxi mit Leuten zu teilen, die in die gleiche Richtung wollen, ist im gesamten Nahen Osten üblich. Was anderswo unter Sammeltaxi firmiert, heißt in Israel **Sherut.** Die Sherut-Taxis sind Städteverbindungen, und sie fahren erst los, wenn sie voll sind, was angesichts ihrer Popularität selten lange dauert. Die Haltestellen liegen meist zentral, und jeder Einheimische weiß, wo sie abfahren. Über die festgelegten Routen und Preise informieren Listen, die ziemlich genau den Betrag nennen, den ein eingeschalteter Taxameter zeigen würde.

Gewarnt sei vor Überlandfahrten mit den städtischen Taxifahrern, die sich meist mit fadenscheinigen Begründungen weigern, den vorgeschriebenen Taxameter einzuschalten; man wird hoffnungslos übervorteilt. Wenn es dennoch sein muss: Hotelrezeptionen kennen die angemessenen Preise. Und seien Sie auch gewarnt vor der schon sprichwörtlichen Ruppigkeit und Frechheit der israelischen Taxifahrer (Ausnahmen gibt's natürlich, wie auch Fahrer mit Navigationsgerät und Ortskunde). Als logische Konsequenz erwarten sie auch kein Trinkgeld.

Taxis in die palästinensischen Gebiete findet man unter www.palestinehotels.ps, dort »Useful Links« anklicken.

… mit dem Mietwagen

Alle internationalen Leihwagenfirmen sind in Israel vertreten, dazu kommen noch unzählige private lokale Vermieter. Es lohnt sich, die Preise zu vergleichen. Pro Tag muss man bei internationalen Vermietern mit 20 NIS rechnen, ohne Versicherung und Benzin. Einen Kleinwagen gibt es für eine Woche schon ab 230 US-$ inklusive beliebig vielen Kilometern *(free milage)*. Nicht inbegriffen sind Versicherung und Mehrwertsteuer, Letztere entfällt bei Bezahlung in ausländischer Währung. Für die Anmietung muss man mindestens 21 Jahre alt sein, es genügt der nationale Führerschein. Bei Vorlage einer Kreditkarte entfällt die Kaution. Oft gibt es bei Internetbuchungen Rabatte bis zu 30 % gegenüber den ausgewiesenen Tarifen. Mietwagenfirmen für die palästinensischen Gebiete findet man unter www.palestinehotels.ps, dort »Useful Links« anklicken.

Autovermieter am Ben-Gurion-Flughafen u. a.: **Eldan,** Tel. 03 977 34 00, www.eldan.co.il; **Hertz,** Tel. 03 975 4505, 17 00 50 75 55 (landesweit), www.hertz.co.il; **Shlomo Sixt,** Tel. 15 99 59 85 99 (landesweit), www.sixt.co.il

Entfernungstabelle
Tel Aviv–Jerusalem: 69 km
Tel Aviv–Eilat: 346 km
Tel Aviv–Haifa: 95 km
Tel Aviv–Be'er Sheva: 105 km
Tel Aviv–Tiberias: 134 km
Tel Aviv–Akko: 117 km
Tel Aviv–Rosh Haniqa: 137 km
Tel Aviv–Nazareth: 102 km

… mit dem Daumen

Trampen ist durchaus üblich in Israel. Die Chancen, schnell mitgenommen zu werden, sind relativ groß. Frauen sollten allerdings nicht alleine trampen.

Verkehrsregeln

Israels Straßennetz ist sehr gut ausgebaut und alle Landesteile sind bequem zu erreichen. Prinzipiell gelten in Israel die in Europa bekannten Verkehrsregeln. In der Praxis wird aber beispielsweise rechts überholt und gerast, was das Zeug hält, obwohl hohe Strafen drohen. Teuer wird es auch, wenn man während des Fahrens mit dem Handy am Ohr erwischt wird; Freisprecheinrichtungen sind obligatorisch. Höchstgeschwindigkeiten sind in der Stadt 50 km/h, auf Landstraßen 80 km/h und auf Autobahnen 90 km/h. Es gibt häufig Radarkontrollen und die Strafen sind hoch. Falschparken kostet z. B. 80 NIS. Es besteht Gurtpflicht. Die Promillegrenze liegt bei 0,0. Mit Abblendlicht zu fahren ist üblich und vom 1. November bis 1. April Pflicht. Wagen mit israelischem Kennzeichen dürfen nicht in die palästinensischen Gebiete fahren.

Im Fall einer Panne wendet man sich an den **Automobile and Touring Club of Israel**

(MEMSI), MEMSI House, 20 Harakevet St., 65117 Tel Aviv, Tel. 03 564 11 22, Fax 03 564 11 67, www.memsi.co.il.

Weiterreise

... nach Palästina

Wer nach Gaza oder ins Westjordanland reisen will, erkundigt sich über die aktuelle Lage am besten bei seiner Botschaft in Tel Aviv oder der Landesvertretung in Ramallah (s. S. 95). Die nötigen Dokumente bzw. Genehmigungen können sich je nach politischer Lage rasch ändern.

... nach Ägypten

Die schon legendäre Busverbindung zwischen Jerusalem und Kairo gibt es nicht mehr. Alternativ kann man nur bis Eilat fahren, dort zu Fuß über die Grenze gehen und von Taba aus mehrmals täglich mit ägyptischen Superjet-Bussen weiterreisen. Die Grenze Eilat–Taba, Tel. 08 673 40 80, ist rund um die Uhr geöffnet. Die Abfertigung von Fußgängern ohne Gepäck dauert rund 30 Minuten, mit Gepäck etwa eine Stunde. An israelischen Feiertagen, wenn viele Israelis zum Kurzurlaub auf den Sinai fahren, verlängern sich die Abfertigungszeiten erfahrungsgemäß. Mit Mietwagen ist eine Einreise nach Ägypten nicht erlaubt.

Die am Grenzübergang ausgestellte Einreiseerlaubnis gilt sieben Tage und nur für den Sinai. Eine Weiterreise auf das ägyptische Festland jenseits des Suezkanals ist nicht inbegriffen. Reisende mit Auto müssen eine Reihe von Papieren vorlegen, die man schon vor der Reise besorgt haben muss – und man darf sich auf einen langen Aufenthalt einrichten, bis alle Papiere geprüft und der Wagen von der Karosserie bis zum Handschuhfach gründlich kontrolliert ist. Infos sollte man rechtzeitig bei den Automobilclubs einholen oder unter www.iaa.gov.il.

... nach Jordanien

Die Grenzübergänge Yitzhak Rabin Border/Arava zwischen Eilat und Aqaba, Tel. 08 630 05 55, und Jordan River Crossing, Tel. 04 609 34 03, sind So–Do 6.30–22, Fr/Sa 8–20 Uhr geöffnet. Israelis und Jordaniern ist die Einreise am Fr/Sa nicht gestattet. Der Übergang Allenby-Bridge/King Hussein Bridge, Tel. 02 548 26 00, nahe Jericho ist So–Do 8–15, Fr/Sa 8–14 Uhr geöffnet; das Visum muss vorher besorgt werden und wird nicht an der Grenze ausgestellt. Sonst werden jordanische Visa gegen eine Gebühr von 10 US-$ direkt an den Übergängen in den mindestens noch sechs Monate gültigen Pass gestempelt. Der Kinderausweis (möglichst mit Foto) sowie der Eintrag eines Kindes im Reisepass eines Elternteils werden anerkannt.

Ein eigenes Auto oder ein Mietwagen kann nicht mit über die Grenze genommen werden. Es gibt Pendelbusse und Taxen für Touristen. Der einfache Grenzübertritt dauert rund eine Stunde. Zusätzlich zu den Visagebühren wird noch eine Grenzsteuer erhoben, die ca. 20–30 US-$ beträgt. Visa für eine mehrfache Einreise stellen ausschließlich die jordanischen Botschaften und Konsulate aus. Weitere Infos gibt es unter www.iaa.gov.il.

Öffentlicher Nahverkehr

Die innerstädtischen **Busnetze** sind im Allgemeinen gut ausgebaut. Im Großraum Tel Aviv fahren Busse der Gesellschaft Dan, darunter eine Linie mit Panoramabus, der an 28 Stopps hält. Man kann beliebig oft aus- und einsteigen. Infos unter Tel. 03 639 44 44, www.dan.co.il (auch Online-Tickets).

Bei Stadtfahrten mit dem **Taxi** ist eine Grundgebühr zu bezahlen. Für die gefahrenen Kilometer und/oder die beanspruchte Zeit gilt von 6–20.59 Uhr Tarif 1 bzw. von 21–5.59 Uhr Tarif 2. Der jeweils eingestellte Tarif wird vom Taxameter angezeigt.

In der Israel Hotel Association sind über 350 Hotels organisiert. Der Erfolg der Hotellerie steht und fällt mit der politischen Lage. Die lähmende Langzeitwirkung des Nahostkonflikts ist unübersehbar: 2009 gab es im Land nur 2,1 % mehr Hotelzimmer als sieben Jahre davor. Entsprechend dramatisch entwickeln sich in Krisenzeiten die Belegungsraten: Bei 68,1 % lagen sie im Jahr 1995, als unter dem im selben Jahr erschossenen Premierminister Yitzhak Rabin die Zeichen so deutlich auf Frieden standen wie nie zuvor. Mit der zweiten Intifada fiel dieser Wert 2002 auf 43 %, ein nie wieder erreichter Tiefpunkt (2008: 65 %). 2009 machten sich die Weltfinanzkrise und der Gazakrieg um die Jahreswende 2008/09 mit einem Übernachtungsrückgang um rund 25 % bemerkbar. Verhandelbar sind Preise dennoch auch in schlechten Zeiten nur sehr schwer, viele Hoteliers lassen ein Zimmer lieber leer stehen, als es günstiger zu vermieten.

Hotels

Israel hat Hotels aller Preiskategorien, die offiziell aber nicht klassifiziert werden. Am höchsten sind die Hotelkosten in Tel Aviv, Jerusalem und Eilat. Hotels der oberen Preisklasse entsprechen vergleichbaren europäischen Häusern. Sollte man das Gefühl haben, dass Zimmergröße und Ausstattung nicht mit dem Preis korrespondieren, dann stimmt das. Gerade in mittleren und unteren Preisebenen klafft zwischen den Preisen und dem gebotenen Standard, manchmal auch der Sauberkeit und des Service, eine große Lücke. Wer ohne Buchung in Israel eintrifft, kann am Ben-Gurion-Flughafen Zimmer buchen – und dabei oft noch Rabatte herausschlagen. Auf Hotelempfehlungen von Taxifahrern sollte man sich eher nicht verlassen. Weitere Infos gibt es auf der Webseite der **Israel Hotel Association,** www.israelhotels.org.il. Eigene Internetseiten haben die **Tel Aviv Hotel Association,** www.telavivhotels.org.il, und die **Eilat Hotel Association,** www.eilathotels.org.il.

In Palästina sind die Hotels in der **Arab Hotels Association,** 10 Nur Eddin St., Jerusalem, Tel. 02 628 31 40, Fax 02 628 31 18, www.palestinehotels.ps, zusammengeschlossen. Auf der Homepage findet man Hotels und andere Reiseinfos wie Adressen von Taxiunternehmen und Fremdenführern.

Günstige Hotels findet man auf **www.expedia.de** und **www.hrs.de,** auch auf den Seiten von **www.dertour.de, www.tui.de** und **www.fti.de.** Ist man bereits in Israel und will ein Hotel buchen, kann sich der Weg zu einem der großen Reisebüros als lohnend erweisen. Diese machen oft bessere Preise, als man sie im Hotel bekommen würde.

Pensionen (B & B)

Die gute alte Pension, die Bett und Frühstück (Bed & Breakfast) bietet und manchmal, weil sie so klein ist, auch noch ein wenig Familienanschluss – es gibt sie in Israel überall und sie sind auch einigermaßen organisiert. Auf der Internetseite von **Bed & Breakfast,** www.b-and-b.co.il, hat man umfangreiche Suchmöglichkeiten. Man findet Adressen auf einer anklickbaren Israelkarte, aber auch geordnet nach Städten und Regionen oder der Nähe zu religiösen und anderen Sehenswürdigkeiten. Ebenfalls gute Dienste leistet die Webseite **www.zimmeril.com.**

Kibbuz-Unterkünfte

In Israel gibt es ungefähr 280 Kibbuzim. Einige davon, v. a. im Norden und im Herzland Israels, mussten wegen der niedrigen Einnahmen aus dem landwirtschaftlichen Betrieb nach einem neuen Konzept suchen. Deshalb wurden Gästehäuser und Hotels eröffnet. Interessant ist das **Fly & Drive Pro-**

gram. Man bucht mindestens sieben Nächte, darf aber maximal vier im selben Kibbuz verbringen. Das Voucher-Heft erhält man im ersten Kibbuzhotel. Für die Hochsaison muss man die Kibbuzim vorher festlegen, in der Nebensaison ist die offene Buchung *(open voucher)* möglich. Das Doppelzimmer kostet ab 560 NIS inkl. Frühstück. Halbpension kann dazu gebucht werden, ebenso ein Mietwagen (ab 33 US-$/Tag).

Adressen: **Kibbutz Hotels Chain,** Lessingstr. 4, 53757 Sankt Augustin, Tel. 02241 148 20 61, Fax 02241 148 20 62, eccohen@t-online.de; Reservation Center Israel, 1 Smolanskin St., 61031 Tel Aviv, Tel. 03 524 61 61, Fax 03 527 80 88, www.kibbutz.co.il; **Kibbutz Program Center,** Lavaterstr. 33, CH-8027 Zürich, Tel. 0481 28 66, Fax 0481 28 00, kpc.gilgen@bluewin.ch.

Christliche Hospize

Zahlreiche Konfessionen unterhalten in Israel ihre eigenen Wohnheime, die man sich aber nicht als Luxusherbergen vorstellen darf. Dafür sind die Übernachtungspreise äußerst niedrig. Während der hohen christlichen Feste sind die Häuser meist lange im Voraus ausgebucht, darum sollte man frühzeitig reservieren. Adressen gibt es bei den israelischen Fremdenverkehrsämtern (s. S. 94).

Feldschulen

Israels Naturschutzgesellschaft SPNI, inzwischen aufgegangen in der **American Society for the Protection of Nature in Israel** bzw. ASPNI, www.aspni.org, betreibt im ganzen Land an die 30 Feldschulen *(field schools),* die ihren Gästen auf ein- bis mehrtägigen Ausflügen die Natur der Umgebung näherbringen. Fast alle Feldschulen bieten auch einfache Übernachtungsmöglichkeiten.

Ferienwohnungen

Für Aufenthalte ab einer oder zwei Wochen lohnt es sich, eine Wohnung oder gar ein Haus zu mieten. Mehrere Agenturen helfen landesweit bei der Suche nach geeigneten Objekten: **Jerusalem Lodges Ltd.,** www.jerusalemlodges.com, Tel. 02 561 17 45, Fax 02 563 75 66; **Ben Yehuda Apartments,** Tel Aviv, Tel. 03 522 93 93, www.tel-aviv-rental.co.il. Angebote findet man auch auf der deutschen Seite **www.fewofeha.de.**

Jugendherbergen

33 Jugendherbergen betreibt die 1937 gegründete Israel Youth Hostel Association, die auch Mitgliedskarten ausstellt (50 NIS, kein Passfoto nötig). Damit oder mit einem internationalen JH-Ausweis bekommt man in fast allen Herbergen 10 % Rabatt. Im Schnitt haben die Hostels in Israel jährlich ca. 500 000 Gäste. Man sollte sich in jedem Fall vorher telefonisch anmelden oder online reservieren.

Adresse: **Israeli Youth Hostel Organization,** International Convention Center (Binyanei HaUmah), 1 Zalman Shazar St., Jerusalem, Tel. 02 655 84 00, 01 599 51 05 11 (Reservierungen), Fax 02 655 84 32, www.iyha.org.il., So–Do 8–16 Uhr.

Camping

Camping ist wieder gefragt in Israel; Plätze gibt es in allen Landesteilen, z. B. am Jordan, um den See Genezareth, am Toten Meer, in Eilat am Roten Meer und in den Naturparks. Allerdings sind Zeltplätze meist teurer als Jugendherbergen. Vom Wildzelten, etwa an Stränden, muss aus Sicherheitsgründen abgeraten werden. Adresslisten der Campingplätze bekommt man bei der **Camping Union Israel,** Tel. 04 992 33 66, Nahariya.

Angeln

Man darf überall fischen, solange man eine Angelrute benutzt. Alle anderen Methoden wie Netz und Reusen sind bei Strafe verboten.

Eislaufen

Die Sehnsucht vieler russischer Einwanderer nach Gefrorenem unter den Füßen führte offenbar dazu, dass der Eislaufsport im dafür nicht prädestinierten Israel eine gewisse Popularität erlangte. So treibt es die Israelis nicht nur im Winter, sondern auch im Sommer aufs Eis der **Bat-Yam-Eislaufbahn,** Tel Aviv, Tel. 03 552 66 55, und des **Ramat Gan Ice Rink,** Tel Aviv, Tel. 03 752 03 45. Eine olympische Bahn hat das **Canada Center** in Metualla. Im **Ma'ayan-Baruch-Abenteuerpark,** Kibbuz Ma'ayan, Tel. 04 695 48 88, Fax 04 690 20 06, kann man im Winter Eislaufen, und in Eilat leistet sich das **Concorde El Salam Hotel,** Tel. 069 360 14 60, tgl. 10–23 Uhr, eine Eislaufbahn.

Fallschirmspringen und Paragliding

Tandemfallschirmsprünge im Negev bietet **Skykef,** Sde-Tieman Airport, Be'er Sheva, Tel. 17 00 70 58 67, www.skykef.co.il. Hier kann man auch Fallschirmspringen lernen, für ganz Eilige gibt es Eintageskurse. In Eilat wendet man sich an **Sky Dive,** Roy, Moshe & Noya Ritter, Airodium, Tel. 08 633 23 86, www.skydive.co.il, und in Tel Aviv an **Aero Club of Israel,** 67 HaYarkon St., Tel. 03 517 50 38, Fax 03 517 72 80, www.aeroclub.org.il.

Paraglider können in Israel aus militärischen Gründen nicht einfach losfliegen, wo sie wollen. Anfänger, Tandemaspiranten und Profis wenden sich daher an **Sitvanit Paragliding School,** Tel Aviv, Tel. 03 518 96 18, 050 559 08 94, www.sitvanit.com, oder an **Dvir Paragliding,** 17/4 Ussishkin St., Netanya, Tel. 09 899 02 77, 054 655 44 66, dvirgliding@walla.com. Geflogen wird an diversen Plätzen im ganzen Land, u. a. bei Netanya, vom Berg Tabor, Beit Rimon nahe Tiberias und bei Mukhraka südlich von Haifa. Einer der Dvir-Leute hält den Guinness-Rekord für Dauerfliegen über Wasser. Allgemeine Infos: **Israel Paragliding Association,** 120 Eliyahu Saadon St., Tel Aviv, Tel. 03 533 80 02, skypg@012.net.il, www.paragliding.co.il.

Golf

In Israel muss man nicht Clubmitglied sein, um aufs Green zu gehen. Der **Caesarea Golf & Country Club,** Tel. 04 610 96 00, Fax 04 636 11 73, www.caesarea.org.il, besitzt seit 1961 den einzigen 18-Loch-Platz des Landes, der 2007 von dem weltbekannten Designer Pete Dye komplett neu gestaltet wurde. Der Tag dort kostet Mo–Fr 160 NIS, Sa/So 190 NIS. Die Leihgebühr für die Ausrüstung schlägt ab 140 NIS zu Buche. Eine vorherige Anmeldung ist zu empfehlen.

Einen 9-Loch-Platz findet man im **Gaash Golf Club,** Kibbutz Gaash, Tel. 09 951 15 11, Fax 09 951 15 50, www.gaashgolfclub.co.il, 20 Autominuten von Tel Aviv entfernt zwischen dem Gaash-Naturschutzreservat und dem Sharon-Nationalpark gelegen. Der Preis liegt Mo–Fr bei 200–275 NIS, Sa/So bei 275–350 NIS.

Radfahren

Radfahren erfreut sich auch in Israel wachsender Beliebtheit, allerdings mehr als Sport und weniger als umweltfreundliches Fortbewegungsmittel. Für Rennradler bietet die Webseite **www.bikeisrael.com** viele Infos. Ein guter Ansprechpartner für Mountainbiker ist die **International Mountain Bicycling Association,** www.imba.com. Hilfreiche Infos bekommt man auch bei der **Israel Cycling Federation,** 6 Shitrit St., 69482 Tel Aviv, Tel. 03 649 04 36, Fax 03 649 04 59, www.ofanaim.org.il.

Rund 10 000 radbegeisterte Mitglieder hat **Groopy,** www.groopy.co.il. Die Organisation bietet diverse Touren durch ganz Israel, u. a. in die Hügel um Jerusalem, in Galiläa, auf den Golan, in die Wüste Negev und quer durch die Küstenebene. Beliebt sind auch Nachttouren durch Tel Aviv und andere Städte. Interessierte nehmen per E-Mail (kein Telefon!) Kontakt auf. Ein Mitarbeiter meldet sich dann und vermittelt den richtigen Ansprechpartner.

Geführte Fahrradtouren durch Israel organisiert auch der **Jüdische Nationalfonds,** www.jnf-kkl.de.

Wer sein eigenes Rad nach Israel mitnehmen möchte, muss sich zuvor bei der Fluggesellschaft nach den Bestimmungen und nach den Gebühren erkundigen, die ganz unterschiedlich ausfallen können, z. B.: Lufthansa: 80 € pro Strecke; El Al: bis 20 kg ist das Fahrrad als Extragepäck kostenlos; TuiFly: 25 € pro Strecke; Israir: das Rad zählt zum regulären Gepäck, über 20 kg werden 9 €/kg berechnet; Germania: kostenfrei im Fahrradkoffer. Bei allen Fluggesellschaften müssen Fahrräder bereits bei der Buchung angemeldet werden.

Schwimmen mit Delfinen: Im Dolpin Reef von Eilat am Roten Meer kann man sich diesen Traum auch ohne Tauchschein erfüllen

Rafting und Kajakfahren

So viel Wasser hat der Jordan in Galiläa dann doch, dass es für Rafting- und Kajaktrips im Jordan River Park reicht. Anbieter: **Abukayak,** im Jordan River Park, Tel. 04 692 10 78, 04 690 26 22, Fax 04 692 11 04, www.abukayak.co.il; **Kfar Blum & Beit Hillel Kayaks,** Kfar Blum, Tel. 17 00 50 66 11, 04 690 26 16, www.kayaks.co.il; **Jordan River Rafting,** Rosh Pina, Tel. 055 61 26 30, 04 693 46 22, Fax 04 693 89 77.

Reiten

Überall in Israel findet man Gestüte, die Ausritte anbieten. Ein beliebtes Ziel für Reiter ist Galiläa. Allgemeine Infos erhält man bei der **Israel Equestrian Federation,** The Wingate Institute, Netanya, Tel. 09 885 09 38, Fax 09 885 09 39, www.ief.org.il.

Einige Reitställe: **Vered HaGalil Guest,** nahe Tiberias, Tel. 04 693 57 85, Fax 04 693 49 64, www.veredhagalil.com; **Dubi's Ranch,** Kibbuz Ramot Menashe, Ramot Menashe, Tel. 04 989 57 43, 054 227 47 37, Fax 04 989 59 65, havat.dubi@gmail.com; **Havatzelet Hasharon,** Moshav Havatzelet HaSharon am Mittelmeer, nördl. von Netanya, Tel. 09 866 35 25, 055 459 21 80, Fax 09 866 42 82, halfond@netvision.net.il, www.the-ranch.co.il; **Golan Riders,** Kibbuz Ortal, Ortal, nördlicher Golan, Tel. 04 696 08 08, Fax 04 696 07 84, www.ortal.net; **Cactus Ranch,** nördl. von Netanya, Tel Gador, Tel. 050 699 90 00, www.cactus4u.biz.

Segeln

Segeltörns sind entlang der israelischen Mittelmeerküste, auf dem Toten Meer, dem Roten Meer und auf dem See Genezareth möglich. Allgemeine Infos bietet die **Israel Yachting Federation,** Nautical Club, Shitrit St., 69482 Tel Aviv, Tel. 03 648 28 60, Fax 03 648 28 54, iya@netvision.net.il.

In Tel Aviv treffen sich die Segler am **Tel Aviv Sea Center,** Marina Atarim, zwischen den Hotels Carlton und Hilton, Tel. 03 524 21 39, tgl. 9–17 Uhr. Hier kann man auch Segelboote leihen (ca. 300 NIS/Std.).

Skifahren

Israel ist sicher nicht die Schweiz, aber am Berg Hermon geht es über eine Strecke von 1600 m bergab. Die Piste ist für geübte Skifahrer geeignet. Ausrüstung kann man für ca. 80 NIS/Tag leihen, die Liftkarte kostet rund 90 NIS/Tag. Weitere Infos über die Schneelage, Unterkünfte etc. erhält man unter Tel. 04 698 13 33, 03 606 06 40, www.skihermon.co.il.

Surfen

2004 holte Gal Freidman für Israel bei den Olympischen Spielen Gold im Surfen. In Tel Aviv findet man gute Stellen am Delfinarium, am Hilton Beach und am Tel Baruch Beach im Norden der Stadt. Am übrigen Mittelmeer liegen bekannte Surfreviere bei Bat Yam, in Ashdod und Ashkelon sowie bei Herzliya, Netanya und Beit Yanai. Haifas bester Surfspot ist Bat Galim. Schöne Surfreviere gibt es natürlich auch in Eilat am Roten Meer und geradezu paradiesisch ist es auf dem Sinai, u. a. in Dahab.

In Eilat geht die Surfsaison von Februar bis November. Januar und Februar eignen sich wegen der meist ungünstigen Windverhältnisse eher nicht. Der Wind kommt im Schnitt mit 18 Knoten und erreicht Spitzen von über 25 Knoten. Eine gute Anlaufstelle bei Eilat ist das **Surf Center Eilat,** Reef Hotel, Tel. 08 637 16 02, www.surfcenter.co.il (ca. 360 NIS/Std.).

Tauchen

Das Rote Meer ist Israels schönster Tauchspot. Nicht ganz so bunt und bezaubernd präsentiert sich die Unterwasserwelt am Mittelmeer, dafür bietet dort Caesarea die Möglichkeit zum Tauchen an archäologischen Stätten (Tauchgang ca. 270 NIS inkl. Ausrüstung): **Caesarea Diving Centers,** Tel. 04 636 17 87, Fax 04 636 03 11, www.caesarea-diving.com. Mit weiterführenden Informationen dient die **Israel Diving Federation,** Tel Aviv, Tel. 03 695 42 77, Fax 03 695 43 24, www.diving.org.il.

Vogelbeobachtung

Israel ist einer der aufregendsten Plätze der Welt, um Vögel zu beobachten. Möglich ist dies an verschiedenen Plätzen im Land: Hula-Tal-Reservat (Galiläa), Gamla-Reservat (Golan), Maagan Mikhael an der Küste nördlich von Caesarea, Ein Gedi (Wadi David) am Toten Meer sowie in Arava im Negev. Am besten kontaktiert man rechtzeitig eine der folgenden Organisationen: **International Birding and Research Centre,** Eilat, www.birdsofeilat.com (s. S. 336; **Israel Raptor Information Center** (IRCE), Har Gilo, Doar NaZafon Jehuda, Tel. 02 693 23 83, spezialisiert auf die Beobachtung von Raubvögeln; **Israel Ornithology Center,** 155 Herzl St., Tel Aviv, Tel. 03 638 86 88; 13 Queen Helena St., Jerusalem, Tel. 02 625 23 57, Fax 02 624 46 05, gehört zur Naturschutzgesellschaft SPNI; **Kibbutz Lotan,** im südlichen Negev, Tel. 08 635 69 35, www.kibbutzlotan.com (s. S. 341).

Wandern und Trekking

Israels Verein der Naturschützer, die **Society for the Protection of Nature in Israel** (SPNI oder ASPNI), organisiert ein- und mehrtägige Wanderungen auf wenig bekannten Pfaden in Galiläa, im Golan, im Negev und auf dem Sinai (Ägypten). Auskunft und Anmeldung bei **ASPNI,** 155 Herzl St., Tel Aviv, Tel. 03 638 86 88, 03 639 06 44, Fax 03 638 39 40; 13 Queen Helena St., Jerusalem, Tel. 02 25 23 57, Fax 02 24 46 05.

Ein großartiger Wanderweg ist der **Israel National Trail** (INT), www.israelnationaltrail.com, der über 965 km von der syrisch-libanesischen Grenze im Norden bis nach Eilat verläuft. Der Trail ist geeignet für konditionsstarke Hiker und erfordert im Negev Klettererfahrung. 2009 wurde an Karten- und Datenmaterial noch gearbeitet, beides wird nach Fertigstellung auf der Website veröffentlicht.

Einen englischen Wanderführer, der auch Tagestouren enthält, hat Jacob Saar verfasst: »Hike the land of Israel – A Complete Guide to the Israel National Trail« (ISBN 9789659124909). Das Buch gibt es im israelischen Buchhandel oder bei Ehkol Publishing Ltd., P. O. Box 1586, 84965 Omer, Israel, Tel. 08 690 90 70, Fax 08 15 36 90 90 70, info@eshkol-b.co.il.

Wüstentouren

Jeep-Safaris, Ausflüge auf Kamelen, Wander- und Klettertouren, Mountainbiking – alles was die Wüste Negev an Sportmöglichkeiten zulässt, wird von zahlreichen Veranstaltern angeboten. Im Folgenden eine kleine Auswahl: **McNegev,** Tel. 054 627 74 14, www.mcnegev.com, die Palette reicht vom Wüstenlauf bis zu Countryreiten; 2009 wurde das erste Rennen ausgerichtet, bei dem Biker gegen Reiter und Läufer antreten; **Desert Shade,** 10 Dov Fridman St., Ramat Gan, Tel Aviv, Tel. 03 575 68 85, Fax 03 613 0161; Mitzpe Ramon, Tel. 08 658 62 29, 054 627 74 13, www.navadim.org; **Alpaca Farm,** südlich von Mitzpe Ramon, Tel. 08 658 80 47, 08 658 81 04, www.alpaca.co.il (s. S. 331); **Mamshit Camels Ranch,** Mamshit, Tel. 08 655 28 29, Fax 08 655 11 49, www.cameland.co.il.

Souvenirs

Die Welt ist klein geworden und die Globalisierung scheint auch die Einkaufsgewohnheiten normiert zu haben. So sind in Israel fast überall große Shopping Malls zu finden, die fast überall das gleiche Angebot haben. Was H & M in Deutschland ist, das ist beispielsweise die Modekette Castro in Israel. Sie ist mit rund 90 Shops Marktführerin und Ausstatterin der Olympiamannschaft.

Was also mitbringen aus Israel, was es daheim nicht auch gibt? Typische Souvenirs sind **Keramiken, Schnitzarbeiten** (Olivenholz und Perlmutt), **Pelz- und Lederwaren, Kupfer- und Silberarbeiten, Mode- und Diamantschmuck, T-Shirts** mit Spaßaufdrucken wie Guns N' Moses (in Anspielung auf die amerikanische Hardrock-Band Guns N' Roses), **gestickte Decken** und **Kelims.** Beliebt sind auch **Kosmetika vom Toten Meer.** In Palästina, wo das Shopping-Mall-Unwesen noch nicht verbreitet ist, kauft man Kunsthandwerk, Schnitzereien, **Wasserpfeifen** und stöbert auf den lokalen Souks.

Ein kunterbuntes Angebot an Souvenirs bieten die vielen Märkte. Unüberschaubar ist das Sortiment an Devotionalien (u. a. Kruzifixe, Marienfiguren) in Jerusalems Altstadt, Bethlehem und Nazareth. Russische Militärorden, Klamotten, Nippes sowie raubkopierte CDs und DVDs sind typisch für Tel Avivs Carmel Market. Für Kunsthandwerk (Keramik, Malerei, Schmuck, Kleidung) ist v. a. der Markt der Künstlerkolonie Ein Hod bekannt.

Handeln und Feilschen

Im arabischen Bazar einzukaufen, ohne zu handeln, ist ein Unding. Man sollte mit dem Feilschen bei 30 bis 40 % des verlangten Preises beginnen. Wer am Ende 50 bis 60 % des ursprünglich verlangten Preises bezahlt, hat gut gehandelt. Zur Taktik gehört es auch durchaus, die Verhandlung abzubrechen und sich zum Gehen anzuschicken. Allerdings: Ein einmal ausgehandelter Preis muss bezahlt werden. Geschäfte außerhalb der Bazare haben meist Festpreise.

Mehrwertsteuer (VAT)

Touristen sind von der Mehrwertsteuer teilweise befreit, wenn in ausländischer Währung bezahlt wird. Diese Regelung gilt für Unterkunftskosten, organisierte Bustouren, Leihwagen, Inlandsflüge etc. Wer in Geschäften einkauft, die den VAT-Refund (VAT bedeutet *value added tax*) anbieten und in US-Dollar, Euro oder einer anderen harten, sprich frei konvertierbaren Währung bezahlt, der bekommt ab 50 US-$ Warenwert einen Preisnachlass von 5 %. Außerdem wird bei der Ausreise gegen Vorlage des Kaufbelegs und des grünen VAT-Formulars für Waren im Wert ab 100 US-$ die Mehrwertsteuer erstattet. Diese Regelung gilt allerdings nicht für Tabakwaren, elektrische Geräte, Kameras, Filme und fotografisches Zubehör. Am Ben-Gurion-Flughafen und im Hafen von Haifa wendet man sich in der Abreisehalle *vor* dem Check-in an den VAT Desk oder Tax-Refund-Schalter. Hier werden die gekauften Waren mit den Kaufbelegen abgeglichen und man bekommt die Mehrwertsteuer in US-Dollar ausbezahlt.

Öffnungszeiten

Die meisten Geschäfte haben So–Do 9–13, 16–19 Uhr geöffnet. Freitags und an Tagen vor den größeren jüdischen Feiertagen ist nur bis zum frühen Nachmittag geöffnet. Muslimische Geschäftsbesitzer schließen freitags, christliche sonntags. Die großen Postämter sind von 8–18 Uhr geöffnet, kleinere Ämter Mo–Do 8–12.30, Fr 8–12 Uhr.

Nachtleben

Das mediterrane Klima gibt den Grundrhythmus des Lebens vor. In Tel Aviv und anderen Städten am Meer heißt das: Wer Zeit hat, verbringt im Sommer Vormittage und Nachmittage am Strand, dazwischen liegt eine ausgiebige Mittagspause und spät am Abend beginnt das Nachtleben.

Eilat mag sich zu Recht der wilderen Partys im Spring-Break-Stil rühmen, dafür bietet Tel Avivs Nachtleben auch etwas für Partymuffel. Modernes und klassisches Theater, Ballett, Oper, Operette, Pop- und Jazzkonzerte – so selbstverständlich, wie man anderswo ins Kino geht, zieht es die Israelis zu den *performing arts.* Wenn dort der Vorhang fällt, dann beginnt im Alten Hafen von Tel Aviv und im südlich gelegenen Jaffa das richtige Nachtleben, zumindest an den klassischen Ausgehtagen von Donnerstag bis Samstag. In den angesagten Clubs und Discos kommt man um 4 Uhr immer noch rechtzeitig, um die beste Stimmung vor sich zu haben. Man feiert bis in den späten Morgen, eine Sperrstunde ist unbekannt. Ganz anders verhält es sich in Jerusalem oder auf dem Land, wo die letzte Bar, wenn es überhaupt eine gibt, lange vor Mitternacht die letzte Runde einläutet. Apropos Jerusalem und Land: Das Übergehen der Shabbat-Ruhe ist typisch für Eilat, Tel Aviv, Haifa und Tiberias, überall sonst eher die Ausnahme. Ein Freitagabend am falschen Ort und ohne Einladung zu einem Shabbat-Mahl kann tödlich langweilig sein – oder einfach nur beschaulich.

Das palästinensische Ramallah ist in guten Zeiten eine erstklassige Partyzone, Gaza unter der Hamas das krasse Gegenteil.

Kino

Ausländische Spielfilme laufen in Israel in der Originalfassung, meist mit Untertiteln. Daher sind amerikanische Streifen – und sie bilden das Gros des Angebots – hier früher zu sehen als in Deutschland, Österreich und der Schweiz. Aktuelle Filme werden überall im Land gezeigt. Anspruchsvollere Programmkinos gibt es in den größeren Städten, z. B. in Jerusalem die Cinematheque (www.jer-cin.org.il) und das gleichnamige Lichtspielhaus in Tel Aviv (www.cinema.co.il).

In puncto Nachtleben sind Tel Aviv und Eilat unschlagbar

Drogen

Polizei und Gerichte reagieren mit harten Geld- und/oder Haftstrafen, bei Touristen im günstigsten Fall mit Abschiebung, wenn es sich um Drogendelikte handelt.

FKK

Dem Thema widmen sich mehrere Webseiten, darunter die Young Nudists' Society, www.iyns.org. Die Israeli Naturist Society, www.naturism.org.il, organisiert Treffen an Pools und am Meer, außerdem Grillabende und andere Veranstaltungen. Die Israel Naturists informieren unter www.hameyyasdim.co.il. Naturism in Israel, www.naturism.co.il, listet entsprechende Strände und Hotels auf und diskutiert unter dem Stichwort »Naturism and Judaism« das Thema Nacktheit in der Öffentlichkeit, beginnend mit dem Alten Testament.

Fotografieren

Für Fotografen sind Israel und Palästina ein Traum, nicht nur wegen der Motive. In handfeste Schwierigkeiten kann man nur geraten, wenn man am Shabbat an der Klagemauer oder gar im Jerusalemer Orthodoxenviertel Mea Shearim Aufnahmen machen will. Orthodoxe Juden mögen es generell nicht, abgelichtet zu werden. Auch in Synagogen sind Kameras nicht willkommen. In den palästinensischen Gebieten, wo die Menschen aufgrund des Abbildungsverbots im Islam traditionell fotoscheu sind, sollte man lieber fragen, bevor man auf den Auslöser drückt.

Frauen allein unterwegs

Die Geschichte ist alt, aber zeitlos: Unter der Regierung Golda Meir forderte der Minister einer extrem religiösen Partei wegen der zunehmenden Belästigungen von Frauen im nächtlichen Tel Aviv ein Ausgehverbot für Frauen ab Einbruch der Dunkelheit; Golda Meir konterte, da es die Männer seien, die die Frauen attackierten, müsste es für sie eine Ausgangssperre geben. Die Belästigung von Frauen ist in Israel ein permanentes Problem, mit dem auch die Einheimischen täglich zu kämpfen haben. In den arabischen Gebieten mag die Anmache größer sein als im restlichen Land, aber was frau in Tel Aviv, Eilat oder Jerusalem erwartet, das ist immer noch zu viel Machismo. Verbale Schlagkraft ist besonders für Israels Taxifahrer vonnöten, die ihre Lizenz oftmals als Macho-Freifahrtschein betrachten. Erfahrene weibliche Reisende empfehlen, alles zu ignorieren, auch wenn es Nerven kostet. Wird mann allerdings zudringlich, dann kann lautes Schreien die richtige Reaktion sein. Achten sollte man auch auf seine Kleidung. Was in Tel Aviv alltäglich ist, gilt in den arabischen Gebieten oder jüdisch-orthodoxen Vierteln als Provokation. Es kann sogar passieren, dass mit Steinen auf nicht adäquat verhüllte Frauen geworfen wird. Auch häufen sich Berichte, wonach ultrareligiöse Juden beleidigend und sogar handgreiflich wurden, weil sie die Kleidung oder das Betragen von Frauen für unangemessen hielten. Auf dem Weg zur Segregation starteten Ultraorthodoxe in Jerusalem eine kostenlose Buslinie zur Klagemauer: Frauen steigen hinten ein und sitzen auch dort, Männer vorne. Die Buslinie Egged widersetzte sich der Geschlechtertrennung, bietet jedoch auf etlichen Linien für Frauen reservierte Bereiche an.

In arabischen Gebieten kann körperbetonte Kleidung leicht als Ausdruck sexueller Verfügbarkeit missverstanden werden. Zusammengeknotetes Haar sowie bedeckte Schultern, Knie und Waden helfen ein wenig. Bei Gesprächen mit arabischen Männern sollten Frauen direkten Blickkontakt und Berührungen unbedingt vermeiden. Und: Keinesfalls als Frau alleine oder gemeinsam mit einer Freundin trampen.

Fremdenführer

Es gibt viele Gelegenheiten, in denen eine fachkundige Begleitung nützliche Dienste leistet, z. B. in Jerusalems Altstadt. Außerdem ergibt sich dadurch meist auch ein netter Kontakt, durch den man viel über das normale Leben in Israel oder Palästina erfährt. Zugelassene Fremdenführer kann man über folgende Adressen kontaktieren: Israel Tour Guide Association, www.itga.org.il; Tour Guides Israel, 12 Smolenskin St., 63415 Tel Aviv, Tel. 052 437 63 33, Fax 077 300 24 28, www.tour-guides.co.il; Gateway To Israel, Tel. 054 465 37 62, www.israel-guides.net. Fremdenführer für die palästinensischen Gebiete findet man unter www.palestinehotels.ps, dort »Useful Links« anklicken.

Homosexualität

Für strenggläubige Juden ist ebenso wie für Muslime Homosexualität eine Krankheit, eine verbotene Abartigkeit. Tel Avivs betont libertäres Image vermittelt diesbezüglich eher ein Zerrbild der Realität. Zu Konfrontationen kam es 2007 bei der jährlichen Gay Pride Parade in Jerusalem: Auf 10 000 US-$ belief sich der Schaden, den randalierende Orthodoxe anrichteten. Nach Umfragen würden zwei Drittel der Israelis eine Freundschaft aufkündigen, wenn sie erfahren, dass der Freund oder die Freundin homosexuell sind. Organisiert sind Homosexuelle u. a. im **Agudah,** www.agudah.israel-live.de, dem israelischen Verband für Schwule, Lesben, Bisexuelle und Transsexuelle, und in **Aswat,** www.aswatgroup.org, dem palästinensischen Verband für Lesben. Infos zum Gay Tourism in Israel gibt es unter www.glbt.org.il.

Knigge für den Besuch von Gotteshäusern

Auch wenn warmes Wetter zu luftiger Kleidung verlockt – beim Besuch der Gotteshäuser sollte man sich generell dezent anziehen.

Die Regeln für den Synagogebesuch sind nicht sehr kompliziert. Generell sollte man vor dem Besuch fragen, ob man willkommen ist. Orthodoxe Synagogen erkannt man daran, dass Männer und Frauen getrennt beten. Beim Betreten setzt man eine Kopfbedeckung auf. Sofern es sich um eine von Touristen viel besuchte Synagoge handelt, bekommt man am Eingang meist eine Kippa. Man kann auch auf einen mitgebrachten Hut oder eine Mütze zurückgreifen, nicht jedoch auf ein Baseballkäppi! Frauen sollten möglichst keine Hosen tragen, das Handy gehört ausgeschaltet. Man verhält sich leise, das gilt auch für Kleinkinder. Video- und Fotokameras sind ebenso unerwünscht wie das Mitbringen eines Neuen Testaments. Religiösen Schmuck trägt man nicht offen – für etliche Juden ist das Kreuz ein Symbol, in dessen Namen ihre Vorfahren verfolgt wurden. Bücher dürfen nie auf den Boden gelegt werden. Weitere Infos erteilt der Synagogen-Survival-Guide, abzurufen auf Deutsch unter www.berlin-judentum.de/synagogen/synagoge.htm.

Moscheen kann man normalerweise besuchen, mit Ausnahme von Al Aqsa und dem Felsendom auf dem Tempelberg (aus den bekannten politischen Gründen). Überall sonst fragt man, wenn man sich nicht sicher ist. Zu Gebetszeiten sollte man auf den Moscheenbesuch verzichten. Bevor man das Gotteshaus betritt, zieht man die Schuhe aus.

Maße

Die Bibel mag Maße wie Rute, Elle, Faden, Stadion und Scheffel kennen, doch in Israel und Palästina gilt das metrische System.

In Israels arabischen Lokalen ist das Rauchverbot per Selbstbeschluss ungültig

Shabbat Elevator

Am Shabbat soll man ruhen und nicht so viele Schritte tun. Selbst der Knopfdruck, mit dem man den Lift ruft, ist für Strenggläubige zu viel der Arbeit. Darum verkehren am Shabbat in vielen Hotels sogenannte Shabbat Elevators, Fahrstühle, die automatisch in jeder Etage anhalten. Auch Andersgläubige dürfen mitfahren.

Toiletten

In Palästina muss man auf Schlimmes gefasst sein – allerdings ist der Notstand nicht nur hausgemacht, denn die UN sah sich bereits gezwungen, bei Israels Regierung offiziell Protest einzulegen, weil das Land die Einfuhr von Toilettenpapier und Seife nach Gaza blockiert hatte. In Israel dagegen sind Toiletten meist sauber, an öffentlichen Stränden beispielsweise muss eine Benutzungsgebühr bezahlt werden.

Trinken und Rauchen

Am Shabbat wird Wein gesegnet, das zeigt schon einmal, dass er zumindest aus religiösen Gründen nicht verboten ist. Wein, Bier und Brände sind überall frei erhältlich, auch in den palästinensischen Gebieten, wo der Islam – den Muslimen, nicht aber den Christen – den Konsum von Alkohol verbietet. Während des Fastenmonats Ramadan wird überall in den palästinensischen Gebieten Zurückhaltung in Sachen Alkohol erwartet, zumindest in der Öffentlichkeit.

Israels Anti-Raucher-Gesetzgebung gilt als äußerst streng. In öffentlichen Gebäuden ist Rauchen untersagt. In Bars und Restaurants gib es oft Raucherzonen und das sind nicht die besten Plätze eines Lokals. Auch auf Terrassen bestehen Gastronomen oft auf Einhaltung des Verbots. Auf dem Land sieht man alles etwas entspannter. Ganz anders verhält sich die Lage in arabischen Lokalen (in Israel und Palästina). Da duftet es nach Wasserpfeife, es wird hemmungslos geraucht.

Trinkwasser

Überall in Israel kann man Leitungswasser trinken. Nur Menschen mit besonders empfindlichen Mägen sollten sich an Mineralwasser halten. Ein Teil des sehr weichen und qualitativ hervorragenden Trinkwassers stammt aus Meerwasserentsalzungsanlagen.

Verhalten

Zur Begrüßung sagen die Israelis Shalom (›Frieden‹), die Palästinenser und Araber, auch diejenigen mit israelischem Pass, Marhaba (›Willkommen‹). Das klingt eher zwangslos und ist es auch. Sich die Hand zu geben ist nur im Umgang mit Ausländern üblich. Männer, die sich besser kennen, umarmen sich, und im weiteren familiären Umfeld drücken sich v. a. die Araber Küsschen auf die Wange. Bei Begegnungen mit Frauen sollte man sich mit dem Händedruck generell zurückhalten, denn die meisten orthodoxen Jüdinnen und auch die strengen Musliminnen scheuen solche Berührungen. Das ist nicht feindselig gemeint, sondern nur ein anderes Verständnis von Respekt und der notwendigen Distanz gegenüber einer fremden Frau.

Gesprächspartner sprechen sich meist mit Vornamen an, was nicht als vorschnelle Vertrautheit oder Kumpelhaftigkeit verstanden werden darf. Duzen bedeutet keinen Verzicht auf Respekt, man kennt das Siezen in Israel nicht. Titel werden sparsam verwendet.

Israelis und Palästinenser sind sehr kommunikative Menschen. Irgendwann kommt beinahe jedes Gespräch auf Politik, worüber man sich in Nahost die Köpfe heiß reden kann, zumal – so heißt es – drei Israelis fünf Meinungen haben. Es wird geraten, weder Israelis noch Palästinensern in der politischen Diskussion Verständnis oder gar Sympathie für die jeweils andere Seite zu offenbaren. Allerdings taugt das eher zur Verhinderung als zur Förderung echter Kommunikation und in der Regel ist ein sachlicher Meinungsaustausch in Israel immer möglich. Das ändert sich schlagartig auf der Westbank und im Gazastreifen – Gastrecht hin oder her, man sollte definitiv kein Verständnis für die israelische Palästina- oder Jerusalem-Politik zeigen. Araber nennen Jerusalem El Quds (›die Heilige‹) und freuen sich, wenn man den Namen kennt und bei Gesprächen mit Arabern verwendet.

Sensibel ist das Thema Religion sowohl bei Juden wie bei Muslimen. Da ist gerade bei kritischen Tönen Zungenspitzengefühl, wenn nicht Schweigen gefragt. In religiösen Diskussionen unterlässt man es besser, sich als Atheist auszuweisen – an einen anderen Gott zu glauben ist akzeptiert, an keinen Gott zu glauben eher nicht. Einfühlungsvermögen verlangt, v. a. für Deutsche, das Thema Holocaust. Und man sollte es unterlassen, jüdische Witze zu erzählen. Auch Witze über Minderheiten und Frauen gelten als peinlich.

Wird man eingeladen, bringt man ein kleines Gastgeschenk mit. Das kann ein guter Wein sein oder ein Buch. Allzu opulente Präsente werden als peinlich empfunden. Ist der Gastgeber Muslim, dann verbietet sich Alkohol, außer man weiß, dass in der Familie Alkohol getrunken wird. Womit man nie schief liegt: Süßigkeiten fürs Dessert. Wenn man Israelis zum Essen einlädt, sollte man fragen, ob koschere Küche erwünscht ist. Aber keine Angst: Es gibt genügend Leute, die nichts lieber mögen als Muscheln und Hummer und danach einen Cappuccino mit Sahnehaube.

Zeit

In Israel gilt die Israel Standard Time (IST), im Sommer die Israel Daylight Time (IDT). Umgestellt wird Ende März und Ende Oktober zeitgleich zu Deutschland, Österreich und der Schweiz. Die Differenz zur MEZ und MESZ beträgt +1 Stunde.

Geld

Währung und Wechselkurs

New Israeli Sheqel (NIS) heißt die **israelische Währung.** Sie ist unterteilt in 100 Agorot. Im Umlauf sind Banknoten zu 20, 50, 100 und 200 NIS. Münzen gibt es im Wert von 5, 10 und 50 Agorot sowie 1, 5 und 10 NIS. Geld sollte man erst in Israel umtauschen, da dort der Kurs günstiger ist. Bei größeren Geldsummen sind bessere Umtauschkurse möglich. Der durchschnittliche Wechselkurs lag 2009 bei 1 NIS = 0,18 € = 0,27 CHF; 1 € = 5,5 NIS; 1 CHF = 3,65 NIS.

Die Währung auf dem **Sinai** ist das ägyptische Pfund (LE). 1 LE unterteilt sich in 100 Piaster (PT). Es gibt Pfundnoten zu 1, 5, 10, 20, 50 und 100 LE, außerdem Piasternoten zu 25 und 50 PT. Münzen gibt es für 5, 10, 20, 25, 50 Piaster und für 1 Pfund. Der durchschnittliche Wechselkurs liegt bei 1 LE = 0,13 € = 0,20 CHF (2009). Geld sollte man des besseren Kurses wegen in Ägypten umtauschen.

Zahlungsmittel

Bargeld tauschen alle Banken und autorisierten Wechselstuben. Geldautomaten, die EC/Maestro- und die gängigen **Kreditkarten** (Visa, Master, American Express, Diners) akzeptieren, gibt es überall in Israel und auf dem Sinai – PIN nicht vergessen! Das Tageslimit ist variabel und hängt sowohl von der Art der Karte als auch von der geldgebenden Bank ab. Auch **Reiseschecks** kann man problemlos einlösen.

Sperrung von EC-und Kreditkarten bei Verlust oder Diebstahl*:

0049-116 116

oder 0049-30 4050 4050
(* Gilt nur, wenn das ausstellende Geldinstitut angeschlossen ist, Übersicht: www.116116.eu)
Weitere Sperrnummern:
- MasterCard: 0049-69-79 33 19 10
- VISA: 0049-69-79 33 19 10
- American Express: 0049-69-97 97 1000
- Diners Club: 0049-69-66 16 61 23

Bitte halten Sie Ihre Kreditkartennummer, Kontonummer und Bankleitzahl bereit!

Öffnungszeiten der Banken

Banken in Israel sind gewöhnlich geöffnet So, Di, Do 8.30–12.30, 16–17.30, Mo 8.30–13.30, Mi 8.30–12.30, Fr 8.30–12 Uhr. Samstags haben Banken geschlossen.

Preisniveau

Israel ist kein billiges Reiseland und in fast allen Bereichen genauso teuer oder gar teurer als Europa.

Unterkunft: Als Rucksackreisender muss man bei Übernachtung in einfachen Unterkünften, Selbstverpflegung bzw. Catering von der Imbissbude sowie mit Ausgaben für Besichtigungstouren und Ausgehen am Abend 30–60 € pro Tag rechnen. Hospize, die meist früh ausgebucht sind, nehmen pro Nacht mindestens 20 €. Mittelklassehotels haben Durchschnittspreise von 50–90 €.

Eintrittsgelder: Museen kosten mindestens 20 NIS Eintritt, im Schnitt um die 30 bis 40 NIS. Für Kinder, Studenten und Rentner gibt es so gut wie immer substanzielle Ermäßigungen. Die Preistafel genau zu lesen kann sich wegen oft angebotener günstiger Kombitickets für mehrere Sehenswürdigkeiten/ Museen lohnen.

Essen und Trinken: Für eine Mahlzeit in einem Restaurant mittlerer Preisklasse muss man mit 8–20 € rechnen. Eine Flasche Wein kostet im Supermarkt 9–20 €, ein Glas Bier in der Kneipe um die 4 €, die Tasse Kaffee im Café ca. 2,70 €.

Medien: Eine Zeitung kostet ca. 1,50 €.

Auch in Israel und Palästina gilt: Achtung beim Geldtausch auf der Straße!

Transport: Fahrten mit den staatlichen Egged-Bussen sind günstig, z. B. Jerusalem–Tel Aviv 19 NIS, Jerusalem–Jericho 15 NIS, Jerusalem–Ein Gedi 35 NIS, Tel Aviv–Haifa 25 NIS, Tel Aviv–Tiberias 45 NIS, Tel Aviv–Be'er Sheva 15 NIS, Tel Aviv–Eilat 70 NIS.

Benzin kostet derzeit ca 0,87 €/l (96 Oktan) bzw. 0,90 €/l (95 Oktan), Diesel ist ab 0,99 €/l zu haben. In den palästinensischen Gebieten sind die Preise etwas niedriger.

Trinkgeld

Trinkgeld für guten und hervorragenden Service erwarten Zimmermädchen (10 NIS/Tag) und Gepäckträger (4 NIS/Gepäckstück). Kellner sind auf Trinkgeld angewiesen. Insbesondere in den Cafés und Restaurants außerhalb der Hotels arbeiten viele Bedienungen auf der Basis eines minimalen Fixums. Für unzulänglichen Service braucht man sich aber auch hier nicht erkenntlich zu zeigen. Ansonsten gilt: ca. 10–12 % der Rechnungssumme, bei hohen Beträgen etwas weniger.

In vielen Restaurants bekommen v. a. Touristen meist Rechnungen, auf denen entweder der Hinweis auf das Trinkgeld groß aufgedruckt ist oder ein Trinkgeld von 10–15 % (manchmal auch mehr) automatisch aufgeschlagen wurde. Dieses Zwangstrinkgeld ist natürlich nicht verbindlich, schon gar nicht, wenn man mit dem Service unzufrieden war. In Israel wird übrigens nicht pro Person, sondern für alle gemeinsam bezahlt; wenn man den Betrag auseinanderdividieren möchte, ist das nicht Sache des Kellners. Taxifahrer erwarten kein Trinkgeld.

Reisezeit und Reiseausrüstung

Klima und Reisezeit

Die Wintermonate sollte man sich nicht gerade für eine Israelreise auswählen, es sei denn, man möchte nur in Eilat am Roten Meer faulenzen. Dort ist es selbst im Dezember noch warm, während es im Rest des Landes häufig regnet und eiskalt wird. Wer Hitze nicht verträgt, sollte seine Reise durch Israel nicht in die Monate Juli und August legen. Äußerst angenehm dagegen reist es sich im Frühling und Herbst von Anfang März bis Ende Juni bzw. von Anfang September bis Mitte/Ende Oktober.

Was sollte in den Koffer?

Von den Reiseplänen und der Reisezeit hängt ab, was im Gepäck unbedingt dabei sein sollte. Von März bis Oktober genügt überall im Land leichte Sommerkleidung, nur für die etwas kühleren Nächte im Frühjahr und im Herbst sollte man einen Pullover oder eine Jacke einpacken. Wer Israel in den Wintermonaten besucht, muss sich – außer in Eilat – auch auf Regen und Kälte einrichten.

So locker und leger die Kleidervorschriften in Tel Aviv sind, wo man in Shorts und Top durch die Stadt zum Strand geht, so streng sind sie, wenn man religiöse Stätten besucht (s. S. 119). Im Alltag ist eher legere Kleidung angesagt. Krawatten braucht man selten. Die Knesset musste zur Wahrung der Würde des Hauses schon anordnen, dass Männer in ärmellosen T-Shirts, Frauen in nabelfreien Tops und beiderlei Geschlecht in kurzen Hosen nicht willkommen sind.

Am Strand sind Badehose bzw. Bikini oder Badeanzug angesagt, solange man sich nicht an einem religiösen Strand aufhält, wo die Besucher – oft getrennt nach Geschlechtern – möglichst viel Haut bedecken.

Elektrizität

Für die dreipoligen Steckdosen (20 V) benötigt man spezielle Adapter, die auch in Israel leicht zu bekommen sind.

Klimadaten Jerusalem

	J	F	M	A	M	J	J	A	S	O	N	D
Mittlere Tagestemperaturen in °C	12	13	16	21	25	28	29	28	25	19	14	14
Mittlere Nachttemperaturen in °C	4	5	6	10	12	15	17	17	16	14	10	6
Mittlere Sonnenstunden/Tag	6	6	7	9	11	12	12	12	10	9	8	6
Regentage/Monat	10	8	7	3	1	0	0	0	1	2	5	8

Klimadaten Eilat

	J	F	M	A	M	J	J	A	S	O	N	D
Mittlere Tagestemperaturen in °C	21	22	26	31	36	38	40	40	37	33	28	22
Mittlere Nachttemperaturen in °C	10	11	14	18	22	24	26	26	25	21	16	11
Mittlere Wassertemperaturen in °C	18	18	18	19	23	24	25	27	27	26	25	21
Sonnenstunden/Tag	7	8	8	9	10	11	11	11	10	9	8	7
Regentage/Monat	2	2	1	1	1	0	0	0	0	0	1	2

Gesundheit

Vorsorge und Reiseapotheke

Besondere Impfungen sind nicht nötig. Fürs Sonnenbaden braucht man eine Creme mit hohem Lichtschutzfaktor und für die Nase einen Sunblocker. Bei langen Besichtigungstouren in praller Hitze sollte man eine Kopfbedeckung tragen, um sich vor einem Sonnenstich zu schützen. Die Symptome sind: Unwohlsein, Kopfweh, Fieber, kein Schwitzen. In schweren Fällen, die im Krankenhaus behandelt werden müssen, kann es zu Koordinationsschwierigkeiten kommen.

Fast unvermeidlich zieht man sich früher oder später eine leichte Erkältung zu, denn Hotels, Restaurants und sogar Taxis sind häufig voll klimatisiert. Schwierigkeiten entstehen auch immer wieder durch das ungewohnte Essen. Ins Gepäck gehören Kohletabletten oder Medikamente gegen Durchfall. Sollte man einen Abstecher auf den benachbarten Sinai machen, dann gilt dort als beste Diarrhoe-Vorbeugung noch immer die alte Britenweisheit: *If you can cook it, peal it or boil it, you can eat it, otherwise forget it!* Schnitte und Hautabschürfungen können sich im warmen Klima schnell entzünden. Wunden, die man sich an Korallenriffen zugezogen hat, verheilen langsamer als gewohnt. Bei Bissen von Skorpionen oder Schlangen sollte man sich sofort in ärztliche Behandlung begeben. Wer auf Wüstentour geht, sollte ein spezielles Erste-Hilfe-Set dabeihaben und sich damit schon vor der Reise vertraut machen.

Ärztliche Versorgung

Welche Krankenhäuser, Ärzte und Apotheken Wochenendbereitschaft haben, entnimmt man am besten der englischsprachigen Jerusalem Post. Der Standard israelischer Ärzte und Krankenhäuser entspricht dem europäischen. Die Ärzte sprechen Englisch.

Apotheken

Die Anzahl und Qualität der Apotheken sind nicht geringer, als man es von Zuhause gewöhnt ist. Das Sortiment ist weitgehend gleich, allerdings tragen Medikamente wahrscheinlich andere Namen als in Europa. Wer

Israels Medizinwesen hat europäischen Standard und ist zweisprachig

also auf ein bestimmtes Präparat angewiesen ist, sollte sich damit vor der Reise eindecken oder sich über den in Israel gängigen Namen informieren.

Krankenversicherung

Deutschlands gesetzliche Krankenversicherungen übernehmen in Israel keine Kosten – anders die privaten Versicherer. Darum sollte unbedingt eine Reisekrankenversicherung inkl. Rücktransport abgeschlossen werden.

Kuren am Toten Meer

Am Toten Meer findet man auf Kuren spezialisierte Hotels, in denen sich viele u. a. wegen Schuppenflechte, Neurodermitis, Vitiligo, Uveitis und Mukoviszidose behandeln lassen. Bei Ein Bokek am Toten Meer liegt das **Deutsche Medizinische Zentrum,** eine Klinik für Kur und Reha, die u. a. Vertragspartner der gesetzlichen Renten- und Krankenkassen in Deutschland ist. Kontakt: Robert-Bosch-Str. 14, D-82054 Sauerlach, Tel. 08104 90 86 00, Fax 08104 908 60 55, www.dmz-klinik.de.

Sicherheit

Kriminalität

Langfinger sind in Israel genauso ein Problem wie überall sonst auf der Welt. Insbesondere dort, wo sich Touristenscharen tummeln, sind Taschendiebe unterwegs. In den Ballungszentren kommt als Risiko die Beschaffungskriminalität von Drogenabhängigen hinzu. Rucksacktouristen sollten sich wie überall auf der Welt vor anderen Reisenden in Acht nehmen und Wertsachen nicht im Hotel zurücklassen, zumal dort die Räume für Gepäckaufbewahrung oft jedem offen stehen. An den Stränden von Eilat, Tel Aviv oder anderen Orten zu schlafen ist nicht zu empfehlen, da sich die Raubüberfälle in den letzten Jahren häuften.

Notrufe

Polizei: 100
Notarzt: 101 und 911
Feuerwehr: 102
Medizinische Beratung für Touristen gibt es unter der landesweit einheitlichen Tel. 177 022 91 10. Hilfe bei **Vergiftungen** findet man rund um die Uhr beim National Poison Control Center in Haifa, Tel. 04 852 92 95. Für **Vergewaltigungsopfer** gibt es die Rape Crisis Hotline: 1202 (für Frauen), 1203 (für Männer).

Terroranschläge

Der israelisch-arabische Konflikt entlädt sich in Terroranschlägen, auch gegen Zivilisten – dagegen gibt es keinen Schutz, allenfalls einen Schutzengel. Vor Fahrten nach Hebron, Nablus und in andere kritische Gegenden sollte man sich nach der aktuellen Lage erkundigen und die Sicherheitshinweise beachten, wie sie beispielsweise das Auswärtige Amt in Berlin auf seiner Internetseite (www.auswaertiges-amt.de) veröffentlicht. Erhöhte Aufmerksamkeit ist besonders in Jerusalems Altstadt geboten. In der Gegend um den Tempelberg kann es rund um jüdische und islamische Feiertage sowie anlässlich einer politisch kritischen Situation zu Spannungen, manchmal auch zu Ausschreitungen kommen – auch hier gilt es, sich vorher zu erkundigen, ob Gefahr in der Luft liegt.

Da Busse häufig das Ziel von Selbstmordattentätern waren, meiden inzwischen viele Israelis und Touristen die öffentlichen Verkehrsmittel.

Äußerst gründlich sind die Kontrollen von Taschen etc. an den Eingängen zu Einkaufszentren, Kinos, Museen und Konzertsälen. Auch wenn diese Vorgänge nerven, sollte man nicht vergessen, dass sie der eigenen Sicherheit dienen. Seien Sie nicht überrascht über die Frage: *You have a gun?* Herrenloses Gepäck wird in Israel sofort entfernt.

Post

»Von jedem, an jeden, überall, jeden Tag, zum gleichen Preis für alle« lautet das Motto der **Israel Postal Company Ltd.,** www.israelpost.co.il, die weniger als 48 Stunden nach der Staatsgründung ins Leben gerufen wurde. Eine Postkarte nach Europa kostet 3,80 NIS, ein Brief 3,80 NIS, die Zustellung erfolgt per Luftpost.

Neben dem Zustell- und Kurierdienst betreibt das Unternehmen auch eine Postbank. Ein buntes Bouqet an Briefmarken geben traditionell die Philatelic Services heraus (deutsche Bezugsquelle: Hermann E. Sieger GmbH, Am Venusberg 32–34, D-73545 Lorch, Tel. 07172 40 31, Fax 07172 214 38, www.sieger.de).

Internet

Zugang zum Internet ist nirgends im Land ein Problem. Es gibt überall Internetcafés, und alle größeren Hotels bieten die Möglichkeit, meist gegen Gebühr, im Zimmer über Modem, Kabel oder WLAN ans Netz zu gehen.

Telefonieren

Festnetz

Am teuersten sind Telefonate von internationalen Hotels – pro Minute nach Europa werden rund 5 US-$ verlangt. Am günstigsten spricht, wer mit Telefonkarten (Telecard, erhältlich in allen Postämtern sowie an vielen Kiosken) von den reichlich vorhandenen öffentlichen Fernsprechern seine Anrufe erledigt. Die Verbindungen von den großen Städten aus sind stets hervorragend. Von abgelegenen Orten aus können Verbindungsaufbau und Qualität mäßig sein.

Viel genutzt wird VoIP (Voice over IP). Verbreitet sind auch gebührenfreie und -reduzierte Sondernummern. Telefonnummern, die mit 1800, 1801 oder 1809 beginnen, sind für den Anrufer gebührenfrei *(toll free),* Anrufe zu Nummern beginnend mit 1700 im Preis reduziert. Nationale Schnellwahlnummern beginnen mit einem *, gefolgt von vier Ziffern.

Die Telefonauskunft erreicht man unter 144, eine Verbindung für Auslandsgespräche wird unter 188 hergestellt. Mit etwas Glück erwischt man einen Englisch sprechenden Operator.

Handys und Air Cards

Das Verhältnis der Israelis zum Handy als erotisch zu bezeichnen schießt wohl nicht übers Ziel hinaus. Das *cell* ist nicht nur ständiger Begleiter, sondern in Dezibelstärke und Dauer des Klingeltons die akustische Visitenkarte seines Besitzers. Der Reisende muss nicht außen vor bleiben: Mit dem GSM-Mobiltelefon kann man sich zum Roaming in die israelischen Netze einloggen. Wer den günstigsten Tarif für Gespräche bietet, erfährt man von seinem heimischen Handyanbieter.

Israelische Handynummern sind erkennbar an ihrer Vorwahl 05. Miethandys und Datenkarten (Air Cards) für das Notebook bekommt man z. T. schon am Ben-Gurion-Flughafen von Autovermietern und anderen Anbietern offeriert. Die Preise hängen vom Vertrag ab (Abrechnung nach Takt, Flatrate, Datenoptionen). Günstige Anbieter: **ATS Telecom Systems,** Tel. 050 571 39 72, Fax 02 999 63 85, www.atsisrael.com; **Travel Cell,** Tel. 1800 72 11 11, Fax 08 918 11 33, www.travelcell.com. Sehr preiswert ist auch die Prepaidkarte von **Orange,** www.orange.co.il.

Vorwahlen

Internationale Vorwahlen: Israel 00972, Palästina 00972 und 00970, Deutschland 0049, Österreich 0043, Schweiz 0041. Die 0 der Ortsvorwahl wird weggelassen.

Vorwahlnummern in Israel: Akko 04, Arad

07, Be'er Sheva 07, Bethlehem 02, Eilat 07, Haifa 04, Jericho 02, Jerusalem 02, Nazareth 06, Negev 07, Ramallah 02, Tel Aviv 03, Tiberias 06, Totes Meer 07.

Fernsehen und Hörfunk

Israel hat vier öffentlich-rechtliche sowie etliche private Fernseh- und Bezahlsender. Als erster kommerzieller Sender wurde 1993 **Channel 2,** www.rashut2.org.il, gegründet, der viele amerikanische und andere ausländische Filme und Serien im Original ausstrahlt. 2002 kam als zweiter Privatsender **Channel 10** dazu. Auf Kanal 1 des israelischen Fernsehens gibt es täglich um 17.30 Uhr Nachrichten in Englisch, via Internet jederzeit abrufbar auf der Homepage der **Israel Broadcast Authority** (IBA): www.iba.org.il. In den meisten Hotels mit Fernseher auf dem Zimmer empfängt man die gängigen Satellitenprogramme wie CNN, MTV, Euro-News, Deutsche Welle TV, aber auch RTL und Sat 1.

Unter den Radioprogrammen sehr beliebt bei jugendlichen Hörern ist **Galatz,** www.glz.msn.co.il, das israelische Armeeradio, das als Erstes die lockere Plauderei und Radioshows einführte. Der klassische Radiosender heißt **Kol Israel** (›Die Stimme Israels‹) und wurde 1938 als Palestinian Broadcasting Service (PBS) gegründet. Am Vorabend der Staatsgründung 1948 proklamierte Ben Gurion über Kol Israel aus dem belagerten Israel den neuen Staat. 60 Jahre später beendete die Israel Broadcast Authority aus finanziellen Gründen fast das komplette internationale Kurzwellenprogramm, nur in Farsi wurde weiter Richtung Iran ausgestrahlt. Der Rest der internationalen Sendungen ist sowohl live als auch *on demand* aus dem Onlinearchiv nurmehr über Internet zu hören, und zwar unter www.iba.org.il/reka und www.intkolisrael.com. In Israel gibt es täglich um 6.30, 12.30 und 20.30 Uhr Nachrichten in Englisch auf **REKA Network,** zu empfangen im Zentrum und Süden des Landes auf AM 954 kHz, im Norden auf AM 1575 kHz sowie auf UKW/FM in Jerusalem (101,3), Tel Aviv (101,2), Be'er Sheva (107,3), Haifa (93,7) und dem nördlichem Galiläa (94,4). Auf regionaler Ebene gibt es zahlreiche private Radiostationen.

Palästinensische Radiosender kann man über Internet aus Ramallah, www.radioangham.com und www.radioajyal.com, aus Gaza, www.gazafm.net, und aus Bethlehem, www.mawwal.ps, hören.

Zeitungen und Zeitschriften

Bei der Verleihung des Friedenspreises des Deutschen Buchhandels 1992 an Amos Oz bemerkte Siegfried Lenz in seiner Laudatio: »Kein Schriftsteller der Gegenwart – da bin ich mir sicher – lässt seine erfundenen Personen so oft Nachrichten hören wie Amos Oz.« Wie wahr! Die Israelis sind schon beinahe nachrichtensüchtig. Die beiden ersten Zeitungen, die 1863 auf dem Gebiet des heutigen Israel in hebräischer Sprache gedruckt wurden, hießen Halevanon und Havatzelet und erschienen nur ein Jahr lang.

Die moderne Pressegeschichte beginnt 1919 mit der nach wie vor existierenden Tageszeitung **Haaretz** (›Die Nation‹). Heute erscheinen über zwei Dutzend nationale Tageszeitungen, 18 davon werden zusätzlich in andere Sprachen übersetzt. Die meistverkaufte **Yediot Achronot** (›Die letzten Neuigkeiten‹) erscheint beispielsweise mit einer Beilage in Russisch. Die politischen Parteien besitzen zum Teil eigene Blätter. Israels einst meistverkaufte Zeitung sind die in Tel Aviv erscheinenden **Israel Nachrichten,** www.israelnachrichten.de, gegründet 1936 von Siegfried Blumenthal, einem aus Berlin ausgewanderten Juden. Die Leser sind nach Verlagsangaben heute hauptsächlich Einwan-

Die Israelis gelten allgemein als nachrichtensüchtig – und verschlingen Neuigkeiten auch beim Gehen

derer aus Deutschland, Österreich und der Schweiz, zunehmend auch deutschsprachige Touristen und Geschäftsreisende, Sprachschüler, Germanistikstudenten sowie Israelinteressierte. Chefredakteurin war von 1975 bis 2007 die mit 91 Jahren verstorbene Journalistin Alice Schwarz-Gardos, die lange als älteste Chefredakteurin der Welt galt.

Für Besucher, die nicht Hebräisch können, empfiehlt sich die Lektüre der angesehenen, in Englisch publizierten **Jerusalem Post,** www.jpost.com, und des politischen Magazins Jerusalem Report, www.jrep.com, beide dem konservativen Lager zugehörig, und der liberalen **Haaretz,** www.haaretz.com. Die **International Herald Tribune** erscheint in Israel mit einer englischsprachigen Beilage von Haaretz. Zeitungen und Zeitschriften aus Europa sind meist ein bis zwei Tage nach Erscheinen in allen großen Buchhandlungen erhältlich.

Sprachführer

Hebräisch ist die erste offizielle Amtssprache in Israel. Die hebräische Schrift mit ihren 22 Konsonanten wird von rechts nach links geschrieben. Vokalisierungszeichen ersetzen die fehlenden Selbstlaute. Häufig werden Zahlen aber auch in den uns vertrauten arabischen Ziffern geschrieben. Die Zahlworte sind veränderlich, je nachdem ob sie Weibliches oder Männliches bezeichnen.

Das **Arabische,** die zweite Amtsprache in Israel und eine der offiziellen Sprachen der Vereinten Nationen, wird wie das Hebräische von rechts nach links geschrieben. Die Zahlen dagegen schreibt und liest man von links nach rechts. Ähnlich dem Hebräischen werden auch im Arabischen Vokalisierungszeichen benutzt. Die Buchstaben verändern sich je nachdem, ob sie am Wortanfang, in der Mitte, am Ende oder alleine stehen. Für Einkäufe in den arabischen Gebieten kann es nützlich sein, wenigstens die Ziffern zu beherrschen.

Allgemeines	Hebräisch	Arabisch
guten Morgen	boqer tov	sabah il cheir
guten Abend	erev tov	massa il cheir
gute Nacht	laila tov	tisbah il cheir
hallo	shalom (›Friede‹)	ahlan
auf Wiedersehen	lehitraot	maasalama
tschüss	jalla bai	salam, bai
bitte	bevakasha	menfadlak
danke	toda	shuqran
gern geschehen	einbe'adma	afuan
entschuldigung	slicha	ana assif
hoffentlich	ani mekaveh	inshallah (›so Gott will‹)
ja/nein	ken/lo	naam/la

Unterwegs		
links/rechts	smol/jamminna	shimal/jemir
geradeaus	jaschar	dughi
Nord/Süd	tsafon/daron	shamal/ganub
Ost/West	maarav/mizraks	shark/gharb
Bahnhof, Haltestelle	tachana	mahatet
Bus	autobus	autobis
Platz	kikar	midan
Fahrkarte	kartiss	tazkara
Flughafen	sedetufah	matar
See	agam	bohera
Meer	jam	bahr
Haus	beit	dar, beit
Dorf	kfar	kafr
Kirche	knessija	kinesa
Moschee	missgad	masdschid, dschama
Fluss	nahal	nahr
Straße	rehov	sharea
nah/weit	karov/aksok	karib/baid

Zeit

Zeit	Hebräisch	Arabisch
Sonntag	jom rishon	jom el het
Montag	jom sheni	jom el itnin
Dienstag	jom shlishi	jom el talat
Mittwoch	jom revi'i	jom el arba
Donnerstag	jom chamishi	jom el chamis
Freitag	jom shishi	jom el gomaa
Samstag	shabat	jom el sebt
jetzt	achschaw	el'an
heute	hajom	enaharda
gestern	etmol	belbareh
morgen	machar	buqra
früh/spät	mukdam/me'uchar	baker/met'achar
Vormittag	zoharajim	sabah
Nachmittag	achhatz	dohr
Stunde	scha'a	sa'aa
Tag	jom	jom
Woche	shavua	esbua
Monat	chodesh	shahr
Jahr	shana	sana
Abend	erev	mesaa
Nacht	laila	leil

Notfall

Hilfe!	Ezrah!/Hatsylu!	El nagda!
Polizei	mischtara	bolis
Unfall	te'una	hadessa
Panne	pantscher	otl
Schmerzen	ke'evim	alam
Arzt/Ärztin	roffe	tabib
Zahnarzt	roffe sanajim	tabib esnan, dontist
Apotheke	beit merkahchat	saydalia

Übernachten

Hotel	malon	funduq, lokanda
Einzel-/Doppelzimmer	cheder jachid/sugi	hogra lefard/lefarden
mit Bad	im ambatja	be hamam
mit Dusche	im miklaksat	be dosch
mit Frühstück	im aruchat boker	be iftar
mit Balkon	im mirpesset	be terrass
Toiletten	sherutim	hammam, toilette
Klimaanlage	misug avir	mokayef
Halbpension	chatzi pension	be iftar we asha
Vollpension	pension maleh	be iftar we ghada we asha
Warmwasser	majim chamim	maja dafye

Einkaufen

Einkaufen	Hebräisch	Arabisch
Laden	chanut	mehall
Einkaufszentrum	kanjon	mall
Supermarkt	supermarket	ba'al supermarket
Markt	shuq	suq
Buchladen	chanot sefarim	maktaba
Bäckerei	ma'afija	fom
Lebensmittel	ma'achal	mauad gheza'e
Postamt	doar	maslahet el barid
Postkarte	gluya	kart bostal
Brief	michtav	gauab
Briefmarken	bulim	tabea
Rechnung	cheshbon	hesab
Bank	bank	bank
Geld	kessef	filus
Kreditkarte	kartis aschrai	kart e'taman
Geldautomat	kaspomat	makinet
billig	sol	rachis
richtig	nachon	tamam, sah
teuer	jakar	ghali, ketir

Zahlen (w/m)

1	achat, echad	wahid
2	shtayim, shnayim	itnin
3	shalosh, shlosha	talata
4	arba, arba'a	arbaa
5	chamesh, chamisha	chamsa
6	shesh, shisha	sitta
7	sheva, shiva	saba
8	shmone, shmona	tamanya
9	tesha, tish'a	tissa
10	eser, asara	ashra
11	achat-esre, echad-asar	ehdashr
12	shtem-esre, shnem-asar	etnashr
20	essrim	ashrin
30	shloshim	talatin
40	arbaim	arbain
50	chamshim	chamsin
60	shishim	sittin
70	shivim	sabain
80	shmonim	tamanin
90	tishim	tissain
100	mea	meyah
1000	elef	alef
10 000	asseret alafim	ashret alef

Die wichtigsten Sätze

Allgemeines	Hebräisch	Arabisch
Wann …?	Mahtie …?	Meta …?
Wie geht es?	Ma shlomech/shlomcha?	Kif…?
Danke gut!	Beseder!	Becheir shokran!
Wie spät ist es?	Ma hasha'a?	Kam el sa'a?
Es ist …	Hasha'a …	Heya…
Mein Name ist …	Shmi …	Ismi …
Wie heißt das auf Hebräisch/Arabisch?	Eich amrim/ bi ivrit?	Ismu eh da/ shu ismu bil arabi?
Notfall		
Können Sie mir bitte helfen?	Ha'im ata jaksol (m)/at jexola (w) lazor li bewakascha?	Barguk tesa'edni menfadlak?
Ich brauchen einen Arzt.	Ani zakuk(m)/zekuka (w) l ehamlits al rofe.	Mehtag tabib.
Hier tut es weh.	Koev li po.	Huna al alam.
Unterwegs		
Wo ist …?	Ajfo …?	Wen …?
Wann fährt der erste/ letzte Bus?	Matal joze ha'otobus hstishon/ha'acharon?	Meta beyerhal elautobis elaual/elachir?
Ich möchte ein Auto mieten.	Ani ani rotse (m)/rotsa (w) liskor rexev.	Berid aagar sijara.
Wo ist eine Tankstelle?	Efo tachanat hadalek hakrova?	Wen mahatet benzin?
Wie weit ist es?	Ma hamerksak?	El mesafa kebira?
Ich habe eine Panne.	Jesh il pantsher.	Endi agla najme.
Wo ist eine Toilette?	Efo jesh sherutim?	Wen el hammam/toilett?
Übernachten		
Wo gibt es ein Hotel?	Efo jesh malon?	Wen hotil huna?
Ist hier ein Zimmer frei?	Jesh po cheder panuj?	Fi hogra khalje?
Was kostet eine Übernachtung?	Kama se ole le laila echad?	El laila betetkalef kam?
Einkaufen		
Ich möchte Geld wechseln.	Ani rotse/rotsa lehamir kessef.	Berid aghayer felus.
Wo kann ich … kaufen?	Efo efschar ilknot …?	Men wen bashteri …?
Ich hätte gerne …	Ani roze/roza …	Berid … men fadlek.
Wieviel kostet das?	Kama se ole?	Bikam hasa?

Fortbewegungsmittel wie zu biblischen Zeiten findet man heute nurmehr in der Wüste oder in Touristenzentren – in natura oder kunstvoll nachgemacht

Unterwegs in Israel

In Jerusalem wird Religion gelebt – auch auf öffentlichen Plätzen

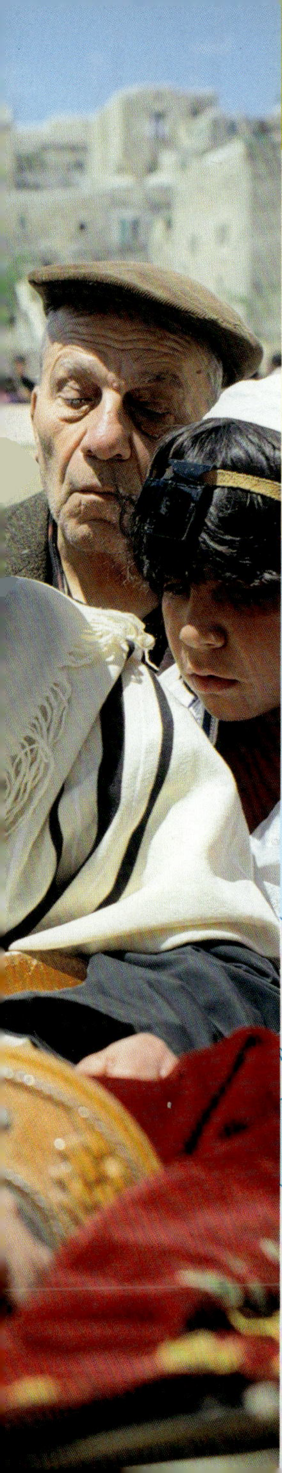

Kapitel 1

Jerusalem und Totes Meer

Auf einen Blick: Jerusalem und Totes Meer

In heiligen Landen

Rund 750 000 Menschen leben in der von der Staatengemeinschaft nicht anerkannten Hauptstadt Israels, die am Rand der Wüste auf 800 m Höhe in den Bergen von Judäa liegt. Yerushalayim, ›Stadt des Friedens‹, heißt sie im Hebräischen, im Arabischen aber nennt man sie El Quds, ›die Heilige‹. Es ist eine Stadt ohne nennenswerte wirtschaftliche Infrastruktur und voller sozialer und weltpolitischer Konflikte. Über 30 % ihrer Einwohner leben von der Sozialhilfe und die geteilte Macht über die Heilige Stadt der drei großen Offenbarungsreligionen beanspruchen auch die Araber.

Alte und neue Geschichte vereinen sich in **Jerusalem.** In der Altstadt liegen auf engstem Raum Klagemauer, Felsendom, Via Dolorosa und Grabeskirche, für deren Besuch fromme Pilger seit jeher Weltreisen auf sich nahmen. Am Stadtrand hält Yad Vashem die Erinnerung an den Holocaust wach.

Der Trubel, die räumliche Enge der Stadt, die Ernsthaftigkeit und manchmal auch die Engstirnigkeit, mit der hier viele ihren eigenen Glauben als einzig wahren zelebrieren, wecken in vielen Reisenden rasch das Verlangen nach Abwechslung. Entspannung findet man am oder – noch besser – im **Toten Meer.** Hier wartet auch eine weitere großartige Sehenswürdigkeit: die Festung Massada. Auf dem Weg dorthin kann man den Fundort der berühmten Schriftrollen von **Qumran** besichtigen. Natur genießt man schließlich nahe dem gleichnamigen Kibbuz bei **Ein Gedi** in einem sehr schönen Naturreservat mit Wanderwegen und Wasserfall.

Highlights

1 **Jerusalems Altstadt:** Hat man die Klagemauer und den Tempelberg besucht und ist die Via Dolorosa abgegangen, bleibt immer noch eine lange Liste von Sehenswürdigkeiten, die zum Besuch einladen (s. S. 140).

2 **Yad Vashem:** An die Opfer des Holocaust erinnert diese Gedenkstätte vor den Toren Jerusalems. Ein Besuch ist nicht nur ergreifend, sondern auch eine unvergessliche Geschichtstunde (s. S. 180).

3 **Totes Meer:** Die aufgeschlagene Zeitung in den Händen, dabei im Wasser schwebend – fast jeder macht am Toten Meer die-

ses Erinnerungsfoto. Sehenswert ist die Festung Massada, auf der sich die Zeloten den römischen Belagerern bis zum Tod widersetzten (s. S. 194).

Empfehlenswerte Routen

Vom muslimischen Viertel zum Tempelberg: Es ist ein spannender Weg, den man nimmt – er führt durch das muslimische Viertel zur Klagemauer. Darüber liegen auf dem Tempelberg Felsendom und Al-Aqsa-Moschee sowie Salomos Ställe (s. S. 154).

Via Dolorosa: Die 14 Stationen der Via Dolorosa zeichnen den Leidensweg Christi nach, beginnend mit dem Todesurteil durch Pilatus bis zur heutigen Grabeskirche, in der die letzte Station liegt – Jesu Grablegung. Eng kann es freitagnachmittags werden, wenn sich zur Stunde des Kreuzigungstods Jesu Pilgergruppen aus aller Welt versammeln. Die Via ist aber auch ein Erlebnis, wenn man sie in aller Ruhe alleine abgeht (s. S. 160).

Von Jerusalem ans Tote Meer: Die Strecke ist ein Erlebnis – erst fällt die Straße steil ab zum Toten Meer, dann führt sie an dessen bizarrer Küste entlang. In gut eineinhalb Autostunden hat man von Jerusalem aus das Gewässer erreicht (s. S. 194).

Reise- und Zeitplanung

Die Sehenswürdigkeiten von Jerusalem, für dessen komplette Besichtigung man vermutlich Wochen bräuchte, liegen weit verstreut, manchmal versteckt, jedenfalls selten auf einer Ideallinie. So sollte man sich auf alle Fälle drei bis vier Tage Zeit für die Stadt nehmen und dabei keinesfalls vergessen, dass man am Shabbat kaum etwas unternehmen kann und in orthodoxen Vierteln wie Mea Shearim allein ob seiner Präsenz mit Anfeindungen zu rechnen hat. Völlig überlaufen ist Jerusalem zu jüdischen und christlichen Festen, der arabische Teil zusätzlich an islamischen Feiertagen. An Ostern sind Hotels wie Hospize meist frühzeitig ausgebucht.

Richtig Reisen-Tipps

Auf der Stadtmauer um die Altstadt: In den Gassen der Altstadt die Orientierung zu behalten ist nicht ganz einfach. Einen Überblick über das Labyrinth verschafft ein Spaziergang auf der hervorragend erhaltenen Stadtmauer. Außerdem sieht man von hier den Ost- und Westteil Jerusalems und kann bis zu den Hügeln der judäischen Berge blicken. Der Weg ist gut befestigt und macht vertraut mit den acht Toren, die für die weitere Orientierung wichtig sind (s. S. 142).

Jerusalem Archaeological Park Ophel & Davidson Center: 5000 Jahre Geschichte umfasst der Archäologische Park Ophel. Den Schnellkurs dazu liefert das angeschlossene Davidson Center, das mithilfe modernster Technik die Zeit vor der Zerstörung des Ersten und Zweiten Tempels wiederauferstehen lässt (s. S. 157).

Israel-Museum: Der Schrein mit den Qumran-Rollen ist der Publikumsmagnet des Museums, aber nicht dessen einzige Attraktion. Prähistorische archäologische Funde, Judaika, die Sammlung moderner Kunst und der Skulpturengarten stellen weitere interessante Highlights dar (s. S. 182).

Das Wetter erlaubt den Jerusalem-Besuch rund ums Jahr. Im Hochsommer kann es sehr warm werden, im Winter regnet es gelegentlich und ab und an fällt sogar Schnee, ein ganz besonderes Spektakel. Für den Kurzbesucher seien fünf Touren empfohlen: auf der Stadtmauer um die Altstadt (s. S. 142), von der Zitadelle zur Klagemauer (s. S. 146), durch das muslimische Viertel zum Tempelberg (s. S. 154), entlang der Via Dolorosa und durch das christliche Viertel (s. S. 160), von Davidsstadt zum Josaphattal (s. S. 171).

1 Jerusalems Altstadt

Cityplan S. 144

Jeder Stein, jede Fuge atmet in Jerusalem Geschichte. Keine andere Stadt Israels ist so vom Geist der Religionen geprägt, die sie beherbergt – und um keine Stadt wurde und wird mehr gekämpft als um diese, innerhalb deren Altstadtmauern der antike Nabel der Welt liegt.

Reiseatlas: S. 9, B/C 3

»Ich gehe beispielsweise aus dem Jaffaer Tor hinaus, einer der lebhaftesten Verkehrsplätze der Stadt. Am Tor steht eine lange Reihe von Droschkenwagen. Ich betrachte die Kutscher. Auf der ersten Droschke kutschiert ein sephardischer Jude, mit lebhafter Gebärde spaniolisch schreiend; hinter ihm thront auf dem Kutscherbock ein älterer, graubärtiger, ashkenasischer Jude, der gerade mit Fahrgästen in galizischem Jargon um den Preis handelt; ... eine Droschke weiter, ich sehe einen langen, schwarzbärtigen Araber, dasitzend in echt orientalischer Trägheit, mit einem Ausdruck der Gleichgültigkeit – das unliterarische Wort ›Wurstigkeit‹ drückte diesen Seelenzustand viel treffender aus – auf dem Gesichte ... Und so geht's fort: Auf jeder Droschke ein Kutscher mit anderer Nationalität und anderem Glauben. Die reinste Völkerschau! Und nun die Fußgänger, die den Platz füllen. Vor mir gehen zwei Chassidim im Kaftan ... neben ihnen schreitet ein russischer Priester daher, mit langer, ungekämmter Mähne, einen ho-

Vom Turm der Erlöserkirche bietet sich ein fantastischer Blick über die Altstadt

hen, schwarzen Hut auf dem Kopf und Stiefeln, die seinem Gang das nötige Gewicht und die erforderliche Schalligkeit verleihen. An mir vorbei kommt eine Gruppe feister, wohlgenährter, glattrasierter französischer Jesuiten, denen man es anmerkt, dass die Religion ihrem Magen wohlbekommt ...«

Nahum Goldmann, Gründungspräsident des Jüdischen Weltkongresses, beschrieb derart staunend und auch bissig 1914 seinen Jerusalembesuch. Die Droschken, zum Großteil aus dem Stadtbild verschwunden, heißen jetzt Taxen, ansonsten aber ist die Beschreibung zeitlos. Der erste Aufenthalt, besonders die erste Begegnung mit der Altstadt, ist aufregend bis verwirrend. Das Flair der Stadt ist gleichermaßen westlich-israelisch wie orientalisch-arabisch. Täglich mischen sich die Gebetsrufe der Muezzin mit dem hundertfachen Glockenläuten zu einer fast kakophonen Klangwolke, die über der Stadt zu schweben scheint. Blickt man von der Stadtmauer über die Altstadt, so sieht man mittlerweile mehr Satellitenschüsseln als Minarette und Kirchtürme. In kaum einer Stadt Israels riecht man so häufig die Düfte Arabiens, diese Mischung, in der Safran und Myrrhe zu einem mal lieblichen, mal penetranten Geruch verschmelzen.

Nicht genug der Kontraste: In den Straßen begegnet man auf nur wenigen Schritten modern gekleideten Frauen in Miniröcken, verschleierten Araberinnen, Arabern in Kaftanen und orthodoxen Juden mit ihren schwarzen Hüten, schwarzen Mänteln und weißen Hemden, dazwischen noch Schwestern und Brüder aller konfessionellen christlichen Orden.

Auch auf Männer im Jesus-Look mit Kaftan, Sandalen, langem, wallenden Haar und Bart stößt man. Etliche sind unterwegs mit Hirtenstab als Moses, David oder Apostel und predigen vor Kirchen. Man sieht auch ganz in Weiß gekleidete Frauen als Gottesmutter oder Maria Magdalena. Was aussehen mag wie eine Darstellung von Laiendarstellern eines Passionsspiels und von Umstehenden meist milde belächelt wird, ist häufig eine ernsthafte psychische Erkrankung, eine Wahnvorstellung. Jährlich sehen sich Hunderte Pilger überwältigt von der Spiritualität Jerusalems und getrieben von der eigenen Suche nach Erlösung und Erleuchtung plötzlich als Reinkarnationen alt- und neutestamentarischer Gestalten und beginnen sich entsprechend zu kleiden. Stigmatisation ist nach einer Studie des Jerusalemer Kfar-Shaul-Hospitals nicht Teil dieses Krankheitsbilds, das auch aus anderen Pilgerorten der Erde bekannt ist. Der Kurzbegriff dafür lautet Jerusalem-Syndrom.

Mit dem Autor unterwegs

Archäologische Fundstätte

3 m unter Straßenniveau stieß man bei Ausgrabungen auf jüdische Bäder und Zisternen. Aus der Fundstätte entwickelte sich später das sehenswerte **Archäologische Museum Wohl** (s. S. 153).

Auf Mohammeds Spuren

Al-Aqsa-Moschee und **Felsendom** sind den Muslimen so heilig wie den Juden die Klagemauer. Ein Besuch lohnt sich, auch wenn das tägliche Zeitfenster von zuletzt 9–11 Uhr eher klein ist, um über die provisorische Holzrampe zu den Heiligtümern auf den Tempelberg zu gehen (s. S. 157 u. 158).

Sonnenuntergang am Ölberg

Über den Prophetengräbern krönt ein Hotel den **Ölberg** und auf dem Aussichtsplatz davor ist immer ziemlich viel los. Dennoch: Die Abendstimmung und der Blick über Jerusalem sind großartig – es handelt sich ja immerhin um den Berg, von dem Jesus aufgehoben wurde gen Himmel (s. S. 168).

Stadtgeschichte

König Davids Hauptstadt

Eine erste Siedlung entstand bereits im 3. Jt. v. Chr. auf dem Berg Ophel südlich des heutigen Tempelbergs. Um 1000 v. Chr. eroberte David Jerusalem und machte es zur Hauptstadt. König Salomo erbaute den Ersten Tempel (s. S. 33). Der babylonische König Nebukadnezar zerstörte ihn 587 v. Chr. und führte die Juden in die Babylonische Gefangenschaft. Anfang des 6. Jh. v. Chr. kehrten die Juden zurück und errichteten den Zweiten Tempel, der 70 n. Chr. von den Römern zerstört wurde – erhalten blieb nur die Westmauer, die Klagemauer (s. S. 154).

Im 11. und 12. Jh. versuchten die Kreuzritter die Heilige Stadt, in der Jesus gekreuzigt wurde und von den Toten auferstand, aus muslimischer Hand zu befreien, was ihnen für eine gewisse Zeit auch gelang. Der irakische Feldherr Salah el Don (Saladin) eroberte 1187 die Stadt, in welcher die Himmelsreise des Propheten Mohammed geschah, für den Islam zurück und erlaubte den von den Christen vertriebenen Juden die Rückkehr. Über 5000 Synagogen, Moscheen und Kirchen zählte die Stadt, in manchen Jahren besuchten sie eine Million Pilger. In der Folge regierten mamlukische (ab 1249) und türkische Herrscher (ab 1517). Sulaiman der Prächtige (ab 1538) schenkte der Altstadt die Mauer und gab ihr das heutige Gesicht.

1917 besetzte Großbritannien Jerusalem, das 1947 nach dem Teilungsplan der UN einen internationalen Status bekommen sollte. Mit der Ausrufung der Unabhängigkeit schu-

Richtig Reisen-Tipp: Auf der Stadtmauer um die Altstadt

Cityplan: S. 144

Um einen Überblick über die Altstadt zu bekommen, empfiehlt sich ein Spaziergang auf der 12 m hohen Stadtmauer. Ohne längere Stopps braucht man etwa eine Stunde dafür. Einzelne Abschnitte sind gelegentlich aus Sicherheitsgründen gesperrt, der Mauerweg am Tempelberg ist immer geschlossen. Von oben bietet sich ein wunderbarer Ausblick auf den Ost- und Westteil Jerusalems, die Neustadt, bei guter Sicht bis zu den Hügeln der judäischen Berge. Auf der Mauer selbst sind Zinnen, Schießscharten und versteckte Lagerräume zu sehen. Der Weg ist gut befestigt und macht vertraut mit den acht Toren, die für die weitere Orientierung hilfreich sind.

Der türkische Sultan Sulaiman der Prächtige, dem die Altstadt ihr heutiges Gesicht verdankt, errichtete die Stadtmauer zwischen 1532 und 1542 auf Fundamenten aus römischer und byzantinischer Zeit. Zu Bauverzögerungen kam es, weil nach Fertigstellung der Nord-, Ost- und Westseite ein Streit darüber ausbrach, ob der Berg Zion innerhalb oder außerhalb der Mauern liegen sollte. Die Stadt beschloss, dass die Franziskaner als Verwalter des Bergs die Mehrkosten tragen sollten. Doch dem Bettelorden mangelte es an Geld und so blieb der Berg Zion außen vor.

Am **Jaffator** **1** (Sha'ar Yafo, Bab el Chalil) begann einst die Straße nach Jaffa und Hebron, Hauptverbindungslinie für Pilger und Händler zur Mittelmeerküste. Unübersehbar erhebt sich südlich davon die Zitadelle (s. S. 146). Entlang dem christlichen Viertel erreicht man im äußersten Westen der Altstadt das **Neue Tor** **2** (Sha'ar HaHadash, Bab el Jedid). Es wurde erst 1887 vom türkischen Sultan Abdul Hamid eröffnet, um den Christen in den Siedlungen vor der Nordmauer den Zugang zur Altstadt zu erleichtern.

Die nächste Station, das beeindruckende **Damaskustor** **3**, von den Arabern Bab el Amud (›Säulentor‹) genannt, war einst Ausgangspunkt der Straße nach Damaskus. Als **Nablustor** (Sha'ar Shechem) bezeichnet das Hebräische dieses größte, mit Zinnen und kleinen Türmen geschmückte Tor, das in römischer Zeit Ausgangspunkt des *Cardo maximus,* der Prachtstraße, war. Doch von dem Bauwerk aus römischer Zeit blieb nichts erhalten. So wie es sich heute präsentiert, wurde es 1538 von Sultan Sulaiman erbaut. Überwältigend ist der Blick von den Zinnen des Damaskustors über Jerusalem. Unterhalb des Tors beginnt der Suq Khan el Zeit.

Entlang dem muslimischen Viertel gelangt man zum schlichten **Herodestor** **4** (Sha'ar

fen die Gründerväter des Staats Israel 1948 vollendete Tatsachen. Im Sechstagekrieg 1967 okkupierte Israel auch den arabischen Teil – Auslöser, wenn auch nicht Ursache der bis heute andauernden Unruhen in und um Jerusalem. Jüdische Siedler begannen sich auch im östlichen Teil der Stadt niederzulassen. 1995 begann die Stadtverwaltung arabische Grundstücke für Siedler zu beschlagnahmen, offensichtlich um kurzfristig die Friedensgespräche zu torpedieren und langfristig, wie man heute sieht, die wuchernden Siedlungen wie einen Schutzring um Jerusalem zu legen. Entstanden ist ein Großraum mit über einer Million Menschen.

Edelviertel Mamilla

Im Jahr 2007 wurde Israels am längsten währendes städtebauliches Projekt seiner Nutzung übergeben. Das neu geschaffene Stadtviertel Mamilla-Alrov (www.mamila-alrov.co.il) liegt westlich unterhalb des Jaffators nahe dem David Citadel Hotel. Mamilla verbindet die Alt- mit der Neustadt und war im 19. Jh. als jüdisch-arabisches Geschäftsviertel geplant. Dazu kam es allerdings nie. Nach 1967 und der vollständigen Besetzung Jerusalems versprach die israelische Regierung ein neues Konzept, das fast zwei Jahrzehnte lang heftig diskutiert, verworfen, neu aufgerollt, wieder verworfen wurde usw. Nach vie-

HaPerachim, Bab el Zahra). Seinen unzutreffenden Namen verdankt es Pilgern, die in der Nähe das Haus jenes Herodes Antipas vermuteten, zu dem Pontius Pilatus Jesus geschickt hatte.

Kurz nach der St.-Anna-Kirche – man genießt bereits einen wundervollen Ausblick auf den Ölberg – ist das **Löwentor** 5 (Sha'ar Ha'Arayot, Bab el Ghor) erreicht. Der Überlieferung nach sollen Sulaiman im Traum zwei Löwen erschienen sein, die ihn ermahnten, die Stadtmauern wieder zu errichten, sonst würde er von Löwen gefressen. Er folgte dem Rat und schmückte das Tor mit zwei Steinlöwen. Bei den Christen hat sich der Name **Stephanstor** eingebürgert, denn in der Nähe wurde Stephanus, der erste Märtyrer der Christenheit, gesteinigt. Im Sechstagekrieg 1967 drangen israelische Truppen erstmals durch dieses Tor in die Altstadt vor.

Das höchstwahrscheinlich von Muslimen im 7. Jh. zugemauerte **Goldene Tor** 6 (Sha'ar HaRachamim, Bab el Rameh) ersetzte ab dem 5. Jh. jenes Tor, das einst den Zugang zum Tempelberg öffnete. Warum es zugemauert wurde, dazu gibt es mehrere Überlieferungen. Eine populäre sagt, Muslime hätten gefürchtet, durch das Tor komme der neue Messias. Wahrscheinlicher ist aber, dass die Muslime lediglich den Zugang Ungläubiger zum Felsendom verhindern wollten.

Vorbei an der Al-Aqsa-Moschee führt der Mauerweg zum **Misttor** 7 (Dung Gate, Sha' ar HaAshpot). Der Name sagt schon fast alles: Seit dem 2. Jh. entledigten sich die Bewohner der Altstadt ihres Mülls exakt durch diesen Ausgang. Der Abfall wurde auf die nahen Hänge geworfen oder blieb direkt am Tor liegen. Der arabische Name Bab el Maghreb bzw. ›Tor der Mauren‹ bezieht sich auf nordafrikanische Immigranten, die hier ab dem 16. Jh. lebten. Das Tor bildet derzeit den einzigen Zugang zum Tempelberg, der nur über eine provisorische Holzrampe zu erreichen ist (s. S. 156). Am Misttor liegt auch der Jerusalem Archaeological Park Ophel & Davidson Center, eine Ausgrabungsstätte mit Funden aus zwölf Perioden Jerusalemer Geschichte (s. S. 157).

Die Mauer führt nun am jüdischen und armenischen Viertel entlang zum **Zionstor** 8 (Sha'ar Ziyyon, Bab el Nabi Daud). Es wurde von Mamluken errichtet, von Türken restauriert und führt zum Berg Zion. Seit dem Unabhängigkeitskrieg von 1948 weist es Spuren heftiger Schießereien auf. Nach der nächsten Biegung führt die Tour zum Ausgangspunkt, dem Jaffator, zurück.

Jerusalem/Altstadt: Cityplan

Sehenswürdigkeiten

1 Jaffator
2 Neues Tor
3 Damaskustor (Nablustor)
4 Herodestor
5 Löwentor (Stephanstor)
6 Goldenes Tor
7 Misttor
8 Zionstor
9 Zitadelle
10 Jakobuskirche
11 Mardigian-Museum für armenische Kunst und Geschichte
12 Markuskapelle
13 Friedhof
14 Dormitiokirche
15 Davidsgrab
16 Holocaust-Museum
17 Palombo-Museum
18 St. Peter in Gallicantu
19 Jochanan-Ben-Zakkai-Synagoge
20 Ramban- und Hurva-Synagogen
21 Cardo maximus
22 Yishuv-Museum
23 Archäologisches Museum Wohl
24 Siebenberg House Museum
25 Klagemauer
26 Aqabat el Taqiya Street
27 Turba Tashtimutiya
28 Khalidi-Bücherei
29 Turba Turkan Khatun
30 Medrese Tanqasia
31 Jerusalem Archaeological Park Ophel & Davidson Center
32 Islamische Museum
33 Salomos Ställe
34 Al-Aqsa-Moschee
35 Felsendom
36 St.-Anna-Kloster
37 Ecce-Homo-Basilika
38 Grabeskirche
39 Salvatorkloster
40 Kirche Johannes des Täufers
41 Erlöserkirche

Fortsetzung s. S. 146

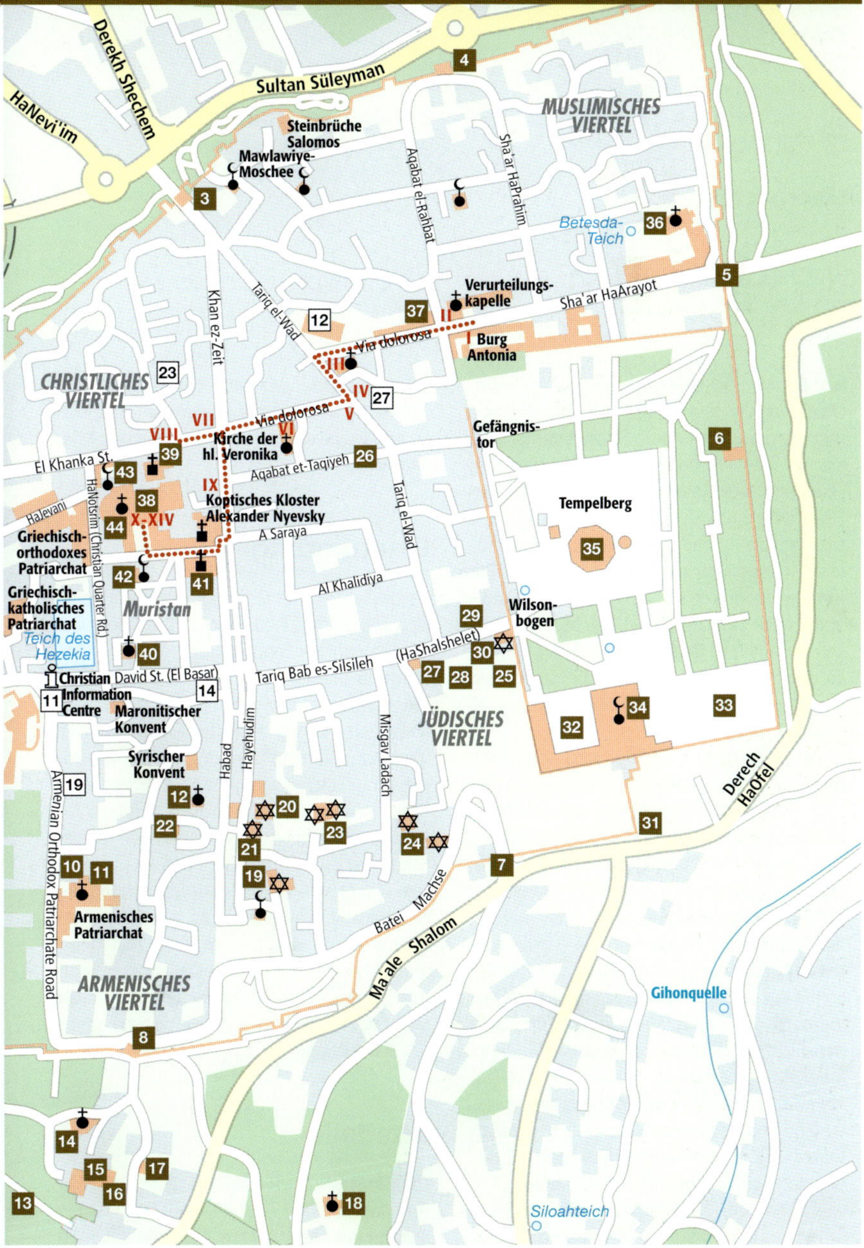
Derekh Shechem
HaNevi'im
Sultan Süleyman
Steinbrüche Salomos
Mawlawiye-Moschee
Muslimisches Viertel
Aqabat el-Rahbat
Sha'ar HaPrahim
Betesda-Teich
Verurteilungs-kapelle
Sha'ar HaArayot
Khan ez-Zeit
Tariq el-Wad
Via dolorosa
Burg Antonia
Christliches Viertel
Gefängnis-tor
Kirche der hl. Veronika
El Khanka St.
Aqabat et-Taqiyeh
HaNotsrim (Christian Quarter Rd.)
Koptisches Kloster Alexander Nyevsky
Tempelberg
Griechisch-orthodoxes Patriarchat
A Saraya
Griechisch-katholisches Patriarchat
Muristan
Al Khalidiya
Wilson-bogen
Teich des Hezekia
Tariq Bab es-Silsileh
(HaShalshelet)
Christian Information Centre
David St. (El Basar)
Maronitischer Konvent
Jüdisches Viertel
Syrischer Konvent
Habad
Hayehudim
Misgav Ladach
Derech HaOfel
Armenian Orthodox Patriarchate Road
Armenisches Patriarchat
Batei Machse
Ma'ale Shalom
Armenisches Viertel
Gihonquelle
Siloahteich

Jerusalem/Altstadt: Cityplan

Sehenswürdigkeiten
42 Al Omaria
43 Al Khanka
44 Klosterdorf Deir el Sultan
45 – 80 s. Citypläne S.170 u. 176

Übernachten
8 East New Imperial
9 Petra Hostel
11 Christ Church Guesthouse
12 Austrian Hospice
13 Casa Nova
14 Lutheran Guesthouse

Essen und Trinken
19 Armenian Tavern
23 Papa Andrea's Roof Restaurant
26 Nafoura
27 Abu Shukri

1 – 7, 10, 15 – 18, 20 – 22, 24 – 25
s. Cityplan S. 176

len Jahren und Investitionen von 400 Mio. US-Dollar war es dann 2007 so weit: Im Sommer wurden die elegante Shopping Mall und ein Teil der Promenade ihrer Bestimmung übergeben. Die eleganten Wohnungen der Residenz bieten einen atemberaubenden Blick auf die Altstadt und gehören zu den teuersten Lagen in ganz Jerusalem. Kritiker fürchten jedoch das Entstehen einer Geisterstadt, denn viele der Bewohner leben eigentlich im Ausland und halten sich nur wenige Wochen pro Jahr in Israel auf. Entsprechend der Lage sind auch die Geschäfte in der Mall eher hochpreisig

Jerusalems Geschichte wird tagtäglich fortgeschrieben. Archäologen entdecken laufend Neues und nur noch bei spektakulären Funden nimmt die Öffentlichkeit überhaupt Notiz davon. In Khirer Qeiyafa, etwa 30 km westlich von Jerusalem, wo Davids Kampf mit Goliath angesiedelt wird, stieß man im Jahr 2008 durch Zufall auf eine Tonscherbe mit der ältesten bislang bekannten hebräischen Inschrift. Schon davor fanden Archäologen an der Straße zum Siloahteich durch den Einsturz einer Mauer einen 3000 Jahre alten Tunnel, einen Abwasserkanal aus Davids Zeiten, der 7 m unter heutigem Niveau verläuft und Bewohnern Jerusalems einst als Fluchtweg vor römischen Soldaten diente, wie der Geschichtsschreiber Josephus Flavius berichtete. Archäologische Funde gehören in Jerusalem zur Tagesordnung. Wer irgendwo Grabungen sieht, meist abgedeckt mit Planen, kann die Ausgräber ruhig ansprechen, viele erzählen gerne ein wenig über ihre Arbeit.

Orientierung

Es erleichtert die Orientierung, wenn man sich der wichtigsten Stadtgebiete bewusst ist. Die von der Stadtmauer umgebene **Altstadt,** in der auf nur 1 km² mehr als 20 000 Menschen leben, bildet mit jüdischem, muslimischem, christlichem und armenischem Viertel das Touristenzentrum, in dem Jerusalems Top-Sehenswürdigkeiten zu finden sind. Nördlich und nordöstlich davon liegt **Ost-Jerusalem,** der von Arabern dominierte Teil der Stadt. Der oft benutzte Begriff **West-Jerusalem** eignet sich wegen der Ausdehnung der Neustadt in alle Richtungen nicht mehr zur Beschreibung, allenfalls im Sinne von nichtarabischer Teil Jerusalems. Östlich der Stadtmauer bis südlich der Umfriedung erstrecken sich **Ölberg, Qidron- und Hinnomtal** sowie der **Berg Zion.**

Zitadelle

Cityplan: S. 144; **Reiseatlas:** S. 9, B/C 3
Am Westrand der Altstadt erhebt sich direkt am Jaffator imposant die **Zitadelle** 9, häu-

fig fälschlicherweise auch als Davidszitadelle bezeichnet, weil frühe Pilger dachten, nur ein Mann von der Größe König Davids könnte etwas derart Beeindruckendes erbaut haben. Heute ist die Zitadelle archäologische Grabungsstätte und Heim eines hervorragenden Museums zur Stadtgeschichte, das man gleich zu Beginn ansehen sollte.

Geschichte

Die Grundmauern des **Herodespalasts,** wie die Festung früher auch bezeichnet wurde, stammen aus der Zeit der Makkabäer-Aufstände. Wiedererbaut wurde sie 23 v. Chr. von Herodes I., der die Wehranlage mit drei fast 40 m hohen Türmen absicherte, die er nach seinem Freund Hippicus, seinem Bruder Phasael und seiner von ihm selbst hingerichteten Frau Mariamme benannte. Die römischen Prokuratoren nutzten die Festung als luxuriöse Residenz, bis sie Titus Flavius Vespasian, Feldherr Neros, 70 n. Chr. zerstörte. Einzig die drei Türme ließ er als Zeichen der Tapferkeit seines Heeres stehen.

Im 14. Jh. erweiterten und erneuerten Mamluken eine 200 Jahre früher entstandene Kreuzritterfestung, der Sulaiman der Prächtige die Zitadelle hinzufügte und dann in die Stadtmauer mit einbezog. Das augenfällige Minarett, oft als Davidsturm bezeichnet, wurde erst 1635 von den Osmanen hinzugefügt. 1917 proklamierte der britische General Allenby von hier aus die Befreiung Jerusalems von türkischer Hoheit.

Zitadellen-Museum

Der Eingang des **Zitadellen-Museums** liegt gegenüber dem Government Tourist Office. Die Einrichtung arbeitet mit moderner Multimediatechnik und Pädagogik, um die über 3000-jährige Geschichte der Stadt aufleben zu lassen. An der Kasse kann man einen drahtlosen Audioguide ausleihen, der nach Eingabe bestimmter, an den jeweiligen Stationen angegebener Nummern Informationen über Kopfhörer einspielt.

Computergrafiken, Videos, Diashows und Hologramme, die den Tempel von Jerusalem von allen Seiten sichtbar werden lassen, veranschaulichen die verschiedenen Perioden der Jerusalemer Geschichte. Die komplexe Geschichte der Zitadelle spiegeln auch die Ausgrabungen im Innenhof wider. Sie förderten nicht nur Fundamente mamlukischer Bauten zutage, sondern auch Katapultsteine, die die Insignien LXF (Legio X Fretensis) trugen und der zehnten römischen Legion zum Beschuss von Jerusalem dienten. Mit großer Liebe zum Detail wurde eine umfangreiche Puppensammlung eingekleidet, die zeigt, wie sich jemenitische Juden, sephardische Bräute, Drusen, Franziskaner oder arabische Bauern traditionell gewandeten. Im Sommer illustriert nach Einbruch der Dunkelheit eine für den Einstieg gut geeignete Sound-and-Light-Show die Geschichte Israels (Tel. 02 626 53 27, www.towerofdavid.org.il, April–Okt. Sa–Do 9–17, Fr 9–14, Nov.–Jan. Sa–Do 10–16, Fr 10–14, Febr./März Sa–Do 10–16 Uhr, 30 NIS).

Armenisches Viertel

Cityplan: S. 144; **Reiseatlas:** S. 9, B/C 3
Vom Jaffator bis zum Zionstor erstreckt sich das **armenische Viertel,** eine eigene Stadt innerhalb der Altstadt mit Wohnhäusern, Bibliotheken und Schulen. Vom Jaffator geht man an Zitadelle, Tourist Office und Polizei vorbei durch die **Casa Nova Street,** eine Gasse mit hohen Mauern an beiden Seiten. Es sind nur kleine Portale, die in das Herz des Viertels führen, in dem heute etwa 1300 armenische Familien leben, Nachfahren jener, die dem türkischen Völkermord 1915/16 entfliehen konnten. Armenien hatte eine äußerst konfliktreiche Geschichte und bildete Anfang des 4. Jh. das erste Reich, das den christlichen Glauben zur Staatsreligion erhob.

Jakobuskirche und Mardigian-Museum

Das armenisch-orthodoxe Kloster im Zentrum des Viertels grenzt an das armenische Patriarchat und die beeindruckende **Jakobuskirche** 10 aus dem 11./12. Jh., benannt sowohl nach dem Apostel Jakobus als auch nach dem gesteinigten Jakobus. Die Gebeine des Letzteren aus dem Beni-Hesir-Grab im Qidrontal (s. S. 172) sollen unter dem Altar dieser von Kreuzfahrern erbauten Kirche liegen. In der Kapelle links vom Eingang wurde der Kopf Jakobus des Älteren beigesetzt, der im Jahr 44 hingerichtete Bruder des Evangelisten Johannes. Sein Leichnam ruht der Legende nach im spanischen Santiago de Compostela. Die Kapellen des Jakobus und des ägyptischen Heiligen Menas sind nicht zugänglich, da sie seit 1929 als Magazin für jahrhundertealte Handschriften und Bücher dienen, das von einem reichen Armenier gestiftet wurde. Die Seitenaltäre sind der Gottesmutter und Johannes dem Täufer geweiht.

Einen kurzen Besuch lohnt sicherlich auch das **Mardigian-Museum für armenische Kunst und Geschichte** 11 neben der Jakobuskirche (Tel. 02 628 23 31, Mo–Sa 9–16.30 Uhr, 5 NIS).

Markuskapelle

Zum syrisch-jakobitischen Markuskloster gehört die **Markuskapelle** 12, Hauptkirche der syrisch-orthodoxen Gemeinde. Sie soll an der Stelle errichtet sein, an der Maria, die Mutter des Evangelisten, ihr Haus hatte und es der christlichen Gemeinde für Zusammenkünfte und Gottesdienste überließ.

Berg Zion

Cityplan: S. 144; **Reiseatlas:** S. 9, B/C 3

Durch das Zionstor verlässt man die Altstadt. Bis zur Zerstörung des Zweiten Tempels befand sich der **Berg Zion** (Har Ziyyon), einer der schönsten Bezirke des modernen Jerusalem, innerhalb der Stadtmauern. Nach der Überlieferung war es hier, wo Jesus den Jüngern die Füße wusch, die Verleugnung durch Petrus und den Verrat durch Judas prophezeite und das erste Abendmahl stattfand.

Friedhof

Auf dem **Friedhof** 13 rückte in jüngerer Vergangenheit besonders ein Grab ins Augenmerk, das durch einen Steven-Spielberg-Film bekannt wurde: »Schindlers Liste« (1993). Spielberg hatte die wahre Geschichte von Oskar Schindler aufgegriffen, der in seiner Krakauer Munitionsfirma während des Dritten Reichs jüdische Zwangsarbeiter vor dem Zugriff der Nazis bewahrte und so ihre Leben rettete. 1962 pflanzte Schindler, der die letzten Lebensjahre teils in Israel lebte, in Yad Vashem (s. S. 180) einen Johannisbrotbaum in der Allee der Gerechten unter den Völkern, 1965 erhielt er in Deutschland das Bundesverdienstkreuz. Seinen Hollywoodruhm erlebte er nicht mehr. Schindler starb im Oktober 1974 und wurde auf eigenen Wunsch auf

Von Herodes I. erbaut, unter den Römern zerstört und heute Heimat eines sehenswerten Museums zur Stadtgeschichte: die Zitadelle am Jaffator

dem christlichen Friedhof hier am Berg Zion beerdigt. Ein Kreuz ziert sein Grab, doch nach jüdischem Brauch liegen darauf Steine. Bis heute besuchen Nachkommen von Menschen, die Schindler gerettet hat, und Verehrer seines Muts das Grab, das im unteren Bereich des Friedhofs liegt. Die deutsche Inschrift lautet: »Der unvergessliche Lebensretter 1200 verfolgter Juden«.

Dormitiokirche

Unübersehbar ist der Glockenturm der **Dormitiokirche 14**, die an den Tod der Gottesmutter Maria erinnert und das moderne Wahrzeichen des Bergs Zion darstellt. Von einer byzantinischen Basilika an dieser Stelle gibt es keine Überreste. Die moderne Kirche und das Kloster gehören seit 1906 den Benediktinern. 1898 schenkte der türkische Sultan Abdul Hamid das Grundstück Kaiser Wilhelm II. bei dessen Besuch, der einen Rundbau nach dem Vorbild der Pfalzkapelle von Aachen errichten ließ. Ein Mosaik – Maria mit dem Jesuskind – schmückt die Kuppel der Apsis. Die Wand zeigt Darstellungen der Propheten, den Boden zieren Tierkreiszeichen, drei Ringe als Symbol der Dreieinigkeit und ein Vers König Salomos in Latein. Ein

Die Jerusalem-Frage – der Schlüssel zum Frieden

Thema

Wem gehört Jerusalem? Keine Frage im Nahostkonflikt birgt mehr Sprengstoff als diese. Israelis wie Palästinenser bestehen auf Jerusalem als Hauptstadt. Jede Seite hat gute historische Gründe, warum das so sei. Sicher ist: Ohne eine von allen Seiten akzeptierte Lösung der Jerusalem-Frage gibt es keinen Frieden.

Nachdem Israel 1967 den jordanischen Ostteil Jerusalems erobert und 1980 das Parlament das gesamte Stadtgebiet inklusive dieses Ostteils zur Hauptstadt erklärt hatte, erweiterte sich der alte Konflikt, wem das Heilige Land gehöre, um das schwierige Thema Jerusalem.

Der Streit um eine heilige Stadt, die für Juden, Christen und Muslime gleichermaßen von historischer und religiöser Bedeutung ist, lässt sich kaum lösen. Während die Knesset sowie alle wichtigen Ministerien und Gerichte in Jerusalem angesiedelt sind, residieren alle Botschaften nach wie vor in Tel Aviv. 1947 hatten die Vereinten Nationen für Jerusalem den Status einer international kontrollierten Stadt vorgeschlagen, was Israelis wie Araber heute entschieden ablehnen. Damals waren die Juden dafür, die Araber dagegen.

Christen gedenken in Jerusalem der Passion, der Auferstehung und einiger anderer Ereignisse. Sie fordern freien Zugang zu ihren Heiligtümern. Für Muslime ist Jerusalem nach Mekka und vor Medina der wichtigste Wallfahrtsort. Auf dem Platz der heutigen Al-Aqsa-Moschee begann nach der Überlieferung die Nachtreise des Propheten Mohammed (s. S. 65). Auf demselben Plateau, auf dem heute die größte Moschee des Landes und der Felsendom strahlen, stand einst aber auch der große jüdische Tempel, woraus Israel seinen unumstößlichen, weil historisch älteren Anspruch auf die Stadt ableitet. Als Kompromiss sehen viele nur die Lösung, wie sie die USA schon früh in Verhandlungen eingebracht haben: Die Palästinenser erhalten die Souveränität über Teile Ost-Jerusalems und einen Teil der heiligen Stätten in der historischen Altstadt. Israel bekommt die volle Souveränität über das jüdische West-Jerusalem, etliche jüdische Siedlungen nahe Jerusalem im Westjordanland sowie einen Teil des arabischen Ost-Jerusalems.

Während die Bevölkerung in Meinungsumfragen mit bis zu Zweidrittelmehrheit eine derartige Lösung für gut befand, ist sie v. a. für Politiker des rechten Spektrums inakzeptabel. Die einen wollen überhaupt keinen souveränen Palästinenserstaat. Andere lehnen eine Teilung Jerusalems ab, darunter Ronald S. Lauder, Präsident des jüdischen Weltkongresses, der in einem Interview sagte: »In Berlin leben viele Türken, aber niemand käme auf die Idee, Berlin deswegen unter internationale Kontrolle zu stellen oder zu teilen. Jerusalem ist eine jüdische Stadt, in der Christen und Muslime leben und weiter leben werden. Die Lösung wird schwierig, aber die Stadt darf nicht geteilt werden. Sie ist das jüdische Zentrum.« Die Lösung der Jerusalem-Frage wird die Nagelprobe für das friedliche Nebeneinander von Islam und Judentum, für ein Zusammenleben aller Volksgruppen sein. »Beide Völker«, schrieb der israelische Politiker und Journalist Uri Avnery, »sind dazu verurteilt, entweder zusammen zu leben oder zusammen zu sterben.« Denn eines war das Heilige Land nie: im Besitz nur eines Volkes.

Deckenmosaik dominiert die Krypta. Es zeigt Jesus, der seine Mutter zu sich holt, darunter liegt Maria auf dem Sterbebett (tgl. 8–12, 14–18 Uhr).

Davidsgrab

Höchste Verehrung zollt die jüdische Glaubenstradition dem **Davidsgrab 15**. Die Grabstätte, heiliger Ort auch für Christen und Muslime, wird im Buch der Könige weiter östlich »in der Stadt Davids« angesiedelt, weshalb Archäologen sicher sind, dass sich das Grab niemals wirklich hier befand. Im 16. Jh. von Türken zur Moschee umgewandelt, besitzt es als Vorraum eine Synagoge und unmittelbar darüber den Abendmahlsaal, der in byzantinischer Zeit für den Ort der Erscheinung des Heiligen Geists gehalten wurde (So–Do 8–18, Fr 8–14 Uhr).

Holocaust-Museum

Gegenüber dem Davidsgrab liegt das bereits vor Yad Vashem (s. S. 180) erbaute **Holocaust-Museum 16** (Martef HaShoa). Die Ausstellung präsentiert nicht nur Reproduktionen nationalsozialistischer Propaganda, sondern dokumentiert auch das antijüdische Schrifttum seit dem Ende des Zweiten Weltkriegs. Man sollte sich dieses Museum auf jeden Fall ansehen, bevor man sich nach Yad Vashem begibt (Tel. 02 671 68 41, So–Do 8–17, Fr 8–13 Uhr, Eintritt frei).

Palombo-Museum

In unmittelbarer Nähe liegt das nur nach Vereinbarung geöffnete **Palombo-Museum 17**, gewidmet dem Künstler David Palombo, der 1967 bei einem Motorradunfall auf dem Berg Zion starb. Er schuf die Eingangsportale Yad Vashems und der Knesset. Im Museum sind seine kleineren Holz-, Metall-, Stein- und Glasarbeiten ausgestellt (Tel. 02 01 671 09 17, So–Do 9–13, Fr 9–11 Uhr, Eintritt frei).

St. Peter in Gallicantu

Östlich des Bergs Zion liegt am Hang des Ophel, versteckt hinter Bäumen, die 1930 errichtete Kirche **St. Peter in Gallicantu 18**. Ihr Name erinnert an die dreimalige Verleugnung Jesu durch Petrus, die hier stattgefunden haben soll (tgl. 8–12, 14–17 Uhr).

Jüdisches Viertel

Cityplan: S. 144; **Reiseatlas:** S. 9, B/C 3
Den südöstlichen Teil der Altstadt nimmt das **jüdische Viertel** ein. Bis zum römischen Sturm auf Jerusalem 70 n. Chr. lagen hier prächtige Wohnpaläste. Während des 6. Jh. begannen Juden in der Nähe der Klagemauer eine Siedlung zu errichten. Im 15. Jh. zogen viele sephardische Juden aus Spanien, ab dem 18. Jh. ashkenasische Juden aus Mittel- und Osteuropa zu. Im Unabhängigkeitskrieg 1948 gelangte das Viertel in jordanische Hände und verfiel. Im Sechstagekrieg eroberte Israel schließlich die Altstadt zurück und begann umgehend mit dem Wiederaufbau oder, wo noch möglich, mit der Renovierung.

Etwa 900 Familien leben heute im jüdischen Viertel, das ein Musterbeispiel für die durchdachte und einfühlsame Wiederherstellung einer historischen Altstadt darstellt. Man geht durch verwinkelte Gassen, in denen v. a. am frühen Abend nichts mehr vom Touristenrummel zu spüren ist, und plötzlich hört man von irgendwoher eine kräftige Stimme, die etwas vorträgt. Man folgt der Stimme und blickt durch offene Fenster in eine spärlich eingerichtete Talmudschule, in der Kinder, Jugendliche und Erwachsene, alle in traditionellem Schwarz gekleidet, den Talmud studieren. Das sind Augenblicke, in denen man sich in eine andere Zeit versetzt fühlt.

Jochanan-Ben-Zakkai-Synagoge

Eines der berühmtesten Bethäuser Jerusalems ist die **Jochanan-Ben-Zakkai-Synagoge 19**, Teil eines Komplexes von vier ursprünglich sephardischen Synagogen, die nahe der Hurva-Synagoge (s. S. 152) jenseits des gleichnamigen Platzes liegen. Jochanan Ben Zakkai hatte dem Feldherrn Vespasian die römische Kaiserwürde vorausgesagt und bekam, als die Prophezeiung wahr wurde, das Recht, in Javne eine jüdische Akademie

Devotionalien machen einen Großteil des Souvenirangebots in der Altstadt aus

einzurichten. Nach der Zerstörung Jerusalems 70 n. Chr. trug diese mit zum Überleben des zerstreuten Judentums bei. Zu Ehren des Retters errichteten Juden aus Spanien und Portugal hier im 16. Jh. ein Zentrum von Synagogen, das unter jordanischer Besatzung als Viehstallung benutzt und nach umfangreichen Renovierungsarbeiten 1972 wiedereröffnet wurde.

Die bis heute sephardische **Ben-Zakkai-Synagoge,** die größte der vier Synagogen, wurde im Stil einer Moschee erbaut, um sie vor der Zerstörung durch Muslime zu schützen. In der **Eliahu-Hanavi-Synagoge,** der ältesten der vier Synagogen, stand – inzwischen ersetzt durch eine Replik – einst der Stuhl des Propheten Elija (9. Jh. v. Chr.), der als Verfechter eines unbedingten Jahweglaubens von seinen Anhängern als »neuer Moses« verehrt wurde. Der geschnitzte Thoraschrein der heute ashkenasischen Synagoge wurde in Italien gefertigt. Neben der kleinsten der vier Synagogen, der **Emtzai-Synagoge,** befindet sich die Istanbuli-Synagoge, ein Bethaus türkischer Pilger und Jerusalemer Juden türkischer Herkunft.

Ramban- und Hurva-Synagogen

In unmittelbarer Nähe dieser vier Synagogen liegen die **Ramban- und Hurva-Synagogen** **20**. Hurva heißt Ruine, und es war das Schicksal dieses von dem ashkenasischen Rabbi Jehuda Hasid Anfang des 18. Jh. begonnenen Bethauses, die längste Zeit seines Bestehens unbenutzbar zu sein. Nach dem plötzlichen Tod des Rabbi konnte sie erst eineinhalb Jahrhunderte später fertiggestellt werden. Im Unabhängigkeitskrieg 1948 machten jordanische Soldaten das Zentrum ashkenasischer Juden abermals dem Erdboden gleich und nach der Rückeroberung der Altstadt 1967 wurde die Ruine konserviert.

Der Name der Ramban-Synagoge erinnert an den Rabbi Moshe Ben Nahman, kurz Ramban, der auch als Nachmanides bekannt war. 1267 soll er von Spanien aus eingewandert sein. In einem Brief, der hier ausgestellt ist, beklagt sich Ramban bei seiner Familie über den desolaten Zustand der jüdischen Gemeinde in Jerusalem. Die Synagoge, die von den Bewohnern des Viertels gerne zum Beten besucht wird, ist die älteste im jüdischen Viertel. Im 15. Jh. wurde sie vorübergehend zur Moschee umfunktioniert und um ein Minarett erweitert.

Cardo maximus

Richtung Westen erreicht man wenig später den **Cardo maximus 21**, die Relikte der römisch-byzantinischen Prachtstraße, die wegen der heutigen Geschäftigkeit leicht zu übersehen sind. Eine ähnlich lebhafte Einkaufsmeile, etwas exklusiver vielleicht, war der antike säulengesäumte Cardo, in dem Archäologen ein komplett erhaltenes römisches Geschäft fanden. An diesem Ende des unter dem Straßenniveau liegenden Cardo sind einige der 62 zum Teil erhaltenen Säulen, mit Bogeneingang, zu sehen. Der Platz ist ein beliebter Abendtreff israelischer Pfadfindergruppen und Schulklassen.

Yishuv-Museum

Im äußersten Westen des jüdischen Viertels liegt das **Yishuv-Museum 22.** Yishuv ist das hebräische Wort für Siedlung und steht hier für den Einblick in das Alltagsleben der jüdischen Gemeinde, bevor in den 80er-Jahren des 19. Jh. die ersten zionistischen Siedler nach Palästina kamen. Üblich war es damals, das Wohngebäude um einen Hof herum zu bauen, der von mehreren Familien oder Generationen geteilt wurde. Wie unterschiedlich sephardische und ashkenasische Juden lebten, zeigen besonders zwei Räume. Die Sephardim richteten sich mit niedrigen Sofas ein, legten die Böden mit Brücken aus und dekorierten ihre Sitzmöbel mit Kissen. Die Ashkenasim dagegen bevorzugten gediegene Möbel aus Europa. Das Museum, das außerdem Kleidung und Haushaltsgegenstände zeigt, sollte man nicht auslassen.

Zu dem Museum gehören außerdem zwei Synagogen. Eine befindet sich in dem Raum, in dem der Rabbi Itzhak Ben Shlomo Lurie Ashkenasi 1543 geboren wurde. Er war ein bekannter Vertreter der Kabbala, der jüdischen Mystik, deren Hauptwerk, das Buch »Sohar« (13. Jh.), die Thora und andere biblische Bücher in ihrem Sinne deutet. Die zweite Synagoge, Or HaHajim (›Licht des Lebens‹), wurde von dem berühmten Rabbi Chaim Ben Moses Attar gegründet, der 1742 aus Marokko einwanderte und hoch angesehene Bibelkommentare verfasste (Tel. 02 628 46 36, So–Do 10–15, Fr 10–13 Uhr, 14 NIS).

Archäologisches Museum Wohl

Vom Hurva-Platz führt die kleine Hakaraim Street zum ehemaligen herodianischen Viertel, dessen Überreste im **Archäologischen Museum Wohl 23** zusammengefasst sind. 3 m unter heutigem Straßenniveau steht man dort vor den aufregendsten Ausgrabungen des jüdischen Viertels, die einen Eindruck vom verschwenderischen Leben reicher Juden zur Zeit des Zweiten Tempels vermitteln. Die erhaltenen Fundamente zeigen Grundrisse von Bädern, Zisternen mit 750 l großen Reservoirs, Becken für geweihtes Wasser, Atrien sowie Empfangshallen und Stuck an Wänden und Decken. Von Terrasse zu Terrasse geht man nach unten. Der Wohnkomplex eines Hohenpriesters birgt wunderschöne Mosaiken. Es sind die frühesten Jerusalems, die sich wegen des biblischen Verbots figürlicher Darstellung auf geometrische und pflanzliche Ornamente beschränken.

Das Museum, das über den Ausgrabungen gebaut wurde, zeigt Filme über die archäologischen Arbeiten, außerdem Fundstücke, u. a. eine gut erhaltene Sonnenuhr. Welch grandiosen Ausblick die Bewohner dieses nun überbauten Viertels genossen, sieht man, sobald man das in absteigenden Terrassen angelegte Museum verlassen hat (Tel. 02 628 81 41, So–Do 9–17, Fr 9–13 Uhr, 15 NIS).

Siebenberg House Museum

Einen Abstecher auf dem Weg zur Klagemauer ist in der Beit-Hashoeva Alley 5 das **Siebenberg House Museum 24** wert. Der Belgier Theo Siebenberg und seine Frau Miriam kauften nach dem Sechstagekrieg ein

Haus im jüdischen Viertel. Als er von den archäologischen Funden rundum hörte, grub auch Siebenberg auf seinem Grundstück systematisch nach antiken Relikten und wurde fündig. Zu besichtigen gibt es nicht nur bronzene Schlüsselringe, ein wunderschönes Glasrhyton und antike Küchenutensilien, sondern unter dem Haus die Reste einer Mikwe, eines jüdischen Bads für rituelle Zwecke aus vorchristlicher Zeit, sowie eine byzantinische Zisterne. Das Museum ist nur nach vorheriger Anmeldung zugängig (Tel. 02 628 23 41, So–Do 9–18, Fr 9–13 Uhr, 8 NIS).

Klagemauer und Wilsonbogen

Nur wenige Schritte sind es von hier zum Platz vor der **Klagemauer** 25 (www.thekotel.org, mit Webcam). Vom zerstörten Zweiten Tempel blieb nämlich einzig die westliche Mauer, die aus Kalksteinquadern verschiedener Epochen besteht, übrig. Sie setzt sich in Richtung Norden im **Wilsonbogen** fort, in dem in Regalen Thora- und Talmudausgaben in vielen Sprachen bereitstehen, teils prächtig gearbeitete Bücher und Pergamente. Das Gelände darf nur mit Kippa bzw. Kopftuch besucht werden. Der Wilsonbogen, benannt nach seinem britischen Entdecker, gehörte bis zum 1. Jh. v. Chr. zu einem Viadukt.

Auf Anordnung des Oberrabbinats beten Männer und Frauen seit 1970 an getrennten Plätzen der Mauer. Gläubige stecken in die Steinritzen Zettel, die sogenannten Kvittelchen, Botschaften des Danks und Bitten um Hilfe, die nur Gott lesen darf.

Muslimisches Viertel

Cityplan: S. 144; **Reiseatlas:** S. 9, B/C 3

Den nordöstlichen Teil der Altstadt nimmt das **muslimische Viertel** ein, das am dichtesten bevölkerte und mit 30 ha größte Altstadtviertel. Man betritt es durch das Damaskustor oder vom Löwentor her über die Via Dolorosa. Nach Osten und Norden bildet die Stadtmauer die Grenze, nach Westen die Straße Khan el Zeit, nach Süden der Wilsonbogen. Bis zur Zeit der Kreuzfahrer war das Viertel von Juden bewohnt. Erst ab dem 12. Jh. siedelte sich arabische Bevölkerung hier an. In beinahe jeder Gasse reiht sich Laden an Laden. Angeboten wird, was sich verkauft: Schuhe, T-Shirts, Koffer, Lederwaren, Postkarten und nebeneinander christliche Heiligenbilder und Jesusfiguren, jüdische Leuchter und Kippas, muslimische Rosenkränze und geschnitzte Koran-Kalligrafien – der Umsatz kennt keine Glaubensgrenzen.

Aqabat el Taqiya Street

Der Unterschied zum jüdischen Viertel ist groß. Die Straßen sind vernachlässigt, viele

An der Klagemauer, einer der wichtigsten religiösen Stätten des Judentums, liegen Thora- und Talmudausgaben in vielen Sprachen bereit

Häuser wirken schäbig und sind stark einsturzgefährdet.

Eine der wenigen Straßen, die viel vom Glanz und Flair der vergangenen Zeiten, vom barocken mamlukischen Baustil bewahrt haben, ist die **Aqabat el Taqiya Street** 26 mit dem Palast **Serai el Sitt Tunshuq** (1385), heute ein muslimisches Waisenhaus, sowie dem **Turbett el Sitt Tunshuq,** dem Mausoleum einer Prinzessin, die im Palast gegenüber gelebt hatte. An der Ecke zur Al Wad Street findet man das jüngste Werk mamlukischer Baukunst, das 1540 eröffnete **Pilgerhospiz Ribat Bairam Jawish.**

Tariq Bab es Silsila Street

Die **Tariq Bab es Silsila Street,** Verlängerung der David Street ins muslimische Viertel, führt zum Plateau des Tempelbergs, der derzeit jedoch nur über eine Rampe am Misttor zugängig ist (s. S. 143). Auf dem Weg dorthin liegen die **Turba Tashtimutiya** 27**,** das Mausoleum eines Regierungsbeamten aus dem 14. Jh., und die Turba Barakat Khan, jetzt die **Khalidi-Bücherei** 28**,** in der mehr als 10 000 Handschriften und Bücher untergebracht sind (nicht zugänglich). Weiter Richtung Tempelberg folgt die **Turba Turkan Khatun** 29**,** die 1352 zum Gedenken an eine während der

Pilgerreise verstorbene Prinzessin errichtet wurde. Kurz vor dem Tor, das früher Einlass zum Tempelberg gewährt hat, befindet sich die **Medrese Tanqasia 30**, beachtenswert wegen des mamlukischen Wappens über dem Portal (1329).

Zum Platz der Klagemauer ist ein kleiner Umweg nötig: Man geht die Silsila Street (Hashalshelet) zurück bis zur Gasse Hakotel, biegt dort links ein, geht die Stufen hinunter und sieht alsbald die Klagemauer. Rechter Hand des Platzes führt die Rampe hinauf zum Tempelberg.

Tempelberg

Cityplan: S. 144; **Reiseatlas:** S. 9, B/C 3
Als Gott die Welt schuf, schien das Licht nach der Überlieferung zuerst über dem **Tempelberg** (Har HaMoriyya, Haram el Sharif). Dahinter steht wohl die Vorstellung, Gott wähle für Orte der zentralen Verehrung nicht nur die schönsten, sondern auch immer die höchsten Plätze – der Mensch unten, Gott oben. Nirgends kommen sich Juden, Muslime und Christen näher als am Tempelberg. Aus Angst vor Anschlägen werden Besucher allerdings meist genau kontrolliert.

Nicht-Muslimen ist der Zugang zum arabisch-palästinensischen Tempelberg derzeit nur über die weithin sichtbare Rampe möglich, die beim Jerusalem Archaeological Park Ophel (s. S. 157) am Misttor beginnt und Richtung Klagemauer verläuft. Üblicherweise darf man sonntags bis donnerstags von 9 bis 11 Uhr passieren. Zu Gebetszeiten und im Ramadan wird der Eintritt von israelischen Sicherheitskräften zeitweise untersagt, in ruhigen Zeiten manchmal zeitlich erweitert. Auch kann es passieren, dass die islamischen Sehenswürdigkeiten zeitweise für Nicht-Muslime nicht zugänglich sind. Dies ist ein sensibler Ort. 2007 führten Baumaßnahmen, die nach schwerem Regen und einem Erdbeben den weiteren Zugang sichern sollten, zu Gerüchten, Israel wolle den Felsendom zum Einsturz bringen. Es kam zu Ausschreitungen. In Zukunft soll eine Brücke den Zutritt sichern.

Geschichte

Auf dem Tempelberg erbaute Salomo ab ca. 960 v. Chr. den Ersten Tempel. Der Berg Moriyya, eine Tempelbaustelle mit 160 000 Arbeitern, wurde mit einer Mauer umgeben. Innerhalb der Umfriedung lagen auch Palast und Harem. Die Wände des 50 m hohen Tempels, bestehend aus Vorhalle, heiligem Raum und dem Allerheiligsten mit der Bundeslade, waren mit Zedernholz verkleidet. Den Eingang des Tempels flankierten Boas (›Stärke‹) und Jachin (›Festigkeit‹), zwei 9 m hohe Bronzesäulen. Im Vorhof befanden sich der Brandopferaltar, ein von zwölf Bronzetieren getragenes Wasserbecken in Lilienform sowie die zehn Kesselwagen, die zum rituellen Waschen des Fleischs benutzt wurden. Im Jahr 587 v. Chr. stahl Nebukadnezar II. alles Wertvolle aus dem Tempel, zerstörte ihn und führte die Juden als Gefangene nach Babylon.

Herodes der Große erbaute den Zweiten Tempel, der größer und prächtiger als der Erste werden sollte. »Über und über war der Tempel mit dicken Goldplatten umhüllt. Und wenn die Sonne aufging, dann gab er einen Glanz wie Feuer von sich«, schrieb der Chronist Flavius Josephus, ein Hohepriester mit Zugang zum Tempel (seine Beschreibung wird von einem Hologramm im Zitadellen-Museum veranschaulicht, s. S. 147). Eine 1,5 km lange Mauer, innen als Arkadengang ausgeführt, fasste den Tempelbezirk ein, zu dem Nicht-Juden der Zutritt bei Androhung der Todesstrafe verboten war. 14 000 m^2 maß die Fläche des trapezförmigen Areals. Der Vorhof war mit Mosaiken versehen. Der 50 m hohe Tempel thronte auf einem über zwölf Stufen zugänglichen Podium. In der Vorhalle befanden sich die 43,6 kg schwere Menora und der Kulttisch mit den zwölf Broten, Symbol des ewigen Bunds zwischen Juden und Gott.

70 n. Chr. brannten römische Legionäre im Siegesrausch den Tempel nieder. Nur die westliche Mauer blieb erhalten – die sogenannte Klagemauer. Kaiser Hadrian platzierte im Jahr 130 einen Jupitertempel auf dem Berg, Ursache des zweiten jüdischen Kriegs gegen Rom von 132 bis 135, der mit der Vertreibung aller Juden aus Jerusalem endete

Richtig Reisen-Tipp: Jerusalem Archaeological Park Ophel & Davidson Center

Cityplan: S. 144
5000 Jahre Geschichte umfasst der **Jerusalem Archaeological Park Ophel & Davidson Center** 31, der zu einem Spaziergang durch die Vergangenheit einlädt – von der Kanaanitischen Zeit über den Ersten und Zweiten Tempel bis zur christlichen und muslimischen Zeit. Auf dem Gelände sieht man Funde vom Tempelberg, riesige Mauerstücke, Bäder für rituelle Waschungen, byzantinische Wohngebäude sowie Überreste von islamischen Palästen und Türmen aus der Kreuzfahrerzeit, die von den Herrschern über Jerusalem erweitert und erneuert wurden.

Beginnen sollte man mit einem Rundgang durch das auf drei Ebenen angelegte **Davidson Center,** das in einem ausgegrabenen islamischen Palast aus dem 8. Jh. untergebracht ist. Wie bei vielen anderen Gebäuden geht man auch in diesem Fall davon aus, dass hier Steine vom zerstörten Tempelberg verbaut wurden. Die Ausstellung zeigt Fundstücke der Grabungen und bereitet inhaltlich auf den archäologischen Park vor. Mit modernsten technischen Mitteln wie 360-Grad-Panoramen und Computeranimationen wird man durch die Epochen geführt. Die großartige digitale Vorführung in der Theater Gallery versetzt Besucher virtuell in den Zweiten Tempel und lässt sie an einer Pilgerreise teilnehmen, wie sie damals wohl stattgefunden hat. Es gibt tragbare Audioführer zum Ausleihen; Führungen kosten 180 NIS und müssen vorab per Telefon gebucht werden (Tel. 02 627 75 50, 02 627 79 62, www.archpark.org.il, So–Do 8–17 Uhr, 30 NIS).

(bis 363). Die siebenarmige Menora wurde nach Rom gebracht. 638 eroberte der Kalif Omar I. Jerusalem. Und dort an dem Felsen, wo Abraham sein Opfer dargebracht haben soll, ließ er den Qubbet el Sachra, den Felsendom bauen, der in seiner Architektur von der Grabeskirche stark beeinflusst ist. 715 wurde die Al-Aqsa-Moschee errichtet.

Islamisches Museum und Salomos Ställe

In der südwestlichen Ecke des Tempelplatzes liegt das 1923 eröffnete **Islamische Museum** 32, das Gegenstände aus der Al-Aqsa-Moschee wie Koranmanuskripte und Münzen zeigt sowie aus dem Felsendom das Kupfergitter, mit dem die Kreuzfahrer den Felsen umgaben (Tel. 02 628 33 13, Mo–Do 8–11.30, Sa 8–11.30, 14–16 Uhr, 6 NIS).

Salomos Ställe 33 in der Südostecke sind wegen Einsturzgefahr nicht zugänglich. Eine Treppe führt in ein unterirdisches, von 88 Säulen getragenes Gewölbe, das mit König Salomo aber gar nichts zu tun hat, denn die Tempelritter brachten hier ihre Pferde unter.

Al-Aqsa-Moschee

»Preis sei dem, der seinen Diener bei Nacht von der heiligen Moschee zur fernsten Moschee … reisen ließ.« So beginnt Sure 17 des Koran über die Himmelsreise des Propheten. Die fernste Moschee, das ist die **Al-Aqsa-Moschee** 34 mit ihrer Silberkuppel. 715 ließ Kalif Walid eine Moschee errichten, die den Sakralbau von Kalif Omar aus dem Jahr 638 ersetzte. Nach einem Erdbeben musste die Moschee ab 780 wieder aufgebaut werden. Sie war prächtig, mit 15 Schiffen und einer Kuppel über dem Mittelschiff. Die Kreuzritter nutzten sie erst als Residenz, dann als Sitz des Templerordens, ehe Saladin sie 1187 wieder ihrer eigentlichen Bestimmung zuführte. Heute besteht die 90 m lange und 60 m breite Moschee, die man – ohne Schuhe – durch das Hauptportal betritt, aus einem Mittelschiff mit Säulen aus italienischem Carrara-Marmor und Arkaden, auf beiden Seiten flankiert von je drei Seitenschiffen. Die 18 m hohe Kuppel ruht auf acht Pfeilern. An der Ostwand, vom Eingang kommend links hinten, ist noch die Nische des Zacharias erhal-

Das weltweit einzige Heiligtum, in dem Christen und Muslime unter einem Dach im Gebet vereint sind: der Felsendom auf dem Tempelberg

ten, Teil einer Kirche, die die Kreuzfahrer einbauen ließen.

Besonders schön ist der mit Mosaiken verzierte Triumphbogen, dessen stilisierte Palmwedel als Symbol für das Paradies stehen. Im Aronsgrab werden die Gebeine der Mörder des Erzbischofs von Canterbury vermutet, die im 12. Jh. als Pilger nach Jerusalem gekommen waren. Am 20. Juli 1951 fiel in der Moschee der Hüter der muslimischen Heiligtümer in Jerusalem, der jordanische König Abdullah, einem Attentat zum Opfer; Spuren der Schießerei sind an einer der Säulen zu sehen. Außerhalb der Moschee liegen, zur südwestlichen Mauerecke hin, die für Besucher geschlossene Frauenmoschee (Weiße Moschee) und das Islamische Museum (s. S. 157).

Felsendom

Über eine weite Freitreppe nähert man sich von Al Aqsa kommend dem **Felsendom** 35 (Qubbet el Sachra), dem weltweit einzigen Heiligtum, in dem man Christen und Muslime unter einem Dach beten sehen kann, sehr selten auch Juden, wenngleich streng religiöse Juden den Tempelberg generell nicht betreten dürfen, da zu diesem nur die Hohenpriester Zutritt hatten.

54 m misst die vergoldete, doppelschalig gearbeitete Kuppel mit Kupferdach (20,3 m Innendurchmesser), die auf einem Oktogon ruht, das mit farbigem Marmor und blauen, weißen und grünen Kacheln verkleidet ist. Durch 16 farbige, von Saladin gestiftete Glasfenster dringt gedämpftes Licht ins Innere.

Omaijaden-Kalif Abdel Malik errichtete 688 bis 691 den Dom zur Erinnerung an Mohammeds Himmelfahrt. Eine Inschrift bezeugt die Urheberschaft des Kalifen, die ihm Kalif Mamun, Sohn des Harun al Rashid, Anfang des 9. Jh. streitig machen wollte. Er ließ Maliks Namen tilgen und seinen eigenen Namen einsetzen, doch vergaß man das Datum abzuändern. Die vier Portale des Doms sind nach den Himmelsrichtungen angelegt. Goldfarbene Arabesken, Mosaiken mit Blumenmuster und kunstvolle Kalligrafien von Koranzitaten schmücken das Innere. Die rotgrundige Kuppel zieren vergoldete Stuckornamente.

Bis zu 2 m ragt der 13 x 18 m große Fels aus dem Boden. Die goldene Kette, die von der Kuppel herabhängt, markiert das Zentrum der Welt. Kreuzfahrer ließen über dem Fels einen Marmoraltar errichten. Die Standpunkte der Säulen wurden von den Baumeistern geometrisch berechnet. Man zog um den Felsen einen Kreis von der Größe des späteren Kuppelrunds, in den ein mit den Seiten nach den Himmelsrichtungen angelegtes Quadrat gezeichnet wurde. Auf die vier Eckpunkte des Quadrats, die den Kreis tangieren, setzte man die den Kuppelunterbau tragenden Säulen. In den Kreis zeichnete man sodann ein um 45° gedrehtes Quadrat, wodurch ein achteckiger Stern entstand. An dessen Zacken richtete man die Standorte der weiteren vier Säulen aus. In einem dritten Schritt wurden die Quadratseiten verlängert, wodurch acht neue Schnittpunkte entstanden, auf die die äußeren Stützpfeiler des Oktogons platziert wurden. So wuchs aus dem Kreis und dem Quadrat die geometrische Anordnung der Säulen des Doms.

In der Ecke links vom Eingang glaubt die Überlieferung einen Fußabdruck von der Nachtreise des Propheten zu erkennen, im Reliquienschrein sollen Barthaare des Propheten ruhen, an der Felskante schließlich befindet sich angeblich ein Fingerabdruck des Engels Gabriel, der Mohammed auf dem Ross Buraq zur Himmelsreise von Mekka hierher gebracht hatte. Um die jeweiligen Stellen zu finden, sollte man einen Wächter fragen, auch wenn man sich vielleicht ein unfreundliches Wort dabei einhandelt.

Unter dem Fels liegt eine natürliche Höhle, unter deren Boden sich die Quelle der Seelen befindet, in der sich nach islamischem Volksglauben die Seelen donnerstags und freitags zum Gebet treffen. Hier verehren die Muslime Abraham, David, Salomo und Elija.

Via Dolorosa, Grabeskirche und christliches Viertel

Cityplan: S. 144; **Reiseatlas:** S. 9, B/C 3

St.-Anna-Kloster

Nahe dem Löwentor liegen am Beginn der Via Dolorosa das **St.-Anna-Kloster** 36 und die gleichnamige Kirche (1140), ein wunderbares Beispiel der Kreuzfahrerarchitektur. Nach muslimischem und christlichem Volksglauben soll an der Stelle über der Krypta das Haus der Eltern Marias (Anna und Jojakim) gestanden haben. Königin Alda, die Witwe Balduin I., des ersten Jerusalemer Königs aus den Reihen der Kreuzritter, ließ die Kirche auf dem Platz einer im 5. Jh. erbauten und von den Persern 614 zerstörten Basilika errichten. Saladin verwandelte die Kirche in eine Moschee und Napoleon III. bekam sie von den Türken aus Dankbarkeit für seine Unterstützung während des Krimkriegs (1853–56) geschenkt. 1877 ging die Kirche in den Besitz der Pères Blancs über, einer 1868 in Algerien gegründeten Missionskongregation. Die dreischiffige Kirche ist sehr schlicht gehalten. Der Hochaltar wurde erst 1954 geschaffen und zeigt Verkündigung, Geburt, Kreuzabnahme Christi sowie an den Seiten Maria im Tempel und Maria mit ihrer Mutter Anna. Berühmt ist die Kirche auch wegen ihrer Akustik.

Daneben liegen die Ausgrabungen an den **Teichen von Bethesda** (*Bet Hesda,* ›Haus der Barmherzigkeit‹), die die byzantinische Basilika und ein hasmonäisches Bad zutage förderten. Nach dem Neuen Testament hat Jesus hier am Shabbat einen Gelähmten kuriert. Doch schon vorher, zu Zeiten Herodes, der die Doppelzisterne im Zug des Tempelneubaus erweitern ließ, galten die Wasser als heilend. Die Römer vergrößerten die Anlage um ein Dampfbad und weihten sie dem Heilgott Serapis. Im Mittelalter verlor der Teich an Bedeutung, wurde überbaut und geriet in Vergessenheit, bis man zwischen 1873 und 1914 bei Grabungen die Stätte wieder entdeckte.

Via Dolorosa

Jeden Freitag, nachmittags um halb drei: Vor dem Löwentor sammeln sich Pilgergruppen

Jeden Freitagnachmittag zieht eine lange Prozession durch die Via Dolorosa

– junge und alte Menschen aus aller Welt, Nonnen und Ordensbrüder, Touristen in Shorts, sogar ägyptische Kopten, denen von ihrem Papst 1995 eigentlich jeder Jerusalembesuch bei Androhung der Exkommunikation verboten wurde. Schlag drei Uhr, zur Stunde des Kreuzigungstods Jesu, schiebt sich dann eine in vielen Sprachen betende und singende Menschenmenge durch die Gassen. Voran schreitet ein Franziskaner, der – wegen des Lärms – über Lautsprecher die einzelnen Stationen erklärt. Manche haben schwere Kreuze mitgebracht und schleppen sie bei teils brütender Hitze durch das Altstadtlabyrinth. Die arabischen Händler hier warten schon auf die Pilger. Nicht nur Getränke, Postkarten, Teppiche und allerlei profaner und religiöser Nippes, Abbildungen der Kaaba neben Christus- und Marienbildern werden hier verkauft, in einigen Läden ersteht man für ein paar Sheqel Dornenkronen, die sich manche auch sogleich aufs Haupt drücken. Entrückt und verklärt wirken viele Menschen, manche haben Tränen in den Augen.

Die **Via Dolorosa,** die 14 Stationen des Kreuzwegs Jesu von der Burg Antonia bis zum Kalvarienberg, verbindet muslimisches und christliches Viertel. Der Weg, den die Pilger heute nehmen, ist nicht der historisch wahrscheinliche. Ursprünglich zogen byzantinische Pilger am Gründonnerstag vom Garten Gethsemane zum Kalvarienberg. Erst im 8. Jh. wurden Haltepunkte festgelegt. Man ging nun von Gethsemane um die Stadt herum zum Berg Zion und dann vorbei am Tempelplateau zur Grabeskirche.

Im Mittelalter existierten zwei Passionswege, einer mit acht Stationen, den die Einheimischen gingen, und einer mit 14 Haltepunkten, den die europäischen Pilger vorzogen. Die Stationen I, IV, V und VIII wurden erst im 19. Jh. festgelegt.

Station I – Pilatus verurteilt Jesus zum Tod
Ohne historischen Bezug, schlicht aus organisatorischen Gründen, beginnt der Kreuzweg im Hof der **Omariya-Schule,** in der sich die von Kreuzfahrern errichtete, Besuchern nicht zugängige Dornenkrönungskapelle befindet.

Station II – Jesus nimmt das Kreuz
Die **Geißelungs- und Verurteilungskapellen** liegen unmittelbar nördlich in einem Franziskanerkloster und wurden Anfang des 20. Jh. auf den Fundamenten älterer Kapellen errichtet. Sehenswert sind die Glasfenster der Geißelungskapelle. Sie zeigen die Folter, wie Pilatus seine Hände in Wasser wäscht und die Freude des Barabbas über seine Freilassung. Die Wandbilder in der Verurteilungskapelle greifen bereits der IV. Station vor und zeigen Jesus mit seiner Mutter.

Weiter auf der Via Dolorosa überspannt der Ecce-Homo-Bogen (136 n. Chr.) die Gasse zur **Ecce-Homo-Basilika 37,** die der zum Katholizismus konvertierte Straßburger Jude und spätere Pater Ratisbonne 1857 für jene Stelle hielt, an der Pilatus angesichts des tapfer die Qualen ertragenden Jesu »Ecce homo« geäußert haben soll. Ratisbonne ließ die Basilika bauen und gründete mit dem Kloster Nôtre Dame de Zion auch den Orden der Zionsschwestern. In der Krypta sieht man das Steinpflaster des – tatsächlich erst im 2. Jh. erbauten – Hofs, in dem Pilatus Jesus verurteilt haben soll. Deutlich erkennbar sind die eingefahrenen Spuren von Pferdewagen. Einen kurzen Besuch lohnt hier auch der Trakt, der das Bibelmuseum der Franziskaner beherbergt. Eine Sammlung von liturgischen Gegenständen aus der Kreuzfahrerzeit, alles geordnet nach biblischen Orten, wird gezeigt.

Station III – Jesus stürzt zum ersten Mal
Gegenüber dem Hospiz des armenisch-katholischen Patriarchen und dem polnischen Bibel- und Archäologiemuseum liegt das **österreichische Pilgerhospiz** 12 (1863), dessen Kapelle die Heilige Familie und die Heiligen der Doppelmonarchie Österreich-Ungarn verehrt. Wenige Schritte später zweigt die Via Dolorosa links in die Al Wad Street ein.

Station IV – Jesus trifft auf seine Mutter
In der **armenisch-katholischen Kirche** der Schmerzen Mariä stellt ein Bodenmosaik die Begegnung Jesus mit seiner Mutter dar. An der Ecke biegt die Via Dolorosa nach rechts in die Al Khanka Street ab.

Station V – Simon trägt das Kreuz
Der zufällig unter den Zuschauern stehende Simon von Kyrene (›der vom Feld kam‹, Lukas 23,26) muss – gezwungen von römischen Soldaten – das Kreuz tragen, als Jesus nicht mehr die Kraft dazu hat.

Station VI – Veronika trocknet Jesu Gesicht
Leicht zu verfehlen ist dieser Haltepunkt auf der linken Seite der Gasse, wo Veronika mit ihrem Schleier Blut und Schweiß von Jesu Gesicht abtupfte. Eine Klosterkapelle der griechischen Kleinen Schwestern Jesu, errichtet an der Stelle von Veronikas Haus, erinnert an die Legende.

Station VII – Jesus stürzt zum zweiten Mal
Im 1. Jh. befand man sich hier, wo heute das Hauptgeschäftsviertel liegt, am Stadtrand. Eine rot markierte Säule in der Franziskanerkapelle (1875) deutet auf die Stelle des Sturzes.

Station VIII – Jesus spricht zu den weinenden Frauen
Dieser Platz lag bereits außerhalb der Stadtmauer, nahe dem Ort der Kreuzigung. Unmittelbar am Charalamboskloster erkennt man an der Mauer das Kreuz und die Buchstaben »ICXC NIKA«, griechisch für ›Jesus Christus siegt‹. Von hier muss man ein Stück zurückgehen bis zur nächsten Kreuzung und von der Al Khanka Street kommend nach rechts in die Khan el Zeit Street einbiegen. Nach ca. 100 m führt eine Treppe hinauf zum koptischen Kloster. Man folgt dem Weg, der einen Knick nach rechts, dann nach links macht.

Station IX – Jesus stürzt zum dritten Mal
Reste einer Säule am koptischen Kloster markieren die Stelle am Fuß des Golgotahügels.

Die Stationen X–XIV des Kreuzwegs liegen bereits innerhalb der Grabeskirche (s. u.).

Grabeskirche

Der erste Besuch in der **Grabeskirche** 38 wird wohl enttäuschend und verwirrend sein. Verwirrend, weil man sich nicht einer Kirche, sondern über 30 auf zwei Etagen verteilten Kirchen gegenübersieht. Enttäuschend, weil

die Grabeskirche beinahe von allen Seiten zugebaut ist – jede christliche Konfession versuchte, mit ihren Gebäuden so nah wie möglich heranzurücken. Und die andächtige Stimmung, die man vom bedeutendsten christlichen Heiligtum erwartet, wird nicht von frommen Pilgern und Touristen gestört, sondern von Horden von Patres und Mönchen, die sich rüde den Weg bahnen, unpassend gekleidete Touristen abweisen und sich oft so geben, als sei die Grabeskirche ihr von Laien entweihter Privatbesitz. In der Kirche wird im wahrsten Wortsinn um jeden Zentimeter ge-

Die Grabeskirche beherbergt den Salbungsstein, auf dem der Leichnam Christi gesalbt worden sein soll

stritten. Welche christliche Konfession darf wo putzen, wo zu diesem Zweck welche Leitern auf- oder umstellen? Es ist ein Dauerkonflikt unter den Mönchen, der sich am Palmsonntag 2008 nicht zum ersten Mal in einer Schlägerei entlud – die rivalisierenden Patres mussten von der Polizei getrennt werden.

Der Streit um die Verfügung über die Kirche ist alt. Die Osmanen betrauten schon im Mittelalter zwei muslimische Familien mit dem Hausmeisteramt und der alleinigen Schlüsselgewalt, damit die verschiedenen Konfessionen sich nicht gegenseitig nachts Reliquien und Kultgegenstände stahlen. Diese Familien hüten, öffnen und schließen das Heiligtum bis heute jeden Tag.

Die Grabeskirche wurde 331 von Helena, der Mutter des römischen Kaisers Konstantin, auf den Trümmern eines römischen Venustempels erbaut. Kaiser Hadrian, der nach dem Bar-Kochba-Aufstand 136 Jerusalem zerstört hatte, ließ das Jesusgrab sogar unter einer Terrasse verschwinden, damit es in Vergessenheit geriet. 614 ging die von Helena errichtete Grabeskirche unter den Persern in Flammen auf, wurde nach deren Vertreibung aber wieder aufgebaut. Kalif Omar schonte 638 das Heiligtum, das dann 1009 von Hakim völlig zerstört wurde. Bis 1042 konnte die christliche Gemeinde mit byzantinischer Unterstützung einen Teil neu errichten. Die Fertigstellung und Erweiterung der Grabeskirche in ihrer heutigen Form stammt weitgehend von den Kreuzrittern, die sie am 15. Juli 1149, dem 50. Jahrestag der Einnahme Jerusalems, einweihten.

Wie schon Kalif Omar im 7. Jh., so schonte auch Saladin 1187 bei der Rückeroberung Palästinas die Grabeskirche und verzichtete – ebenfalls wie Kalif Omar – darauf, in der Kirche zu beten, damit sie nicht später in eine Moschee umgewandelt würde. 1808 wurde die gut erhaltene Kirche teilweise ein Opfer der Flammen, 1927 beschädigte ein Erdbeben sie erheblich. Doch erst 1959 begannen die Renovierungsarbeiten, da sich die verschiedenen Konfessionen 32 Jahre lang nicht einigen konnten. Das Monument Grabeskirche gehört, genau in dieser Reihenfolge, der griechisch-orthodoxen, der armenisch-katholischen und der römisch-katholischen Kirche. Kopten und andere Konfessionen besitzen nur einzelne Kirchen innerhalb des Komplexes.

Vom gepflasterten Vorhof (12. Jh.) sieht man die Südfassade, dekoriert mit wunderschönen Steinmetzarbeiten aus der Kreuzfahrerzeit. Durch ein Portal mit zwei Spitzbögen betritt man die Kirche und stößt auf eine rötliche, auf dem Boden liegende Kalksteinplatte, vor der viele Gläubige knien und sie vor und nach dem Gebet küssen. Es ist der **Salbungsstein,** auf dem nach der Überlieferung der Leichnam Christi gesalbt wurde. Es lohnt sich, hier ein wenig als Beobachter zu verweilen. Ordensschwestern und fromme Pilger aus aller Welt beten still und breiten auf dem Stein Bibeln und Rosenkränze und allerlei sonstige Souvenirs aus, die sie mit diesem stillen Ritual als geweiht betrachten.

Unmittelbar hinter dem Stein führt eine Treppe hinauf zur 1810 errichteten zweischiffigen **Golgotakapelle,** die von drei Altären dominiert wird: rechts der Kreuzannagelungsaltar (1588), in der Mitte der Stabat-Mater-Altar (›Es stand die Mutter‹) und links der Kreuzigungsaltar. Unter einer silbernen Platte kann man hier, auf dem Boden kniend, die Vertiefung ertasten, in der das Kreuz Jesu stand. Daneben findet sich der Felsspalt, der sich beim Tod Jesu auftat.

In der Kapelle setzt sich der **Kreuzweg** fort: »Und zur sechsten Stunde kam eine Finsternis über das ganze Land bis zur neunten Stunde. Und zu der neunten Stunde rief Jesus laut: *Eli, Eli, lama asabtani?* (›Mein Gott, mein Gott, warum hast du mich verlassen?‹) Jesus schrie laut und verschied … Und der Vorhang im Tempel zerriss in zwei Stücke von oben an bis unten aus. Der Hauptmann aber, der dabeistand, ihm gegenüber, und sah, dass er so verschied, sprach: Wahrlich, dieser Mensch ist Gottes Sohn gewesen!« (Markus 15,33–39).

Station X markiert die Stelle, an der Jesus vermutlich seiner Kleider entledigt wurde, **Station XI** den Ort, an dem Jesus ans Kreuz genagelt worden sein soll. Dort, wo sich heute **Station XII** befindet, ist Jesus wohl gestorben. Bei **Station XIII** legte man den Leichnam in den Schoß der Gottesmutter. Station XIII erkennen an dieser Stelle nur die Katholiken an, während die griechisch-orthodoxen Gläubigen den Salbungsstein als vorletzte Station verehren. Der Name der Kapelle leitet sich übrigens vom aramäischen Wort für ›Schädel‹ ab und nimmt Bezug auf die Form des hiesigen Felsens.

Über die Treppe begibt man sich wieder ins Erdgeschoss und geht zur großen **Grabrotunde,** einem halbrunden Bau mit einer 50 m hohen Kuppel, die durch eine 1863 erbaute und 1959 restaurierte Eisenkonstruktion gestützt wird. Hier liegt das Grab Jesu und damit **Station XIV.** Eine Marmorplatte, über der drei Bilder die Auferstehung darstellen, verdeckt den Fels, auf dem Jesu Leichnam bis zur Osternacht lag. Lange Menschenschlangen stehen vor dem schmalen Eingang des unbeleuchteten Grabs, das nicht mehr als vier bis sechs Gläubige fasst, die die Gruft meist mit Opferkerzen und Fackeln betreten. Sie wurde 1810 in türkischem Rokokostil erbaut. Im sehenswerten westlichen Abschnitt der Grabrotunde liegen das Grab

Sterbekult im Judentum – Steine statt Blumen

Thema

Spätestens beim Besuch des Ölbergs in Jerusalem sieht man den ersten jüdischen Friedhof. Mit Tod und Beerdigung sind im jüdischen Glauben eigene Riten verbunden.

Am Jüngsten Tag werden alle Menschen am Ölberg versammelt sein und gegenüber auf dem Tempelplateau wird der Stuhl des Richters stehen. Zwei Brücken überspannen das Tal – eine aus Papier, eine aus Eisen. Nach dem Volksglauben wird die Eisenbrücke samt den Sündern darauf einstürzen, die Papierbrücke aber wird alle Guten in die Ewigkeit tragen. Um ganz sicher am Jüngsten Tag zur Stelle zu sein, lassen sich viele Juden auf einem Friedhof am Ölberg beisetzen, der größten jüdischen Grabanlage der Welt.

Nach dem Glauben ist der Tod nur eine Unterbrechung des Lebens, das bei Gott weitergeführt wird. »Du aber«, sagt Daniel 12,13, »geh hin, bis das Ende kommt, und ruhe, bis du auferstehst zu deinem Erbteil am Ende der Tage.« Der Leichnam wird nach einer rituellen Reinigung binnen 24 Stunden beigesetzt. Langes Warten wäre eine Erniedrigung des Toten. Der Leichnam wird nicht eingesargt, sondern in ein Leintuch gewickelt. (In Deutschland, wo eine Beisetzung ohne Sarg verboten ist, wird der Sarg mit Laken ausgeschlagen und man legt ein Säckchen Erde von Eretz Israels Boden hinein.) Das Grab wird erst unmittelbar vor der Beisetzung geschaufelt. Es soll frisch sein wie ein eben gemachtes Bett. Im Andachtsraum vollziehen die engsten Verwandten Kerija, das Einreißen der Kleider, heute meist nur das symbolische Einreißen eines Revers. Die Bibel erwähnt diese Handlung mehrmals, z. B. als Jakob glaubt, der von den Brüdern verkaufte Josef sei von einem Tier gefressen worden. Aus Trauer zerreißt Jakob seine Kleider, legt ein härenes Tuch um seine Lenden. Verwandte und Freunde – ausschließlich Männer – tragen die Bahre zum Grab und jeder, beginnend mit dem nächsten Verwandten, schaufelt Erde in das Grab, bis der Tote beerdigt ist. Dem folgt das Predigerwort 12,7: »Denn der Staub muss wieder zur Erde kommen, wie er gewesen ist, und der Geist wieder zu Gott, der ihn gegeben hat.« Am Ende wird der Kaddisch gesprochen, ein Lob Gottes aus der frühen jüdischen Liturgie, dessen genaue Herkunft aber unklar ist. »Erhoben und geheiligt werde sein großer Name in der Welt, die er nach seinem Willen erschaffen, und sein Reich erstehe in eurem Leben und in euren Tagen und dem Leben des ganzen Hauses Israel schnell und in naher Zeit, sprechet: Amen!«

Einäscherung wird im Judentum abgelehnt, obwohl weder Thora noch Talmud sie ausdrücklich verbieten. Die Zeit zwischen Tod und Begräbnis heißt Aninut. Nach der Beerdigung beginnt die Trauerwoche, die Shiwa, in der – ein verblasster Brauch – die sieben Trauernden (Vater, Mutter, Sohn und Tochter, Bruder und Schwester sowie Ehepartner) zu Hause des Toten gedenken, auch nicht in die Synagoge zum Beten gehen. Vom Todeszeitpunkt an beginnen das Trauerjahr für Vater und Mutter, der 30-tägige Trauermonat Schloschim für andere Verwandte. Üblicherweise werden Grabsteine aufgestellt, den Text verfassen Angehörige. Einmal im Jahr, am jüdischen Datum des Todes, wird des Verstorbenen gedacht. Auf das Grab legt man bei Besuchen nie Blumen, sondern Steine als andauerndes Zeichen eines Bundes.

Andenkenladen an Andenkenladen reiht sich in den Gassen der Altstadt um die Grabeskirche

des Jüngers Josef Arimatäa, der Jesus Leib eingewickelt und in das für ihn selbst gehauene Grab gelegt hatte, die Aula der Maria Magdalena (sie sah als Erste den Auferstandenen) und die Erscheinungskapelle (Marienkapelle der Franziskaner), deren zentraler Säulenstumpf als Geißelungssäule Jesu verehrt wird; hier erschien der auferstandene Jesus seiner Mutter.

Östlich der Rotunde, vom Eingang der Grabeskirche kommend rechts, findet man den **Nabel der Welt,** einst ein offener heiliger Garten mit einer markanten Steinsäule, eines von vielen religionsgeografischen Zentren der Welt, wie sie in der Antike und im Mittelalter von verschiedenen Kulturen festgelegt wurden. Noch weiter östlich liegen die **Helenakapelle** und die **Grotte der Kreuzauffindung,** in der die kaiserliche Stifterin der Kirche das Kreuz Jesu gefunden haben will (tgl. 4.30–20 Uhr).

Rund um die Grabeskirche

Auf 19 ha nimmt das **christliche Viertel** – im 4. Jh. aus dem Wunsch heraus entstanden, der Grabeskirche möglichst nahe zu sein – mit rund 1200 Familien den nordwestlichen Teil der Altstadt ein, zieht sich vom Jaffator bis fast an das Damaskustor und wird von der Stadtmauer sowie der belebten David Street eingegrenzt.

In der St. Francis Street residiert im **Salvatorkloster** **39** (bis 1559 armenisch) der Franziskanerorden, in dessen Obhut sich seit dem 14. Jh. die katholischen heiligen Stätten in Palästina befinden. Nahebei finden sich auch die anderen orthodoxen und koptischen

Patriarchate der verschiedenen griechischen und äthiopischen Kirchen.

Bei der Christian Quarter Road (HaNotsrim), die die St. Francis Street und die David Street miteinander verbindet, liegt auf dem Platz des römischen Forums der **Muristan,** ein wunderschöner Basar. An ihn grenzt südlich die **Kirche Johannes des Täufers** **40**, Jerusalems ältestes Gotteshaus, im 11. Jh. von frommen Kaufleuten aus Amalfi auf einer Kirche aus byzantinischer Zeit errichtet. Hier wurden viele Kreuzritter beigesetzt (unregelmäßige Öffnungszeiten, einfach vorbeischauen und nach einem Priester fragen).

Ein hoher, weißer Glockenturm, der die Silhouette der Altstadt prägt, ist das auffallendste Merkmal der lutheranischen **Erlöserkirche** **41**, die 1898 an der Stelle einer Kirche aus dem 11. Jh. entstand. Kaiser Wilhelm II. weihte die Basilika – das Grundstück war ein Geschenk der Osmanen an Deutschland – bei seinem Jerusalembesuch ein. Sehenswert sind das mit den Tierkreiszeichen und Monatssymbolen dekorierte Tor des verschlossenen Nordeingangs sowie der Kreuzgang. Vom Glockenturm hat man eine sehr schöne Aussicht (Mo–Sa 9–13, 14–17 Uhr).

Die von Saladin gestifteten Moscheen **Al Omaria** **42** und **Al Khanka** **43** liegen südlich und nördlich der Grabeskirche und sollen an das Gebet des ersten Jerusalemkalifen Omar im Vorhof der Grabeskirche erinnern. Die beiden Minarette entstanden im 15. Jh.

Ein Kuriosum Jerusalems stellt das äthiopische **Klosterdorf Deir el Sultan** **44** (›Kloster des Sultans‹) dar. Vom Vorhof der Grabeskirche sieht man den Zugang zur Michaelskapelle. Sie hat lediglich sechs Bänke für Besucher und ist mit sehr schlichter Malerei ausgestattet. An ihrer linken Seite führt eine Treppe hinauf in eine zweite Kirche mit einem Bild der jemenitischen Königin von Saba, die Salomo prüft. (Äthiopiens Christen glauben, dass König David Stammvater ihrer Religion ist.) Durch diese Kirche gelangt man auf das Dach mit der Lichtkuppel der darunterliegenden Helenakapelle. Nachdem die Kopten im ewigen Streit um die Grabeskirche ihre äthiopischen Brüder und Schwestern weitgehend vertrieben hatten, ließen sich die äthiopischen Mönche, Nonnen und Priester auf dem Dach der Grabeskirche nieder. Es sind zwei Dutzend kleine, schlichte Lehmhütten, zwischen denen sogar Bäume wachsen, in denen die Äthiopier in sehr bescheidenen Verhältnissen leben und die Klosterkasse durch den Verkauf einfacher Souvenirs aufbessern. Vom Besucher wird hier ganz besondere Ruhe und Zurückhaltung erwartet. Ein anderer Weg zu der ungewöhnlichen Wohnstätte beginnt an Station X der Via Dolorosa. Folgt man dem Schild »Coptic Orthodox Patriarchat«, gelangt man auf das Dach der Grabeskirche.

i Praktische Informationen zur Altstadt s. S. 185

Außerhalb der Altstadt

Citypläne S. 170 u. 176

Jerusalems faszinierende Geschichte und vor allem die Spuren Jesu enden nicht an den Mauern der Altstadt. Der Ölberg mit dem Garten Gethsemane gehört zu den biblischen Orten, die mit dem Verrat und den letzten Lebensstunden des Heilands verknüpft sind. Unweit davon liegt das Josaphattal, das nach jüdischem Glauben der Schauplatz des Jüngsten Gerichts sein wird.

Ölberg und Berg Skopus

Cityplan: S. 170; **Reiseatlas:** S. 9, B/C 3

Moderne Zeiten: Das Hotel Seven Arches mit dem schönen Ausblick auf Jerusalem krönt über den Prophetengräbern heute den **Ölberg** 45 (Har HaZetim). Weil sie auf einem alten jüdischen Friedhof errichtet wurde, ist die Herberge heftig umstritten. Park- und Aussichtsplatz davor sind zum Sonnenuntergang bevölkert mit kamerabewaffneten Touristen, Sportvereine und Schulklassen posieren für das Gruppenfoto vor Jerusalems Kulisse. Darüber vergisst man beinahe, dass der 740 m hohe Berg, der seinen Namen den dichten Olivenhainen verdankt, der größte jüdische Friedhof der Welt, hohes jüdisches und christliches Heiligtum ist. Hier verbrachte Jesus den letzten Abend mit seinen Jüngern. Hier wurde Jesus nach dem Verrat des Judas verhaftet. Und von diesem Berg aus wurde Jesus »aufgehoben gen Himmel und setzte sich zur Rechten Gottes« (Markus 16,19).

Stephanskirche und Mariengrab

Am besten verlässt man die Altstadt durch das Löwentor. Der Weg führt vorbei an der griechisch-orthodoxen, 1968 fertiggestellten byzantinischen **Stephanskirche** 46 mit ausgefallenen Bodenmosaiken. An diesem Ort soll der erste christliche Märtyrer gesteinigt worden sein (tgl. 8–12, 14–17 Uhr).

Weiter geht es zum **Mariengrab** 47, in dem eine von den Kreuzfahrern restaurierte Krypta als letzte, tatsächlich aber nicht bekannte Ruhestätte der Gottesmutter angenommen wird. Sehenswert ist auch das frühgotische Portal (tgl. 6–12, 14–17 Uhr, Eintritt frei).

Gethsemanegrotte und Kirche der Nationen

Aus der Stephanskirche kommend geht man zweimal links und gelangt durch einen Gang in die **Gethsemanegrotte** 48, dem Schauplatz des Judasverrats (tgl. 8–12, 14–18 Uhr).

Nach wenigen Schritten auf der Jericho Street (Derech Jericho) fällt die Fassade der großartigen **Kirche der Nationen** 49 ins Auge. Sie liegt im **Garten Gethsemane,** einem durch hohe Mauern abgeschirmten Olivenhain, in dem sich Jesus mit den Jüngern zu treffen pflegte. Einige Ölbäume sollen noch aus dieser Zeit stammen. Die Kirche selbst wurde zwischen 1919 und 1925 mit Spenden vieler Nationen erbaut. Hinreißend schön ist das Giebelmosaik, v. a. abends, wenn es im Glanz der untergehenden Sonne strahlt. Es zeigt Jesus, der in der Mitte zwischen Gott (mit Alpha und Omega) und den Menschen steht. Unter dem Mosaik stellen die Statuen auf den vier Säulen die Evangelisten dar. Die Hirsche, die das Kreuz auf der Giebelspitze flankieren, versinnbildlichen Psalm 42,2: »Wie der Hirsch lechzt nach frischem Wasser, so schreit meine Seele, Gott, zu dir.«

Die moderne Kirche der Nationen hatte an dieser Stelle sowohl einen kleineren byzantinischen Vorläuferbau (Basilika der Todesangst) als auch eine annähernd so große Kreuzfahrerkirche, die aber bereits im 14. Jh. nur noch eine Ruine war. Im Innern der Kirche tauchen dunkelblaue Alabasterfenster den Raum in fast mystisches Licht. Sehenswert sind auch die Mosaiken, die Jesu Todesangst zum Thema haben (tgl. 8.30–12, 15–17 Uhr, der Eingang zum Garten liegt hinter der Kirche an dem Weg, der auf den Ölberg führt).

Maria-Magdalenen-Kirche

Kurz nach Verlassen der Kirche der Nationen verästelt sich die Straße. Alle drei Wege führen auf den Ölberg, zu empfehlen ist jedoch die Abzweigung nach rechts zur **Maria-Magdalenen-Kirche** 50**.** Sieben barocke Zwiebeltürme mit ihren vergoldeten Kuppeln und Kreuzen gleißen schon von Weitem im Sonnenlicht. Zar Alexander III. widmete die Kirche, die heute unter der Obhut russisch-orthodoxer Nonnen steht, 1885 seiner Mutter. In der Krypta wurden mehrere Mitglieder der Zarenfamilie beigesetzt (So, Di, Do 10–12 Uhr).

Dominus-Flevit-Kapelle

Oberhalb der Maria-Magdalenen-Kirche liegt die **Dominus-Flevit-Kapelle** 51 (›Der Herr weinte‹). Als Jesus am Palmsonntag den Ölberg hinunterritt, »sah er die Stadt und weinte über sie und sprach: Denn es wird eine Zeit über dich kommen, da werden deine Feinde um dich einen Wall aufwerfen, dich belagern und von allen Seiten bedrängen und werden dich dem Erdboden gleichmachen samt deinen Kindern in dir und keinen Stein auf dem andern lassen«, berichtet Lukas 19,41–44. Nahe der beschriebenen Stelle errichteten die Franziskaner 1881 diese Kapelle. Bereits im 5. Jh. stand hier ein Bau zu Ehren der hl. Anna, dessen Fundamente man 1955 entdeckte. Die von einem Italiener entworfene Architektur ist nicht unumstritten: Das schlanke Gotteshaus in Form einer Träne erinnert manche Kritiker trotz des sakralen Bogenfensters an eine schlechte Kopie des Opernhauses von Sydney (tgl. 8–12, 14.30–17 Uhr).

Mit dem Autor unterwegs

Rast mit arabischem Flair

Das **American Colony Hotel** in Ost-Jerusalem ist ein arabisches Traditionshaus mit Flair. Im bezaubernden Innenhof kann man Kaffee trinken oder essen, die Bar ist bekannt als Treffpunkt palästinensischer Lokalgrößen und Politiker (s. S. 187).

Hotelfestung mit Aussicht

Die Zimmer des **YMCA Three Arches Hotel** mögen Standard sein. Was hier zählt, ist das Gebäude, das an eine Kreuzfahrerfestung erinnert und zentral gegenüber dem King David Hotel liegt (s. S. 187).

Marokkanisch speisen

In einem 200 Jahre alten Gebäude unweit der Jaffa Road serviert das **Restaurant Darna** Spezialitäten aus Marokko. V. a. mittags kann man hier günstig einkehren (s. S. 188).

Pater-Noster-Kirche

Am Benediktinerkloster vorbei führt der Weg zur teilweise über einer alten Kirche errichteten **Pater-Noster-Kirche** 52**.** An der Stelle der 1875 geweihten Kirche soll Jesus die Jünger das Vaterunser gelehrt haben – »Er aber sprach zu ihnen: Wenn ihr betet, so sprecht: Vater! Dein Name werde geheiligt, Dein Reich komme, ...« (Lukas 11,2). Die Wände der Kirche sind geschmückt mit dem Vaterunser in 44 Sprachen. Im 4. Jh. hatte Helena hier die Eleona-Kirche errichtet, von der heute nur noch Fundamente existieren. Sie entstand über einer Grotte, in der Jesus seine Jünger vor »falschen Christussen und falschen Propheten« warnte. 614 zerstörten Perser die Kirche (tgl. 8–12, 14.30–17 Uhr).

Kapelle und Moschee der Himmelfahrt

Auf dem höchsten Punkt des Ölbergs stehen, außer dem erwähnten Hotel, **Kapelle und Moschee der Himmelfahrt** 53**.** Die Anlage belegt muslimisch-christliche Übereinstim-

Jerusalem/Ölberg: Cityplan

Sehenswürdigkeiten

45 Ölberg
46 Stephanskirche
47 Mariengrab
48 Gethsemanegrotte
49 Kirche der Nationen
50 Maria-Magdalenen-Kirche
51 Dominus-Flevit-Kapelle
52 Pater-Noster-Kirche
53 Kapelle und Moschee der Himmelfahrt
54 Berg Skopus
55 Hebrew University
56 Davidsstadt
57 Qidrontal
58 Hinnomtal
59 Gihonquelle
60 Shiloahteich
61 Josaphattal
62 Gräber Absaloms, Josaphats und Beni Hesirs

1 – 44 s. Cityplan S. 144
63 – 80 s. Cityplan S. 176

mung in der Person Jesu – zumindest was seinen Status als Prophet und die Himmelfahrt angeht, von der an diesem Platz ein Stein mit seinem Fußabdruck zurückblieb (Jesu Gottessohnsein und Kreuzigungstod erkennt der Islam nicht an). Um den versteinerten Fußabdruck errichteten Kreuzfahrer die Himmelfahrtskapelle. Ein Augustinerkloster umschloss beides, bis Saladin im 12. Jh. das Kloster schleifen ließ und den christlichen Schrein zur Moschee erklärte. Christen dürfen hier Ostern feiern (unregelmäßig geöffnet, man muss evtl. um Einlass bitten).

Berg Skopus und Hebrew University

Eine der Aussicht wegen lohnende Wanderung führt vom Ölberg Richtung Norden durch das Dorf El Tur zum **Berg Skopus** 54 (HaTsofim). Unterwegs passiert man – etwas links unten liegend – die **Kirche Viri Galilaei,** das griechisch-orthodoxe Patriarchat, sowie das **Augusta-Victoria-Krankenhaus,** das 1898 von Kaiser Wilhelm II. gestiftet wurde.

HaTsofim heißt im Hebräischen ›überblicken‹ im Sinne von schöner Aussicht und Skopus ist die latinisierte griechische Entsprechung. Auf 819 m liegt die **Hebrew University** 55**,** 1925 als erste weltliche jüdische Hochschule gegründet. Zwischen dem Unabhängigkeitskrieg 1948 und dem Sechstagekrieg 1967 war der Berg israelische Enklave. Der Betrieb ruhte und in der Neustadt musste die Neue Hebräische Universität (New Hebrew University, Givat Ram) eingerichtet werden. Nach 1967 wurde die ursprüngliche Hochschule erweitert. Zu ihr gehören heute ein Friedensforschungsinstitut sowie ein großartiger **Botanischer Garten** mit u. a. in Thora und Talmud erwähnter Flora. In den kommenden Jahren wird der Garten auf 180 ha erweitert. Jährlicher Höhepunkt ist die Orchideenausstellung an Pessach (Yehuda Burla St., Tel. 02 679 40 12, www.botanic.co.il, Sa–Do 7 Uhr bis Einbruch der Dunkelheit, Fr/Fei 7–15 Uhr, 25 NIS).

Von Davidsstadt zum Josaphattal

Cityplan: S. 170; **Reiseatlas:** S. 9, B/C 3
Für den folgenden Ausflug vor die südliche Stadtmauer benötigt man zu Fuß ungefähr einen halben Tag. Man verlässt die Altstadt am besten durch das Misttor.

Davidsstadt

Mehr als 3000 Jahre reicht die Geschichte des ältesten Jerusalemer Viertels, **Davidsstadt** 56**,** zurück. Von hier aus nahm König David die Stadt ein und erweiterte sie nach seinen Vorstellungen. Der Ort ist heute eine archäologische Grabungsstelle und kann besichtigt werden. Gefunden wurden bisher Relikte einer kanaanitischen Zitadelle, die David erobert hatte, eine Festung Davids sowie Jerusalems Oberstadt, in der die wohlhabenden Bürger gelebt hatten (So–Do 8–18, Fr 8–14 Uhr, Eintritt frei).

Qidron- und Hinnomtal

Nordöstlich von Davidsstadt schließt sich das **Qidrontal** 57 an, das schon der Aussicht wegen einen Ausflug wert ist. Allenfalls im Winter und Frühjahr führt der ins Tote Meer mündende Qidron (arab. Wadi el Nar, ›Feuerfluss‹) Wasser – gespeist wird er nicht von einer Quelle, sondern von Regenwasserbecken an den Hängen des Ölbergs und des Skopus.

Zwischen Berg Zion und Qidrontal erstreckt sich das **Hinnomtal** 58**,** wo im 7. Jh. v. Chr. der Götze Moloch verehrt und ihm zu Ehren – laut Jeremias – Söhne und Töchter als Opfer verbrannt wurden. Ein Teil des Tals ist der Blutacker, wie es im Matthäus-Evangelium heißt. Mit seinen 30 Silberlingen Blutgeld, die Judas nach dem Tod Jesu den Hohenpriestern in den Tempel geworfen hatte, bevor er sich erhängte, beschlossen sie, für Begräbnisse von Fremden diesen Blutacker zu kaufen. In der Nähe liegt das nach einem ägyptischen Eremiten benannte **Kloster des Heiligen Onuphrius** (Aceldama).

Gihonquelle und Shiloahteich

Bei der Exkursion zur **Gihonquelle** 59 und zum **Shiloahteich** 60 sollte man unbedingt Sandalen und kurze Hosen anziehen sowie eine Taschenlampe mitnehmen – es wird nass und dunkel werden, denn man watet durch einen unterirdischen Quellwasserkanal. Die Quellen sicherten einst die Wasserversorgung der Jebusiter – und später ermöglichten sie David die Eroberung der Stadt.

Gihon bedeutet ›sprudeln‹, und in der Tat drückt Wasser für 20 Minuten oder länger aus der Erde, ehe es plötzlich versiegt, um nach kurzer Zeit erneut zu sprudeln. Über eine Treppe gelangt man hinunter zu der Quelle, von der aus die Jebusiter einen Tunnel bis in die Stadt trieben, um auch im Kriegsfall nicht von der außerhalb der Stadtumfriedung gelegenen Quelle abgeschnitten zu sein. Durch diesen Tunnel konnten 1000 v. Chr. Davids Männer in die Stadt eindringen und die Tore für den Sturm öffnen. Dieser folgenreiche Fehler sollte sich nicht wiederholen.

300 Jahre später ließ König Hiskija einen zwischen 1,60 und 5,10 m hohen unterirdischen Zufluss in die Stadt bauen, der das Wasser direkt in den Shiloahteich, ein riesiges Wasserreservoir, transportierte. Die variierende Höhe des Kanals, der viele Biegungen aufweist, ist leicht erklärt: Man begann mit dem Bau von zwei Seiten, allerdings in unterschiedlicher Tiefe. Diese Abweichung musste durch die Deckenhöhe ausgeglichen werden. Etwa 30 Minuten dauert die Wanderung durch den Kanal, der am Shiloahteich endet. Hier heilte Jesus den Blindgeborenen, indem er ihm einen Brei aus feuchter Erde auf

Ein mythischer Ort, um den Sonnenuntergang über Jerusalems Altstadt zu bewundern: der jüdische Friedhof auf dem Ölberg

die Augen strich und ihn dann zum Waschen an den Teich Shiloah sandte – daher der Name: Shiloah bedeutet ›gesandt‹. Byzantiner errichteten über dem Teich eine Kapelle mit unterirdischen Bädern für Männer und Frauen, die 614 von den Persern zerstört wurde.

Josaphattal

Vom Tempelplateau bis zum Ölberg erstreckt sich das **Josaphattal 61**, das nach jüdischem Glauben dereinst Schauplatz des Jüngsten Gerichts sein wird. Sehenswert sind die **Gräber Absaloms, Josaphats** und **Beni Hesirs 62** (jederzeit zugänglich).

Absalom, Sohn Davids, lehnte sich gegen den Vater auf und wurde schließlich vom Volk Israel lebend in eine Grube geworfen und mit Steinen bedeckt, wie 2. Samuel 18,1–18 beschreibt: »Absalom aber hatte sich eine Säule aufgerichtet, als er noch lebte: die steht im Königsgrund. Denn er sprach: Ich habe keinen Sohn, der meinen Namen lebendig erhält. Und er nannte die Säule nach seinem Namen.« Sie heißt bis zum heutigen Tag Absaloms Mal. Es muss dort gewesen sein, wo sich seit römischer Zeit ein einzig wegen seiner Höhe von knapp 15 m beeindruckendes Steinmonument erhebt – der Unterbau in Würfelform, darauf eine kegelförmige Kuppel. Dahinter findet man die in den Fels gehauenen Grabkammern des Josaphat (›Gott wird richten‹, 1./2. Jh. v. Chr.). Wiederum dahinter liegt das Grab des Beni Hesir in der Grotte einer hasmonäischen Priesterfamilie, wie den hebräischen Inschriften über den dorischen Säulen zu entnehmen ist. In den Grabkammern entdeckte man im 4. Jh. ein Skelett, das von Jakobus, dem Cousin Jesu, stammen soll.

Nördlich der Altstadt

Cityplan: S. 176; **Reiseatlas:** S. 9, B/C 3
Das Viertel, in dem man sich nun bewegt, ist auf den ersten Blick nicht so schillernd wie die klassische Altstadt. Doch mit dem archäologischen Rockefeller-Museum und dem wundervollen American Colony Hotel wird die arabische Geschichte Jerusalems wach.

König Salomos Steinbruch

Ausgangspunkt für einen Rundgang durch das nördliche Jerusalem ist das Damaskustor. Nach rund 150 m entlang der äußeren Stadtmauer in östliche Richtung ist auch schon die erste Sehenswürdigkeit erreicht. Um **König Salomos Steinbruch** 63 oder **Zedekias Höhle,** 1854 zufällig entdeckt, ranken sich zwei Geschichten. Die eine sagt, König Salomo habe hier die Steine zur Errichtung des Ersten Tempels abgebaut, und die andere erzählt, hier habe sich Zedekia, der letzte judäische König, auf der Flucht nach Jericho versteckt, bevor er dann doch von den Babyloniern gefangen genommen wurde (tgl. 10–16 Uhr, 10 NIS).

Rockefeller-Museum

Durch das Herodestor verlässt man nun die Altstadt. Ungefähr 300 m weiter, gegenüber der nordöstlichen Ecke der Stadtmauer, legte John D. Rockefeller II. 1927 mit der damals fast unglaublichen Summe von 2 Mio. US-Dollar an der heutigen Sulaiman Street den Grundstein für das **Rockefeller-Museum** 64, eine der besten archäologischen Sammlungen im Nahen Osten. Entsprechend prominent liegt das im Jahr 1938 als Archäologisches Museum von Palästina eröffnete Gebäude auf geschichtsträchtigem Areal: Von hier startete der Kreuzritter Gottfried von Bouillon 1099 seinen siegreichen Angriff auf Jerusalem. Anfang des 18. Jh. wurde der Ort unter dem Namen Karm el Sheikh bekannt, denn zu dieser Zeit ließ Sheikh Mohamed al Halili, Mufti von Jerusalem, hier seine Sommerresidenz errichten. Sein Haus namens Qar el Sheikh steht noch heute westlich des Museums.

Die Sammlung reicht von Steinwerkzeugen und menschlichen Knochensplittern der Steinzeit bis zu Funden aus den biblischen Städten Megiddo, Lakhish und Beit She'an (Fragmente der Sarkophage). Besonders sehenswert sind folgende Abteilungen: der **Südsaal** mit seinen Holz- und Schnitzarbeiten aus der Al-Aqsa-Moschee, die **Westgalerie** mit Stuck- und Steinmetzarbeiten aus dem Hisham-Palast in Jericho, darunter Vogel-, Pferde- und Menschendarstellungen mit teilweise fratzenartigen Gesichtern, sowie der **Nordsaal** mit Skulpturen aus der Kreuzfahrerzeit und den Friesen vom Hauptportal der Grabeskirche. Aktuelle Ausstellungen ergänzen die Sammlung (Tel. 02 628 22 51, www.imj.org.il/rockefeller, So/Mo, Mi/Do 10–15, Fr/Sa 10–14 Uhr, 26 NIS).

Gartengrab und armenisches Bodenmosaik

Der Weg führt nun zurück zum Damaskustor. Von dort folgt man der Nablus Road (Derech Shechem) in nördliche Richtung und biegt nach der St.-Paulskirche in die erste Querstraße rechts zum **Gartengrab** 65 ein. Auf der Entdeckung (1883) dieses Grabs basiert die Gartentheorie als wahrer Ort der Grablegung Jesu. Der britische General Charles Gordon formulierte 1883 die Vermutung, dass der Kalvarienberg nicht am Platz der heutigen Grabeskirche, sondern hier gelegen habe. Dass jedoch das Grab, das sich bis unter die Altstadt erstreckt, erst aus dem 4. Jh. stammt, ist mittlerweile gesichert. Dennoch wird es von vielen Protestanten als *ihr* Kalvarienberg verehrt (Tel. 02 627 27 45, www.gardentomb.com, Mo–Sa 9–12, 14–17.30 Uhr, Eintritt frei, Spende erbeten).

Etwa fünf Gehminuten entfernt kann man an der Prophet's Street (HaNevim St.) das **armenische Bodenmosaik** 66 besichtigen. Im 5. Jh. entstand diese byzantinische Arbeit, die zur Kapelle St. Polyeuctos gehört. Es handelt sich um eines der reizvollsten Mosaike Israels: ein fein gearbeiteter Weinstock, in dem Adler, Ente, Taube und Pfauen friedlich nebeneinander Platz gefunden haben (tgl. 7–17 Uhr, Eintritt frei).

Königsgräber und Tourjeman Post

Folgt man der Nablus Road weiter nach Norden, mündet von rechts die Salah el Din Street ein. Dort liegen, unweit des allein wegen seines gastronomisch genutzten Innenhofs sehenswerten **American Colony Hotel** 3 (s. S. 187), die **Königsgräber** 67**,** die früher fälschlicherweise mit den Königen von Judäa in Verbindung gebracht wurden. Sie entstanden aber erst im 1. Jh. Königin Helena von Adiabene in Mesopotamien, die in Jerusalem zum Judentum konvertierte, ließ die 30 Gräber für ihre Familie aus dem Fels schlagen. Ein Rollstein verschloss die Grabkammer, deren Sarkophage im Pariser Louvre stehen. Zur Besichtigung ist eine Taschenlampe nötig (Mo–Sa 8–12.30, 14–17.30 Uhr, 7 NIS).

Südwestlich davon errichtete Hassan Bey Tourjeman an der Chel Handasa Street Nr. 4 den **Tourjeman Post** 68 aus rosafarbenem Jerusalemer Stein im typischen 30er-Jahre-Stil der Araber Jerusalems. Das im Jahr 1948 schwer beschädigte Haus diente bis 1967 als israelischer Militärposten, wurde dann reno-

Jerusalem: Cityplan, s. S. 176

Sehenswürdigkeiten

63 König Salomos Steinbruch
64 Rockefeller-Museum
65 Gartengrab
66 Armenisches Bodenmosaik
67 Königsgräber
68 Tourjeman Post
69 Sanhedrin-Gräber
70 Zion Square
71 Machane-Jehuda-Markt
72 Bezalel School of Art
73 Russisches Viertel
74 Montefiore-Windmühle
75 Sultans Teich
76 L. A. Mayer Museum for Islamic Art
77 Knesset
78 Israel-Museum
79 Herzl-Museum
80 Hadassa Medical Center

1 – 62 s. Citypläne S. 144 u. 170

Übernachten

1 Inbal Jerualem
2 King David
3 American Colony
4 The David Citadel
5 Olive Tree Royal Plaza
6 Mount Scopus
7 YMCA Three Arches
10 St. Andrew's Scottish Guesthouse

Essen und Trinken

15 Darna
16 Ticho House
17 Rungsit
18 Jerusalem Court/Feingold House
20 Askadinya
21 Arcadia
22 Cacao
24 Spaghettim
25 Pasha's

8 – 9, 11 – 14, 19, 23, 26 – 27 s. Cityplan S. 144

Jerusalem/Übersicht: Cityplan

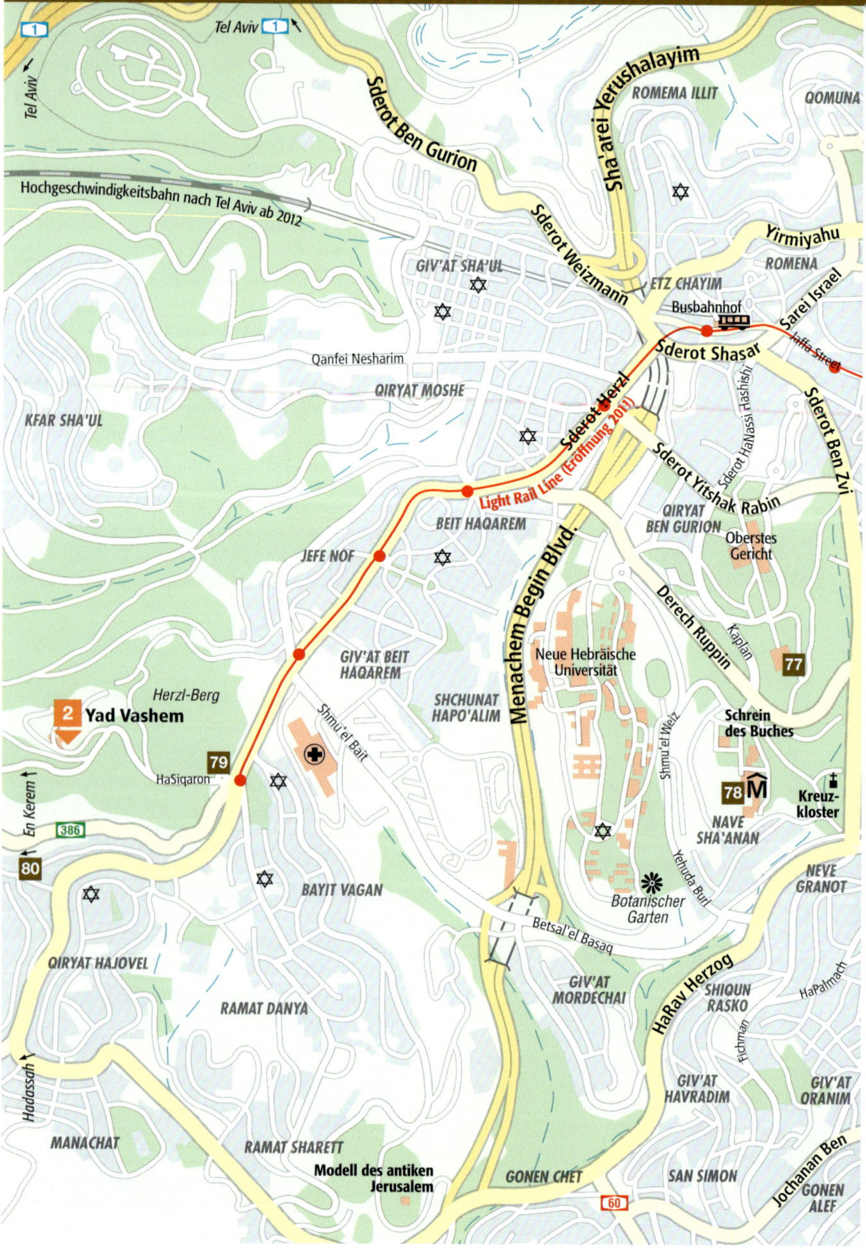

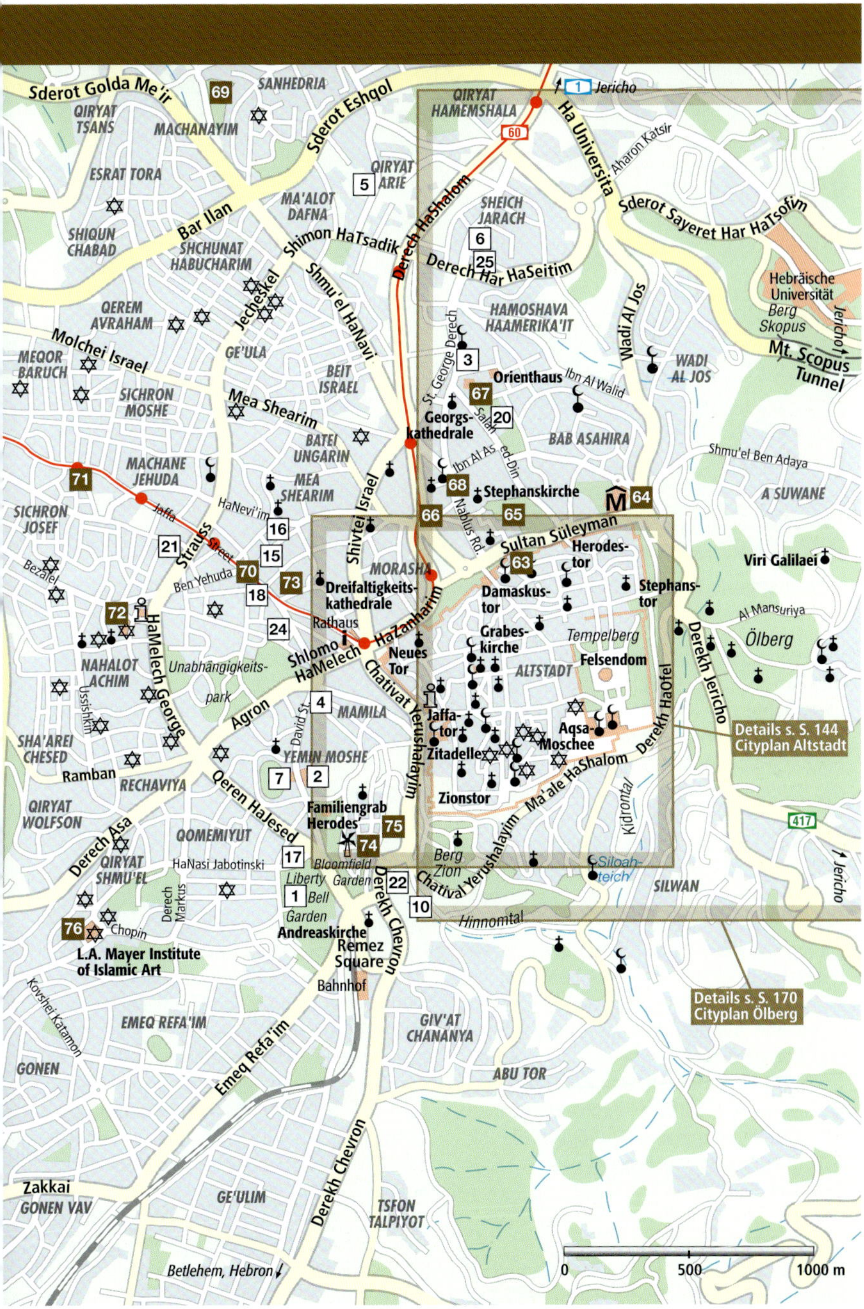
Sderot Golda Me'ir
69
SANHEDRIA
QIRYAT TSANS
MACHANAYIM
Sderot Eshqol
QIRYAT HAMEMSHALA
1 Jericho
60
Ha Universita
Aharon Katsir
ESRAT TORA
QIRYAT ARIE
5
MA'ALOT DAFNA
Bar Ilan
SHIQUN CHABAD
SHCHUNAT HABUCHARIM
Shimon HaTsadik
Derech HaShalom
SHEICH JARACH
6
25
Derech Har HaSeitim
Sderot Sayeret Har HaTsofim
Hebräische Universität
Berg Skopus
Mt. Scopus Tunnel
Jericho
QEREM AVRAHAM
Jecheskel
Shmu'el HaNavi
HAMOSHAVA HAAMERIKA'IT
Wadi Al Jos
WADI AL JOS
Molchei Israel
GE'ULA
MEQOR BARUCH
BEIT ISRAEL
St. George Derech
3
Orienthaus
Ibn Al Walid
SICHRON MOSHE
Mea Shearim
67
Georgs-kathedrale
Salah ed-Din
20
BAB ASAHIRA
BATEI UNGARIN
Shmu'el Ben Adaya
MACHANE JEHUDA
71
MEA SHEARIM
Ibn Al As
68
Stephanskirche
64
A SUWANE
SICHRON JOSEF
HaNevi'im
Jaffa Street
16
66
65
Nablus Rd.
21
Strauss
15
Shivtei Israel
Sultan Süleyman
Herodes-tor
Viri Galilaei
Bezalel
Ben Yehuda
70
73
18
MORASHA
63
Dreifaltigkeits-kathedrale
Damaskus-tor
Stephans-tor
72
HaMelech George
24
Rathaus
HaZanharim
Al Mansuriya
Tempelberg
Ölberg
Grabes-kirche
NAHALOT ACHIM
Unabhängigkeits-park
Shlomo HaMelech
Neues Tor
Felsendom
ALTSTADT
Ussishkin
Derekh Jericho
Derekh HaOfel
Agron
4
MAMILA
Chativat Yerushalayim
Jaffa-tor
Aqsa-Moschee
Details s. S. 144 Cityplan Altstadt
SHA'AREI CHESED
David St.
YEMIN MOSHE
Zitadelle
Ramban
RECHAVIYA
7
2
Ma'ale HaShalom
QIRYAT WOLFSON
Qeren HaJesod
Zionstor
Familiengrab Herodes'
75
Kidrontal
417
Derech Asa
QOMEMIYUT
74
QIRYAT SHMU'EL
HaNasi Jabotinski
17
Bloomfield Garden
Berg Zion
Chativat Yerushalayim
Siloah-teich
Jericho
Liberty Bell Garden
1
22
Derekh Chevron
SILWAN
Derech Markus
10
Hinnomtal
76
Chopin
Andreaskirche
L.A. Mayer Institute of Islamic Art
Remez Square
Bahnhof
Details s. S. 170 Cityplan Ölberg
Kovshei Katamon
EMEQ REFA'IM
GIV'AT CHANANYA
GONEN
Emeq Refa'im
ABU TOR
Derekh Chevron
Zakkai
GONEN VAV
GE'ULIM
TSFON TALPIYOT
Betlehem, Hebron
0
500
1000 m

In Jerusalems Stadtteil Mea She'arim leben ausschließlich orthodoxe Juden

viert und zu einem Museum umfunktioniert, das Karten, Fotografien und Dokumente zur Geschichte der Kämpfe um Jerusalem im 20. Jh. zeigt. Eine moderne Erweiterung bildet das **Museum on the Seam** (›Museum an der Nahtstelle‹) mit dem Thema Dialog, Verständigung und Koexistenz verschiedener Religionen, Kulturen und Gesellschaftsformen. Begleitet von einem Führer unternimmt man einen rund 1,5-stündigen interaktiven Rundgang durch dieses soziopolitische Museum zeitgenössischer Kunst, wie es im Untertitel heißt. Im Rahmen der Ausstellung mit dem Titel Heartquake (›Herzbeben‹) greifen 35 Künstler aus aller Welt das Thema Ängste und Traumata auf. Zu sehen sind u. a. Arbeiten von Samuel Beckett, Bruce Nauman, Anselm Kiefer und Barbara Klemm. Ein Besuch ist nur nach Voranmeldung möglich (Tel. 02 628 12 78, www.mots.org.il, So–Do 9–17, Fr 9–14 Uhr, 25 NIS).

Sanhedrin-Gräber

Bereits weit nördlich, im Stadtteil Sanhedria, befinden sich die **Sanhedrin-Gräber 69**. Die Katakomben an der Shmu'el HaNavi Street waren für die Mitglieder des Sanhedrin bestimmt, des obersten Gerichts, das bis zur Zerstörung des Zweiten Tempels 70 n. Chr. Recht sprach (tgl. 9 Uhr bis Sonnenuntergang, Eintritt frei).

Westlich der Altstadt

Cityplan: S. 176; **Reiseatlas:** S. 9, B/C 3
Das Leben des modernen Jerusalem konzentriert sich auf den weit gefassten Bereich rund um den **Zion Square 70** (Kikkar Ziyyon) mit seiner Fußgängerzone, den Straßencafés, billigen und teureren Restaurants, Bistros und Souvenirläden. Das alte Jerusalem scheint ganz weit weg zu sein – wären da nicht die orthodoxen, schwarz gekleideten Juden aus dem nördlich gelegenen Viertel **Mea She' arim** (s. S. 181). Zur traurigen, modernen Geschichte dieser Ecke Jerusalems gehört, dass palästinensische Selbstmordattentäter häufig hier zuschlugen und Unschuldige mit in den Tod rissen.

Machane Jehuda Markt und Bezalel School of Art

Etwa 1 km westlich des Zion Square findet man an der Jaffa Street den pittoresken **Machane-Jehuda-Markt 71,** der v. a. donnerstags, freitags und an Vorabenden von Feiertagen ein lebendiges Einkaufstreiben bietet.

Südlich davon wurde an der 12 HaNagid Street 1906 die erste israelische Kunstakademie eröffnet, die **Bezalel School of Art 72.** Derzeit entsteht am Russian Compound ein Neubau nach dem Entwurf eines in Köln und Istanbul ansässigen Architekturbüros, das die internationale Ausschreibung gewonnen hat. So lange befindet sich der Campus des angesehenen Instituts noch auf dem Gelände der Hebrew University auf dem Berg Skopus (s. S. 171). Zu dem Institut gehört eine gute Kunstgalerie (Tel. 02 625 36 53, So–Fr 10–13, 16–19, Sa 10–13 Uhr, Eintritt frei).

Russisches Viertel

Östlich des Zion Square bzw. nördlich der Jaffa Road liegt das sogenannte **russische Viertel 73,** eine der ersten größeren Anlagen, die außerhalb der Altstadt entstanden. Der Komplex, um 1860 gebaut, umfasste Hospize und Gasthäuser für die russischen Pilger. Heute beherbergt er u. a. einen Trakt, der während der britischen Mandatszeit als Gefängnis diente (ein Fluchttunnel ist erhalten), und das **Hechal-HaGvurah-Museum** (Hall of Heroism, ›Heldenhalle‹), das sich auf die Geschichte der jüdischen Untergrundbewegungen, insbesondere auf den Widerstand gegen die Briten konzentriert (So–Do 8.30–16 Uhr, Tel. 02 623 33 16, 10 NIS).

King David Hotel und YMCA Three Arches

Nach zehn Gehminuten erst in östlicher, dann in südlicher Richtung gelangt man vom Zion Square aus zur berühmtesten Straße des neuen Jerusalem, zur **King David Street** (David HaMelech). Einen nicht unwesentlichen Anteil daran hat das **King David Hotel** [2]**,** nicht nur das beste Hotel Israels, sondern eine der bekanntesten Nobelherbergen der Welt. Staatsgäste steigen hier ab und regelmäßig parken der Wagen des Präsidenten und die Motorradeskorten der Polizei vor dem Eingang. Man muss dort nicht wohnen, aber einen Nachmittagstee – bei klassischer Musik – sollte man sich gönnen.

Gleich gegenüber wohnt man nicht viel schlechter, und zwar im **YMCA Three Arches** [7]**,** das als weltweit schönste Unterkunft der Organisation gilt. Das Gebäude, eine 1933 erbaute Mischung aus Kreuzfahrerfestung und Münster, wird dominiert von einem 51 m hohen Turm mit dem einzigen Glockenspiel, das es im Nahen Osten gibt. Schmuckstück der prächtigen Lobby ist eine originalgetreue Kopie des berühmten Palästinamosaiks aus Madaba (Jordanien). In der angeschlossenen Kirche finden regelmäßig Gospel-Gottesdienste, oft mit stimmgewaltigen Chören, statt.

Montefiore-Windmühle und Liberty Bell Garden

Nach Süden führt die King David Street zu den beiden ersten jüdischen Vierteln, die Mitte des 19. Jh. außerhalb der Altstadt errichtet wurden: **Mishqenot Sha'annanim** und **Jemin Moshe.** Ihre Gründung finanzierte der britische Bankier Moshe Montefiore. Die verbliebenen Häuser wurden liebevoll renoviert und beherbergen heute eine Künstlerkolonie mit vielen Galerien. An den Mäzen erinnert die **Montefiore-Windmühle 74** am **Bloomfield Park** gegenüber dem Berg Zion. Das hier untergebrachte Museum ist seinem Lebenswerk gewidmet. Von 1948 bis 1967 stand die Windmühle exakt auf der Frontlinie zwischen Jordanien und Israel (So–Do 9–16, Fr 9–13 Uhr, Eintritt frei).

Zum jenseits der Straße liegenden **Liberty Bell Garden,** 1983 zum 200. Jahrestag der amerikanischen Unabhängigkeit eröffnet, gehört eine Kopie der Glocke von Philadelphia. Der Garten ist beliebt für Spaziergänge und Picknicks.

Sultans Teich

Einen wunderbaren Ausblick über Jerusalem genießt man von **Sultans Teich 75** (Sultan's Pool), ehemals eines der drei großen Wasserreservoirs der Stadt. Die Fontäne wurde im 16. Jh. von Sultan Sulaiman angelegt. Im dortigen Amphitheater finden häufig klassische und moderne Konzerte statt – mit der Jerusalemer Altstadt als herrliche Kulisse.

L. A. Mayer Museum for Islamic Art

In der HaPalmach Street ca. 1 km südwestlich des Wasserreservoirs erinnert das **L. A. Mayer Museum for Islamic Art** 76 an den Orientalisten Leo Ary Mayer (1895–1959). Gestiftet wurde das Museum 1973 von der Londoner Jüdin Vera Bryce Salomons, die damit das Verständnis für die arabische Kunst fördern wollte. Über 5000 Exponate aus Ägypten, Syrien, der Türkei, Irak, dem Iran und Indien illustrieren die islamische Kunstgeschichte. Zu sehen sind u. a. Gebetsteppiche, Miniaturen, Manuskripte, Keramik und Glasvasen. Zu den besonders beeindruckenden Exponaten gehören die Sammlung von Koranblättern aus aller Welt, ein kalligrafisch grandioses, in Kufisch verfasstes Manuskript aus dem Iran (12. Jh.) sowie elfenbeinerne Schachspiele aus dem Ursprungsland des Königsspiels, Persien (Tel. 02 566 12 91, So–Do 10–15, Fr/Sa, Fei 10–14 Uhr, 20 NIS).

Knesset

Vor dem Haupteingang des im Jahr 1966 eingeweihten israelischen Parlaments, der **Knesset** 77 (›Versammlung‹), steht eine 5 m hohe, mit Szenen der jüdischen Geschichte verzierte Bronzemenora des englischen Künstlers Benno Elkan, die vom britischen Parlament gestiftet wurde. Das Eingangstor gestaltete der Jerusalemer Künstler David Palombo, die Wandteppiche und das Bodenmosaik des Empfangsbereichs der 1985 verstorbene Marc Chagall.

Für die Teilnahme an einer der kostenlosen geführten Touren durch die Knesset muss man aus Sicherheitsgründen den Pass vorweisen. Auch eine Teilnahme an Knesset-Sitzungen ist möglich, den aktuellen Sitzungsplan kann man telefonisch erfragen (Tel. 02 675 33 33, www.knesset.gov.il, So, Do 8.30–14.30 Uhr).

2 Yad Vashem

Auf dem Herzl-Berg (Har Herzl, Mount Herzl), wo die beiden Politiker Golda Meir und Yitzhak Rabin beigesetzt sind, liegt die berühmte Holocaust-Gedenkstätte **Yad Vashem** (›ein Denkmal und ein Name‹ im Sinne von ›zum dauernden Gedenken‹). Die Bezeichnung geht auf das Bibelwort Jesaja 56,5 zurück, in dem Gott spricht: »Denen will ich in meinem Hause und in meinen Mauern ein Denkmal und einen Namen geben. ... Einen ewigen Namen will ich ihnen geben, der nicht vergehen soll.«

Yad Vashem, die bedrückende Gedenk- und Dokumentationsstätte für die 6 Mio. Opfer der Judenvernichtung, ist ein Pflichttermin für jeden Staatsgast, der Israel besucht, und auch für die meisten Reisenden. In sanften Kurven führt die Straße auf den Herzl-Berg. Der Blick reicht über ein tiefes grünes Tal hinweg bis ins moderne Jerusalem, wo weiße Hochhäuser an den Hängen der Hügel kleben. Die Bewaldung nahe dem Parkplatz ist dicht und mittendrin erhebt sich eine Säule, wie ein Kamin. Erst später, wenn man dicht davorsteht, erkennt man darauf Nummern, eine neben der anderen. Es sind die Nummern von Auschwitz-Insassen. Die Bildhauerin Elsa Pollak schuf das **Denkmal Zum dauernden Gedenken,** das an das Grauen einer perfekten Tötungsmaschinerie erinnert.

Die Idee zu der Gedenkstätte stammt ursprünglich aus den Reihen der Kibbuzim, die sich bereits nach Ende des Zweiten Weltkriegs für eine solche Einrichtung stark machten. Aber erst nach der Staatsgründung Israels wurde 1953 von der Knesset das Yad-Vashem-Gesetz beschlossen und damit die 1957 eröffnete Körperschaft des öffentlichen Rechts *in memoriam* aller Holocaust-Märtyrer begründet.

Yad Vashem besteht aus der Halle der Erinnerung mit dem Ewigen Licht, aus dem neuen historischen Museum, aus einer Kunstsammlung mit Bildern aus der Zeit während und nach dem Holocaust sowie einer Kinder-Gedenkstätte. Zu der weitläufigen Anlage auf dem ›Berg der Erinnerung‹ (Har HaZikkaron) gehören darüber hinaus eine Sy-

Zu Besuch in Mea She'arim

Thema

Mea She'arim, das Viertel der ultraorthodoxen Juden Jerusalems, hat wegen seiner Feindseligkeit gegenüber Fremden einen dubiosen Ruf. Der stimmt nur zum Teil: Besucher, die nicht in Touristengruppen auftauchen und sich an die Regeln halten, werden zumindest toleriert.

Nördlich der Altstadt liegt das Viertel der ultraorthodoxen Juden. »Und Isaak säte in dem Lande und erntete in jenem Jahr hundertfältig; denn der Herr segnete ihn.« Auf Genesis 26,12 bezieht sich der Name Mea She'arim (›Hundert Tore‹). Etwa 1000 jüdische Familien wohnen hier in einer Lebensform, die der Holocaust in Europa ausgelöscht hat: das osteuropäische Stetl, abgeschlossenes Leben einer religiösen Gemeinschaft. Die Alltagssprache ist hier Jiddish. Es ist verpönt, im Alltag Hebräisch zu reden. Die heilige Sprache ist dem Gebet und dem religiösen Lernen vorbehalten, wobei es gerade in diesem Punkt einige Abweichler gibt.

1874 gründeten orthodoxe Juden dieses Viertel, das sein Gesicht seither wenig verändert hat. Heute ist es eher ein Monument des Anachronismus, aber auch der pluralistischen israelischen Gesellschaft, die Platz hat für dieses bewohnte Museum. Einige der Sekten hissen zu israelischen Feiertagen schwarze Flaggen. Als Mea She'arim im Unabhängigkeitskrieg 1948 keine 100 m von der jordanisch-israelischen Front entfernt lag, gab es ernsthafte Überlegungen, auf die andere Seite zu wechseln und lieber in einem islamischen Staat als unter gottloser jüdischer Herrschaft zu leben.

Die Hauptstraße, ein paar Gehminuten vom Damaskustor entfernt, ist eine Gasse mit düsteren Fassaden und kleinen Balkonen. Es gibt keine Cafés, kein Kino, nichts von dem, was zur Chiffre der modernen Vergnügungsgesellschaft geworden ist. Ans 21. Jh. erinnern ein Geldautomat und ein Computerladen – spezialisiert auf Thora- und Talmudsoftware.

Über dem Vorplatz einer Synagoge warnt ein Schild: »Frauen und Männer dürfen diesen Platz nicht als Paare betreten!«, ein paar Häuser weiter steht an eine Wand gesprüht: »Töchter Israels! Kleidet euch züchtig.« Die Menschen von Mea She'arim reagieren aggressiv, wenn sie händchenhaltende Paare oder Frauen in Hosen sehen, rufen der Frau »Prostituierte« hinterher. Fotografiert zu werden verbietet man sich, weil auch die Bibel verbietet, sich ein Bildnis zu machen. Das Wort Gottes wird hier streng ausgelegt. Die Männer kleiden sich in Schwarz, tragen Hüte und Schläfenlocken; die Frauen bedecken mit Kopftüchern ihr Haar. Wo es Warteschlangen gibt, stellt man sich getrennt nach Geschlechtern an. Mea She'arim ist eine kleine Theokratie, die keine Toleranz gegenüber anderen Lebensformen zeigt. Zum Shabbat wird alle Elektronik ausgeschaltet und jeder Fremde als Eindringling betrachtet.

Auf zehn Männer kommt eine Synagoge. Die meisten bezahlen keine Steuern, verweigern die Annahme des israelischen Passes, gehen nicht wählen und die israelische Polizei besitzt hier nur eine Autorität: Sie darf am Shabbat den Verkehr umleiten. Wer trotzdem durchfährt, muss mit Steinen rechnen. Mea She'arim hat seine eigenen Gerichte. Das Gesetz ist die Thora. Und Gott, so glaubt man hier, wird die Bewohner Mea She'arims für ihre Treue zum Messias dereinst belohnen, so wie er Isaak belohnte: hundertfach.

Richtig Reisen-Tipp: Israel-Museum

Als eines der absoluten Highlights von Jerusalem gilt das **Israel-Museum** 78 am Boulevard Rupin. Bereits das Gebäude, entworfen von Alfred Mansfield und Dora Gad, ist ein Ereignis. Die Anlage besteht aus mehreren Glas- und Steinpavillons, die sich terrassenförmig über einen sanften Hang erstrecken. Das Museum, zu dem ein Restaurant und Cafés gehören, zeigt Archäologisches, Ethnografisches, Judaika sowie klassische und moderne Kunst. Man benötigt mindestens einen Tag für die Besichtigung. Achtung: Wechselnde Teile der Ausstellung sind bis Mai 2010, wenn das Museum sein 45-jähriges Bestehen feiert, wegen Renovierung geschlossen. Nach Fertigstellung wird es neben neuen Zugängen und Besichtigungswegen auch rund 27 000 m² zusätzliche Ausstellungsfläche geben.

Im Museum besucht man zuerst den **Schrein des Buches,** der sich unter einer markanten, mit weißem Porzellan gedeckten Kuppel befindet. Ihre Form entspricht der Deckel jener Terrakottakrüge, die 1947 in einer Höhle in Qumran am Toten Meer gefunden wurden. Das weiße Dach kontrastiert mit der schwarzen Mauer, eine Anspielung auf die Kinder des Lichts und der Dunkelheit, in die die Essener – die Verfasser der Rollen – die Welt nach ihrem apokalyptischen Verständnis eingeteilt hatten (s. S. 196).

Der Tunnel, durch den man sich auf den Schrein zubewegt, beherbergt Briefe von Bar Kochba, dem Führer des Aufstands gegen die Römer (132–135 n. Chr.), sowie Dokumente, die Einblick in Rechtswesen, Wirtschaft und Landwirtschaft jener Zeit erlauben. 26 Briefe sind in Griechisch, sechs in Nabatäisch und drei in Aramäisch verfasst. Im Zentrum des ersten Untergeschosses wird das Buch Jesaja gezeigt, eines der sieben Bibelpergamente, die neben Münzen in den Qumran-Krügen enthalten waren. Das Pergament, das rund um einen überdimensionalen Thorarollengriff präsentiert wird, ist das besterhaltene, größte und einzige vollständig überlieferte Buch der Bibel. In 55 Spalten sind die 66 Kapitel geschrieben, aber ohne die uns heute vertraute klare Trennung der einzelnen Abschnitte. Seit 1947 wurden 800 meist fragmentarische Rollen in Qumran gefunden. 200 davon stellen alttestamentarische Texte dar – alle Bücher der Bibel, oft in mehreren Kopien, nur das Buch Esther fehlt. Die Innenwand des Kuppelbaus dient als Ausstellungsfläche für eine Niederschrift des sehr gut erhaltenen apokryphen Psalms 151, ein Pergament mit Buchstaben, die nur zwi-

nagoge, ein Archiv mit über 60 Mio. Dokumenten und 263 000 Fotos sowie ein Dokumentations- und Holocaust-Forschungszentrum, vor dessen Toren eine sechsarmige Menora den Platz prägt – je ein Arm steht für 1 Mio. ermordeter Juden. Andere Skulpturen, die den Holocaust zum Thema haben, sind über das gesamte Areal verteilt.

1981 brachten die Teilnehmer des Welttreffens der Holocaust-Überlebenden Hunderte Gedenksteine mit, auf denen die Namen ihrer ermordeten Angehörigen stehen und die heute die **Höhle des Gedenkens** bilden. Nahebei verläuft die von immergrünen Johannisbrotbäumen gesäumte **Allee der Gerechten unter den Völkern** – je ein Baum für jeden Nicht-Juden, der wie Oskar Schindler sein Leben riskierte, um Juden zu retten. Rund 19 000 Bäume sind es.

Schulklassen aus Jerusalem, aus Tel Aviv, aus Be'er Sheva strömen täglich in die **Halle der Erinnerung,** wo sonst Israels Staatsgäste Kränze niederlegen. In der Mitte des dunklen Raums brennt in einem zerbrochenen Bronzekelch die Ewige Flamme, auf dem Boden sind Namen zu lesen: Mauthausen, Sobibór, Theresienstadt, Babi-Yar, Buchenwald, Dachau, Bergen-Belsen – insgesamt 22 der größeren Konzentrationslager und Namen anderer Vernichtungsstätten.

schen 0,5 und 0,7 mm groß sind, sowie das »Handbuch der Disziplin«. Es enthält Aufnahme- und Verhaltensregeln sowie mögliche Strafen der jüdischen Qumran-Gemeinschaft, die wie in einem Kloster »gemeinsam lebte, gemeinsam trank, gemeinsam betete«, wie es in dem Manuskript heißt. Im Geschoss darunter sind Textilien, Sandalen, Tongefäße und Kultgegenstände aus den Höhlen zu sehen, darunter ein Bronzebecher mit kaum noch erkennbaren Gesichtern. Sie waren von jüdischen Gläubigen entfernt worden, da zu jener Zeit noch das Verbot der figürlichen Darstellung galt.

Zu den sehenswerten Stücken in der **archäologischen Abteilung** gehören prähistorische Werkzeuge aus Feuerstein, dekorierte Schädel, die 5500 Jahre alte Elfenbeinfigurine einer Schwangeren ohne Kopf sowie aus der Zeit des Zweiten Tempels das Bodenmosaik einer römischen Villa in Nablus und farbige römisch-byzantinische Glasvasen.

Die **islamische Kunst** ist mit Bildern des 16. Jh. vertreten, aus Ägypten gibt es Skarabäen aus Schmucksteinen und ein Senet-Spiel, Vorläufer des Backgammon.

Auch unter den **Judaika** findet man einige bedeutende Exponate. Aus dem 4. und 5. Jh. stammt eine bei Hebron entdeckte und zum Teil rekonstruierte Marmormenora, deren Mittelleuchter sechs Löwen in ihren Pranken halten. Großartig ist auch der 994-seitige Rothschildband aus dem 15. Jh., der nicht nur ein wundervoll ausgestattetes Bibelpergament darstellt, sondern auch ein Gebetbuch sowie jüdische Gesetze, historische Schriften und Privatbriefe beinhaltet.

Die **Kunstsammlung** umfasst u. a. Bilder von Lucas Cranach und Werke des 20. Jh., beispielsweise von Paul Klee, Max Ernst, René Magritte, Francis Bacon, Pablo Picasso, Paul Gauguin und Marc Chagall. In der Abteilung Fotografie findet man u. a. Man Ray und Salvador Dalí. Beachtenswert sind auch die Ausstellungen israelischer Künstler im Bereich Design und ostasiatische Kunst sowie – höchst gelungen – der **Ruth-Youth-Flügel** des Museums, ein amüsanter Streifzug durch die Pop-, Trash- und Video-Art, durch die Welt von Lego, Spielzeugeisenbahnen und Mickey Mouse.

Im **Skulpturengarten,** der von dem US-Impressario Billy Rose gestiftet wurde, stehen über 50 Arbeiten, u. a. von Henry Moore, Auguste Rodin und Pablo Picasso.

Israel-Museum: Tel. 02 670 88 11, www.english.imjnet.org.il, Sa–Mo, Mi/Do 10–17, Di 16–21, Fr 10–14 Uhr, 35 NIS.

Was in der Halle der Erinnerung noch mehr oder minder abstrakt bleibt, wird im chronologisch geordneten, 2005 eröffneten **Holocaust-Museum** ganz konkret. Man betritt eine 180 m lange, durch den Berg getriebene Betonröhre, die man im erzwungenen Zickzack durchläuft. Jüdisches Leben vor dem Holocaust, das Erstarken des Nationalsozialismus. Videoinstallationen, KZ-Mobiliar, Nazi-Fahnen, Tagebücher, Kopfsteinpflaster aus dem Warschauer Ghetto, Viehwaggons und vieles mehr versperren den direkten Weg, leiten in Nebenräume – und überall sprechen die Opfer aus Dokumenten, ihrem ehemaligen Hab und Gut zum Besucher. Da liegen Meldebücher, die zu Sterberegistern wurden. »Goldberg, Ida, 27.5.1932, Schülerin, ausg. 25.2.42 TR4/2« ist zu lesen. Ausg. steht für deportiert. Neben einer rekonstruierten Nähstube mit Maschinen von Singer, mit Scheren, Stoffen und Schnittmustern, klebt ein Originalplakat, Bekanntmachung 426: »Juden des Ghettos! Besinnt euch!!! Meldet euch freiwillig zu den Transporten! Damit erleichtert ihr euch eure Anreise. Nur wer sich freiwillig meldet, hat die Sicherheit, mit der Familie zusammen zu fahren und das Gepäck mitzunehmen.« Chaim Rumkovsky, Unterzeichner des Aufrufs und jüdischer Ghetto-Bürgermeister, wurde später vorgeworfen, mit den Nationalsozialisten zu eng zusammengearbeitet zu haben. Auch das erfährt man. In die Ausstellung integriert sind außerdem Videoaufnahmen, darunter 52 000 Interviews mit Überlebenden, die die Shoa Foundation des US-Regisseurs Steven Spielberg (»Schindlers Liste«) dem Museum im Jahr 2008 vermacht hat. Die Halle der Namen, letzter Raum des Holocaust-Museums, ist ein runder Kuppelbau voller Porträts und zu verstehen als symbolischer Friedhof. In den Regalen lagern Bücher mit über 2 Mio. biografischen Gedenkblättern für die Toten der Schoah. Am Ende der Betonröhre erreicht man schließlich eine Terrasse. Erstmals ist der Himmel zu sehen, nach der Enge des Museums öffnet sich der Blick über Jerusalem.

Das **Tal der Gemeinden,** ein 2,5 ha großes, aus Fels gehauenes Labyrinth, gedenkt der mehr als 5000 jüdischen Gemeinden, die während des Holocaust ausgelöscht wurden. Das **Kunstmuseum** zeigt Zeichnungen von KZ-Insassen. Das wohl bedrückendste Gefühl aber hinterlassen zwei künstlerisch gestaltete Monumente. Zum einen die **Kindergedenkstätte,** durch deren nachtdunkle Halle man sich entlang einem Geländer tastet. Aus dem Schwarz leuchten nur die überlebens-

22 Konzentrationslager und Vernichtungsstätten werden Besuchern in Yad Vashems Halle der Erinnerung ins Gedächtnis gerufen

großen Gesichter ermordeter Kinder auf, danach verliert sich der Blick in einem Meer von Lichtern – eines für jedes Kind. Und aus dem Nichts spricht eine Stimme Namen, nichts als Namen. So wie die Thora im Verlauf des Jahres von Anfang bis Ende gelesen wird, so hört man hier die Namen der getöteten Kinder. Das andere Monument liegt unterhalb des Museums, die **Brücke nach Nirgendwo.** Unvollendet ragt sie ins Tal, Gleise und Brücke abgeschnitten. Ein Viehwaggon der Deutschen Reichsbahn, 1995 von Polen nach Israel verschifft, steht auf dem Gleis. An einer Innenwand steht in krakeliger Handschrift zu lesen: »Ich bin Eve mit meinem Sohn Abel. Wenn Sie meinen anderen Sohn Cain, Sohn des Man, sehen, dann sagen sie ihm ...« (Tel. 02 644 37 49, Fax 644 36 83, www.yad-vashem.de, So–Mi 9–17, Do 9–20, Fr 9–15 Uhr, Eintritt frei, kein Zutritt für Kinder unter 10 J.).

Herzl-Museum

Einen Besuch lohnt auch das nahe **Herzl-Museum** 79. Es zeigt originalgetreu das wiederhergestellte Arbeitszimmer des Schriftstellers und Politikers Theodor Herzl (s. S. 186). Bei einem Rundgang wird man mit der Person Herzl und dessen zionistischer Vision vom Altneuland vertraut gemacht, der Heimstatt für die Juden (Tel. 02 643 22 66, www.herzl.org.il, So–Do 9–13.50, Fr 9–13.30 Uhr, 20 NIS).

Hadassa Medical Center

Im äußersten Südwesten Jerusalems, 3 km von Yad Vashem entfernt, befindet sich eine der angesehensten Kliniken des Nahen Ostens, das zur Hebrew University gehörende **Hadassa Medical Center** 80. Berühmt wurde es in erster Linie durch seine Synagoge, deren zwölf Fenster zwischen 1960 und 1962 von dem orthodox-jüdischen Künstler Marc Chagall entworfen wurden und die zwölf Stämme Israels zeigen. Nach dem Sechstagekrieg mussten vier der Fenster von Chagall erneuert werden, an drei Fenstern beließ er die Einschusslöcher als Erinnerung.

Das Krankenhaus selbst genießt einen besonderen Ruf. Da es unabhängig vom Ansehen der Person sowohl jüdische als auch arabische Patienten versorgt, waren seine Ärzte 2005 sogar für den Friedensnobelpreis nominiert. Selbstfahrer gelangen über die Straßen Qiryat HaJovel, Artur Hantke und Henrietta Szold zum Hadassa Medical Center (www.hadassah.org.il).

i **Government Tourist Information:** 24 King George St., Tel. 02 675 48 11, Fax 02 625 08 90, So–Do 8.30–17, Fr bis 14 Uhr. Staatliches Touristenbüro.
Municipal Tourist Information: Safra Sq., Tel. 02 625 88 44, Fax 02 622 50 62, www.je

Theodor Herzl und der Basler Zionistenkongress

Thema

Am Anfang war eine Utopie: Ein Mann träumte von einem Judenstaat im Heiligen Land. Auf Theodor Herzl geht die zionistische Bewegung zurück. Er legte die geistige Grundlage für das heutige Israel.

Paris 1894. Von einem Kriegsgericht, das unverhohlen antisemitisch eingestellt ist, wird der jüdische französische Offizier Alfred Dreyfus als Sündenbock wegen Hochverrats zu lebenslanger Haft und Verbannung verurteilt. Im Saal sitzt als Berichterstatter der 34-jährige Theodor Herzl (1860–1904), für den der Schauprozess ein Schlüsselerlebnis darstellen soll. Denn durch die Affäre Dreyfus macht er sich bewusst: »Die Welt widerhallt vom Geschrei gegen die Juden, und das weckt den eingeschlummerten Gedanken.« Die Idee, die da schlief, betraf die Gründung einer Heimat für Juden, die im 19. Jh. über die ganze Welt verstreut lebten.

1896 erschien Herzls Buch »Der Judenstaat«, mit dem er den Beginn der zionistischen Bewegung einläutete. Ein Jahr später versammelte sich in Basel der erste Zionistenkongress, der Herzls Utopie in ein politisches Programm umsetzte. In seiner Schrift hatte Herzl ein detailliertes Bild des zu gründenden Staats entworfen und u. a. einen Sprachenföderalismus wie in der Schweiz favorisiert, eine Theokratie abgelehnt und den Siebenstundentag propagiert. Fraglich war für Herzl nur: »Ist Palästina oder Argentinien vorzuziehen?« Schnell fand er die Antwort: »Palästina ist unsere unvergessliche historische Heimat. Dieser Name alleine wäre ein gewaltig ergreifender Sammelruf für unser Volk.« In sein Tagebuch schrieb Herzl: »Fasse ich den Baseler Congress in ein Wort zusammen – das ich mich hüten werde öffentlich auszusprechen – so ist es dieses: Ich habe den Judenstaat gegründet.«

Damit die Utopie Wirklichkeit werden konnte, rief Herzl 1899 den Jewish Colonial Trust ins Leben, der Gelder für den Grundstücksankauf in Palästina – das zum osmanischen Reich gehörte – sammeln sollte. Aus einem Ableger dieses Trusts ging die heutige Bank Leumi hervor.

1902 veröffentlichte Herzl seinen zionistischen Roman »Altneuland«, dessen erster Entwurf im Jerusalemer Herzl-Museum ausgestellt ist (s. S. 185), ebenso Auszüge aus Herzls Tagebuch und seinem Briefwechsel mit Papst Pius X. So glänzend und radikal Altneuland ist, Herzl unterlief darin eine gravierende Fehleinschätzung: Er glaubte, dass die in Palästina lebenden Araber die Gründung eines unabhängigen jüdischen Staates nicht nur tolerieren, sondern begrüßen würden. Herzl bedachte nicht, dass die Staatsgründung bei den Nachbarn als feindliche Landnahme betrachtet werden und tief greifende Existenzängste wecken könnte.

Die arabische Position hat sich bis heute nicht geändert: Nach Meinung der Araber wurde ihnen beim Abkauf der Grundstücke der Gründungsgedanke eines jüdischen Staats verschwiegen. Für sie stellte Herzl die erste von vielen Weichen, die zum heutigen Nahostkonflikt führte. An der Verwirklichung seiner Idee hatte Herzl nie Zweifel. Und tatsächlich: 16 Jahre nach seinem Tod begann eine große Einwanderungswelle nach Palästina und führte 1922 zur Gründung der Jewish Agency, die bis heute bei der Einwanderung nach Israel behilflich ist und die Wirtschaft des Landes fördert.

rusalem.muni.il, So–Do 8–18, Fr bis 13.30 Uhr. Städtisches Touristenbüro.
Tourist Information Centre: Jaffa Gate, Tel. 02 627 14 24, Fax 02 627 13 62, So–Do 8–18, Fr bis 13.30 Uhr.
Christian Information Center: Jaffa Gate, Tel. 02 627 26 92, www.cicts.org.

Jerusalem ist zu den hohen Festtagen weitgehend ausgebucht – also rechtzeitig reservieren, v. a. Hospize!
Inbal Jerualem [1]: Jabotinsky St. 3, Tel. 02 675 66 66, www.inbalhotel.com. Wohlhabende amerikanische Juden bevorzugen das elegante Inbal, von dem aus man den Liberty Bell Park überblickt. Etliche Zimmer bieten einen Blick bis zur Altstadt. DZ ab 1400 NIS.
King David [2]: 23 King David St., Tel. 02 620 88 88, Fax 02 620 88 82, www.danhotels.co.il. Jerusalems Nummer eins, in dem Israels Staatsgäste nächtigen – für viele eines der schönsten Hotels der Welt. DZ ab 1200 NIS.
American Colony [3]: Nablus Rd., Tel. 02 627 97 77, Fax 02 627 97 79, www.americancolony.com. Viele Journalisten und Politiker steigen in Jerusalems heimlicher Nummer eins ab. In der Bar des ehemaligen Pascha-Palasts trifft man schon mal Palästinenser-Größen beim Drink. DZ ab 950 NIS.
The David Citadel [4]: 7 King David St., Tel. 02 621 11 11, Fax 02 621 00 00, www.tdchotel.com. Eines der feinsten Hotels der Stadt, das einen wundervollen Blick auf Altstadt, Zitadelle und Stadtmauer bietet. DZ ab 930 NIS.
Olive Tree Royal Plaza [5]: 22 St. Geoge St., Tel. 02 541 04 10, Fax 02 541 04 11, www.royal-plaza.co.il. Modernes und komfortables Hotel nahe dem American Colony, in den öffentlichen Bereichen arabisch-orientalische Architektur. DZ ab 850 NIS.
Mount Scopus [6]: Sheikh Jarrah St., Tel. 02 673 79 44, Fax 02 582 88 25, www.mtscopus.com Schönes Hotel mit wunderbarem Blick auf altes und modernes Jerusalem. DZ ab 480 NIS.
YMCA Three Arches [7]: 26 King David St., Tel. 02 625 71 11, 02 625 34 33, Fax 02 623 51 92, www.ymca3arch.co.il. Nein, man muss weder jung noch Mitglied des YMCA sein, um hier wohnen zu dürfen. Die Zimmer sind nicht riesig, das Frühstück ist dürftig, aber das Gebäude, mehr schon eine Kreuzfahrerkathedrale, hat eine bezaubernde Atmosphäre, angefangen von dem großen Bodenmosaik in der Lobby. Man wohnt zentral und mit Blick auf das gegenüberliegende King David Hotel, ist zu Fuß schnell in der Altstadt und im neuen Zentrum. DZ ab 340 NIS.
East New Imperial [8]: Jaffa Gate, Tel. 02 628 22 61, Fax 02 627 15 30, www.newimperial.com. Vom Eingang nicht irritieren lassen – der größere Teil des Hotels ist renoviert! Heimeliges Hotel mit wechselnden Ausstellungen rund um Lobby, Restaurant, Bar und Internetcafé. Das Personal ist bekannt für seine Freundlichkeit. DZ ab 150 NIS.
Petra Hostel [9]: Jaffa Gate, am Beginn der David St., Tel. 02 628 66 18, Fax 02 626 24 34. Einfaches Hotel, dessen Dachterrasse einen grandiosen Ausblick über die Altstadt bietet. Das Personal ist sehr hilfsbereit, auch bei der Planung von Ausflügen. Stolz ist man darauf, dass hier schon Mark Twain und General Edmund Allenby nächtigten. DZ ab 90 NIS.
Hospize
St. Andrew's Scottish Guesthouse [10]: 1 David Remez St., Tel. 02 673 24 01, Fax 02 673 17 11, www.scotsguesthouse.com. Auf dem Kirchturm weht die schottische Flagge, drinnen treffen sich Gäste am Kamin. Ein wenig erinnert das Hospiz an ein schottisches Castle. Die Zimmer sind einfach, aber sehr gemütlich. DZ ab 500 NIS.
Christ Church Guest House [11]: Jaffa Gate, direkt am Postamt, Tel. 02 627 77 27, Fax 02 628 29 99, christch@netvision.net.il. Angenehme Zimmer, dazu vor der Kirche des evangelischen Hospizes eine ruhige Terrasse, auf der man unter der Pergola sitzen kann. Die Lage bei der Zitadelle ist optimal für Spaziergänge in die Altstadt. DZ ab 250 NIS.
Austrian Hospice [12]: 37 Via Dolorosa, Tel. 02 628 65 45, Fax 02 626 58 16, www.austrianhospice.com. Sehr beliebtes, 1857 gegründetes Hospiz, das zeitweise als Österreichs Palästina-Konsulat diente. K.-u.-k.-Flair an der Via Dolorosa, Dachterrasse mit schönem Ausblick. DZ ab 250 NIS.

Außerhalb der Altstadt

Casa Nova [13]: Casa Nova Rd., Tel. 02 628 27 91. Einfach eingerichtet, aber das Gebäude in der Altstadt hat Flair. DZ ab 100 NIS.

Lutheran Guesthouse [14]: 7 Saint Mark Rd., Tel. 02 628 21 10, 02 626 68 88, www.luthguesthouse-jerusalem.com. Nur für Frauen ist das Gästehaus des Propstes, das im Herzen der Altstadt liegt. Das 1860 von Dr. Konrad Schick, dem königlichen Baurat in Jerusalem, auf Ruinen aus der Kreuzfahrerzeit errichtete Bauwerk diente zunächst als Wohnhaus. Ab 1948 nutzte es der Johanniterorden als Augenklinik, bevor es 1964 von der Evangelischen Jerusalemstiftung erworben wurde, die es seither als Gästehaus betreibt. Das Hospiz gilt als eines der komfortabelsten in Jerusalem. DZ ab 240 NIS.

Die Auswahl an Restaurants ist nicht vergleichbar mit Tel Aviv und am Shabbat sind in Jerusalem viele Lokale geschlossen. Als Restaurantmeile mit internationaler Küche haben sich die **Joel Salomo Street** im Zentrum und deren Umgebung etabliert.

La Regence [2]: im King David Hotel, Tel. 02 620 88 88, Sa–Do 19–23 Uhr. Gediegenes Ambiente, gute französische Küche – ein Platz für besondere Anlässe. Ab 100 NIS.

Darna [15]: 3 Horkanos St., Tel. 02 624 54 06, Fax 02 624 47 45, www.darna.co.il, So–Do 12–15, 18.30–24, Sa 20–24 Uhr. In einem 200 Jahre alten Gebäude in der Innenstadt hat sich dieses wundervolle marokkanische Restaurant niedergelassen, das neben Couscous in allerlei Variationen (auch vegetarisch) viele Spezialitäten aus dem Maghrebland serviert. Unbedingt probieren: Harira marrakshia, eine traditionelle Suppe. Ein Schnäppchen ist das Mittagsmenü für 80 NIS (Mo–Fr). Ab 90 NIS.

Arabesque [3]: im American Colony Hotel, Tel. 02 627 97 77, Fax 02 627 97 79. Beim Essen kennt Jerusalem keine Grenzen und so trifft man hier viele West-Jerusalemer am Büffet sowie später in der Bar, die ein beliebter Treffpunkt arabisch-palästinensischer Politiker ist. Ab 90 NIS.

Ticho House [16]: 9 Harva Kook St., Tel. 02 624 41 86, So–Do 10–24, Fr 11–15 Uhr. Das Haus, als Kulturzentrum und Museum mit Bildern von Anne Ticho zum Israel-Museum gehörig (s. S. 182), wurde 1880 als eines der Ersten in Jerusalems Neustadt erbaut und ist eine Oase der Beschaulichkeit mitten im Zentrum. Café und Terrassenrestaurant erfreuen mit einer umfangreichen Getränkekarte, zu essen gibt es Omelettes, Sandwiches sowie u. a. sehr leckere Blintzes, süß oder gefüllt mit Lachs. Ab 90 NIS.

Rungsit [17]: 2 Jabotinsky St., Tel. 02 561 17 57, Fax 02 563 24 69, tgl. 12–23.30 Uhr, am Shabbat geschl. Japanisch-thailändische Spezialitäten, z. B. gebratene Reisnudeln und Ingwer-Lamm mit schwarzen Pilzen. Ab 90 NIS.

Jerusalem Court/Feingold House [18]: 31 Yaffa St. Bei dem Laden Cigar & Liqueur führt eine Passage in einen kleinen Hof mit mehreren Restaurants, darunter das japanische **Sakura,** Tel. 02 623 54 64, So–Fr 12–23 Uhr, dessen Besitzer als Dozent für Städteplanung und als Kochlehrer für japanische Küche arbeitet, das **Barud,** Tel. 02 625 90 81, wo es köstliche orientalische Speisen wie Falafel, Labneh und Sutlach-Reispudding gibt, dazu oft Live-Jazz, sowie **Pinni's** mit israelischen Spezialitäten. Ab 80 NIS.

Le Tsriff [7]: im YMCA Three Arches, Tel. 02 624 65 21, tgl. 8 bis 24 Uhr. Das traumhaft im YMCA-Gebäude gelegene Lokal ist wegen seines Ambientes und nicht zuerst wegen seines Essens empfehlenswert, aber ein Cappuccino auf der Terrasse lohnt den Besuch allemal. Ab 70 NIS.

Armenian Tavern [19]: 79 Armenian Orthodox Patriarchat Rd., Tel. 02 627 38 54, Di–So, 11–23.30 Uhr. Die Kreuzfahrer erbauten diese kleine Kirche im heute armenischen Viertel am Jaffator, fast ein Jahrtausend später ließ sich ein armenischer Wirt hier nieder und zauberte eine urige Taverne. An einfachen Holztischen werden auf handbemalten Tellern Lahmajun (armenische Pizza), Basturma (getrocknetes Rindfleisch), Soujuk (scharfe Würstchen) und Gegrilltes serviert. Ab 70 NIS.

Askadinya [20]: 11 Shimon Hazadik St., Tel. 02 532 45 90, tgl. 12–24 Uhr. Unweit des American Colony Hotel und im Schatten des Gebäudeklotzes der Border Police isst man in einem alten Jerusalemer Haus, das um ei-

Eine stilvolle und neutrale Oase im Nahost-Konflikt: das American Colony Hotel

nen Baum erbaut wurde, Speisen wie Fisch, Fleisch und Pastete oder nimmt an der Bar einen Drink. Do spielt ein Live-Quartett alles von Bolero bis Take Five. Ab 65 NIS.

Arcadia 21: 10 Agrippas St., Tel. 02 624 91 38, Mo–Sa 12.30–15, 19–23.30 Uhr, am Shabbat geschl. Gutes französisches Lokal, führt auf der Karte so Ausgefallenes wie Gänseleber mit Vanilleöl. Ab 60 NIS.

Cacao 22: Gei Ben Hinom, in der Cinematheque, Tel. 02 671 06 32, Fax 02 671 93 73, tgl. 10–1 Uhr. In Jerusalems Zentrum für Cinematographie (u. a. größte Sammlung palästinensischer Filme) liegt dieses Lokal, beliebt wegen seiner riesigen, von der Schauspielerin Liv Ullmann gestifteten Terrasse, vor der sich die Altstadt wie auf einer Riesenleinwand in Supercinemascope ausbreitet. Fr/Sa 19–21 Uhr Jazz-Jam-Session. Ab 60 NIS.

Papa Andrea's Roof Restaurant 23: Aftimos Market, Altstadt, Tel. 02 628 44 33, Mo–Sa 12–22, So 12–17 Uhr. Vom Jaffator die Souq-Gasse hinunter, dann die erste Gasse links in den Aftimos Market – so erreicht man das arabische Restaurant mit der Dachterrasse, die einen fantastischen Blick über die Altstadt und ihre Hinterhöfe bietet. Ab 60 NIS.

Spaghettim 24: 8 Rabbi Akiva St., Tel. 02 623 55 47, tgl. 12–24 Uhr. Der Spaghettisoßen-Himmel – 57 Varietäten, von Bolognese bis Weinsoße. Ab 55 NIS.

Pasha's 25: Sheikh Jarrah, Tel. 02 582 51 62, Fax 02 532 83 42, tgl. 12–24 Uhr. Nahe dem American Colony Hotel kann man in einer alten arabischen Villa die dazu passenden Spezialitäten genießen und sich danach an der Wasserpfeife versuchen. Ab 50 NIS.

Nafoura 26: Jaffa Gate, 18 Latin Patriarchate Rd., Tel. 02 626 00 34, Fax 02 626 00 62, tgl. 12.30–23.30 Uhr. In dem arabischen Restaurant mit wunderbarer Terrasse an der Altstadtmauer entflieht man Lärm und Hektik der Old City. Ab 50 NIS,

Abu Shukri 27: 63 Al Wad Rd./Via Dolorosa, Tel. 02 627 15 38. Das Mobiliar ist nur mit einem Wort zu beschreiben: abgenutzt. Dafür gibt es hier, nahe dem Damaskustor, ein legendäres Hummus, das mit ofenwarmem Brot serviert wird. Auch die Fleischgerichte sind zu empfehlen. Ab 20 NIS.

Außerhalb der Altstadt

Am lebhaftesten ist der Basar am Damaskustor, ein **arabischer Souq** wie gemalt, auf dem Gemüse, Souvenirs und jede Menge Krimskrams feilgeboten werden. Und das ist nur der Anfang, denn in der Altstadt könnte man meinen, Jerusalem sei der größte Devotionalienbasar der Welt. Wer nicht auf der Suche nach immer neuen Varianten von Jesu Gang übers Wasser ist, erfreut sich eher an der Fußgängerzone, der **Ben Yehuda Street,** wenngleich auch dort das Angebot souvenirlastig ist. Zum Shoppen geht man in Jerusalem in die Einkaufszentren außerhalb des Zentrums, z. B. in die 120 000 m^2 große **Jerusalem Mall** (Kenion Yerushalayim) in Malcha nahe dem Teddy-Stadion, in der es rund 200 Geschäfte, u. a. mit Kleidung von israelischen Designern, acht Kinos, mehr als 20 Restaurants und einen Babysitter-Service gibt (So–Do 9–21, Fr 9 Uhr bis 1 Std. vor Shabbatbeginn). Mit 140 Designerboutiquen, Parfümerien und anderen Läden lockt die für 150 Mio. US-Dollar erbaute **Mamilla Shopping Mall,** www.mamila-alrov.co.il, westlich des Jaffators, die bald um ein IMAX-Theater erweitert wird.

Bücher und Judaika: Sachbücher und Belletristik in großer Auswahl, auch auf Englisch, bekommt man in den Läden der Steimatzky-Kette, zu finden in allen Einkaufszentren sowie nahe der Fußgängerzone (7 Ben Yehuda St. und 39 Yaffa Rd.).

Arabisches Markttreiben herrscht in den Gassen des muslimischen Viertels der Altstadt

Armenisches Kunsthandwerk: Die weltweit begehrten Keramikarbeiten des armenischen Künstlers **Arman Darian,** 12 Shlomzion HaMalka St, Tel. 054 470 25 83, www.darianart.com, zeigen, dass Fliesen, Shabbatgläser und auch großflächige Stücke wie Serviertabletts edle Kunst sein können. Nicht weniger kommerziell, mit Vertrieb übers Internet, operiert Neshan Balians **The Armenian Ceramics,** 14 Nablus Rd., Tel. 02 628 28 26, 02 626 06 85, www.armenianceramic.com.

Im Zentrum hat die Stadtverwaltung durchgegriffen und etliche Bars und Cafés, u. a. am Russian Compound, geschlossen. Dennoch ist in Sachen Nachtleben das Licht noch nicht ganz ausgeknipst in Jerusalem. Zwischen **Ben Yehuda Street** und **Yoel Salomon Street** im Zentrum gibt es neben Restaurants auch etliche Bars und Pubs. Im südöstlichen Industriegebiet, der **Industrial Zone Talpiot,** finden sich viele der schnell wechselnden In-Discos mit ebenso schnell wechselnden Namen wie Can'an, Exposé oder Pythagoras. Lebhaft ist auch das Barleben in den Fußgängerzonen **Nahalt Shiva** und **Ben Yehuda.** Etliche Bars in der Stadt ignorieren den Shabbat. Die Nachfrage regelt gegen den Widerstand der Ultraorthodoxen das Angebot – noch.

Haoman 17: 17 Haoman St., Tel. 02 678 16 58, www.17jerusalem.com, 22–6 Uhr. Hip-Hop, Acid Jazz, Techno – im Top-Tanzclub der Stadt gastieren häufig internationale DJs, ab und zu gibt es Modeschauen. Das Konzept hatte so durchschlagenden Erfolg, dass es inzwischen Filialen in Tel Aviv und Haifa gibt.
Mike's Place: 37 Jaffa St., nahe Zion Square, Tel. 052 267 07 53. Oft Live-Musik und immer Party bis weit nach Mitternacht, Tische im Freien, Minimumverzehr von zwei Getränken pro Person.
Syndrom: 18 Hillel St., im Einkaufszentrum gegenüber dem Jerusalem Towers Hotel, Tel. 02 624 54 39, tgl. 20 Uhr bis morgens. Gut besuchte Late-Night-Bar. Happy Hour bis 21 Uhr. Wasserpfeifen *(narghilas)* gibt's auch.
Café Aroma: 18 Hillel St., neben der Bar Syndrom (s. o.), Tel. 02 625 53 65, tgl. 24 Std. Tagsüber gibt es Sandwiches, nachts frische Schoko-Croissants. Eine Kalorienbombe ist die heiße Schokolade aus echter Schokolade und Milch mit Sahne.
Dublin: 4 Shammai St., Tel. 02 622 36 12, tgl. 17–5 Uhr. Hier geht's fast täglich rund, getrunken und getanzt wird mit irischem Temperament zu internationalem und einheimischem Pop und Trance.
Focaccio Bar: 4 Rabbi Akiva St., Tel. 02 625 64 28, tgl. 9–2 Uhr. Zu der Bar gehört ein Restaurant, das sich an mediterran-italienischer Küche versucht – nicht immer gelungen. Die Drinks jedoch sind einwandfrei.
Hataklit: 7 Heleni HaMalka St., Tel. 02 624 40 73, www.myspace.com/hataklit. Drei Fans

des Vinyls haben die ›Schallplatte‹ gegründet und ein großes Publikum mit Schwäche für Musik gefunden, bei deren Abspielen es kratzt und rauscht und manchmal der Tonarm hüpft – allem Digitalen zum Trotz.

Mona: 8 Shmuel HaNaggid St., Tel. 02 622 45 23, tgl. 18–2 Uhr. Im Haus der Old Bezalel Art School hat sich dieses Restaurant etabliert, das Sandwiches, Steaks, Fisch und Meeresfrüchte serviert. Nach dem Essen hängt das Publikum an Bar und Kamin ab, auch am Shabbat, wenn der Rest der Stadt in seinen wöchentlichen Tiefschlaf verfällt.

Slow Moshe: 6 Nissim Bechar St., Machane Yehuda/Nachlaot, Tel. 054 433 24 62. Biertrinker und Bohemiens treffen sich bei Moshe Levi, der gelegentlich Reggae-Partys organisiert und gerne mal einen Drink ausgibt.

The Lab/Hama'abada: 28 Hebron Rd., Tel. 02 629 20 00, www.maabada.org.il, tgl. ab 22 Uhr. Populäre Bar inkl. Theater auf dem Gelände des alten Jerusalemer Bahnhofs. Hier treten bevorzugt junge Sänger und Tänzer mit Hang zum Experimentalen auf.

Yellow Submarine: 13 Harechavim St., Talpiot, Tel. 02 570 46 46, www.yellowsubmarine.org.il. Außergewöhnlicher Tanzclub, der sich nicht damit zufriedengibt, laute Musik zu spielen und teure coole Drinks zu verkaufen, sondern vielversprechenden Künstlern Auftrittsmöglichkeiten bietet und ein eigenes Tonstudio hat – ein Konzept, das ankommt.

Jerusalem hat ein reichhaltiges Kulturangebot. Das aktuelle Programm wird täglich in der Jerusalem Post veröffentlicht. Als Veranstaltungsort für Konzerte ist **Sultan's Pool** beliebt. Kulturelle Events aller Art finden während des Sommers in der **Old Train Station Plaza,** David Remez Sq., nahe der German Colony statt.

Palestinian National Theatre: Nuzha St., nahe American Colony Hotel, Tel. 02 628 09 57, Fax 02 627 62 93, www.pnt-pal.org. Palästinensische Künstler versuchen hier, einen Theaterbetrieb aufrechtzuerhalten. Viele Stücke in englischer Übersetzung.

Jerusalem Center for the Performing Art: 20 David Marcus St., Tel. 02 561 71 67, www.jerusalem-theatre.co.il. Konzert, Theater, Ballett – von klassisch bis avantgardistisch reicht das Repertoire im Zentrum der darstellenden Kunst. Das dazugehörige Sherover Theater bietet teilweise Simultanübersetzungen ins Englische (über Kopfhörer).

Pargod Theatre: 94 Bezalel St., Tel. 02 625 88 19, www.pargod.org, Fr 14.30–17.30 Uhr. Jam-Sessions, ansonsten modernes Theater – politisch, kritisch und oft in Englisch.

Feste & Veranstaltungen

Jerusalem Book Fair (Febr., alle 2 Jahre: 2011, ..., www.jerusalembookfair.com): Auf der Buchmesse im Jerusalem International Conference Center, Binyanei Hauma, 1 Zalman Shazar St., Tel. 02 531 46 00, stellen um die 800 Verlage aus aller Welt ihre Produkte vor. Arabische Staaten boykottieren die Messe.

Israel Festival (Mai–Ende Juni/Anf. Juli, www.israel-festival.org.il): Tanz, Jazz, Weltmusik, Klassik – das Festival bietet sowohl jungen Talenten als auch etablierten Künstlern eine Bühne. Auch großes Angebot für Kinder.

Jerusalem Film Festival (Juli, www.jff.org.il): Kurzfilme, Avantgarde, Retrospektiven, Animationen und Dokumentationen laufen auf dem 1983 begründeten Festival im Sultan's Pool. Prominenten Raum nehmen stets Filmbeiträge zum Thema Menschenrechte und Nahostfrieden ein.

Festival of Ethnic Culture – Sounds and Flavours (Juli/Aug., www.jerusalem.muni.il): Zwei Wochen lang dreht sich alles um Traditionen und Kulturen aus aller Welt, arabischer Bauchtanz inklusive.

International Puppet Festival (Aug., www.traintheater.org.il): Einer fast vergessenen Kunst, dem Puppen- und Marionettenspiel, widmet sich dieses Festival, zu dem Puppenspieler aus aller Welt kommen. Die Vorstellungen finden in diversen Theatern statt.

Biblischer Zoo: The Tisch Family Zoological Gardens, HaAron Shuluv, nahe Malcha Mall, Tel. 02 675 01 11, Fax 02 643 01 22, www.jerusalemzoo.org.il, So–Do 9–17, Fr/vor Fei 9–14.30, Sa/Fei 10–17 Uhr, 42 NIS). Ein Tiergarten, wie ihn nur bibelfeste Biologen anlegen konnten: Alles, was hier kreucht und fleucht, wird schon in den fünf Büchern Mose erwähnt und, sofern vom Aussterben bedroht, nach erfolgreicher Aufzucht wieder in seine ursprünglichen Habitate ausgewildert. Durch die liebevoll gestaltete Anlage fährt eine Bummelbahn, das Besucherzentrum ist in einem Nachbau der Arche Noah untergebracht. Besonders schön sind im Sommer die bei Kindern beliebten Nachttouren durch den Zoo.

Flüge: Der internationale Ben Gurion Airport, Tel. 03 975 55 55, www.iaa.gov.il/Rashat/en-US/Airports/BenGurion, liegt 45 km westlich von Jerusalem. Halbstündlich pendeln Busse der Gesellschaft Egged zwischen Flughafen und Central Bus Station. Von den Ankunftsterminals bringen Sherut-Taxis Reisende zu ihren Hotels in Jerusalem. Nesher Taxi, Tel. 02 625 72 27, holt Gäste nach Vorbestellung ab. Die Inlandlinie Arkia, 97 Jaffa Rd., Klal Center, Tel. 02 623 48 55 u. 03 690 37 12 (zentrale Reservierungsstelle), www.arkia.co.il, verbindet tgl. außer Sa Jerusalem mit Tel Aviv, Haifa, Rosh Pinna und Eilat. Internationale Flüge bietet neben den großen internationalen Fluggesellschaften El Al, 12 Hillel St., Tel. 02 624 67 27, www.elal.co.il.
Züge: Vom Bahnhof, Malha, Tel. 02 577 40 00, www.ail.co.il, So–Fr stdl. Verbindungen nach Tel Aviv. Dort Anschluss in alle anderen Landesteile, z. B. nach Haifa, Akko, Nahariya, Ashkelon und Be'er Sheva.
Busse: Von der Central Bus Station, 224 Jaffa Rd., Schnellwahl *2800, Tel. 03 694 88 88 (zentrale Reservierungsstelle), gibt es sehr gute Verbindungen in alle Landesteile mit Egged, www.egged.co.il, z. B. nach Tel Aviv (alle 10 Min.), Haifa (stdl.), Eilat (4 x tgl., Tickets 24 Std. vorher besorgen), Tiberias (4 x tgl.) und zum Toten Meer nach Qumran (2 x tgl.). Arabische Linien in die Westbank starten, wenn es die politische Lage erlaubt, am Damaskustor, z. B. nach Hebron (alle 40 Min.), Bethlehem/Nazareth (alle 15 Min.), Jericho (stdl.).
Sherut-Taxis: Abfahrt zum Flughafen sowie nach Tel Aviv, Haifa, Ashkelon, Be'er Sheva und Eilat an der Jaffa, Ecke Harva Kook St.

Circle Line 99
Perfekt für Touristen ist die Buslinie 99, eine Rundfahrt im Doppeldecker-Panoramabus um die Altstadt und durch die Neustadt. Als Start- und Endpunkt empfiehlt sich das Jaffator (So–Do 10, 11, 12, 13, 14 u. 16, Fr 10, 11 u. 12 Uhr). An jeder der 29 Haltestellen kann man mit dem Ein- oder Zweitagesticket für 80 bzw. 110 NIS beliebig oft ein- und aussteigen, solange man nicht die Fahrtrichtung wechselt. Über Kopfhörer bekommt man unterwegs Informationen zu den Sehenswürdigkeiten. Die Busse halten u. a. an folgenden Stellen: Central Bus Station, King David Hotel, Liberty Bell Garden, Berg Herzl, Yad Vashem, Israel-Museum, Knesset, Hebrew University, Berg Skopus, Tourjeman Post, Damaskustor, Rockefeller-Museum, Garten Gethsemane, Klagemauer und Berg Zion.

Mietwagen: Avis, 22 King David St., Tel. 02 624 90 01, 02 624 35 52, www.avis.co.il; Eldan, 24 King David St., Tel. 02 625 21 51, www.eldan.co.il; Hertz, 18 King David St., Tel. 02 623 13 51, 02 624 72 48, www.hertz.co.il.

Fortbewegung in der Stadt
Busse: Die Stadtbusse sind günstig (5,50 NIS einfach, 44 NIS Zehnerblock) und verkehren von 6 bis 24 Uhr, tagsüber in Minutenintervallen. 1 Std. vor Shabbatbeginn stoppt der Busverkehr bis zum Shabbatende. Wichtige Linien: Nr. 1 (Berg Zion–Klagemauer–Jaffator–Mea She'arim), Nr. 9 (Berg Herzl–Ruppin–Universität–Knesset–Eshkol–Berg Skopus), Nr. 17 (En Kerem–Mahane Yehuda–King George–Bezalel–Givat Mordechai), Nr. 28 (Rockefeller-Museum–Mahane Yehuda–Qiryt Hadassah). Nach etlichen Selbstmordattentaten vermeiden allerdings viele Jerusalemer und Touristen Fahrten in öffentlichen Bussen.
Straßenbahn: Ab frühestens 2011 soll in Jerusalem die erste Line von Israels erstem Trambahnnetz in Betrieb gehen. Die insgesamt sieben geplanten Linien der Light Rail, www.rakevetkala.org.il, sollen bis ca. 2020 die Innenstadt mit den Vorstädten verbinden.

3 Totes Meer

Reiseatlas S. 10, 14

Die Anfahrt ist so faszinierend wie die Landschaft, die den Reisenden erwartet. Steil geht es von Jerusalem hinunter zum Toten Meer, dem Haussee der Jerusalemer. Dort entdeckt man außer den Höhlen von Qumran die kolossale Festung Massada und eine Reihe von Badeorten – Schwimmen bzw. Schweben im Toten Meer inbegriffen.

Von Jerusalem führt die Fernverkehrsstraße Nr. 1 Richtung Osten und fällt steil auf das Niveau des Toten Meers ab. Nach rund 30 km mündet sie in die Straße Nr. 90 nach Süden, die bald darauf das nördliche Ufer erreicht. Unterwegs ist ein Abstecher nach Jericho im palästinensischen Westjordanland möglich, bekannt u. a. durch den Berg der Versuchung (s. S. 384).

So erreicht man innerhalb kürzester Zeit das **Tote Meer,** eine der bizarrsten Landschaften der Welt. An manchen Stellen wachsen Salzsäulen wie Stalagmiten aus dem Gewässer. Auf den größeren Säulen, v. a. wenn sie nahe beieinander stehen, bilden sich Schalen aus Salz – Formen wie auf der Töpferscheibe modelliert. Vor mehr als 2 Mio. Jahren entstand dieses Meer, das unter der

Fundort der ältesten bekannten Bibelhandschriften: die Höhlen von Qumran

sengenden Sonne oft vor den Augen verschwimmt. Hier kann man sich nur treiben lassen und der fast 30%ige Salzgehalt verursacht auf den Lippen und in den Augen ein juckendes Beißen.

Jedes Leben im Toten Meer ist unmöglich. Die Nabatäer und die Ägypter nutzten seine natürlichen Ressourcen und schöpften mit speziellen Schiffen Bitumen aus dem Asphaltsee – wie er damals noch hieß – ab, um damit u. a. ihre Toten einzubalsamieren. Aristoteles, Strabo und Plinius schilderten die Einzigartigkeit dieses Gewässers. Eine wirtliche, eine einladende Landschaft ist das Tote Meer nie gewesen. Das schützte die gesamte Region vor Bebauung und Zersiedelung. Wer hier Schutz und Zuflucht suchte, der war für eine gewisse Zeit sicher – wie die asketischen Essener, die in Qumran am Westufer lange unbeachtet in klosterähnlicher Gemeinschaft lebten (s. u.). Und an keinem anderen Ort Palästinas als in Massada wären die Zeloten so lange unantastbar gewesen und ihrem Schicksal entkommen (s. S. 199).

Heute ist das Tote Meer eine Touristenattraktion, ein Picknickplatz – und die oft letzte Rettung für Rheuma-, Nerven- und Wirbelsäulenkranke. In Ein Gedi, Ein Boqeq sowie bei Hamme Sohar liegen anerkannte Heilbäder mit heißen Quellen, berühmt wegen ihres natürlichen Schwefel- und Mineralgehalts.

Mit dem Autor unterwegs

Aktivitäten am Toten Meer

Ein Gedi ist der geeignete Ort, um erstens im Toten Meer zu baden und zweitens eine Wanderung im Ein Gedi National Reserve zu unternehmen – zwei der schönsten Ziele sind die David-Quelle im Nahal David Park und/oder der Versteckte Wasserfall im Nahal Arugot Park (s. S. 197).

Qumran

Reiseatlas: S. 10, D 3

Nach rund einstündiger Autofahrt von Jerusalem hat man **Qumran** erreicht. Am Westufer des Toten Meers fand ein Beduinenjunge 1947 die gleichnamigen Schriftrollen, selbst von sonst zurückhaltenden Wissenschaftlern als die größte Entdeckung der Moderne bezeichnet: Sie sind etwa 1000 Jahre älter als alle bekannten Bibelhandschriften (älter ist heute nur ein 1987 im Hinnomtal in Jerusalem gefundener, in Silber gravierter Bibeltext von 7. Jh. v. Chr.).

Hinter der Bezeichnung Qumran verbirgt sich nichts weiter als ein karges Felsmassiv mit zahllosen Abgründen, von der Sonne verbrannt, kein Grashalm kann hier überleben. Genau hier suchte der Junge nach einem verlorenen Lamm und stieß dabei in einer Höhle auf jene Terrakottakrüge, die die in Leinen gewickelten Pergamentrollen enthielten. Der Fund, dessen Bedeutung niemand abschätzen konnte, wurde kurz darauf auf dem Basar von Bethlehem feilgeboten und fand, teils mit Umwegen über die USA, weitgehend vollständig seinen Weg in die Hände von Archäologen. Erst 1949 wusste man, wer die Handschriften angefertigt hatte: die Essener. Damit war auch ein neuer Zweig der Bibelforschung geboren: die Qumran-Forschung. Ausgestellt sind die Rollen heute im Israel-Museum in Jerusalem (s. S. 182).

2005 wurde man erneut fündig – allerdings nicht direkt in Qumran, sondern auf einer nahen Polizeistation. Ein Beduine wollte dort Fragmente aus Hirschleder schätzen lassen, die er in dem Felsmassiv entdeckt hatte und für die ihm von einem privaten Sammler Zehntausende US-Dollars geboten worden waren. Schließlich verkaufte er seinen Fund an die israelische Altertumsverwaltung. Die Fragmente enthalten Texte über das Laubhüttenfest und sind für Archäologen ausreichend Anlass, um weiter in dieser Gegend zu graben.

Besucher können einige Höhlen besichtigen. In einem kleinen Museum am Eingang zu Qumran führt ein Kurzfilm in die Geschichte des Funds und seine Bedeutung ein (Tel. 02 994 22 35, April–Sept. 8–17, Okt.–März 8–16 Uhr, 18 NIS).

Die Essener

Um die Qumran-Rollen entbrannte eine wahre Interpretationswut, die bis heute anhält und sich hauptsächlich um die Frage dreht: Sind die Essener die geistigen Wegbereiter des Christentums? Johannes der Täufer soll in Qumran bis zu seiner Begegnung mit Jesus gelebt haben. War Jesus ein Mitglied dieser Gemeinschaft? Kein Ansatz wird ausgelassen. Eine Gruppe amerikanischer und israelischer orthodox-jüdischer Mathematiker begann 1994 sogar damit, die gescannten Texte mit Computern nach verschlüsselten Gottesbotschaften zu durchsuchen.

Die Essener waren seit dem 2. Jh. v. Chr. eine jüdische Ordensgemeinschaft, die kein Privateigentum kannte, ihre Mahlzeiten in sakramentaler Weise zelebrierte, asketisch, d. h. auch ehelos lebte und Novizen lange prüfte und mit Wasser taufte. Die Blütezeit der 4000 Männer zählenden Gruppe dauerte von der Mitte des 2. Jh. v. Chr. bis 68 n. Chr. Es war aber nur eine kleine Minderheit, die sich aus der in ihren Augen hedonistischen Metropole Jerusalem zurückgezogen hatte, dem Wort Jesaja 40,3 folgend: »In der Wüste bereitet dem Herrn den Weg, macht in der Steppe eine ebene Bahn unserm Gott.«

Das Weltbild der Essener war apokalyptisch geprägt. Die Welt, dem Untergang nahe, bestand nach ihrem Verständnis aus Kindern des Lichts und Kindern der Dunkelheit. Letztere hatten ihren Messias getötet, den Lehrer der Aufrichtigkeit, der ihr Meister gewesen war und zwischen 65 und 53 v. Chr. starb. Sein Name ist unbekannt. Als dessen Reinkarnation sahen viele Jesus Christus. In der Tat definiert eine der Qumran-Rollen, das »Handbuch der Disziplin«, in Teilen die Heilslehre des Christentums, lange bevor Jesus geboren war. Die Wissenschaft geht aber davon aus, dass Jesus weder Essener noch von deren Gedankengut beeinflusst war.

Die Eroberung Palästinas und die Beinahe-Zerschlagung des Judentums hatten die Essener aufgrund ihres apokalyptischen Denkens einkalkuliert. Jedes kopierte Pergament wurde versiegelt, in Leinen gewickelt und in einer Amphore aufbewahrt – bis zu einem bestimmten Tag im Jahr 68. An diesem Zeitpunkt wurden die Rollen hastig weggeräumt und in den Höhlen von Qumran versteckt. Es ist nicht klar, weshalb die Essener Hals über Kopf Qumran verlassen mussten – vielleicht zogen römische Truppen auf. Sicher ist nur, dass sie zu den Zeloten nach Massada flüchteten (s. S. 35).

Grabungsstätte

Ab 1951 wurde die 50 m über dem Meer liegende Siedlung der Essener – die man bislang für eine römische Siedlung gehalten hatte – systematisch ausgegraben und man fand das Kloster mit Küche, Hof, Schreibsaal, Refektorium (Speisesaal) und allem, was zu einem derartig abgeschlossenen Lebensraum gehört. Im weitläufigen Schreibsaal saßen die Essener an schmalen Ziegeltischen, auf denen die Pergamente (ungegerbte Tierhäute) ausgebreitet lagen. Die Tinte, eine Mischung aus Kohle und Gummi, wurde in kleine Ton- und Bronzefässchen abgefüllt. Ein spezielles Bronzegefäß enthielt rituell reines Wasser. Wann immer das Wort Gott zu kopieren war, musste der Schreiber vorher seine Finger mit diesem Wasser reinigen.

Im August 1995 entdeckten israelische Archäologen nahe der Höhle des ersten Fundes von 1947 vier weitere von den Essenern in die Felsen geschlagene Höhlen.

Ein Gedi

Reiseatlas: S. 14, D/E 1

Auf den nächsten ca. 45 km nach Ein Gedi schmiegt sich die 1970 eröffnete Schnellstraße behutsam an die Küste. Einen Abstecher lohnt der Kibbuz **Mitzpe Shalem,** der Wüstensafaris, Klettertouren sowie Bergsteigerkurse für Anfänger und Fortgeschrittene anbietet (s. S. 199).

Kibbuz Ein Gedi

Nach kurzer Fahrt erreicht man den **Kibbuz Ein Gedi,** spezialisiert auf therapeutische Bäder. Etwa 80 km von Jerusalem entfernt liegt hier an den Ufern des Toten Meers die wohl schönste Oase des Landes mit subtropischer Vegetation. Schon in der Antike erntete man Trauben, Bananen, Datteln, baute Rosen und Baumwolle an und ruhte sich im Schatten von Akazien und Hennabäumen aus.

Ein Gedi bedeutet ›Quelle des Kindes‹ oder ›Quelle des Kitz‹. Die zweite Deutung bezieht sich auf die hier getränkten Tiere, die erste auf David als Kind. Dieser hatte sich in einer Höhle am Steinbockfelsen von Ein Gedi vor seinem Verfolger König Saul und dessen 3000 Mann starker Truppe versteckt. Saul argwöhnte, David trachte ihm des Throns wegen nach dem Leben. In der Höhle – in der David kauerte und Saul seine Notdurft verrichtete – gelang es David, von Sauls Rock heimlich einen Zipfel abzuschneiden, und als er das Stück später Saul zeigte, war dieser von der Unschuld Davids überzeugt.

Erstmals besiedelt war Ein Gedi zwischen 6000 und 3000 v. Chr. Seine Bewohner lebten von der Landwirtschaft sowie vom Verkauf von Meersalz und Bitumen. Die Römer nutzten die Oase auf dem Weg nach Massada, um hier ihre Vorräte aufzustocken. Und bereits sie schätzten den Ort als Heilbad, das neben dem Ein Gedi Natural Reserve heute den größten Besuchermagneten des Kibbuz darstellt. Der Strand von Ein Gedi ist sehr steinig und daher nur mit Badeschuhen zu empfehlen.

Ein Gedi National Reserve

Das **Ein Gedi National Reserve** besteht genau genommen aus zwei Naturschutzgebieten, dem **Nahal Arugot** und dem **Nahal David.** In den Höhen leben, wie zu biblischen Zeiten, Gazellen, Steinböcke und Antilopen. Außerdem entspringen hier vier Quellen.

Der Aufstieg zur **Nahal-David-Quelle** (40 Min. einfach) im gleichnamigen Park führt vorbei an einem 185 m hohen Wasserfall, in dessen Becken man herrlich baden kann. Noch etwas höher liegt die **Shulamit-Quelle** mit der **Höhle der Liebenden,** so genannt wegen der schönen Dienerin Shulamit, die sich der greise Salomo zur Geliebten nahm. Das Hohe Lied verbindet Ein Gedi mit dieser Romanze: »Solange, wie der König beim Festmahl ist, gibt meine Narde ihren Duft. Ein

Davids Wasserfall – erfrischendes Vergnügen in der Wüste

Unwirtlich zum Leben, aber visuell beeindruckend, das ist die Wüste am Rand des Toten Meers

Myrrhenbüschel ist mir mein Geliebter, er wird zwischen meinen Brüsten übernachten; ein Strauß Zyperblumen von den Weinbergen Engedis ist mir mein Geliebter.«

Ein Besuch des Nahal-David-Parks ist an Sonn- und Feiertagen wegen des Freizeitrummels nicht zu empfehlen. Ruhiger geht es in dem 200 km² großen Nahal-Arugot-Park zu. Ein knapp 3-stündiger Rundweg, der auch für Familien mit Kindern geeignet ist, führt an einem Fluss entlang zu dem sehr schönen **Versteckten Wasserfall** *(hidden waterfall),* der sich aus den teils heftigen Wüstenregen im Winter speist. Auch dieser Pool lädt nach der Wanderung zu einem erfrischenden Bad ein (Tel. 08 658 42 85, Fax 08 652 02 28, www.parks.org.il, April–Sept. 8–17, Okt.–März 8–16 Uhr, je 23 NIS, Kombiticket 26 NIS).

Wildes Campen an den Stränden des Toten Meers ist zwischenzeitlich verboten, doch die verschiedenen Oasen bieten ausreichend Alternativen.

Ein Gedi Country Hotel: Tel. 08 659 42 21, 22, 08 658 43 28, www.ein-gedi.co.il. Die Palette reicht von einfachen (Country Lodging) bis zu eleganten Zimmern, außerdem Thermalbad, botanischer Garten, Organisation von Wüstentouren und Wanderungen etc. DZ ab 730 NIS.

SPNI Field Center: Beit Sarah, Tel. 08 658 43

50, www.aspni.org. Das SPNI wurde 1959 von der namensgebenden Society for the Protection of Nature in Israel zum Zweck von Ausstellungen zu Tier- und Pflanzenwelt gegründet. Heute bietet man Unterkunft in 49 Zimmern und Schlafsälen sowie erlebnisreiche Exkursionen (s. r.). DZ ab 250 NIS.

At Haya's in the Botanical Garden: Tel. 08 659 42 21. Maximal acht Gäste bewirtet Haya in ihrem Heim & Restaurant auf dem Gelände des Kibbuz. Reservierung obligatorisch. Ab 50 NIS.

Ahava Fabrikverkauf: Tel. 08 994 51 17, Sa–Do 8–18, Fr 9–16 Uhr. Heilende und kosmetische Produkte (z. B. Badezusätze, Cremes, Zahnpasta) aus dem Salz des Toten Meers, die hier produziert und weltweit verkauft werden.

Klettern und Bergsteigen: Unter dem organisatorischen Dach des Kibbuz Mitzpe Shalem, Tel. 02 994 51 11, 052 239 77 71, dalpak@mitzpe-shalem.co.il, bietet 20 km nördlich von Ein Gedi das Metzokei Deragot Village, Tel. 02 994 47 77, www.metzoke.co.il, Wander-, Kletter- und anspruchsvolle Bergtouren an (Übernachtung im Zelt 70 NIS p. P., DZ ab 300 NIS). Das Wadi Darja mit seinen gewaltigen Überhängen ist Ziel der Kletterer.
Wellness: Ein Gedi Country Hotel (s. S. 198), Tel. 08 659 42 21. Umfangreiche Ayurveda-Behandlungen, die bereits vor der Anreise gebucht werden sollten.
Ein Gedi Spa, Tel. 08 659 48 13, www.ngedi.com/spa.htm, im Sommer 8–18, im Winter 8–17 Uhr, 70 NIS. Heilbäder in 38 °C warmem, stark mineralhaltigem Wasser, Schlammpackungen, medizinische Hauptpflege, Massagen etc. Pools getrennt für Männer und Frauen sowie Becken für Familien.
Wüstentouren: Ein Gedi Country Hotel, Tel. 08 659 42 21. U. a. Ausflüge unterschiedlicher Länge in Israels und Jordaniens Wüsten, Vollmondtouren (3–4 Std.), Bibeltouren zum Mount Karkom im Negev (Sa/So), Gewürztouren auf den Handelsrouten der Nabatäer (2 Tage) etc.
SPNI Field Center (s. S. 198), Tel. 08 658 43 50, www.aspni.org. Ähnliches Programm, außerdem Grillabende unter Sternenhimmel, Ausflüge nach Massada etc.

Busse: Mehrmals tgl. Verbindungen nach Jerusalem und Be'er Sheva, jeweils mit Anschluss in andere Landesteile. 4 x tgl. nach Eilat.

Massada

Reiseatlas: S. 14, D 2
16 km südlich von Ein Gedi wartet Israels imposantestes Symbol der Freiheit: **Massada,** israelischer Nationalpark und seit 2001 auch

UNESCO-Welterbe. Die berühmte Festung liegt in einer trostlosen, kargen Steinwüste auf einem Felskliff, das fast bis ans Tote Meer reicht. Eine Seilbahn, die am Parkplatz startet, bringt die Besucher auf das 440 m hohe Plateau. Zu Fuß kann man die Festung über die Snake Route in rund 20 Minuten erklimmen. Es gibt zwei Besuchereingänge zu Massada, im Osten nahe dem Toten Meer sowie im Westen bei Arad (s. S. 323).

Geschichte

Als Herodes der Große ab 40 v. Chr. begann, die im 2. Jh. v. Chr. von Hasmonäern und Makkabäern errichtete Festung zu erweitern, war es sein Wille, eine uneinnehmbare Schutzburg zu errichten. Sie sollte ihn einerseits vor Juden schützen, die ihn vom Thron stürzen und die alten Dynastien wieder einsetzen wollten. Andererseits musste er sich gegen die Römer absichern, denn Kleopatra, Ägyptens letzte ptolemäische Herrscherin, drängte den römischen Feldherrn Marcus Antonius, Herodes zu beseitigen und ihr die Herrschaft Judäas zu übertragen.

Nach sechsjähriger Bauzeit war Massada 30 v. Chr. fertiggestellt. Eine doppelte Mauer, bewehrt mit 37 Türmen, umgab nun das Plateau. Nach dem Tod von Herodes 4 v. Chr. wurde Massada römischer Garnisonsstützpunkt. Im Jahr 66 n. Chr. nahmen Zeloten, eine radikale römerfeindliche Gruppe, Massada ein und konnten sich bis 70 n. Chr. hier verschanzen.

Drei Jahre nach dem Fall des Zweiten Tempels beschlossen die Römer, die letzte jüdische Festung in Palästina zu stürmen – wenngleich sie in den Zeloten, zu denen Essener aus Qumran geflohen waren (s. S. 35), eigentlich keine Bedrohung sehen konnten. 967 Männer, Frauen und Kinder bewohnten Massada, als Flavius Silva mit 10 000 Mann anrückte. Um eine Flucht der Zeloten zu verhindern, ließ Silva zuerst um den Fels herum eine 3,5 km lange Mauer mit zwölf Türmen errichten. Seine Soldaten verteilte er auf zwei Hauptlager und sechs kleinere Feldlager. Dann begann die Planung des Sturms. Nur eine Stelle eignete sich, eine Rampe aufzuschütten, wegen ihrer hellen Gesteinsfarbe Bianca genannt. Sie endete etwa 150 m unterhalb der Mauern Massadas. Darauf errichteten die Soldaten einen Eisenturm, auf den die Katapulte gesetzt wurden. Als die äußere Mauer fiel, töteten die zelotischen Kämpfer zunächst ihre eigenen Familien und dann sich selbst. Nur zwei Frauen und fünf Kinder überlebten das Grauen. Sie hatten sich in einer Zisterne versteckt und schilderten die Geschehnisse.

Eindrucksvoll beschreibt der jüdische Geschichtsschreiber Flavius Josephus, wie der Führer der Zeloten, Eleazer Ben Ja'ir, in einer gleichermaßen wahnsinnigen wie stolzen Rede an jenem Tag nach Ostern 73 zu seinen Glaubensbrüdern sprach: »Denn die Frauen sollen ungeschändet sterben und die Kinder, ohne die Knechtschaft kennengelernt zu haben. Und nach ihnen wollen wir selbst uns einander den edlen Dienst erweisen, wobei wir die Freiheit als schönstes Sterbekleid bewahren werden. Doch lasst uns vorher die Schätze und die Festung mit Feuer zerstören. Einzig die Lebensmittel wollen wir unversehrt lassen; denn sie sollen nach unserem Tod Zeuge dafür sein, dass wir nicht durch Hunger bezwungen wurden, sondern weil wir – so wie es von Anfang an beschlossen war – den Tod der Knechtschaft vorziehen wollten.«

Massada, 1838 von dem amerikanischen Archäologen Edward Robinson bei einer Fahrt auf dem Toten Meer identifiziert, wurde erst zwischen 1963 und 1965 ausgegraben. Die Armee und Tausende Freiwillige aus 28 Ländern halfen den Archäologen bei der Freilegung der Ruinen.

Besichtigung

Mit dem Rundgang durch die Festung beginnt man üblicherweise am **Schlangenpfadtor,** dem Endpunkt der Seilbahn und des Fußwegs. Hier sieht man die Doppelmauer (Kassettenmauer), in die die Zeloten zusätzliche Decken für Wohn- und Lagerräume eingezogen hatten und wo Archäologen sehr viele Gebrauchsgegenstände fanden, darunter Stoffreste, Krüge, Schminktöpfe, Wein, Öl und Datteln.

Linker Hand vom Eingang liegt der **Nordpalast** von Herodes, der sich auf dem Plateau zwei prächtige Königspaläste hatte errichten lassen. Der **Westpalast** rechts des Eingangs wurde bei offiziellen Anlässen genutzt, während der nördliche, in den Fels hineingebaute dreistöckige Palast als luxuriöse Privatresidenz diente. »Im Westpalast«, so beschrieb Flavius Josephus, »war die Ausstattung der Wohnräume ebenso wie die der Säulenhallen und Bäder verschiedenartig und verschwenderisch. Die überall anzutreffenden Säulen waren jeweils aus einem einzigen Stein, die Wände und Fußböden zeigten kunstvolle Steinpflasterung.« Die Bäder des Nordpalasts besaßen, wie damals üblich, Umkleideraum sowie Kalt-, Warm- und Heißbereiche (Frigidarium, Tepidarium, Caldarium).

Ein ausgefeiltes **Zisternen- und Kanalsystem** sammelte den nicht oft, aber heftig fallenden Regen. Jede der zwölf Zisternen hatte ein Fassungsvermögen von 4000 m³. Mitten in der Wüste gab es also Wasser im Überfluss – so viel, dass Herodes auch im Bereich des Westpalasts Bäder einrichten ließ, ausgestattet nach dem gleichen Muster.

Die Zeloten fügten der Anlage die **Synagoge** und die **Mikwe** (Ritualbad) hinzu. Das größte der drei Becken sammelte das rituell reine, weil mit keinem Behälter in Berührung gekommene Regenwasser; in die beiden kleineren Becken floss das unreine Wasser der Zisterne, das nach den Talmudvorschriften ebenfalls rein wurde, sobald man es mit einem Teil reinen Regenwassers vermischte. Exkrementspuren belegen, dass die Synagoge vor ihrer religiösen Nutzung als Viehstall diente und davor wiederum muss unter Herodes hier ein Lager gestanden haben. Man fand zerbrochene Tonkrüge, die offenbar italienischen – für den »König Herodes von Juda«, so die Inschrift einer Tonscherbe – Wein enthielten (Tel. 08 658 42 07, Fax 08 658 44 64, April–Sept. 8–17, Okt.–März 8–16 Uhr, Fr/Fei Schließung jeweils 1 Std. früher, 61/23 NIS mit/ohne Seilbahnfahrt).

Massada Guest House: Yam Hamelah, Tel. 08 995 32 22, Fax 08 658 46 50, www.massada2@iyha.org.il. Mit wundervollem Blick auf das Tote Meer wohnt man hier südlich der Festung. Zur Entspannung gibt es einen Pool und Sportmöglichkeiten. Die Zimmer sind einfach, aber ordentlich. Jugendgruppen und Individualreisende werden nach Möglichkeit in getrennten Flügeln des Hauses untergebracht. DZ ab 250 NIS.
Isaac H. Taylor Hostel: Metzada, Tel. 08 658 43 49. Sehr schöne Unterkunft mit Zimmern und Dormbetten, auch Campingmöglichkeit. DZ ab 250 NIS.

Amphitheater: an der Westseite von Massada, erreichbar nur über Arad, Tel. 08 995 93 99, 08 995 93 33. Beeindruckende Licht-und-Ton-Show, die die Geschichte Massadas erzählt (April–Sept. Di, Do in Hebräisch, Mi in Englisch, April–Aug. 21, sonst 19 Uhr, 50 NIS).

Busse: Tgl. mehrmals Verbindungen von/nach Jerusalem und Eilat. Arad liegt 30 Autominuten entfernt und ist mit Sherut-Taxis erreichbar.

Ein Boqeq

Reiseatlas: S. 14, D/E 3
Rund 15 km südlich von Massada liegt Israels Kurzentrum Nummer eins, **Ein Boqeq.** Dank einer warmen Mineralquelle hat sich dieser Strandabschnitt, und mehr ist es nicht, zur Enklave des Wellnesstourismus am Toten Meer entwickelt. *Sanus per aquam* (›Wohlfühlen durch Wasser‹), kurz Spa, heißt das Erfolgskonzept, das jährlich Tausende von Besuchern anzieht. Weitere Hotels und Spas entstehen derzeit 8 km südlich von Ein Boqeq in Neve Zohar.

Im Internet: www.einbokek.com.
Zin Tours 2000: im Petra Shopping Center, Tel. 08 658 41 53, 08 658 45 50, Fax 08 658 43 44, www.zintours.com. Agentur, bei der man von der Anreise bis zur Aromatherapie alles buchen kann und auch sonst gute Tipps bekommt. Es wird Deutsch gesprochen.

Schweben auf Salz: Selbst Nichtschwimmer können im Toten Meer nicht untergehen

@mit: im Petra Shopping Center, Tel. 08 658 43 18, 052 91 34 75. Bietet Touren quer durch Israel sowie Tagesausflüge in die umliegenden Wadis und Wüsten.

Petra Shopping Center: Internetcafé, Cafeterias und Supermärkte sowie viele Geschäfte, die therapeutische Salben, Cremes, Shampoos, Salze und Öle aus örtlicher Produktion bieten.

In Ein Boqeq gibt es nur 5-Sterne-Häuser mit je 400 bis 650 Zimmern.

Hod Hamidbar: Tel. 08 668 82 22, www.hodhotel.co.il. Komfortables Hotel im römischen Stil mit vielen Säulen, moderne und elegante Zimmer, am Strand hat man die Wahl zwischen Meer und einem riesigem Pool. Angeschlossen ist das Ma'ayan Spa, einer der modernsten Wellnessbereiche der hiesigen Hotels (Meerwasserpool, Ayurveda, Aromatherapie, (Reflexzonen-)Massage, Bodypeeling). DZ ab 1050 NIS.

Le Meridien Deluxe: Tel. 08 659 12 34, Fax 08 659 12 35, www.fattal.co.il. Ein architektonisches Schmuckstück des Hotels ist der

in Pastelltönen gehaltene Mineralia Spa Club nach römischem Vorbild mit Tempelsäulen und abgerundetem Pool – der Himmel für ausgelaugte Körper (Sauna, Jacuzzi, Massagen, Schlammpackungen, Anti-Stress-Bäder, Aromatherapien etc.). DZ/HP ab 1150 NIS.
Crown Plaza: Tel. 03 539 08 08 (zentrale Reservierungsnummer), Fax 03 760 07 07, www.h-i.co.il. Komfortable Zimmer, alle mit Blick auf das Tote Meer. DZ ab 1000 NIS.

Ausflüge: Taxiunternehmer Ali, Tel. 050 529 41 40, aliarad@walla.com, www.dead-sea-tour-guide.com, steht für Fahrten quer durch Israel bereit und organisiert Touren zu Sehenswürdigkeiten am Toten Meer, u. a. zum Salzmeer an der Südspitze. Den gleichen Service bietet Ein Bokek Tours, Tel. 08 659 16 66, www.einbokektours.com.

In Ein Boqeq isst man, wie man wohnt: teuer. Die einzigen Alternativen finden sich im Petra Shopping Center. Im Erdgeschoss gibt es Snacks und Sandwiches, im 1. Stock ein B.B.Q.-Restaurant, wo man alle Therapien vergessen und herzhaft ins Shawarma beißen darf.

Busse: Mehrmals tgl. nach Jerusalem, Be'er Sheva und Eilat.

Region Sodom

Reiseatlas: S. 14, D/E 4
An südlichen Ende des Toten Meers liegt die **Region Sodom.** Einer Erzählung im Alten Testament zufolge ließ es der Herr Schwefel und Feuer über die Städte Sodom und Gomorrha regnen, um das lasterhafte Verhalten ihrer Bewohner zu bestrafen. Nur Lot, seine Frau und ihre beiden Töchter entkamen dem Inferno. Doch Lots »Weib sah hinter sich und ward zur Salzsäule« (1. Mose 19, 26), weil sie nicht, wie von Gott befohlen, nur nach vorne blickte.

Eine Salzsäule in den Bergen von Sodom, 23 km südlich von Ein Boqeq, soll Lots Frau verkörpern (von der Straße Nr. 90 am Toten Meer ausgeschildert mit Sodom Cave und Eshed Lod). Doch die hiesigen Salzhöhlen haben mit dem biblischen Sodom und Gomorrha nichts zu tun – wo die beiden vernichteten Städte wirklich lagen, ist unbekannt. Das heutige Sodom ist eine kleine Arbeitersiedlung der örtlichen Pottascheindustrie.

33 km² beträgt an der Südspitze des Toten Meers die Fläche des Salzmeers, das man am besten mit Führung besichtigt (s. l.). Die seltenen, aber heftigen Regenfälle haben tiefe Täler und Risse in die Salzformationen modelliert – eine märchenhafte Landschaft.

In Tel Aviv pulsiert das moderne Israel

Kapitel 2

Tel Aviv und die Küste

Auf einen Blick: Tel Aviv und die Küste

Die weiße Stadt

Tel Aviv-Jaffa, wie die 400 000-Einwohner-Stadt offiziell heißt, ist das New York des Nahen Ostens. Meinen die Bewohner. Ein Konglomerat von Bewohnern aus über 140 Nationen, denen der jüdische Glaube das Recht auf die israelische Staatsbürgerschaft garantiert. Zig Kulturen und Lebensarten sind hier verschmolzen: amerikanische und mitteleuropäische, osteuropäisch-maghrebinische und asiatische. Im Großraum der Stadt leben heute ungefähr 2 Mio. Menschen. Tel Avivs Restaurantführer liest sich wie das Register eines Atlas.

Tel Aviv ist eine kosmopolitische Stadt, ein Schmelztiegel der Nationen, wie es im Nahen Osten kaum eine andere Metropole für sich beanspruchen kann. Tel Aviv, wirtschaftliches und kulturelles Zentrum des Landes, ist die Stadt der Fröhlichkeit, der Lässigkeit, der Laufsteg der Schönen, die die Nacht zum Tag machen. Jerusalem mag die über 3000 Jahre alte Tante, die biedere, die koschere, die religiöse sein. Tel Aviv dagegen sieht sich als Teenager: frech, ohne Konventionen. In und out, das ändert sich hier über Nacht.

Der Zusammenbruch des Ostblocks bescherte Tel Aviv einen gewaltigen Zustrom von Immigranten, die das Stadtbild neu geprägt haben. Neben hebräischen Reklameschriften findet man häufig kyrillische, Russisch ist ein oft gehörtes Idiom.

Als ›Stadt, die niemals schläft‹ bewirbt die Tourismusbranche Tel Aviv. Das Lebenstempo ist rasant. Als Konstante erweist sich im Stadtbild die Architektur der im Bauhausstil errichteten Gebäude, meist weiß getüncht – womit Tel Avivs Beiname Weiße Stadt erklärt wäre, den man neuerdings hervorhebt. Tel Aviv hat anders als Jerusalem keine alten Sehenswürdigkeiten, dafür aber sehr schöne Strände, besuchenswerte Märkte und interessante Museen.

Die Stadt eignet sich gut als Ausgangspunkt für Ausflüge in die südlichen und nördlichen Küstenregionen. An der Südküste kann in puncto Stränden **Ashkelon** mithalten. Großartig sind nördlich von Tel Aviv die Ausgrabungen von **Megiddo,** dem biblischen Armageddon, sowie **Caesarea,** aber auch die berühmte Künstlerkolonie **Ein Hod** und die malerischen Drusendörfer **Isfiya** und **Daliyat el Karmel.**

Highlight

4 **Tel Aviv-Jaffa:** Die internationale Metropole bildet das Kontrastprogramm zu Jerusalem – Spaß statt Spiritualität, Meer statt Mauern, Kultur statt Konflikte. An nur einem

Richtig Reisen-Tipps

Eretz-Israel-Museum: In diesem Museum in Tel Aviv werden auf über 120 000 m² Fläche die Archäologie und Geschichte des Gelobten Landes dargestellt. 80 000 Exponate umfasst allein die Münzsammlung. Angewandte Archäologie bieten die Ausgrabungen von Tel Qasile, einer Philister-Stadt (s. S. 219).

Bibelpark Neot Kedumim: Auf dem Gelände bei Lod blüht und gedeiht alles, wie es in der Bibel steht. Außerdem kann man kochen und essen wie zu Zeiten von Moses. Der Besuch verspricht einen lehrreichen Tag in wundervoller Natur (s. S. 231).

Nationalpark Beit Govrin: Hier gibt es Hunderte riesiger Kalksteinhöhlen und aus hellenistischer Zeit stammende Malereien zu entdecken – eine großartige archäologische Stätte (s. S. 234).

Megiddo-Nationalpark: Besser bekannt als biblisches Armageddon, war Megiddo voraussichtlich Schauplatz der letzten großen Schlacht auf Erden. Die archäologische Ausgrabung umfasst 20 abgetragene Schichten. Berühmt wurde Megiddo durch die sogenannten Pferdeställe des Salomo (s. S. 240).

Isfiya und Daliyat el Karmel: In den beiden malerischen Drusendörfern tragen die Männer Schnurrbärte und fezähnliche Kappen, die Frauen Kopftücher – alles sehr orientalisch und sehr schön (s. S. 247).

Tag kann man sich am Strand sonnen, erstklassige moderne Kunst in einem Museum genießen, abends international speisen und bis zum Morgen durchfeiern (s. S. 208).

Empfehlenswerte Routen

Rundgang durch das mittelalterliche Jaffa: Jaffas historisches Zentrum ist überschaubar. Dieser schöne Spaziergang führt vom Uhrturm über die Große Moschee, den Saraya-Palast und das in einem alten türkischen Bad untergebrachte Old Jaffa Antiquities Museum zum alten Hafen, wo sich rund um den Kedumim Square zahlreiche Künstler, Kunsthandwerker und Galeristen niedergelassen haben (s. S. 219).

Von Tel Aviv Richtung Norden: Auf dieser Route kommen sowohl Badenixen als auch archäologisch Interessierte auf ihre Kosten, denn sie verbindet zahlreiche schöne Strände mit zwei der berühmtesten Ausgrabungsstätten von Israel, Megiddo und Caesarea. Außerdem lernt man die bekannte Künstlerkolonie Ein Hod und malerische Drusendörfer kennen (s. S. 238).

Reise- und Zeitplanung

Ginge es nur um die kulturellen Sehenswürdigkeiten, so genügten zwei Tage für Tel Aviv, aber dann hätte man vieles verpasst. Wer sich nicht an Menschenmassen stört, kann hier einen klassischen Strandurlaub verbringen, jeden Tag neue Cafés, Märkte und Shops besuchen, jede Nacht neue Restaurants, Bars und Clubs kennenlernen. Für die Küste nördlich und südlich von Tel Aviv benötigt man jeweils mindestens zwei Tage, dann bleibt auch genug Zeit zum Baden im Meer. Im Schnelldurchgang sind die Exkursionen als Tagesausflüge machbar.

Die optimale Reisezeit für die gesamte Küstenregion ist von April bis September bzw. Oktober. In den Wintermonaten kühlt das Mittelmeer deutlich ab, dann gehen nur noch die ganz Harten schwimmen. Auch mit Regen ist in dieser Jahreszeit zu rechnen.

4 Tel Aviv-Jaffa

Cityplan
S. 213

Bescheidenheit ist nicht die höchste Tugend von Tel Aviv, das sich in Anlehnung an den Big Apple New York und mit einem Schuss Selbstironie gerne als Big Orange bezeichnet. Passender wäre ohnehin, wenn schon amerikanisch, der Vergleich mit Miami.

Reiseatlas: S. 5, A/B 3/4

»Über Tel Aviv sprach man bei uns in Jerusalem mit Neid und Hochmut, Bewunderung und Geheimnistuerei«, schrieb der Schriftsteller Amos Oz einmal. Wer hier nach Jersualem ein paar Tage verbringt, der weiß warum. Auch Oz fand es heraus: Tel Aviv sei eine hebräische Stadt, die zwischen Orangenhainen und Sanddünen heranwachse. Sie sei nicht einfach ein Ort, zu dem man sich einen Fahrschein löse und einfach mit dem Bus hinfahre, »sondern ein anderer Kontinent«.

Tel Aviv, das 2009 sein 100-jähriges Bestehen feierte, bildet zusammen mit dem südlichen Jaffa (Yafo) eine Doppelstadt, die sich über 15 km entlang der Mittelmeerküste erstreckt. Im Sommer ist ganz Tel Aviv auf Strand eingestellt, bevölkert von Zehntausenden von Menschen, die von der City nur ein paar Schritte über die verkehrsreiche Promenade bis ans Meer zurücklegen müssen.

Szenenwechsel: Nachts um eins staut sich am Alten Hafen der Verkehr. Die Nachtschwärmer sind unterwegs zu Dutzenden Bars, Clubs, Discos, Restaurants und Kneipen. Außer Beirut und Dubai kann es im Orient wohl nur diese Stadt mit dem Nachtleben und der Lebenslust westlicher Szene-Metropolen aufnehmen. Selbstredend, dass man den Shabbat in Tel Aviv weitgehend ignoriert – den meisten Bewohnern ist Hedonismus näher als Zionismus. Man gibt sich modern, schräg und unkonventionell.

Doch Tel Avivs Reiz besteht, sonst wäre es nichts weiter als ein urbanes Ibiza, aus mehr als Miniröcken, freien Bauchnabeln und schrillen Drag-Queens. Die meisten Vertreter der jungen isarelischen Kunstszene, die sich inzwischen international etabliert hat, sind hier zu Hause. Ihre Werke zeigen sie bei der Kunstmesse Fresh Paint (s. S. 228). Schöngeister leben in Tel Aviv wie im Naturschutzreservat: Alles ist erlaubt, je schräger und provokanter, desto besser. Das Grollen der Ultraorthodoxen über das zügellose Tel Aviv wird einfach ignoriert. Als vor schon längerer Zeit im Premierenpublikum der Batsheva Dance Company, berühmt für ihr experimentales Tanztheater, Premierminister und Chefrabbiner saßen, stellten sich während einer Aufführung neun Männer mit dem Rücken zum Publikum. Aus den Ellenbogenbewegungen zu schließen, vollzogen sie scheinbar Ungehöriges. Eisiges Schweigen im Theater. Erst prustete aus Verlegenheit eine Zuschauerin los, dann eine andere, und irgendwann hielt auch der Premier nicht mehr still. Nun drehten sich die neun auf der Bühne um – und putzten weiter die Läufe von Maschinengewehren.

Apropos Theater: Hemdsärmeligkeit, ganz wörtlich als erklärter Verzicht auf Krawatte und Smoking, prägt diesen Kulturbetrieb und hat die Einstellung zu ihm entkrampft. Man geht so selbstverständlich ins Theater wie anderswo ins Kino. Die Tel Aviver sind eifrige Kulturkonsumenten, die nur zu wählen brauchen: Klassik im Mann Auditorium, Oper und Operette in der New Israeli Opera, jiddische Stücke im Yiddish Theatre, israelisches Ballett im Duhl Auditorium, Experimentelles im Suzanne Dellal Center. Die Liste könnte unendlich fortgesetzt werden.

Immigranten bleiben in Tel Aviv, wenn sie nicht ein Startkapital mitbringen, sei es Geld oder gefragtes Können, nur zum Zwischenstopp. Nicht, dass man sie nicht aufnähme, aber Tel Aviv, stets in der Top 20 der teuersten Städte der Welt, hat die höchsten Lebenshaltungskosten des Landes, wie man schnell bemerkt, wenn man vom Dizengoff Center nordwärts geht. Zwischen Cafés, Restaurants und Banken findet man zahllose edle Boutiquen. Und selbst ein Viertel wie Florentine, wo viele Studenten leben, ist im Vergleich zum übrigen Land noch verhältnismäßig teuer. Aber viele mühen sich ab, nur um in Tel Aviv leben zu können, auch wenn sie andernorts im Land ein leichteres Leben führen könnten. Denn eins ist unbezahlbar in der Hafenstadt: Toleranz, Liberalität und Weltläufigkeit.

Die arabisch geprägte Fortsetzung der Stadt nach Süden ist **Jaffa,** das schon dem Verfall geweiht schien. Jahrelang machte die Stadt Schlagzeilen mit ihrer hohen Prostitutions- und Kriminalitätsrate. In den 1960er-Jahren beschlossen Tel Avivs Stadtväter, Jaffa zu neuem Glanz zu führen. Die seit 1961 für die Stadterneuerung zuständige Old Jaffa Development Corporation hat den Spagat zwischen Konservierung und Erneuerung inzwischen mit großem Erfolg vollzogen und der Stadt wahre Besucherströme beschert. Übrigens: Jaffa ist der Namensgeber für die uns bekannte Orangenmarke, und das, obwohl hier kaum Orangenbäume zu sehen sind – die Erklärung ist einfach: Der Name Jaffa stand als Verschiffungshafen auf allen exportierten Orangenkisten.

Am alten Hafen, heute ein pittoresker Jacht- und Fischereihafen, beginnt das Leben, wenn die Sonne untergegangen ist. Dann flaniert man hier durch mittelalterliche Gassen, stö-

Mit dem Autor unterwegs

Auf Märkten stöbern

Sich treiben lassen, lautet das Motto auf dem ungewöhnlichen **Carmel Market** in Tel Aviv, der von Obst und Schuhwerk über russische Orden bis zu orientalischen Gewürzen alles feilbietet, was das Herz begehrt. Auch ein Bummel über den Suq HaPishpeshim, Jaffas orientalisch angehauchten **Flohmarkt,** ist ein Erlebnis (s. S. 217 u. 220).

Haus mit Aussicht

Der im gesamten Nahen Osten beliebte Wettbewerb, Hochhäuser zu bauen, ging an Tel Aviv nicht vorbei. Das Gute daran: Von weiter oben ist der Ausblick besser. In den **Azrieli Centers** blickt man von der 49. Etage über Tel Aviv, bei gutem Wetter fast über halb Israel (s. S. 217).

Relaxen im Jarkon Park

Der tropische **Jarkon Park** ist ein populärer Treffpunkt. Zu seinen Attraktionen gehört der Felsengarten, in dem seltene Kakteen gedeihen. Man kann sich aber auch einfach auf einer Wiese ausruhen oder sich ein Boot mieten und paddeln gehen (s. S. 218).

Buchhandlung mit Flair

Bücherliebhaber mit einem Faible für antiquarische Ausgaben sollten unbedingt **Landsberger's Bookshop** ansteuern, der auch eine große Auswahl deutscher Literatur führt (s. S. 226).

Ausgehen am Alten Hafen

Tel Avivs Nachtleben tobt insbesondere am **Old Port** im Norden der Stadt. Auf dem Areal befinden sich 25 Piers und viele alte Lagerhäuser, in denen sich Cafés, Restaurants, Bars und Geschäfte niedergelassen haben (s. S. 226).

Theater für Hebräisch-Unkundige

Der Sprachbarriere trotzt das **Cameri-Theater** mit Inszenierungen, die von englischen Simultanübersetzungen begleitet werden (s. S. 228).

bert in Galerien und Ateliers, findet in Gewölben aus osmanischer Zeit trendige Bars und Restaurants.

Stadtgeschichte

Noch zu Beginn des 20. Jh. zogen sich weite Dünen von der Küste ins Landesinnere, kaum eine Hütte war gebaut. Seither entwickelte sich aus Jaffa die größte Stadt Israels.

Hafenstadt der Philister

Jaffa ist eine der ältesten Ansiedlungen der Welt, nachweislich bewohnt seit dem 5. Jt. v. Chr. Einer Überlieferung nach handelt es sich bei Jaffas Gründer um Japhet, den jüngsten Sohn Noahs. Nach der Flut fand Japhet in dieser Bucht den Hügel mit Blick aufs Meer und nannte ihn *yafo* (›schön‹). Das ist die jüdische Sicht der Historie. Die andere, die griechische Legende, besagt, Joppa – die Tochter des Windgottes Äolus und der Göttin der Morgenröte, Eos – habe Jaffa begründet. Gesichert scheint hingegen, dass Pharao Thutmosis III. im 15. Jh. v. Chr. den Hafen eroberte. Im 13. Jh. v. Chr. fiel die Stadt unter der ägyptischen Ramessidendynastie an die Philister, die seit dem 2. Jt. v. Chr. in Palästina lebten.

Jona im Fischbauch

Eine zentrale Rolle spielt Jaffa im alttestamentarischen Buch des Propheten Jona, der von hier mit einem Schiff Gott entfliehen wollte. Doch der Herr »ließ einen großen Wind aufs Meer kommen, und es erhob sich ein großes Unwetter« (Jona 1,4), das erst endete, als die Mannschaft Jona über Bord warf. »Aber der Herr ließ einen großen Fisch kommen, Jona zu verschlingen. Und Jona war im Leibe des Fisches drei Tage und drei Nächte« (Jona 2,1), bis er – bei Ashdod – wieder ausgespien wurde.

In der folgenden Zeit stand Jaffa unter ägyptischer, assyrischer, phönizischer, griechischer und ptolemäischer Herrschaft, bis der Handelshafen (Getreide, Holz) 68 v. Chr. von Pompejus erobert und in Flavia Joppe umbenannt wurde. Unter König Herodes, der um 12 v. Chr. die Stadt Caesarea (s. S. 240) gründete und dort den großen römischen Hafen vollendete, verlor Jaffa seine strategisch hervorragende Rolle. Ihren Namen Jaffa erhielt die Stadt im 7. Jh. von den Arabern.

Im 11./12. Jh. war Jaffa als Hafenstadt für die Kreuzfahrer von strategischer Bedeutung. Richard Löwenherz errichtete hier eine Festung, die Salah el Dins Bruder wieder zerstörte und dabei 20 000 Menschen tötete. Jerusalempilger betraten in Jaffa nach langer

In Tel Aviv, dem wirtschaftlichen und kulturellen Zentrum des Landes, wird die Nacht zum Tag

Schiffsreise erstmals das Heilige Land, bis die Mamluken 1267 die Kreuzfahrerära beendeten.

Herzls Frühlingshügel

Mitte des 19. Jh. begannen Einwanderer sich in dieser Gegend niederzulassen. 1910 gab man der wachsenden Siedlung Ahuzat Bayit den Namen Tel Aviv oder ›Frühlingshügel‹. Die Bezeichnung stammt aus Theodor Herzls Utopie »Altneuland« (s. S. 186) und bezieht sich auf den Propheten Ezechiel, den der Herr in einem babylonischen Ort namens Tel-Abib zum Wächter Israels bestellte (Ezechiel 3,15). Die Spannungen mit der ansässigen arabischen Bevölkerung nahmen im 20. Jh. mehr und mehr zu, resultierten in gewalttätigen Auseinandersetzungen. Gemäß dem 1947 beschlossenen Teilungsplan der UN für Palästina sollte Jaffa dem arabischen Teil Palästinas zugeschlagen werden. Doch 1948 nahmen israelische Hagana-Milizen die Stadt ein und zwangen den Großteil der arabischen Bevölkerung zur Flucht.

Tel Aviv/Jaffa: Cityplan

Sehenswürdigkeiten

1 Shalomturm
2 Hagana-Museum
3 Unabhängigkeitshalle
4 Beit HaKnesset Hagadol
5 Carmel Market
6 Mann Auditorium
7 Habima Theatre
8 Helena Rubinstein Pavilion for Contemporary Art
9 Tel Aviv Museum of Art
10 Azrieli Centers
11 Dizengoff Center
12 Feuer-und-Wasser-Brunnen
13 Gan-Meier-Park
14 Old Port
15 Nahum Goldmann Museum of the Jewish Diaspora
16 Eretz-Israel-Museum
17 Palmach-Museum
18 Jarkon Park
19 Segregated Beach Nordau
20 Gordon Beach
21 Uhrturm
22 Flohmarkt
23 Große Moschee
24 Saraya-Palast
25 Old Jaffa Antiquities Museum
26 Andromeda-Felsen
27 St. Peter
28 HaPisgah-Garten
29 Alter Hafen
30 Kedumim Square
31 Ilan-Goor-Museum
32 Haus Simon des Gerbers

Übernachten

1 Dan Tel Aviv
2 Hilton Tel Aviv
3 Renaissance
4 Isrotel Tower
5 Alexander
6 Cinema
7 Metropolitan
8 Bnei Dan Youth Hostel
9 Hayarkon48 Hostel
10 Nes Ziona
11 Beit Immanuel
12 Old Jaffa Hostel

Essen und Trinken

13 Café Tamar
14 Café Basel
15 Stefan Braun
16 Orca – Kitchen Bar
17 Maganda
18 Bellini
19 Beybele
20 Orna & Ella
21 Hummus Ashkara
22 Manta Ray
23 Dr. Shakshuka
24 Puah
25 Said Abu Elafia & Sons

Unkontrolliertes Wachstum

Tel Aviv war zwischen 1909 und 1926 ziemlich ungeplant von 65 Häusern mit etwa 550 Bewohnern auf 3000 Gebäude für ca. 40 000 Menschen angewachsen. In den 30er-Jahren beeinflussten aus Deutschland geflüchtete Juden das Stadtbild durch den Bauhausstil (s. S. 216). Die für die mediterrane Bauweise untypischen Hochhäuser, die heute v. a. die Küstenlinie dominieren, entstanden zum Großteil in den boomenden 60er- und 70er-Jahren unter dem Einfluss US-amerikanischer Wirtschaftshilfe. 1994 wurde der Opera Tower fertiggestellt, ein auffälliges Einkaufs- und Apartmentzentrum mit stufenartig versetzten Etagen. Einen erneuten Hochhausboom erlebte Tel Aviv in den vergangenen Jahren.

Obwohl Tel Aviv während des Zweiten Weltkriegs von Italien und Frankreichs Vichy-Regime bombardiert wurde, erlitt es keine größeren Schäden. Nach dem Krieg taumelte die Stadt in eine Wirtschaftskrise: Tel Aviv litt unter dem Immigrantenstrom (1946: 200 000, 1951: 350 000 Einw.) und dehnte sich nach

0
500
1000 m
Flughafen, Herzlia
Palmach Museum
Yarqon
Sderot Yisrael Rokach
Sheraton Beach
Independent Park
Hilton Beach
The Carlton
Sheraton Moriah
Holiday Inn Crowne Plaza
Basel Hotel
Fisherman Beach
Bograshoff Beach
Mittelmeer
Opera Tower
Yemshabim Beach
Miami
Aviv Beach
Dan Panorama
MANSHIYA
NEWE SEDEQ
Susan Dellal Center
FLORENTIN
Saraya Palast
YAFO
HaYarqon St.
Ben Yehuda
Sderot Dizengoff
Sderot Nordau
Basel St.
Jabotinsky
Arlosoroff St.
Sderot David Ben Gurion
Kikar Yitzhak Rabin
Frishman St.
Bograshoff
Historisches Museum
Ben Zion
HATEMANIM
Kikar Magen David
Magen David Sq.
Sheinkin St.
Allenby Rd.
Ussishkin
Yehoshua Bin Nun
Ibn Gvirol
Pinkas
De Haas
David Remez
Bloch
Yehuda HaMakkabi
Weizmann
Derekh Mordechai Namir
Hebejar
Adam HaCohen
Reines
Shlomo HaMelech
Sderot Hen
Tel Aviv Performing Arts Center
Shaul Hamelech
Elizer Kapku St.
Derekh Petah Tiqwa
HAQIRYA
Ayyalon
Tarsat
Carlebach
MONTEFIORE
Sderot Rothschild
Rehov Ahad Ha'a
Yehuda HaLevi
HARAKKEVET
HaSefira
Pinsker
Karmel St.
HaQoveshim
Herzl St.
Derekh Yafo
Elat
Levinsky St.
Busbahnhof
Sderot HarZion
SHAPIRA
Derekh Kibbuz Galujot
QIRYAT SHALOM
Sderot Prof. J. Kaufmann
Sderot Yerushalayim
Mifratz Shlomo St.
Beit Eshel
Jefet
Le Ziòn
Ben Josi
Pasteur
HaJamit
Ben Tsvi
20
1

Norden über den Jarkon-Fluss und nach Osten über den Ajalon-Fluss hin aus.

Jaffa war bis zum Unabhängigkeitskrieg arabisch und wurde 1950 mit Tel Aviv offiziell zur Doppelstadt vereint. Tel Aviv ist Sitz fast aller ausländischen Botschaften, die – mit Ausnahme Costa Ricas – Jerusalem als offizielle Hauptstadt nicht anerkennen. Im Vergleich zu anderen Orten Israels ist Tel Aviv arm an Sehenswürdigkeiten, aber nicht gänzlich ohne Möglichkeit zum Sightseeing.

Zentrum

Cityplan: S. 213; **Reiseatlas:** S. 5, A/B 3/4

Shalomturm

Wer in einem Südzimmer der Luxushotels an der HaYarkon Street wohnt, genießt bereits einen aufregenden Ausblick, unübertroffen aber bleibt der Blick von Israels einst höchstem Gebäude, dem 1959 errichteten, 37 Stockwerke zählenden **Shalomturm** 1 (Migdal Shalom Meir) an der Echad Ha'am Street. Mit seiner Höhe von 142 m schafft er es heute gerade noch in die Top 10 der israelischen Wolkenkratzer und wird vom Moshe-Aviv-Turm in Ramat Gan um mehr als 100 m übertroffen (April–Sept. So–Fr 9–19, Okt.–März So–Do 9–16.30, Fr 9–13.30 Uhr, 10 NIS).

Rothschild Boulevard

Unbedingt einen Bummel wert ist der nahe gelegene **Rothschild Boulevard,** der 2003 zum UNESCO-Welterbe erhoben wurde. Seit den 1930er-Jahren haben eingewanderte Architekten in diesem Viertel die Idee des Bauhauses in all ihren Variationen umgesetzt (s. S. 216). Heute versuchen Städtebauer, diese einzigartigen Bauten in einen harmonischen Einklang zu bringen mit den zahlreichen neu entstandenen Wolkenkratzern, die inzwischen auch diesen Boulevard prägen, darunter der First International Bank Tower (132 m) und der Bank Discount Tower (130 m).

Am Rothschild Boulevard 23 sollte man dem **Hagana-Museum** 2 einen Besuch abstatten. Eliahu Golomb, der zusammen mit Dov Hoz 1920 die Hagana (›Verteidigung‹), die Vorläuferin der israelischen Streitkräfte, gründete, lebte bis 1945 in diesem Haus, das heute als Museum die israelische Militärgeschichte dokumentiert (Tel. 03 560 86 24, So–Do 8–16 Uhr, 10 NIS).

Nur ein paar Häuser weiter, am Rothschild Boulevard 16, betritt man die geschichtsträchtige **Unabhängigkeitshalle** 3. Hier erklärte Ben Gurion am 14. Mai 1948 den Staat Israel für gegründet. Ursprünglich lebte in dem Gebäude Tel Avivs erster Bürgermeister, Meir Dizengoff. Seit dem Jahr 1986 ist die Halle der Chronologie der Ereignisse vom

UN-Teilungsplan vom 29. November 1947 bis zum Unabhängigkeitskrieg gegen die Araber gewidmet. Die Ausstellung am Eingang thematisiert die Geschichte der Menora im Staatswappen und den auf der Flagge prangenden Davidstern (Tel. 03 517 39 42, So–Do 9–14 Uhr, 14 NIS).

Im 1. Stock liegt Beit HaTanakh, das **Bibelmuseum.** Die Sammlung umfasst nicht nur Bibelausgaben inkl. Apokryphen, sondern widmet sich auch der Bibel in der Kunst, biblischen Darstellungen auf Münzen und Briefmarken sowie Vertonungen von Bibeltexten aller Art, vom Gospel bis zur Schlagerschnulze. Alljährlich bietet ein vom Museum geförderter Wettbewerb Künstlern und Kindern die Gelegenheit, ihre gemalten Bibeldarstellungen der Öffentlichkeit zu präsentieren (Tel. 03 517 77 60, So–Di, Do/Fr 9.30–12.30, Mi 9.30–12.30, 16–19 Uhr, 8 NIIS).

Allenby Street und Carmel Market

In der vom Rothschild Boulevard abgehenden **Allenby Street** befindet sich die **Beit Ha-Knesset Hagadol** 4, die Große Synagoge, in der traditionell der ashkenasische Oberrabbiner Tel Avivs in sein Amt eingeführt wird.

Dutzende Cafés laden zum Relaxen im Vergnügungsviertel am alten Hafen

Bauhaus in Tel Aviv

Thema

Lange ging Tel Aviv mit seinem großartigen Erbe an Bauhaus-Architektur nicht gerade pfleglich um, Verfall und Verschandelung wurden ignoriert. Das hat sich geändert. Als ›Weiße Stadt‹ setzt man in Zukunft auch auf den Architekturtourismus.

In den 30er-Jahren brachten vor den Nazis flüchtende deutsche Juden die in Deutschland als Laubhüttenarchitektur verhöhnte und verbotene Weimarer Bauhausarchitektur mit nach Palästina. Wilhelm Gropius, Ludwig Mies van der Rohe, Erich Mendelsohn und Le Corbusier sind einige der Köpfe, zum Teil wanderten sie nach Palästina aus. Ihr Prinzip ist in der Formel zusammengefasst: Funktionalität und Materialgerechtigkeit kommen vor Schönheit und Stil *(form follows function)*.

Arieh Sharon, Dov Carmi, Zeev Rechter, Pinchas Hueth, Josef Neufeld, Genia Averbuch und Richard Kauffmann gehören zu den Baumeistern, die die neue Form aufnahmen. Insgesamt waren es etwa 130 Architekten, die u. a. am Bauhaus in Weimar und Dessau bei den Baumeistern der Klassischen Moderne studiert hatten und nach ihrer Flucht in Palästina ihre Ideen verwirklichten – nirgendwo so konsequent wie in Tel Aviv, das, ausgelöst durch die Immigrantenwelle, in den Jahren vor der Staatsgründung einen wahren Bauboom erlebte.

In die Praxis umgesetzt, entstanden die typischen Häuser mit den klaren Gebäudeformen, den wuchtigen Balkonen mit nach unten verlängerten Brüstungen, die Schattenzonen zwischen Balkon und Wohnraum schufen, sowie den ebenfalls charakteristischen relingartigen Geländern. Öffnungen wie Fenster, Türen und Glas werden zugunsten kühleren Wohnens auf ein Minimum reduziert. Es herrscht die klare Linie ohne Jugendstilschnörkel und funktionslose Dekoration. Die Fassaden sind weiß getüncht, um die Sonnenstrahlen zu reflektieren.

Rund 4000 Bauhaus-Gebäude gibt es in Tel Aviv. Ihnen verdankt die Stadt den Titel als UNESCO-Welterbe. Am Dizengoff-Platz entstanden 1934 die von Genia Averbouch entworfenen Gebäude. Mit ihrem Entwurf hatte sie im Alter von 25 Jahren den Wettbewerb für die Gestaltung dieses zentralen Platzes gewonnen. In einem der Gebäude, dem ehemaligen Cinema Esther, kann man heute wohnen – es ist ein Hotel geworden (s. S. 223).

Vom Dizengoff Square muss man nur durch die Dizengoff Street spazieren, durch die Allenby Street oder weiter nördlich durch die Frishman Street – überall findet man Beispiele. Das erste im Bauhausstil errichtete Gebäude Tel Avivs war 1933 Zeev Rechters Beit Engel am Rothschild Boulevard 84. In der Nachbarschaft findet man eine ganze Reihe weiterer Bauten, die teilweise auch typisch sind für den Verfall, den man lange Zeit nicht stoppte.

Viele Hausbesitzer sind finanziell überfordert mit dem Erhalt der Häuser oder stehen ihnen gleichgültig gegenüber. Etagenaufbauten, außen angebrachte Klimaanlagen und Sichtschutzrollos an Balkonen verschandeln oft den Anblick. Inzwischen hat die Stadtverwaltung Förderprogramme aufgelegt und in der Bialki Street 21 stiftete Ronald S. Lauder, Kosmetikerbe und Präsident des Jüdischen Weltkongresses, ein Bauhaus-Museum, das sich dem Thema widmet (Tel. 03 620 46 64, Mi–Fr 11–17, Fr 10–14 Uhr).

Die Allenby Street, einst eine Edelmeile, ist heute eher Billiganbietern von Textilien, Elektronik und Fotoartikeln vorbehalten. Vorbei an Geschäften, Imbissständen und Cafés erreicht man über den Magen David Square die Carmel Street mit dem **Carmel Market** **5**, dem ausgefallensten Markt von Tel Aviv. Hat man sich erst einmal an den Schuh- und Textilverkäufern vorbeigekämpft, beginnt sich Richtung Süden ein eigener Charme zu entfalten: Hier gibt es Geflügel, Fleisch, Wurst, Obst, Gemüse und Gewürze in selten gesehener Vielfalt und ansprechender Präsentation. Am besten besucht man den Markt freitagnachmittags, wenn auch der Flohmarkt läuft, auf dem Kleider, Modeschmuck, Bilder, Kassetten, Kunsthandwerk, Elektrogeräte und allerlei Krimskrams den Besitzer wechseln.

Rund um das Mann Auditorium

Der Weg zu den nächsten Sehenswürdigkeiten führt durch die **Sheinkin Street,** wo sich junge Schmuck- und Modedesigner niedergelassen haben, und dann auf der Ahad Ha' Am Street in nördliche Richtung. Das **Mann Auditorium** **6** (Heichal Hatarbut) ist die Heimat des israelischen Philharmonieorchesters und bietet seinen 3000 Zuhörern eine erstklassige Akustik (s. S. 228). Südlich daran angrenzend liegt das bedeutende **Habima Theatre** **7**, das viele Stücke mit englischer Simultanübersetzung inszeniert (s. S. 228).

Der **Helena Rubinstein Pavilion for Contemporary Art** **8** beherbergt wechselnde Ausstellungen zeitgenössischer internationaler und israelischer Künstler. Im schönen Garten kann man eine Rast einlegen (6 Tarsat Blvd., Tel. 03 528 71 96, Mo, Mi, Sa 10–16, Di u. Do 10–22, Fr 10–14 Uhr, 45 NIS inkl. Tel Aviv Museum of Art).

Tel Aviv Museum of Art

Noch beeindruckender ist das **Tel Aviv Museum of Art** **9** am Shaul Hamelech Boulevard 27 (Shaul HaMelech). Den Schönen Künsten der letzten 500 Jahre verschrieben, ist diese 1932 eröffnete Sammlung die umfangreichste und bedeutendste im Land. Stark vertreten sind deutsche Expressionisten, u. a. dank der Werke des Berliner Kunstsammlers Karl Schwarz, der vor den Nationalsozialisten flüchten und seine Sammlung retten konnte. Andere deutsche Juden folgten seinem Beispiel. Das erste Bild des Museums stiftete 1931 Marc Chagall (»Solitude«). Vertreten sind außerdem Max Ernst, Edvard Munch, Oskar Kokoschka, Pablo Picasso, Edgar Degas, Auguste Renoir sowie Henry Moore, von dessen Plastik man bereits vor dem Eingang empfangen wird. Der israelischen Kunst, u. a. Nahum Gutman, Menashe Kadishman, Moshe Kupfermann und Reuven Rubin, begegnet man im Meyerhoff Pavilion (Tel. 03 607 70 20, www.tamuseum.com, Mo, Mi, Sa 10–16, Di, Do 10–22, Fr 10–14 Uhr, 45 NIS inkl. Helena Rubinstein Pavilion).

Azrieli Centers

Einer dreieckig, einer quadratisch, einer rund – so sehen südöstlich des Museums an der Menachem Begin Road die drei Wolkenkratzer der ca. 350 Mio. US-Dollar teuren **Azrieli Centers** **10** aus, benannt nach dem Besitzer, der im 48. Stock des runden Towers residiert. Der Turm ist mit 187 m das zweithöchste Gebäude Israels und besitzt im obersten Stockwerk ein Restaurant und eine Aussichtplattform (Azrieli Observation Floor) mit einem herrlichen Blick über Tel Aviv. Allein das Einkaufszentrum zieht jeden Tag an die 40 000 Besucher an (s. S. 226).

Dizengoff Center und Old Port

Von hier geht es nun Richtung Küste zum **Dizengoff Center** **11**, einem belebten Einkaufszentrum mit vielen Cafés und Restaurants. Am gleichnamigen Platz steht der **Feuer-und-Wasser-Brunnen** **12**. Das aus Edelstahlringen, orangefarbenen und blauen Lamellen bestehende Kunstwerk produziert Wasserkaskaden und Flammen, die von Musik untermalt werden. Dieses Spektakel vollzieht sich, sofern die Technik nicht streikt, täglich um 17, 19 und 21 Uhr.

Um die Ecke liegt zwischen King George Street und Tshernikhovski Street der liebenswerte **Gan-Meier-Park** **13**, eine schattige Oase der Entspannung mit Pinien, Koniferen und einem kleinen Teich. Hier spielen Kinder, tollen Hunde und es gibt schöne Rastpätze.

Entlang der **Dizengoff Street,** einer der Haupteinkaufsstraßen von Tel Aviv, bummelt man nun Richtung Norden. Teure Boutiquen, Souvenirshops, gut sortierte Buchläden und nette Straßencafés säumen den Weg zum **Old Port 14,** der die Hayarkon Street als Ausgehmeile abgelöst hat. Auf dem Gelände des Alten Hafens entstand, verteilt über 25 Piers und zahlreiche ehemalige Lagerhallen, ein Vergnügungsviertel mit Bars, Restaurants, Konzertflächen und Geschäften.

Nördliches Tel Aviv

Cityplan: S. 213; **Reiseatlas:** S. 5, A/B 3/4

Nahum Goldmann Museum of the Jewish Diaspora

Nördlich des Jarkon-Flusses liegen die drei Stationen dieser Tour, die man mit dem Taxi unternehmen sollte. Sie beginnt im Stadtteil Ramat Aviv an der Klausner Street mit dem **Nahum Goldmann Museum of the Jewish Diaspora 15** (Beit HaTefutsoth). Das Konzept des Museums ist ungewöhnlich: Es zeigt keine Originalstücke, sondern illustriert anhand von Videos, Diashows, Repliken, Computeranimationen etc., wie die über alle Kontinente zerstreuten (griechisch: *diaspora*) Juden zu verschiedenen Zeiten der letzten 2500 Jahre lebten und wie sich jede Gemeinschaft als Minderheit einrichtete. Mit den Mitteln moderner Museumspädagogik wird eine thematisch, nicht chronologisch geordnete Sammlung präsentiert. Die Schwerpunkte sind Familie, Gemeinschaft, Glaube, Leben in einer nichtjüdischen Umgebung, Gerichtsbarkeit und Einwanderung nach Israel. Man sieht maßstabsgerechte Modelle der Synagogen von Kaifeng/China (1163), Toledo (1200) sowie Worms, die 1938 zerstört und nach dem Weltkrieg wieder aufgebaut wurde. An Computerterminals sind etwa 3500 Artikel in Hebräisch und Englisch über beinahe jede jüdische Gemeinschaft weltweit abrufbar, ergänzt durch genealogische Daten. Besucher können an 2-stündigen Führungen teilnehmen, die auch in Deutsch angeboten werden (Tel Aviv University Campus, Klausner St., Tel. 03 745 78 00, Fax 03 745 78 31, www.bh.org.il, So–Di, Do 10–16, Mi 10–18, Fr 9–13 Uhr, 35 NIS).

Palmach-Museum

Nur wenige Schritte entfernt liegt das **Palmach-Museum 17,** das jedoch nur nach telefonischer Voranmeldung besucht werden kann. Das Museum, der Name sagt es, beschäftigt sich mit den 1941 gegründeten paramilitärischen Palmach-Brigaden, denen unter anderem Yitzhak und Leah Rabin angehörten. Die rund 2000 Mitglieder der Palmach kämpften im Zweiten Weltkrieg auf der Seite der Alliierten und waren später aufgrund ihres militärischen Trainings führende Köpfe beim Aufbau der israelischen Armee.

In Gruppen wird man, dem Thema angemessen, etwa eineinhalb Stunden lang durch die größtenteils unterirdischen Räume geführt. Nach einem kurzen Gedenken für die Gefallenen passiert man eine Miniaturdarstellung der Herzl Street im Tel Aviv des Jahres 1941. Multimedial geht es sehr realistisch weiter: Man erlebt die Rekrutierung neuer Kämpfer, die Situation im damaligen Europa. Wer nicht Hebräisch spricht, bekommt einen Audio-Guide mit der englischen Übersetzung (Ramat Aviv, 10 Haim Levanon St., Tel. 03 643 63 93, www.palmach.org.il, So–Do 8.30–15, Fr 8.30–12.30 Uhr, 25 NIS, kein Zutritt für Kinder unter 6 Jahren).

Jarkon Park

Am Israel Rokach Boulevard liegt der Eingang zum **Jarkon Park 18.** Der tropische Garten ist der Familientreff schlechthin. Zu seinen Hauptattraktionen zählen Israels einziger Felsengarten, in dem seltene Kakteen gedeihen, sowie ein Infozentrum. Mithilfe einer 25-minütigen Multimediashow werden globale und lokale Umweltprobleme erklärt. Schwerpunkte sind auch Israels Bevölkerungswachstum und dessen Auswirkungen auf Wasserverbrauch, Müllabfuhr und Ökologie (April–Sept. 8–17, Okt.–März 8–16 Uhr, 23 NIS).

Richtig Reisen-Tipp: Eretz-Israel-Museum

Über 120 000 m² Ausstellungsfläche widmet das **Eretz-Israel-Museum** 16 der Archäologie und Geschichte des Gelobten Lands. Die Sammlung ist auf elf Pavillons verteilt. 80 000 Exponate umfasst allein die Münzsammlung im **Kadman Numismatic Pavilion.** Die Ausstellung im **Ceramics Pavilion** zeigt, wie in verschiedenen Kulturen Ton verwendet wurde. Über das antike Minenwesen und die Gewinnung von Kupfer informiert der **Nehustan Pavilion.** Im **Glass Pavilion** geht es um die Herstellung der ersten ägyptischen Vasen im 14. Jh. v. Chr. und um die Glasbläserei der Römer und Byzantiner, die auch demonstriert wird. Eine der spannendsten Ausstellungen beherbergt der **Alphabet Pavilion,** der der Geschichte des Alphabets und der Entwicklung der Schrift gewidmet ist.

Vor dem Museumsshop und der Cafeteria finden sich sehr schöne **Mosaike,** darunter Böden aus dem 6. Jh. aus Beit Govrin (s. S. 234) und einer Synagoge in Tiberias (s. S. 287). Die Qualität eines Mosaiks wird nicht nur durch die Farbgebung bestimmt, sondern auch durch die perfekte Aneinanderreihung der möglichst kleinen Steinchen.

Einen praxisnahen Eindruck von Archäologie in Israel bekommt man im Zentrum des Museums bei den **Ausgrabungen von Tel Qasile,** einer Philister-Stadt aus dem 12. Jh. v. Chr.). Die Fundstelle gilt als eine der bedeutendsten in Tel Aviv. Seit 1948 stieß man hier auf zwölf übereinanderliegende Siedlungen mit zum Teil einmaligen Tempelrelikten. Einige Privathäuser der Philister wurden rekonstruiert und ein Pavillon beherbergt u. a. die dort gefundenen fein und farbig dekorierten Glasvasen und Tongefäße.

Dem Museum angeschlossen ist ein **Planetarium,** dessen Vorführungen allerdings nur auf Hebräisch stattfinden.

Eretz-Israel-Museum: 2 Haim Levanon St., Ramat Aviv, Tel. 03 641 52 44, 03 745 57 10 (Buchung von Gruppenführungen), www.eretzmuseum.org.il, Museum: So–Mi 10–16, Do 10–20, Fr/Sa 10–14 Uhr, Planetarium: So–Do 11.30 u. 13.30, Sa 11 u. 12 Uhr, 38 NIS bzw. 61 NIS inkl. Planetarium).

Strände

Im Sommer findet das Leben an den Stränden entlang der Promenade statt. Die meistbesuchten Abschnitte – mit vielen Cafés und Restaurants – erstrecken sich von den Luxushotels am Independent Park bis auf die Höhe des Opera Tower.

Zwischen dem **Hilton Beach** und dem **Sheraton Beach** befindet sich ein durch eine Mauer uneinsehbarer religiöser Strand, der **Segregated Beach Nordau** 19. Hierher kommen Menschen, die mit mehr Kleidung als einem Bikini oder einem Tanga schwimmen gehen wollen. Sonntags, dienstags und donnerstags werden hier nur Frauen zugelassen, wobei es keine Rolle spielt, ob sie Jüdin sind oder nicht. Montags, mittwochs und freitags sind Badetage für Männer.

Zu den schönsten Stränden im Bereich der nördlichen HaYarkon Street zählt der **Gordon Beach** 20. Andere gute und sehr populäre Strände findet man südlich der Stadt in **Bat Yam** oder nördlich von Tel Aviv in **Herzliya,** einem teuren und feinen Vorort, in dem viele Diplomaten leben. An den schönsten Stränden von Herzlia wie Sharon Beach, Dabush Beach und Accadia Beach wird Eintritt verlangt. Ruhiger und kostenlos schwimmt man an dem nördlich des Sharon Beach gelegenen Sidney Ali Beach.

Jaffa

Cityplan: S. 213; **Reiseatlas:** S. 5, A/B 3/4
Man bemerkt gar nicht so genau, wo Tel Aviv endet und Jaffa (Yafo) beginnt. Doch irgendwann auf der rund 4 km langen Fahrt vom Zentrum Tel Avivs Richtung Süden dominiert arabisch-orientalisches Flair. Viele Gebäude

Jaffas stammen noch aus osmanischer Zeit, haben Gewölbe, die von den Kreuzfahrern errichtet wurden. In den kopfsteingepflasterten Gassen der charmanten Altstadt haben sich unzählige Kunsthandwerker angesiedelt, in die alten Gemäuer sind Restaurants, Bars und Clubs eingezogen. Die Tel Aviver kommen bevorzugt abends hierher, um in Jaffas mittelalterlich anmutendem Ambiente auszugehen. Für ausländische Besucher lohnt sich der Besuch auch tagsüber. Dann sollte man sich aber nicht nur auf den alten Teil am Meer konzentrieren, sondern auch das neuere Jaffa östlich der Yefet Street erkunden, wo der Flohmarkt stattfindet. Im Kontrast zu dem schnelllebigen, pulsierenden Tel Aviv wirkt Jaffa fast wie eine Märchenstadt, gleichermaßen romantisch und geheimnisvoll.

Rund um den Uhrturm

Markanteste Sehenswürdigkeit im Zentrum Jaffas am HaHagana Square ist der **Uhrturm** **21** aus dem Jahr 1906, ein Geschenk des türkischen Sultans Abdul Hamid II. zu seinem eigenen 30. Thronjubiläum. Die Ornamente der Fenster, Arbeiten eines Kibbuznik, zeigen Szenen aus der Geschichte Jaffas.

Vom HaHagana Square führt die Beit Eshel Street zum **Flohmarkt** **22** (Suq HaPishpeshim), auf dem seit dem 19. Jh. gehandelt und gefeilscht wird – um Lederwaren, Kupfer, Antiquitäten, Perserteppiche, Elfenbeinarbeiten, Lampen, Bücher, Karten und natürlich allerlei Ramsch.

Vom Flohmarkt geht es nun zurück zum HaHagana Square und dann über die Mifratz Shlomo Street zur 1810 erbauten **Großen Moschee** **23** (Mahmudiya), deren irrtümlich kopfüber aufgestellte Säulen – die Kapitelle dienen heute als Basis – zum Teil aus den Ruinen von Caesarea und Ashkelon stammen (s. S. 240 u. 235).

Old Jaffa Antiquities Museum

Vorbei am noch nicht vollständig renovierten **Saraya-Palast** **24**, dem ehemaligen Sitz des osmanischen Gouverneurs, erreicht man das in einem alten türkischen Bad untergebrachte **Old Jaffa Antiquities Museum** **25**, das die Geschichte der Hafenstadt Jaffa dokumentiert. Die ausgestellten Funde datieren bis ins 5. Jt. v. Chr. zurück: Figurinen der kanaanitischen Fruchtbarkeits- und Kriegsgöttin Astarte, außerdem Tonarbeiten und Basaltschalen sowie jüdische Grabsteine aus römischer und byzantinischer Zeit.

Da für das Museum derzeit ein völlig neues Konzept erarbeitet wird, besitzt es keine regulären Öffnungszeiten, kann aber von Gruppen nach telefonischer Voranmeldung besichtigt werden (10 Mifratz Shlomo St., Tel. 03 682 53 75, Buchung von Führungen unter Tel. 03 518 40 15).

Rund um den alten Hafen

Folgt man der Mifratz Shlomo Street Richtung Hafen und blickt nach Norden, eröffnet sich ein fantastischer Blick auf das Panorama von Tel Aviv. Direkt vor der Küste ragen die schwarzen **Andromeda-Felsen** 26 aus dem Wasser. Laut der griechischen Mythologie soll Andromeda von ihrem Vater Kepheus hier zur Versöhnung der Götter an die Klippen geschmiedet und vom Zeus-Sohn Perseus befreit worden sein.

An Cafés und Restaurants vorbei gelangt man zum Franziskanerkloster **St. Peter** 27, im 17. Jh. auf den Ruinen einer Kreuzfahrerfestung erbaut. Von hier kann man zum **HaPisgah-Garten** 28 (Gan HaPisgah) hinaufspazieren. Mittendrin steht ein weißes Monument, das an einen antiken Torbogen erinnert. Es zeigt biblische Szenen, darunter die Eroberung Jerichos, Jakobs Traum und die beinahe vollzogene Opferung Jakobs.

Der Weg führt nun an der Kirche vorbei zum **alten Hafen** 29, wo die Fischer ihren Fang von Bord holen, die Netze für den nächsten Tag säubern und zusammenlegen. Über Stufen gelangt man zum **Kedumim Square** 30 (Kikar Kedumim) und zu Ausgrabungen, deren Funde bis ins 2. Jh. v. Chr. zu-

Wer's lieber mittelalterlich-pittoresk mag, der ist in Jaffa am richtigen Platz

Israels Diamantenindustrie

Thema

Man denkt an glitzernde Geschmeide und mit funkelnden Steinen besetzte Diademe. Das ist aber nur ein Teil, worum es bei Israels traditionsreichem Diamantenhandel – dem größten der Welt – geht.

Israel ist berühmt für seine Edelsteinindustrie, die 16,9 % aller Exporte des Landes stellt und hochkarätige Ware im Wert von jährlich knapp 10 Mrd. US-Dollar exportiert. Wer sich also in Unkosten stürzen will, der tut dies am preisgünstigsten in Israel. Die größeren Juweliergeschäfte bieten kostenlose Fahrten zu den Diamantschleifereien an, die sich u. a. in Netanya, Ramat Gan und Tel Aviv befinden. Wer sich dabei an Kaffeefahrten erinnert fühlt, liegt nicht falsch, aber dennoch sind die Besuche in den Werkstätten sehr informativ. Und falls man vor Ort etwas kauft: Diamantengeschäfte werden traditionell mit den Worten *mazal wa bracha* besiegelt – ›Glück und Segen‹.

Um 20 % und mehr liegen die jährlichen Umsatzzuwächse im Diamantengeschäft. Hauptabnehmer sind traditionell die USA, Japan, Hongkong, Belgien und die Schweiz. In Mengen ausgedrückt handelt es sich um etwa 10,5 Mio. Karat rohe und geschliffene Edelsteine, die pro Jahr exportiert werden. Abnehmer sind weltweit Juweliere, aber auch – für die Steine minderer Qualität – Firmen, die Bohrköpfe für Gesteinsbohrungen herstellen. Der Diamant gilt als das härteste Mineral der Erde, reiner Kohlenstoff mit besonders dichter Atompackung, wie die Experten sagen.

In Ramat Gan bei Tel Aviv befindet sich außerdem die größte Diamantenbörse der Welt, die mehrere Gebäude und knapp 3400 Mitarbeiter umfasst. Dennoch geht es hier sehr ruhig und geordnet zu, selbst auf dem Parkett, wo weder die Hektik noch das Geschrei der Aktienbörsen anzutreffen sind. Die Händler nehmen unter die Lupe, was sie zu kaufen beabsichtigen. Da ist stille Sorgfalt gefragt.

Israel selbst hat keinerlei Diamantvorkommen und importiert Rohmaterial aus Indien, Südafrika, Namibia, Tansania, Zaire und Kenia. Die Tradition des Diamantengeschäfts reicht zurück bis ins Mittelalter, und in Zeitungsannoncen verweisen viele Juweliere darauf, dass ihr Geschäft seit vielen Generationen existiert und seine Ursprünge z. B. in einem polnischen Stetl des 18. Jh. hat.

Zweierlei, so Ronnie Bittelman vom Handelsministerium, der obersten für Diamanten zuständigen Behörde im Land, habe den israelischen Juwelenmarkt in seiner heutigen Form begründet. Zum einen wiesen die Juden eine jahrhundertelange Erfahrung im Steineschleifen auf und zum anderen hätten viele früh erkannt, dass sie im Falle eines Pogroms besser mit Edelsteinen als beispielsweise mit Gold flüchten konnten. So brachten viele wohlhabende Juden bei den verschiedenen Einwanderungswellen nach Palästina und Israel nicht nur ihr gesamtes Vermögen in kleinen, Tabaksäckchen ähnelnden Beuteln mit, sondern obendrein das Know-how, das heute die Basis der israelischen Edelsteinindustrie darstellt.

Ins Zwielicht rückten Teile der Branche, als in den vergangenen Jahren die sogenannte Russenmafia den Diamanthandel für Geldwäsche zu nutzen versuchte. Ein anderes Problem – der Branche weltweit – sind Blutdiamanten aus Afrika. Über die israelische Diamantenindustrie im Allgemeinen informiert die Webseite www.israelidiamond.co.il.

rückreichen (es gibt Schilder mit jeweils aktualisierten Erläuterungen). Auf dem archäologischen Gelände sind auch die Reste von Katakomben aus dem 3. Jh. v. Chr. zu sehen (Eintritt frei).

Der Kedumim Square selbst wird gerahmt von Läden, Ateliers, Cafés und Nachtclubs. Von ihm gehen belebte Gassen ab, die die Namen von Tierkreiszeichen tragen und mit ihrem orientalischen Charme bezaubern.

Sehenswert in dieser Ecke der Stadt ist das **Ilan-Goor-Museum** 31. Die gleichnamige israelische Bildhauerin und Designerin von Möbeln, Schmuck, Stoffen und vielem mehr zeigt in diesem geschichtsträchtigen Gebäude ihre Werke und nimmt Auftragsarbeiten entgegen. Das Haus aus dem 18. Jh. diente Jerusalempilgern nach ihrer Ankunft in Jaffa als Gasthof für die erste Nacht in Palästina. Warum sich diese großartige Galerie einer lebenden Künstlerin Museum nennt? – Womöglich zur Rechtfertigung des happigen Eintrittspreises (4 Mazal Dagim St., Tel. 03 683 76 76, www.ilanagoor.com, So–Fr 10–16, Sa/Fei 10–18 Uhr, 24 NIS).

Die kleine Shimon HaBurski Street führt vom Kedumim Square zum Haus mit der Nr. 8, einer 1730 erbauten Moschee, die heute in Privatbesitz ist. An dieser Stelle soll einst das **Haus Simon des Gerbers** 32 gestanden haben, in dem Petrus zeitweilig gewohnt hat. Der Brunnen im Innenhof ist angeblich seit damals in Betrieb.

i **Tourist Information:** 69 Ibn Gvirol St., City Hall, Tel. 03 521 82 14, Fax 03 521 64 03, www.tel-aviv.gov.il, tgl. 6–14 Uhr; 7 Mendele St., Tel. 03 520 76 00, Fax 03 520 76 15, www.visit-tlv.com, So–Do 8–16.30 Uhr.
Im Internet: www.tel-aviv-insider.com, www.white-city.co.il.

... in Tel Aviv:
Wer an Hotels mit vier oder mehr Sternen gewöhnt ist, muss in Tel Aviv dafür ab 150 US-$ hinblättern. Viele Spitzenhotels liegen an der Hayarkon Street in Strandnähe.
Dan Tel Aviv [1]: 99 Hayarkon St., Tel. 03 520 25 25, Fax 03 524 97 55, www.danhotels.com. Tel Avivs bestes und teuerstes Hotel mit modern-sterilen Zimmern. DZ ab 1400 NIS.
Hilton Tel Aviv [2]: Independence Park, Tel. 03 520 22 40, Fax 03 527 21 99, www.hilton.com. Eines der Top-Hotels der Stadt, klassisches Hilton für Geschäftsleute und Urlauber. Erfrischend ist der Salzwasserpool, der im Winter beheizt wird. Die hauseigene Sushi-Bar serviert koscher. DZ ab 1400 NIS.
Renaissance [3]: 121 Hayarkon St., Tel. 03 521 55 55, Fax 03 521 55 88, www.marriott.com. Schöne, aber nicht sehr große Zimmer mit Balkon, direkter Zugang zum öffentlichen Strand, viele Reisegruppen. DZ ab 1100 NIS.
Isrotel Tower [4]: 78 Hayarkon St., Tel. 03 511 36 36, Fax 03 511 36 66, www.isrotel.co.il. Für Geschäftsleute konzipiert, aber mittlerweile haben auch Familien das komfortable Hotel in dem markanten Rundbau nahe dem Opera Tower für sich entdeckt: Der Preis gilt nämlich für bis zu zwei Erwachsene und zwei Kinder. Suite ab 1200 NIS.
Alexander [5]: 3 Habakook St., Tel. 03 546 22 22, Fax 03 546 93 46, www.alexander.co.il. Luxuriöses, modern eingerichtetes Apartment- und Suitenhotel mit Küche in jeder Wohnung. DZ ab 1000 NIS.
Cinema [6]: 1 Zamenhoff St., Ecke Dizengoff Sq., Tel. 03 520 71 00, Fax 03 520 71 01, www.cinemahotel.com. Der Name kommt nicht von ungefähr: 1939 wurde in dem Bauhausgebäude eines der ersten Lichtspielhäuser Tel Avivs eröffnet. Später funktionierte es der Enkel der Gründer zu einem Hotel um, das eine Hommage an die vergangene Zeit darstellt – erhalten blieben das Kartenhäuschen, altes Vorführgerät und Filmrollen, vergilbte Plakate von Ava Gardner und Humphrey Bogart etc. Großes Kino bietet – v. a. zum Sonnenuntergang – die Dachterrasse mit ihrem Ausblick. Die Zimmer hingegen sind modern und stilvoll eingerichtet. DZ ab 620 NIS.
Metropolitan [7]: 11–15 Trumpeldor St., Tel. 03 519 27 27, Fax 03 517 26 26, www.hotelmetropolitan.co.il. Drei Gehminuten zum Opera Tower, fünf zum Strand, zehn zur Allenby Street und fünfzehn zum Dizengoff Center – das Metropolitan liegt sehr günstig, die Zimmer sind angenehm. DZ ab 600 NIS.

Romantisch speisen mit Meerblick in Jaffa

Bnei Dan Youth Hostel 8**:** 36 Bnei Dan St., Tel. 03 544 17 48, Fax 03 544 10 30, telaviv@iyha.org.il. Gutes Hostel nahe dem Hayarkon Park, leider ohne Kochgelegenheit. Frühzeitig reservieren, für ein Hostel ziemlich teuer. DZ ab 400 NIS.

Hayarkon48 Hostel 9**:** 48 Hayarkon St., Tel. 03 516 89 89, www.hayarkon48.com. Um in angenehmer Umgebung andere Traveller zu treffen, dafür ist das H48 eines der besten Hostels in der Stadt. Sowohl Zimmer als auch Gemeinschaftsküche und Aufenthaltsraum (mit Billardtisch) sind gepflegt und sauber. DZ ab 340 NIS.

Nes Ziona 10**:** 10 Nes Ziona St., Tel. 03 510 34 04, Fax 03 517 00 64, www.hotel-nessziona.co.il. Gepflegtes Low-Budget-Hotel, im Sommer wegen der Strandnähe fast immer ausgebucht. DZ ab 110 NIS.

... in Jaffa:

Beit Immanuel 11**:** 8 Auerbach St., Tel. 03 682 14 59, Fax 03 682 98 17, www.beitimmanuel.org. Wer lieber in Jaffa als in Tel Aviv wohnt, kann dies in dem historischen Gemäuer dieses renovierten christlichen Hospizes tun, das 1884 von Peter Ustinovs Vater, Baron Ustinov, als Park Hotel erbaut wurde und schon Kaiser Wilhelm II. auf Orienttour beherbergte. DZ ab 300 NIS.

Old Jaffa Hostel 12**:** 8 Olei Zion St., Tel. 03 682 23 70, Fax 03 682 33 28, www.inisrael.com/oldjaffahostel. In einer Seitenstraße des Flohmarkts wohnt man in einem alten osmanischen Gebäude, das voll ist mit antikem Mobiliar. Das Personal ist zuvorkommend, schöner und günstiger kann man in kaum einem anderen Hostel Israels unterkommen. DZ ab 190 NIS.

... in Tel Aviv:

Gemessen an der Zahl von Cafés, Restaurants und Stehimbissen für Shawerma und Felafel müssten die Tel Aviver mehrheitlich übergewichtig sein, was erstaunlicherweise nicht zutrifft. Dutzende Lokale verdienen das Prädikat hervorragend. Beliebt sind schon morgens Kaffeehäuser wie das **Café Tamar** 13**,** 57 Shenkin St., Tel. 03 685 23 76, So–Fr 7–20 Uhr, oder das **Café Basel** 14**,** 42 Basel St., Tel. 03 546 18 75, beides klassische Shoppingstopps von Leuten, die gerne beim Kaffeetrinken gesehen werden.

Moul Yam 14: Tel Aviv Port, Tel. 03 546 99 20, tgl. 12.30–16, 19.30–23 Uhr. Die Weinliste ist fast noch besser als das erstklassige Seafood, an dem sich Tel Avivs Gourmets erfreuen. Das Restaurant wurde überhäuft mit Kritikerlob – und hat bislang nicht darunter gelitten. Zu den Spezialitäten (nicht koscher) zählen neben Austern v. a. auch die Hummervariationen. Zum Lokal gehören VIP-Räume. Ab 250 NIS.

Stefan Braun 15: 99 Allenby St., Tel. 03 560 47 25, tgl. 12–3 Uhr. Der Name lässt nicht vermuten, dass man hier Harira und andere marokkanisch-orientalische Spezialitäten ordert. Zwei gut sortierte Bars. Ab 150 NIS.

Orca – Kitchen Bar 16: 57 Nachalat Binymamin, Tel. 03 566 55 05, Mo–Sa 12.30–15.30, 19.30–1.30 Uhr. Schickes Lokal, pfiffige europäisch-levantinische Küche – eines der besten Restaurants Israels. Der Hit unter den Vorspeisen: Ravioli, gefüllt mit Ziegenkäse oder Krabben. An der Bar gibt es bis zur Sperrstunde Tapas und Spareribs. Ab 80 NIS.

Comme il Faut 14: Tel Aviv Port, Tel. 03 544 92 21, So–Do 8–23, Fr 8–17, Sa 11–23 Uhr. Auf der Terrasse am Meer und im Pavillon wird Mittelmeerküche serviert, die vom Sandwich mit Ziegenkäse bis zum Shrimpspieß reicht. Außerdem frische Fruchtcocktails in exotischen Mischungen wie Karotte-Kokosnuss. Das Restaurant gehört als Prêt-à-manger-Abteilung zum gleichnamigen Label zweier israelischer Designer, die im Restaurant auch ihre Mode zeigen. Ab 60 NIS.

Maganda 17: 26 Rabbi Meir St., Yemenite Quarter, Tel. 03 517 99 90, So–Do 12–24, Sa 1 Std. nach Shabbatende bis 24 Uhr. Tische auf der Dachterrasse, serviert wird Gegrilltes à la Jemen, alles koscher. Ab 50 NIS.

Bellini 18: Suzanne Dellal Center, Tel. 03 517 84 86, So–Fr 12–16, 19–24, Sa 12–17, 19.30–24 Uhr. Wer nicht rechtzeitig reserviert, verpasst u. a. Kalb à la Masala und Spaghetti Puttanesca. Ab 70 NIS.

Beybele 19: 42 Montefiore St., Tel. 03 560 22 28, tgl. 12–1 Uhr. Gute jüdische Küche, z. B. *Schmaltz Hering with onions*.

Orna & Ella 20: 33 Shenkin St., Tel. 03 620 47 53, So–Fr 10–24, Sa 11–24 Uhr. Dieses vegetarische Café-Restaurant mit seinen Bauhausräumen und dem lässigen Publikum sollte man zumindest auf einen Kaffee besucht haben. Für Felafel-Variationen, u. a. mit Koriander, Pasta und Sandwiches, steht man hier gerne bis vor die Tür Schlange. Ab 20 NIS.

Hummus Ashkara 21: 45 Yerimiyahu St., Tel. 03 546 45 47, 24 Std. Das Ashkara gibt es seit über 30 Jahren und es gilt als beste Adresse für Hummus und Foul. Ab 20 NIS.

... in Jaffa:

Manta Ray 22: Alma Beach, Tel. 03 517 47 73, tgl. 9–24 Uhr. Sehr gut schmecken die Fischvorspeisen *(mixed mediterranean appetizers)* sowie die gegrillten Scampi und Calamari, aber man kann hier auch herzhaft frühstücken oder abends bei einem Drink den Sonnenuntergang erleben. Sitzmöglichkeiten im Freien. Ab 60 NIS.

Dr. Shakshuka 23: 4 Beit Eshel St., Tel. 03 518 65 60, So–Do 8–24, Fr 8–14, Sa 1 Std. nach Shabbatende bis 24 Uhr. Ein Highlight von Jaffa – Shakshuka, so heißt das arabische Omelette mit Tomaten, Petersilie und vielen Gewürzen, das die Gäste an den langen Tischen in diesem osmanischen Gebäude gerne verspeisen. Im Angebot sind außerdem Mezze, Couscous, Lamm, Gegrilltes etc. Hausgetränk ist eine wunderbar frische Limonade. Ab 40 NIS.

Puah 24: 3 Rabi Yohanan, Tel. 03 682 38 21, tgl. 9–24 Uhr. Mitten auf dem Flohmarkt kann man sich hier vom Bummel erholen, auf dem Sofa die Beine lang machen. Es gibt Kaffee und kleine Gerichte. Dem gleichen Besitzer

Elafia & Sons

Den Status einer arabisch-israelischen Legende genießt **Said Abu Elafia & Sons 25** in der Yefet Street 7 in Jaffa. Die im Jahr 1880 gegründete Bäckerei ist seit Generationen die Adresse in Tel Aviv für Pittabrote mit Sesam, Pizzabrote und Sambusa, mit Pilzen, Eiern, Kartoffeln und Käse gefüllte Teigtaschen. Da es im endlosen Nachtleben der Stadt immer Hungrige gibt, hat man hier rund um die Uhr geöffnet.

gehört der Puah Shop gegenüber, ein Laden voller Tand. Ab 20 NIS.

... in Tel Aviv:
Die wichtigsten Einkaufsstraßen von Tel Aviv sind die **Dizengoff Street,** die **Ben Jehuda Street,** wo es viele Geschäfte russischer Einwanderer gibt, die **Allenby Street** sowie die **Ibn Gvirol Street** mit der großen **Gan Ha'ir Mall.** Weitere große Einkaufszentren sind die **Azrieli Mall,** 132 Menachem Begin St., www.azrieli-malls.co.il, und die **Canyon Mall,** Ramat Aviv, 40 Einstein St. In der **Mercaz Ba'alei Melacha Street** und in der **Sheinkin Street** findet man Designerläden und Ateliers sowohl junger als auch etablierter Modemacher. Ähnlich ist das Angebot in der trendigen **Shabazi Street** in Neveh Tzedek. Beim **Hangar 11,** Tel Aviv Port, Tel. 03 602 08 82, findet jeden Samstag ein **Flohmarkt** statt.

Bücher: Landsberger's Bookshop, 116 Ben Yehuda St., Tel. 03 527 13 95, So–Do 11–19, Fr 11–13 Uhr. Der 1930 von dem Berliner Ernst laske gegründete Laden, ursprünglich ein paar Häuser entfernt, ist zugleich ein Antiquariat (viele deutsche Bücher, offenbar aus Nachlässen) und bietet von gut erhaltenen Goethe- und Nietzsche-Ausgaben bis zu Sternheim-Editionen reichlich Lesestoff.

Tower Book Store, Opera Tower Shopping Mall, 1 Allenby St., Tel. 03 517 40 44. Modern und sehr gut sortiert, große Auswahl englischsprachiger Bücher.

Carmel Market (Bezalel Market): Carmel St. Floh-, Tand-, Gemüse-, Fisch- und Fleischmarkt in einem (s. S. 217).

Photohouse Pri-Or: 96 Allenby St., Tel. 03 35 17 79 16, www.zalmania.co.il. Der Laden ist unscheinbar von außen, birgt aber drinnen einen kleinen Schatz: Abertausende Fotos von Tel Aviv, beginnend in den 1930er-Jahren. Rudi Weissenstein (nach seinem Tod 1992 übernahmen seine Witwe Miriam und Enkel Ben Peter den Laden) war einer der bekanntesten Fotografen Israels, er dokumentierte als einziger die Staatsgründung 1948 und wie kein Zweiter Tel Avivs Entwicklung und Leben. Geblieben sind Hunderttausende Negative und Fotografien aus über sieben Jahrzehnten.

... in Jaffa:
In Jaffa haben sich extrem viele Künstler und Kunsthandwerker niedergelassen. Ein optimaler Ausgangspunkt für einen Bummel durch die Galerien ist der Kedumim Square.

... in Tel Aviv:
Tel Aviv hat ein lebendiges Nachtleben, das selten vor 23 Uhr zum Leben erwacht. Die wichtigsten Ausgehtage sind Do, Fr und Sa. Zahllose Bars und Restaurants findet man im **Old Port** (s. S. 218). Die Club-Szene residiert in einer Gegend namens **Yad Harutzim** südwestlich des Zentrums.

Haoman 17: 88 Abarbanel St., Tel. 03 681 07 86, tgl. ab 21 Uhr, 100 NIS. Filiale des erfolgreichen Mega-Clubs aus Jerusalem mit fünf Bars und Tanzflächen für 2500 Tänzer. Hier gastieren Top-DJs aus aller Welt.

TLV Club: Old Port, Tel. 03 56 10 22. Den internationalen Flughafencode von Tel Aviv hat sich einer der populärsten Nachtclubs der Stadt als Namen gewählt. Manchmal Live-Musik, regelmäßig Spezialabende für Schwule, Lesben und Swinger. Die Schlangen am Eingang sind oft sehr lang.

Evita: 31 Yavbe St., Tel. 03 566 95 59, tgl. ab 23 Uhr. Die bekannte Schwulenbar ist berühmt für ihre Themenpartys – So Grand-Prix-Songs, Mo Karaoke, Di Drag Night etc.

Tel Aviv Brewhouse: 1 Rothschild Blvd., Tel. 03 516 85 55, tgl. ab 19 Uhr. Blondelight, Moonshine, Quantum und Masters heißen die direkt im Lokal gebrauten Biersorten. Falls Sie Probleme haben, von der Wanduhr die Zeit abzulesen, liegt es nicht am Promillewert – das Kunstwerk zeigt das Vergehen der Zeit an, aber nicht die Uhrzeit.

Shablul Jazz Club: Hangar 13, Tel Aviv Port, Tel. 03 546 18 91, www.shabluljazz.com. Fast täglich erstklassiger Live-Jazz.

Erlich: Tel Aviv Port, Tel. 03 546 67 28. Das schummrige Erlich füllt sich erst zu später Stunde, der runde Tresen und die Tanzfläche eignen sich hervorragend, ganz entspannt Leute kennenzulernen – sofern man an den merkwürdigen Türstehern vorbeikommt. Zum

Zentrum experimenteller Kultur: das Suzanne Dellal Centre for Dance and Theatre

Drink bestellt man Tapas mit Fleisch oder Shrimps.

The Dome: 19 Hazfira St., Tel. 03 687 05 91, www.dome.co.il, 70–100 NIS. Nicht der neueste und schickste Club der Stadt, organisiert aber exzellente Partys.

Camelot Club: 16 Shalom Aleichem, Ecke 30 Ben Yehuda St., Tel. 03 629 86 66. Live-Musik, von israelish bis Blues.

Mish Mish: 17 Lilenblum St. Teure Cocktailbar, aber immer gut besucht.

Whisky a Gogo: 3 Hataarucha St., Old Port, Tel. 03 544 06 33. Ableger der gleichnamigen Tanz- und Trinkstätte an Hollywoods Sunset Strip. Die Mega-Bar erstreckt sich über mehrere Ebenen mit unterschiedlicher Musik. Geschlossen wird, wenn der letzte Gast geht. Toller Platz zum Abfeiern, aber sehr strenge Türsteher.

Jah Pan: 11 Comfort St., Florentine, Tel. 03 681 48 27, tgl. 22–4 Uhr. Angenehmer Club mit guten DJs und Live-Musik, viel Jazz, Techno und Reggae.

M.A.S.H.: 275 Dizengoff St., Tel. 03 605 10 07, tgl. 17–5 Uhr, www.mash.co.il. Seit über 25 Jahren nennt sich dieser Pub eine Sportbar, wobei der Sport darin besteht, hemmungslos zu trinken – weshalb der Name auch nicht für ein mobiles Armeelazarett steht, sondern für *More Alcohol Served Here.* Es gibt Billardtische und Dart. Eine sehr entspannte Kneipe.

... in Jaffa:

Cocktails im Kreuzfahrer-Ambiente einer mittelalterlich anmutenden Stadt – mit diesem Konzept hat sich Jaffa einen festen Platz im wahrlich nicht kärglichen Nachtleben von Tel Aviv gesichert. Beim Flanieren durch die Gassen stößt man allenthalben auf Cafés, Bars und Kneipen.

Yoezar Wine Bar: Yefet St., gegenüber dem Uhrturm, Tel. 03 683 91 15, tgl. 13–1 Uhr. Exzellente Auswahl an importierten und israelischen Weinen und Branntweinen, dazu französisch inspirierte Küche (ab 100 NIS) in einem alten Kreuzfahrergewölbe.

Dungeon: 14 Kedumim Square, Tel. 03 518 06 42, www.dungeons.co.il, ab 140 NIS. Über Steinstufen steigt man hinab in den Club, ein wahres Verlies mit von Fackeln beleuchteten

Zellen und allerhand Folterwerkzeug – zweimal die Woche trifft sich hier die S&M-Szene, an den übrigen Tagen ist in der coolen Bar gewöhnlicher Discobetrieb.

... in Tel Aviv:

Einen guten Überblick über das umfangreiche kulturelle Geschehen bietet die englischsprachige Tagespresse und das Monatsmagazin **Go Tel Aviv,** das auch Adressen von Veranstaltungsorten, Restaurants, Galerien und Geschäften auflistet.

Mann Auditorium: Huberman St., Tel. 03 621 17 77 u. 17 00 70 70 30 (gebührenfrei), Fax 03 629 87 76, www.hatarbut.co.il. Bühne für Opern, Musicals, Klassik-, Pop- und Rockkonzerte.

Habima Theater: 2 Tarsat Blvd., Tel. 03 629 55 55, 03 620 77 77, www.habima.co.il. Do Inszenierungen mit englischer Übersetzung.

Suzanne Dellal Centre for Dance and Theatre: 6 Yehieli St., Neve-Tzedek-Komplex, Tel. 03 510 56 56, www.suzannedellal.org.il. Mal Carmen, mal ein Tangofestival – das Programm ist immer für eine Überraschung und einen gelungenen Abend gut. Im Herbst organisiert man den Internationalen Suzanne-Dellal-Tanzwettbewerb.

Israel Ballet: 4 Har Nevo St., Tel. 03 604 66 10, www.iballet.co.il. Schwerpunktmäßig dem klassischen Tanz verpflichtet.

Performing Arts Center: 19 Shaul Hamelech St., Ecke Leonardo da Vinci St., Tel. 03 692 77 33/77, www.israeli-opera.co.il. Heimstatt der 1985 gegründeten New Israeli Opera.

Wohl Amphitheatre: Hayarkon Park, Yehoshua Gardens, Tel. 03 642 28 28. Theater sowie Musik von klassisch bis avantgardistisch im Freien.

Felicja Blumental Music Center and Library: 26 Bialik St., Tel. 03 620 11 85, www.fbmc.co.il/center. Regelmäßig klassische Konzerte.

Cameri: 30 Leonardo da Vinci St., Tel. 03 606 19 00, www.cameri.co.il. Dramen, Experimentelles und Musicals auf Hebräisch, aber mit englischer Übersetzung.

Cinematheque: 2 Sprintzak St., Tel. 03 606 08 00, Fax 03 696 28 41, www.cinema.co.il. Programmkino, das außerdem jedes Jahr ein Festival für Dokumentarfilme (s. u.) und viele Filmreihen für Cineasten organisiert.

Tzavta Theater: 30 Ibn Gvirol St., Tel. 03 695 01 56, www.tzavta.co.il. Pop und Folk israelischer Herkunft – mal konventionell, mal experimentell.

... in Jaffa:

Mayumana Hall: 15 Louis Pasteur St., Tel. 03 681 17 87, www.mayumana.co.il. Meist Do–Sa ausgefallene Musik- und Performance-Produktionen (Tickets 140 NIS).

The Arab-Hebrew Theatre: 10 Mifratz Shlomo St., Tel. 03 681 55 54, www.arab-hebrew-theatre.org.il. Ein Theater mit zwei Truppen, einer jüdischen und einer arabischen, die mal getrennt, mal gemeinsam Stücke aufführen und schon häufig ausgezeichnet wurden.

HaPisgah-Garten: über dem Kedumim Sq. Im Juli/Aug. Sommernachtskonzerte.

Feste und Veranstaltungen

Fresh Paint (März, www.freshpaint.co.il): 2008 fand diese kommerzielle Kunstmesse für zeitgenössische israelische Kunst erstmals statt und ist nun jährlich geplant.

Tel Aviv International Documentary Festival (März/April, www.docaviv.co.il): Das doc Aviv wird jedes Jahr von der Cinematheque veranstaltet.

Halb-Marathon (März/April, www.marathon israel.co.il): Läufer aus aller Welt kämpfen sich durch Tel Aviv.

Tel Aviv Pride Parade (Juni): Tel Aviv ist – und wirbt offiziell damit – die Schwulenhauptstadt Israels. Seit Ende der 90er-Jahre steigt diese Parade, zu der Zehntausende aus dem In- und Ausland kommen.

... in Tel Aviv:

Radverleih: Bicycle in the Park, Yarkon Park, Tel. 03 642 05 41; Shuli and Mike Bikes, 280 Dizengoff St., Tel. 03 544 33 92; O-Fun, 245 Dizengoff St., Ecke Nordau Ave., Tel. 03 544 22 92; Cycle in the City, Neve Tzedek, Tel. 052 870 87 76.

Wellness: Spa Mul HaYam, 46 Herbert Samuel St., Tel. 03 516 28 18. Ayurveda, Thalasso-Therapien und Massagen (schwedisch, Thai) mit Blick aufs Meer (ab 250 NIS).

... in Jaffa:

Stadtführung: Jeden Mittwoch um 9.30 Uhr startet an Jaffas Uhrturm eine kostenlose Stadtführung, die von der örtlichen Touristeninformation in englischer Sprache ausgerichtet wird. Keine Anmeldung nötig.

Flüge: Der internationale Flughafen Ben Gurion, Tel. 03 975 55 55, www.iaa.gov.il/Rashat/en-US/Airports/BenGurion, liegt ca. 25 km östlich des Zentrums an der Autobahn nach Jerusalem. Die Inlandslinie Arkia, Sde Dov Airport, Tel. 03 690 37 12, www.arkia.co.il, fliegt tgl. außer Sa nach Jerusalem, Haifa, Rosh Pinna und Eilat. Vom Flughafen ins Zentrum benötigt man mit dem Taxi ca. 30 Min., etwas länger mit dem Sherut (ca. 60 NIS). Billiger ist der Airport Shuttle Service, der alle 45 Min. ins Zentrum fährt (So–Do 4–24, Fr 4–18.45, Sa 12–24 Uhr). Bus 222 der United Tours, Tel. 03 691 62 56 u. 03 616 26 56, www.unitedtours.co.il, hält bei den Hotels an der Promenade, an der Allenby Road, an der Jugendherberge und am Bahnhof.

Züge: Vom Hauptbahnhof Tel Aviv Merkaz (Savidor), Tel. 03 577 40 00, 03 693 75 15, www.israrail.org.il, gibt es stdl. Verbindungen entlang der Küste nach Süden und Norden sowie nach Jerusalem und in den Negev (Tel Aviv–Hadera–Netanya–Haifa–Akko–Nahariya, Tel Aviv–Jerusalem, Tel Aviv–Ashdod–Ashkelon, Tel Aviv–Be'er Sheva).

Busse: Egged Bus, Tel. 03 694 88 88, www.egged.co.il, bietet von der Central Bus Station, Tel. 03 638 41 06, Verbindungen in alle Landesteile, u. a. nach Jerusalem (alle 10 Min.), Haifa und Be'er Sheva (stdl.), Eilat (4 x tgl.). Alle anderen Städte des Landes werden mehrmals täglich angefahren.

Mietwagen: Die meisten internationalen Autovermieter haben eine Niederlassung an der Hayarkon Street in Höhe der großen Strandhotels, u. a. Avis, 113 Hayarkon St., Tel. 03 527 17 52, Fax 03 527 23 14, www.avis.co.il.; Eldan, 114 Hayarkon St., Tel. 03 527 11 66, Fax 03 527 11 74, www.eldan.co.il; Hertz, 144 Hayarkon St., Tel. 03 522 33 32, Fax 03 523 09 37, www.hertz.co.il; Sixt, 28 Hamasger, Tel./Fax 03 561 20 50, www.sixt.co.il.

Fortbewegung in der Stadt

Busse: Tel Aviv hat ein ausgezeichnetes Busnetz. Von 5.30–24 Uhr verkehren die Busse der Dan Bus Lines, Tel. 03 639 44 44, in Minutenabständen. Keinen Busbetrieb gibt es am Shabbat (1 Std. davor bis Ende). Mehrere Buslinien verbinden Tel Aviv und Jaffa, nur nachts ist man auf Taxis angewiesen.

Taxis: Taxifahrten kosten je nach Strecke 30–60 NIS. Unbedingt darauf bestehen, dass bei Fahrten innerhalb der Stadt der Taxameter läuft. Große Taxiunternehmen sind Kastel, Tel. 03 699 33 22, Ichilov, Tel. 03 696 70 70, und Hashekem, Tel. 03 527 04 04. Rollstuhlfahrer bekommen unter Tel. 050 638 12 55 und 050 836 82 00 ein geeignetes Auto.

Sherut-Taxis: Sammeltaxis starten in der Salomon Street bzw. Sa vom Moshavot Square und bedienen die Vororte von Tel Aviv sowie die Strecken nach Jerusalem und Haifa. Service-Taxis nach Gaza beginnen ihre Fahrt in der Yefet Street in Jaffa (Verbindung von Tel Aviv mit Dan Bus, Linie 10, ab Allenby Road).

Stadterkundung leicht gemacht

Prima zum Kennenlernen von Tel Aviv sind die vier vom Tourismusbüro eingerichteten **Orange Routes,** die die wichtigsten Sehenswürdigkeiten miteinander verbinden und alle an der Shalom Aleichem Street Nr. 5, unterhalb des markanten Isrotel-Rundturms, beginnen. Zu Fuß oder per Bus (Linie Maslul Hatapuz/The Orange Route) folgt man der Ausschilderung und lernt dabei die schönsten Ecken der Stadt kennen. Für jede Route ist ein eigenes Busticket erforderlich.

Route 1 – die Anfänge der Stadt: First Town Hall, Beit Bialik, Beit Reuven, Migdal Shalom, Independence Hall, Hagana Museum, Neve Zedek, Susanne Dellal Center. Route 2 – City: Habima National Theatre, Mann Auditorium, Tel Aviv Performing Arts Center, Tel Aviv Museum of Art, Monument of the Holocaust and Resistance, Rabin Square, Tel Aviv City Hall. Route 3 – Jaffa: u. a. Etzel-Museum, Uhrturm, Alt-Jaffa. Route 4 – am Yarkon-Fluss: u. a. Eretz-Israel-Museum, Beit Hatefuzot, Jarkon Park.

Küste zwischen Tel Aviv und Ashkelon

Reiseatlas S. 7/8

In puncto Sehenswürdigkeiten ist die Küstenregion südlich von Tel Aviv nicht übermäßig spektakulär. Dafür erlebt der Reisende hier das ganz normale Israel: Orte mit langer Geschichte, wundervolle Strände – und ganz im Süden den Grenzübergang Erez, über den man in guten Zeiten in den Gazastreifen einreisen kann.

Nur knapp 75 km sind es von Tel Aviv bis zum Gazastreifen. Man durchfährt die fruchtbare Küstenebene, die sich etwa 40 km landeinwärts erstreckt. Eukalyptusbäume säumen den Weg, zwischen den Weizenfeldern blühen wilde Orchideen, tiefer im Land, dort, wo es trockener und sandiger wird, wachsen Kakteen. Pinienwälder überziehen sanfte Hügellandschaften, feinsandige Strände laden zu einem Spaziergang ein. Im Sommer findet man hier reichlich Bademöglichkeiten.

Von Tel Aviv nach Qiryat Gat

Lod

Reiseatlas: S. 8, D 2

Etwa 22 km südöstlich von Tel Aviv und erreichbar über die Autobahn Nr. 1 und die Straße Nr. 434 liegt das erste Ziel auf der Reise gen Süden, **Lod.** Viele seiner 77 000 Einwohner stammen aus Russland und arbeiten am unüberhörbar nahen Flughafen Ben Gurion.

Der Vorgänger von Lod, das antike Lydda, war im Besitz der Kanaaniter. Nach ägyptischer und benjaminitischer Besatzung wurde die Stadt im 8. Jh. von den Assyrern zerstört und erst nach dem babylonischen Exil wieder aufgebaut. Laut Neuem Testament hat Petrus den Ort besucht. Die Römer bauten Lod zum Wirtschaftszentrum aus. Mit dem Siegeszug des Islam im 7. Jh. wurde Lod arabisch und blieb es bis zum Unabhängigkeitskrieg 1948.

Zwei Sehenswürdigkeiten lohnen einen Besuch. Die **Georgskirche** im Zentrum wurde über dem Grab des Heiligen errichtet, der als christlicher Märtyrer gilt, wenngleich seine Existenz bis heute umstritten ist. Die Legende jedenfalls sagt über Georg, Offizier im römischen Heer, er habe sich nach seinem Übertritt zum Christentum geweigert, Kaiser Diokletian – der 303 das Christentum verbot – weiter Opfer darzubringen. Grund genug für den römischen Herrscher, Georg grausam zu töten. Er wurde in seiner Heimatstadt Lod beigesetzt und schon bald rankten sich um ihn Geschichten, die ihn als mutigen Kämpfer gegen das Böse darstellten, u. a. die Legende vom Drachentöter. Viele Kirchen sind an dieser Stelle in Lod gebaut und zerstört worden, ehe die Kreuzfahrer ihrem Schutzheiligen dort eine dreischiffige Basilika errichteten. Ein Großteil war bereits verfallen,

Mit dem Autor unterwegs

In den Hazanhöhlen

Ein spannender Ausflug führt zu den **Kalksteinhöhlen von Hazan,** die von Juden während des Bar-Kochba-Aufstands geschaffen wurden, um sich hier zu verstecken (s. S. 233).

Baden in Ashkelon

Ashkelon mag architektonisch nicht überragend schön sein, seine langen Strände dagegen sind schlichtweg fantastisch (s. S. 235).

Richtig Reisen-Tipp: Bibelpark Neot Kedumim

Reiseatlas: S. 8 E 2
An der Straße Nr. 443 Richtung Jerusalem liegt ca. 25 Autominuten östlich von Lod der **Bibelpark Neot Kedumim,** der sich auf 200 ha mit der Flora und Fauna beschäftigt, wie sie zu biblischen Zeiten bestanden haben muss. Der Parkbesitzer Nogah Hareuvni reiste durch Israel, Jordanien und den Libanon und sammelt all das an Pflanzen, was er nach intensivem Bibelstudium identifizieren konnte. Auf dem Gelände kann man zwischen Dattel- und Mandelbäumen auf Lehrpfaden spazieren, die die Geschichte des Heiligen Lands erzählen, Schafe, Kamele, Rinder sehen. Palmen- und Olivenhaine säumen einen nach dem 5. Buch Mose künstlich angelegten Fluss. Zur Stärkung werden Speisen angeboten wie sie wohl bereits Abraham, Isaak und Moses zu sich nahmen: Fladenbrot, Oliven, Datteln, Schafskäse, Wein – alles aus eigener Produktion. Für Interessierte besteht außerdem die Möglichkeit, bei der Herstellung von Brot (natürlich aus selbst gemahlenem Mehl), Feigensaft und Käse Hand anzulegen. In dem Bibelpark kann man gut und gerne einen ganzen Tag verbringen.

Bibelpark Neot Kedumim: Tel. 08 977 07 61 u. 08 977 07 40 (Reservierung von Führungen), www.neot-kedumim.org.il, So–Do 8.30–16, Fr 8.30–13 Uhr, 25 NIS.

als die griechisch-orthodoxe Gemeinde 1874 das jetzige Gebäude erbaute und Fragmente aus einer byzantinischen Kirche und der Kreuzfahrerkirche miteinbezog. Das Portal ziert ein Relief des Heiligen als Drachentöter. Eine Treppe führt zur Krypta mit dem leeren Sarkophag Georgs. Neben dem Gotteshaus liegt die **El-Khadr-Moschee,** auffällig wegen ihres ein Jahr nach dem Erdbeben von 1927 errichteten weißen Minaretts.

Durch das Industriegebiet von Lod gelangt man zur mamlukischen **Baibars-Brücke** von 1273, die über den Ajalon führt. Von Löwen flankierte Steintafeln an beiden Ufern zeigen den Namen des Bauherrn Baibars.

Ramla

Reiseatlas: S. 8, D 2
Lods Schwesterstadt **Ramla** (etwa 64 000 Einw.) ist die einzige von Muslimen gegründete Siedlung während deren Herrschaft über Palästina. Sie wurde im 8. Jh. von Kalif Sulaiman erbaut, um die zerstörte Stadt Lod zu ersetzen, die das strategisch wichtige Durchzugsgebiet zwischen Syrien und Ägypten sowie zwischen Jaffa und Jerusalem kontrollierte. Nach dem Unabhängigkeitskrieg 1948/49 wurden die arabischen Bewohner vertrieben und durch jüdische Siedler ersetzt.

Das Wahrzeichen von Ramla ist der im Jahr 1318 fertiggestellte, 30 m hohe **Weiße Turm** des Mamlukenherrschers Baibars, der ursprünglich wohl als Minarett und Wachturm diente. Einheimische nennen ihn auch Turm der Vierzig, da um ihn herum 40 Märtyrer begraben liegen sollen. Bogenfenster, wie sie an herkömmlichen Minaretten nicht üblich waren, brechen die Wuchtigkeit des fast quadratischen Turms. Gleich daneben befindet sich die teils zerstörte **Weiße Moschee,** unter deren Hof drei Zisternen liegen, zu denen man hinuntersteigen kann (Herzl St., Ecke Herzog St., So–Fr 8–14.30, Sa 8–15 Uhr, 7 NIS; zur Besichtigung der Zisterne ist eine Taschenlampe dienlich).

Die **Große Moschee** am Marktplatz wurde ehemals von Kreuzfahrern errichtet und als Kirche dem heiligen Johannes geweiht. Aus dem einstigen Kirchturm entstand ein rundes Minarett.

Rishon Le Zion

Reiseatlas: S. 7, C 1/2
Nur wenige Kilometer nordwestlich liegt **Rishon Le Zion** (›Erste für Zion‹), die viertgrößte Stadt des Landes. 1882 errichteten Immigranten die Siedlung, im selben Jahr wurde hier die israelische Nationalhymne geschrie-

Dank optimaler Anbaubedingungen und modernster Kellertechnik werden in Israel vorzügliche Weine produziert – viele sind koscher

ben. Heute hat die moderne Stadt 150 000 Einwohner und ist mit Unterstützung des Barons Edmond de Rothschild zum führenden Produzent von Karmel-Weinen avanciert. Die sehenswerte **Carmel Winery,** linker Hand an der Herzl Street Richtung Ashdod, kann im Rahmen einer Führung besichtigt werden – Weinprobe inklusive (Tel. 03 948 88 88, www.carmelwines.co.il).

Das kleine **Museum** an der Ahad Ha'Am Street erzählt von den Siedlern Zalman Levontin und Joseph Feinberg, die mit geliehenem Geld 12 ha Land gekauft hatten, aber kaum davon leben konnten – bis ihnen Baron Rothschild, der die Pioniere unterstützen wollte, im Jahr 1883 Geld und Landwirtschaftsexperten schickte und damit den Wohlstand der ganzen Stadt einleitete. U. a. zeigt das Museum viele Fotografien aus der Gründerzeit sowie eine rekonstruierte Handwerkerstraße. Im Angebot sind auch kurze Stadtführungen zu nahe gelegenen Häusern aus den Gründerjahren und der 1885 erbauten großen Synagoge, die als Warenhaus getarnt errichtet werden musste, da die türkischen Beamten keinesfalls den Bau eines Gotteshauses genehmigt hätten.

Einen kurzen Besuch lohnt das **Rishon-Le-Zion-Museum,** das sich der ersten Einwanderungswelle Ende des 19. Jh. widmet.

Anhand von Dokumenten und Fotos wird der Alltag der damaligen Pioniere dokumentiert (Tel. 03 968 24 35, So–Do 9–14 Uhr, 7 NIS).

Rehovot

Reiseatlas: S. 7, C 2

Durch fruchtbares Land erreicht man über die kleine, nach Südosten führende Straße Nr. 412 **Rehovot.** Der 1890 gegründete Ort beheimatet das weltweit renommierte **Weizmann-Institut,** benannt nach Israels erstem Präsidenten Chaim Weizmann, der Professor für Biochemie war und diese private naturwissenschaftliche Hochschule 1934 ins Leben rief. Wahrzeichen des Instituts ist ein weißer Turm, um den sich eine Art Wendeltreppe windet. Im Innern des Treppenturms steckt senkrecht ein Elektronenbeschleuniger, ein beliebter Fotohintergrund. Das Institut gilt heute als wichtigste Ausbildungsstätte für den naturwissenschaftlichen Nachwuchs Israels. Hohen Stellenwert hat die Erforschung alternativer Energien. Die Wix-Bücherei des Hauses skizziert anhand von Dokumenten Weizmanns wichtige Rolle für den Zionismus (HaNasi HaRishon St., Tel. 08 934 21 11, www.weizmann.ac.il, So–Do 9–16 Uhr, 15 NIS).

Zehn Gehminuten entfernt können an der Herzl Street Weizmanns Privathaus sowie der Garten besichtigt werden, in dem der große Staatsmann (1874–1952) neben seiner Frau Vera beigesetzt ist. Das Gelände ist sehr reizvoll und lädt zu einer Ruhepause ein.

Kibbuz Givat Brenner und Kibbuz Hafez Hayyim

Reiseatlas: S. 7, C 2 u. C 3

Für die Weiterfahrt folgt man nun der Straße Nr. 40 und der Beschilderung Richtung Be'er Sheva. Nach wenigen Kilometern liegt rechter Hand der **Kibbuz Givat Brenner,** der größte Israels (www.givat-brenner.co.il).

Hinter der malerischen Ortschaft **Gedara** trifft man auf den religiös orientierten **Kibbuz Hafez Hayyim,** der die in Supermärkten erhältlichen, abgepackten koscheren Lebensmittel produziert. Das Gästehaus mit Swimmingpool ist zu empfehlen (s. S. 234), der Wasserpark für Kinder sehr schön. Beiderseits der Straße, die von Eukalyptusbäumen gesäumt wird, erstrecken sich Felder, so weit das Auge reicht. Nur gelegentlich erblickt man Siedlungen, ehe man den nächsten größeren Ort erreicht, Qiryat Gat.

Qiryat Gat und Umgebung

Reiseatlas: S. 7, C/D 4

Die Industrieansiedlung **Qiryat Gat** verdankt ihren Namen dem biblischen Gat, einer der wichtigen Philisterstädte und Geburtsplatz des riesenhaften Goliath, der von David bezwungen wurde. Sehenswert sind allein die **Hazanhöhlen,** von Juden während des Bar-Kochba-Aufstands in den Kalkstein getriebene Tunnel, die als Versteck dienten. Um zu den Höhlen auf dem Tel Erani zu gelangen, folgt man dem Weg, der am Friedhof beginnt.

Ein sehr schöner Ausflug führt von Qiryat Gat zunächst auf der Straße Nr. 35 und später auf der Nr. 3415 in südöstliche Richtung. Durch eine mit Pinien bewaldete Hügellandschaft, den sogenannten **Engelswald** (Ha-Malachim Forest), erreicht man den **Kibbuz Lakhish.** Der Ort wurde durch die Briefe von Lakhish bekannt, beschriebene Tonscherben, die man hier 1935 nahe einer ebenfalls entdeckten großen antiken Grabstätte fand. Die Textfragmente beschreiben das Vorrücken der Babylonier 587 v. Chr. und den unaufhaltsamen Fall des damals mächtigen Orts, den die Heere Nebukadnezars II. zerstörten, ehe sie Jerusalem einnahmen und den Ersten Tempel dem Erdboden gleichmachten. Die Besichtigung ist wenig aufregend. Die wenigen Ruinen sind überwuchert von Gras, Grabungen gab es hier schon länger nicht mehr.

Zurück auf der Hauptstraße Nr. 35 fährt man durch den Engelswald weiter gen Osten in den Nationalpark Beit Govrin (s. u.).

Gästehaus im Kibbuz Hafez Hayyim: Tel. 08 859 37 76, Fax 08 859 39 58,

Richtig Reisen-Tipp: Nationalpark Beit Govrin

Reiseatlas: S. 8, D 4
Der **Nationalpark Beit Govrin** umfasst den antiken Ort Tel Maresha und den **Kibbuz Beit Govrin.** Letzterer wurde auf den Resten einer römisch-byzantinischen Stadt erbaut und war bis zu seiner Gründung 1949 eine arabische Siedlung. Die Gebäude des antiken Beit Govrin stammten aus der Zeit der Kreuzfahrer und dienten vor ihrer Zerstörung durch Saladin 1191 als Festungen zur Abwehr der Ägypter.

Bei den nahe gelegenen Ruinen von **Tel Maresha,** das 40. n. Chr. vernichtet wurde, verbergen sich unter der Erde Hunderte bis über 20 m hohe Kalksteinhöhlen mit etlichen Zisternen und deutlichen Spuren einer Zivilisation. An den Wänden erkennt man noch aus hellenistischer Zeit stammende verblasste Malereien, die die Jagd und das ländliche Leben darstellen. Die Höhlen sind ursprünglich wohl durch die Phönizier entstanden, die hier zwischen dem 4. und 7. Jh. v. Chr. Kalkstein für den Bau des Hafens in Ashkelon gewannen. In byzantinischer Zeit nutzten Mönche und Einsiedler die Höhlen und dekorierten sie mit bis heute sichtbaren, in den Stein geritzten Kreuzen. Von den Hunderten kleiner Nischen nimmt man an, dass sie vom 3. bis zum 1. Jh. v. Chr. von den hier lebenden phönizischen Kaufleuten für kultische Zwecke genutzt wurden. 163 v. Chr. versuchte Judas Makkabäus vergeblich, die blühende Stadt Tel Maresha zu stürmen. Die Syrer waren ein Jahr später erfolgreicher. 125 v. Chr. eroberte der Hasmonäer Johannes Hyrkan die Stadt und zwang ihre Bewohner, zum Judentum zu konvertieren. Nach der Eroberung durch die Römer wurde die Tel Maresha unter die Kontrolle des syrischen Prokonsuls gestellt und 40 v. Chr. von den Parthern zerstört. Übrigens: Einigen sind die Höhlen vermutlich aus dem Kino bekannt, denn sie dienten als Filmkulisse für den Hollywoodstreifen Rambo III.

Tel Mareshas Kreuzfahrerkirche Santa Anna wurde einst auf den Ruinen einer byzantinischen Basilika errichtet, um die herum zahlreiche unzugängliche Grabhöhlen liegen. Gegenüber dem Eingang der Kirche befinden sich etwas versteckt die sidonischen Gräber. Nach deren Besichtigung sollte man den Ausblick von dem Hügel Tel Maresha nicht versäumen.

Als Abstecher ist möglich: zurück auf der Hauptstraße nach links, dann nach wenigen Metern rechts, vorbei am Kibbuz Beit Nir zum Elahtal und dem Berg Tel Azekah, wo Davids Kampf gegen Goliath stattgefunden haben soll. Die Aussicht über das Tal ist sehr schön.

Nationalpark Beit Govrin: Tel. 07 681 10 20, April–Sept. 8–17, Okt.–März 8–16 Uhr, 23 NIS.

www.hafetz-hayim.co.il. Der 1937 gegründete Kibbuz bietet 60 klimatisierte Zimmer. DZ ab 200 NIS.

Züge: Qiryat Gat liegt an der Strecke Tel Aviv–Be'er Sheva (stdl.).

Ashkelon

Reiseatlas: S. 7, B 4
Richtung Westen führt die Straße Nr. 35 von Qiryat Gat direkt nach **Ashkelon.** Die Stadt am Mittelmeer mit ca. 110 000 Einwohnern ist ein rapide wachsendes Regionalzentrum, in dem sich viele nordafrikanische Immigranten niederlassen, und ein wichtiger Pfeiler für Israels Wirtschaft: Hier befindet sich das nördliche Ende der Trans Israel Pipeline, kurz Tipline, die nach Eilat am Roten Meer verläuft und von dort ursprünglich für Europa bestimmtes iranisches Öl pumpte. Heute wird die Pipeline in die andere Richtung genutzt. Russische Tanker bringen Rohöl nach Ashkelon, pumpen es nach Eilat, wo es wieder in Tanker fließt und auf dem Seeweg nach Asien transportiert wird, was den kostspieligeren und längeren Weg durch den Suezkanal erspart. Für Israel nicht minder bedeutend ist die 2005 in Betrieb genommene Meerwasserentsalzungsanlage, eine der größten der Welt, die täglich über 300 000 m^3 Trinkwasser produziert. Und nicht zuletzt zählt Ashkelon zu den beliebtesten Ferienorten der Israelis. Die Urlauber werden verwöhnt mit feinsandigen Stränden, unendlichen Wassersportmöglichkeiten, hervorragenden Restaurants und Nachtclubs und einer der größten Marinas Israels mit Anlegestellen für 600 Jachten.

Auf den ersten Blick wirkt Ashkelon kleiner, als es ist, denn die zur Stadt gehörenden Siedlungen verteilen sich über ein großes Gebiet entlang der Küste. Das Zentrum der Stadt bildet die alte Arabersiedlung Migdal nahe der zentralen Busstation.

Stadtgeschichte

Ashkelon blickt auf 6000 Jahre Geschichte zurück und gilt damit als eine der ältesten Siedlungen der Welt. Sie war lange Zeit im Besitz der Pharaonen. Ab dem 12. Jh. v. Chr. gehörte Ashkelon dann zum Philisterreich, war Hafen und wichtigster Ort für das gesellschaftliche und kulturelle Leben. Als die Philister Israels König Saul ermordeten, zürnte David: »Verkündet's nicht auf den Gassen von Ashkelon, dass sich nicht freuen die Töchter der Philister, dass nicht frohlocken die Töchter der Unbeschnittenen« (2. Samuel 1,20). Nach der Philisterherrschaft entwickelte sich Ashkelon im 4. Jh. v. Chr. unter Alexander dem Großen zu einem Zentrum hellenistischer Kultur. Daran änderte sich nichts, bis die Stadt während der Kreuzzüge im 13. Jh. von Muslimen zerstört wurde. Den modernen Stadtteil Afridar gründeten südafrikanische Einwanderer 1951 um den damals von der Armee geräumten arabischen Ort Migdal, der seit dem Unabhängigkeitskrieg zu Israel gehört.

Sehenswertes

Im Zentrum, nahe dem Uhrturm, zeigt das **Freilichtmuseum Afridar Quarter** zwei römische Sarkophage mit Darstellungen der griechischen Unterwelt: Götterbote Hermes, der dreiköpfige Hüter der Unterwelt, Zerberus, sowie Persephone, Göttin der Unterwelt und Gattin des Hades, der sie nur für acht Monate im Jahr in die Oberwelt entlässt (So–Fr 9–14 Uhr, Eintritt frei).

Fünf Gehminuten nordwestlich vom Zentrum liegt das Viertel Barnea. Hier findet sich auf dem Areal einer zerstörten **byzantinischen Kirche** ein gut erhaltenes 11 x 6 m großes Bodenmosaik aus dem 6. Jh. mit geometrischen Formen (tgl. 8–18 Uhr, Eintritt frei).

Im **Ashkelon-Nationalpark** südlich des Afridar Beach liegen in einem bewaldeten Picknickareal die Ruinen einer Kreuzfahrerfestung von Richard Löwenherz, die 1270 zerstört wurde. Bei Ausgrabungen fand man Spuren einer kanaanitischen Besiedelung ab spätestens 4000 v. Chr. (Tel. 08 673 64 44, April–Sept. 8–17, Okt.–März 8–16 Uhr, 23 NIS).

Schöne und beliebte Strände sind **Delilah Beach, Barnea Beach** und **North Beach,** wo es auch einen FKK-Abschnitt gibt.

Tourist Information: Zefania Sq., Tel. 08 673 24 12, Fax 08 671 03 12, www.ashkelon.muni.il, So, Di 8.30–13, Mo, Mi/Do 8.30–12.30 Uhr.

Ashkelon verfügt über rund 12 000 Hotelbetten. Am North Beach, in Barnea, Marina sowie am South Beach sind weitere Unterkünfte in Planung.

Holiday Inn: 9 Yekutiel Adam St., Tel. 08 674 88 88, 03 539 08 08, Fax 03 760 07 07, www.h-i.co.il. Komfortable Zimmer (alle mit Meerblick), Spa, großer Pool, Garten, schöne Restaurants – man wohnt hier ganz hervorragend in einem obendrein architektonisch sehr ausgefallenen Gebäude. DZ ab 700 NIS.

Dan Gardens: 56 Rehov Hatayassim, Tel. 08 677 17 77, Fax 08 671 00 66, www.danhotels.com. Das Hotel mit großem Garten ist komplett auf Familien eingestellt, die Zimmer sind entsprechend groß. Für die Kleinen gibt es die Magic World, ein 1000 m² großes Spielgelände. DZ ab 600 NIS.

Hamelech Saul: 28 Harakefet St., Tel. 07 673 41 24-8, Fax 07 673 41 29. Nettes Familienhotel, manchmal sehr laut.

Die Restaurants an den Stränden sind meist ein guter Tipp für Fisch, ansonsten viele Fastfood-Läden.

Khan: Khan Migdal, Tel. 08 672 22 20. Gute Fischspezialitäten, darunter *St. Peter's Fish,* und Fleischklassiker wie Boef Stroganoff.

Die Fußgängerzone **Migdal** ist nett zum Flanieren. Größere Läden gibt es in der **Lev Ashkelon Mall,** Samson Quarter.

Ashkeluna Water Park: Delilah Beach, Tel. 08 673 99 70, www.ashkeluna.co.il, tgl. 9–18 Uhr. Mehrere Pools, große und kleine Rutschen, eigener Kinderbereich etc.

Busse/Sherut-Taxis: Von der Central Bus Station Verbindungen nach Qiryat Gat (alle 45 Min.), Tel Aviv (alle 30 Min.) und Jerusalem (alle 30–45 Min.).

Mietwagen: Eldan, Ben Gurion Blvd. und Herzl St., Tel. 08 672 27 24.

Ashdod und Kibbuz Palmakhim

Reiseatlas: S. 7, B 3 u. C 2

Nur einen kurzen Aufenthalt auf der Rückfahrt nach Tel Aviv ist **Ashdod** wert, mit 210 000 Einwohnern eine der aufstrebenden Städte des Landes, die – so ist es geplant – einmal 350 000 Menschen beherbergen soll. Wirtschaftlich träumt man davon, Haifa als Hafenstadt den Rang abzulaufen.

Mit Qiryat Gat, Gaza, Ekron und Ashkelon bildete Ashdod einst den Fünfstädtebund der Philister. Azotus hatten die Griechen die Stadt genannt, als diese 147 v. Chr. von den Makkabäern eingenommen wurde. Nach

dem Unabhängigkeitskrieg 1948/49 fiel die Vorläufersiedlung der Stadt an Israel, die hier wohnenden Araber wurden vertrieben. Ab 1957 begann man mit dem Aufbau eines neuen Wirtschaftszentrums, in dem Elektronikgeräte, Kosmetik, Autos und Busse produziert werden. Die Elektrizitätswerke von Ashdod liefern heute fast die Hälfte des national verbrauchten Stroms.

Als Enttäuschung entpuppt sich die einzig erwähnenswerte Sehenswürdigkeit, der **Jaffa Ben Ami Memorial Hill.** Er markiert die Stelle, an der Jonas vom Wal an Land gespuckt wurde, und umfasst einen kleinen, ungepflegten Aussichtspunkt, umgeben von einer Radarüberwachungsstation des Militärs. Wesentlich angenehmer sind die Strände, z. B. der **Lido Beach** oder der **Miami Beach,** wo sich viele Cafés und Bars angesiedelt haben.

Auf der parallel zum Meer verlaufenden Straße Nr. 4 geht es nun Richtung Tel Aviv. Nach 19 km lohnt ein Abstecher zur Küste in den **Kibbuz Palmakhim,** der nicht nur einen ausgezeichneten Strand besitzt, sondern auch das archäologische **Beit Miriam Museum.** Die Ausstellung zeigt Funde aus prähistorischen Gräbern, u. a. den Bronzekopf einer Göttin, Tonfigurinen von Vögeln und andere Grabbeigaben seit der Bronzezeit. Der Besuch muss angemeldet werden (Tel. 03 953 82 81, Fax 03 952 89 66, bet_miriam@palmachim.org.il, So–Do 9–14 Uhr, Eintritt frei).

An der Mittelmeerküste folgt ein schöner Strand dem anderen – die Sonnenanbeterinnen stehen ihnen in nichts nach

Küste zwischen Tel Aviv und Haifa

Karte S. 242

Der knapp 100 km lange Küstenabschnitt zwischen Tel Aviv und Haifa hat einiges zu bieten: Gleich zu Beginn erreicht man mit Netanya einen quicklebendigen Badeort. Bei Caesarea und Megiddo liegen zwei der bedeutendsten archäologischen Stätten Israels, der Künstlerort Ein Hod lädt zum Bummeln ein und in den Dörfern Isfiya und Daliyat el Karmel kommt man in Kontakt mit den Drusen.

Reiseatlas: S. 5, A/B 4–1; S. 1, A 4
Zwei Wege führen von Tel Aviv nach Norden: die Schnellstraße Nr. 4 sowie westlich davon, nahe dem Meer, die Straße Nr. 2. Letztere ist zu bevorzugen, wenn man es nicht so eilig hat und unterwegs pausieren und schwimmen gehen will, was überall entlang der Strecke möglich ist.

Netanya

Karte: S. 242
29 km nördlich von Tel Aviv erreicht man mit **Netanya** 1 (175 000 Einw.) einen weiteren beliebten Badeort der Israelis. Die hiesigen Strände werden gerne mit denen der Riviera verglichen – ein wenig haftet Netanya das

Fromme Juden zieht es am israelischen Neujahrstag Rosh HaShana in den Badeort Netanya, um mit Blick aufs Meer aus der Thora zu lesen

Image an, vor allem Senioren und Familien anzuziehen.

Die Stadt wurde 1929 als Umschlagplatz für den Zitrushandel gegründet, entwickelte sich aber rasch zu einem Tourismuszentrum. Bedeutung erlangte Netanya auch durch die zahlreichen Diamantschleifereien, die sich hier angesiedelt haben (s. S. 222). Sehenswert ist das **National Diamond Center,** wo man anhand eines Videos in die Welt der Edelsteine eingeführt wird und Diamantschleifern bei ihrer filigranen Arbeit zusehen kann (90 Herzl St., Tel. 09 862 04 36, So–Do 8–19, Fr 8–14 Uhr, 10 NIS; Besuch nur nach telefonischer Voranmeldung).

Tourist Information: Haatzmaut Sq., Tel. 09 882 72 86, Fax 09 884 13 48, So–Do 9–22, Fr 9–14 Uhr. Das Büro befindet sich in einem kleinen Kiosk; äußerst hilfsbereit, zahlreiche Broschüren.

Die meisten der weit über vier Dutzend Hotels liegen in Strandnähe.
Park Hotel: 7 Hamalech David St., Tel. 09 862 33 44, Fax 09 862 40 29, parkhotel@netvision.net.il. Sauberes, freundlich geführtes Hotel, Zimmer mit Meerblick. DZ ab 700 NIS.
The Seasons on the Sea: 1 Nice Blvd., Tel. 09 860 15 20, Fax 09 860 15 55, www.haonot.co.il. Modernes 5-Sterne-Hotel am Strand, in dem viele Familien absteigen. DZ ab 600 NIS.
Margoa: 9 Gad Machnes, Tel. 09 862 44 34, Fax 09 862 34 30, www.hotelmargoa.co.il. Familienhotel, bestehend aus zwei Häusern an der neuen Gartenpromenade, wenige Fußminuten vom Zentrum entfernt. Den nahen Strand erreicht man in der Nähe per Lift. DZ ab 400 NIS.
Orit Guesthouse: 21 Khen St., Tel./Fax 09 861 68 18, www.israelsvan.com/orit. Sehr empfehlenswertes, von Skandinaviern geführtes Gästehaus mit 7 Zimmern im 2. Stock und gemeinsamem Speiseraum im Erdgeschoss. DZ ab 260 NIS.

Netanya hat Dutzende Restaurants, die israelisch-orientalische Küche anbieten, dazu findet man an jeder Ecke Shawerma-Stände und Fast-Food-Restaurants von Burger King bis Pizza Hut.
Lucullus: 8 Nitza Blvd., Tel. 09 861 78 31, So–Do 12–16, 18–24 Uhr. Französisch-orientalische Küche im allerweitesten Sinn (es gibt auch Wiener Schnitzel) – nicht billig, aber gut, eines der ältesten Restaurants in Netanya. Ab 90 NIS.
Marrakesh: 7 David Hamalech St., Tel. 09 833 47 97, So–Do 12–24, Fr 12–15 Uhr, Sa ab 1 Std. nach Shabbatende. Fisch und Fleisch auf marokkanische Art in gemütlich maghrebinischem Ambiente. Ab 60 NIS.

Mit dem Autor unterwegs

Ein Tag in Caesarea

Einen abwechslungsreichen Tag kann man in **Caesarea** mit Golfen, Schwimmen und der Besichtigung der Ausgrabungen verbringen. Taucher können unmittelbar vor der Küste sogar das Werk der Unterwasserarchäologen erkunden (s. S. 240).

Besuch in Ein Hod

Die Gründung von **Ein Hod** geht zurück auf einen Mitbegründer des Dadaismus. Dutzende Maler, Bildhauer und Galeristen haben den Ort zu einem charmanten Künstlertreff gemacht (s. S. 246).

Zur Siestazeit von 13–16 Uhr sind fast alle Geschäfte geschlossen. Reichlich gute Läden findet man in der **Kenyon Mall,** Herzl St., der **Hadarim Mall,** 2 Hacadar St., und in der **Hasharon Mall,** City Center. Das größte Einkaufszentrum ist die **Sharon Shopping City** nahe der Poleg Industrial Zone (Anfahrt mit Bus Nr. 48).

Das Nightlife in Netanya ist ganz passabel. V. a. am **Liberty Square** gibt es eine Reihe von Pubs und Bars, in denen sich die jungen Leute treffen, bevor sie in die angesagten Discos und Kneipen weiterziehen.
Hamakom Club: 11 Haatzmaut Sq., Tel. 09 833 16 77. Nette Disco.

Richtig Reisen-Tipp: Megiddo-Nationalpark

Karte: S. 242
Ein Muss ist der Abstecher ins Inland zu den Ausgrabungen im **Megiddo-Nationalpark** 2, seit 2005 UNESCO-Welterbe. Von Netanya aus erreicht man den Park, indem man 11 km nördlich des Badeorts in Hadera nach Osten abzweigt. 28 km nordöstlich von Hadera, an der Kreuzung der Straßen Nr. 65 und 66, liegt die antike Festung, die 20-mal zerstört und genauso oft auf einem jedesmal anwachsenden Ruinenhügel wieder aufgebaut wurde, zuletzt um 400 v. Chr.

Für Archäologen ist der Ort einer der spannendsten Israels. Auf die Zeit um 4000 v. Chr. wird der älteste Fund datiert: ein kanaanitischer Tempel mit Altar. In der Bibel findet Megiddo unter dem Namen Armageddon Erwähnung, von der Offenbarung prophezeiter Schauplatz der letzten großen Schlacht auf Erden, bei der am Jüngsten Tag die Mächte des Bösen gegen das Gute streiten werden. Am strategisch wichtigen Verbindungsweg Ägypten–Mesopotamien gelegen, entwickelte sich Megiddo unter Dutzenden von Herrschern zur Festung. 1468 eroberte der ägyptische Pharao Thutmosis III. die Stadt, wie Hieroglyphen im Karnaktempel von Luxor beschreiben. König Salomo ließ Megiddo zur prächtigen Bezirkshauptstadt erweitern. Nach dem 5. Jh. v. Chr. wurde Megiddo schließlich bedeutungslos und verfiel, doch knapp 2400 Jahre später erschien die Stadt wieder in der Geschichte: Der englische General Allenby besiegte hier 1917 die Türken.

1903 begannen die Ausgrabungen, die maßgeblich von der deutschen Orientgesellschaft und später von der US-amerikanischen Rockefeller-Stiftung geleitet wurden. Die Stätte, immerhin 20 abgetragene Schichten, ist etwas verwirrend. Man sollte sich an der Kasse einen Lageplan besorgen.

Berühmt wurde Megiddo durch die sogenannten **Pferdeställe des Salomo,** die aber erst im 1. Jh. nach König Salomo unter Kö-

Gan-Ha-Melekh-Park: Im Sommer So–Do Freiluftkino und Konzerte.

Netanya ist ein Badeort, entsprechend vielfältig ist das konventionelle Wassersportangebot.
Baden und Strände: Über 11 km erstrecken sich Netanyas wunderschöne Strände, alle ausgestattet mit Duschen, Toiletten und Restaurants. Der Sironit Beach ist ganzjährig geöffnet, die meisten anderen Strände werden im Winter geschlossen.
Paragliding: Dvir Paragliding, 17/4 Ussishkin St., südlich des Zentrums, Tel. 09 899 02 77, 052 54 60 77, dvirgliding@walla.com.
Reiten: The Ranch, Havazelet Hasharon, Tel. 09 866 35 25, 052 66 07 59; Elik's Cactus Ranch, nördl. des Nueba Beach, Tel. 09 865 12 39, 050 531 52 77. Je ca. 120 NIS/Std.

Busse: Von der Central Bus Station alle 15 Min. nach Tel Aviv und Haifa.
Sherut-Taxis: Abfahrt vom Zion Square fast im gleichen Takt und zu den gleichen Zielen wie die Busse.
Mietwagen: Avis, 1 Ussishkin St., Tel. 09 833 16 19, www.avis.co.il; Eldan, 2 Gad Machnes, Tel. 09 882 15 44, Fax 09 861 69 67, www.eldan.co.il; Hertz, 8 Haatzmaut Sq., Tel. 09 882 88 90, Fax 09 862 21 77, www.hertz.co.il.

Caesarea

Karte: S. 242
Zurück auf der Küstenstraße, zweigt 8 km nördlich von Hadera die 3 km lange Zufahrt nach **Caesarea** 3 ab. Es gibt zwei Gründe, Caesarea zu besuchen: um dort Golf zu spielen oder um die berühmten Ausgrabungen zu besichtigen. Der 18-Loch-Platz, in einer wundervollen und ruhigen Landschaft gelegen, hat Caesarea zu einem kleinen Nobelort wer-

nig Ahab entstanden. Für etwa 1000 Pferde und die dazugehörigen Streitwagen wurden die Hallen errichtet. In der Mitte standen die Wagen und mit den Köpfen zur Mitte waren die Pferde an den Säulen angebunden.

Nicht minder sehenswert ist das **Wasserversorgungssystem,** das unter König Salomo erbaut wurde und zu einer Quelle außerhalb der Stadtmauern führte. Allerdings entdeckten belagernde Feinde die Anlage und blockierten sie. König Ahab ließ daher einen Schacht fast 60 m in die Tiefe graben, von dem ein 120 m langer Tunnel zur Quelle führte. Um auch die Quelle für Feinde unzugänglich zu machen, verschloss man den Eingang zur Quellhöhle und tarnte ihn.

Zu den jüngeren Funden gehört das jüdische Dorf **Kefar Otnai** aus dem 1. Jh. Es wurde 2006 gefunden, als Archäologen ein an den Nationalpark angrenzendes Areal untersuchten, auf dem eine Gefängniserweiterung erbaut werden sollte. Kefar Otnai lag offenbar an einer wichtigen Handelsstraße, denn die Archäologen stießen auf Spuren von Wohn- und Warenhäusern, Dorf- und Feuerplätzen und entdeckten einen vollständig erhaltenen Mosaikfußboden (10 x 6 m) mit griechischen Inschriften. Diese berichten über den römischen Mäzen Profilus, der das Mosaik finanziert hatte. Aus zwei zentralen Abbildungen von Fischen schlossen die Forscher, dass dieses Mosaik zu einer der frühesten Kirchen Israels gehört hat, da Fische den ersten Christen als Erkennungssymbol dienten.

Grabungen im Nationalpark finden derzeit alle zwei Jahre im Sommer statt, die nächsten sind für 2010 geplant. Interessierte können sich für eine freiwillige Mitarbeit bewerben und werden während ihres Aufenthalts im Kibbuz Ramat Hashofet untergebracht.

Megiddo-Nationalpark: Tel. 04 983 16 43, megexc@post.tau.ac.il (Bewerbungen), www.megiddo.tau.ac.il, April–Sept. 8–17, Fr 8–15, Okt.–März Sa–Do 8–16, Fr 8–14 Uhr, 25 NIS.

den lassen, der überwiegend aus teuren Wohnlagen besteht.

Geschichte

Mehr als 500 Jahre lang war Caesarea die Hauptstadt des römischen Judäa und zählt heute zu den wichtigsten archäologischen Grabungsgebieten Israels. Herodes der Große gründete 22 v. Chr. auf dem Platz der phönizischen Siedlung Migdal Sharshan (›Turm des [Phönizier-Königs] Sharshan‹) zu Ehren von Kaiser (Caesar) Augustus die prächtigste und wohlhabendste Hafenstadt in Palästina. Während der zwölfjährigen Bauarbeiten wurden teils tonnenschwere Felsbrocken im 10 m tiefen Wasser versenkt, bis ein 62 m breiter Damm entstanden war. Darauf wiederum errichtete man eine mit Türmen bewehrte Mauer, die den Hafen von der Seeseite her schützte. Die vom windarmen Norden her einlaufenden Schiffe legten unter Bogengewölben an der Mole an. Kolossale Standbilder flankierten die Einfahrt. Die ganze Stadt war auf den Hafen ausgerichtet und erstrahlte entlang dem Kai in weißem Marmor. Verständlich, dass ein Teil der andauernden archäologischen Arbeiten unter Wasser stattfinden muss.

Von 26 bis 36 n. Chr. residierte Pontius Pilatus in Caesarea. Der Apostel Paulus war hier nach seiner Verurteilung 57 n. Chr. durch den Jerusalemer Statthalter Felix zwei Jahre lang eingekerkert (Apostelgeschichte 23–27,1). Das Gefängnis des Paulus glauben Archäologen bei jüngsten Ausgrabungen gefunden zu haben. 69 n. Chr. wurde die Stadt von Titus Flavius Vespasian im Jahr seiner Kaiserkrönung zur Königsstadt Caesarea erhoben und erhielt den offiziellen Namen Colonia Prima Flavia Augusta Caesarea. Nur wenig später nahm in Caesarea der Widerstand der Juden gegen die Römer ihren Ausgang, der mit der Zerstörung des Tempels in Jerusalem im Jahr 70 endete. Die Entweihung der Sy-

Von Tel Aviv nach Haifa
0
5
10 km
Haifa (Hefa)
Kiryat Motskin
Kiryat Ata
Shfar'am
I'blin
Kafr Manda
Nesher
Tirat Karmel
Mt. Carmel (Har Karmel)
Har Karmel Reserve
Bir el-Maksur
Eshkol Reservoir
Isfiya
5
Kiryat Tiv'on
Nazareth (Natsarat)
Yafa
Mittelmeer
Ein Hod
4
Daliyat el-Karmel
6
Atlit
Nakhal Me'arot Res.
Karmel Caves
Migdal ha-Emek
Yokne'am Ilit
Jezreel (Izre'el) Valley
Kishon
Kfar Barukh Reservoir
Afula
Fureidis
Meggido-Nationalpark
2
Zikhron Ya'akov
Binyamina
Um el-Fahm
Caesarea
3
Or Akiva
Kal Qari'a
Yamun
Pardes Khana-Karkur
Ar'ara
Khadera
Jenin (Janin)
Zibde
Ya'bad
Dotan Valley
Baqa el-Gharbiya
Baqa e-Sharqiya
Araba
Qabatiya
Zeita
Ilar
Kafr Ra'i
Aja
Sanur
Deir el-Ghusun
Bal'a
Jabel Khureish
764 m
Jaba
Netanya
1
Tul Karm (Tulkarem)
Anabta
Burga
Kafr e-Labad
Qalansuwa
Sebastya
Kadima
Taibe
Asira e-Shamaliya
Beit Lid
Har Eival
940 m
Tel Mond
Tira
Nablus (Nabulus/Shkhem)
Ra'anana
Herzliya
Har Grizim
881 m
Kalkiliya (Qalquilya)
Azun
Herzliya Pituah
Kfar Saba
Kafr Thult
Tel Aviv-Jaffa (Tel Aviv-Yafo)
Ramat ha-Sharon
Kafr Qasem
Saniriya
Deir Istiya
Hares

nagoge durch die Römer löste einen Aufstand aus, den die Römer mit einer Massenhinrichtung im Amphitheater beendeten. Bis die Stadt 640 von den Arabern erobert wurde, herrschte Religionsfreiheit in Caesarea, die ab dem 3. Jh. sowohl führende Thoragelehrte als auch erstrangige christliche Theologen hervorbrachte und einherging mit wirtschaftlicher Blüte. Der Kirchenvater Origenes gründete hier ab 215 seine theologische Akademie und zog mit der textkritischen Hexapla – einer mehrsprachigen Bibel, die in sechs Spalten verschiedene Versionen des Alten Testaments miteinander verglich – Theologen aus aller Welt nach Caesarea. Von 314 bis 339 diente Eusebius als Bischof in der Stadt. Dem Vater der Kirchengeschichte verdanken wir zum großen Teil die Kenntnisse über die Orte der biblischen Geschehnisse.

Unter den Arabern verfiel Caesarea ab dem 7. Jh. in Bedeutungslosigkeit und wurde 1101 von den Kreuzrittern gestürmt. Diese fanden in der Großen Moschee eine sechseckige grüne Trinkschale – ihrer Meinung nach der Heilige Gral, aus dem Jesus beim letzten Abendmahl trank. 1187 zerstörte Saladin die Stadt, Richard Löwenherz baute sie 1191 wieder auf. Im Jahr 1256 wurde Césarée, wie es unter den Franken hieß, von den Mamluken erobert. 1291 schließlich machte Sultan Ashraf Khalil die Stadt endgültig dem Boden gleich. 1884 wurden von den Türken Flüchtlinge aus Bosnien angesiedelt, an die noch eine damals errichtete Moschee am Hafenbecken erinnert. 1940 gründeten jüdische Siedler in unmittelbarer Nachbarschaft den Kibbuz Sdot Yam, dessen Bewohner beim Beackern des Landes zahlreiche aufregende Entdeckungen machten – Beginn der Archäologie in Caesarea.

Besichtigung

Schon bei der Anfahrt sieht man Bogenteile des ehedem unter Dünensand verschütteten römischen **Aquädukts,** der Wasser aus den 17 km entfernten Quellen nach Caesarea führte. Bei der Caesarea National Parks Authority am Eingang (s. S. 244) erhält man einen Lageplan, der durch das Gelände leitet. Führungen werden nur nach vorheriger telefonischer Buchung angeboten.

Zu den neueren, mangels Geld erst teilweise vollendeten Ausgrabungen zählt eine 631 von Arabern zerstörte **Villa,** mit 1500 m² fast schon ein Palast. Der Besitzer, ein unbekannter byzantinischer Christ, hatte sich großartige Mosaikböden mit prächtigen Vogeldarstellungen schaffen lassen. Die seit 2005 zugänglichen Mosaike zeigen Obstbäume, Elefanten, Stiere und Hunde, alles kleinstteilig zusammengesetzt. Zwar wurde die Villa nahe dem heutigen Golfplatz bereits in den 1950er-Jahren entdeckt, aber erst in jüngerer Zeit begannen Archäologen mit der Freilegung.

Direkt hinter dem südlichen Eingang liegt das **römische Amphitheater** – wo heute Konzerte und Theateraufführungen stattfinden, kämpften einst Gladiatoren um ihr Leben. Die aus Kalkstein erbaute Arena wurde zur Zeit von Herodes für 5000 Zuschauer konzipiert und fasst heute 3500 Personen. Einer der nachträglich eingefügten Quader, im Rockefeller-Museum in Jerusalem zu sehen (s. S. 174), trägt eine Widmung von Pontius Pilatus an Kaiser Tiberias.

Am Meer, südlich des Hafenbeckens, stößt man auf das **römische Bad** und etwa 500 m östlich davon auf das **Hippodrom.** Die 288 m

Caesarea multimedial
Einen Trip durch die Jahrtausende können Besucher mit der Multimedia-Zeitmaschine **Caesarea Experience** machen. Man springt geradezu durch die verschiedenen Epochen – da Herodes, dort die Römer, dann die Araber, die Kreuzfahrer und die Ankunft der ersten jüdischen Immigranten. Die Show bietet v. a. auch Kindern einen guten Einstieg in die archäologische Besichtigung. Ein echter Hingucker ist außerdem der **Time Tower,** der einen beeindruckenden Blick über die Ausgrabung offeriert, aber das ist nicht alles: Auf Knopfdruck rekonstruieren Computer über den Ruinen die Stadt seit Anbeginn der Zeiten (Reservierung unter Tel. 04 626 88 23).

lange und 72 m breite Pferderennbahn wurde vermutlich unter Herodes erbaut und fasste einst rund 20 000 Zuschauer. Nordwestlich schließt sich das ehemalige **Forum** an, das dem Markt- und Versammlungsplatz in Rom nachempfunden ist. Die **Kreuzfahrerstadt** im Norden des Amphitheaters wurde einst von einer 1,2 km langen und 6 m hohen **Mauer** gesichert. Innerhalb dieser Umfriedung lagen die **Zitadelle** und die **Kathedrale St. Paulus,** die schon während des Baus wegen statischer Mängel zum Teil einstürzte.

Östlich des Eingangs zur Kreuzfahrerstadt liegt, gesäumt von Bäumen, die **byzantinische Straße** mit zwei Statuen aus dem 2./3. Jh. n. Chr., die beide weder Köpfe noch Inschriften besitzen. Erst im 6. Jh. wurden der Geschäftsstraße die weiße unidentifizierte Marmorfigur und die rote Porphyrplastik (möglicherweise Kaiser Hadrian) hinzugefügt.

Nördlich der Kreuzfahrerstadt entdeckten Archäologen das **jüdische Viertel,** von dem Reste einer **Synagoge** aus dem 3. Jh. erhalten sind (Tel. 04 626 70 80, April–Sept. 8–17, Okt.–März 8–16 Uhr, 23 NIS).

i **Caesarea National Parks Authority:** Tel. 04 636 10 10, April–Sept. 8–17, Okt.–März 8–16 Uhr.

Dan Caesarea Golf Hotel: Tel. 04 626 91 11, Fax 04 626 91 22, www.danhotels.com. Sehr elegantes und feines Hotel aus den 1980er-Jahren, großer Pool, schöner Garten, neben Golf auch viele andere Sportmöglichkeiten wie Reiten, Angeln, Radfahren, Kajakfahren. Von der Terrasse hat man einen wundervollen Blick aufs Meer. DZ ab 900 NIS.
Kef Yam Resort: Kibbuz Sdot Yam, ca. 4 km südl. von Caesarea, Tel. 04 636 44 44, Fax 04 636 22 11, www.kef-yam.co.il. Wundervolles Resort am Meer, bietet viele Aktivitäten, darunter natürlich (Wasser-)Sport sowie organisierte Tagestouren. DZ ab 600 NIS.

Helena: Caesarea Park, Tel. 04 610 10 18, tgl. 12–23.30 Uhr. Der Küchenchef, eines der jungen israelischen Talente, hat sich einer abwechslungsreichen Küche verschrieben und serviert thailändische Currys ebenso wie orientalische Vorspeisen und Fischgerichte; die umfangreiche Weinliste reicht von erschwinglich bis extrem teuer. Vom Lokal toller Blick auf den Sonnenuntergang. Rechtzeitige Reservierung nötig. Ab 100 NIS.
Port Café: Caesarea Park, Tel. 04 619 02 21, tgl. 9.30–24 Uhr. Mit schönem Meerblick kann man hier sehr gut brunchen und bekommt den ganzen Tag über internationale Küche (Pizza, Burger, Steak usw.) serviert. Ab 60 NIS.

Caesarea war 500 Jahre lang die Hauptstadt des römischen Judäa und gilt heute als eine der bedeutenden archäologischen Stätten des Landes

Die Kulisse Caesareas, v. a. das Amphitheater, wird häufig für Modenschauen, Konzerte und andere Events genutzt. Über das Programm informiert die englischsprachige Tagespresse (s. S. 129).

Auf das Freizeitangebot hat das Dan Caesarea Golf Hotel (s. S. 244) praktisch das Monopol und auch für Nicht-Gäste u. a. Reiten, Angeln, Rad- und Kajaktouren im Programm (vorherige Buchung nötig).

Golf: Caesarea Golf & Country Club, Tel. 04 610 96 02, www.caesarea.com. Der 18-Loch-Platz ist Israels Golfzentrum.

Tauchen: Caesarea Diving Centers, Tel. 04 636 17 87, Fax 04 636 03 11, www.caesarea-diving.com. Nicht Korallen, sondern Unterwassergrabungen sind das Ziel der Tauchgänge (ca. 270 NIS pro Tauchgang).

Caesarea erreicht man am besten als Selbstfahrer oder mit dem Taxi. Die Busse der Strecke Tel Aviv–Haifa halten zwar an der Hauptstraße, doch der Verbindungsbus zu den über 3 km entfernten Ausgrabungen verkehrt nur unregelmäßig.

Ein Hod

Karte: S. 242
Das nächste Ziel liegt knapp 30 km nördlich von Caesarea, die Künstlerkolonie **Ein Hod** 4 (›Quelle der Pracht‹). Man erreicht sie am einfachsten über die Schnellstraße Nr. 4, die eine direkte Abzweigung in den Ort hat. Ein Hod wurde 1953 von dem Maler Marcel Janco gegründet, einem Dadaisten, der mit Hans Arp und anderen in Zürich das Cabaret Voltaire (1916–18) betrieb und dort provokative Geräuschkonzerte, Lautgedichte und Literaturmontagen vorstellte.

Heute arbeiten in Ein Hod Dutzende Künstler, die man in ihren Ateliers und Werkstätten besuchen kann. Es werden Mal- und Töpferkurse angeboten, aber eigentlich dreht sich alles ums Shopping: Keramiken, Holzarbeiten, Ölgemälde, Litografien, Aquarellbilder, Skulpturen, Schmuck, Kleidung etc. – das gesamte Kunsthandwerk ist vertreten. Für die Suche nach Souvenirs empfiehlt sich die **Ein Hod Gallery,** in der man die ganze Palette des örtlichen Schaffens findet (Tel. 04 984 25 48, So, Di–Do 10–17, Fr 10–14, Sa 11–16 Uhr). Schön ist auch die **Silver Print Gallery** am Ein Hod Square, die eine für Israel einzigartige Auswahl an historischen Fotografien bietet (Tel. 04 984 10 67). Die **Beit Gertrude Gallery** gegenüber dem Museum erinnert an eine der Mitbegründerinnen von Ein Hod und zeigt Arbeiten der hiesigen Künstler (tgl. 11–14 Uhr).

Einen Besuch lohnt das **Janco-Dada-Museum,** das dem 1984 verstorbenen Janco gewidmet ist. Hier sind ausschließlich Werke seines 70-jährigen surrealen Schaffens zu sehen (Tel. 04 984 23 50, So–Do 9.30–17, Fr 9.30–14 Uhr, 20 NIS).

Von Ein Hod führt die Schnellstraße Nr. 4 geradewegs ins ca. 15 km entfernte Haifa (s. S. 252). Zuvor empfiehlt sich ein Abstecher über die Straßen Nr. 721 und 672 zu den Drusendörfern auf dem Berg Karmel (s. S. 247).

Im Internet: www.ein-hod.info (aktuelle Infos); www.ein-hod.info/article/map/map.htm (hilfreiche Übersichtskarte).

In Ein Hod gibt es keine großen Hotels, dafür einige nette kleine Unterkünfte.
ArtRest: Artists' Village, Tel. 04 984 15 60, 050 631 00 47, www.tzofit.co.il/sites/artrest. Mini-Designerhotel mitten in der Künstlerkolonie, zwei separate Steinhäuser mit zwei bezaubernden, in weichen Farben gehaltenen Suiten. Rechtzeitige Reservierung nötig. DZ ab 500 NIS.

Dona Rosa: in der Colony, Tel. 04 954 37 77, www.dona-rosa.israel.net, tgl. 12–21 Uhr. 2003 erfüllten sich Don und Dona einen Traum – sie bauten ein altes Haus zum Restaurant um, und zwar genau so, wie es einst bei ihrer Großmutter in Argentinien aussah, die auf der Farm in der Pampa alle bekochte. Das Ergebnis kann sich sehen lassen: ein sehr gutes, rustikales Steakhouse. Ab 70 NIS.
Art Bar: in der Colony, Tel. 04 984 00 71, 052 836 24 98, tgl. 11–15, 21–24 Uhr. Einer der eigenwilligsten Künstler ist Danny – er kreiert sein eigenes Bier, braut es selbst und schenkt es in seiner Bar aus, außerdem gibt es Wein und Softdrinks sowie kleine Speisen. Abends häufig Live-Musik und andere Veranstaltungen, Sa ab 10 Uhr Spiele und Malwettbewerbe für Kinder. Reservierung empfohlen. Ab 40 NIS.

Römisches Amphitheater: Freitagabends häufig Konzerte, das Programm muss vor Ort erfragt werden.
Beit Gertrude Gallery: Gelegentlich Konzerte und Lesungen.

Touren: Lea Ben-Arye, Tel. 04 984 11 26, art@ein-hod.israel.net. Sa und Fei Führungen durch Ein Hod.

Ein Hod erreicht man am besten mit dem Auto. Ca. 2 km vom Zentrum entfernt liegt die Nir-Etsyon-Busstation, die 1–2 x stdl. von Haifa angefahren wird (ca. 20 Min.).

Richtig Reisen-Tipp: Isfiya und Daliyat el Karmel

Karte: S. 242

Weniger als 20 km sind es von der Schnellstraße Nr. 4 auf den Berg Karmel in die beiden Drusendörfer **Isfiya** 5 (7000 Einw.) und **Daliyat el Karmel** 6 (8000 Einw.). Der Weg führt durch Little Switzerland, eine Landschaft, die zum Rasten und Picknicken einlädt.

Die beiden Orte wurden im Jahr 2003 zu einer Gemeinde zusammengefasst und sind auf Tourismus bestens eingestellt. Das Erlebnis ist hier die Begegnung mit den arabisch sprechenden Drusen (s. S. 55), die für ihre Offenheit und Freundlichkeit gegenüber Fremden bekannt sind. Die Männer tragen Schnurrbärte und fezähnliche Kappen, die Frauen Kopftücher.

Isfiya liegt dem höchsten Punkt des Bergrückens am nächsten und hat ebenso wie Daliyat el Karmel einen großen, orientalisch anmutenden Geschäftsbetrieb mit Läden, Cafés sowie Restaurants, die Speisen nach drusischer Art servieren. Beide Orte gehören, man sieht es an den Neubauten, zum weiteren Einzugsgebiet von Haifa. Man findet Geschäfte, die Gewürze und Tand, aber auch Handwerksarbeiten wie geflochtene Körbe verkaufen – außer freitags, das ist hier der wöchentliche Ruhetag.

Samstags öffnet in Daliyat el Karmel der große **Markt.** Entlang der Hauptstraße werden Waren aller Art und typisch drusische Lebensmittel angeboten. Händler offerieren Wein, Oliven, Käse, Restaurants servieren traditionelles Brot, Bäckereien und Süßigkeiten, viele so honigsüß und klebrig wie Baklava. Probieren sollte man, wenn sich die Gelegenheit ergibt, Bhar. Das ist ein Teegetränk aus Ingwer, Muskat, Zimt, Nelken, viel Zucker und Nüssen, das traditionell in den Monaten nach der Geburt eines Kindes im Ort gereicht wird.

Über die Geschichte, Tradition und den Lebensstil der Drusen informiert das kleine **Druse Heritage House** am Marktplatz von Daliyat (Tel. 04 839 32 42, tgl. 9–16 Uhr).

Isfiya und Daliyat sind am besten mit dem eigenen Auto oder einem Sherut-Taxi erreichbar. Von Haifas Central Bus Station verkehrt mehrmals täglich ein Bus hierher.

Der Tradition treu: die Antiquitätenhändler der Drusendörfer

Das höchste Heiligtum der Bahaianhänger und das Wahrzeichen Haifas: der Bahaischrein

Kapitel 3

Haifa und Umgebung

Auf einen Blick: Haifa und Umgebung

Im hohen Norden

Haifa, das sich an einer sichelförmigen Bucht weit über die Hänge des Bergs Karmel erstreckt, blickt auf eine lange Geschichte zurück. Vor 3000 Jahren soll hier der Prophet Elija die heidnischen Baalspriester herausgefordert haben, die dem Gott Moloch huldigten.

Im modernen **Haifa,** Israels drittgrößter Stadt und Zentrum der IT-Industrie, lässt es sich problemlos ein paar Tage aushalten, auch am Shabbat, den man hier nicht extrem streng einhält. Zum Teil mag diese charmante Nachlässigkeit dem Umstand geschuldet sein, dass jüdische und arabische Israelis hier – sicherlich, mit einigen Ausnahmen – friedlich und mit gegenseitigem Respekt zusammenleben. Wo sonst in Israel als hier in Haifa hätte es die erste israelisch-palästinensische Studenten-Wohngemeinschaft geben können?

In Haifa gibt es einiges zu besichtigen: die Höhle des Elija, den wundervollen Bahaischrein oder das Karmeliterkloster, das auf eine Gründung der Kreuzfahrer zurückgeht. Die bezaubernde Hügellage macht Lust auf Streifzüge durch Haifa, wobei man die restaurierte German Colony ansteuern sollte.

Reizvoll ist die Weiterfahrt von Haifa aus an der Küste entlang Richtung Norden. Der Verkehr ist nicht annähernd so dicht und nervend wie zwischen Tel Aviv und Haifa und auch die Strände sind – zumindest unter der Woche – nicht annähernd so frequentiert wie die von Haifa. Es sind gerade einmal 22 km bis nach **Akko** mit seiner mittelalterlichen Altstadt, einem Labyrinth von Gassen und verwinkelten Passagen, orientalischen Märkten und Karawansereien. Dass Akko die ›arabischste‹ Stadt Israels ist, merkt man spätestens am regen Leben in den malerischen Basargas-

sen. Hier ist man unterwegs auf den Spuren der Kreuzritter, der Araber und der Kreuzfahrer, die eine unterirdische Stadt hinterlassen haben.
Den hohen Norden Israels bis zur Grenze zum Libanon kann man von Akko aus bequem im Rahmen einer Tagestour erkunden. **Nahariya** ist ein aufgeräumter Badeort mit Beachclubs und Flaniermeilen fürs Après-Tanning. Durch Wälder steigt die Straße schließlich leicht an und endet nach einem Abstecher zur **Festung Montfort** in **Rosh HaNiqra,** wo rund um die mächtigen Grotten und den Eisenbahntunnel der früheren Strecke Beirut–Haifa–Kairo ein kleines Touristenzentrum samt Gondelbahn entstanden Ist. Rosh HaNiqra ist der Grenzort zum Libanon – hier geht's nicht mehr weiter, zumindest nicht auf friedlichem Weg.

Highlights

5 **Haifa:** Israels drittgrößte Stadt liegt wunderschön zwischen der gleichnamigen sichelförmigen Bucht am Mittelmeer und dem grünen Berg Karmel, eine Stadt mit großer Geschichte (s. S. 252).

6 **Akko:** Die Stadt verzaubert mit ihrem historischen Kern und versetzt Besucher zurück in die Zeit der Kreuzritter (s. S. 264).

Empfehlenswerte Route

Von Akko zur libanesischen Grenze: Natürlich fährt man hier nur, wenn die Hisbollah nicht gerade verstärkt Katjushas über die Grenze schießt. Nach Abstechern in den Kibbuz Lohamei HaGetaot und den Badeort Nahariya erreicht man Israels nördliches Ende, Rosh HaNiqra an der Grenze zum Libanon, von Weitem erkennbar an den hell leuchtenden Kalksteinklippen (s. S. 270).

Reise- und Zeitplanung

Für Haifa sollte man sich zwei bis drei Tage Zeit nehmen. An einem langen Ausflugstag kann man es – zumindest mit dem eigenen Auto – mühelos über Akko bis nach Rosh Haniqra und zurück schaffen, wobei eine Übernachtung im mittelalterlichen Akko durchaus ein Erlebnis ist. Die Zug- und Busverbindungen auf der Strecke sind gut.

Richtig Reisen-Tipps

Haifa Museum of Art: Haifas Kunstmuseum, unter dessen Namen verschiedene Sammlungen firmieren, umfasst über 7500 Werke internationaler Künstler, darunter Max Liebermann, Marc Chagall, Salvador Dalí und Käthe Kollwitz. Hochinteressant ist auch das New Media Center, das sich eingehend mit Videokunst auseinandersetzt (s. S. 256).

Zu Fuß durch French Carmel: Dieser schöne Spaziergang durch einen Teil von Haifa führt zum Skulpturengarten Mitzpor Ha-Shalom mit 22 Bronzeskulpturen, zum wundervollen Bahaischrein, dem höchsten Heiligtum dieser islamischen Religionsgemeinschaft, zum expressionistischen Mané-Katz-Museum und zu Felix Tikotins Sammlung japanischer Kunst (s. S. 260).

Akkos Kreuzfahrerstadt: Es ist, als hätten Filmausstatter eine mittelalterliche Kulisse aufgebaut – die alte Kreuzfahrerstadt der Ritter des Heiligen Johannes liegt heute 8 m unter der Erde und beherbergt u. a. einen beeindruckenden Speisesaal (s. S. 266).

Kibbuz Lohamei HaGetaot: Nördlich von Akko gründeten Überlebende des Warschauer Ghettos den Kibbuz Lohamei HaGetaot, nach Jerusalems Yad Vashem die zweitwichtigste Holocaust-Gedenkstätte im Land. Eine bleibende Erinnerung hinterlässt der Besuch von Yad La Yeled, das als Lehr- und Geschichtsmuseum für Kinder gedacht ist, aber ebenso Erwachsene anspricht (s. S. 271).

5 Haifa

Cityplan
S. 254

Haifa ist schlichtweg bezaubernd. Man ist nicht so nervös religiös wie in Jerusalem und jagt nicht besessen jedem neuen Trend hinterher wie in Tel Aviv. In dieser angenehmen Atmosphäre erkundet man das Karmeliterkloster, die Höhle des Elija, den Bahaischrein und genießt schöne Strände, ehe es in den Norden Israels weitergeht.

Reiseatlas: S. 3, B 1/2

Haifa wird von vielen als die schönste Stadt Israels betrachtet. Wie sie da liegt, an der weiten Mittelmeerbucht mit Hafen, Promenaden und Stränden, wie von der Küste die Straßen und Gassen in einem undurchschaubaren System von Biegungen, Kurven und Schleifen auf den Bergrücken des Karmel führen – das ist fast so schön wie gemalt. Und erst der Ausblick vom Karmel über Stadt, Bucht und Meer!

Bekannt ist Haifa auch für die friedliche Koexistenz der hier lebenden Juden und Araber (immerhin ein Viertel der Bevölkerung, Muslime wie Christen), die in Haifa nicht in getrennten Vierteln leben, sondern Haus an Haus, Tür an Tür. Viele sagen, die Harmonie liege darin begründet, dass weder Moses noch Jesus oder Mohammed je hier waren. Aber auch in dieser Stadt geht es nicht nur idyllisch zu, der äußere Schein trügt manchmal: Als 1999 die aus Haifa stammende arabische Israelin Rana Raslan zur Miss Israel gekürt wurde, da heulten auch hier die Nationalisten auf. Eine Araberin, wenngleich mit israelischem Pass, könne doch nicht das

Juden und Araber leben in Haifa in manchmal angespannt-friedlicher Nachbarschaft

Land repräsentieren. Und die Araber zürnten, die junge Frau lasse sich von Israel vor den Propagandakarren spannen.

Die Universität ist so etwas wie das Stimmungsbarometer, wenn es um den jüdisch-arabischen Konflikt geht. Lange bevor im übrigen Land die hitzige Debatte um die Rolle der israelischen Araber stattfand, gab es hier 2001 Unruhen, forderten jüdische Studenten israelische Araber auf, doch in Palästina zu studieren, weil arabische Kommilitonen u. a. endlich auch Unterricht in Arabisch forderten. Damit begann eine landesweite Debatte um eine neue, nicht mehr allein jüdisch geprägte Leitkultur und einen adäquaten Status für Araber mit israelischem Pass. Viele glauben, dass Haifa mit seiner langen Geschichte gegenseitiger Toleranz ein Modell für ein modernes Israel werden könnte.

Haifa, mit 270 000 Einwohnern nach Tel Aviv und Jerusalem die drittgrößte Stadt des Landes, ist durch seinen Hafen Israels Tor zur Welt. 90 % der Im- und Exporte werden hier abgewickelt. Sollte irgendwann ein stabiler Frieden in der Region herrschen, dann könnte dieser Hafen auch zu einem wichtigen Umschlagplatz für Jordanien werden, so zumindest lauten die derzeit in den Schubladen verstauten Pläne. Anstatt den zeit- und kostenintensiven Weg durch den Suezkanal nach Aqaba (Jordanien) am Roten Meer zu nehmen, würden die Waren auf dem Landweg in Israels benachbartes Königreich transportiert.

In Haifa befinden sich die Hauptverwaltungen der israelischen Marine, der Eisenbahngesellschaft und der Staatlichen Elektrizitätsversorgung. Das Technion, die Technische Universität, gilt als beste des Landes. Und Haifa ist die einzige Stadt Israels, in der am Shabbat alle öffentlichen Verkehrsmittel fahren.

Mit dem Autor unterwegs

Interaktives Technikmuseum

Ein Erlebnis für die gesamte Familie, gerade auch für Kinder, ist das **National Museum of Science, Technology and Space.** Ob Chemie, Astronomie oder IT – interaktiv heißt hier das Zauberwort. Über 200 Puzzles, Spiele und Experimente zum Selbermachen geleiten durch die Ausstellung (s. S. 257).

Luftige Fahrt

Ob aus Bequemlichkeit oder wegen der Aussicht – eine Fahrt mit der **Stella-Maris-Seilbahn** auf den Berg Karmel ist eine feine Sache (s. S. 258).

Bad im Meer

Ruhige Plätzchen sind an Haifas Stränden knapp. Für einen Sonnentag am ehesten zu empfehlen sind im Süden des Zentrums der **Carmel Beach** und der **Dado Beach,** beide ausgestattet mit Restaurants, Duschen und Toiletten (s. S. 263).

Kombiticket für Museen

Unter dem Namen Haifa-Museen wurden das Haifa City Museum, das Haifa Museum of Art, das Tikotin Museum und das National Maritime Museum unter einer Verwaltung zusammengefasst. Wer auch nur zwei dieser Museen besuchen will, für den lohnt sich das günstige **Combined Haifa Museums Ticket** für 45 NIS. Infos unter www.hma.org.il.

Orientierung

Der Großraum Haifa dehnt sich im Norden fast bis Akko aus. Haifa selbst, eine angenehme Stadt mit großzügigen Grünflächen und Parkanlagen, unterteilt sich in die Küstenansiedlung **Shiqmona,** das herrschaftliche Viertel **Hadar** und das noble **Carmel Center** auf dem Berg Karmel, wo die Luxushotels und Villen liegen.

Stadtgeschichte

Bereits zur Bronzezeit existierte, wie Funde belegen, ein erster Hafen. Zur Zeit des Ersten Tempels, den Salomo ca. 1000 v. Chr. in Jerusalem errichtete, gab es südlich des heu-

Haifa: Cityplan

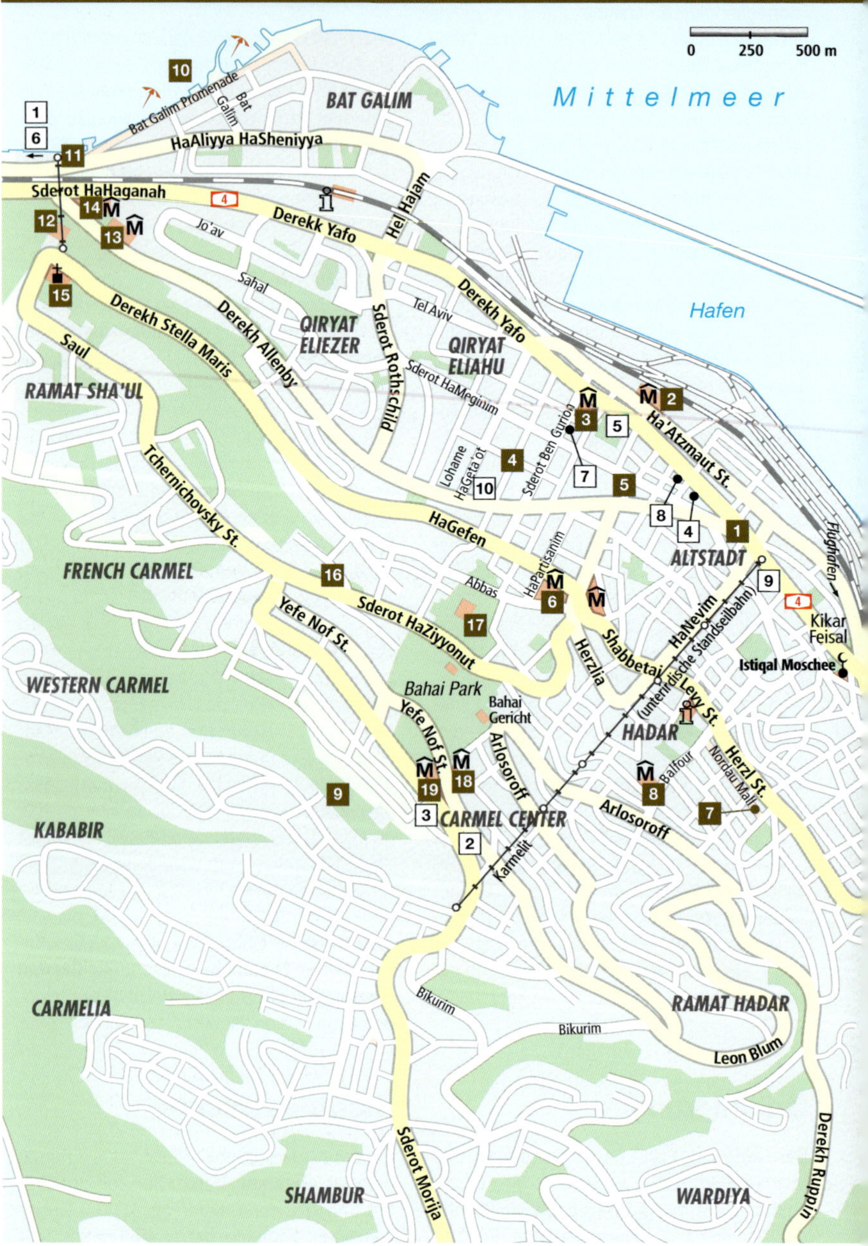

Sehenswürdigkeiten

1 Paris Square
2 Dagonsilo
3 Haifa City Museum
4 German Colony
5 Wadi Nisnas
6 Haifa Museum of Art
7 Nordau Mall
8 National Museum of Science, Technology and Space
9 Gan Ha'Em
10 Galim Beach
11 Stella-Maris-Seilbahn
12 Höhle des Elija
13 National Maritime Museum
14 Clandestine Immigration and Navy Museum
15 Karmeliterkloster
16 Skulpturengarten Mitzpor Ha-Shalom
17 Bahaischrein
18 Mané-Katz-Museum
19 Tikotin Museum der japanischen Kunst

Übernachten

1 Le Meridien
2 *Dan Panorama*
3 Beth Shalom Carmel
4 Port Inn Guest House
5 St. Charles Hospice
6 Carmel Hill Youth Hostel

Essen und Trinken

7 Hashmura 1872
8 Jacko's Sea Food
9 Abou Youssef
10 Fattoush

tigen Haifa einfache Siedlungen. Über die Herkunft des Namens Haifa kursieren zwei Erklärungen: Die einen halten es für eine Ableitung von *hof jefe,* ›schöner Strand‹, die anderen sind der Meinung, es sei nach dem Hohepriester Kaiphas bzw. Caifa benannt.

In der Bibel wird Haifa zwar nicht erwähnt, wohl aber die Region um den Berg Karmel. Hier soll der Prophet Elija vor ungefähr 3000 Jahren die heidnischen Baalspriester, die dem Gott Moloch dienten, herausgefordert haben. Ehe die Stadt von Arabern im 7. Jh. teilweise niedergebrannt wurde, hatte sie griechische, römische und byzantinische Eroberer und Besatzer gesehen, die den Vorteil der Hafenlage ausnutzten. Während der Invasion der Kreuzfahrer wurde Haifa im Jahr 1100 gestürmt und alle Nicht-Christen wurden ermordet. Als Haifa gegen Ende des 18. Jh. wieder einmal zerstört worden war – diesmal, um nicht den Türken in die Hände zu fallen –, baute man es danach erneut auf und schuf die Anfänge der heutigen Stadt.

Haifas Blüte setzte 1904 mit der Eröffnung der Eisenbahnlinie Damaskus–Haifa–Kairo ein. Zudem nahmen der über den Hafen abgewickelte Waren- und Personenverkehr konstant zu. Die britischen Mandatsherren erweiterten nach dem Ersten Weltkrieg den Hafen zu ihrem eigenen Marinezentrum. Auch die nach Israel emigrierenden Juden ließen sich bevorzugt in Haifa nieder, nicht ganz ohne Einfluss durch Theodor Herzl (s. S. 186), der Haifa die »Stadt der Zukunft« genannt hatte.

Die Einwohnerzahl stieg sprunghaft an. 1914 zählte man rund 20 000, 1931 bereits 50 000 und 1948 über 150 000 Menschen. Für die vor den Nationalsozialisten flüchtenden Juden symbolisierte die Hafenstadt, durch die die meisten Eretz Israel betraten, die Rettung und das Tor zur Freiheit.

2006 wurde Haifa während des Libanonangriffs erstmals von Katjusha-Raketen der Hisbollah getroffen, Dutzende Menschen erlitten Verletzungen. Wirtschaftlich rangiert Haifa im israelischen Spitzenfeld. Petrochemische Industrie, Computer- und Baufirmen sowie an vorderster Linie der Hafen stehen für einen breiten Wohlstand. Die Hightech-Branche genießt weltweit einen exzellenten Ruf – womit bewiesen wäre, dass das israelische Sprichwort doch nicht ganz falsch ist: »In Jerusalem beten, in Tel Aviv feiern und in Haifa, da arbeiten sie.«

Paris Square und Umgebung

Cityplan: S. 254; **Reiseatlas:** S. 3, B 1
Als Ausgangspunkt für einen Stadtbummel bietet sich der **Paris Square** 1 (Kikar Paris) an, die Talstation der 1,8 km langen unterirdischen Standseilbahn. Die Metro, mit sechs Haltestellen die kürzeste U-Bahn der Welt, überwindet einen Höhenunterschied von immerhin 275 m und endet am Gan Ha'Em, dem ›Garten der Mütter‹ (s. S. 258).

Zum Meer hin erreicht man zu Fuß die Promenade, die **Haazamut Avenue,** wo Seeleute und Passagiere von Kreuzfahrtschiffen die Zeit verbringen. Flaniert man hier knapp 1 km Richtung Westen, erreicht man den weit in den Himmel ragenden Dagonsilo.

Dagonsilo und Getreidemuseum

Der in seiner Art einzigartige **Dagonsilo** 2 am Plummer Square ist der einzige Getreidesilo der Welt mit einem eigenen **Getreidemuseum.** Am Fuß des 68 m hohen Turms, der in der Skyline nicht zu übersehen ist, wird die 4000-jährige Geschichte des Getreides erzählt: Anbau, Ernte, Lagerung, Verarbeitung. Die Sammlung gibt mit ihren unzähligen Exponaten – u. a. antike Tongefäße, 4000 Jahre altes Korn, Silomodelle, Münzdarstellungen von Fruchtbarkeitsgöttinnen, Figurinen von Müllern, Brotmarken – einen wohl lückenlosen Überblick über dieses menschliche Grundnahrungsmittel. Das Museum ist nur im Rahmen von Führungen zugänglich (Tel. 04 866 42 21, So–Fr 10.30).

Haifa City Museum

Vom Silo geht man südwestlich über die Jaffa Road und erreicht das im Jahr 2000 in einer ehemaligen Gemeindeschule des Templerordens eröffnete **Haifa City Museum** 3, das aktuelle Ausstellungen örtlicher Künstler zeigt. Wer sich für zeitgenössische israelische Malerei interessiert, kann hier allerlei Buntes bestaunen (11 Ben Gurion Ave., Tel. 04 851 20 30, www.hma.org.il, Mo–Mi 10–16, Do 16–21, Fr 10–13, Sa 10–15 Uhr, 20 NIS)

German Colony

Die **German Colony** 4 (HaMoshava HaGer-

Richtig Reisen-Tipp: Haifa Museum of Art

Etwas oberhalb des Viertels Wadi Nisnas, einen knappen Kilometer entfernt, liegt das **Haifa Museum of Art** 6. Die Sammlung umfasst über 7500 Werke internationaler Künstler wie Max Liebermann, Diego Rivera, Marc Chagall, Salvador Dalí, Käthe Kollwitz oder Chana Orloff. Zu sehen sind Skulpturen, Gemälde, Zeichnungen, Stiche, Radierungen. Eine Übersicht widmet sich der israelischen Kunst im Allgemeinen sowie Künstlern aus Haifa und dem Norden im Besonderen.

Mit Hunderten Werken besitzt das Museum eine Sammlung an Radierungen und Lithografien des in Berlin geborenen, 1923 nach Palästina ausgewanderten und 1944 in Haifa verstorbenen Hermann Struck. Nicht nur bei jüngerem Publikum kommt Videostoria hervorragend an, das New Media Center, das sich eingehend mit Videokunst auseinandersetzt. Dass man in dieser Sammlung Stunden verbringen kann, liegt auch daran, dass die Kuratoren mit unglaublichem Elan den laufenden Betrieb mit Wechselausstellungen anreichern und aktuelle Themen aufgreifen, z. B. die Geschichte der Gewalt (26 Shabbetai Levi St., Tel. 04 852 32 55, www.hma.org.il, Mo–Mi 10–16, Do 16–21, Fr 10–13, Sa 10–15 Uhr, 29 NIS).

Die Parks auf dem Karmel sind Freiluftklassenzimmer für allerlei Aktivitäten, beispielsweise für Joga mit Klangschalen

manit) ist ein hübsches Viertel, das so heißt, seit sich im 19. Jh. Templer aus Süddeutschland hier niederließen. Das Gebiet um den Boulevard Ben Gurion ließ man jahrzehntelang leider systematisch verfallen, doch dann begannen Haifas Stadtplaner mit der Wiederbelebung und Restaurierung. Seither haben Dutzende Cafés, Bars und Restaurants eröffnet, hat die Szene die Colony entdeckt. Die Wohngegend gilt heute als begehrt.

Wadi Nisnas

Südöstlich des Haifa City Museum kann man durch das Viertel **Wadi Nisnas** 5 streifen, das sich bis zum Hafen zieht. Christliche und arabische Händler leben und arbeiten hier in traditionell guter Nachbarschaft. In den Gassen und Straßen hängt der Duft von Parfums und Gewürzen. Dies ist eine sehr lebendige Ecke von Haifa, die zum ziellosen Erkunden einlädt. Was die Architektur angeht, so haben hier Baumeister der Templer ebenso ihre Handschrift hinterlassen wie deren osmanische Kollegen.

Hadar-Viertel

Cityplan: S. 254; **Reiseatlas:** S. 3, B 1
Östlich der Metrolinie liegt beiderseits der Herzl Street das alte Geschäftsviertel **Hadar,** in dem sich jüngst wieder verstärkt Bars und Cafés angesiedelt haben. Nett ist die **Nordau Mall** 7**,** eine Fußgängerzone, in der man noch ein wenig vom Flair jener Zeit spürt, als noch keine Shopping Malls auf der grünen Wiese den Händlern das Leben schwer machten.

Ein paar Gehminuten südöstlich davon erreicht man das **National Museum of Science, Technology and Space** 8**,** das in einem schönen Gebäude des Technions untergebracht ist. Dieses interaktive Museum ist ein Ziel für die ganze Familie, ein Spaß v. a. auch für die Jüngeren. Anhand von Puzzles, Spielen und Experimenten wird man in die Welt der Chemie, Astronomie und Computer eingeführt (12 Balfour St., Old Technion Campus, Tel. 04 862 81 11, www.netvision.net.il/~sci_muse, So, Mo, Mi/Do 9–16, Di 9–19.30, Fr 10–15, Sa 10–17 Uhr, 30 NIS).

Vom Museum nimmt man entweder die Metro oder folgt der Balfour Street bergauf, um an der Karmel-Bergstation der Standseilbahn den ›Garten der Mütter‹, **Gan Ha'Em 9**, zu besuchen. Hier zeigen im Sommer Artisten ihr Können, es spielen Straßenmusiker und man selbst liegt auf dem Rasen und entspannt sich.

Von Bat Galim auf den Karmel

Cityplan: S. 254; **Reiseatlas:** S. 3, B 1
Westlich des Hafens findet man das Viertel **Bat Galim.** Unterhalb der Promenade erstreckt sich der **Galim Beach 10**, eine gute Ecke zum Kitesurfen, und westlich davon liegt die Talstation der **Stella-Maris-Seilbahn 11**, die den Weg auf den Berg Karmel angenehm erleichtert. Aus den Kugelkabinen mit getöntem Glas genießt man einen sehr schönen Blick über die Stadt und das Meer (Sa–Do 10–17.30, Fr 10–13.45 Uhr, 15 NIS einfach, 22 NIS hin und zurück).

Der **Karmel** ist ein etwa 20 km langer, bis 546 m hoher Bergrücken, der die Bucht von Haifa im Südwesten begrenzt. Wegen seiner Schönheit fand er sogar in der Bibel Eingang und schon vor 125 000 Jahren war er von Zeitgenossen der Neandertaler bewohnt. Seit Menschengedenken ist der Karmel ein heiliger Bergrücken für Götzen und Götter.

An der Endstation der Karmelit-Bahn bzw. Metro starten vier nette und gut ausgeschilderte Spazierwege: gelbe Route (Bahaischrein, Germany Colony), rote Route (Haifa Museum, Wadi Nisnas), blaue Route (zum Kikar Paris), grüne Route (zur Nordau Mall).

Höhle des Elija

Einen Steinwurf entfernt von der Talstation der Seilbahn liegt die Schule des Propheten Elija, in der er seinen Jüngern gepredigt haben soll. Bei der **Höhle des Elija 12** handelt es sich um eine natürliche Höhle, zu der auch Muslime pilgern, da der Islam Elija als Propheten anerkennt. Zum Meditieren soll sich hier auch schon der griechische Philosoph Pythagoras zurückgezogen haben. Die Höhle ist ein heiliger Platz für Juden, Muslime, Christen und Drusen (230 Allenby Rd., Tel. 04 852 74 30, April–Sept. So–Do 8–16, Fr 8–13, Okt.–März So–Do 8–17, Fr 8–13 Uhr, eine Spende wird erbeten).

National Maritime Museum

Ein paar Schritte entfernt lädt das **National Maritime Museum 13** zu einem Besuch ein.

Galim Beach – Badespaß mitten in der Stadt

5000 Jahre Seefahrtsgeschichte, insbesondere des Mittelmeerraums, dokumentiert diese Sammlung anhand von Modellen berühmter Schiffe, von Ankern, nautischen Geräten, Seekarten der letzten 600 Jahre und Architekturmodellen von Ölbohrinseln. Besonders schön ist die kleine, 3500 Jahre alte ägyptische Holzfigur einer Schwimmerin. Jeweils aktuell wird das Museum um Funde von Unterwasserarchäologen erweitert, die vor Israels Küsten zugange sind und dort gelegentlich gesunkene Schiffe, Münzen und Statuen finden.

Dem Museum angegliedert wurde die früher im Haifa-Museum untergebrachte **archäologische und ethnografische Sammlung.** Sie präsentiert Totenbretter aus der ägyptischen Oase Fayoum, koptische Textildrucke, griechische Marmorstatuen und Bodenmosaike (6. Jh.) aus Shiqmona südlich von

Haifa. Die Kunst ab dem 18. Jh. umfasst Grafik, Fotografie und Malerei. Die kleine Musik- und Ethnografieabteilung zeigt Nachbauten von biblischen Instrumenten, Werkzeuge sowie Kleidung, wie sie in der Diaspora, aber auch von Drusen getragen wurde (198 Allenby Rd., Tel. 04 853 66 22, www.hma.org.il, Mo–Mi 10–16, Do 16–21, Fr 10–13, Sa 10–15 Uhr, 29 NIS).

Clandestine Immigration and Navy Museum

Keinesfalls auslassen sollte man das **Clandestine Immigration and Navy Museum 14** wenige Häuser weiter. Das Museum der heimlichen Einwanderung und der Seeflotte vermittelt einen beeindruckenden Einblick in die Geschichte der jüdischen Immigration. Von der nationalsozialistischen Zeit in

Richtig Reisen-Tipp: Zu Fuß durch French Carmel

Ein schöner Spaziergang führt vom Karmeliterkloster (s. S. 261) über die Shaul Tchernichovsky Street und den HaZiyyonut Boulevard durch das noble Viertel **French Carmel.**

Erster Stopp ist der **Skulpturengarten Mitzpor Ha-Shalom 16** (Peace View Park), in dem 22 Bronzeskulpturen der Bildhauerin Usula Malbin die Rasenflächen zieren (HaZiyyonut Blvd., gegenüber Hausnummer 135, Eintritt frei).

Unweit von hier erhebt sich am Haum Boulevard der **Bahaischrein 17.** Inmitten eines wunderschönen persischen Parks mit Pinien und Zypressen liegt hier das höchste Heiligtum der Bahaianhänger und das Wahrzeichen Haifas: das von einer Goldkuppel gekrönte Mausoleum des Bab, Vater und Märtyrer dieser Religion. Sajied Ali Mohammed, genannt Bab (›die Pforte‹), verkündete 1844 im südpersischen Shiraz die baldige Erscheinung des von den Menschen sehnlich erwarteten Boten Gottes und bot sich an, die Menschheit darauf vorzubereiten. Damit beleidigte der Bab nach dem Verständnis seiner Zeitgenossen den Islam zutiefst und wurde öffentlich erschossen. Die Anhänger werden bis heute im Iran verfolgt. Aber der Babismus war geboren, von dem sich später die Bahaisten abspalteten. Denn zu dem von Bab angekündigten Boten proklamierte sich sein Anhänger Husseini Ali, der sich Baha Ullah (›Ruhm Gottes‹) nannte, 1863 in Bagdad namentlich den Bahaismus ausrief und 1892 bei Akko starb, wo sich auch sein Grab befindet. Der 1953 fertiggestellte Schrein vereinigt europäische Architekturelemente mit orientalisch inspiriertem Dekor. Das Mausoleum ist aus weißem Marmor und rosafarbenem Granit erbaut. Es ist reich geschmückt mit Silberkandelabern, Perserteppichen und Kristalllüstern. In einem abgetrennten Raum ruht der Bab. Die beiden neoklassizistischen Nebengebäude beherbergen das Bahaiarchiv und das oberste Bahaigericht.

Parallel zum HaZiyyonut Boulevard verläuft nahe dem Dan Carmel und dem Dan Panorama Hotel südöstlich die Jefe Nof Road. Das Haus mit der Nummer 89 beherbergt das **Mané-Katz-Museum 18.** Der Expressionist Mané Katz hinterließ der Stadt Haifa bei seinem Tod 1962 nicht nur Hunderte eigener Bilder, Zeichnungen und Skulpturen, sondern auch eine sehenswerte Judaika-Sammlung, die er mit viel Liebe aus der ganzen Welt zusammengetragen hat. Das Museum beherbergt außerdem sehr gute Wanderausstellungen (Tel. 04 838 34 82, So, Mo, Mi/Do 10–16, Di 14–16, Fr 10–13, Sa 10–14 Uhr, Wanderausstellungen 15 NIS, sonst frei).

Eine Parallelstraße weiter etablierte der holländisch-jüdische Antiquitätensammler Felix Tikotin 1957 das **Tikotin Museum der japanischen Kunst 19.** Nach japanischer Tradition wechseln die Ausstellungen von Ton- und Holzarbeiten, Seidenmalerei, Metallskulpturen und Porzellan aus verschiedenen Epochen mit dem Beginn der Jahreszeiten (89 Hanassi Ave., Tel. 04 838 35 54, www.hma.org.il, Mo–Mi 10–16, Do 16–21, Fr 10–13, Sa 10–15 Uhr, 29 NIS).

Deutschland bis zur Gründung des Staats Israel erreichten ungefähr 130 000 Juden Haifa auf illegalem Weg, weil die Briten jede Immigration untersagt hatten, um den arabisch-jüdischen Konflikt nicht weiter eskalieren zu sehen. Eine große Karte zeichnet die Wege der europäischen Juden nach. Dokumente und Fotos lassen das Ausmaß der Flucht sichtbar werden. Fotowände zeigen das Schiff Exodus, das von den Briten zwölf Meilen vor Palästina abgefangen, beschossen und in den Hafen Haifas geschleppt wurde, wo die 4500 Passagiere auf ein anderes Schiff gebracht und nach Deutschland zurückgeschickt wurden. Herzstück des Museums ist das Schiff Afalpichen (›trotzdem‹), das man vom Dach des Museums aus betreten und besichtigen kann (204 Allenby Rd., Tel. 04 853 62 49, www.amutayam.org.il, So–Do 8.30–16 Uhr, 23 NIS).

Karmeliterkloster

Über Treppen oder per Seilbahn erreicht man das oberhalb der Stadt an der Stella Maris Road liegende **Karmeliterkloster 15**, das vermutlich auf byzantinischen Ruinen und einer Einsiedelei aus der Kreuzfahrerzeit errichtet wurde. 1821 hatte der osmanische Pascha Abdullah von Akko die Gebäude als Steinbruch für den Bau seiner Residenz benutzt. 1836 wurde das Kloster eingeweiht.

Die Geschichte des Ordens begann im 12. Jh., als sich hier Kreuzfahrer niederließen, die sich einzig der Askese und dem Beten widmeten und den Ort den Propheten Elija und Elischa weihten. Anfang des 13. Jh. wurden die Regeln der Karmeliter vom Patriarchen Alberto da Vercelli kodifiziert.

Eine wundervolle Kuppel, zum Teil geschmückt mit Darstellungen aus dem Leben der Propheten Elija und Elischa, überfängt die griechische, innen großzügig mit Marmor verkleidete Basilika. Eine der Fresken zeigt Elija, der auf einem brennenden Wagen in den Himmel auffährt. Andere Malereien stellen Ezechiel, David und die Heilige Familie dar. Den Hochaltar schmückt eine Zedernholzskulptur der Madonna mit Kind, die aus zwei Teilen gefertigt ist: Der Körper kommt aus dem Libanon, der Kopf aus Genua. Unter dem Chor der Basilika betritt man die Grotte des Elija. Nach christlicher Tradition fand die heilige Familie hier nach der Rückkehr aus Ägypten Zuflucht. Der Ausblick über Haifa und die Bucht ist von hier oben wundervoll.

Haifa Tourist Board: 48 Ben Gurion Ave., Tel. 04 853 56 06, Fax 04 853 56 10, www.tour-haifa.co.il u. www.haifa.muni.il, So–Do 9–17, Fr 9–13, Sa 10–15 Uhr.

Le Meridien 1: 10 David Elazar, Tel. 04 850 88 88, 850 02 22, www.fattal.co.il. Es muss die Lage direkt am Meer und der eigene wundervolle Strand sein, für die man hier so viel bezahlt, die Zimmer rechtfertigen den Preis nicht. DZ ab 900 NIS.
Dan Panorama 2: 107 HaNassi Blvd., Tel. 04 835 22 22, Fax 04 835 22 35, www.danhotels.com. Die beiden Zwillingstürme dominieren den gesamten Karmel, doch leider können die etwas lieblos möblierten Zimmer nicht mit der fantastischen Aussicht mithalten. DZ ab 750 NIS.
Beth Shalom Carmel 3: 110 HaNassi Blvd., Tel. 04 837 34 80, Fax 04 837 24 43, www.beth-shalom.co.il. Einfache, aber sehr ordentliche und saubere Zimmer. Man wohnt 250 m über Haifa auf dem Berg Karmel und genießt einen Blick übers Meer und weit ins Land hinein. Das Hotel wurde von Schweizer Christen gegründet und wird heute von den Schweizern Fredi und Beate Winkler-Malgo geleitet, die gerne bei der Planung von Ausflügen und Rundreisen helfen. Überwiegend steigen hier religiös inspirierte Reisegruppen ab. DZ ab 350 NIS.
Port Inn Guest House 4: 34 Jaffa Rd., Tel. 04 852 44 01, Fax 04 852 10 03, www.portinn.co.il. Zentral nahe dem Hafen und dem Paris Square im Finanzdistrikt gelegen, günstig und obendrein wirklich gut. Die renovierten Zimmer und Schlafsäle sind einfach, aber mit Liebe und Mut zur Farbe gestaltet. Man trifft hier gesprächsfreudige Reisende, kann selbst kochen und waschen und für wenig Geld im Internet surfen. Zum Strand sind es zwei Haltestellen per Bus. DZ ab 250 NIS.

St. Charles Hospice 5: 105 Jaffa Rd., Tel. 04 855 37 05, Fax 04 851 49 19. Von Nonnen geführtes gutes Hospiz, das zum lateinischen Patriarchen gehört. Besonders nett ist der kleine Garten, die Zimmer sind einfach, aber nicht ungemütlich. DZ ab 150 NIS.
Carmel Hill Youth Hostel 6: 18 Rehov Tzvia Veltzhak, Tel. 04 853 19 44, Fax 04 853 25 16, Haifa@jvha.org.il. Etwas abgelegen, aber gepflegt. DZ ab 90 NIS.

In Haifa kann man gut essen. Restaurants mit abwechslungsreicher Küche findet man am **Ben Gurion Boulevard.**
Hashmura 1872 7: 15 Ben Gurion Blvd., Tel. 04 834 38 88, 04 855 18 72, www.hashmura.co.il, tgl. 12–24 Uhr. Französisch orientierte Küche in einem ehemaligen, 1872 erbauten Gebäude der Templer. Das Restaurant gilt als eines der besten Haifas, hervorragend sind die Fleisch-, insbesondere die Lammgerichte. Ab 100 NIS.
Jacko's Sea Food 8: 12 Hadekalim St., Tel. 04 866 88 13, So–Fr 12–23, Sa 12–18 Uhr. Das Lokal liegt im arabischen Markt, die Shrimps sind ebenso lecker wie die Calamari und der gegrillte frische Fisch. Ab 80 NIS.
Abou Youssef 9: 1 HaMeginim St., Tel. 04 866 37 23, tgl. 12–24 Uhr. Alteingesessenes orientalisches Restaurant, zu empfehlen sind die Vorspeisen, und wer danach noch Hunger hat: Es gibt Herz, Huhn, Fleisch, alles gegrillt. Ab 60 NIS.
Fattoush 10: 38 Ben Gurion Blvd., Tel. 04 852 49 30, tgl. 9–2 Uhr. Man muss nicht unbedingt auf der Terrasse zur Fußgängerzone hin essen, das lenkt nur ab von dem guten arabischen Essen (libanesische Vorspeisen, Gegrilltes etc.). Drinnen speist man in einem altmodischen Raum im arabischen Stil mit vielen Teppichen. Auch Tee, Kaffee, schwarz wie die Nacht, und Wasserpfeife. Ab 50 NIS.

Nordau Street und **Herzl Street** gelten als die klassischen Einkaufsmeilen, haben aber an Klasse verloren. Auch in Haifa sind die Malls auf dem Vormarsch.
Panorama Center: 109 HaNassi Blvd., Tel. 04 837 50 11, So–Do 9–20, Fr 9–14 Uhr. Etliche der besten Modedesigner Israels haben hier Läden, darunter Dorin Frankfort.
Grand Canyon Mall: Simcha Golan Rd., Neve Shaanan, Tel. 04 812 11 11, So–Do 10–22, Fr 10–15, Sa Shabbatende bis 22.30 Uhr. Mit über 150 Shops das größte Einkaufszentrum Israels.
Castra Art, Recreation and Shopping Centre: 4 Moshe Fliman St., im Süden von Haifa, Tel. 04 859 00 00, So–Do 10–22, Fr 10–15, Sa Shabbatende bis 22 Uhr. Kunsthandwerk, Schmuck und Designerware. Sehenswert in der Mall ist das angeblich weltweit größte Gemälde aus bemalten Keramikkacheln des österreichisch-israelischen Künstlers Eric Brauer mit Szenen aus dem Alten Testament.

Haifa hat eine kleine, aber sehr aktive Nachtszene.
Haoman: 15 Abarbanel St., Ableger der Top-Clubs in Jerusalem und Tel Aviv.
Luna: HaPalyam Ave., Do/Fr ab 24 Uhr, ab 100 NIS. Haifas Clubber trinken an fünf Tresen und tanzen auf drei Tanzflächen (jede mit eigenem DJ) in einem an eine Festung erinnernden Gebäude.
Gobi Dance Bar: 115 Yaffe Nof St., Tel. 04 812 38 01, Mi–Sa ab 23 Uhr, ab 90 NIS. Eine der ältesten Tanzbars von Haifa mit tollem Blick auf die Stadt und das Meer.
Natanson Dance Bar: 10 Natanson St., Mi/Do, Sa, ab 70 NIS. Das Salsafieber ist auch in Israel ungebrochen – wer's lernen will oder schon kann, geht ins Natason.

Haifa Auditorium: HaNassi Blvd., Tel. 04 860 05 00. Größter und wichtigster Aufführungsort Haifas für klassische Konzerte, Tanz, Folklore sowie viele andere Veranstaltungen und Ausstellungen.
Haifa Cinémathèque: 140 HaNassi Blvd., im James de Rothshild Cultural and Community Center, Tel. 04 810 42 99, www.ethos.co.il/cinema. Tgl. mehrere Filme, viele in Englisch oder mit englischen Untertiteln. Das Spektrum reicht von Avantgarde über Independent bis zu Retrospektiven und aktuellen Streifen.
Haifa Film Festival (Sept./Okt., www.haifaff.co.il). Während Sukkot trifft sich das nah-

Haifas zweite Etage: Vom Berg Karmel genießt man eine tolle Aussicht auf die Stadt

östliche Filmvolk, gezeigt werden zwischen 120 und 170 Streifen aus allen Bereichen. Tickets kosten ab 40 NIS.

Baden und Wassersport: Mit dem Hashaket Beach beginnt am Hafen das Gebiet der Strände, die sich gen Süden ziehen. Als Faustregel gilt: Je ruhiger man es mag, umso weiter muss man nach Süden fahren. Sehr schön sind der Dado Beach mit Restaurants, pingelig sauberen Duschen und Toiletten sowie der Carmel Beach.

Wandern: Carmel Field School, 18 Hillel St., Tel. 04 866 41 56, www.aspni.org. Tipps und Karten für Naturwanderungen rund um Haifa sowie geführte Touren in die Carmel Mountains, u. a. nach Kababir (3 Std. einfach) und zu den Ahuza-Quellen (2,5 Std. einfach).

Flüge: Nur für Inlandsflüge mit kleinen Maschinen ist der Haifa Airport, Tel. 04 847 61 00, im Osten der Stadt zugelassen. Flüge bucht man bei Arkia, Tel. 03 690 33 11, www.arkia.co.il.

Busse: Vom Busbahnhof Khof Hacarmel alle 45 Min. nach Tel Aviv, etwa stdl. nach Nahariya, Akko und Jerusalem. Egged-Info: Tel. Schnellwahl *2800, Tel. 03 694 88 88.

Züge: Vom Bahnhof Khof Hacarmel fahren Züge nach Tel Aviv (alle 20–30 Min.), Jerusalem (mind. alle 2 Std.), Akko (ca. alle 30 Min.) und in alle anderen Landesteile. Infos: Schnellwahl *5770, www.railco.il.

Sherut-Taxis: Abfahrt nach Akko, Galiläa, auf den Golan und nach Tel Aviv von der Jaffa Road 157 und der Hahalutz Street.

Mietwagen: Avis, 2 Pal Aam Blvd., Tel. 04 867 21 11, Fax 04 867 32 22, www.avis.co.il; Eldan, 84 Hahistradut Blvd., Tel. 04 841 09 10, Fax 04 841 11 56, www.eldan.co.il; Hertz, 104 Hahistradut St., Tel. 04 840 21 21, Fax 04 840 19 19, www.hertz.co.il.

Fortbewegung in der Stadt

Metro: Die Küste und die Stadtteile am Karmel verbindet die Karmelit-Metro, Tel. 04 837 68 61. Die Talstation ist am Paris Square, die Bergstation am Gan Ha'em (5,50 NIS einfach).

Seilbahn: Vom Hahaganna Boulevard beim Strand schwebt man auf den Berg Karmel (Sa–Do 10–17.30, Fr 10–13.45 Uhr, 15 NIS einfach, 22 NIS hin und zurück).

Akko und Umgebung

Cityplan S. 268

Von Akko bis nach Rosh HaNiqra, dem Grenzort zum Libanon, erstreckt sich Israels Nordküste. Was mit dichter Besiedlung und feinen Sandstränden beginnt, verwandelt sich nach Nahariya allmählich in eine einsame, beeindruckend zerklüftete Küste.

6 Akko

Cityplan: S. 268; **Reiseatlas:** S. 1, A 3

Etwa 22 km sind es, vorbei an wuchernden Industrieansiedlungen, auf der verkehrsreichen Schnellstraße Nr. 4 bis nach **Akko**. Ca. 47 000 Menschen leben in der Stadt, die seit 2001 zum UNESCO-Welterbe gehört. In der charmanten historischen Altstadt kann man das seltene Gefühl genießen, die Zeit sei stehen geblieben. Man spaziert durch ein Labyrinth von Gassen, entdeckt kleine orientalische Märkte und alte Karawansereien, folgt den Spuren der Kreuzritter und der Araber oder stöbert in den Läden der Kunsthandwerker und Galeristen rund um die El-Jazzar-Moschee nach Souvenirs. Außer in Jerusalem hat man an keinem Ort Israels so sehr das Gefühl, sich auf geschichtsträchtigem Boden zu bewegen.

Seiner gut erhaltenen Altstadt verdankt Akko die Ernennung zum UNESCO-Welterbe

Stadtgeschichte

Akkos Name taucht erstmals auf ägyptischen Schriftrollen aus dem 15. Jh. v. Chr. auf, zu einer Zeit, als Pharao Thutmosis III. Ägypten, Syrien und Palästina beherrschte. Auf assyrische und persische Besatzer folgte Alexander der Große, der Akko im Jahr 332 v. Chr. widerstandslos einnahm. Seine ptolemäischen Nachfolger gaben der Stadt ihren alten Namen Ptolemais. Über den Hafen importierten die Ptolemäer nicht nur Waren, sondern auch hellenistisches Kulturgut. Bereits kurz nach der Kreuzigung Jesu hatten sich Christen in der Stadt niedergelassen und die Römer bauten von Colonia Claudia Caesarea Ptolemais nach Antiocha (Antakia/Südtürkei) die erste gepflasterte Straße Palästinas.

636 nahmen die Araber Ptolemais ein und benannten es wieder in Akko um. 1104 fiel die Stadt an den Kreuzritter Balduin I. Akko wurde Haupthafen und nach dem Fall Jerusalems auch Hauptstadt des Königreichs der Kreuzfahrer. In den folgenden Jahrhunderten lösten Mamluken, Omaijaden, Beduinen und schließlich die Türken als Herrscher einander ab. Nach der Erfindung des Dampfschiffs verloren der Hafen und mit ihm die Stadt an Bedeutung.

Auch wenn Akkos mittelalterliche Fassaden anderes vermuten lassen: Die Stadt ist in der Jetztzeit angekommen und aufgrund ihrer Bevölkerungsstruktur – ein Viertel der Einwohner sind Araber – den israelisch-arabischen Konflikten besonders ausgesetzt. Was lange Zeit eine israelisch-arabische Vorzeigestadt, ein Modell friedlicher Koexistenz war, gilt heute als Paradebeispiel für die Entstehung von Hass. 2008 kam es an Jom Kippur zu blutigen Ausschreitungen zwischen der jüdischen und arabischen Bevölkerung. Geschürt durch Israels Krieg gegen den Libanon, befand sich Akko vier Tage lang im Ausnahmezustand. Autos und Häuser brannten, Prediger beider Seiten wiegelten die Menschen gegeneinander auf, ermunterten zum Boykott von Läden oder empfahlen gar Deportationen. Auch als wieder Ruhe einkehrte, war klar, dass nichts mehr sein würde wie vorher, dass die Spaltung zwischen jüdischen und arabischen Israelis ein neues, gefährliches Stadium erreicht hatte. Durch Akko geht seither eine Mauer, unsichtbar, aber so dick wie die der Kreuzfahrerbauten.

Mit dem Autor unterwegs

Shoppen in Akko

In Akkos mittelalterlicher Altstadt gibt es einige wunderbare Märkte. Der **türkische Basar** entstand Ende des 18. Jh., nur wenig jünger ist der **Souk el Abyad,** der ›weiße Markt‹. Viel zu sehen und zu kaufen gibt es auch in der **Via Regis** (s. S. 266 u. 267).

Wohnen wie die Kreuzritter

Alt trifft neu – im **Akkotel,** einem Boutiquehotel mit Kreuzfahreratmosphäre, gibt es nur 16 Zimmer, und die vermitteln passend zur Stadt Mittelalter-Feeling (s. S. 269).

An der Grenze zum Libanon

Steil fallen im Grenzort zum Libanon die Kalksteinwände zum Meer ab. Das Wasser hat hier die **Grotten von Rosh HaNiqra** aus dem Stein gespült, die man entweder zu Fuß oder mit einer Seilbahn erreicht (s. S. 275).

El-Jazzar-Moschee

Akkos Altstadt ist in ihrer heutigen Form etwa zwei Jahrhunderte alt. Die wuchtigen Mauern, die sie umgeben, stammen aus der Beduinenzeit Anfang des 18. Jh.

Mit einer Besichtigung der Altstadt beginnt man am besten an der zentralen **El-Jazzar-Moschee** **1**. Wie ein Riesenbleistift sticht ihr schlankes Minarett in den Himmel, aber der Muezzin ruft schon lange nicht mehr zum Gebet, er wurde durch einen Lautsprecher ersetzt. 1781 errichtete – der später im Vorhof beigesetzte – Kommandant von Akko und Galiläa, Ahmed el Jazzar die Moschee, die umgeben ist von einem rechteckigen, begrünten Hof mit einem Brunnen zur rituellen Waschung. Farbige Fliesen und Einlegearbeiten aus Marmor schmücken die Fassade

Richtig Reisen-Tipp: Akkos Kreuzfahrerstadt

Das Highlight von Akko ist die unterirdische **Kreuzfahrerstadt** 2 (Crusader City). Sie befindet sich 8 m unter dem heutigen Straßenniveau und diente ab dem 12. Jh. den Rittern des Johanniterordens (auch bekannt als Hospitaliterorden der Ritter des Heiligen Johannes) als Hauptquartier. Mamluken vernichteten die einst darüber liegenden Gebäude, um eine Rückkehr der Kreuzritter zu verhindern, doch an der Zerstörung der Stadt unter der Erde scheiterten sie. Stattdessen füllten sie den Hohlraum mit Schutt und Erde auf und die Türken errichteten darüber neue Gebäude. Die Johanniter, ursprünglich in der Krankenpflege engagiert, übernahmen ab 1137 den bewaffneten Schutz der Kreuzritter.

Schönster Raum der Anlage ist das **Refektorium** (Speisesaal), fälschlicherweise oft als Krypta oder Totengruft bezeichnet. Hier nahm auch der Venezianer Marco Polo während seines Aufenthalts in Akko das Mahl ein. Drei massive, 12 m hohe Pfeiler stützen das Gewölbe des Saals. Die an den Zimmerecken 1148 von Ludwig VII. in den Stein gehauenen Lilienmotive, ursprünglich das Emblem Saladins, gelten als erste Darstellung des späteren Symbols der französischen Bourbonen. Wer die unterirdische Stadt gesehen hat, kann sich leicht ausmalen, wie prächtig sie einst ausgesehen haben muss – eine Festung, deren Bild von beinahe 40 Kirchen geprägt wurde und in der rund 50 000 Menschen lebten.

Kreuzfahrerstadt: El Hazzar St., So–Do 8.30–18, Fr 8.30–14, Sa 9–17 Uhr, 14 NIS inkl. Besuch des Stadtmuseums (s. u.).

des Gebetshauses. Die zum Bau der Anlage verwendeten Steine stammen aus den Ruinen von Caesarea (s. S. 240). Für den Moscheebau wurde eine byzantinische Kirche abgerissen, deren Krypta erweitert und als gewaltiges Wasserreservoir genutzt. Der Zisternenzugang liegt in den Arkaden nahe den Toiletten; für die Besichtigung sollte man eine Taschenlampe dabeihaben (Sa–Do 8–17, Fr 8–11, 13–17 Uhr).

Stadtmuseum und Okashi-Kunstmuseum

Schilder weisen den Weg von der Kreuzfahrerstadt zum südlich gelegenen **Stadtmuseum** 3 (Municipal Museum), das im einstigen türkischen Badehaus, dem **Hamam el Pascha,** untergebracht ist. Anhand von Landkarten und Multimedia-Präsentationen wird die Bedeutung von Akko über die Epochen hinweg verdeutlicht. Man erfährt auch einiges über die Funktionsweise dieses Bads, das von 1780 bis 1947 in Betrieb war. In Form eines kurzweiligen Theaterstücks – eingespielt vom Al-Bascha-Hammam-Theater – wird die Geschichte eines Badewärters aus der osmanischen Zeit erzählt, der hier seine vorwiegend wohlhabenden Kunden massierte und einseifte (El Hazzar St., So–Do 8.30–18, Fr 8.30–14, Sa 9–17 Uhr, 14 NIS inkl. Besuch der Kreuzfahrerstadt, s. o.).

Um die Ecke zeigt das **Okashi-Kunstmuseum** 4 neben Wechselausstellungen die Werke des 1980 verstorbenen Künstlers Avshalom Okashi, der nach dem Unabhängigkeitskrieg eine der ersten Künstlergruppen Israels mitbegründete (1 Weizman St., So–Do 8.30–18, Fr 8.30–14 Uhr, 10 NIS).

Türkischer Basar und Souk el Abyad

Südöstlich des Stadtmuseums blickt der **türkische Basar** 5 auf eine lange Geschichte zurück. Er wurde gegen Ende des 18. Jh. eingerichtet, um die einheimische arabische Bevölkerung mit allem Nötigen zu versorgen. Als die Israelis 1948 in die Altstadt einmarschierten, gaben die Araber den Markt auf. Heute befindet sich hier ein Handwerks- und Kunstgewerbebasar mit kleinen Läden, Werkstätten und Ateliers, die v. a. Souvenirs anbieten (tgl. bis 18 Uhr).

Rasthaus mit Geschichte: die Karawanserei Khan el Umdan

Sein weißer Kalkstein gab dem **Souk el Abyad** 6 (›weißer Markt‹) den Namen, der auf den Ruinen seines niedergebrannten Vorgängerbasars 1817 neu errichtet wurde. Die überwölbte Mittelhalle und die von ihr abgehenden Seitengassen mit den markanten Tonnengewölben durchziehen die Altstadt von Norden nach Süden. In der Kreuzfahrerzeit führte diese Marktstraße vom Hospitalitertor im Norden als Via Regis (›Königsstraße‹) über den Markt in Richtung Hafen. Heute herrscht hier – nach einer Renovierung der Fassaden – buntes Marktreiben. Man kauft arabische Süßigkeiten, Gewürze, Fisch (tgl. bis 18 Uhr).

Khan Faranji und Khan el Umdan

Sehr schön ist der **Khan Faranji** 7 aus der zweiten Hälfte des 16. Jh., die älteste erhaltene Karawanserei von Akko. Karawansereien dienten als Umschlagplätze für Waren, aber auch als Rastplätze für Reisende und deren Tiere. Der Name – *Faranji* bedeutet Franke im Sinne von Ausländer – verweist auf die französischen Erbauer und Händler, die im Jahr 1791 in Ungnade fielen und von Jazzar Pascha vertrieben wurden.

Durch hohe und schmale, manchmal auch überdachte Geschäftsgassen geht es weiter zum **Khan el Umdan** 8**,** die schönste und besterhaltene der vier Säulenkarawansereien in der Altstadt. Sie wurde um 1785 von Ahmed el Jazzar erbaut und umfasst zwei Etagen, getragen von Säulen aus den Ruinen Caesareas. Im Innenhof steht ein graziler Glockenturm, der 1906 hinzugefügt wurde.

Zur Zitadelle

Ein sehr schöner Spaziergang führt nun zurück zum Ausgangspunkt und zur Zitadelle. Beim Verlassen des Khan el Umdan hält man sich nach rechts und geht parallel zur Hafenmauer bis zum Fischrestaurant Abu Christo. Kurz danach steigt man die Stufen zur Mauer des Kreuzritterpiers hinauf. Zwischen der 1737 von Franziskanern erbauten **Kirche St. Johannes** 9 und dem **Leuchtturm** 10 tref-

Akko: Cityplan

Sehenswürdigkeiten

1 El-Jazzar-Moschee
2 Kreuzfahrerstadt
3 Stadtmuseum
4 Okashi-Kunstmuseum
5 Türkischer Basar
6 Souk el Abyad
7 Khan Faranji
8 Khan el Umdan
9 Kirche St. Johannes
10 Leuchtturm
11 Alter Hafen
12 Zitadelle

Übernachten

1 Akkotel
2 Palm Beach
3 Argaman
4 Akko Gate Hostel

Essen und Trinken

5 Abu Christo
6 Uri Buri

fen sich im Sommer viele Kinder, die von der hohen Mauer ins Meer springen. Vorbei am malerischen **alten Hafen** 11 geht man dann über den Parkplatz beim Restaurant Turk on the Wall zur Haga Street und folgt dieser bis zur **Zitadelle** 12. Sie ist das imposanteste Bauwerk innerhalb der Mauern von Akko und entstand im 18. Jh. auf Fundamenten aus der Kreuzfahrerzeit. Die Bastion wurde so angelegt, dass sie im Falle einer Belagerung der Stadt autark bleiben und jedem Angriff trotzen konnte (diese Bewährungsprobe blieb der Zitadelle erspart).

Unter der Zitadelle finden sich zugeschüttete Gewölbe, die man aus statischen Gründen lange nicht räumen konnte. Doch 2005 legten Archäologen hier fast vollständig erhaltene Bereiche einer Kreuzritterstadt der Hospitaliter frei. Gefunden wurden eine Kapelle, Straßen, Geschäfte aus der Kreuzritterzeit sowie ein Speisesaal. Von der gesamten Anlage sind nach Schätzungen bisher weniger als 10 % ausgegraben. Ungefähr 10 000 Menschen sollen in der Festung gelebt haben.

Das wichtigste Gebäude innerhalb der Zitadelle stellt der **Schatzturm** (Burj el Khazane) dar, Akkos höchstes Bauwerk, das einen fantastischen Ausblick bietet. Während der britischen Mandatszeit diente die Zitadelle als Zentralgefängnis, auch für politische Häftlinge. Juden wie Araber wurden hier von den britischen Besatzern gefangen gehalten, viele exekutiert. 1947 sprengten jüdische Untergrundkämpfer ein Mauerstück exakt zum Zeitpunkt des Hofgangs und 200 Gefangene entkamen. Inzwischen beherbergt das Gefängnis das **Museum of Underground Prisoners** (Museum of Heroism). Zu besichtigen ist u. a. der Schafottraum mit dem Ewigem Licht, in dem sieben jüdische Untergrundkämpfer von den Briten gehenkt wurden. Auch Ze'ev Jabotinsky, Schriftsteller, Zionist und Gründer jüdischer Freiwilligencorps, saß hier ein (Zitadelle u. Museum: Tel. 04 991 82 64, So–Do 9–17, Fr 8.30–13.30 Uhr, 10 NIS).

Zugang zur Altstadt
Wer mit dem eigenen Auto nach Akko kommt und den Parkplatz beim Leuchtturm am südwestlichen Ende der Landzunge ansteuert, gelangt am besten durch den **Templer's Tunnel** in das Gassengewirr der Altstadt. Dieser unterirdische, aus dem 12. Jh. stammende Gang ist zum Teil in die Felsen gehauen und wurde erst danach durch ein Gewölbe aus behauenen Steinen überbaut. Eine Pumpanlage sorgt dafür, dass der 350 m lange Tunnel nicht durch Meerwasser geflutet wird.

i **Visitors' Center:** 1 Weitzmann St., Altstadt, Tel. 01 700 70 80 20 (landesweite Nummer), 04 995 67 06/07, Fax 04 991 94 18, www.akko.org.il, im Sommer So–Do, Sa/Fei 8.30–18, Fr 8.30–17 Uhr, im Winter Schließung 1 Std. früher. Vermittlung von Unterkünften und Kontakten für Touren in die Umgebung, Stadtführungen etc., außerdem Dauerausstellung archäologischer Funde.

Akkotel 1: 1 Salahuddin St., Altstadt, Tel. 04 987 71 00, Fax 04 981 06 26, www.akkotel.com. 2007 eröffnetes Boutiquehotel mit Kreuzfahrerambiente und 16 großen Zimmern, im Restaurant speist man unter Gewölben, von der Dachterrasse bietet sich eine erstklassige Aussicht. Nette Hotelbetreiber, die auch bei der Organisation von Touren und Ausflügen helfen. DZ ab 700 NIS.
Palm Beach 2: Acre Beach (am Eingang zum alten Akko), Tel. 04 987 77 77, Fax 04 991 04 34, www.palmbeach.co.il. Sehr schöne, großzügige Zimmer, Pool auf dem Gelände des Country Clubs. In der Nähe gibt es einen Strand mit unterschiedlichen Badezeiten für Frauen und Männer, zur Altstadt geht man eine Viertelstunde. DZ ab 650 NIS.
Argaman 3: Acre Beach, Tel. 04 991 66 91, Fax 04 991 66 90. Einfach und nicht übermäßig gepflegt, aber netter Ausblick auf das alte Akko. Man sollte auf dieses Hotel nur im Notfall ausweichen. DZ ab 500 NIS.
Akko Gate Hostel 4: Altstadt, Tel. 04 991 04 10, Fax 04 981 55 30, www.akko-gate-hostel.com. Nettes, einfaches Altstadthotel, nach den Zimmern mit Blick auf die Straße fragen. Schlafsaal ab 40 NIS p. P., DZ ab 240 NIS.

Die überdachten Gassen des Obstmarkts bieten Schutz vor Sonne und Regen

V. a. rund um die El-Jazzar-Moschee gibt es viele Shawerma-Imbisse.
Abu Christo 5**:** Marina, Tel. 04 991 00 65, tgl. 10–24 Uhr. Beliebtes Touristenlokal nahe dem Leuchtturm, das alleine wegen seiner schönen Terrasse am Meer den Besuch lohnt. Fisch und Fleisch gibt es gegrillt, dazu köstliche Vorspeisen. Ab 100 NIS.
Uri Buri 6**:** 93 Haganah St., Tel. 04 955 22 12, Mi–Mo 12–24 Uhr. Anchovisfilet in Limonen, Öl und Pfeffer ist eine der Spezialitäten dieses viel gelobten Gourmetrestaurants, das eine schattige Terrasse besitzt. Rechtzeitige Reservierung nötig. Ab 100 NIS.

Palm Beach Hotel: s. S. 269, im Sommer tgl. bis 3 Uhr, im Winter nur Fr, ab 30 NIS. Gute Disco zum Abtanzen.

Israeli Fringe Theater Festival (Okt., Tel. 04 838 47 77, www.accofestival.co.il). Das alternative Festival verwandelt die ganze Altstadt in eine Theaterbühne. Die Künstler und Schauspieltruppen kommen aus dem In- und Ausland, etliche Stücke werden in Englisch aufgeführt.

Baden: Der Argaman Beach (›Purpurstrand‹), wenige Hundert Meter südlich der Altstadt, ist einer der schönsten Strände Israels und bietet eine spektakuläre Aussicht auf die Hafenmauer von Akko.

Züge: Vom Bahnhof, David Remez St., ca. 2 km außerhalb der Altstadt, stdl. Verbindungen nach Nahariya sowie alle 30 Min. nach Haifa und Tel Aviv (dort umsteigen nach Jerusalem und zu Zielen im Süden). Infos: Schnellwahl *5770, www.rail.co.il.
Busse: Von der Central Bus Station, David Remez St., Tel. 04 954 95 55, alle 10–15 Min. nach Nahariya, 1–2 x stdl. nach Haifa (dort Anschluss in andere Landesteile). Egged-Info: Schnellwahl *2800, Tel. 03 694 88 88.

Von Akko nach Nahariya

Bahaischrein

Reiseatlas: S. 1, A 3
Auf der Weiterfahrt nach Norden liegt 3 km hinter Akko der **Bahaischrein,** der zusammen mit dem in Haifa das höchste Heiligtum

Richtig Reisen-Tipp: Kibbuz Lohamei HaGetaot

5 km nördlich von Akko liegt an der Küstenstraße Nr. 4 der **Kibbuz Lohamei HaGetaot,** der von Überlebenden des Warschauer Ghettos gegründet wurde und nach Yad Vashem in Jerusalem das zweitgrößte Holocaust-Mahnmal Israels beherbergt. Das hiesige Zentrum für humanistische Erziehung, das **Ghetto Fighters' House** bzw. **Itzhak Katzenelson Holocaust and Jewish Resistance Heritage Museum,** umfasst das **Museum of the Holocaust and Resistance** sowie **Yad La Yeled,** eine Gedenkstätte für 1,5 Mio. im Holocaust umgekommene Kinder. Letzteres ist als Lehr- und Geschichtsmuseum für Kinder gedacht, spricht aber ebenso Erwachsene an. Bei dem eindrücklichen Rundgang bewegt man sich im Innern eines Rundbaus von oben nach unten und passiert dabei zehn verschiedene Stationen. Über Lautsprecher hört man in Englisch und Hebräisch die Originalerzählungen von überlebenden Kindern. Bilder zeigen das Warschauer Ghetto, Deportationen und Konzentrationslager. Man wird vertraut gemacht mit Einzelschicksalen wie dem der Anne Frank. Nach dem Ausstellungsbesuch können Kinder und Jugendliche unter pädagogischer Begleitung ihre Eindrücke kreativ verarbeiten und umsetzen. Zum Kibbuz gehört auch ein Gästehaus.

Museum: Tel. 04 995 80 80 u. 04 993 32 71, Fax 04 993 32 18, www.gfh.org.il, So–Do 9–16, Fr 9–13, Sa 10–17 Uhr.

dieser Glaubensgemeinschaft bildet. 1892 wurde hier Husseini Ali (s. S. 66), der sich für den vom Bab angekündigten Gesandten Gottes hielt, beigesetzt. Auf der rechten Seite der Straße ist ein **türkischer Aquädukt** aus dem 18. Jh. zu erkennen, der Akko einst mit Wasser versorgte.

Nahariya

Reiseatlas: S. 1, A 3

Nahariya (ca. 52 000 Einw.), in den 30er-Jahren von deutschen Juden gegründet, ist ein aufgeräumter Badeort mit Strandclubs und Flaniermeilen für den Abendbummel, wenngleich die touristische Entwicklung aufgrund der Nähe zum Libanon seit jeher beeinträchtigt ist. Als einer der schönsten Strände Israels gilt das mehrfach wegen seiner Sauberkeit ausgezeichnete Strandbad **Galei-Galil** nördlich des HaGa'aton Boulevard.

i **Tourist Office:** Municipality Building, HaGa'aton Blvd., Nahariya, Tel. 04 987 98 00, www.nahariya.muni.il, So–Do 8–13, 16–19, Fr 8–13 Uhr.

Nes Ammim Guest House: ca. 8 km nordöstlich von Akko, Tel. 04 995 00 00, Fax 04 995 00 98, www.nesammim.com. Kibbuzgästehaus in schöner Landschaft, das gleichzeitig als Begegnungsstätte für Juden und Christen fungiert – Tagesgäste sind nach Voranmeldung willkommen. Zimmer, Apartments mit Küche, Jugendherberge, großer Pool sowie ein Garten, der ein botanisches Kleinod ist. DZ ab 400 NIS.

Park Plaza: 17 Haaliyah St., Nahariya, Tel. 04 900 02 48, Fax 04 992 39 83, www.parkplaza nahariya.co.il. Die meisten Zimmer haben Blick aufs Meer, das zentrale Haus ist die beste Wahl am Ort. DZ ab 500 NIS.

Frank: 4 Haaliyah St., Nahariya, Tel. 04 992 02 78, Fax 04 992 55 35, www.hotel-frank.co.il. Ordentliche Zimmer mit Meerblick, Pool, Strandnähe. DZ ab 450 NIS.

Am Haagaton Boulevard reiht sich ein Straßencafé ans andere – hier trifft man sich, sofern nicht gerade Bombenalarm herrscht und die Stadt verwaist ist.

Penguin Café und Restaurant: 33 HaGa'aton Blvd., Nahariya, Tel. 04 992 88 55, tgl. 8–23 Uhr. Die beste Wahl am Ort, in dritter Generation von der Familie Oppenheimer betrieben. Das Angebot reicht von Schnitzel bis zu chinesischen Spezialitäten. Ab 30 NIS.

Beliebter Ort für Eheschließungen: die Kreuzritterfestung Montfort

Singapore Chinese Garden: 17 Jabotinsky Blvd., Nahariya, Tel. 04 992 49 52, tgl. 12–15, 19–23 Uhr. Gutes chinesisches Restaurant, das Hühnchen in Zitrone wird nach Singapur-Art zubereitet, der Sling schmeckt auch – schönes Ambiente. Ab 70 NIS.

Züge: Vom Bahnhof, HaGa'aton Blvd., alle 30 Min. nach Haifa, stdl. nach Tel Aviv, alle 2–3 Std. nach Jerusalem. Fahrplanauskunft: Schnellwahl *5770, www.rail.co.il.

Busse: Mit Egged mehrmals stdl. Verbindungen nach Haifa, ca. alle 30 Min. nach Tel Aviv (umsteigen für andere Landesteile), mehrmals tgl. nach Jerusalem, je nach Saison 4 x tgl. nach Rosh HaNiqra (10, 13, 16, 18 Uhr). Egged-Info: Schnellwahl *2800, Tel. 03 694 88 88.

Sherut-Taxis: Vom HaGa'aton Blvd. nach Rosh HaNiqra, Akko und Haifa.

Mietwagen: Avis, 66 Weizman St., Tel. 04 951 18 80, Fax 04 951 18 81, www.avis.co.il.

Montfort

Reiseatlas: S. 1, B 3
Nicht ganz leicht zu finden ist das nächste Ziel gut 30 km östlich von Nahariya, **Montfort.** Die in bewaldeten Hügeln gelegene Festung wurde 1226 von französischen Kreuzrittern erbaut und später an den Deutschritterorden verkauft, der sie mit Unterstützung von Papst Gregor XI. prunkvoll ausbaute. 1271 belagerte der Mamluke Baibars – nach 1266 zum zweiten Mal – die Festung, konnte sie aber auch diesmal nicht stürmen. Als er die Burg schließlich mithilfe von Stollen zum Einsturz bringen wollte, ergaben sich die Kreuzritter und handelten freies Geleit aus. Seither verfiel die Anlage.

Nach Montfort führen zwei Wege. Von Nahariya fährt man auf der Straße Nr. 89 ca. 33 km nach Osten bis Mi'ilya und geht von dort die restlichen 2 km zu Fuß. Die andere Zufahrt zweigt kurz vor Rosh HaNiqra (s. S. 275) nach Westen Richtung Goren und Sasa ab. Etwa 1 km nach dem Kibbuz Eilon (s. S. 275) fährt man in den Park Keziv zum Aussichtspunkt Montfort. Von dort führt ein Wanderweg in rund 45 Minuten zur Festung.

Weiter nach Rosh HaNiqra

Akhziv-Nationalpark und Republik Akhzivland

Reiseatlas: S. 1, A 3
Ca. 4 km nördlich von Nahariya liegt an der Stelle eines zerstörten arabischen Dorfs der **Akhziv-Nationalpark.** Hier kann man am schönen Strand baden, viele kommen zum Picknicken. Im Park befindet sich auch die Haltestelle des Small Train, der in rund 50 Min. nach Rosh HaNiqra zuckelt (s. S. 275, Park: tgl. 8–19 Uhr, 25 NIS; Zug: 10–17/18 Uhr alle 30 Min., 56 NIS).

Auf der Weiterfahrt gen Norden passiert man kurz hinter dem Nationalpark ein Richtung Küste weisendes Straßenschild mit der Aufschrift »Eli Avivi«, das geradewegs in die autonome **Republik Akhzivland** führt. Hier, im kleinsten Freistaat der Welt, kann man mit dem Regenten persönlich ins Gespräch kommen, die Gegenstände seiner Sammelleidenschaft bewundern und sogar übernachten (Tel. 04 982 32 50, April–Sept. 8–15, Okt.–März 8–16 Uhr, 10 NIS, s. S. 274).

Ziemlich exakt bis Akhzivland, selten aber weiter südlich als bis zum ruhigen Badeort Nahariya, reicht der Radius der Katjusha-Raketen, die immer wieder von der Hisbollah aus dem Südlibanon abgefeuert werden. Aber auch die Israelis provozieren und die im-

Autonome Republik Akhzivland

Thema

Es ist der kleinste Freistaat der Welt – er leistet sich keine diplomatische Auslandsvertretung, hat keinen UN-Sitz und seine militärische Abwehr besteht, wenn man davon überhaupt sprechen will, aus zwei bellenden Hunden.

An Akhzivland würde man auf dem Weg von Nahariya nach Rosh HaNiqra wahrscheinlich auch vorbeifahren, gäbe es nicht das entsprechende Hinweisschild an der Straße. Ein schmaler Schotterweg führt, unmittelbar nach dem gleichnamigen Nationalpark, hoch auf einen Hügel am Meer zu einer mehrstöckigen Villa. Das Erdgeschoss ein Steinbau, die Aufbauten aus Holz. Und in der Tür des einzigen Hauses von Akhzivland wartet schon Eli Avivi, ein Mann, der so aussieht, wie man in Kinderbibeln Petrus darzustellen pflegt. Avivis braungebranntes Gesicht wird von einem hellen Rauschebart umrahmt, er trägt eine weiße Galabaya mit schwarzem, locker hängendem Gürtel sowie leichte Ledersandalen. Ein Mann aus Galiläa.

Das Haus ist Wohnhaus, archäologisches Museum und antiquarische Rumpelkammer in einem, eine Art Villa Kunterbunt für Erwachsene. Kein Zimmer, in dem nicht Anker, Galionsfiguren, Dreschflegel, Obstpressen, Lampen oder Tonscherben aus nachchristlicher Zeit, Vasen, Kannen, Fragmente von Säulen und Kapitellen ausgestellt sind. Dort, wo sich der Besucher, erschlagen von der Fülle der Exponate, erschöpft aufs Bett sinken lässt, befindet man sich im Schlafzimmer des Präsidenten und Museumschefs Eli Avivi und seiner deutschstämmigen Frau Rina. Und in der Stube, wo der Zollbeamte Eli Avivi den Besuchern später die drei Ein- und Ausreisestempel für Akhzivland in den Reisepass drückt, befindet man sich in der Wohnküche des Paars.

Eli Avivi, Jahrgang 1930, schloss sich mit 13 Jahren der Palmach-Bewegung an, einer Untergrundarmee, die gleichermaßen gegen Briten und Araber kämpfte. »1951 habe ich dieses Haus hier entdeckt und mir einen Pachtvertrag für Haus und Land über 99 Jahre geben lassen. Aber ein Jahr später kam die israelische Armee und wollte alles zerstören, weil das Haus einst einem Muslim gehörte.« Avivi begann einen Sitzstreik und wich nicht von seinem Anwesen, zog vor Gericht durch alle Instanzen und wurde sogar wegen seines Widerstands kurzzeitig inhaftiert. »Aus Protest gegen die Vertreibung durch mein eigenes Volk gründete ich diese Republik.« Die Gerichte erklärten sich alle für nicht zuständig: Eli Avivi setzte sich durch, aber den Behörden ist die Republik Akhzivland noch immer ein Dorn im Auge.

Akhzivland lebt wie kein anderes Land vom Tourismus, der hier nahe der libanesischen Grenze arg unter dem regelmäßigen Beschuss der südlibanesischen Hisbollah leidet. »Es ist Pech, dass die Reichweite der Raketen etwa 100 m hinter meinem Haus endet. Bei jedem zweiten Angriff bersten in Akhzivland alle Glasscheiben, aber ich muss froh sein, solange sie über mich hinwegschießen.«

Im Jahr 2051 wird die Republik Akhzivland aufgelöst. »Ich werde dann längst tot sein«, lächelt Avivi mit einer Spur von Traurigkeit und fährt mit der Hand durch seinen Bart, »mein Grab wird auf Akhzivland liegen. Ich wünsche mir nur eins, dass man Akhzivland wenigstens als Museum bestehen lässt.«

mer wieder aufbrechenden Grenzfeindlichkeiten haben bisher die touristische Entwicklung dieser Region gehemmt.

Rosh HaNiqra

Reiseatlas: S. 1, A/B 2

Auf der Schnellstraße Nr. 4 geht es nun nahe dem Meer durch Wälder leicht aufwärts. Das Buch Josua nennt bereits das südlich von Rosh HaNiqra gelegene Misrafot Majim als Grenzort der israelitischen Stämme. Alexander der Große ließ 323 v. Chr. einen Tunnel für seine Truppen graben, die nach dem Sieg über das nördliche Tyros einen schnellen Durchzugsweg brauchten, der den Weg über das Gebirge ersparte. Im Ersten Weltkrieg bauten die Briten die erste Autostraße, während des Zweiten Weltkriegs trieben sie einen 250 m langen Tunnel durch den Stein: den noch heute teilweise zugänglichen Eisenbahntunnel der Strecke Beirut–Haifa–Kairo, der für den Truppennachschub aus Ägypten vonnöten war. Während des Unabhängigkeitskriegs 1948 sprengte man Teile des Tunnels, um eine Invasion aus dem Libanon zu erschweren.

In **Rosh HaNiqra** endet die Fahrt auf einem Parkplatz mit Meerblick und Souvenirläden und dem kleinen Tourist Center. Der auf einem Kliff gelegene Grenzort zum Libanon bietet einen wunderbaren Blick über die teils sandige, teils felsige Nordküste. An den wenigen klaren Tagen kann man bis Haifa sehen, und im Meer entdeckt man einige der kleinen Inseln, darunter **Akhziv Island,** die von Schnellbooten angefahren werden. Steil fallen die Kalksteinwände 70 m in die Tiefe. Hartes und weiches Gestein liegen hier übereinander und das Meer hat in Tausenden von Jahren die **Grotten** von Rosh HaNiqra aus dem Stein gespült. Ein kleines Erlebnis ist die 15-minütige Bild-und-Ton-Schau in einer Grotte, die das Grenzleben von einst auferstehen lässt (u. a. in Deutsch und Englisch). Vom Aussichtspunkt kann man zu Fuß oder mit der stetig pendelnden und angeblich steilsten Kabinenseilbahn der Welt, dem **Cable Car,** das 9 m über dem Meeresspiegel gelegene Plateau in Höhe der Höhlen erreichen und dort durch die ca. 400 m langen, verzweigten Gänge spazieren. Besonders stimmungsvoll ist das am Abend mit Öllampen (Tel. 04 985 71 90, www.rosh-hanikra.com, im Sommer So–Do 9–18, im Winter So–Do 9–16, Fr/Fei 9–16, Sa 9–18 Uhr, 42 NIS, mit Ticket für Small Train 56 NIS, s. S. 273)

Neben einer Snackbar gibt es ein koscheres Restaurant mit Terrasse und wunderbarem Blick aufs Meer, Tel. 073 271 01 00, 050 833 10 87, So 11.30–18, Mo–Do 11.30–22, Fr 11.30–16 Uhr, ab 60 NIS.

Kibbuz Eilon

Reiseatlas: S. 1, B 3

Der **Kibbuz Eilon,** ca. 12 km östlich von Rosh HaNiqra Richtung Montfort (s. S. 273), beherbergt das 1980 gegründete Keshet Eilon Music Center and Mastercourse, ein weltbekanntes Musikzentrum. Die Meisterkurse für Saiteninstrumente locken namhafte Professoren und Schüler aus der ganzen Welt an. Als Besucher kommt man Mitte August zu Konzertgenüssen, wie man sie in dieser Gegend nicht erwarten würde. Es gibt ganzjährig nette Übernachtungsmöglichkeiten (Tel. 04 985 81 91, 04 985 81 31, Fax 04 980 67 66, www.keshetei.org.il, s. u.).

Gästehaus der Republik Akhzivland: Tel. 04 982 32 50. Einfache Zimmer im Hostel des Freistaats. DZ ab 150 NIS, Camping 90 NIS.

Kibbuz Eilon: s. o., Tel. 052 373 88 51, zipivillas@012.net.il. Man wohnt in geschmackvoll eingerichteten und geräumigen Bungalows, tritt man auf die Terrasse hinaus, so steht man schon in der Natur. Ende Juli–Mitte Aug. geschlossen. DZ ab 450 NIS.

Züge: Vor dem Tourist Center fährt der Small Train ab, der von 10–17/18 Uhr alle 30 Min. den Akhziv-Nationalpark ansteuert (s. S. 273, ca. 50 Min., 56 NIS).

Busse: Vom Tourist Center 4 x tgl. nach Nahariya (12, 14.30, 17 und 18 Uhr).

Sherut-Taxis: Abfahrt vor dem Tourist Center nach Nahariya.

Im Osten wird Galiläa vom fruchtbaren Jordantal begrenzt

Kapitel 4

Galiläa und Golan

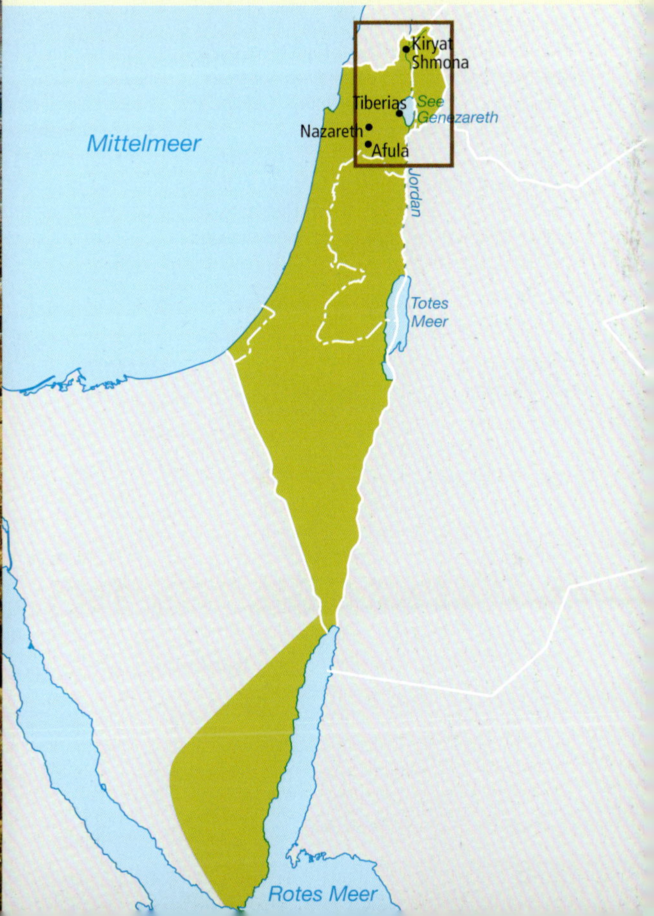

Auf einen Blick: Galiläa und Golan

In der Heimat Jesu

Der Mann aus Galiläa, wie Jesus gelegentlich umschrieben wird, ist der große Sohn dieser Region. Seine Heimatstadt Nazareth ist das spirituelle Zentrum Galiläas, das vom Hermongebirge und der nördlichen Staatsgrenze bis zum Jesreeltal im Süden reicht, im Osten an das Jordantal bzw. den Golan grenzt und im Westen den küstennahen Gebirgszug Karmel erreicht. Das Leben in Galiläa (hebr. Ha-Galil) verläuft ruhig und beschaulich und die Menschen sind ihren Traditionen enger verbunden als die in den Großstädten oder an der Küste. Besucher bewegen sich in einer lieblichen Landschaft mit Hügeln und Bergen, Bächen und Wasserfällen, Pinien- und Zedernwäldern und mit fruchtbarem Ackerland, das schon die ersten jüdischen Siedler in diese Region brachte.

Die stark zergliederte nördliche Gebirgslandschaft umfasst **Safed,** Galiläas Hauptstadt, und gipfelt im höchsten Berg Israels, dem 1208 m hohen **Meron** – zumindest wenn man den Berg **Hermon** (2814 m) auf den besetzten Golanhöhen nicht berücksichtigt.

Das südliche Galiläa ist ein bis zu 598 m hohes Hügelland, in dem viele Episoden der von den Evangelisten ausführlich beschriebenen Lebensgeschichte Jesu spielen. Darin liegt auch der Reiz Galiläas: Die Natur bietet eine überwältigende Kulisse, um auf den Spuren Jesu wichtige Wurzeln der Geschichte des Christentums und damit auch des Abendlands zu entdecken. Am **See Genezareth** ist die Stadt **Tiberias** das Zentrum des Bade- und Kurtourismus. An der Südspitze des Meers von Galiläa findet sich **Deganya,** der erste Kibbuz Israels.

Im Norden Galiläas und im Golan steht die Natur im Vordergrund. Hier besucht man Naturparks und fährt im **Hermongebirge** zu Israels einzigem Skigebiet hinauf, wo es sich in der schneefreien Zeit nett wandern lässt. Vollständig ist die Reise aber erst, wenn man eine der Winzereien besucht hat, die sehr gute Weine produzieren.

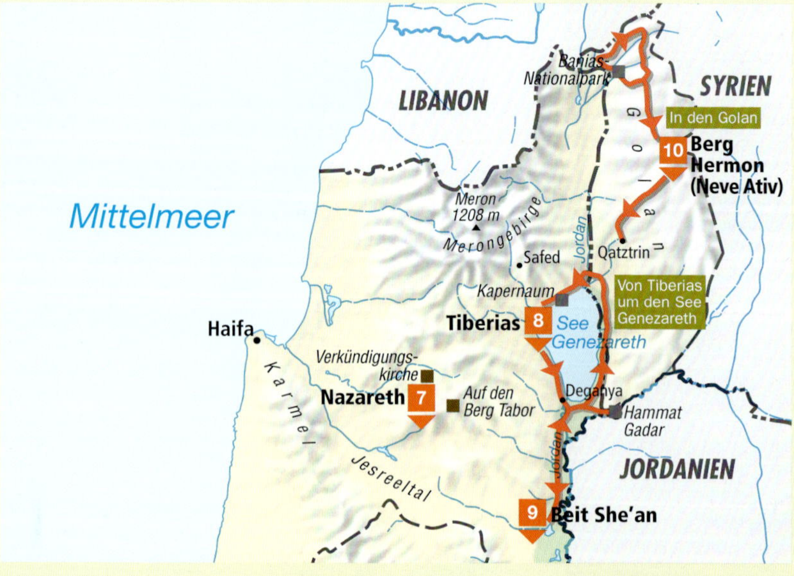

Highlights

7 **Nazareth:** Die Geburtsstadt Jesu ist das Ziel vieler Pilger, die in der Verkündigungskirche – dem spirituellen Dreh- und Angelpunkt – beten. Nazareth selbst verzaubert durch sein arabisches Flair (s. S. 280).

8 **Tiberias:** Der See Genezareth hat Tiberias zu einem beliebten Urlaubsziel gemacht. An der Uferpromenade tobt abends das Leben, tagsüber erkundet man von hier die Region Galiläa (s. S. 287).

9 **Beit She'an:** Diese großartige archäologische Stätte birgt die Überreste von mehr als 20 Städten und erzählt eine 5000 Jahre alte Besiedlungsgeschichte (s. S. 296).

10 **Berg Hermon (Neve Ativ):** Dicht an der Grenze zu Syrien liegt dieser Gipfel, der viele Naturfreunde anlockt und mit 2814 m hoch genug ist, dass man dort im Winter skifahren kann (s. S. 312).

Empfehlenswerte Routen

Von Tiberias um den See Genezareth: Auf dieser landschaftlich sehr reizvollen und historisch interessanten Tour passiert man Deganya, den ersten Kibbuz Israels, blickt von Belvoir weit übers Land und erfrischt sich im Park von Gan HaShelosha, bevor die archäologische Stätte Beit She'an wieder Konzentration erfordert. Beim Thermalort Hammat Gadar, dem südlichsten Punkt der Tour, befindet man sich nahe der jordanischen Grenze, fährt an den Ausläufern des Golan zum Franziskanerkloster und der Weißen Synagoge von Kapernaum, besucht das Haus des Petrus, bei Tabigha den Berg der Seligsprechung und die Kirche der Brotvermehrung, ehe man nach Tiberias zurückkehrt (s. S. 293).

In den Golan: Es geht aufwärts bei dieser abwechslungsreichen Tour, die über den Banias-Nationalpark mit den gleichnamigen Quellen zum Berg Hermon führt. Je nach Jahreszeit kann man hier wandern, skifahren oder rodeln, bevor man den Drusenort Majdal Shams erreicht. Der liegt im nordöstlichen Golan und ist durch einen Grenzzaun von seinem syrischen Schwesterdorf getrennt. Dann geht es schon wieder abwärts zum Aussichtspunkt Quneitra und weiter nach Qatztrin mit der Golan Heights Winery und den nahen Dvorah-Wasserfällen (s. S. 310).

Richtig Reisen-Tipps

Besuch der Verkündigungskirche: An der Stelle von Nazareths wichtigstem Pilgerziel stand einst das Haus der Maria, in dem Gabriel die Geburt des Heilands ankündigte (s. S. 282).

Auf den Berg Tabor: Nahe dem Dorf Kefar Tavor liegt über dem Jezreeltal der 588 m hohe Berg der Verklärung Jesu. Die Aussicht von oben ist atemberaubend und reicht über ganz Galiläa. Besuchenswert sind die griechisch-orthodoxe Elijakirche und die Basilika der Verklärung mit einem wundervollen Mosaik in der Apsis (s. S. 286).

Reise- und Zeitplanung

Im Eiltempo kann man die Region in vier bis fünf Tagen erkunden, allerdings bleibt dann keine Zeit zum Entspannen. Allein in Tiberias kann man sich mehrere Tage aufhalten, denn der Ort am See Genezareth eignet sich perfekt für einen klassischen Badeurlaub.

Fast alle Straßen der Region sind gut ausgebaut, alle Orte mit dem Auto bequem zu erreichen, die meisten auch mit öffentlichen Verkehrsmitteln. Ins Reisegepäck gehören auf alle Fälle Wanderschuhe und die entsprechende Kleidung, denn die Golanhöhen lassen sich am schönsten zu Fuß erleben. Auch Badesachen sollte man unbedingt einpacken. Wer das Skigebiet auf dem Berg Hermon testen möchte, kann dort vom Skistock bis zum Skischuh alles leihen, nur für Kleidung muss man selbst sorgen.

Nazareth und Umgebung

Karte S. 285

Höhepunkt dieser Tour ist ohne Frage Nazareth, eine sympathische Stadt. Mit dem Berg Tabor und Kana bleibt man auf den Spuren Jesu. Ein faszinierender Ort für archäologisch Interessierte sind die Ausgrabungen von Beit She'arim.

7 Nazareth

Karte: S. 285

Viele Besucher sind von **Nazareth** (66 000 Einw.) zunächst enttäuscht. In einem Tal entwickelte sich hier eine moderne, von arabischer Bevölkerung dominierte Stadt (arab. El Nasra), die beileibe nicht die sakrale Atmosphäre verströmt, die man von einem solchen Ort erwarten würde. In Nazareth verkündete der Erzengel Gabriel die Geburt Jesu und nach Nazareth kehrte die heilige Familie nach ihrer Flucht aus Ägypten zurück. Der Besuch von Nazareth ist für viele ein spirituelles Erlebnis, aber auch das wird einem nicht immer ungestört gegönnt. Viele Priester und Mönche, die Hüter der heiligen Stätten, pflegen gegenüber Kirchenbesuchern einen barschen Ton. Im Grunde ist die Stadt heute eine Schnellabfertigung für Pilgergruppen: rein in die Kirche, beten, Segen, Amen und auf Wiedersehen.

Stadtgeschichte

Vor der Verkündigung Mariä spielte Nazareth keine erwähnenswerte Rolle in der Geschichte, obwohl seit der Bronzezeit eine landwirtschaftliche Siedlung nachgewiesen ist. Nach

Undenkbar: eine Pilgerreise nach Israel ohne Nazareth und Verkündigungskirche

dem Bar-Kochba-Aufstand suchten jüdische Hohepriester und andere aus Jerusalem Vertriebene hier Zuflucht und unterdrückten in der Folgezeit jede Art christlichen Engagements in Nazareth, bis sie von den Byzantinern besiegt und verjagt wurden.

Ab dem 5. Jh. konnten christliche Kirchen und Gedenkstätten errichtet werden. Der Pilgerstrom setzte wenig später ein, als über Nazareth Berichte laut wurden, wonach sich hier Wunder ereigneten und die örtliche Synagoge die Schulbank und das Buch besitze, in dem Jesus als Kind seine ersten Schreibversuche unternahm.

Die Araber zerstörten die Stadt im 7. Jh. 1099 erhoben die Kreuzritter das längst wieder aufgebaute Nazareth zur Hauptstadt Galiläas und bauten Kirchen – der Beginn des Pilgertourismus. 1263 wurde die Stadt von Mamluken erobert, 1620 konnten die Franziskaner unter der toleranten Herrschaft des Drusen Fakhr el Din ein Kloster gründen. Im Unabhängigkeitskrieg eroberte Israel die arabische Stadt, in der heute die größte Gemeinschaft arabischer Israelis lebt.

Synagogen- und Mensa-Christi-Kirche

Von der Verkündigungskirche führt ein steiler Fußweg hinauf zum Basarviertel mit der griechisch-katholischen **Synagogenkirche.** An dieser Stelle siedelt der Volksglaube die Synagoge an, in der Jesus als Kind lesen und schreiben lernte und sich den jüdischen Einwohnern gegenüber später als Messias zeigte (Mo–Sa 8–12, 14–17 Uhr, Eintritt frei).

Um die nächste Kirche zu erreichen, muss man sich durchfragen. Die 1861 von Franziskanern erbaute **Mensa-Christi-Kirche** liegt in einer der steilen Gassen westlich der Verkündigungskirche und ist an ihrer roten Kuppel leicht zu erkennen. Sie steht an dem Ort, wo Jesus nach der Auferstehung mit seinen Jüngern gespeist haben soll. Als Tisch diente ein Felsblock, der noch erhalten ist und aus dem Pilger immer wieder kleine Stücke als Souvenir herausbrechen. In der Kirche mit Marmoraltar gibt es feine Malereien italienischer Künstler des 19. Jh. Die sogenannte Jesus-Quelle außerhalb der Kirche ist seit 1921 versiegt. Da in der Kirche derzeit keine Messen mehr gelesen werden, muss man den Schlüssel bei den Nachbarn holen.

Mit dem Autor unterwegs

Wandern auf Jesu Pfaden

Zum Israelbesuch von Papst Benedikt XVI. 2009 wurde ein 65 km langer Wanderweg von Nazareth nach Kapernaum eingeweiht. Der **Jesus Trail,** der den Spuren Jesu und seiner Jünger folgt, führt über Kana, Tabga, den Berg der Seligsprechung und Tiberias ins Jordantal. Die Wanderung dauert drei bis vier Tage. Freiwillige leiten Teilstrecken der Touren, Start ist jeweils Mo–Sa 8 Uhr in Nazareth an der Verkündigungskirche (s. S. 282).

Altes Badehaus

Hier kann man zwar nicht selbst ins Nass tauchen, aber die ungewöhnliche Besichtigung von **Mary's Well and the Ancient Bath House** führt mitten durch eine Boutique, bei deren Renovierung die Anlage entdeckt wurde. Die Inhaber Elias und Martina sind obendrein eine unschätzbare Quelle für Infos jeder Art (s. S. 282).

Lecker arabisch speisen

Es gibt Israelis, die fahren nur nach Nazareth, um im **Restaurant Diana** zu essen. Von außen unscheinbar, drinnen klasse: Was man aus bekannten Vorspeisen zaubern kann, zeigen die fantasievollen Köche, die sich neben Fisch und Fleisch auch an israelische Küchenklassiker wie Schafshoden wagen (s. S. 283).

Gabrielskirche

Letzte Station ist die am nördlichen Stadtrand gelegene **Gabrielskirche** von 1776 mit dem Marienbrunnen. Von den griechisch-orthodoxen Christen wird sie als wahrer Platz der Verkündigung angesehen und nicht die Verkündigungskirche.

Mit ihrer Halle und den beiden Flügeln erinnert die Gabrielskirche an eine Festung. Die

Richtig Reisen-Tipp: Besuch der Verkündigungskirche

Die **Verkündigungskirche** an der Casa Nova Street ist der religiöse Dreh- und Angelpunkt aller Pilgergruppen. 1969 wurde der architektonisch betont modern konzipierte Kalksteinbau eingeweiht. Für ihn musste eine Kirche aus dem 18. Jh. weichen. Die Basilika besteht aus zwei übereinanderliegenden Kirchen, in die ältere Elemente aus der Zeit der Byzantiner und der Kreuzfahrer einbezogen wurden. An dieser Stelle stand einst das Haus der Maria, in dem Gabriel die Geburt des Heilands ankündigte. Ein ummauerter Vorhof umgibt den Sakralbau. Der Kreuzgang ist reich verziert mit Wandmosaiken, die sehr schöne Volkskunstdarstellungen aus aller Welt zeigen. Die Fassade trägt im Giebel Reliefs der Verkündigung Gabriels sowie Darstellungen der Evangelisten Matthäus, Markus, Lukas und Johannes (von links nach rechts). Die Bronzeportale zeigen Schlüsselszenen des Christentums und des Lebens Jesu: Sündenfall, Taufe, Bergpredigt, Kreuzigung und Auferstehung.

Mittelpunkt im Innern der Kirche ist der 1,5 m tiefer liegende achteckige Altarvorraum, in dem Pilgergruppen vor der **Verkündigungsgrotte** Gottesdienste zelebrieren. Einzelreisende bekommen nur selten die Möglichkeit, die geräumige Grotte mit der von Kreuzfahrern errichteten Engelskapelle zu sehen, in der zwei Säulen die Standpunkte Marias und Gabriels während der Verkündigung markieren. Vor dem **Martyrion,** einer kleinen Nebengrotte mit einem schönen Mosaik, soll das Haus Marias gestanden haben. Im Boden des Hauptschiffs erkennt man das **Christusmonogramm,** bestehend aus den beiden groß geschriebenen griechischen Anfangsbuchstaben des Namens Christus: einem zum *chi* (X) abgewandelten Stern und dem *rho* (P).

Die **Oberkirche** mit einem großen Hauptaltar und zwei Seitenaltären wird von Mosaiken und Malereien geschmückt, die Christen aus aller Welt gestiftet haben. Von hier gelangt man zur nördlich liegenden **Josephskirche,** erbaut 1914 und nicht annähernd so beeindruckend wie die gewaltige Verkündigungskirche. Sie wurde an der Stelle errichtet, auf der sich das Haus und die Werkstatt von Joseph befanden, hier lernte Jesus das Zimmermannshandwerk. Eine schmale Treppe am Taufbecken führt in die nur durch Gitter zu sehende Josephsgrotte, die als Kultstätte und später als Getreidelager diente (Tel. 04 657 25 01, im Winter Mo–Sa 8–17, im Sommer 8–18 Uhr, Eintritt frei).

alte Brunnenöffnung liegt in der Krypta unter dem Altar. Der im 19. Jh. gebaute Brunnen führt kein Wasser mehr. Über dem Brunnen in der Krypta steht an der Wand in Arabisch »Verkündigung der Jungfrau und Wasserbrunnen«. Sehenswert ist die seit der Kirchengründung erhaltene, mit Einlegearbeiten reich verzierte und vergoldete Holzikonostase, die Kirchenbesucher und Altarraum trennt (Mo–Sa 7–10, 12–18 Uhr, Eintritt frei).

Mary's Well and the Ancient Bath House

Etwas weltlicher ist der Besuch in dem 2000 Jahre alten Badehaus, das heute zum Souvenirshop Cactus gehört. **Mary's Well and the Ancient Bath House** ist der ganze Stolz des israelisch-belgischen Paars Elias und Martina, die 1993 bei Renovierungsarbeiten auf dieses Badehaus aus römischer Zeit stießen. Sie begannen mit der Freilegung und präsentieren heute auf geführten Touren eine spannende archäologische Stätte (Mary's Well Square, Tel. 04 657 85 39, www.nazarethbathhouse.org, Mo–Sa 9–18 Uhr).

Tourist Office: Casa Nova St., Tel. 04 657 30 03, Fax 04 657 52 79, www.nazarethinfo.org, Mo–Fr 8.30–17, Sa 8.30–12.30 Uhr.

Plaza: 2 Hermon St., Tel 04 602 82 00, Fax 04 602 82 22, www.tzofit.co.il. Das erste 5-Sterne-Hotel der Stadt thront auf dem Hügel über Nazareth und lohnt alleine des einmaligen Ausblicks wegen den Besuch, auch wenn man hier nicht zu wohnen beabsichtigt. DZ ab 6100 NIS.

St. Gabriel: Salesian St., Tel. 04 657 21 33, Fax 04 655 40 71. Dem Gebäude, nicht jedoch der schlichten, aber angenehmen Ausstattung merkt man an, dass man in einem alten katholischen Kloster wohnt. Wunderbare Lage am Berg, dafür etwas weiter vom Zentrum entfernt. DZ ab 500 NIS.

Rimonim: Paul VI Rd., Tel. 04 650 00 00, Fax 04 650 00 55, www.rimonim.com. Zentrale Lage, sowohl auf Geschäftsleute als auch auf Pilgergruppen eingestellt, angenehme Zimmer, Tiefgarage. DZ ab 480 NIS.

Galilee: Paul VI Rd., Tel. 04 657 13 11, 04 655 66 27, www.b-and-b.co.il/galilee. Zentral gelegenes, modernes und schönes Haus mit ordentlichen Zimmern. DZ ab 350 NIS.

Die Restaurants in der Touristenzone sind auf eine Speisung der Massen ausgelegt und bieten zu unschlagbar günstigen Preisen gute arabische Hausmannskost, u. a. das **Al Salam,** Paul VI St., und das **Astoria,** Casa Nova St.

Plaza: im gleichnamigen Hotel, 6–24 Uhr. Wenn das Frühstück vorbei ist, übernehmen die Köche für Lunch und Dinner. Dann gibt es fein zubereitete Fleisch- und Fischgerichte. Ab 90 NIS.

Diana: 51 Paul VI St., Tel. 04 657 29 19, tgl. 11–24 Uhr. Für Freunde von Vorspeisen verbirgt sich hinter der unscheinbaren Fassade dieses Lokals der Himmel – mit unglaublicher Fantasie verfeinert man hier die gängigen *mezze.* Zu den gelungenen Hauptspeisen gehören der Fleischspieß mit Pinienkernen, auch die Lamminnereien schmecken hervorragend. Ganz Mutige wagen sich an die Schafhoden. Fisch, Calamari und Steaks runden die Karte ab. Ab 80 NIS.

Fahoum: 303 Casa Nova St., Tel. 04 655 33 32, tgl. 8.30–21 Uhr. Man fängt mit den köstlichen arabischen Vorspeisen an, und wenn danach noch Platz ist im Magen, bestellt man Gegrilltes wie Lamm, Kebab oder Huhn, alles sehr gut zubereitet. Dass das Restaurant zu Stoßzeiten den Charme einer lauten Kantine hat, gehört hier einfach dazu. Ab 45 NIS.

Das Angebot konzentriert sich auf Devotionalien. Schön ist der **arabische Souq,** Casa Nova St., wo man neben Lebensmitteln, Wäscheklammern, Gewürzen, Rosenkränzen und Wasserpfeifen auch Souvenirs findet. Immer feilschen!

Programminformationen findet man unter www.nazarethinfo.org.

Feste der sakralen Musik (Ostern und Weihnachten). Es muss nicht immer Orgel sein, auch mit Oud und arabischer Trommel lässt sich Sakralmusik spielen.

Israeli-Arab Orchestra of Nazareth (Spätsommer): Musik vereint, hier sind es arabische und jüdische Israelis, die gemeinsam musizieren, ihre Lieder mit Bauchtanz begleiten. Die mitreißenden Vorstellungen finden unter freiem Himmel im Rahmen des Nazareth Festival der Arabischen Folklore statt.

Nazareth International Film Festival (Nov./Dez.): El Wroud St., Tel. 04 646 71 38. Internationale und israelische Streifen. Der Themenschwerpunkt liegt auf Menschenrechten, Religion und Toleranz.

Busse: Mehrmals tgl. von der Bushaltestelle nahe der Verkündigungskirche nach Tiberias, Afula, Haifa, Tel Aviv und Jerusalem. Infos: Egged, Schnellwahl *2800, Tel. 03 694 88 88, www.egged.co.il.

Sherut-Taxis: Abfahrt in der Paul VI St. nach Haifa, dort muss man für Tel Aviv, Jerusalem etc. umsteigen.

Beit She'arim

Karte: S. 285

Von Nazareth führt die kurvenreiche Straße Nr. 75 nach Westen Richtung Haifa. Hinter dem Ort Migdal HaEmeq geht es steil hinunter ins Tal, wo der **Kibbuz Jifat** 1 mit seinem kleinen Museum über Landwirtschaft und Ackerbau der Pionierzeit einen Abste-

In Nazareth überwiegt die arabische Bevölkerung – was sich auch in der Schaufenstergestaltung widerspiegelt

cher lohnt. Nach etwa 13 km ist dann **Beit She'arim** **2** erreicht. Dieser Ort, eine der heiligsten Stätten des Judentums, aber nicht in der Bibel erwähnt, lockt jedes Jahr Hunderttausende Besucher an: Hier schrieb der berühmte Rabbi Jehuda HaNasi die Mischna nieder, die bis dahin nur mündlich überlieferten Kommentare und Ergänzungen zur Thora. Archäologen fanden seit 1936 in der Nekropole 31 Katakomben, deren kleinste 40 und deren größte 400 Gräber enthielt, viele sind labyrinthartig angelegt, enthalten Sarkophage und merkwürdigerweise Zeichnungen heidnischer Götter.

Geschichte

Während des 2. Jh. versammelte sich hier der Sanhedrin, der jüdische Hohe Rat, der von Kaiser Hadrian wegen Unterstützung des Bar-Kochba-Aufstands von seinem vollständig zerstörten Sitz Javne, nördlich von Jerusalem, vertrieben worden war. Durch die Vertreibung aus Jerusalem konnte man die Toten nun nicht mehr auf dem Ölberg beisetzen. So entwickelte sich Beit She'arim zu einer großen bedeutenden Begräbnisstätte.

Im 4. Jh. zerstörten die Römer, wohl um einem neuen Judenaufstand vorzubeugen, die Totenstadt. Im Laufe der Zeit geriet Beit She'arim in Vergessenheit, die Gräber verfielen ab dem 4. Jh. und wurden verschüttet. 1936 stieß der Forstaufseher Alexander Zaid bei der Suche nach einem Schaf auf die Katakomben. An ihn erinnert heute eine Statue.

Besichtigung

Die alte **Synagoge,** nur in Fundamenten erhalten, wurde von den Römern um 350 zerstört. In den Trümmern des zweigeschossigen Gebäudes fand man etwa 1200 Münzen, die jüngsten datieren aus dem Jahr 350. Ebenfalls nur noch eine Ruine ist die **Basilika** aus dem 2. Jh.

Durch eine Fassade mit drei Bögen betritt man die **Katakomben** und steht am Beginn eines Labyrinths von Korridoren, Grabkammern und seitlichen Verästelungen mit Dutzenden von Steinsarkophagen. Sie sind reich

Die Umgebung von Nazareth

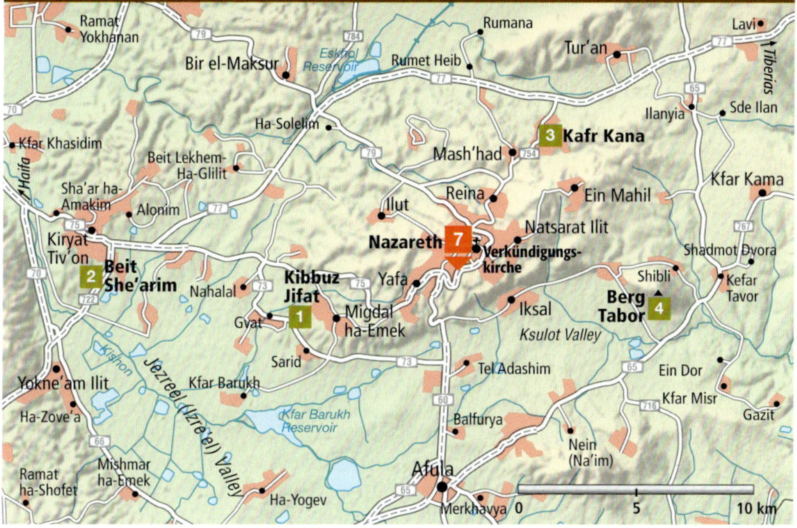

verziert mit Motiven wie Pflanzenornamenten, Tierdarstellungen (Vögel, Löwen, Adler), Menoren und geometrischen Figuren. Meist in Hebräisch und Griechisch stehen auf den Sarkophagen die Namen und Herkunft der Toten. Und oft warnt ein in Stein gemeißelter Fluch, wenn jemand die Ruhe der Toten störe, »komme ein böses Ende auf ihn zu«. Es half wenig, Grabräuber haben hier schon vor Jahrhunderten geplündert. Die schönsten Stücke, die sie zurückließen, werden heute im Jerusalemer Rockefeller-Museum (s. S. 174) und in dem kleinen Museum von Beit She'arim nahe dem Parkplatz ausgestellt.

Von den rund 30 interessanten Katakomben sind nur einige zugänglich, darunter Katakombe Nr. 14, höchstwahrscheinlich das Familiengrab des Rabbi Jehuda HaNasi. Sein Name ist hier zwar nirgends schriftlich erwähnt, aber dafür wurden die Namen seiner Söhne auf Sarkophagen identifiziert, die nach damaliger Tradition kaum in einem anderen Grab als dem ihres Vaters bestattet wurden. Beeindruckend ist auch die benachbarte Katakombe Nr. 20, die Höhle der Rabbis. 130 Marmor- und Kalksteinsarkophage mit Inschriften in u. a. hebräischer, griechischer und aramäischer Sprache wurden in dem verwinkelten Grab mit seinen 26 Räumen entdeckt, dazu an den Wänden die Namen der hier Bestatteten und Zeichnungen heidnischer Götter wie Aphrodite und Nike. Diese waren als kunstvolle Dekoration geschätzt (Tel. 04 983 16 43, Sa–Do 8–17, Fr 8–15 Uhr, 18 NIS, für Führungen vorher telefonisch anmelden).

Kafr Kana

Karte: oben

Ca. 10 km nördlich von Nazareth liegt das arabische Dorf **Kafr Kana 3,** wo einst die Hochzeit zu Kanaan stattfand. Hier vollbrachte Jesus sein erstes Wunder, bei dem er, wie Johannes 2,1–11 überliefert, Wasser in Wein verwandelte. Sehenswert ist die am Platz der Hochzeit über byzantinischen Ruinen 1881 erbaute **Franziskanerkirche.** Ihre Krypta, die man besichtigen kann, wurde um eine mittlerweile ausgetrocknete Quelle errichtet. Vor dem Altar stehen Kopien der Tonkrüge, wie sie zur Zeit Jesu verwendet wurden.

Richtig Reisen-Tipp: Auf den Berg Tabor

Karte: S. 285
Ein aussichtsreicher Tagesausflug führt von Nazareth über Afula (Straßen Nr. 60 und 65) zum **Berg Tabor** 4 (Har Tavor). Nahe dem 1902 gegründeten Dorf Kefar Tavor liegt über dem Jezreeltal der 588 m hohe Berg der Verklärung Jesu. Der Blick von oben ist atemberaubend und reicht bei klarer Luft bis Nazareth und über ganz Galiläa.

Erstmals wird der Berg im Alten Testament erwähnt. Die Richterin Debora, die mit in die Deboraschlacht zog, und der Feldherr Barak besiegten hier die Truppen des Kanaaniters Sisera. »Und sie sandte hin und ließ Barak, den Sohn Abinoams, von Kedes-Naphtali, rufen; und sie sprach zu ihm: Hat nicht Jehova, der Gott Israels, geboten: Gehe hin und ziehe auf den Berg Tabor, und nimm mit dir zehntausend Mann von den Kindern Naphtali und von den Kindern Sebulon«, heißt es im Buch der Richter 4,6.

Auf dem Berg lohnen zwei Kirchen einen Besuch. Der Platz der griechisch-orthodoxen **Elijakirche** wird in Verbindung gebracht mit dem in Genesis 14,17–24 erwähnten Melchisedek, dem König von Salem, der nach dem Volksglauben an dieser Stelle auf Abraham traf. Die Kirche wurde 1911 aus den Überresten byzantinischer und aus der Kreuzfahrerzeit stammender Ruinen erbaut, erhalten ist ein Mosaikboden. Ein Eisentor neben dem Gotteshaus weist den Weg in Melchisedeks Grotte. Durch ein Portal aus einer muslimischen Festung des 13. Jh. betritt man das Franziskanerkloster, zu dem auch eine Benediktinerabtei aus dem 12. Jh. gehört.

1924 wurde die zweite Kirche, die wundervolle **Basilika der Verklärung,** fertiggestellt. Die Fassadentürme sind Moses (links) und Petrus geweiht. Glanzstück der Kirche ist das Mosaik in der Apsis, das die Geschichte der Verklärung darstellt.

Die Basilika der Verklärung erinnert an die Verwandlung Jesu vor seinen Jüngern

See Genezareth und Umgebung

Karte S. 297

Die Region um den See Genezareth bietet Abwechslung jeder Art. Tiberias ist ein populärer Bade- und Kurort, Deganya war der erste Kibbuz in Israel. Viele Orte, wie Kapernaum und der Berg der Seligsprechung, erinnern an Jesus, der nach der biblischen Überlieferung auf dem See übers Wasser ging.

8 Tiberias

Karte: S. 297

Tiberias (40 000 Einw.) ist das Schmuckstück am See Genezareth und eines der populären Urlaubsziele der Israelis. Wenngleich vom historischen Kern nach mehreren Erdbeben kaum etwas übrig ist, besitzt die Stadt viel Flair, ist sozusagen ein Little Tel Aviv am See – tagsüber sonnt man sich, geht schwimmen und treibt Wassersport, abends genießt man das lebendige Nachtleben entlang der 2 km langen Promenade. Pferdedroschken warten auf Passagiere, denen zumindest im Urlaub 1 PS ausreicht, Vergnügungsdampfer legen zu Fahrten über den See ab.

Die Stadt erstreckt sich entlang dem Westufer und wächst immer weiter die Hänge der umgebenden Berge hinauf. Berühmt ist Tiberias als Kurort wegen seiner heilenden Thermalquellen, die Rheuma sowie Erkrankungen der Wirbelsäule und der Nerven lindern helfen. Aufgrund seiner Lage von 213 m unter dem Meeresspiegel ist es im Sommer meist unerträglich heiß, dafür aber in den übrigen Jahreszeiten angenehm warm.

Stadtgeschichte

Tiberias ist mit Jerusalem, Hebron und Safed eine der vier heiligen Städte des Judentums, denn hier wurden zwischen dem 2. und 4. Jh. Mischna und Gemara und damit der Palästina-Talmud komplettiert. In Tiberias werden die Gräber bedeutender Rabbis verehrt.

Auf den Ruinen der kanaanitischen Stadt Hammat-Rakkat errichtete 20 n. Chr. Herodes Sohn Herodes Antipas zu Ehren des römischen Kaisers Tiberius (der Germanien bis zur Elbe unterworfen hatte) die Stadt. Nach der Zerstörung des Zweiten Tempels und der Vertreibung der Juden aus Judäa flüchteten sich viele nach Tiberias, darunter wichtige Gelehrte des jüdischen Hohen Rats. Mit dem Einfall der Araber fiel Tiberias kampflos. 749 zerstörte ein Erdbeben weite Teile der alten Stadt, die südlich des heutigen Tiberias liegt. Die neue Stadt gründete 1099 der normannische Kreuzritter Tankred, Fürst von Galiläa.

1187 eroberte Saladin Tiberias und setzte auf jeden toten Kreuzfahrer ein Kopfgeld aus. Im 16. Jh. versuchte der spanische Jude Don Joseph Hanassi, unterstützt von seiner Schwiegermutter Donna Grazia Mendez de Luna, einen jüdischen Stadtstaat zu etablieren, wofür er sich das Wohlwollen des türkischen Sultan Sulaiman gesichert hatte. Doch die Sulaiman folgenden Herrscher verfolgten diese Pläne nicht weiter und viele Juden verließen Tiberias. Vor dem Unabhängigkeitskrieg 1948 lebten etwa 6000 Araber und 6000 Juden hier, die Araber flüchteten vor Ausbruch des Kriegs.

Probleme bereitet der sinkende Wasserspiegel des Sees Genezareth, Israels einzigem Süßwassersee, der bislang über die Hälfte des Trinkwasserbedarfs des Landes stillt. Durch zunehmende Verdunstung, ausbleibende Niederschläge und übermäßige

Wasserentnahmen droht laut Wissenschaftlern ein dramatischer Qualitätsverlust des Trinkwassers. Außerdem besteht die Gefahr, dass – bei ungebremster Entwicklung – der See mit unabsehbaren ökologischen Folgen langfristig trockenfällt. Krisengewinner sind die Archäologen. Ihnen offenbart der sinkende Wasserspiegel neue Stätten: Erst 2008 wurde ca. 30 m vor dem Ostufer eine Reihe von Steinpfählen entdeckt, die sich über mehrere Kilometer ziehen. Noch ist unklar, wozu sie dienten – waren es Grenzmarkierungen, Pfähle für Wachtürme oder Befestigungen für Fischernetze?

Mit dem Autor unterwegs

Wohnen in der Schottenklinik

Kuppeln und Bögen markieren das Gebäude aus dem 19. Jh., in dem einst ein Krankenhaus der schottischen Kirche untergebracht war. Heute residiert hier das Hotel **The Scots,** in dessen nostalgischem Ambiente man stilvoll wohnen kann (s. S. 290).

It's showtime, folks!

Seit über drei Jahrzehnten ist das **Jacob's Ladder Festival** in Tiberias beheimatet. Der Name lässt es nicht sofort erahnen – alles dreht sich um Folk, Bluegrass, Irish und Country. Das Festival steigt zweimal jährlich im Mai und im Dezember (s. S. 291).

Seefahrt à la Genezareth

Der Schifffahrtsbetrieb auf dem See Genezareth ist rege. Schippern tagsüber Pilger auf den Spuren Jesu über den See, so sind die **Ausflugsboote** ab dem Abend schwimmende Diskotheken (s. S. 292).

Thermalbäder und Alligatoren

Hamat Gader nahe der Südspitze des Sees Genezareth ist mit seinen heilenden, bis zu 51 °C heißen Thermalquellen und der großen Alligatorfarm eine beliebte Touristenattraktion (s. S. 298).

Wo Jesus über den See ging

In **Kapernaum** begegnete Jesus dem Simon, genannt Petrus, und ging nach der Brotvermehrung übers Wasser. Kapernaum ist kein spektakulärer, vielmehr ein spiritueller Ort, den man in Ruhe auf sich wirken lassen sollte (s. S. 299).

Grab des Maimonides und Grab des Rabbi Akiba

In der HaTanaim Street liegt das **Grab des Maimonides.** Rambam wird der Arzt, Philosoph und Religionsgelehrte kurz genannt, der unter dem Namen Rabbi Moshe Ben Maimon 1135 im spanischen Córdoba das Licht der Welt erblickte, 1204 in Kairo starb und auf eigenen Wunsch in Tiberias beigesetzt wurde. Er hatte schon etliche bedeutende Werke verfasst, ehe er den ersten Kodex des jüdischen Rechts schrieb. Sein Werk »More Nebukim« (›Führer der Unschlüssigen, der Verwirrten‹) versuchte einen Ausgleich zwischen den Lehren Aristoteles und jüdischem Glauben herzustellen. Maimonides beeinflusste die christliche Scholastik (Albertus Magnus, Thomas von Aquin) maßgeblich.

Dem Grab des Maimonides nähert man sich durch einen von 14 Pfeilern gesäumten Aufgang (auf Hebräisch ist die Zahl 14, *yad,* gleichlautend mit dem Wort für Gedenken). Der mit einem schwarzen Tuch bedeckte Sarkophag steht in einem offenen Halbrund, über dem eine 17 t schwere Stahlkonstruktion einen zur Königskrone abstrahierten Davidstern darstellt.

Links des Grabrunds findet man den Sarkophag des Rabbi Jochanan Ben Zakkai, der infolge seiner Klugheit vom römischen Kaiser Vespasian die Erlaubnis erhielt, die Hochschule von Javne zu gründen. Die drei anderen hier beigesetzten Rabbiner sind Rabbi Ami und Rabbi Assi (3. Jh.) sowie der Kabbalist Rabbi Isaiah Horowitz (17. Jh.).

In den Westhügeln von Tiberias findet man das **Grab des Rabbi Akiba,** der geistige Wegbereiter des Bar-Kochba-Aufstands von 132 bis 135 gegen die Römer. Unübersehbar strahlt das weiße Mausoleum, zu dem viele Menschen pilgern und um Hilfe beten.

Tiberias Hot Springs

Nach dem Hotel Holiday Inn an der südlichen Stadtausfahrt, direkt am See, sprudeln die **Tiberias Hot Springs,** um die sich manche Legende rankt. Von König Salomo wird erzählt, kränkelnde alte Männer hätten ihn gebeten, doch ein Heilmittel für ihre Leiden zu finden. Salomo schickte einige Teufel, die das Wasser erhitzen sollten, und zwar bis er sterbe, dann sei ihre Aufgabe erledigt. Aber Salomo machte sie, kaum begannen sie das Wasser zu erhitzen, taub, damit sie niemals von seinem Tod hören würden – und bis heute hat es ihnen offenbar keiner der zahlreichen Kurgäste verraten. Das Wasser kommt aus 2000 m Tiefe, ist bis zu 39 °C warm und soll bei Rheuma, Arthritis und Hautproblemen Wunder wirken. Eine der Badeanlagen, die Old Tiberias Hot Springs, ist für religiöse Besucher gedacht und hat getrennte Bereiche für Männer und Frauen. Von den größeren Hotels verkehren Shuttle-Busse zu den Quellen (Young Tiberias Hot Springs: Elizer Kaplan Blvd., Tel. 04 672 85 00, Sa–Do 8–20, Fr 8–14.30 Uhr, 70 NIS; Old Tiberias Hot Springs: gegenüber, Tel. 04 672 52 87, Sa–Do 8–20, Fr 8–14.30 Uhr, 65 NIS).

Park und Synagoge

Südlich schließt sich ein **Park** mit den Ruinen eines Badehauses aus dem 6. Jh. und den Resten eines Mosaiks aus einer **Synagoge** des 4. Jh. an. Die Darstellung zeigt die zwölf Tierkreiszeichen, über denen zwei Menoren mit einem Thoraschrein gruppiert sind. Darunter flankieren zwei Löwen eine Inschrift. Außer dem Wort Shalom ist alles in Griechisch und Aramäisch geschrieben. Frauenbüsten in den Ecken symbolisieren die vier Jahreszeiten. Das Außergewöhnliche hier ist die Vermischung heidnischer Tierkreiszeichen und jüdischer Symbolik. Da dieses Mosaik aus der Blütezeit Tiberias – als der jüdische Hohe Rat und hohe Gelehrte hier weilten – stammt, lässt die Darstellung auf ein höchst liberales Klima im Tiberias jener Zeit schließen. Der mit Steinen abgedeckte Riss, der durch das Mosaik läuft, stammt von einer Mauer, die hier ehemals verlief.

An der Straße unterhalb der Synagoge befinden sich jüdische **Bäder** aus römischer Zeit (2./3. Jh.). Das Wasser der zufließenden Bäche ist handwarm. Das zum Park gehörige **Lehmann-Museum** widmet sich der Geschichte des Heilbads Tiberias. Karten und Grafiken erklären die Geologie des Orts und erläutern die exakte chemische Zusammensetzung des Wassers (Hamat Tiberias, So–Do 8–16, Fr 8–12 Uhr, Eintritt frei).

Galillee Experience

Vor einer Rundreise durch Galiläa sollte man die gelungene Multimediashow im Marinagebäude am Seeufer besuchen. Die **Galillee Experience** vermittelt in knapp 40 Minuten einen Überblick über die letzten 4000 Jahre dieser Region, natürlich aus deutlich christlicher Sicht (Tel. 04 672 36 20, www.thegalilee experience.com, So–Do 8–22, Fr 8–16, Sa 7–22 Uhr, 35 NIS, auch in Deutsch).

Byzantinische Kirche

Leider noch nicht zur Besichtigung freigegeben ist eine **byzantinische Kirche** aus dem 4. oder 5. Jh., die 2007 in Tiberias Stadtzentrum entdeckt wurde und nun das älteste Gotteshaus der Stadt ist. Der gut erhaltene Mosaikfußboden mit etlichen Motiven des christlichen Kreuzes umfasst altgriechische Inschriften, eine davon lautet: »Jesus, unser Herr, schütze die Seelen deiner Diener.«

i **Tourist Office:** 23 Habanim St., Tel. 04 672 56 66, Fax 04 672 50 62, So–Do 9–16.30, Fr 9–13 Uhr, www.tiberias.muni.il.

In Tiberias gibt es Hotels aller Kategorien, während der Ferienzeiten sollte man früh reservieren. Infos bei der Tiberias Hotel Association, www.tiberias-hotels.com.

Golden Tulip Club All Inclusive: 1 Habanim St., Tel. 04 671 44 44, Fax 04 672 23 21, www.fattal.co.il. Komfortables All-inclusive-Hotel im Herzen von Tiberias, sehr lebhaftes Haus. DZ ab 1800 NIS.

Gai Beach: Derech Hamerhazaot (Promenade), Tel. 04 670 07 00, Fax 04 679 27 76, www.gaibeachhotel.com. Angenehme Unterkunft aus den 1980er-Jahren in Seelage, mit Pool und Sportmöglichkeiten, ideal für Familien. Zum Hotel gehört der Water Park nebenan (s. S. 292). DZ ab 1000 NIS.

Kinneret Spa: Eliezer Kaplan Blvd., Tel. 04 672 34 44, Fax 04 672 34 43, www.kspa.co.il. Nettes Boutiquehotel im römischen Stil im Süden von Tiberias nahe der heißen Quellen. DZ ab 1000 NIS.

The Scots: 1 Gdud Barak St., Tel. 04 671 07 10, www.scotshotel.co.il. In dem in einem großen Garten liegenden Gebäude aus dem 19. Jh. war einst ein Krankenhaus der schottischen Kirche untergebracht, heute residiert hier ein modernes Hotel. In dem sorgfältig renovierten Gemäuer mit Kuppeln und Bögen herrscht eine nostalgische Atmosphäre, die sich besonders in den sogenannten *antique rooms* entfaltet. Vom Pool blickt man auf den entfernten See. Mindestens einmal sollte man im Torrance Restaurant essen, benannt nach dem Gründungsdoktor des Krankenhauses und untergebracht in den ehemaligen Klinikgewölben. Perfekt sind die Fischgerichte, beachtlich die angebotenen Weine aus Galiläa. DZ ab 800 NIS.

Prima Tiberias: 1 Elhadif St., Tel. 04 679 11 66, Fax 04 672 29 94, www.prima.co.il. Man wohnt auf einer Anhöhe, etliche Zimmer bieten einen wunderbaren Blick auf den See. DZ ab 500 NIS.

Astoria: 13 Ohel Ya'acov St., Tel. 04 672 23 51, Fax 04 672 51 08, www.astoria.co.il. Gepflegtes Mittelklassehotel in Familienbesitz, 10 Automin. zu den Stränden, mit Pool. DZ ab 400 NIS.

Beit Berger: 25 Neiberg St., Tel. 04 671 51 51, Fax 04 679 15 14. Kleines Familienhotel, sehr gepflegt, ca. 10 Min. Fußweg zum See, guter Startpunkt für Wanderungen. DZ ab 290 NIS.

Casa Dona Gracia: 3 Habrahim St., Tel. 04 671 71 76, Fax 04 671 71 75, www.donagracia.com. Das Museumhotel, wie es sich nennt, erinnert nicht nur dem Namen nach an eine reiche, vor der Inquisition geflohene Spanierin des 16. Jh., sondern pflegt auch das Flair der alten Zeit. Helle und angenehme Zimmer, v. a. an Feiertagen und in der Hochsaison

lange im Voraus ausgebucht. Geplant ist die Eröffnung von Suiten im Stil des 16. Jh. und eines türkischen Bads. DZ ab 280 NIS.

Zum Aperitif und zum Essen trifft man sich in Tiberias an der Lido-Promenade. Die Auswahl ist riesig und dennoch wird in den Lokalen manchmal der Platz knapp.

Decks: Gdud Barak St., Tel. 04 672 15 38, Fax 04 679 04 70, tgl. 19–1 Uhr. Exzellentes Bar-Restaurant mit Kohlengrill – der hier Biblical Grill heißt – für Fisch und Fleisch. Sehr

See statt Meer, doch ansonsten steht Tiberias als Urlaubsziel den Orten an der Küste in nichts nach

schön direkt am See gelegen, mit Anleger für Ausflugsschiffe. Ab 90 NIS.

Pagoda: Lido Beach, Gdud Barak St., Tel. 04 672 55 13. Chinesische, thailändische und japanische Küche – mit diesem fernöstlichen Dreischlag hat sich das Restaurant einen guten Namen gemacht. Man speist mit Seeblick. Ab 90 NIS.

Das Nachtleben spielt sich v. a. rund um die Marina ab. Alle größeren Hotels bieten eigene Unterhaltungsprogramme sowie Pubs und Diskotheken. Äußerst beliebt – und unüberhörbar – sind die Disco-Kreuzfahrten auf dem See (s. S. 292).

Big Ben: 12–3 Uhr. Dort, wo Seepromenade und Fußgängerzone zusammenlaufen, findet man diesen Traditionspub.

Pirate Bar: nahe Big Ben, 17–4 Uhr. Für die jüngere Generation, die mehr Wert auf Tanzen als auf Trinken legt.

Jacob's Ladder Festival (Mai/Dez., www.jlfestival.com): Seit 1967 eine Institution in Tiberias – damals strandete hier ein Auswandererpaar, das einen Folk-Club aufmachte. Daraus entwickelte sich dieses Festival rund um Bluegrass, Country, Irish Music, Rock und Blues. Konzertort ist das Kibbuz Ginosar Inn Hotel Sea of Galilee 9 km nördl. von Tiberias. Tickets unter Tel. 04 685 04 03 oder über die Website.

Baden und Strände: Water Park, Gai Beach Hotel, Tel. 04 670 07 00, April–Okt. tgl. 9.30–19 Uhr, 70 NIS, Hotelgäste frei. Tolle Anlage mit Wasserrutschen verschiedener Schwierigkeitsgrade.
Die öffentlichen Strände sind gepflegt sowie mit Umkleidekabinen und Duschen ausgestattet und kosten ca. 20 NIS Eintritt. Schön sind der Lido Kenneret Beach nördlich der Hayarden Street und der Sironit Beach südlich des Gai Beach Hotels. Weniger überlaufene Strände findet man nur außerhalb der Stadt.
Wasserski/Bootsverleih: U. a. beim Gai Beach Hotel, Tel. 04 670 07 00; Galei Kinneret Hotel, Tel. 04 672 88 88; Quiet Beach Hotel, Tel. 04 679 01 25.
Bootsausflüge: Kinneret Sailing Company, Seepromenade, Tel. 04 672 18 31, 04 665 80 07; Lido Cruises, Seepromenade, Tel. 04 672 15 38, Fax 04 679 04 70, decks@barak.net.il. Rund ein Dutzend Boote mit Platz für je 100 bis 200 Passagiere schippern über den See – tagsüber auf den Spuren Jesu, nachts zum Tanzen unterm Sternenhimmel. Die Disco-Kreuzfahrten starten meist gegen 19 Uhr.
Fahrradverleih: Danny's Bikes, 7 Taber St., Tel. 051 54 34 44.
Rafting: Abukayak, Jordan River Park, Tel. 04 692 10 78, 04 690 26 22, 04 692 10 78, Fax 04 692 11 04, www.abukayak.co.il; Kfar Blum & Beit Hillel Kayaks, Kfar Blum, Tel. 17 00 50 66 11, 04 690 26 16, www.kayaks.co.il. Für Anfänger und Könner gibt es unterschiedlich schwierige und lange Touren auf dem Jordan und dem Hatzbani, Kinder dürfen frühestens ab dem Teenageralter in die Boote.

Busse: Von der Central Bus Station in der Hayarden Street gibt es stündlich Verbindungen nach Haifa, Tel Aviv und Jerusalem sowie mehrmals täglich in die großen Orte Obergaliläas und des Golan. Egged-Infos: Schnellwahl *2800, Tel. 04 672 92 22, www.egged.co.il.

Eine Köstlichkeit aus dem See Genezareth: gegrillter St.-Peterfisch oder *amnun*

Sherut-Taxis: Abfahrt nahe der Central Bus Station in der Habanim Street.
Mietwagen: Avis, 2 Ha'amakim St., Tel. 04 672 27 66, www.avis.co.il; Eldan, im Jordan River Hotel, Tel. 04 672 28 31, www.eldan.co.il; Hertz, El Hadif St., Tankstelle, Tel. 04 672 39 39, 04 672 18 04, www.hertz.co.il.

West- und Südufer

Deganya

Karte: S. 297

Man verlässt Tiberias auf der Straße Nr. 90 Richtung Süden. An der Südspitze des Sees Genezareth liegt **Deganya** 1, Israels erster Kibbuz (s. S. 294). Aber Deganya ist auch noch wegen anderer Dinge berühmt. Zum einen wurde hier Verteidigungsminister und Kriegsheld Moshe Dajan geboren, der Mann mit der Augenklappe, und zum anderen fließt der Jordan durch das Kibbuzgelände. 1187 überquerte Salah el Din (Saladin) an dieser Stelle den Fluss und zog mit seinem riesigen Heer weiter zu den Hörnern von Hattin, einer doppelten Hügelkuppe. Die dortige Schlacht (s. S. 38) kostete Tausende Menschen das Leben und hatte gravierende Folgen: Saladin eroberte von den dezimierten und geschwächten Kreuzfahrern Stadt um Stadt. Als im Jahr 1291 dann auch Akko fiel, endete die Herrschaft des christlichen Königreichs Jerusalem.

Yardenit

Karte: S. 297

Nur wenige Kilometer südlich von Deganya zweigt unmittelbar vor der Brücke über den Jordan, der hier aus dem See Genezareth fließt, der Weg nach **Yardenit** 2 ab, eine touristisch durchorganisierte Tauffabrik. Wenn es auch unwahrscheinlich ist, dass Jesus hier tatsächlich getauft wurde, kommt jährlich rund 1 Mio. Menschen nach Yardenit. Sie erwartet eine perfekte Jesusindustrie, die neben Kosmetika, Dattelmarmelade und Kreuzen auch Jordanwasser (erhältlich im Set mit Olivenöl und Kruzifix) im Angebot hat. Auf einem beschilderten Pfad kann man eine kurze Naturwanderung unternehmen, allerdings ist Ruhe angebracht, da sich viele Menschen hier taufen lassen oder ihr Taufsakrament erneuern. Man darf weder schwimmen noch fischen. Getauft wird, natürlich gegen Zertifikat, täglich bis 17 Uhr, oft in Gruppen. Auch für bereits Getaufte ist das sehenswert. Im Restaurant werden Erfrischungen und einfache Speisen serviert (Tel. 04 675 91 11, Fax 04 675 91 29, www.yardenit.com),

Auf dem Pferd durch Galiläa

Mit einem Hauch des Wilden Westens kann man Galiläa hoch zu Ross erkunden. Das Gestüt **Vered HaGalil Guest Farm** bietet neben herkömmlichen Reitstunden auch eine Reihe von Touren durch Galiläa, an den See Genezareth und entlang dem Jordan an. Besonders schön sind die Mondscheinausritte. Rechtzeitige Buchung ist empfohlen. Möglich sind auch längere Kurse sowie Übernachtung in Hütten im Landhausstil (18 km nördl. von Tiberias an der Straße Nr. 90 nach Rosh Pina, Tel. 04 693 57 85, Fax 04 693 49 64, www.veredhagalil.com).

Nationalpark Belvoir

Karte: S. 297

Nach etwa 13 km auf der Straße Nr. 90 Richtung Süden weist am linken Straßenrand ein kleines Schild auf den **Nationalpark Belvoir** 3 (Cochav Hayarden National Park) hin. Er schützt die einst mächtigste Kreuzfahrerburg, deren Besuch man auf keinen Fall auslassen sollte. Eine kurvenreiche, teils steile Straße führt auf 350 m. Von oben bietet sich ein wunderbarer Ausblick über den See Genezareth bis zum Golan und nach Jordanien, doch auch die Ruinen selbst sind höchst beeindruckend. Ritter des französischen Johanniterordens erbauten die Burg 1168. Von 1187 bis 1191 wurde sie von Saladin belagert, der jedoch aufgeben musste. Im 13. Jh. zerstörte man Belvoir, um eine Rückkehr der Kreuzritter für immer auszuschließen. Von den Arabern wurde Belvoir Kocha El Howa genannt, ›Stern des Windes‹, woraus im Hebräischen

Deganya – Mutter aller Kibbuzim

Deganya war 1910 der Anfang der Kibbuzbewegung. Knapp ein Jahrhundert später mussten sich die Kibbuzim neu erfinden und von egalitären und sozialistischen Ideen verabschieden, um überleben zu können. Den meisten ist dies gelungen.

Vor der Einfahrt steht, stark verrostet, ein syrischer Panzer aus dem Unabhängigkeitskrieg 1948. Die Kibbuzniks hatten damals mit Gewehren und Molotowcocktails gekämpft und eine ganze Panzerbrigade in die Flucht geschlagen. Einem Kibbuznik nimmt man nicht so einfach sein Land weg, wie auch die israelische Regierung während der Verhandlungen um die Rückgabe des Golan an Syrien lernen musste.

Em Haqevutsot, die ›Mutter aller Genossenschaftsdörfer‹, nennt man Deganya nahe dem Südwestufer des Sees Genezareth zwischen Jordan und Beit She'an. Etwa 270 Kibbuzim gibt es landesweit. Ein Holzhaus und eine Lehmhütte waren 1910 die ersten beiden Gebäude Deganyas. Heute leben und arbeiten hier 700 Menschen. Zum Kibbuz gehören eine Grundschule, ein Kulturzentrum, eine reich ausgestattete Bibliothek und Gemeinschaftssäle.

Rachel, Jahrgang 1934 und seit 1964 in Deganya, erlebte noch den Kibbuz in seiner Reinform: »Wir haben unsere landwirtschaftliche Genossenschaft im Gegensatz zu anderen Kibbuzim aber nie ideologisch verbrämt. Wir waren immer eine Zweck- und Arbeitsgemeinschaft. Die Initiatoren der Kibbuzbewegung hatten sich ja aus wirtschaftlichen Gründen zusammengeschlossen und nicht, weil ihnen beispielsweise aus einem sozialistischen Gleichheitsdenken heraus ein bestimmtes Erziehungsideal vorschwebte.« (Bis vor Kurzem mussten in vielen Kibbuzim die Kinder getrennt von ihren Eltern leben.)

Wer im Kibbuz Deganya aufgenommen werden möchte, lebt hier ein bis zwei Jahre zur Probe. Erst danach entscheidet die Gemeinschaft über die endgültige Aufnahme, nötig dazu ist eine Zweidrittelmehrheit. Früher brachte jeder im Kibbuz seine Arbeitskraft ein, bekam dafür aber kein Geld, sondern eine Reihe von Gegenleistungen: Wohnen, Essen, Ausbildung und Studium der Kinder sowie medizinische Versorgung waren frei. Einmal im Jahr zahlte der Kibbuz an jedes Mitglied, abhängig von der Dauer der Zugehörigkeit, einen Betrag für die individuellen Lebenskosten wie Kleidung, Zigaretten, Urlaub, Geschenke und zweimal im Leben durfte der Kibbuznik in Deganya für je sechs Wochen auf Auslandsreise gehen, finanziert aus der Gemeinschaftskasse. Diese Idee funktionierte ohne Einschränkung, solange die Kibbuzim gut liefen, ihre Erträge gesichert und die Welt da draußen eine andere, noch nicht globalisierte war. Zum einen verminderten sich die Gewinnspannen für Obst und Gemüse und zum anderen stimmte es atmosphärisch nicht mehr in den Kibbuzim. Immer weniger junge Menschen wollten abgeschottet im Kibbuz-Kokon leben. Der gut ausgebildete Nachwuchs zog weg, suchte lukrative Jobs in der Industrie. Ein Großteil der Jugend fühlte sich vom Gemeinschaftsgefühl, dem einst stärksten Band im Kibbuz, eher geknebelt als befreit. Die Überalterung in den Kibbuzim nahm dramatische Formen an.

Bis vor wenigen Jahren steckte die gesamte Kibbuzbewegung so tief in der Krise,

Thema

dass viele schon ihr Ende nahen sahen. Warum sollte die sozialistische Idee ausgerechnet in den Kibbuzim überleben, wo sie schon im Großen gescheitert war? Doch die Pessimisten übersahen die Erneuerungsfähigkeit. Etliche Kibbuzim verordneten sich – und den anderen zum Vorbild – eine radikale Frischzellenkur. Das verabreichte Heilmittel: Privatisierung, Eigeninitiative, nachfrageorientierte Angebote, Öffnung, leistungsorientierte Bezahlung. Wenn auch einige Kibbuzim Konkurs anmelden mussten, die meisten gingen gestärkt aus der Wirtschafts- und Identitätskrise hervor. Als neue Einnahmequellen wurden Hotellerie und Fremdenverkehr entdeckt, mit zeitgemäßen Konzepten. Vorbei sind die Zeiten, da es genügte, ein paar selbst gezimmerte Hütten zwischen Oliven- und Orangenbäumen aufzustellen und dem Gast keine weitere Zerstreuung zu bieten.

Heute reicht das Kibbuzangebot von Wellnesskuren bis hin zu organisierten Exkursionen. Manche bieten erstklassige Theaterwerkstätten und Meisterkurse für Musik an, andere haben sich als internationale Begegnungsstätten und Kongressorte etabliert oder produzieren Kosmetika. Aus siechenden Kibbuzim wurden moderne Betriebe. Für Aufsehen sorgte einer, der sich wie Deganya einen Panzer vors Tor stellen könnte – aber aus ganz anderem Grund wie Kritiker ätzen. Der Kibbuz Sasa im Norden von Galiläa stellt u. a. Reinigungsflüssigkeit her und panzert Armeefahrzeuge und Limousinen mit Kevlar. Hauptauftraggeber: die im Irak kämpfenden US-Truppen. Ein Kibbuz im Kriegsgeschäft – nicht nur für viele Alt-Kibbuznik ist das der völlige Verrat an der Idee. Und Deganya? Dort produziert man Pralinen und Diamantwerkzeuge.

Nicht nur in Deganya sind die Wohnhäuser der Kibbuzniks eher schlicht gehalten

Kochav HaJarden wurde, ›Stern des Jordan‹ (Tel. 04 658 17 66, April–Sept. 8–17, Okt.–März 8–16 Uhr, 18 NIS).

Beit-Alfa-Synagoge

Karte: rechts

Wiederum 13 km südlich von Belvoir biegt die Straße Nr. 71 ins westlich gelegene Afula ab. Nach 9 km gelangt man an die Abzweigung zu den Überresten der **Beit-Alfa-Synagoge** 4 aus dem 6. Jh., die 1928 von Kibbuzniks entdeckt wurde. Berühmt und sehenswert ist sie wegen ihres hervorragend erhaltenen Mosaikbodens, den eine solide Trümmerschicht über die Jahrhunderte hinwegrettete. Zu sehen sind naiv gestaltete, aber voller Hingabe dargestellte religiöse Embleme wie die Menora, geometrische Formen und Muster sowie Tierabbildungen. Eine Inschrift weist einen Marianos und seinen Sohn Hanina als Schöpfer aus. Das große, dreiteilige Mosaik erzählt mit viel Liebe zum Detail, wie Abraham, das Messer in der Hand, seinen Sohn Isaak opfern will. Aber da stoppt ihn eine Engelshand, die aus einer Wolke fährt. Im Mittelteil sind die zwölf Tierkreiszeichen dargestellt, der Sonnengott Helios im Zentrum. Dahinter erkennt man im dritten Teil des Mosaiks die Bundeslade, einen Thoraschrein und das Ewige Licht, flankiert von zwei siebenarmigen Leuchtern (Kibbutz Hefzibah, Tel. 04 653 20 04, tgl. 8–17 Uhr, 18 NIS).

Gan HaShelosha

Karte: rechts

Ungefähr 1 km östlich von Beit Alfa liegt **Gan HaShelosha** 5 (arab. Sachne, ›warm‹). Das ganze Jahr über sinkt die Wassertemperatur der Quellen nicht unter 28 °C. Gan HaShelosha heißt ›Garten der Drei‹ und erinnert an drei jüdische Siedler, die hier 1938 im Kampf mit Arabern umkamen. Der Park mit Café und Restaurant ist ein beliebter Ausflugsort. Es gibt Wasserrutschbahnen, Liegewiesen, ein Sportzentrum und sogar ein kleines Museum mit interessanten archäologischen Funden (Tel. 04 658 62 19, April–Sept. 8–17, Okt.–März 8–16 Uhr, 33 NIS).

9 Beit She'an

Karte: rechts

Zurück auf der Hauptstraße Nr. 90, sind es nur wenige Kilometer nach **Tel Beit She'an,** Israels wichtigster archäologischer Grabungsstätte, in der bisher die Überreste von über 20 Städten gefunden wurden. Dies ist der Ort, über den ein jüdisches Sprichwort sagt, wenn das Paradies in Israel liege, dann sei Beit She'an die Eingangspforte. Nahebei befindet sich die Stadt Beit She'an (17 000 Einw.), die jedoch nicht weiter von Interesse ist.

Geschichte

Nachgewiesen ist eine 5000 Jahre zurückreichende Besiedlungsgeschichte: von der Steinzeit über ägyptische Besatzung im 19. Jh. v. Chr. und israelitische Landnahme bis zur hellenistischen Zeit, als der Ort Skythopolis (›Stadt der Skythen‹) hieß. Nach den Hasmonäern beanspruchten die Römer das Platzrecht und Pompejus gliederte die Stadt in den von Rom an langer Leine geführten Zehnstädtebund ein. Zu dieser Dekapolis gehörten u. a. Gerasa (Jarash) und Pella, die beide im heutigen Jordanien liegen. Die Byzantiner umgaben die Stadt mit einer ca. 4 km langen Mauer. Nach den Kreuzfahrern übernahmen die Araber Beit She'an, das seit der islamischen Eroberung im 7. Jh. Beisan hieß.

Seit 1921, als amerikanische Archäologen nahe dem einzig nicht verschütteten Monument, dem Theater, mit Ausgrabungen begannen, wird hier geforscht. Seit 1993 arbeiten Wissenschaftler auch in dem bewaldeten Bereich nordwestlich des Badehauses. Nahe der Hügelkette von Tel Iztabba, nördlich des Tel Beit She'an, entdeckte man eine unter den Omaijaden zerstörte Kirche mit gut erhaltenen Mosaiken, die geometrische Muster und Pflanzenornamente darstellen. Einer Schätzung zufolge wurden in rund acht Jahren etwa 5 % der Anlage freigelegt, aber schon jetzt ist sichtbar, was für eine großartig geplante Stadt dies gewesen sein muss. Bestimmte Abschnitte sind manchmal geschlossen (Tel. 04 658 19 13, April–Sept. So–Do 8–20, Fr/Sa 8–17, Okt.–März 8–16 Uhr, 23 NIS).

Palladiusstraße

Die nur zum Teil rekonstruierte **Palladiusstraße,** eine prächtige römische Kolonnadenstraße, an der zahlreiche Geschäfte mit Marmorfassaden lagen, führte vom Zentrum der Stadt geradewegs auf das etwas östlich versetzte Theater zu. Ihr Pflaster bestand aus im Fischgrätmuster verlegten Basaltsteinen. In einem der Gebäude kann man die Kopie eines Mosaiks der griechischen Schicksalsgöttin Tyche besichtigen. Sie ist in einem zentralen Medaillon, umgeben von einem geometrischen Muster, dargestellt.

Zum halbrunden römischen **Dionysostempel,** der am Nordende der Palladiusstraße dem gleichnamigen Kult geweiht war, führte eine Treppe hinauf. Die Fassade enthält eine Inschrift, nach der hier eine Statue des römischen Kaisers Marcus Aurelius Antonius aufgestellt war. Während der byzantinischen Zeit wurde der Tempel zerstört, auf seinen Ruinen entstand ein Handelsviertel.

Römisches Theater

Am Südende der Palladiusstraße erhob sich als optisches Gegengewicht zum Tempel das **römische Theater** aus dem 1. Jh. v. Chr. Von einem mit Basaltstein gepflasterten Platz führte eine breite Treppe in das Theater, das über zwei Haupt- und acht Seiteneingänge verfügte. In den unteren Sitzreihen befand sich die Ehrenloge. Die ausgefeilte Akustik ließ noch in der obersten Reihe jedes auf der Bühne gesagte Wort deutlich hörbar ankommen. Ursprünglich fasste das Theater an die 7000 Besucher. Was heute davon übriggeblieben ist, bietet immer noch Platz für 200 Menschen. Die 90 m breite Bühne erhielt anstelle der früheren Steinplatten einen Holzboden. Benutzt wurden für den Bau sowohl Kalkstein als auch Basalt. Das zweistöckige Bühnenhaus mit zwei Seitentürmen erlaubte die im antiken Theater geschätzten Deus-ex-Machina-Effekte: Waren die Irrungen und Wirrungen auf der Bühne so groß, dass nur noch ein Gott die Situation retten konnte, dann schwebte dieser mithilfe einer wohlkonstruierten Mischung aus Kran und Flaschenzug ein.

See Genezareth

Römisches Badehaus

Westlich des Theaters liegt das **römische Badehaus** aus dem 2. Jh. v. Chr. Auch hier fehlte es den Besuchern der insgesamt neun Hallen an nichts. Es gab Warm- und Kaltbereiche, die Böden waren beheizt und mit feinem Marmor und kunstvollen Mosaiken ausgestattet. Die Heißwasserbecken wurden von darunter liegenden Feuerkammern beheizt.

Das **Odeon,** ein kleineres römisches Theater nordöstlich des Bads, wurde weitgehend

In Beit She'an findet sich u. a. Israels besterhaltenes römisches Amphitheater

zerstört. Erhalten blieben nur einige Sitzreihen, Marmorböden und der Orchestergraben.

Talstraße und Amphitheater

Eine zweite, bisher auf etwa 50 m Länge ausgegrabene prächtige Kolonnadenallee, die **Talstraße,** führte vom Stadtzentrum zum nordöstlichen Stadttor. Die Säulen waren mit Kapitellen 6,5 m hoch. Die Straße hat eine Breite von 23,5 m, jeder Gehsteig maß 6 m.

Am südlichen Ende der Römerstadt kämpften Gladiatoren im **römischen Amphitheater.** Es war von Mauern umgeben, die die Sitzreihen trugen. 6000 Zuschauer fasste die Arena, die mit dem Aufkommen des Christentums an Bedeutung verlor. Im 4. Jh. muss die Stadt aus allen Nähten geplatzt sein, denn nahe dem Theater entwickelte sich ein dicht besiedeltes Wohnviertel, das noch zur Frühzeit der Araber bestand. Eine basaltgepflasterte Straße lief durch diesen Stadtteil und verband ihn mit dem Zentrum. Eine griechische Inschrift in einem der Pflastersteine spricht von einer neuen Wasserinstallation und der Verlegung des Pflasters im Jahr 522.

Ost- und Nordufer

Hamat Gader

Karte: S. 297

Von der Südspitze des Sees Genezareth führt eine kurvenreiche Straße, vorbei an viel Stacheldrahtzaun und Sperranlagen, zum 9 km östlich gelegenen **Hamat Gader** 6 an der jordanischen Grenze. Hier entspringen in einem schattigen Park heiße, stark mineralhaltige Quellen, die schon zu römischer Zeit für (Schwefel-)Kuren dienten. Sofern man den intensiven Geruch erträgt, der faulen Eiern ähnelt, kann man hier sehr gut baden. Die kühlste Quelle liegt bei 30 °C, die wärmste bei 52 °C.

Zum Park gehören auch die Ruinen eines römischen Badehauses nahe dem Jarmuk-Fluss, der den Grenzverlauf zu Jordanien markiert. Eine weitere Attraktion sind die Alligatorenteiche. 1982 importierte man aus Florida 100 Tiere, die sich unter der Sonne Israels wunderbar vermehren (Tel. 04 666 59 99, www.hamat-gader.com, So–Di 7–16, Mi–Fr 7–22 Uhr, ab 69 NIS).

Betseida

Karte: S. 297

Direkt am Ostufer fährt man nahe den Stränden auf der Straße Nr. 92 nach Norden Richtung **Ein Gev 7**, der ersten auf dieser Seeseite gegründeten Siedlung (1937). Rechter Hand erheben sich die bis zu 350 m hohen Ausläufer der Golanhöhen.

Im Nordosten des Sees liegt östlich des Jordan **Betseida 8**. Ein großes Areal ist abgesteckt, einzelne Felder sind mit Steinen speziell markiert und ein israelisch-amerikanisches Archäologenteam erhofft Großes: Sie wollen das seit fast 2000 Jahren verschwundene Betseida komplett ausgraben. Betseida ist der Ort, wo Jesus laut Neuem Testament mit fünf Gerstenbroten und zwei Fischen 5000 Menschen speiste. Hier heilte Jesus den Blinden und von hier stammten fünf seiner Jünger: Petrus, Andreas, Philippus, Jakobus und Johannes.

Die Funde der Archäologen wie Münzen und Öllampen zeigen, dass in Betseida vornehmlich Juden lebten. Es wurde im Lauf des 1. Jh. verlassen, wohl weil der Wasserspiegel des Sees sank und sich das Ufer nach Süden verschob. Heute liegt das ehemalige Fischerdorf 2 km vom Gewässer entfernt. Ein Erdbeben im Jahr 115 dürfte das Ende besiegelt haben. »Wir finden also einen Ort, der praktisch genau so ist, wie er zu Jesu Zeiten war. Wir sehen die Häuser. Wir sehen die Straßen, auf denen Jesus ging«, sagt der Meraner Benediktinermönch und Archäologieprofessor Bargil Pixner, der die Stadt nach dem Sechstagekrieg zwischen Minen und Verteidigungsgräben, überwuchert von Dornenbüschen und Eukalyptusbäumen, entdeckte. Aber erst 20 Jahre später konnten die archäologischen Ausgrabungen im militärischen Sperrgebiet beginnen.

Drei Häuser aus Basalt sind freigelegt. In einem wurden Anker, Angelhaken und Nadeln zum Flicken der Fischernetze gefunden. In einem anderen entdeckte man einen Weinkeller mit vier Krügen, einen Ofen sowie zwei Basaltplatten zum Mahlen von Getreide. Als eine Archäologin versuchte, die obere Platte zu bewegen, reichte ihre Kraft nicht aus. Erst mithilfe einer zweiten Frau gelang es – so wie Jesus gesagt hatte: »Zwei Frauen werden das Getreide mahlen.«

In Betseida wird nach wie vor gegraben. Die Archäologen nehmen Freiwillige nach Bewerbung gerne auf (Infos unter www.unomaha.edu/bethsaida). Besichtigungsmöglichkeiten erfragt man im Kibbuz Ginosar, Tel. 04 670 03 20, Fax 04 679 21 70, dort wohnen auch die Grabungsteams.

Kapernaum

Karte: S. 297

Von der nördlichen Seespitze führt die Straße Nr. 87 Richtung Westen nach **Kapernaum 9**. 1000 Jahre war Kapernaum vergessen, bis es 1838 von dem amerikanischen Archäologen und Massada-Entdecker Edward Robinson wiedergefunden wurde. Anfangs hatte er von dem Ort einen »öden und traurigen Eindruck«, bis er auf die zerfallenen Ruinen eines Gebäudes stieß, »welches an Arbeitsaufwand und Ornamentierung alles übertrifft, was wir bis jetzt in Palästina gesehen haben«. Gemeint war eine Synagoge.

In Kapernaum wohnen heute, angrenzend an einen Campingplatz, nur die Mönche eines Franziskanerklosters, das den Ort 1894 kaufte, sowie die Brüder einer griechisch-orthodoxen Gemeinde, deren roter Kuppelbau östlich der Synagoge ins Auge sticht. Die archäologischen Funde von Kapernaum belegen eine geschlossene Besiedlung von ca. 2000 v. Chr. bis etwa 1000 n. Chr. Zur Zeit Jesu war Kapernaum römische Grenzgarnison und ein lebendiger Fischerort, in dem sich Jesus, der Nazareth nach der Verhaftung des Johannes verlassen hatte, niederließ. Während Nazareth ein abgelegenes Bergdorf war, lag Kapernaum an der Verbindungsstraße zwischen Damaskus und Beit She'an, jedoch nicht zu nah an der Hauptstadt Tiberias, wo Herodes Antipas residierte. »Aufgrund dieser Gegebenheiten«, meint Stanislao Loffreda, Archäologe in Kapernaum, »war es Jesus möglich, seine messianischen Botschaften unter vielen zu verbreiten, ohne sofort in Konflikt mit politischen und religiösen Oberhäuptern zu kommen.«

Biblische Landschaft: der See Genezareth vor den Ausläufern der Golanhöhen

In Kapernaum begegnete Jesus dem Simon, genannt Petrus, und dessen Bruder Andreas, zwei Fischern, die er, so das Neue Testament, zu »Menschenfischern« (Matthäus 4,19) machte. Das Haus Petri wurde das Haus Jesu, von dem die Evangelisten immer wieder sprechen. Für das Dorf, das in der Bibel Kapharnaum heißt, entwickelte sich das Haus zu einer Stätte des Trosts und der Heilung. Auf dem See Genezareth, kurz nach der Brotvermehrung, ereignete sich die Stillung des Sturms, wonach Jesus – Petrus zum Gleichen ermunternd – über das Wasser ging.

Von der **Weißen Synagoge** sagt der Volksglaube, in ihr habe Jesus die Schulbank gedrückt. Doch der monumentale Bau, das steht nach Funden spätrömischer Münzen und der Untersuchung von Keramiken fest, entstand frühestens im 2. und spätestens im 4. Jh. n. Chr. Außerdem stand die Schule nicht einmal an dem Platz, an dem man heute die Synagoge sieht, sondern im damaligen Dorf. In Kontrast zu den umliegenden Häusern, die aus schwarzem Basalt gebaut waren, verwendete man für die Synagoge weißen Kalkstein. 4 t wiegt der schwerste Monolith. Feine Stuckarbeiten und Friese schmückten das Gebäude. Die Synagoge, seit 1929 im Wesentlichen von zwei Franziskanerbrüdern restauriert, besteht aus Gebetshalle, östlichem Innenhof, südlicher Terrasse und einem Nebenraum der Gebetshalle, dessen Funktion ungeklärt ist. Die Fassade der rechteckigen Gebetshalle ist nach Jerusalem ausgerichtet, in diese Richtung beteten die Gläubigen.

Als heilige Insel wird der Platz bezeichnet, auf dem das **Haus des Petrus** stand. Er ist ziemlich leicht zu finden, denn seit 1990 befindet sich hier ein Beispiel moderner Architektur: eine etwas deplatziert wirkende, von acht Säulen getragene Kirche. Sie schwebt über dem Haus des Fischers, nimmt weitgehend den Blick auf die Ausgrabungen und ist einem Raumschiff ähnlicher als einem Fischerboot aus Galiläa – das zumindest war die Idee des italienischen Architekten. Stilisierte Wellen, Fische und Netze schmücken die Innenwände der Petrus-Gedenkstätte, die hauptsächlich für Pilger-Gottesdienste genutzt wird.

30 m südlich der Synagoge wurden, unter der schwebenden Kirche liegend, mehrere Bebauungsebenen freigelegt: Privathäuser aus dem 1. Jh., darunter das Haus Petri, das im 4. Jh. zu einer Hauskirche umgewandelt wurde. In der Südwestecke fand man in griechischer Schrift den Namen Petrus und ein Fischerboot in die Basaltwand eingeritzt. Mit seinen Nachbarn teilte sich Petrus einen Innenhof, der an die Hauptstraße grenzte. Die verputzten Mauern der Hauskirche waren reich geschmückt mit geometrischen und floralen Mustern in den Farben rot, rosa, ziegelrot, gelb, dunkelbraun, grün, blau und weiß. Auf den Fragmenten liest man einige Male den Namen und das Monogramm Jesu, genannt werden der Herr, Christus, Gott sowie liturgische Begriffe wie Amen und Kyrie eleison. Andere Inschriften, in vier verschiedenen Sprachen, deuten auf einen regen Pilgerbesuch in dieser Kirche hin. In der zweiten Hälfte des 5. Jh. waren das Haus Petri und die Hauskirche verschüttet, und auf diese erhöhte Fläche baute man eine achteckige Kirche, die zwar das Haus Petri begrub, aber die spirituelle Nähe zu dem Platz herstellte.

An dem kleinen Rastplatz neben der Synagoge sind etliche archäologische Funde ausgestellt, darunter Mosaike, Giebelfragmente, Säulen, Kapitelle und ein Meilenstein der *Via maris* (›Meeresstraße‹) aus dem 2. Jh. (tgl. 8.30–16.30 Uhr, 6 NIS).

Berg der Seligpreisungen

Karte: S. 297

Als Abstecher auf dem Rückweg nach Tiberias empfiehlt sich der Weg zum **Berg der Seligpreisungen** bei **Tabigha** **10**. Die sieben hier entspringenden Quellen – griechisch Heptagon, woraus der arabische Name Tabigha wurde – heißen im Hebräischen Ein Sheva (›Sieben Quellen‹). Zu besichtigen sind die Kirche der Brotvermehrung und die St.-Peterskapelle, die an Schlüsselereignisse der christlichen Kirchengeschichte erinnern.

Kurz vor dem Pessachfest fuhr Jesus mit seinen Jüngern über den See Genezareth, um dort mit ihnen ungestört zu sein. Aber das Volk zog ihm nach und am Abend wollte Jesus die 5000 Menschen verköstigen. Doch es gab nur fünf Gerstenbrote und zwei Fische. »Jesus aber nahm die Brote, dankte und gab sie denen, die sich gelagert hatten: desgleichen auch von den Fischen, soviel sie wollten. Als sie aber satt waren, sprach er zu seinen Jüngern: Sammelt die übrigen Brote ein, damit nichts umkommt.« (Johannes 6,11–12). So geschah es am Ostufer (s. S. 299), doch weil die Anreise dorthin zu gefährlich war, wurde der Ort des Gedenkens im 3. Jh. von Pilgern kurzerhand an das zugänglichere Nordwestufer verlegt.

Die **Kirche der Brotvermehrung,** die den deutschen Benediktinern gehört, wurde 1936, das Kloster 1956 fertiggestellt. Im 5. Jh. befand sich hier bereits eine byzantinische Kirche mit den schönsten bis heute erhaltenen Mosaiken des Heiligen Landes. Das Mosaik, heute vor dem Altar der modernen Kirche, zeigt die zwei Fische und den Korb mit den Gerstenbroten. Auf dem fast vollständig erhaltenen großflächigen Nordmosaik erkennt man in einer Schilflandschaft Hühner, Kormorane, Störche, Pfauen, Wildenten und Wasserhühner. Das Südmosaik, teilweise beschädigt, zeigt ein Nilometer, einen Wasserstandsanzeiger, wie er im ägyptischen Niltal noch heute oft zu finden ist, allerdings meist schon verfallen. Diese Darstellung war in der hellenistisch-römischen Kunst höchst beliebt. Unter dem Altar befindet sich ein Stück Naturstein, das traditionell als der Felsen verehrt wird, auf den Jesus bei der Speisung der Fünftausend die fünf Brote und zwei Fische legte.

Franziskaner errichteten 1933 direkt am Seeufer aus Basaltstein die **St.-Peterskapelle,** die an die dritte Erscheinung des auferstandenen Gottessohns erinnert. Vor dem Altar, erbaut auf dem Platz von fünf Vorgängerkirchen, erhebt sich aus dem Boden ein Fels, der der Tisch des Herrn, an dem Jesus mit den Jüngern gespeist hat, sein soll. Von Tabigha sind es wenige Kilometer zurück nach Tiberias (s. S. 287).

Die Kirche der Brotvermehrung erinnert an eine von Jesu wundersamen Handlungen

Nördliches Galiläa

Karte S. 309

Die Kabbala ist im Westen, auch durch die Pop-Sängerin Madonna und etliche Hollywood-Stars, zur Mystikmode geworden. Zu den Wurzeln der Kabbala führt die Reise in den Ort Safed. Naturliebhaber sind im Hurschattal und dem Hulatal-Nationalpark richtig.

Reiseatlas: S. 2, D–F 1–2

Die Straße Nr. 90 führt von Tiberias am See von Genezareth in den Norden bis zur libanesischen Grenze, hoch in den Bergen Galiläas gelegen. Zentrum der ländlichen Region ist das 1882 gegründete **Rosh Pinna** 1, das auch einen kleinen Flughafen hat. Von Rosh Pinna fährt man auf der Straße Nr. 89 in nordwestlicher Richtung nach Safed. Die Bergstraße bietet einen wunderbaren Ausblick über die Ebene zwischen dem See Genezareth und dem Hulatal, die Berge des Golan im Hintergrund.

Safed und Umgebung

Karte: S. 309

Nach 8 km ist **Safed** 2 (Safet, Zfat, Tzfat, Tsfat) erreicht. Die Hauptstadt von Galiläa mit 26 000 Einwohnern ist die viertheiligste Stadt des Judentums. Ruinen einer Kreuzfahrerburg, ein Künstlerviertel und zahlreiche Synagogen sind die Sehenswürdigkeiten der auf 800 m in den Bergen Kanaans gelegenen Stadt, die erstmals in ägyptischen Eroberungslisten des 15. Jh. v. Chr. erwähnt wurde. Ein ständig wehender, kühlender Wind macht den Besuch zu einem sehr angenehmen Erlebnis. Die Wälder ringsum sind jung, sie wurden erst Anfang des 20. Jh. aufgeforstet.

Geschichte

Safed ist ein altes Zentrum der Kabbala. Kabbala heißt Überlieferung und bezeichnet die Geheimlehre und Mystik sowie die esoterische Bewegung im Judentum generell. Sie sucht in allem Tun das Heilige und möchte durch Deutung hauptsächlich der Thora den Willen Gottes genau erforschen, um im individuellen gottgefälligen Handeln dann vollkommen zu sein. Hauptwerk der Kabbala ist das Buch »Sohar« (›Glanz‹), in aramäischer Sprache höchstwahrscheinlich von dem spanischen Kabbalisten Mose Ben Sherem Tov de León verfasst, der, wie viele andere Juden aus Nordafrika und Spanien, nach Safed ausgewandert war. Sein Buch wurde später zu einem kanonisierten Text der Kabbala.

1100 nahmen die Kreuzritter Safed ein, töteten 1168 alle Juden und errichteten eine große Festung. 1187 fiel Safed an Saladin, der den sich kampflos ergebenden Kreuzrittern freies Geleit zusicherte. Die Burg zerstörte er völlig. Tempelritter bauten sie wieder auf. 1266 eroberte der Mamluke Baibars Safed, erweiterte die Festung und erklärte die Stadt zur Hauptstadt von Galiläa.

Als Folge der Vertreibung der Juden und Muslime aus Spanien 1492 ließen sich viele jüdische Gelehrte und Rabbiner in Safed nieder und machten es zu einem Zentrum der Spiritualität und Theologie. In einem Brief an seine Verwandten lobte 1535 ein gewisser David de Rossi die Großzügigkeit des Sultans: »Die Gelehrten sind in dieser Stadt von jeder Kopfsteuer an die Regierung befreit.« 1578 wurde hier das erste Buch des Nahen Ostens gedruckt. Eroberer, Erdbeben und die Pest dezimierten die Stadt im 17. und 18. Jh. Vor dem Unabhängigkeitskrieg 1948 lebten in Safed 1700 Juden und 13 000 Araber.

Altstadt

In der Altstadt findet man sich mühelos zurecht. Im Zentrum liegt auf dem Hügel Ha-Metzuda (834 m) in einem schönen Park die nur mäßig erhaltene **Kreuzfahrerfestung.** Von der Zitadelle hat man eine schöne Aussicht bis zum See Genezareth.

In der südwestlichen Ecke der Altstadt liegen in der **Artists' Colony** zahlreiche Galerien und kunsthandwerkliche Betriebe. Die Galerie eines Bildhauers hat außerhalb der Stadt sogar einen eigenen Ausstellungspark für Skulpturen. Im Künstlerviertel, das früher das arabische Viertel war, findet man zwar noch immer zahlreiche ansässige Künstler, doch scheinen in den letzten Jahren unter dem Einfluss einer den schönen Künsten wenig aufgeschlossenen Stadtverwaltung die ambitionierten Amateure überhand genommen zu haben. So oder so, sehenswert sind die Werke. Eine ansehnliche Ausstellung ist im Künstlerviertel in der alten Moschee untergebracht, dem **Safed Artists House** (Tel. 04 692 00 87, So–Do 9–16, Fr 9–14, Sa 10–14 Uhr, Eintritt frei).

Die große Sehenswürdigkeit in Safed sind aber fraglos die Synagogen. Sie befinden sich in den engen Gassen im nordwestlichen Altstadtviertel **Qiryat Batai Knesset,** wirken von außen unscheinbar, zeichnen sich im Innern aber durch wundervolle Thoraschreine und schöne Fresken aus.

Gleich zwei Synagogen tragen den Namen von Ari (›Löwe‹) Adoni Rabbi Itzhak Luria, geboren 1543 in Jerusalem und ausgewandert nach Kairo, wo er 12 Jahre lang die Kabbala studierte und dann nach Safed zog, um hier bei Ramak, dem führenden Mystiker Rabbi Moshe Cordeviero, seine Studien fortzusetzen. Nach Ramaks Tod führte Ari die Arbeit seines Lehrmeisters fort, bis er 1572 starb. Die außerordentlich schöne sephardische **Ha'ari-Synagoge,** die älteste der Stadt, wurde auf einem damals außerhalb liegenden Feld errichtet, an dem sich die Kabbalisten zum Beginn des Shabbat in einer Grotte zu versammeln pflegten. Ein Jahr nach Aris Tod erbaute man die ashkenasische Ha'ari-Synagoge, die 1852 von einem Erdbeben zerstört und dann neu errichtet wurde. Der Thoraschrein stammt aus dem 19. Jh.

Einem anderen führenden Kabbalisten ist die **Caro-Synagoge** gewidmet. Rabbi Joseph Caro führte der Weg nach der Vertreibung aus Spanien über Bosnien nach Safed. Berühmt wurde er durch seine Schrift »Shulhan Aruch« (›Der gedeckte Tisch‹), eine Anleitung zu einem gottesfürchtigen jüdischen Leben. Der Buchtitel wurde zum geflügelten Wort: Sich gottesfürchtig an Thora und Talmud zu halten sei so einfach, wie sich an einem gedeckten Tisch zu bedienen.

Sehenswert ist auch das **Museum der Buchdruckerkunst,** das die Geschichte dieses Handwerks dokumentiert und Originalausgaben der ersten Zeitungen besitzt, die im Gründungsjahr Israels erschienen sind (Ariel Merzer St., Tel. 04 692 38 80, So–Do 10–12, 14–16, Fr/Sa 10–12 Uhr, Eintritt frei).

Friedhöfe

Unterhalb der Altstadt liegen drei **Friedhöfe.** Auf dem ältesten sind führende Kabbalisten begraben: Ari, Ramak, Shlomo Alkevets (Verfasser der Hymne Lecha Dodi), Joseph Caro,

Mit dem Autor unterwegs

Künstlerkolonie

In der **Artists' Colony** von Safed finden sich viele Galerien und Kunsthandwerksbetriebe. Besucher sind willkommen und können auch hier wohnen, z. B. in einem alten arabischen Haus bei der Familie Bar El (s. links u. S. 306).

Kabbala-Synagogen

Safed, Zentrum der Kabbala, besitzt in seinem Altstadtviertel eine Reihe von Synagogen. Großen Kabbalisten sind die **Ha'ari-** und die **Caro-Synagoge** gewidmet (s. links).

Hulatal-Nationalpark

Der **Hulatal-Nationalpark** ist ein Juwel. Weiße und gelbe Lilien wachsen hier. Das Reservat ist Rastplatz für Zugvögel, Heimat von Pelikanen, Adlern und Wildkatzen (s. S. 308).

In Safed, der viertheiligsten Stadt des Judentums, haben sich viele Orthodoxe niedergelassen

Ja'cov Beirav (er wollte den jüdischen Hohen Rat von Jerusalem nach Safed verlegen) und Moshe Alsheich. Von hier, so sagte es Rabbi Ari, trage die reine Luft die Seele jedes Verstorbenen direkt in den Garten Eden.

Eine Reihe von Legenden spinnt sich um Safed. Eine berichtet, arabische Eroberer hätten gedroht, alle Juden zu töten, außer sie brächten ihnen 200 weiße Hühner. Verzweifelt gingen die Menschen zum Grab des Rabbi Jossi Banai und beteten. Als sie zurückkamen, waren alle Hühner plötzlich schneeweiß.

i **Tourist Office:** 50 Yerushalaim St., Tel. 04 692 09 61, 04 680 14 65, www.safed.co.il, So–Do 8–16 Uhr.

Ruth Rimonim: Artists' Quarter, Tel. 04 699 46 66, Fax 04 692 04 56, www.rimonim.com. Das malerische Gebäude einer alten Karawanserei, der Ausblick auf den Meron-Berg und über Galiläa – einfach grandios. Hier wohnt man sehr stilvoll. Spa und Pools gibt es auch. DZ ab 800 NIS.

Bar El B & B: 23 Yod Zagin, Artists' Quarter, Tel./Fax 04 692 36 61, www.barel.com. In einem alten arabischen Haus im Künstlerviertel, renovierte und hübsch eingerichtete Zimmer. Die Besitzer helfen, Führungen und Treffen mit Künstlern zu arrangieren. Hier ist man gut aufgehoben. DZ ab 640 NIS.

Beit Binyamin Youth Hostel: 1 Lohamei Hagetaot St., Tel. 04 692 10 86, Fax 04 697 35

14, tzfat@iyha.org.il. Ordentliches Haus, nicht sehr zentral gelegen. DZ ab 120 NIS.

Einfache Küche bekommt man rund um die **Yerushalaim Street.** Im Künstlerviertel gibt es viele nette Cafés.
Pinati: 81 Yerushalaim St., Tel. 04 625 45 40, So–Do 8–20 Uhr. Einfache Speisen, auch Fischgerichte. Ab 60 NIS.
Mul Hahar: 70 Yerushalaim St., Tel. 04 692 04 04. Spezialisiert auf Fisch. Ab 55 NIS.
Canaan Gallery Café: 47 Beit Josef St., Tel. 04 687 44 47, tgl. 10–18.30 Uhr, www.canaan-gallery.com. Ungewöhnliche Lokalität für Kaffee und Sandwiches. Die Besitzer stellen kunstvolle Webarbeiten her. Ab 40 NIS.
Art Café: 71 Yerushalaim St., Tel. 04 682 09 28. Kleine Gerichte und eine gute Kaffeeauswahl. Ab 40 NIS.

In der südwestlichen Ecke der Altstadt liegt das kommerzlastige **Künstlerviertel,** www.artists.co.il/safed.
Safed Candles Gallery: nahe der Ha'ari-Synagoge, Tel. 04 692 31 05, www.safedcandles.com, So–Do 9–19, Fr 9–12.30 Uhr. Ein ausnahmsweise nicht spirituelles Produkt der Kabbala-Stadt sind Kerzen.

Wolfson Community Centre: Hapalmach St., Tel. 04 697 12 22. Regelmäßig Konzerte, Matineen etc.
Yigal Allon Theatre & Cultural Centre: Hapalmach St., Tel. 04 697 19 90. Theater von Shakespeare bis modern, Kino, Kulturzentrum – hier ist immer etwas los.
Klezmer Festival (Aug.): Große Bühne für Klezmer-Musik. Infos erteilt die Safed Foundation, safed.galilee@gmail.com.

Workshops: Etliche Galerien bieten Kurse an. Man kann sich als Maler versuchen, mit Stoffen arbeiten oder bei den Wachsziehern seine eigenen Kerzen herstellen. Anfragen unter Tel./Fax 04 692 36 61.

Busse: Mehrmals tgl. vom Busbahnhof am Stadteingang, Tel. 04 692 11 22, nach Akko, Haifa, Tel Aviv und Jerusalem.

Meron

Meron 3 heißt der Ort, der es lohnt, von Safed 10 km weiter Richtung Westen zu fahren. Am 33. Tag (Lag Ba'Omer) nach dem Pessachfest, also meist im Mai, pilgern Zehntausende auf den 1208 m hohen Berg Meron zu den Gräbern des Kabbalisten Rabbi Shimon Bar Jochai und seines Sohnes Eleazer. Rabbi Bar Jochai legte ein Gelübde ab, damit die Thora niemals in Vergessenheit gerate. In Erfüllung des Gelübdes werden die Gesetzesrollen in einer feierlichen Prozession von Safed auf den Berg getragen, wo eine riesige Zeltstadt die Pilgernden beherbergt. Nach der Prozession wird ein großes Festmahl mit frisch geschlachteten und über dem offenen Feuer gegrillten Lämmern gefeiert.

Hulatal-Nationalpark

Karte: S. 309
Über Rosh Pinna führt der Weg zurück auf die stetig ansteigende Hauptverbindungsstraße gen Norden. Nach 15 km erreicht man ein wunderschönes Landschaftsschutzgebiet, den **Hulatal-Nationalpark 4**. Der gleichnamige See, der den Jordan mit speist, entstand vor 20 000 Jahren, als vom Golan herabströmende Lava den Jordanlauf unterbrach und eine Sumpflandschaft entstehen ließ. Weiße und gelbe Lilien wachsen hier. Das Reservat ist der nördlichste Platz der Erde, an dem wilder Papyrus gedeiht. Das Tal ist Rastplatz für Zugvögel, Heimat für Pelikane, Adler und Wildkatzen. In den 1950er-Jahren sollte das Tal ausgetrocknet und Torf abgebaut werden. Dagegen organisierten sich Naturschützer, die nicht nur dieses einmalige Tal retteten, sondern auch die heute mächtige und sehr umtriebige SPNI gründeten, die Society for the Protection of Nature in Israel (Tel. 04 693 70 69, Sa–Do 8–16, Fr 8–15 Uhr, 23 NIS).

Metulla

Karte: S. 309
Die Straße Nr. 90 endet in **Metulla 5**, einem von Baron Edmond de Rothschild 1896 gegründeten Ort an der libanesischen Grenze. Berühmt wurde Metulla wegen des *good fence* (›guter Zaun‹), durch den einst Zehntausende Libanesen zur medizinischen Behandlung nach Israel einreisen durften, viele auch zur Arbeit in Metulla pendelten. Das war so bis zum Jahr 2000, dann schloss Israels Regierung das Tor für den verfeindeten Nachbarn. Der Zaun besteht auf beiden Seiten aus mannshohen Maschendrähten, gekrönt von Stacheldraht. Im toten Streifen dazwischen fahren Militärs Patrouille. Vom Aussichtspunkt Metullas, der etwas versteckt hinter den Souvenirläden und Imbissständen liegt, reicht der Blick weit in den Libanon hinein. Dort weht die libanesische Fahne, hier die israelische, und in Hebräisch, Arabisch und Englisch zitiert ein Schild Jesaja 2,4: »Da werden sie ihre Schwerter zu Pflugscharen und ihre Spieße zu Sicheln machen. Denn es wird kein Volk wider das andere das Schwert erheben, und sie werden hinfort nicht mehr lernen, Krieg zu führen.«

Kajakausflüge und Eislaufen
Im **Abenteuerpark Ma'ayan Baruch** des **Kibbuz Ma'ayan 6**, Tel. 04 695 48 88, Fax 04 690 20 06, den man nördlich von Qiryat Shemona über eine nach Osten führende, gut ausgeschilderte Straße erreicht, kann man Kajaks mieten und auf dem Hatzbani-Fluss Wildwasserfahren sowie im Winter Eislaufen.

Im Internet: www.metulla.muni.il.

Mool ha Beaufort: 22 Hanarkis, Mount Zefia, Tel. 054 541 14 13, www.mulabo-4.co.il. Das B & B liegt idyllisch über Metulla und hat drei liebevoll eingerichtete Suiten. DZ ab 700 NIS.
Beit Shalom: HaRishonim St., Tel. 04 694 07 67, 057 770 78 45, www.beitshalom.co.il. Dieses Boutiquehotel ist in zwei über 100 Jahre alten Häusern untergebracht und hat stilvolle Suiten. Ein Erlebnis ist das idyllische Gartenrestaurant. DZ ab 650 NIS.

Canada Center: Metullas Hauptattraktion – ein Sportzentrum mit olympischer Eislaufbahn, Pools, Squash, Bowling etc.

Hurshattal-Nationalpark

Karte: S. 309
Zurück auf der Bergstraße Nr. 99, fährt man in östliche Richtung und erreicht nach 5 km am Fluss Dan, einem der drei zum Jordan zusammenfließenden Gewässer, den **Hurshattal-Nationalpark 7**. Das beliebte Ausflugs-

Nördliches Galiläa und Golan

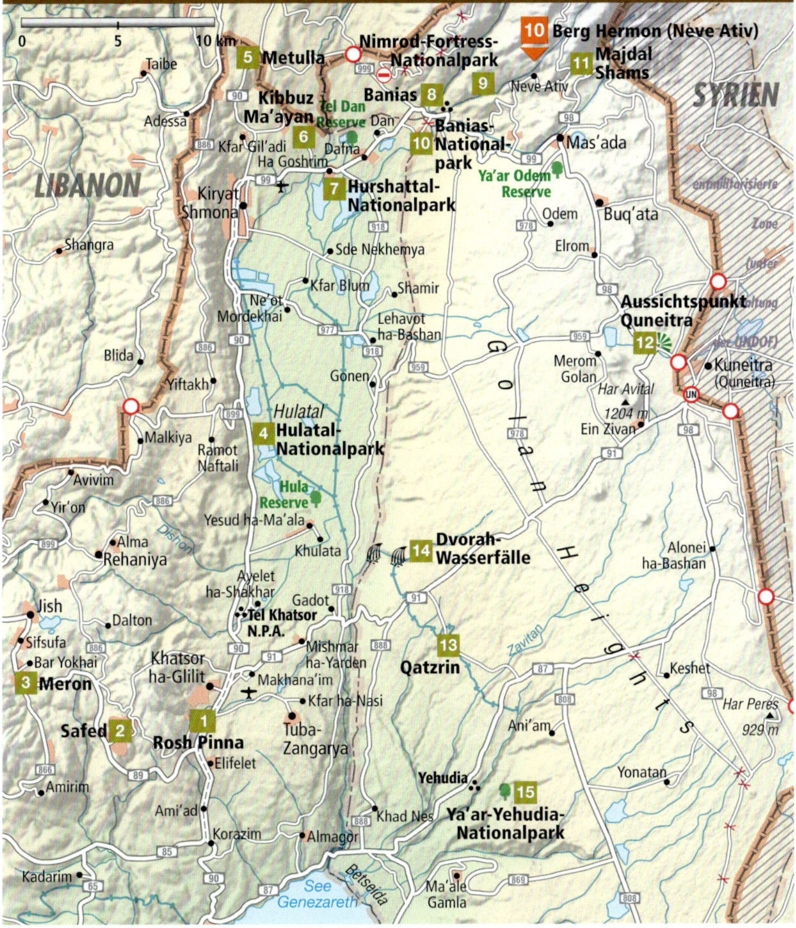

ziel besitzt einen künstlichen See und ist berühmt für seine vielen angeblich bis zu 2000 Jahre alten Eichen. Die Legende sagt, zehn Boten des Propheten Mohammed hätten hier einst ihr Lager aufgeschlagen. Da es jedoch nicht einmal einen Strauch gab, um die Pferde festzubinden, bohrten sie ihre Stöcke in den Boden. Als sie am nächsten Morgen aufwachten, war daraus ein riesiger Eichenwald gewachsen, den heute Wasserfälle, Teiche und schattige Spazierwege zu einem paradiesischen Ort machen (Tel. 04 694 24 40, April–Sept. 8–17, Okt.–März 8–16 Uhr, 32 NIS).

Kibbuz HaGoshrim: beim Park, Tel. 04 681 60 00, Fax 04 681 60 02, www.hagoshrim-hotel.co.il. Malerisches Hotel mit schönen Zimmern, Spa und Pool. Auch für Familien. Der Pub Gosh bietet eine der wenigen Gelegenheiten in dieser Region, gut zu essen (vegetarische Küche, auch Fisch, ab 80 NIS). DZ ab 680 NIS.

Golan

Reiseatlas S. 2

Der Golan hat es nicht verdient, aber es ist so: Spricht man über ihn, dann spricht man zuerst über Kriegsschauplätze und – im Sinne von Land gegen Frieden – die mögliche Rückgabe der Region an Syrien. Dann erst wendet man sich den überwältigenden Landschaften des Golan zu, seinen Gebirgszügen, zerklüfteten Tälern und Wasserfällen.

Reiseatlas: S. 2, E/F 1–3

Die Besetzung des Golan im Sechstagekrieg 1967 und Syriens Versuch, im Oktoberkrieg 1973 sein südwestliches Gebiet zurückzuerobern – was damit endete, dass Israel sein Territorium nochmals erweitern konnte –, war zusammen mit der Einnahme Jerusalems die folgenreichste Eroberung, die Israel gemacht hat.

Das Basaltplateau, eine fruchtbare und zauberhafte Berglandschaft, brachte nicht nur landwirtschaftlichen Nutzen, v. a. hatte Israel einen Sicherheitsgürtel dazugewonnen. Dessen Bedeutsamkeit unterstrich die Regierung Menachem Begins, als sie den Golan dem Staatsgebiet eingliederte und mit einer konsequenten Besiedlungspolitik begann – 1995 lebten hier 14 000 jüdische Siedler.

Ein heiliger Ort seit den Griechen: die Panhöhle bei einer der drei Jordanquellen

Der Frieden im Nahen Osten und die Anerkennung Israels durch die arabischen Staaten haben einen Preis, um den hart und ohne Aussicht auf eine baldige Lösung gefochten wird: die Rückgabe des Golan. Syrien will erst den gesamten Golan zurück und dann über Frieden verhandeln. Israel hingegen stellte einen Teilrückzug vom Golan nur gegen gleichzeitigen Frieden und volle diplomatische Anerkennung in Aussicht.

1995 scheiterte der Oppositionsführer Benjamin Netanyahu, der 2009 zum zweiten Mal Israels Premierminister wurde, in der Knesset nur knapp mit einem Gesetz, das einen Rückzug vom Golan blockieren sollte – die Abstimmung endete 59 : 59. Währenddessen protestierten Siedler im Golan, lieferten sich Handgemenge mit der Polizei und errichteten Straßenblockaden. Nie, sagen sie, wollen sie ihr Land hergeben, lieber wollten sie dafür sterben. Auf Netanyahu dürfen sie zählen.

25 km breit ist der Streifen, den Israel erobert hat. Zwischen Syrien und Israel wurde auf der Grundlage der UN-Resolution 338 eine entmilitarisierte Zone eingerichtet. In Süd-Nord-Richtung erstreckt sich der Golan vom Jarmuk-Fluss am Ostufer des Sees Genezareth bis zum Berg Hermon.

Die **Golanhöhen** beginnen mehr oder weniger beim Hurshattal-Nationalpark (s. S. 308). Ab hier schlängelt sich die Straße Nr. 99 kurvenreich nach oben. Etliche Seitenwege führen zu Bunkern oder auch zu Gedenksteinen für die 1967 im Krieg getöteten Soldaten.

Banias und Umgebung

Karte: S. 309

Ca. 10 km hinter dem Hurshattal-Nationalpark ist **Banias** 8 erreicht. Pan, dem Gott des Waldes und der Herden, ist am Fuß des Bergs Hermon ein Heiligtum neben der **Panhöhle** gewidmet. Hier entspringt der Banias (hebr. Hermon), einer der drei Quellflüsse des Jordan. Herodes erbaute an dieser Stelle einen Tempel und sein Sohn gründete später eine Stadt, Caesarea Philippi. Man fand Inschriften, die der geschwätzigen griechischen Bergnymphe Echo huldigen. Im Neuen Testament wird Caesarea Philippi an prominenter Stelle genannt, als Jesus zu Petrus spricht: »Und ich sage dir auch: Du bist Petrus, und auf diesem Felsen will ich meine Gemeinde bauen« (Matthäus 16,18–19). Die Panhöhle mit der Quelle des Banias wird deswegen von vielen christlichen Pilgern besucht.

Mit dem Autor unterwegs

Drusenort

An Syriens Grenze liegt **Majdal Shams,** dessen Bewohner sich mehrheitlich von Israel okkupiert fühlen und zu Syrien rechnen. Ein Zaun trennt vom Schwesterort (s. S. 313).

Aussichtspunkt

Von der Straße Nr. 98 blickt man bei **Quneitra** weit nach Syrien hinein (s. S. 314).

Golan Heights Winery

In **Qatzrin** ist das Schönste diese Weinkellerei, die man besichtigen kann – Kostprobe inklusive, Einkauf ab Winzer möglich (s. S. 314).

Richtung Osten sind es eineinhalb Stunden Fußmarsch zum **Nimrod-Fortress-Nationalpark** 9 mit der gleichnamigen Festung. Sie wurde von Arabern erbaut, von den Kreuzrittern erobert und 1229 vom Sultan von Damaskus zerstört. Von den Burgruinen hat man eine herrliche Aussicht über das Jordantal (Tel. 04 694 92 77, April–Sept. 8–17, Okt.–März 8–16 Uhr, 18 NIS).

Etwa 2 km westlich, auf der anderen Straßenseite, liegt der Zugang zum großartigen **Banias-Nationalpark** 10 (Nahal Hermon Reserve). Umgeben von Zitronenbäumen, Eukalypten, Walnussbäumen, Eichen und Lorbeer wandert man unter einem klimatisierenden Blätterdach an dem reißenden Fluss entlang, badet unter einem Wasserfall. Ein Tag ist kaum genug, um diesen fast himmlischen Ort zu genießen. Unbedingt zu beachten sind die Hinweisschilder auf noch nicht geräumte Minenfelder! (Tel. 04 690 25 77, April–Sept. 8–17, Okt.–März 8–16 Uhr, 18 NIS.)

i **Im Internet:** www.golan.org.il.

10 Berg Hermon (Neve Ativ)

Karte: S. 309

Die israelischen Alpen liegen am 2814 m hohen **Berg Hermon.** Im Frühjahr, Sommer und Herbst kann man wandern, im Winter skifahren und snowboarden (tgl. 8–16 Uhr).

Auf dem Berg Hermon wird in 1600 bis 2040 m Höhe im **Mt. Hermon Ski and Snowboard Center,** einem überschaubaren Skizirkus mit mehreren Liften, gerodelt und gewedelt – ja, mit richtigem Schnee, wenn auch nur in den Wintermonaten, sprich Anfang Januar bis Ende Februar. Das Equipment kann man ausleihen, was im einzigen israelischen Skigebiet alle tun. Der Tagesskipass kostet 220 NIS, die Halbtageskarte 180 NIS. Die zahlreich vorhandenen Unterkünfte im dazugehörigen, 12 km entfernten Skidorf **Neve**

Immer auf alles gefasst: Ohne Schusswaffen geht kaum ein Farmer der Golanhöhen vor die Haustüre

Ativ, genau genommen nur eine kleine Siedlung, bieten eine Reihe von Komplettpaketen. Der Sessellift ist natürlich auch im Sommer in Betrieb. Dann kann man hier wandern.

Wanderer können nach der Bergfahrt mit der Seilbahn auf eigene Faust losgehen. Es erwartet sie ein herrlicher Blick über den Golan und weit hinein in den benachbarten Südlibanon. Es gibt auch täglich eine geführte Wanderung. Treffpunkt ist um 10.30 Uhr an der Bergstation der Seilbahn. Um 11 Uhr beginnt dann die rund 1,5-stündige Tour Richtung Talstation (Anmeldung unter Tel. 04 698 13 37, Gruppen reservieren unter der Faxnummer 04 698 52 25).

Ein Spass ist auch die 950 m lange Sommerrodelbahn, auf der man mit 45 km/h nach unten saust (25 NIS, Kinder 20 NIS).

Infos unter Tel. 04 698 13 33 u. 03 606 06 40, www.skihermon.co.il, Eintrittt 10 NIS, Seilbahn 38 NIS).

Die zahlreichen Hotels, manche mit Fachwerkfassade und auf Schwarzwaldidyll getrimmt, bieten eine Reihe von Komplettpaketen für Urlauber, besonders für Skifahrer. Infos unter Tel. 04 698 13 33 u. 03 606 06 40, www.skihermon.co.il.

Kalfon Resort: Neve Ativ, Tel. 04 698 15 32, Fax 04 698 2 831. Es gibt nur sechs Zimmer, am schönsten sind die unter dem Dach mit frei stehender Badewanne, Kamin und Blick auf das Hermongebirge. DZ ab 750 NIS.

Mills: Neve Ativ, Tel. 04 698 48 18, 054 462 68 14. Außen Fachwerk, innen moderne Ausstattung mit rustikalem Touch. Die 11 Zimmer des Gästehauses sind sehr ordentlich. DZ ab 480 NIS.

Chez Stephanie: Neve Ativ, Tel. 04 698 15 20, 052 781 00 46, Tel./Fax 04 698 42 80. Die Besitzer haben ihr heimeliges Holzhaus, das auf 1000 m liegt, selbst entworfen und gebaut. Die Zimmer sind klein und fast schon kitschig rustikal möbliert, besonders schön sitzt man auf der Terrasse. DZ ab 500 NIS inkl. Frühstück.

Das Gebiet erreicht man am besten mit dem Auto. Die Zufahrt ist von 8–15.30 Uhr möglich. Von Neve Ativ gibt es stdl. Busse nach Kiryat Shmona, dort muss man nach Tiberias, Tel Aviv, Jerusalem und Haifa umsteigen. Infos: Egged, Schnellwahl *2800, Tel. 03 694 88 88, www.egged.co.il.

Majdal Shams

Karte: S. 309

Nach dem Besuch von Neve Ativ fährt man weiter in den nordöstlichen Zipfel des Golan nach **Majdal Shams** 11, einen Drusenort von trauriger Berühmtheit. Die Szene hat etwas Schauerliches. Zwei hohe Stacheldrahtzäune, der eine syrisch, der andere israelisch, markieren die entmilitarisierte Zone. An den Zäunen – hüben wie drüben – stehen Männer, Frauen und Kinder aus zwei Dörfern, die miteinander reden. Dazu brauchen sie seit dem Sechstagekrieg Megafon und Lautsprecher. Denn wo man früher zum Verwandtenbesuch ins nächste Dorf wanderte, ist die Grenze jetzt undurchdringlich. Mit rund 7000 Einwohnern ist die ›Stadt der Sonne‹, wie der aus dem Arabischen übersetzte Name Majdal Shams heißt, die größte Siedlung im Golan. Ihre drusischen Bewohner, viele mit syrischem Pass, wollen mehrheitlich mit Israel eigentlich nichts zu tun haben. Sie weigern sich, den israelischen Pass anzunehmen und den Nachwuchs schickt man zum Studieren nach Damaskus. Die jungen Leute, die Syrien meist nur aus Erzählungen kennen, schwärmen einem ungefragt von ihrer wahren Heimat jenseits des Stacheldrahts vor. In der Ortsmitte erinnert ein Denkmal an Sultan el Atrash, den Anführer der Revolte 1925 gegen die französischen Besatzer. Vor der Weiterfahrt sollte man hier die auf dem Golan eher seltene Gelegenheit nutzen und essen gehen oder Proviant kaufen.

Quneitra

Karte: S. 309

Von nun an bewegt man sich wieder auf der Straße Nr. 98 Richtung Süden. Nach 18 km liegt linker Hand der **Aussichtspunkt Quneitra** 12, bestückt mit mehreren Fernrohren. Durch sie blickt man weit hinein nach Syrien und in die Geisterstadt Quneitra, unter syrischer Hoheit damals die Hauptstadt der Region. Bis 1967 war sie bewohnt von muslimischen Immigranten aus dem Kaukasus. Seit dem Sechstagekrieg ist die 40 km von Damaskus entfernte Stadt verlassen, und niemand wollte zurückkehren, als sie – nun in der entmilitarisierten Zone liegend – an Syrien zurückgegeben wurde. Südöstlich der Stadt liegt auf israelischem Gebiet eine Windkraftanlage, deren rot-weiße Propeller Energie für den Golan liefern.

Qatzrin und Umgebung

Karte: S. 309

Die Fahrt geht weiter nach **Qatzrin** 13 (Katzrin), das 14 km nordöstlich vom See Genezareth an der Straße Nr. 9088 liegt. Hier erbaute Israel seit 1977 die neue Hauptstadt des Golan – ›Festung‹ bedeutet der Name Qatzrin übersetzt. Die Siedlung mit heute rund 7000 Bewohnern, viele davon Neuimmigranten, wurde in Form eines Schmetterlings angelegt: Das Zentrum ist der Körper, die Wohngebiete bilden die Flügel. Geplant ist die Stadt für 15 000 Einwohner. Das am Reißbrett erdachte Qatzrin wirkt nicht sehr einladend und ist in erster Linie bekannt für das dort abgefüllte Mineralwasser.

Absolut lohnend hingegen ist der Besuch in der modernen, im Industriegebiet liegenden **Golan Heights Winery.** Nach Voranmeldung kann der Betrieb, der Israels beste Weine produziert, besucht werden. Die Weinprobe in der Kelterei ist natürlich inklusive (Industrial Zone, Tel. 04 696 84 20, Fax 04 696 22 20, www.golanwines.co.il, So–Do).

Beschwingt besucht man nach der Weinprobe im Zentrum das interessante kleine **Golan Archaeological Museum,** das prähistorische Funde aus der Zeit von 500 000 bis 5000 v. Chr. zeigt. Außerdem zu sehen sind fossile Tierknochen sowie ein aus Überresten rekonstruiertes Haus des 4. Jh. v. Chr., in dem man Getreidemühlen aus Basalt, Tonkrüge und -töpfe und Kultobjekte fand. Im Hof werden Friese, Türstürze und andere Funde aus Synagogen und Kirchen präsentiert, darunter das Relief einer Menora, das in nur schwer zu bearbeitenden vulkanischen Basaltstein geschlagen wurde (Tel. 04 696 96 36, So–Do 8–17, Fr 8–15 Uhr, 30 NIS).

Reisende mit viel Zeit sollten noch einen Abstecher zu den **Dvorah-Wasserfällen** 14 machen, ein idyllischer Platz zum Rasten und stillen Verweilen. Der Weg dorthin führt zunächst über die Straßen Nr. 9088 und 91 Richtung Quneitra. Nach der Benot Ja'acov-Brücke zweigt eine kleine Straße zu den Wasserfällen ab.

Südlich von Qatzrin erstreckt sich bis nahe an den See Genezareth der **Ya'ar-Yehudia-Nationalpark** 15 mit lauschigen Plätzen inmitten von Eukalyptuswäldern. Einer von mehreren Wanderwegen führt durch eine bizarre Felslandschaft am Fluss Zavitan entlang, vorbei an Wasserfällen und Teichen. Man betritt den Park bei Yehudia an der Straße Nr. 87, etwa 2 km südwestlich von Qatzrin (Tel. 04 696 28 17, April–Sept. 8–17, Okt.-März 8–16 Uhr, 18 NIS).

... in Qatzrin:

Golan SPNI Field School: Tel. 04 696 12 34, rafim@spni.org.il. Nahe der Golan Winery bieten Israels Naturschützer 34 Zimmer an und helfen bei der Planung von Exkursionen zu den Naturschönheiten des Golan. DZ 350 NIS.

... in Qatzrin

Golan Magic: Industrial Zone, Tel. 04 696 36 25, 052 388 28 82, So–Do 9–18, Fr 9–15 Uhr. Im Imax-Stil präsentiert das Kino dieses kleinen Multimediaparks den Tiefflug über den Golan als 3-D-Film und erklärt danach an einem Golanmodell mit einer effektvollen Ton- und Lichtshow die Geschichte des Gebiets und seiner Bewohner.

Golan Olive Oil Mill: Industrial Zone, Capernaum Vista Farms, Tel. 04 685 00 23, 04 685 01 42, So–Do 9–17, Fr 9–15 Uhr. Hier besichtigt man im Nachbau einer alten Qatzrin-Synagoge eine riesige Olivenpresse, verfolgt die Produktion des Öls. Im angeschlossenen Laden kann man Öle und Kosmetika der hauseigenen Olea-Linie erwerben.

Busse: Mehrmals tgl. Verbindungen von Qatzrin nach Tel Aviv, Jersualem, Tiberias (umsteigen Richtung Haifa), Info: Egged, Schnellwahl *2800, Tel. 03 694 88 88, www.egged.co.il.

Mit Preisen überhäuft: die guten Tropfen der Golan Heights Winery

Schwindel erregender Aussichtspunkt: die Plattform
oberhalb des Kraters von Mitzpe Ramon

Kapitel 5

Negev und Sinai

Auf einen Blick: Negev und Sinai

Wüste, Meer und Berge

12 000 km², mehr als die Hälfte der Fläche Israels, nimmt der **Negev** ein – auf der Landkarte ein dreieckiger Keil, der Jordanien und Ägypten trennt und am Roten Meer zu einer stumpfen Spitze ausläuft. Der Negev ist meist flach, mit vereinzelten Felsformationen, im Norden geprägt von Sanddünen. Von Osten nach Westen steigt die Wüste von 50 auf ca. 500 m an. Die Berge von Eilat markieren die natürliche Fortsetzung des Negev in den Sinai, eine der wichtigen biblischen Landschaften, Schauplatz des 40-jährigen Exodus.

Wind und Regen haben in Jahrtausenden eine Wüste mit Dünen, Sandsteinhügeln, Hochplateaus, Trockentälern (Wadis), zerklüfteten Schluchten, tiefen Kraterlandschaften und blühenden Oasen geformt. Auf die Trockenheit langer Sommer folgen im Winter heftige Regenfälle, die in den Wadis als gefährliche Wildbäche zu Tal donnern. Da das Regenwasser kaum in den zementharten Boden eindringen kann, bilden sich riesige Seen, die nur langsam versickern. Danach aber blüht die Wüste, schießen Tamariskensprösslinge und sogar Schilf aus der Erde.

Die Besiedlung des Negev beschränkt sich auf etwa 100 Städte, Dörfer, Weiler und Kibbuzim. Nach der Eroberung der Trockenwüste (hebr. *negev*) im Unabhängigkeitskrieg 1948 wurde sie systematisch besiedelt und urbar gemacht. Pipelines vom Jarkon-Fluss und dem See Genezareth versorgen den Negev mit Wasser. Die Reise führt hier in die grüne Negev-Hauptstadt **Be'er Sheva** mit dem Abrahamsbrunnen, ins nabatäische **Avdat** und mitten in die Kraterlandschaft von **Mitzpe Ramon.** Den krassen Kontrast bildet schließlich **Eilat** am Roten Meer, ein kunterbunter Badeort, der aber noch nicht das entspannende Ende dieser Tour sein wird. Es geht über die Grenze nach Ägypten auf den faszinierenden **Sinai,** wo Orte wie **Sharm el Sheikh, Dahab** und **Nuweiba** Badeurlauber, Taucher, Surfer und Schnorchler anlocken. Am **Katharinenkloster** begibt man sich auf alttestamentarische Spurensuche und wandert zum Sonnenaufgang auf den Mosesberg, wo Gott die Zehn Gebote offenbarte.

Highlights

11 **Nationalpark Ein Avdat:** Natürliche Teiche, Quellen und Wasserfälle, Steinbö-

cke und Gazellen in freier Natur – zu erleben ist das rund um den spektakulären Canyon von Ein Avdat, das schon zur Zeit der Nabatäer an einer wichtigen Handelsroute lag (s. S. 327).

12 **Eilat:** Für Urlaubsspaß mit Wassersport und erstklassigem Nachtleben steht in Israel nur ein Ort – Eilat, der einzige Zugang des Lands zum Roten Meer (s. S. 332).

Empfehlenswerte Routen

Von Be'er Sheva nach Eilat: In puncto Unterhaltung und Spaß verspricht diese etwa 240 km lange Route eine Steigerung um 100 % – vom nicht so prickelnden Be'er Sheva bis ins pulsierende Eilat. Dazwischen kommt garantiert keine Langeweile auf. Man kann zu Wüstenexkursionen aufbrechen, merkwürdige Steinskulpturen an einem Krater betrachten, auf den Spuren der Nabatäer wandeln und am Ende in Eilat in Meer und Nachtleben eintauchen (s. S. 320).

Von Taba nach Sharm el Sheikh: Auf dieser ca. 230 km langen Strecke geht es an der Ostküste des Sinai (Ägypten) entlang, bis man mit Sharm el Sheikh die Südspitze der Halbinsel erreicht. Unterwegs liegen tolle Tauch- und Surfreviere sowie die bekannten Badeorte Dahab und Nuweiba, die vorübergehend schon mal zu Israel gehörten (s. S. 345).

Reise- und Zeitplanung

Man sollte Zeit mitbringen für diese Region: drei bis fünf Tage für den Negev und noch einmal das Gleiche für den Sinai. Wer mit öffentlichen Bussen reist und die Entdeckung der Langsamkeit pflegt, muss jeweils mindestens sechs Tage einplanen. Selbstfahrer müssen darauf achten, immer ausreichend Trinkwasser dabeizuhaben und das Auto rechtzeitig volltzutanken!

Ausgangspunkt für die Erkundung des Negev ist Be'er Sheva, das 80 km südlich von Jerusalem bzw. 240 km nördlich von Eilat gelegene Zentrum des Negev. Zur Tour auf den Sinai (Ägypten) startet man von Eilat aus, überquert dort die Grenze und hat dann rund 240 km bis Sharm el Sheikh vor sich, Abstecher nicht eingerechnet.

Ins Gepäck gehört festes Schuhwerk zum Wandern ebenso wie Badekleidung, wärmende Pullover für kalte Wüstennächte und Sonnenschutz für die heißen Tage am Strand. Weniger geeignet zum Reisen sind die unberechenbaren Wintermonate. Dann verwandelt der Regen im Negev und im Sinai die harmlosen Trockentäler in reißende Gebirgsbäche, beschert aber auch eine üppig blühende Vegetation.

Richtig Reisen-Tipps

Wandertouren bei Mitzpe Ramon: Im Negev tut sich eine ebenso gewaltige wie bizarre Kraterlandschaft auf. Auf unterschiedlich schwierigen Wegen erlebt man diese großartige Naturerscheinung (s. S. 331).

Vogelbeobachtung in Eilat: Auf den Exkursionen des International Birding and Research Centre in Eilat lernt man neben einheimischen Arten auch die große Familie der Zugvögel kennen (s. S. 336).

Mit dem Boot zur Pharaoneninsel: Südlich von Taba liegt in einer Bucht die Pharaoneninsel, einst das Ziel pharaonischer Schürfexpeditionen. Berühmt und bedeutend machten die Insel aber erst der islamische Feldherr Salah el Din, die Kreuzritter und eine Festung (s. S. 346).

Wanderung auf den Mosesberg: Auf den Spuren von Moses, der auf dem Berg im Zentralsinai von Gott die Zehn Gebote empfing, erwandert man sich nahe dem berühmten Katharinenkloster einen wundervollen Ausblick über den Sinai (s. S. 357).

Von Be'er Sheva nach Eilat

Karte S. 326

Be'er Sheva und seine Region stehen für den Pioniergeist, der Wüste Grün abzutrotzen und sie zum Blühen zu bringen. Auch auf der weiteren Strecke reist man nicht nur durch eine monotone Wüstenlandschaft. In Mitzpe Ramon beispielsweise erlebt man eine einzigartige Kraterlandschaft, kann bei Beduinen in der Wüste wohnen, wandern und staunen, ehe man sich dem Rummel von Eilat ergibt.

Be'er Sheva

Reiseatlas: S. 12, E 3; S. 13, A 3

Be'er Sheva, die ca. 225 000 Einwohner zählende Hauptstadt des Negev, war bereits zu biblischen Zeiten eine auf Landwirtschaft ausgerichtete Siedlung. Ausgrabungen brachten fein gearbeitete Keramik und Schmuck zutage, woraus man auf erheblichen Wohlstand schließen kann.

Stadtgeschichte

Aus nachbiblischer Zeit ist über den Ort wenig zu berichten, außer dass sich Juden nach dem babylonischen Exil hier ansiedelten. Be'er Sheva selbst wurde erst 1900 durch die Türken gegründet. Zuvor gab es an dieser Stelle lediglich einige Quellen und Wasserstellen, zu denen Beduinen mit ihren Schafherden kamen.

Während des Ersten Weltkriegs bauten die Deutschen eine Eisenbahnverbindung zum Sinai. 1917 nahm der englische General Allenby die Siedlung ein, die zu dieser Zeit weniger als 3000 Einwohner zählte. Im Unabhängigkeitskrieg 1948 besetzten Israelis die Stadt und vertrieben die Ägypter. Danach begann ein umfangreiches Besiedlungs- und Erschließungsprogramm.

Menschen aus aller Welt ließen sich hier nieder, in den 1990er-Jahren insbesondere Immigranten aus der ehemaligen Sowjetunion. Heute ist Be'er Sheva Sitz der Ben-Gurion-Universität und eine betont moderne Industrie- und Agrarstadt. Im Großraum Be'er Sheva leben, verteilt auf über 120 Ortschaften, weit über 500 000 Menschen.

Ende 2008 wurde die Stadt erstmals von Hamas-Raketen aus dem Gazastreifen beschossen. Dies war einer der Auslöser für die Operation Gegossenes Blei (s. S. 49).

Sehenswertes

Für Touristen hat Be'er Sheva wenig Interessantes zu bieten. Einen gewissen Reiz besitzt die **Altstadt,** die auf die türkische Gründung zurückgeht. Der **Beduinenmarkt,** der jeden Donnerstag von 6 bis 16 Uhr an der Straße nach Hebron stattfindet, lohnt allenfalls einen kurzen Besuch. Nur ganz wenige Beduinen aus dem Negev handeln mit Selbstgeknüpftem, die Mehrzahl des Angebot besteht aus Elektronikartikeln, Kleidung, Schuhen, gefälschten Designerprodukten und Ähnlichem.

Am südlichen Ende der Keren Kayemet Le-Israel Street liegt der **Abrahamsbrunnen.** Hier besiegelten Abraham und König Abi-

Hilfreiche Webseite

Umfassende Informationen über den gesamten Negev liefert die Internetseite der **Negev Tourism Development Authority,** die für die touristische Erschließung der Wüstenregion zuständig ist: www.negev.co.il.

melch der Legende nach den Bund, der Abraham die Nutzung des Wassers erlaubte – und der Be'er Sheva seinen Namen gab: ›Schwurbrunnen‹.

Sehenswert ist das in einer alten Moschee untergebrachte **Negev-Museum,** das in vier Sälen 4000 Jahre regionale Archäologie dokumentiert. Unter den Exponaten finden sich Werkzeuge, kleine Statuen und Krüge, am schönsten jedoch sind die Glassammlung aus römisch-byzantinischer Zeit und Mosaike einer Kirche aus dem nahen Qisufim, die in Griechisch sogar noch das Datum der Einweihung tragen: 4. August 576 (60 Ha'atzmaut St., Tel. 08 623 43 38, 08 620 65 70, So, Mo, Mi/Do 8–15.30, Di 8.30–14, 16–18, Sa 10–14 Uhr, 12 NIS).

Mit dem Autor unterwegs

Über Beduinen lernen

Die Wüste Negev ist das Land der Beduinen, doch ihre Kultur rückt immer mehr in den Hintergrund. Nahe Be'er Sheva macht im Kibbuz Lahav das **Joe Alon Center** mit den Beduinen vertraut, informiert über ihren Lebensstil, ihre Musik und ihre Heilkunde (s. S. 323).

Reiten auf Lamas

Lamas aus Südamerika, importiert nach Israel – als Mischung aus Ranch, Zoo und Streichelgehege versteht sich die **Alpaca Farm** bei Mitzpe Ramon (s. S. 331).

Tourist Information: Abraham Well, 1 Hevron Rd., Tel. 08 623 46 13, So–Do 8–16 Uhr, www.mynegev.co.il.

Desert Inn: Old Town, Tel. 08 642 49 22, Fax 08 641 27 72, www.neot-midbar.com. Angenehmes Hotel der oberen Mittelklasse mit Pools im Freien und im Haus. DZ ab 500 NIS.
Golden Tulip Negev: 4 Henrietta Szold St., Tel. 08 640 54 44, Fax 08 640 54 45, www.fattal.co.il. Zentral nahe der Universität und einiger Shopping Malls, auch beim Organisieren von Touren behilflich. DZ ab 900 NIS.
Beit Yatziv: 79 Ha'atzmaut St., Tel. 08 627 74 44, Fax 08 627 57 35. Saubere Jugendherberge und komfortables Gästehaus für nicht mehr ganz so junge Gäste. DZ ab 300 NIS.

Hervorstechende kulinarische Highlights hat Beersheva nicht, vertreten sind die landesweite Nudelkette Spaghettim und viele Fastfood-Läden.
Beit Haful: 15 Hahistradut St., Tel. 08 623 42 53, So–Fr 9–24 Uhr. Freunde des Foul, eines dunklen Bohnenbreis, schwören auf dieses einfache Lokal. Ab 30 NIS.

Beliebt zum Shopping ist die **Kanyon Mall,** Hanesi'im Junction, mit dem üblichen breit gefächerten Angebot.

Taubel Center for the Preservation of Ethiopian Jewish Handicrafts: 50 Arlozov St., Tel. 08 623 58 82, malka@kivunim7.co.il, Mo–Do 8.30–13, Di 18–20 Uhr. Außergewöhnliches Kunsthandwerk, v. a. von immigrierten Juden aus Äthiopien.

Die Nachtschwärmer treffen sich rund um Trumpeldor Street und Hasimita Street, u. a. im **Baraka, Migella** oder **Punchline,** wo die Kellner auch singen und tanzen.

Fallschirmspringen: Skykef, Sde-Tieman Airport, Tel. 1700 70 58 67, www.skykef.co.il. Tandemsprünge (ca. 1000 NIS) und Kurse unterschiedlicher Länge.

Be'er Sheva Cultural Center: In dem 2008 eröffneten Kulturzentrum finden Theater- und Konzertaufführungen statt.
The Center for the Performing Arts: 41 Rager Blvd., Tel. 08 626 64 22, Fax 08 626 64 21, www.isb7.co.il. Heimat des 1973 gegründeten Israel Sinfonietta, das zu den besten Sinfonieorchestern Israels gehört und weltweit bekannt ist. Karten sind schwer zu bekommen und lange vorher zu buchen, aber der Aufwand lohnt sich in jedem Fall.

Züge: Von der Central Station oder North University, Tel. 02 577 40 00,

Kunsthandwerk Fehlanzeige – auf Be'er Shevas Beduinenmarkt wechseln v. a. Nahrungsmittel, Elektronikartikel und Kleidung den Besitzer

www.rail.co.il, So–Fr 2 x stdl. Verbindungen nach Tel Aviv, dort Umsteigen für Verbindungen nach Jerusalem, Haifa, Akko, Nahariya.
Busse: Mehrmals stdl. ab Central Bus Station, Eilat St., gegenüber Kanyon Shopping Mall, nach Jerusalem, Tel Aviv und Eilat. Info: Egged, Schnellwahl *2800, Tel. 03 694 88 88, www.egged.co.il.
Sherut-Taxis: Abfahrt an der Central Bus Station.
Mietwagen: Avis, 8 Henrietta Szold St., Tel. 08 627 17 77, www.avis.co.il; Sixt, 21 Shderot Shzar, Tel. 08 628 25 89, www.sixt.co.il.

Die Umgebung von Be'er Sheva

Tel Shewa

Reiseatlas: S. 13, A 3
Die Ruinen des biblischen Be'er Sheva am **Tel Sheva,** 6 km nordöstlich der Stadt an der Straße nach Jerusalem, umfassen Teile der alten Stadtmauern und einige Gebäude. Die seit dem 8. Jh. v. Chr. von einer doppelten Mauer umgebene Stadt wurde von etwa 70 Familien – Hohenpriestern, Steuerbeamten und Handelsbeauftragten – bewohnt. Sie verwalteten und regierten von hier die gesamte Region. Auf einer Fläche von 3 ha verwoben die Planer dieser Siedlung Verwaltungsbauten und Privathäuser mit einem Netz von Straßen, deren Standardbreite bei 2,5 m lag. Die übrigen Bauten, die man während des Rundgangs sieht, stammen vom 12. Jh. v. Chr. bis zum 8. Jh. n. Chr. (Tel. 08 646 72 86, April–Sept. 8–17, Okt.–März 8–16 Uhr, 12 NIS).

Mamshit-Nationalpark

Reiseatlas: S. 13, B 4
Richtung Dimona verlässt man Be'er Sheva auf der Straße Nr. 25. Die 40 km lange Fahrt führt an endlosen Dünen vorbei. Gelegentlich sieht man Beduinen, die dort ihre Zelte aufgeschlagen haben. **Dimona** (35 000 Einw.) lebt von der Textilindustrie und dem nahe gelegenen Atomreaktor. 3 km hinter der Stadt weist ein Schild nach Süden zum **Mamshit-**

Nationalpark, der 2005 zum UNESCO-Welterbe erklärt wurde. Hier stieß der amerikanische Archäologe Edward Robinson 1838 auf die Ruinen der 3000 Jahre alten Stadt Mampsis, die östlichste Stadt des versunkenen Reichs der Nabatäer. Diese hatten im Negev noch fünf weitere Orte gegründet, doch von keinem darf man die Schönheit Petras (Jordanien) erwarten. Die Römer bauten Mampsis später zur Festung aus. Nach der arabischen Eroberung im 7. Jh. verfiel die Stadt.

Zu den Funden gehören zweistöckige nabatäische Wohnhäuser mit dicken Mauern und kleinen Fenstern. An den Wänden einiger öffentlicher Gebäude sind verwitterte Fresken zu erkennen. Aus byzantinischer Zeit stammen die Überreste der beiden Kirchenkomplexe, die Kloster und Bischofsresidenz umfassten. Im Bereich des Friedhofs fand man nabatäische Keramik, bemalt mit Nadel- und Gittermustern und stilisierten Pflanzen. Aus römischer Zeit wurden Öllampen und unbemalte Tongefäße entdeckt. Sehenswert ist im angrenzenden Wadi die teils restaurierte nabatäische Zisterne (Tel. 08 655 64 78, April–Sept. 8–17, Okt.–März 8–16 Uhr, 18 NIS).

Arad

Reiseatlas: S. 13, C 3

Vom Nationalpark fährt man auf der Straße Nr. 25 zunächst in östliche Richtung und biegt dann nach Norden in die Straße Nr. 258 ab. Nach 43 km ist der Ort **Arad** (22 000 Einw.) erreicht. 1962 kamen die ersten Familien hier an. Anfangs mussten sie noch in Zelten und Hütten leben – kein Halm wuchs zu jener Zeit in dieser Gegend. Heute verdeutlicht die auf einem 620 m hohen Plateau gelegene Kleinstadt die Leistung, mit der die Israelis die Wüste Negev zum Blühen gebracht haben. Arad ist grün: Parks, Alleen und Beete, wohin man blickt. Die Stadt lebt im Wesentlichen von dem Unternehmen Dead Sea Works, das Mineralien wie Salz und Brom verarbeitet, und von den Gasfunden bei Rosh Sohar. Am östlichen Rand des Plateaus liegen die Hotels mit einem wunderbaren Blick auf den Negev und das Tote Meer. Arad ist auch als heilklimatischer Kurort für Asthmatiker bekannt.

Tel Arad

Reiseatlas: S. 13, C 2

8 km westlich der Stadt Arad liegt **Tel Arad,** einst wichtige Station der Karawanenstraße zwischen Syrien und Ägypten. Hier entdeckten Archäologen kanaanitische Tempelruinen aus dem 19. Jh. v. Chr. sowie israelitische Anlagen aus dem frühen 1. Jt. v. Chr., darunter die Ruinen eines Jahwetempels, für den der Erste Tempel von Jerusalem offenbar als Vorbild diente. Die Siedlung aus der Bronzezeit lag unterhalb des Hügels, die israelitische Stadt dagegen wurde auf dem Hügel errichtet. Bei der Planung waren die Kanaaniter mehr auf Ästhetik als auf Funktionalität bedacht. Breite Straßen mit Kanalisation, große Plätze und Häuser sowie großzügige Tempel prägten das Bild.

Die Bewohner, Bauern und Händler, tauschten Waren mit Ägypten aus. Archäologen fanden ägyptische Tonarbeiten, Kupfer vom Sinai und sogar pharaonische Kartuschen auf Tonscherben. Die israelitische Oberstadt, die einer Zitadelle glich, wurde mehrmals zerstört, u. a. von Assyrern, Babyloniern und Römern. Im nordwestlich liegenden Tempel der Anlage entdeckte man beschriebene Tonscherben, darunter Briefe, die 70 v. Chr. an den Festungskommandanten Eliashiv Ben Ashiahu gerichtet waren (Tel. 07 776 21 70, April–Sept. 8–17, Okt.–März 8–16 Uhr, 12 NIS).

Kibbuz Lahav

Reiseatlas: S. 13, A 2

Auf dem Rückweg nach Be'er Sheva kann man einen Umweg machen und 15 km nordöstlich von Be'er Sheva den **Kibbuz Lahav** besuchen. Das Museum des hiesigen **Joe Alon Center** vermittelt einen guten Eindruck von der beduinischen Kultur. Gezeigt werden u. a. die Zelte mit ihrer Einrichtung sowie typische Instrumente, z. B. die Rababa, ein Saiteninstrument, dessen Klänge man vor Ort mit etwas Glück tatsächlich zu hören bekommt. Man kann beim Brotbacken zusehen und ein Kräutergarten macht mit den von Beduinen benutzten Heilpflanzen vertraut. Durch den Übergang zu sesshafter Lebensweise sind auch hier die alten nomadischen Traditionen im Verschwinden begriffen (Tel. 08 991 33 22, www.lahavnet.co.il, So–Do 9–16, Fr 9–14 Uhr, 16 NIS).

Über die Straßen Nr. 31 und 60 geht es zurück nach Be'er Sheva.

Tourist Information: Arad Industrial Area, Paz-Tankstelle, Tel. 08 995 41 60, Fax 08 995 50 52, www.arad.muni.il, Sa–Do 9–17, Fr 9–13.30 Uhr.

... in Arad:
Margoa Arad: Moav St., Tel. 08 995 12 22, Fax 08 995 77 78, www.margoa.com. Nicht sonderlich geschmackvoll eingerichtete, aber saubere Zimmer mit Wüstenblick. Weitläufiger Garten mit Pool, recht gutes Restaurant (tgl. 8–24 Uhr). DZ ab 570 NIS.
Inbar: 38 Yehuda St., Tel. 08 997 33 03, Fax 08 997 33 22, www.hotel-inbar.com. Am Ortseingang gelegenes Haus mit großzügigen Zimmern, in denen noch der Stil der 80er-Jahre regiert. Geheizte Pools mit Süßwasser und Wasser vom Toten Meer. DZ ab 550 NIS.
Nof Arad: Moav St., Tel. 08 995 70 56, Fax 08 995 40 53. Einfaches Mittelklassehotel mit kleinem Pool. DZ ab 450 NIS

In Arad gibt es zahlreiche Imbisse und Cafés für Snacks.
Mr. Shai: 32 Palmach St., Arad, Tel. 08 997 19 56, Mo–Sa 12–15, 18–23 Uhr. Chinesische und thailändische Küche sind im Negev eine willkommene Abwechslung. Die Suppen und die Standardgerichte sind gut. Ab 60 NIS.

Gut einkaufen kann man in Arad in der **Arad Mall.**

Hebrew Song Festival (Aug.): Festival israelischer Liedermacher in Arad. Infos bei der Touristeninformation (s. o.).

Sound & Light Massada: Beeindruckende Show, die die bewegende Geschichte der Festung erzählt (s. S. 199).

Busse: Mehrmals tgl. von Arad nach Be'er Sheva, Tel Aviv, 1 x tgl. nach Jerusalem. Info: Egged, Schnellwahl *2800, Tel. 03 694 88 88, www.egged.co.il.

Shivta

Karte: S. 326
Über die Straßen Nr. 40 und 211 erreicht man die beeindruckenden Ruinen von **Shivta** 1. Die Stadt wurde im 1. oder 2. Jh. v. Chr. als Sobota von den Nabatäern gegründet. Den Ausschlag gab die günstige Lage für den Handel zwischen Fernost und Arabien. In Shivta lässt sich am besten sehen, wie die Nabatäer ihre Städte und Siedlungen mit Zisternen ausstatteten. Jedes Haus hatte im Hof unter dem Pflaster seine eigene Zisterne, in die das Wasser vom Dach abgeleitet wurde. Die Stadt selbst besaß ein Doppelreservoir (eines für überlaufendes Wasser). Unter den Römern beherbergte Shivta die Nachschublager für den nördlichen Negev. Für kurze Zeit blühte die Stadt nochmals unter den Byzantinern auf, ehe sie in arabischen Händen den Niedergang erlebte und im 14. Jh. vergessen war. Wiederentdeckt wurde Shivta 1935 (April–Sept. 8–17, Okt.–März 8–16 Uhr, 12 NIS).

Sde Boqer und Umgebung

Kibbuz Sde Boqer

Karte: S. 326
Auf der Straße Nr. 211 fährt man nun zunächst die gleiche Strecke zurück und nimmt bei Telalim die Straße Nr. 40 Richtung Süden. Es geht hügelauf und hügelab, ehe man vor einer gewaltigen Bergkulisse die Obstgärten des 1952 gegründeten **Kibbuz Sde Boqer** 2 sieht. Er wurde berühmt durch den damaligen Premierminister David Ben Gurion, der 1948 Israels Unabhängigkeit erklärte und 1953 in Sde Boqer ein Haus bezog, um an der Begrünung der Wüste mitzuarbeiten. Das Haus der Gurions samt einer Bibliothek mit 5000, teils seltenen Büchern kann besichtigt werden (Tel. 08 656 04 69, So–Do 8.30–16, Fr 8.30–14, Sa 9–15 Uhr, 8 NIS). Im Kibbuz

Die Nabatäer

Thema

Die Nabatäer, die vermutlich im 1. Jt. v. Chr. aus Arabien in das Gebiet zwischen dem Roten und dem Toten Meer einwanderten, waren ein bestens organisierter Staat von Kaufleuten und Kamelhändlern, und betrieben perfekt gesicherte Karawanenrouten. Im Negev stößt man auf die Spuren dieses legendären Volks.

Im Jahr 312 v. Chr. traten die Nabatäer historisch erstmals in Erscheinung, als sie sich nach dem Tod Alexanders des Großen im Diadochenstreit um seine Nachfolge gegen die Griechen verteidigen mussten. Woher sie kamen, dafür gibt es kaum Indizien. Als Schrift benutzten sie das Aramäische, doch arabisch sind die Namen, die heute bekannt sind. »Vermutlich«, schrieb der Nabatäer-Forscher Manfred Lindner, »sind sie irgendwann aus Süd- oder Mittelarabien nach Nordwesten vorgedrungen.« Und in einer frühen jüdischen Überlieferung des Alten Testaments wird als Erstgeborener Ismaels ein Nebaioth genannt. Ob er wohl der erste Nabatäer war?

In ihrer frühen Periode, vom 5./4. bis zum 1. Jh. v. Chr., nahmen die Nabatäer vermutlich den Negev ein und überzogen ihn mit einem gut durchdachten Netz von Wegen. In dieser Zeit waren sie noch Nomaden oder Halbnomaden mit Schaf-, Ziegen- und Kamelherden. Vom griechischen Historiker Diodorus Siculus (1. Jh. v. Chr.) wissen wir, dass sie damals Dattelhonig, wie ihn die Beduinen noch heute kennen, mit Wasser vermischt tranken.

In der Blütezeit unter König Aretas III., der von 87 bis 62 v. Chr. regierte, erstreckte sich das Einflussgebiet der Nabatäer vom Sinai bis nach Damaskus. Die Nabatäer wechselten vom Nomadentum zum sesshaften Leben, nahmen Elemente der griechischen und römischen Kultur auf. Politischer, wirtschaftlicher und kultureller Mittelpunkt war die Felsenstadt Petra im heutigen Jordanien, an deren Größe und überwältigende Schönheit keine der Nabatäerspuren im Negev heranreicht. Von Petra aus kontrollierte man sämtliche Handelswege zwischen Arabien, dem heutigen Gibraltar, Nordafrika, der Levante sowie Fernost, darunter auch die wichtigen Umschlagplätze an der Schnittstelle von Weihrauchstraße und Straße der Könige im heutigen Jordanien.

Die Nabatäer waren ein gut organisierter Staat von Kaufleuten und Kamelhändlern, wie der griechische Geograf und Historiker Strabo schrieb. Durch ihre Hände gingen Gold, Kupfer, Eisen, Textilien, Elfenbein, Sklaven, Getreide, Gewürze, v. a. aber Weihrauch, Myrrhe und Balsam, die zum Teil als kultische Düfte in Tempeln Verwendung fanden. Die Verzahnung der nabatäischen Vertriebswege und Absatzmärkte erinnert in ihren Grundzügen an einen Welthandel, wie wir ihn in der heutigen Globalisierung kennen.

Im Negev unterhielten die Nabatäer mindestens sechs Städte: Oboda (Avdat, Abde), Mampsis (Mamshit, Kurnub), Elusa (Halutza, Khalasa), Nissana (Nitzana, El Avdya), Sobota (Shivta, Isbeita) und Rehovot (Rehovot, Ruheibe). Die Karawanenrouten waren zum Großteil geheim und militärisch gesichert. Nach dem Tod von Aretas IV. 40 n. Chr. kam es zu einer Wirtschaftskrise. Die Nabatäer wurden Vasallen Roms und 106 n. Chr. wurde das einst mächtige Reich als abhängige Provinz dem römischen Imperium eingegliedert.

Sde Boqer, Mitzpe Ramon und Umgebung

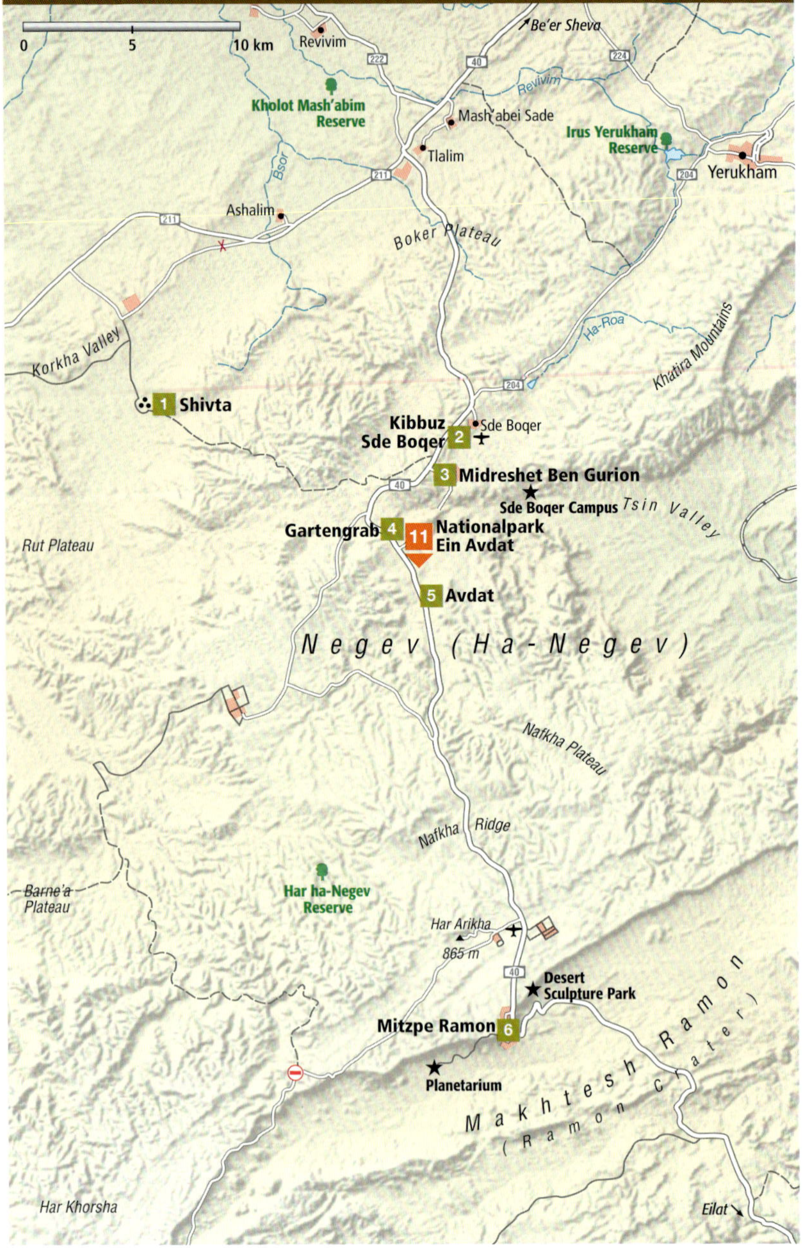

selbst dreht sich viel um Völkerverständigung. Mit ca. 1 Mio. Euro finanzierte hier die Hamburger Bürgerschaft 1994 den Bau des Hamburghauses, das als Begegnungsstätte und Unterkunft dient (s. S. 330).

Midreshet Ben Gurion

Karte: S. 326

Zwei Autominuten südlich des Kibbuz unterhält die Negev-Universität Be'er Sheva den Sde Boqer Campus mit dem Institut **Midreshet Ben Gurion** 3**.** Die Forschung konzentriert sich auf die ökologisch vertretbare Erschließung der Wüste und die Durchführung von Feldstudien im Negev. Für Besucher interessant sind die Exkursionen und Lernwanderungen durch den Negev, die vom Institut angeboten werden (Tel. 08 653 28 01, 08 653 20 16, www.boker.org.il).

Gartengrab von Ben Gurion

Karte: S. 326

Ben Gurion starb 1973 und wurde neben seiner fünf Jahre zuvor verschiedenen Frau Paula auf einem Hügel über dem Nordzugang von Ein Avdat (s. u.) beigesetzt. Von dem **Gartengrab** 4 aus hat man einen schönen Blick auf den Fluss Zin, den schon Moses mit seinem Volk durchquerte (Eintritt frei).

11 Nationalpark Ein Avdat

Karte: S. 326

Von Sde Boqer sind es 3 km bis zum **Nationalpark Ein Avdat,** nicht zu verwechseln mit der Nabatäerstadt Avdat. In dem zerklüfteten Canyon, einem der schönsten Naturschutzgebiete Israels, befinden sich Wasserfälle, Quellen und natürliche Teiche, in denen Baden zwar verboten ist, doch nur wenige halten sich daran. Woher sich das aus horizontalen Gesteinsschichten austretende Quellwasser speist, ist nicht endgültig geklärt, vermutlich strömt es zumindest zum Teil aus unterirdischen Reservoirs, die während der Regenzeit von Sickerwasser gefüllt werden.

Die Wahrscheinlichkeit, Steinböcke oder Gazellen in freier Natur beobachten zu können, ist morgens und am späten Nachmittag am größten. Wichtig für den Besuch sind guter Sonnenschutz und ausreichend Trinkwasser. Bei der Anfahrt erreicht man zuerst den höher gelegenen Südeingang, fährt von hier in wenigen Minuten hinunter zum nördlichen Zugang. Vom Parkplatz (an dem auch der Weg zum Ben-Gurion-Grab beginnt) führt ein gut 4 km langer Wanderweg, der **Zin Trail,** entlang dem Fluss in den Canyon. Die weißen Wände der Schlucht rücken immer weiter zusammen und erreichen eine Höhe von über 150 m. In etlichen der Höhlen, die man erkennt, versteckten sich im 6. Jh. Eremiten. Am Ende des knapp einstündigen Wegs liegt im Schatten der natürliche Pool **Ein Marof.** Sein leicht salziges Wasser ist ziemlich kalt. Von hier geht man gut 200 m zurück, bis linker Hand Stufen zur Fallkante der Wasserfälle hinaufführen. Der Ausblick von oben ist wunderbar. Die Wandertour endet am oberen Eingang, dem Südzugang. Von hier geht es entweder zu Fuß zum 3 km entfernten Nordzugang zurück oder man nimmt den Bus (alle 90 Min.). Alternativ kann man vom Pool des Wasserfalls auch direkt zum Ausgangspunkt zurückkehren, mit dem Auto zum Südeingang fahren und von dort zum Wasserfall gehen (Tel. 08 655 56 84, April–Sept. 8–17, Okt.–März 8–16 Uhr, 23 NIS).

Avdat

Karte: S. 326

6 km südlich ist **Avdat** 5 erreicht. Oboda hieß die auf 619 m gelegene Stadt unter den Nabatäern, die im 4. Jh. v. Chr. gegründet wurde und seit 2005 zum UNESCO-Welterbe gehört. König Obodas II. gab dem Versorgungsstützpunkt seinen Namen. Bei den Ausgrabungen, die noch lange nicht beendet sind, fand man das bisher einzige Militärlager der Nabatäer. Auf 1 ha beherbergte es etwa 2000 Soldaten mit ihren Reitkamelen. Bislang wurde allerdings erst die Südmauer freigelegt. Gut erhalten blieb auch eine Weinpresse aus dem 3. Jh. v. Chr.

Als die Nabatäer ihre Karawanen auf die Route Eilat–Damaskus umleiteten und zudem Vasallen der Römer wurden, begann Avdats Niedergang. Erst die byzantinischen Herrscher Diokletian und Konstantin I. befestig-

Quellwasser mitten in der Wüste – der Nationalpark Ein Avdat ist einer der landschaftlichen Höhepunkte von Israel

ten Avdat im frühen 4. Jh. neu und errichteten auf dem Hügel eine Zitadelle. Zu den wichtigen Funden in Avdat zählen ein Kieselsteinmosaik, das ein Kreuz darstellt, sowie der Glockenturm einer Kirche, die auf dem Platz eines nabatäischen Tempels erbaut wurde. Beachtenswert sind auch die 13 unterhalb der Zitadelle in den Fels geschlagenen Zisternen der Nabatäer (Tel. 08 655 15 11, April–Sept. 8–17, Okt.–März 8–16 Uhr, 23 NIS).

Übernachtungsmöglichkeiten gibt es im Kibbuz Sde Boqer im **Hamburg House** (DZ ab 350 NIS) und im etwas schlichteren **Midreshet Sde Boker Guest House** mit 6er-Zimmern (270 NIS p. P.). Buchung: Tel. 08 653 28 01, 08 653 20 16, www.boker.org.il. **Krivine's Guest House:** Ben Gurion Campus an der Straße Nr. 40, ca. 3 km südl. von Sde Boqer, Tel. 052 271 23 04, www.krivines.com. Ordentliche Unterkunft mit geräumigen Zimmern. Die Besitzerfamilie, deren Name das Hotel trägt, hat jede Menge Tipps für Exkursionen auf Lager und hilft immer gerne mit Rat und Tat. DZ ab 350 NIS.

Mitzpe Ramon

Karte: S. 326

45 km südlich von Avdat wartet ein weiterer landschaftlicher Höhepunkt des Negev, **Mitzpe Ramon** 6. Attraktion des 4000 Einwohner zählenden Orts sind der 1042 m hohe **Rosh Ramon** sowie der **Machtesh Ramon,** Israels größter Krater: 8 km breit, 40 km lang und 380 m hoch. Ein spektakulärer, Schwindel erregender Blick in den Machtesh Ramon bietet sich vom Aussichtspunkt südlich des Visitors Center, wo eine Plattform über den Kraterrand ragt (s. Abb. S. 316).

Im Visitors Center werden die geologischen Gegebenheiten erklärt. Danach kann man sich auf einen der markierten Wanderwege begeben, die durch die erdgeschichtlichen Zeitalter führen (s. S. 331). Nördlich des Visitors Center hat ein israelischer Künstler aus vorhandenem Gesteinsmaterial bizarre Steinskulpturen geschaffen – sehr fotogen.

Mit dem Ticket des Visitors Center hat man gleich in der Nähe kostenlosen Zugang zum **Wüstenzoo Bio Ramon,** der Schlan-

Ruinen von Avdat: das bislang einzige gefundene Militärlager der Nabatäer

gen, Skorpione und andere Tiere des Negev beherbergt (Tel. 08 658 87 55, im Sommer So–Do, Sa, 8–17, Fr 8–16 Uhr, im Winter Schließung jeweils 1 Std. früher, 12 NIS).

Ebenfalls um Tiere geht es auf der **Alpaca Farm,** die sich 3 km südlich von Mitzpe Ramon beim Ramon-Krater angesiedelt hat. Eigentlich sind Alpakas und Lamas in Südamerika heimisch, doch 300 von ihnen wurden aus einem Dorf in den Anden nach Israel ausgeflogen und hier angesiedelt. Mittlerweile ist die Herde auf 400 Tiere angewachsen. Die Mischung aus Farm, Streichelzoo und Freilichttiergarten ist nicht nur für Kinder ein wunderbares Erlebnis. Man kann auf Lamas und Kamelen kurze Ausritte unternehmen, die Wollgewinnung verfolgen und die Arbeit der Hirtenhunde beobachten. Gelegentlich werden auch Ausdauerrennen veranstaltet (Tel. 08 658 80 47, 08 658 81 04, www.alpaca.co.il, tgl. im Sommer 8.30–18, im Winter 8.30–16.30 Uhr, 25 NIS).

i **Visitors Center:** am Krater, Tel. 08 658 87 54, Sa–Do 8–16, Fr 8–15 Uhr, www.mitzpe-ramon.muni.il. Karten und Infos für Wanderungen, außerdem läuft eine kurze Dokumentation über Mitzpe Ramons Naturbesonderheiten (30 NIS).

Isrotel Ramon-Inn: 1 Ein Akev St., Tel. 08 658 88 22, Fax 08 658 81 51, www.isrotel.co.il. Komfortables Hotel mit schönen Zimmern. DZ ab 500 NIS.

Alpaca Farm B & B: am Krater, 4 km südl. Richtung Eilat, Tel. 08 658 80 47, 08 658 81 04, 052 897 70 11, www.alpaca.co.il. Skurrile Ranch (s. l.) mit ordentlichen Zimmern. V. a. abends, wenn die Farm für Besucher schließt, wird es sehr beschaulich. DZ ab 450 NIS.

Beerot Camp: am Krater, Tel. 08 658 67 13, www.beerot.com. Hier wohnt man als Gast von Beduinen in Zelten und genießt als Kulisse die Kraterlandschaft. Da es keinen Strom gibt, wird vom Brot bis zum Fleisch alles über offenem Feuer zubereitet. Ab 45 NIS.

Wüstentouren: Negevland Tours, Tel. 08 659 55 55, www.negevland.co.il. Trips in und um die Krater sowie in den Negev, wahlweise per Jeep, Mountainbike oder zu Fuß. Auch Klettertouren.

Reiten: Alpaka Farm (s. l.). Ausritte in die Wüste, Buchung 1–2 Tage vorher.

Richtig Reisen-Tipp: Wandertouren bei Mitzpe Ramon

Eine der schönsten Wanderungen von Mitzpe Ramon führt auf dem **Nahal Gewanim Trail** zu spektakulären Gesteinsformationen. Vom Wadi Gewanim aus erreicht man den Saharonimgrat, auf dem man rund zwei Stunden wandert und mit herrlichen Ausblicken über die Wüste belohnt wird. Die Gesamttour dauert je nach Kondition und Tempo hin und zurück fünf bis sechs Stunden und ist für erprobte Geher gedacht.

Etwas entspannter und für nicht ganz so fitte Wanderer ist der **Scenic Pass** geeignet, der durch eine nicht minder spektakuläre Wüstenlandschaft führt, u. a. zu einer Gesteinsformation, die wegen ihrer Ähnlichkeit mit Holz Carpenter's Workshop (›Werkstatt des Zimmermanns‹) genannt wird.

Am Vistors Center beginnt die einfache **Albert Promenade,** die am Kraterrand entlang zu bizarren Gesteinsformationen führt. Auf halbem Weg erreicht man den Vogelbalkon, einen Überhang mit tollem Ausblick, unter dem Vögel im Krater kreisen.

An den Kraterrändern erheben sich etliche eindrucksvolle Felshügel: **Har Marpek, Har Katom** und **Har Ramon** im Süden sowie **Har Ardon** im Nordosten. Ein erloschener Vulkan ist im Norden der **Givat Ga'ash,** um den die Lava zu Basaltformationen erstarrt ist.

Festes Schuhwerk, Sonnenschutz und ausreichend Wasser sind für alle Touren unerlässlich. Eine gute Adresse für organisierte Wandertouren ist die Har Hanegev SPNI Field School, Tel. 08 658 86 15, har@spni.org.il.

Eilat und Umgebung

Reiseatlas S. 21/22

Eilat bedeutet Erholung am Roten Meer, Badeurlaub und Spaß ohne Ende im quirligen Nachtleben. Wer nicht nur in der Sonne brutzeln will, findet reichlich Abwechslung. Man kann die spannende Vogelwelt und das reiche Leben unter Wasser beobachten, mit Delfinen schwimmen, Wasserskifahren und, und, und – fast alles ist möglich.

13 Eilat

Reiseatlas: S. 22, D 4

Die Unterwasserwelt des Roten Meers und die ganzjährige Badesaison – die Wassertemperatur liegt selten unter 20 °C – haben **Eilat** (72 000 Einw.) zu Israels internationalem Ferien- und Wassersportort gemacht, berühmt auch für sein überbordendes Nachtleben. Die sehr schönen Korallenriffe im Golf von Eilat sind die am nördlichsten gelegenen der Erde. Surfer schätzen den zuverlässigen Wind. Wer weder surft noch taucht, dem steht in Eilat eine ansehnliche Flotte kleiner und größerer Schiffe und Glasbodenboote zur Verfügung, die Törns anbieten. Eilat ist auf Familienurlauber eingerichtet. Für Kinder gibt es Spielplätze, flache Schwimmbecken, einen Miniaturzug und sogar eine Westernstadt. Um die Natur über Wasser zu genießen, muss man sich allerdings aus Eilat herausbewegen, etwa mit den Ornithologen des International Birding and Research Centre ins Wadi Araba (s. S. 336).

Die Orientierung in Eilat ist einfach. Hinter den Stränden liegt die **City** mit ihren Geschäften, Bars, Cafés und Discos. An der Lagune östlich davon, der **East Lagoon,** erstreckt sich der Hotelbezirk und im Süden Richtung ägyptische Grenze, am **South Beach,** findet man auf 5 km das sehr schöne Coral-Beach-Areal, das weniger überlaufen ist als die hotelnahen Strände im Norden am **North Beach.** Im Westen grenzt Eilat an das ägyptische Taba, bekannt geworden als Ort der Friedensverhandlungen. Eilat liegt auf einem schmalen Küstenstreifen, wo Negev, Sinai und die Bergketten Jordaniens zusammentreffen. Um angelegte Hafenlagunen drängen sich große Luxushotels, die man mit wenig Rücksicht auf ein schönes Stadtbild hochgezogen hat. Zu den ebenfalls weniger geglückten Gegebenheiten Eilats zählt der Flughafen: Seine Start- und Landebahnen liegen mitten in der Stadt und zerteilen sie.

Mit dem jordanischen Aqaba im Osten und dem ägyptischen Taba im Süden will Eilat, sobald es einen nachhaltigen Frieden gibt, ein Dreiländer-Badezentrum am Roten Meer bilden. Aqaba und Taba haben die weiten Strände, die Eilat fehlen, und Eilat besitzt die Gastronomie, die Einkaufszentren und das Nightlife. Schon heute ist es von Eilat aus möglich, Petra, die Felsenstadt der Nabatäer, in Jordanien zu besuchen oder einen Ausflug zum Mosesberg (s. S. 357) und dem Katharinenkloster (s. S. 351) in den Sinai-Bergen Ägyptens zu unternehmen.

Stadtgeschichte

Im Alten Testament wird Eilat mehrmals erwähnt. Bei ihrem Auszug aus Ägypten machten die Israeliten auf dem Weg ins Gelobte Land hier Halt. Über Eilat soll sich auch die Königin von Saba auf ihrem Weg zu Salomo in Jerusalem eingeschifft haben. Die Schiffe baute man aus dem Holz des Edom-Walds um Aqaba. Eilat gehörte in der folgenden Zeit vielen Herren: den Edomitern und den Nabatäern, die es Aila nannten, danach den Griechen, Römern, Byzantinern und den Kreuzfahrern, die es befestigten und ausbauten. Unter den Türken verlor Eilat jede Bedeutung.

Im März 1949 eroberten israelische Soldaten den ehemals jordanischen Ort in einer Blitzaktion, die berühmt wurde. Denn die Soldaten hatten die israelische Flagge vergessen und malten den Davidsstern kurzerhand auf ein Betttuch, das dann gehisst wurde. 1951 lebten in der Pioniergemeinde ein paar Männer und fünf Frauen, 1952 wurde das erste Baby geboren und 1956 erklärte man Eilat zur Stadt. Die Veteranen, die diese aufregenden Gründerjahre miterlebt haben, bezeichnen sie gerne als die Wildwestzeit Eilats.

Im Sechstagekrieg eroberte Israel den Sinai. Zwischen Eilat und Sharm el Sheikh an der Südspitze wurden die Grundsteine des heutigen Sinai-Tourismus gelegt, von dem Ägypten seit der Rückgabe 1982 reichlich profitiert. Eilat selbst hatte 1968 nurmehr 360 Hotelzimmer, jetzt sind es über 12 000. In den vergangenen Jahren bemühte sich Eilat besonders um Urlauber aus Osteuropa, was der Stadt inzwischen deutlich anzumerken ist: Überall hört man Russisch, liest Kyrillisch. Die Weltfinanzkrise 2009 hat diese Entwicklung allerdings jäh unterbrochen.

Die vor wenigen Jahren eröffnete Universität, der Eilat Campus of Ben Gurion University of the Negev, ist ein Ableger der Universität in Be'er Sheva (s. S. 320) und bietet Sozial- und Naturwissenschaften an.

Coral-Beach-Naturreservat

Richtung Taba liegt 6 km vom Zentrum entfernt das **Coral-Beach-Naturreservat,** in dem man ohne Taucherbrille und Atemgerät einen Blick in die Tiefen des Roten Meers genießen kann. Hauptattraktion ist das 1975 gegründete und seither ständig erweiterte **Coral World Underwater Observatory and Aquarium,** ein Rundbau in Form eines Korallenriffs. Er umfasst Meerwasserbecken für Haifische und Meeresschildkröten, ein Aquarium mit Meeresmuseum sowie ein Observatorium, das 4,5 m unter dem Meeresspiegel ei-

Mit dem Autor unterwegs

Schwimmen mit Delfinen

In Eilats **Dolfin Reef** dreht sich alles um Delfine, die hier auch zu therapeutischen Zwecken eingesetzt werden. Besucher ab acht Jahren können mit einem Delfin schwimmen und tauchen – ein unvergessliches Erlebnis (s. S. 335).

Mit Beduinen speisen

Verschiedene Veranstalter in Eilat bieten abendliche Ausflüge in die Wüste zu Beduinen an, die ein typisches Essen zubereiten und dieses gemeinsam mit ihren Gästen einnehmen. Der Preis pro Person inkl. Abholung vom Hotel beginnt bei 240 NIS. Ein empfehlenswerter Anbieter ist **No Limits Tours/Ahalan Olympus,** Tel. 08 634 70 22, 050 339 25 25, www.israeladventurestours.com.

Tiere der Bibel

40 km nördlich von Eilat begegnet man im **Hai-Bar-Naturschutzreservat** biblischer Tierwelt, die hier seit Ende der 1970er-Jahre angesiedelt und heimisch gemacht wurde, darunter Strauße, persische Halbesel und Steinböcke (s. S. 341).

Tauchparadies Rotes Meer

Korallenbänke, umschwärmt von Fischen – die Tauchgründe des Roten Meers gehören zu den schönsten der Welt. Es gibt kaum einen besseren Ort, um tauchen zu lernen, beispielsweise in **Eilat,** wo sich zahlreiche Anbieter versammeln (s. S. 339).

Auch Nichttaucher können auf spannende Weise die Unterwasserfauna erkunden: Bei **Snuba Snorkeling and Beyond** bleibt der Schnorchel daheim, stattdessen ist man mit einem Sauerstofftank verbunden, der auf einer Art Luftmatratze an der Wasseroberfläche schwimmt. Das alles passiert am sehr schönen Caves Reef – ein Erlebnis und für viele der erste Schritt zum Tauchschein (Caves Reef, Tel. 08 637 27 22, Fax 08 637 67 67, www.snuba.co.il).

Ganz Eilat ist ein Vergnügungsort – wer Ruhe sucht, sollte an die Sinai-Ostküste ausweichen

nen Einblick in das farbenprächtige Leben eines Korallenriffs gestattet. Ein spezielles Flutungssystem versorgt die Aquarien ständig mit frischem Meerwasser und dem darin enthaltenen Plankton. Durch Glas beobachtet man hier Seepferdchen, Schalentiere, Barrakudas, Clownfische, Trompeten- und Napoleonfische sowie Hunderte anderer Meerestiere, darunter höchst giftige Exemplare wie den Skorpionfisch, der auf dem Meeresgrund im Sand eingegraben auf seine Beute lauert. In Freiheit kann man die Fische entweder im Observatorium oder vom U-Boot Yellow Submarine aus beobachten, das täglich um 10 Uhr ablegt (Coral Beach, Tel. 08 636 42 00, Fax 08 637 31 93, www.coralworld.com, im Sommer Sa–Do 8.30–17, im Winter bis 16.30, Fr/Fei 8.30–16 Uhr, 79 NIS).

Dolphin Reef

2 km südlich des Zentrums an der Straße nach Taba sollte man keinesfalls den Besuch des **Dolphin Reef** verpassen. Dabei handelt es sich um mehr als nur um ein Becken, in dem dressierte Delfine wie Luna, Sheaba und Nana ihre Kunststücke vorführen. Das Reef versteht sich nicht als herkömmliches Delfinarium, sondern bildet die Tiere aus, um sie später ins Meer zu entlassen. Besucher können mit den Tieren schwimmen, beim Füttern zuschauen und sogar dabei helfen.

Spannend ist ein Projekt internationaler Wissenschaftler, bei dem Delfine mit bisher großem Erfolg als Therapeuten eingesetzt werden, um verhaltensgestörte Kinder zu heilen. Das tägliche Schwimmen mit den Meeressäugern lässt die kleinen Patienten wieder Zutrauen auch zur menschlichen Umwelt finden, wobei noch völlig unklar ist, was die Delfine zu ihrer heilenden Tätigkeit befähigt. Tierschützer kritisieren allerdings sowohl das Delfinbecken als auch die Experimente mit den gefangenen Delfinen (Coral Beach, Tel. 08 630 01 00, www.dolphinreef.co.il, tgl. 9–17 Uhr, 58 NIS; Schwimmen mit Delfinen, ab 8 Jahren, 295 NIS).

Texas Ranch

Die **Texas Ranch,** ursprünglich als Filmkulisse für einen Western erbaut, ist ein beliebtes Ausflugsziel für Familien mit Kindern. Hier starten auch ca. 4-stündige Kamel- und Pferdetrips ins Wadi Shlomo. Nahe der Ranch beginnt der **Zefahot Trail,** ein mit grünen Schildern markierter Rundweg, ideal für einen leichten, rund 3-stündigen Spaziergang durch das Wadi Zefahot, das einen fantastischen Ausblick auf den Golf von Aqaba bietet (Coral Beach, Tel. 08 637 66 63, tgl. 8–19 Uhr, Ausritte ab ca. 120 NIS/Std.).

i **Tourist Information:** 8 Beit Hagesher St., Tel. 009 72 86 30 91 11/2, Fax 009 72 86 33 91 22, www.eilat.muni.co.il, www.eilat-today.com, So–Do 8–18, Fr 8–14 Uhr. Gute Infos und Tourentipps.

Reservation & Information Center: Durban Center, Tel. 08 637 47 41, tgl. 7–23 Uhr. Auch Vermittlung von Hotels.

Mit stolzen bis horrenden Preisen überbieten sich die Hotels an den Stränden. Erschwingliche Unterkünfte sind rar. Pauschalbucher zahlen deutlich weniger.

Herod's Palace: North Beach, Tel. 08 638 00 00, Fax 08 638 00 10, www.sheraton.co.il. Im Annex des ehemaligen Sheraton-Hotels gibt

Richtig Reisen-Tipp: Vogelbeobachtung in Eilat

Ornithologisch Interessierte sollten auf keinen Fall die Exkursionen des **International Birding and Research Centre** (IBRC) verpassen. An bestimmten Orten nahe Eilat, z. B. im Wadi Araba, das sich über 200 km vom Roten bis zum Toten Meer erstreckt, kann man in Begleitung von Ornithologen zahlreiche Vogelarten beobachten. Insgesamt wurden um die 400 Arten gezählt, darunter Adler, Störche und Flamingos, Kraniche sowie Amsel, Drossel, Spatz, Fink und Star. Für Millionen von Zugvögeln, die im Herbst aus Europa und Asien südwärts nach Afrika ziehen – und im Frühjahr über Sahel, Sahara und Sinai zurück –, dient die Region als Rastplatz. Ornithologen behaupten, dass sich zu bestimmten Zeiten nahezu die gesamte Population verschiedener Vogelspezies in der Region um Eilat aufhalten soll.

Im Angebot des IBRC sind Jeeptouren und Spaziergänge unterschiedlicher Länge. Eine Exkursion führt zu einer Beringungsstation, eine andere widmet sich den nachtaktiven gefiederten Freunden. Die Teilnehmer werden direkt vom Hotel abgeholt (www.birdsofeilat.com, Tel. 08 633 53 39, 050 211 24 98, 052 337 77 14, 2 Std./150 NIS p. P., 4 Std./220 NIS p. P.).

es wundervolle Vitalis-Spa-Kuren, die Zimmer sind geräumig und mit Stil möbliert. DZ ab 1200 NIS.

Isrotel King Solomon: North Beach, Tel. 08 636 34 44, Fax 08 633 41 89, www.isrotel.co.il. Direkt an der Lagune, für den Preis wird einiges geboten. Außergewöhnlich große Zimmer, Restaurants, Bars und Disco gehören zu den besten in Eilat. DZ ab 1000 NIS.

Hilton Queen of Sheba: 8 Antib, North Beach, Tel. 08 630 66 66, Fax 07 630 66 77, www.hiltonworldresorts.com. Das Hotel gibt sich geschichtsträchtig und ist mit Szenen aus dem alten Ägypten geschmückt. Ein Flügel beherbergt geräumige Familienzimmer inkl. Küche. Zum Strand sind es 200 m. DZ ab 900 NIS.

Orchid: Almoq Beach, Tel 08 636 03 60, Fax 08 637 53 23, www.orchidhotel.co.il. Gegenüber dem Underwater-Observatorium liegt die bezauberndste Hotelanlage Eilats, die im Stil eines thailändischen Dorfs errichtet wurde. Die Bungalows sind fernöstlich möbliert und stehen entlang einem Berghang mit atemberaubenden Blick auf Meer und Berge. DZ ab 800 NIS.

Reef: North Beach, Tel. 08 636 44 44, Fax 08 636 44 88, www.reefhoteleilat.com. Der Hotelstrand ist eher klein, aber sehr schön. Das Hotel selbst ist mit seinen 79 Zimmern eines der wenigen kleineren Häuser am Ort, die Zimmer sind ausreichend groß, haben Balkon und Meerblick. DZ ab 600 NIS.

Dalia Beach: North Beach, Tel. 08 633 40 04, Fax 08 633 40 72, www.daliahotel.co.il. Nett und preiswert, aber leider spricht das Personal kaum Englisch und das Frühstück ist eher dürftig. Eine empfehlenswerte Alternative, wenn kein anderes Zimmer zu bekommen ist. DZ ab 400 NIS.

Youth Hostel: Haarava St., Ecke Elot St., Tel. 08 637 00 88, Fax 08 637 58 35, eilat@iyha.org.il. Eine der komfortabelsten Herbergen dieser Art im Land, mangels günstiger Hotels und der Nähe zum Strand immer gut belegt. Dass Schulklassen und Jugendgruppen in Ferienstimmung entsprechend laut sind, muss einkalkuliert werden. DZ ab 130 NIS.

Rund um das **Shalom Center** gibt es viele Schnellimbisse. Etwas teurere und gediegenere Lokale mit internationaler Küche findet man entlang der **Strandpromenade.** Auch leckere Fischgerichte gibt es in vielen Restaurants.

Au Bistro Chez Michel: Elot St., Tel. 08 637 43 33, tgl. 19–23 Uhr. Feine französische Küche, z. B. Gänseleber-Delikatessen, in elegantem Restaurant. Ab 100 NIS.

Wang's Grill: im Royal Beach Hotel, North Beach, Tel. 08 636 88 88, Sa–Do 19–23 Uhr.

So eine Aussicht genießt man nur im Restaurant Red Sea Star

Elegantes Restaurant mit raffinierten Spezialitäten aus China wie Röstente mit Wildreis; unter die Rubrik Fusion-Küche fällt das Steak Sirloin nach Peking-Art. Ab 100 NIS.

Red Sea Star: Southern Sq., gegenüber Le Meridien, Tel. 08 634 77 77, www.redseastar.com, tgl.19–24 Uhr. Dieses futuristisch anmutende Unterwasser-Restaurant hat der gesamten Konkurrenz die Show gestohlen. Man speist 5 m unter der Wasseroberfläche, umgeben von einem künstlichen Korallenriff und durch Panzerglas beäugt von echten Fischen. Die dazugehörige Underwater Bar and Obervatory ist bis 3 Uhr morgens geöffnet. Ab 90 NIS.

The Last Refuge: Coral Beach, Tel. 08 637 24 37, tgl. 13–15.30, 18–23.30 Uhr. Spezialität Meeresfrüchte, empfehlenswert sind die Fischsuppe und das Seafoodragout mit Pilzen. Ab 80 NIS.

Eddie's Hideaway: 68 Almogim St., Tel. 08 637 11 37, Mo–Fr 18–24, Sa 12–15 Uhr. »Essen ist kein Überlebenskampf, sondern Genuss«, sagt Besitzer Eddie, der seit über 30 Jahren in Eilat wohnt und eines der ältesten Restaurants der Stadt betreibt. Auf der Karte stehen Fleisch- und viele Fischgerichte, auch Vegetarisches. Ab 70 NIS.

Salsa: hinter dem Dan Hotel, North Beach, Tel. 08 636 88 88, tgl. 19–24 Uhr. Kalifornische Gerichte und *new mexican cuisine,* z. B. Auberginen in Pesto, Hühnerbrust gefüllt mit Käse und Spinat. Ab 80 NIS.

Pago Pago: North Beach nahe Crown Plaza Hotel, Tel. 08 637 66 60, www.pagopagorest.com, tgl. 13–3 Uhr. Das in der Lagune festgemachte Bar-Café-Restaurant-Schiff liegt nicht nur malerisch, es verströmt auch südpazifische Atmosphäre, bietet gute Cocktails und frische Sushi. Ab 60 NIS.

Zion Beach: North Beach, Tel. 08 637 17 60, tgl. 20–2 Uhr. Israelische Spezialitäten, Meeresfrüchte und Fleischgerichte. Ab 50 NIS.

Eilat ist berühmt für sein Nachtleben. Die meisten Bars und Discos schließen, wenn der letzte Gast geht. Zentren für Nachtschwärmer sind das **New Tourist Center** und das Gebiet um die **North Beach Waterfront Promenade.** Beliebt sind auch Hoteldiscos. Am frühen Abend bieten alle größeren Hotels für ihre Gäste Folklore- und Animationsshows an, oft auch Kinofilme und Dokumentationen.

Platinum: im Isrotel King Solomon, Tel. 08 636 34 44, tgl. 23–4 Uhr, ab 60 NIS. Fast je-

Ausflug mit Wüstenschiffen, auch das ist in Eilat am Roten Meer möglich

der Abend steht unter einem anderen Motto – Mo Israeli-Pop, Fr Schwulendisco etc. Altersmäßig bunt gemischtes Publikum.

Three Monkeys: im Royal Beach Hotel, North Beach, Tel. 08 636 88 88, tgl. ab 22 Uhr, ab 60 NIS. Seit Jahren Eilats größter und beliebtester Platz zum Trinken und Tanzen. Mit kurzen Hosen und Flipflops kommt man hier nicht am Türsteher vorbei.

Underground Pub: New Tourist Center, Tel. 08 637 02 39, tgl. 12–4 Uhr, ab 20 NIS. Hier kann man mittags Goldstar oder Tuborg trinken, abends Margaritas und mittwochs bei Karaoke Spaß haben.

Unplugged: New Tourist Center, Tel. 08 632 62 99, 19–3 Uhr, ab 40 NIS. Von wegen *unplugged* – hier sind die lautesten Lautsprecher Eilats eingestöpselt. Gespielt wird Musik von den Sixties bis modern, das Publikum ist wild, jung und tanzwütig.

The Dolphin Reef Pub: im Dolphin Reef, Tel. 08 637 42 93, tgl. 12–3 Uhr, ab 40 NIS. Man tanzt am Strand und freut sich über immer gute Margaritas, viele kommen schon zum Sundowner. Abends gelegentlich Live-Musik, zum Essen gibt es Fisch und Mezze.

Eilat ist eine Freihandelszone, d. h. man kann hier steuerfrei einkaufen, was sich in Israel wirklich bezahlt macht. Die Preise liegen um bis zu 20 % Prozent unter denen im übrigen Land. In der **Shalom Mall** im Zentrum reihen sich auf drei Etagen Klamotten-, Wäsche- und Schuhläden. Weit gefächert ist das Angebot (israelische und internationale Marken) in der beliebten **Haam Shopping Mall** im Zentrum nahe dem North Beach und in der **Hakenyon Hahadash Mall** am Flughafen. **The Mall** in der Duban Street wartet mit Supermärkten und Kleidergeschäften auf. Entlang der **Strandpromenade** (stimmungsvoll nach Einbruch der Dunkelheit) verkaufen fliegende Händler Silberschmuck und Souvenirs, Raubkopien von DVDs, CDs und Designerprodukten, Maler zeichnen Porträts, Hellseher lesen aus der Hand, aus Tarotkarten und dem Kaffeesatz die Zukunft, Besucher lassen sich Tattoos malen, feilschen um Mitbringsel. Auf der schicken **Royal Beach Promenade** findet man Geschäfte, die Cartier, Breitling und Bulgari führen, an der **Herods Promenade** wird Ware von Calvin Klein und Kollegen verkauft.

Baden und Strände: Am 5 km langen North Beach, der am Rand des Wadi Araba mit Blick auf die Edomberge liegt und von Restaurants und Hotels gemanagt und bewirtet wird, aalen sich die Sonnenhungrigen nach Art der Ölsardinen. Rettungsschwimmer patrouillieren am Strand, Snacks und Drinks werden zu laut dröhnender Musik serviert, 20 NIS kostet eine Liege mindestens, wenn man nicht Hotelgast ist. Ruhiger geht es am Coral Beach Nature Reserve südlich von Eilat zu, wo auch Taucher und Schnorchler auf ihre Kosten kommen (tgl. 9–17 Uhr, ab 30 NIS). Überhaupt ist der South Beach, vor dem das nördlichste Korallenriff der Erde liegt, v. a. Urlaubern zu empfehlen, die sich für die Unterwasserwelt interessieren.

(Wasser-)Sport: Jede Menge Anbieter gibt es für Tret- und Motorboote, Banana-Rides, Wasserscooter, Wasserski, Paragliding (ab 50 NIS) etc., u. a. Flamingo, North Beach, unterhalb des Royal Beach Hotel, Tel. 08 631 59 19; Happy Life, North Beach; Beach Boys, North Beach, Tel. 08 631 52 14.

Bootsausflüge: Mehrmals tgl. starten Glasbodenboote am North Beach, um Nichttauchern die Unterwasserwelt näherzubringen; Infos in den Hotels. Segeltörns im Golf von Eilat, nach Coral Island und Taba (ab 125 NIS) bieten z. B. Yacht's Eilat Sailing & Holiday, North Beach, Tel. 08 631 66 61, Fax 08 633 77 87; Paradise Cruises, North Beach, Tel. 08 631 63 77, Fax 08 637 83 55.

Tauchen und Schnorcheln: Eilat selbst hat nur ein Korallenriff, das Coral Beach Nature Reserve (s. S. 333). Preislich variieren die unterschiedlichen Anbieter kaum. Ein 5-tägiger Anfängerkurs kostet ca. 300 US-$ inkl. Ausrüstung (SSI, PADI, CMAS, ANDI, IAHD), u. a. bei Lucky Divers, North Beach, Tel. 08 633 59 90, Fax 08 633 72 37, www.luckydivers.com; Leonardo Dive Center, Holiday Inn Crown Plaza Hotel, Promenade, Shifton Alley, Tel. 08 631 77 72, Fax 08 631 77 73; The Red Sea Sports Club, Bridge House, North Beach, Tel. 08 633 36 66, www.redseasports.co.il; Manta Diving Center, Ambassador Hotel, Coral Beach, Tel. 08 637 06 88, Fax 08 637 06 55, www.redseasports.co.il. Viele Tauchschulen organisieren auch Ausflüge nach Jordanien und auf den Sinai.

Radtouren: Nature's Way, Tel. 08 637 00 57. Halbtagestouren in die Eilat-Berge für ökologisch Interessierte.

Kamelreiten: Camel Ranch, Salomon Valley, ca. 10 Automin. südlich von Eilat, Tel. 08 637 00 22, Fax 08 637 86 38**,** www.camel-ranch.co.il, Mo–Sa 8–18, im Sommer 13–17 Uhr geschl. Kamelsafaris (auch Ausritte zum Sonnenuntergang), Wagenrennen mit Kamelen oder Eseln sowie schöne Ausflüge per Jeep, Mountainbike oder Quad-Bike.

Wüstentouren: In Eilats Umgebung gibt es etliche spannende Ziele. Der Red Canyon nahe der ägyptischen Grenze ist eine bizarre, rot schimmernde Sandsteinschlucht, südlich davon liegt Ein Netafim, die tropfende Quelle, ein Wasserfall mit natürlichem Pool. Desert Eco Tours, Zofit Center, Tel. 052 276 57 53, erez@desertecotours.com, organisiert solche Touren, darunter auch Wüste bei Nacht (4-stündige Jeep-Exkursion, 275 NIS), 2-Tagestour Wadi Araba und Wüste Negev (1000 NIS p. P.), Wanderungen um Eilat (360 NIS p. P.).

Themenpark Kings' City: Eastern Lagoon nahe Herod's Hotel, Tel. 08 630 44 44, www.kingscity.co.il. Pharaonen bei Streitwagenrennen, Computerillusionen rund um König Salomo, leichte und schwere Rutschen, biblische Höhlen und Wildwasserbahnen – all das vereinigt dieser 40 Mio. US-$ teure Themen- und Abenteuerpark (So–Do 9–1, Fr 9 Uhr bis 1 Std. vor Shabbat, Sa 1 Std. nach Shabbatende bis 1 Uhr, 100 NIS).

Airodium: North Beach, Tel. 08 633 23 86, roy@skydive.co.il. Stoßfest verpackt fliegt man, von Orkankräften getrieben, durch einen vertikalen Windkanal – der Mega-Magenumdreher (Mo–Sa 10–16 Uhr).

Eilat-Express: Der Miniaturzug verkehrt am North Beach.

WOW – The International Show: Tanz, Akrobatik, Illusion, Magie, Zauberei – mit klassischen und modernen Kunststücken wie Drahtseilakten und chinesischen Schlangenfrauen hält sich seit Jahren diese im Las-Vegas-Stil inszenierte Show im Isrotel Royal

Garden Hotel, North Beach, Tel. 08 638 66 66, Fax 08 638 66 65, Tickets 105 NIS, Hotelgäste 70 NIS.
Imax 3-D-Kino: 4 Derech Yotam St., am Flughafen, Tel. 08 636 10 00, www.imaxeilat.co.il. Filme über Außerirdische, Weltraum und mittelalterliche Burgen sowie Dokus über die Unterwasserwelt (11–23 Uhr, ab 60 NIS).
Cinémathèque: Philip Murray Cultural Center, Hatmarim Blvd., Tel. 08 633 22 57. Auch englische Filme.
Red Sea Jazz Festival (Ende Aug., www.redseajazzeilat.com): Hervorragendes Festival mit tgl. bis zu zehn (Freiluft-)Konzerten, darunter die mitreißenden Jam-Sessions am Pool des Riviea-Hotels. Tickets mit/ohne Unterkunft unter Tel. 08 634 22 23, 03 604 50 00.
Red Sea Classical Festival (Febr., www.redseaclassicalfestival.com): Klassik für jedermann, organisiert von Maestro Valery Gergiev. U. a. Rachmaninov, Mussorgsky und Mahler. Tickets mit/ohne Hotel unter Tel. 03 795 21 64, Fax 03 510 02 01, info@talholidays.com.

Flüge: Bei Arkia, Red Mall, Tel. 08 63 84 88 88, 03 690 22 10 (zentrale Reservierung), www.arkia.co.il, bucht man Inlandsflüge von/nach Haifa und Tel Aviv. Dieselben Strecken bedient Israir, Tel. 03 795 70 00, www.israirairlines.com. Germania und El Al flogen zuletzt Eilat nicht mehr an.
Busse: Von der Central Bus Station von 5–17 Uhr alle 90 Min. sowie um 19 und 1 Uhr Egged-Busse nach Tel Aviv sowie mehrmals tgl. u. a. nach Be'er Sheva, Jerusalem (via Totes Meer) und Haifa. Infos: Egged, Schnellwahl *2800, Tel. 03 694 88 88, www.egged.co.il. Städtische Buslinien verbinden regelmäßig mit South Beach, North Beach, ägyptischer und jordanischer Grenze.
Taxis: Eilats Taxifahrer sind für ihre Unverfrorenheit gegenüber Gästen berüchtigt. Achten Sie bei allen Fahrten darauf, dass der Taxameter eingeschaltet ist.
Mietwagen: Avis, Harava Rd., Shalom Plaza Hotel, Tel. 009 72 8 637 31 64, www.avis.co.il; Eldan, 140 Shalom Center, Tel. 009 72 8 637 40 72, www.eldan.co.il; Hertz, Hatmarim Blvd., Tel. 009 72 8 637 66 50/55, www.hertz.co.il; Sixt, Shalom Plaza Hotel, Store 1018, Tel. 009 72 8 637 35 11, Fax 009 72 8 637 35 12, www.sixt.co.il.

Grenzübertritt
Wer von Eilat aus in den Sinai einreisen möchte, muss zu Fuß über die Grenze. Auf der ägyptischen Seite warten normalerweise Taxis und unmittelbar am Übergang liegt das Hilton-Hotel mit einer Autovermietung. Für den Grenzübertritt braucht man lediglich den Reisepass.

Timna Park

Reiseatlas: S. 22, D 3
Richtung Norden verlässt man Eilat auf der Straße Nr. 90, vorbei am Kibbuz Eilot, der schon inmitten einer tropischen Landschaft liegt. Nach ca. 30 km zweigt eine kleine Straße nach Westen ab – hier beginnt ein unbedingt empfehlenswerter Ausflug. Man befindet sich im 60 km² großen **Timna Park** am Rand des Wadi Araba. Lesern des Klassikers »Die Sieben Säulen der Weisheit« von T. E. Lawrence ist das Wadi durch den Sturm auf Aqaba wohlvertraut. Um 4000 v. Chr. wurden hier die ersten Stollen der Welt für den Kupferabbau in den Stein getrieben. Bis zu 80 000 Menschen arbeiteten dort. König Salomo trieb regen Handel mit dem Metall, ebenso wie später, im 4. Jh. v. Chr., die ägyptischen Pharaonen, die auf dem Sinai Türkise, hier in Timna aber Kupfer abbauten. Etwa 10 000 bis zu 45 m tiefe Schächte gibt es in Timna. Phönizier besorgten unter Salomo die Kupferbearbeitung: Lilien und Granatäpfel zierten die fein ziselierten Säulen und andere Arbeiten, die Salomo für den Tempel von Jerusalem anfertigen ließ.

Wahrzeichen des Timnatals sind die beiden 50 m hohen, aus dem Fels heraustretenden pilzförmigen Sandsteinpilaster des Königs Salomo, die durch Erosion entstanden sind. Wind und Regen haben diese surreal wirkende Landschaft geformt und ganze

Antilopen sind nur eine der Tierarten, die man im Hai-Bar-Reservat sichten kann

Massive mit kleinen und großen Löchern und Rissen geradezu perforiert. Neben den Pilastern findet man Relikte eines ägyptischen Hathortempels, im 14. Jh. v. Chr. vermutlich von Pharao Sethos I. erbaut, sowie Felsinschriften und Darstellungen von ägyptischen Kriegern jener Zeit. Von Menschen geschaffen wurde der kleine See, an dem auch ein Restaurant liegt (Tel. 08 631 67 56, Sept.–Juni Sa–Do 8–16, Fr/Sa 8–13, Juli–Aug. Sa–Do 6–20.30, Fr 8–13 Uhr, 38 NIS).

Hai-Bar-Naturschutzreservat

Reiseatlas: S. 22, D 2

Wenige Kilometer nördlich der Abzweigung zum Timna Park, ca. 40 km nördlich von Eilat, liegen rechter Hand bei Jotvata das **Hai-Bar-Naturschutzreservat** und der Kibbuz Jotvata. Hai-Bar bedeutet ›wildes Leben‹ – und das begegnet einem, sobald man den Fuß in diesen steppenartigen Park gesetzt hat. Die Besucher werden begrüßt von neugierigen Straußen, außerdem leben Wildesel, Gazellen, Wildziegen, Steinböcke, Antilopen etc. in freier Natur. Für das Beobachten der Vögel sollte man ein Fernglas dabeihaben. Spannend ist die **Desert Night Life Exhibition Hall,** in der die Uhren zur Steuerung der Lichtanlage anders ticken. Damit die Besucher nachtaktive Tier des Negev, z. B. Wüstenmäuse, erleben können, wurde hier die Nacht zum Tag gemacht (Tel. 08 637 30 57, So–Do 8.30–17, Fr/Sa 8.30–16 Uhr, 25 NIS).

Kibbuz Lotan

Reiseatlas: S. 22, D/E 1

Weiter geht es Richtung Norden. Kurz nach der Kreuzung mit der Straße Nr. 40 stößt man auf den **Kibbuz Lotan,** eine prima Adresse für Hobby-Ornithologen: Adler, Störche, Falken, Flamingos und viele andere Vogelarten rasten oder nisten hier. Von der Saison hängt ab, was man vor den Feldstecher bekommt. Bereits ab Ende Februar fliegen die europäischen Zugvögel ganz tief über Eilat und den

Wie gemalt – um solche wüstenhaften Naturschönheiten zu entdecken, genügt von Eilat ein Tagesausflug per Jeep

Kibbuz – ein großartiges Erlebnis. Man kann direkt im Kibbuz wohnen und mit erfahrenen Ornithologen im Wadi Araba auf Exkursion gehen. Ein wichtiges Thema dabei ist immer auch die Ökologie der Wüste.

Der 1984 gegründete, wegen seines Öko-Engagements mehrfach ausgezeichnete Kibbuz ist noch aus einem anderem Grund interessant. Seine Bewohner sind dazu verpflichtet, »aus der Welt einen besseren Platz zu machen«. Das beginnt bei der Mülltrennung, einem in Israel weitgehend unbekannten Konzept, und geht bis zu einer ökologisch schonenden Lehm-Stroh-Bauweise, die bei allen Häusern angewandt wird. Die Gesamtidee des Kibbuz stellt der **Lotan Park** vor, der nach Voranmeldung besichtigt werden kann und mit einer Arche Noah aus Altreifen und Abfall sowie dem Captain-Composts-Garten speziell auch an Kinder adressiert ist (Tel. 08 635 69 35, 1800 200 07, www.kibbutzlotan.com).

Lotan Lodging: Daphna Abell, Tel. 08 635 69 35, lotan-programs@lotan.co.il. Einfache, saubere Bungalows, mit Pool. DZ ab 250 NIS.

Ein Netafim

Reiseatlas: S. 21, C 4
Für den Rückweg nach Eilat empfiehlt sich folgende Route: Vom Kibbuz fährt man zurück zur Kreuzung mit der Straße Nr. 40, folgt dieser ca. 12 km und biegt dann in die Straße Nr. 12 ein, die durch eine schöne Landschaft Richtung Süden führt. Nach dem **Netafim Checkpoint,** 12 km vor Eilat, fährt man über einen links abzweigenden Weg zu den Quellen von **Ein Netafim.** Sie liegen auf dem ehemaligen Handels- und Pilgerweg von und nach Mekka – in den Felswänden sind 2000 Jahre alte geritzte Graffiti in Hebräisch, Arabisch, Aramäisch und Griechisch zu sehen!

Sinai-Ostküste (Ägypten)

Karte S. 348

Die Ostküste des Sinai ist Ägyptens schönste Sonnenseite und Sharm el Sheikh, der größte Ferienort des Landes, das Ziel dieses Ausflugs ins Nachbarland. Dazwischen liegen die kleineren Badeorte Dahab und Nuweiba, die Wüste lockt mit Canyons und Oasen und etwas Kultur gehört auch dazu: Am Katharinenkloster besteigt man den berühmten Mosesberg, wo Gott Moses die Zehn Gebote offenbarte.

Man muss nur die Grenze von Eilat nach Taba passieren. Schon ist man auf dem Sinai, Ägyptens schönster Sonnenküste. Der Sinai kann die herrliche Verlängerung einer schon wunderbaren Israelreise sein. Bislang hat man sich, angefangen in Jerusalem, auf den Spuren der drei Offenbarungsreligionen bewegt und großartige Schauplätze v. a. jüdischer und christlicher Geschichte gesehen. Im Sinai geht es zu den Wurzeln: Hier hat Moses die Zehn Gebote empfangen. Man kann den Mosesberg zu Fuß erklimmen und im Katharinenkloster die Geschichte der frühen Christen verfolgen, aber auch für Badeurlauber und Wassersportler gibt es ausreichend gute Gründe, Israel für ein paar Tage den Rücken zu kehren.

Während man sich in Eilat oft wünscht, es gäbe mehr Platz, findet man auf dem Sinai eine unbeschreibliche Weite. Leider ist die

Eines der weltweit besten Tauchreviere: das Rote Meer

Grenze nach Ägypten nicht ganz so durchlässig, wie man sich das wünscht. Die Passage mit dem Auto zieht einen immensen Papierkrieg nach sich und lohnt für den Reisenden kaum. Dafür kommt man reibungslos zu Fuß über die Grenze und kann seine Reise auf dem Sinai problemlos per Mietwagen, Bus oder Sammeltaxi fortsetzen. Am Ende der Tour steht dann bestimmt eine Erkenntnis: So verfeindet Israelis und Ägypter politisch sein mögen, so ähnlich sind sie sich in vielen Dingen – wie Verwandte eben.

Von Taba nach Nuweiba

Karte: S. 348

Taba

Taba 1, der kleine Grenzort zu Israel, besteht im Wesentlichen aus dem Hilton Taba und dem Grenzposten. In den vergangenen Jahren wurde der Ort nicht nur konsequent begrünt, sondern es wurde auch darauf geachtet, dass nicht überall Müll herumliegt. Von Taba wechseln viele für einen Badetrip oder einen Ausflug ins Nachtleben über die Grenze nach Eilat.

Taba wurde 1989 als letzter Ort von Israel an Ägypten zurückgegeben, sieben Jahre nach dem übrigen Sinai. Die beiden Länder hatten unterschiedliche Auffassungen darüber, ob Taba schon Sinai oder noch Negev sei. Zudem hatten die Israelis bereits mit dem Bau des Sonesta-Hotels begonnen, dem heutigen Hilton Taba. Als die jungen Friedensbeziehungen durch Israels Invasion im Libanon 1982 auf einen Tiefpunkt sanken, gab es bis 1985 nicht einmal Gespräche über eine Rückgabe. Danach wurden sogar alte Karten aus osmanischer Zeit herangezogen, um eine Lösung zu finden, die sich dann letztendlich auf politischer Ebene fand. Ägypten zahlte knapp 40 Mio. US-Dollar Entschädigung und im April 1989 verlegte man die Grenze um 100 m nach Norden. Viele Reisegruppen, die eine Dreiländerreise Israel, Jordanien, Ägypten unternehmen, machen im Hilton Taba Zwischenstation.

Mit dem Autor unterwegs

Naturerlebnis

Im Hinterland des Roten Meers gibt es eine wunderbare Natur, die es zu entdecken lohnt. Den Reiz der Wüste und ihrer Wadis erlebt man im **Coloured Canyon,** im **Nationalpark Ras Mohammed** die wunderbare, aber leider gefährdete Welt der Riffe, Korallen und Fische (s. S. 350 u. 362).

Fastenwandern

»Allah hat aus der Wüste alles Überflüssige entfernt, damit wir Menschen das wahre Wesen der Dinge erkennen können«, wirbt ein Veranstalter für Sinai-Fastenwanderungen. Des milderen Klimas wegen finden diese Touren meist in der höher gelegenen Gebirgswüste (1800 m) **rund um den Mosesberg** statt. Fasten als ganzheitliche Methode soll Herz, Kreislauf und Bewegungsapparat entlasten, Ablagerungen in Gefäßen abbauen, den Stoffwechsel aktivieren, ›schlacken‹ und eingelagerte Giftstoffe ausscheiden sowie überflüssiges Gewicht abbauen. Das alles auf dem Sinai zu tun, ist ein einmaliges Erlebnis. Angebote findet man im Internet unter www.tit-travel.de, www.skr.de, www.fasten-kolleg.de, www. sinai.heart-of-the-earth.com.

Nachtleben

Wer ein abwechslungsreiches Nachtleben sucht, der ist in Nuweiba deplatziert, in Dahab einigermaßen und in **Sharm el Sheikh** allerbestens aufgehoben. Dort tummelt sich eine bunte Szene aus Einheimischen und Touristen (s. S. 361).

Unterwasserwelt

Man muss kein Taucher sein, um die Meeresfauna zu erleben. Nehmen Sie Taucherbrille, Schnorchel und Flossen mit in Ihren Urlaub, denn entlang der ganzen Ostküste des Sinai, sogar unmittelbar vor den Touristenorten, gibt es küstennahe Riffe, wo man beim **Schnorcheln** die bunte Unterwasserwelt erkunden kann.

The Fjord und Taba Heights

Bei der Fahrt gen Süden entlang der 63 km langen Küstenstraße von Taba nach Nuweiba erblickt man linker Hand **The Fjord** 3. Stünde diese Bucht nicht unter Naturschutz, würde hier längst ein Megahotel residieren. So aber kann man vom hoch gelegenen Rasthaus auf diese einmalig geformte Bucht hinabsehen, in einem unberührten Fjord schwimmen und einen unverstellten Blick auf die nahen Berge genießen. Die Bucht selbst ist nur mit dem Auto zu erreichen.

Bei der Weiterreise entlang der Küste passiert man zahlreiche neue oder im Entstehen begriffene Hotel- und Bungalowanlagen. Inmitten des ägyptischen Nirgendwo beschlossen mutige Investoren, luxuriöse Hotels zu errichten. Den Anfang dieses größten Tourismusprojekts an der Ostküste des Sinai bildete **Taba Heights** 4, eine Retortenstadt für Touristen. Gewachsenes Leben findet man hier kaum, denn der Ort besteht in erster Linie aus Hotels diverser Kategorien, Internetcafés, Spas, Fitnessstudios, Tauch- und Surfschulen sowie einem Golfplatz und einem Businesscenter.

Im Internet: www.tabaheights.com

... in Taba:

Tobya Boutique-Hotel: Km 2 Taba International Road, Tel. 0020 (0)69 353 02 75, Fax 0020 (0)69 353 02 69, www.tobyaboutiquehotel.com. Natürliche Baumaterialien, stilsicher schlichtes Design, handgewebte Teppiche, viel Holz, großzügige Räume mit Meerblick – das sind einige der Zutaten, die das Tobya so außergewöhnlich machen. Hinzukommen ein großzügiger Strand, Restaurants, die schöne Saloume-Bar und ein Casino, in dem ausländische Gäste ihr Glück herausfordern können. Das Künstlerpaar Sadek Abu el Dahab und Nadia Shalaby verwirklichte hier seinen Traum einer Oase der Entspannung, eine Zeitschrift nannte das Tobya »Perle des Sinai«. DZ ab 180 US-$.

Hilton Resort Nelson Village: Tel. 0020 (0)69 353 01 40, Fax 0020 (0)2 25 78 70 44, www.hilton.de/tab. Hier kann man es wirklich aushalten, auch wenn der Pool nicht riesig und der Strand nicht übermäßig weitläufig ist. Mit Nachtclub Rocks. Das Hotel liegt einen Stein-

Richtig Reisen-Tipp: Mit dem Boot zur Pharaoneninsel

Etwas südlich von Taba liegt in einer blauen Lagune vor der Küste die **Pharaoneninsel** 2 (Gezira el Fara'un). Zwar hat das kleine, felsige Eiland nichts mit einem Pharao zu tun, ist deswegen aber nicht minder geschichtsträchtig. Hier legten die pharaonischen Expeditionen an, die in Jahresabständen zu den Schürfgebieten im Zentralsinai aufbrachen. Außerdem soll die Insel Teil des biblischen Hafens Ezion-Geber des Salomo gewesen sein. Gesichert ist, dass der islamische Feldherr Salah el Din (Saladin) 1170 den Kreuzrittern das Eiland abnahm, darauf eine Festung erbaute und diese anschließend den Mekkapilgern als Rastplatz überließ. Im Jahr 1900 soll ein englischer Forscher auf der Insel stark verwitterte und ausgewaschene Wandinschriften in Arabisch gefunden haben, die er aber nicht lesen konnte. Als Jahre später eine Expedition den Fund auswerten wollte, waren die Felsen angeblich von der Witterung zerstört worden.

Heutige Besucher können die von Grund auf renovierte **Festung** erkunden, oft ist man auf dem übersichtlichen Inselchen dabei ungestört. Im Innern sind viele kleine Räume zu besichtigen, die als Schlafzimmer, Küchen und Bäder dienten. In den Türmen waren Taubenhäuser untergebracht – Brieftauben gehörten zum Kommunikationssystem im Heiligen Land. Die Ablegestelle der Boote zur Pharaoneninsel beim Salah El Din Hotel ist nur per Auto erreichbar. Vielerorts werden auch organisierte Touren angeboten. Pro Person kostet die Überfahrt 25 LE. Tickets bekommt man im Hotel oder am Bootsableger.

wurf vom Grenzübergang nach Israel entfernt. DZ ab 120 US-$.

Salah El Din: gegenüber der Pharaoneninsel, Tel./Fax 0020 (0)69 922 00 03. Zimmer und Küche können mit dem fantastischen Blick nicht mithalten. DZ ab 55 US-$.

Basata Village: 12 km südlich von Taba, Tel. 0020 (0)69 350 04 80, Fax 0020 (0)69 350 04 81, www.basata.com. Urlaub alternativ, neudeutsch: eine Ecolodge. Keine Disco, gemeinsames Essen, schlafen in Strohhütten oder unter freiem Himmel – das ist das Erfolgskonzept des Deutsch sprechenden, vom sanften Tourismus beseelten Sherif Ghamrawy. Gute Bucht zum Schnorcheln, Tauchen verboten. Frühzeitig reservieren. DZ ab 80 LE.

... in Taba Heights:

Hyatt Regency Taba Heights: Tel. 0020 (0)69 358 02 34, Fax 0020 (0)69 358 02 35, www.taba.regency.hyatt.com. Am schönsten sind die Chalets rund um die künstliche Lagune, auf dem riesigen Gelände finden sich auch mehrere Pools. Das Hotel wird v. a. an jüdischen Feiertagen von israelischen Reisegruppen vereinnahmt, eine frühzeitige Reservierung ist immer anzuraten. Abends Tanzshows, die wunderschöne Bar dient gleichzeitig als Tanzfläche. DZ ab 140 US-$.

Sofitel Taba Heights: Tel. 0020 (0)69 358 08 00, Fax 0020 (0)69 358 08 08, www.sofitel.com. Von allen Zimmern Blick über den Golf von Aqaba, sehr flach abfallender, schöner Strand, vielfältiges Sportangebot, u. a. Kajakfahren, Hochseefischen. Wunderschön ist die Sternenkuppel im Foyer. DZ ab 110 US-$.

Marriott Taba Heights: Tel. 0020 (0)69 358 01 00, Fax 0020 (0)69 358 01 09, www.marriott.com. Gleiche 5-Sterne-Klasse wie das Hyatt, aber architektonisch nicht ganz so ansprechend; im Komfort kaum Unterschied. DZ ab 80 US-$.

... in Taba:

Man hat kaum Alternativen und isst am besten im Hotel.

Casa Taba: am Strand des Taba Hilton, Tel. 0020 (0)69 353 03 00, tgl. 12–14, 18–24 Uhr. Dieses italienische Lokal, das in Ägypten sei-

Ecolodge in paradiesischer Bucht: Basata Village

nesgleichen sucht, bietet bei Vorspeisen, Fisch und Fleisch erstklassige Qualität. Beachtlich ist auch die Auswahl der nicht ganz billigen, aber sehr guten Weine. Reservierung nötig. Ab 120 LE.

... in Taba Heights:

Wassersport: Shuttlebusse verbinden die Hotels mit dem Wassersportzentrum Waterworld, www.redseawaterworld.com, das u. a. Segeln, Tauchen, Surfen und Parasailing im Angebot hat.

Golf: Der zwischen Meer und Bergen angelegte 18-Loch-Platz liegt 4–70 m über dem Meeresspiegel. Kontakt/Reservierung: 0020 (0)69 358 00 73, Fax 0020 (0)69 358 00 74, golf@tabaheights.com.

Quad-Bike-Touren: Alasdair Clarke, Tel. 0020 (0)12 398 90 56, www.tabaquads.com. Offroad durch die Wüste (4 Std., 120 US-$ p. P.).

Ausflüge und Safaris: Pro Tours, Tel. 0020 (0)69 358 00 76, Fax 0020 (0)69 358 00 75, www.protourstravel.com. Ausflüge nach Kairo, zum Katharinenkloster, nach Eilat (Israel) und in die Felsenstadt Petra (Jordanien) sowie Jeepsafairs zum Coloured Canyon, zum Blue Hole und nach Ras Mohammed.

Touristen können die Grenze Eilat–Taba nur zu Fuß passieren.

Flüge: Vom Taba International Airport, Tel. 0020 (0)69 650 04 32, in Taba mehrmals wöchentlich Inlandsflüge nach Kairo und Alexandria sowie Charterflüge nach Deutschland, Österreich und in die Schweiz.

Busse: Mehrmals tgl. vom Busbahnhof Verbindungen zwischen Taba und Nuweiba sowie von beiden Orten nach Dahab, Sharm el Sheikh und Richtung Kairo/Nildelta. Auskunft unter Tel. 0020 (0)69 353 02 50.

Sammeltaxis: Steuern die gleichen Ziele wie die Busse an und fahren am Busbahnhof ab. Man kann Taxis auch an der Straße stoppen und für Sinai-Fahrten anheuern.

Mietwagen: Lotus Rent a Car, Taba Hilton Hotel, Taba, Tel. 0020 (0)12 950 17 61; Orascom Limousines, Hyatt Regency Hotel, Taba Heights, Tel. 0020 (0)12 297 72 26.

Nuweiba und Umgebung

Karte: S. 348

Nuweiba

Nuweiba 5 selbst ist zwar unspektakulär, aber seine Strände und Wassersportmöglichkeiten sind wunderschön. Geröll und Sand, von Regengüssen und den nachfolgenden Fluten durch mehrere Wadis aus den Bergen ins Tal und an die Küste gespült, formten die Ebene, in der Nuweiba liegt.

Nuweiba ist eigentlich kein richtiger Ort, hat nicht einmal ein Zentrum. Das Leben ist hier weit davon entfernt zu pulsieren. Nuweiba besteht aus drei Ortsteilen: im Süden

Hafen und Hilton Coral, 8 km nördlich die **City** mit dem kleinen Basar, Supermärkten, einigen Cafés und Restaurants. Im Norden folgen der Ortsteil **Tarabin** und die Strände der Hüttencamps, die sich über 50 km bis Taba Heights erstrecken.

Ein Geheimnis der Ortsplaner bleibt es, warum sie Nuweiba mit überbreiten Straßen durchzogen. Die Teerbahnen unterstreichen die Atmosphäre der Leere und Verlassenheit. Auch der Suq erinnert eher an ein paar Garagen mit Gelegenheitsverkauf. Dennoch: Zum Urlauben ist Nuweiba sehr erholsam. Das haben auch viele junge Leute entdeckt: Der alternative Dahab-Tourismus hat sich zuletzt in die zahlreichen Camps, Ecolodges und Hotels verlagert, die sich von Nuweiba aus Richtung Norden aneinanderreihen. Wer die Region von früher kennt, wird erschrecken, wie die einst wundervolle Küste südlich von Taba inzwischen verbaut, mit Rohbauten und Dauerhotelruinen zugepflastert und verplant ist.

Die bei Weitem nicht vollständige Liste umfasst Richtung Norden folgende Unterkünfte: Bawadi, Blue Wave, Freedom Camp, Riviera Beach, Ghazala Beach, Yasmaina Camp, Crazy Horse, Basata, Aqua Sun, Miami, Love Beach, Sallyland, Kamanana, Sonesta, Radisson, Taba Paradiso.

Hilton Coral: Tel. 0020 (0)69 352 03 20, Fax 0020 (0)69 352 03 27, www.hilton.com. Eine Hotelanlage, so grün wie eine Oase, mit exzellentem Strand, hervorragenden Büffets und attraktiven All-inclusive-Angeboten. DZ ab 150 US-$.

Tropicana: nahe Hilton, Tel. 0020 (0)69 352 10 56/7/8, Fax 0020 (0)69 352 10 22, www.tropicanahotels.com. Komfortables Hotel, großer Pool, weiter Strand, auch All-inclusive-Angebote. DZ ab 85 US-$.

Sonesta Beach Resort Taba: 14 km nördl. von Nuweiba, Tel. 0020 (0) 69 356 02 00, Fax 0020 (0)69 356 02 22, www.sonestataba.com. Angenehm weitläufiges 4-Sterne-Sporthotel, komfortable Zimmer. DZ ab 75 US-$.

La Sirène: Tel./Fax 0020 (0)69 350 07 01. Gemütliches Hotel mit Sandstrand, viel gelobtes deutsches Tauchcenter. DZ ab 60 US-$.

El Waha Tourism Village: Tel. 0020 (0)69 350 04 20, Fax 0020 (0)69 350 04 21, www.elwahavillage.com. Schöner Sandstrand, geräumige Chalets, aber auch einfachere Bungalows sowie Campingmöglichkeit nahe dem Meer. DZ ab 40 US-$.

Habiba Camp: Nuweiba, Tel. 0020 (0)69 350 07 00, Fax 0020 (0)69 350 03 39, www.sinai4you.com/habiba. Kleines Hüttenhotel, hervorragendes Strandrestaurant, Sept.–Mai eigene Kamelreitschule. DZ ab 40 US-$.

Han Kang: gegenüber Hotel Domina, Tel. 0020 (0)69 350 09 70, tgl. 10–1 Uhr. Gutes Essen, so gut eben koreanische Küche hier sein kann. Ab 25 LE.

Cleopatra: gegenüber Hotel Domina, Tel. 0020 (0)69 350 50 03, tgl. 17–23 Uhr. Ägyptisch zubereiteter Fisch. Ab 25 LE.

Dr. Shishkebab: Suq, Tel. 0020 (0)69 350 02 73, tgl. 9–24 Uhr. Gelungene ägyptische Vorspeisen und Grillgerichte. Ab 25 LE.

Mataamak: Habiba Camp, Tel. 0020 (0)69 350 07 00, tgl. 17–23 Uhr. Frühstück, Mittag- und Abendessen – und alles gut. Ab 25 LE.

Ausflüge: Nuweiba ist ein idealer Ausgangspunkt für Ein- oder Mehrtagesausflüge in die Berg- und Oasenwelt des Sinai, z. B. zum Coloured Canyon (s. S. 350), zur Oase Ain Umm Ahmed (s. S. 350) und zum Katharinenkloster (s. S. 351). Diverse lokale Anbieter offerieren in den Hotellobbys organisierte Touren per Jeep und/oder Kamel zu Tageszielen (ab ca. 40 US-$/p. P.).

Tauchen: Immer wieder empfohlen wird die Tauchbasis im La Sirène Hotel, Tel. 0020 (0)69 350 07 01, Fax 0020 (0)69 350 07 02.

Kamelreitschule und -safaris: Habiba Camp, Tel. 0020 (0)69 350 07 00, Fax 0020 (0)69 350 03 39, www.sinai4you.com/habiba. Günstigste Kurspreise in Verbindung mit Hotelbuchung. Schöne Kamelsafaris organisiert Ibrahim vom nördlich Nuweibas gelegenen Maagana Camp, Tel. 0020 (0)12 795 24 02.

Busse: Mehrmals tgl. nach Dahab, Sharm el Sheikh, Taba und Richtung Kairo/Nildelta. Info: Tel. 0020 (0)69 352 03 71.

Sammeltaxis: Mehrmals tgl. nach Taba, Dahab, Sharm el Sheikh, Kairo/Nildelta.
Fähren: 2 x tgl. von Nuweiba nach Aqaba in Jordanien (11 u. 18 Uhr). Tickets gibt es am Hafen. Die Fähren laufen oft mit bis zu 10-stündigen Verspätungen aus. Am verlässlichsten und saubersten ist die Fährlinie AB Maritime, Tel. 0020 (0)69 352 04 72, www.abmaritime.com.jo (tgl. außer Sa).
Mietwagen: Über die Hotels sind Mietwagen zu bekommen, z. B. Europcar, im Hilton Coral, Tel. 0020 (0)69 352 03 20.

Coloured Canyon

Der Name **Coloured Canyon** 6 erklärt, warum gerade diese Schlucht so berühmt und daher so viel besucht ist: Hier schimmert der Sandstein, und das unterschiedlich zu jeder Tageszeit, in Weiß und Gelb und vielen, mit Worten gar nicht mehr zu beschreibenden Rottönen.

Von Nuweiba fährt man nach Nordwesten. Nach ca. 9 km erreicht man die **Oase Ain Furtega 13** (Palmen, Beduinenhütten, Tee-Stopp), fährt von dort über das **Wadi Nekheil** (schöner Ausblick vom Bergkamm) auf einfacher Piste zum Coloured Canyon. Die letzten 2 km muss man zu Fuß zurücklegen, denn das Wadi verjüngt sich und ist an manchen Stellen nur 1 bis 2 m breit. Die stark erodierten Sandsteinmassive mit ihren 60 m Höhe wirken durch die Enge noch viel höher als sie wirklich sind. Den Canyon kann man mit einem Beduinenführer auf verschiedenen, teils schwierigen Wanderwegen erkunden. Ein Leser legte Wert auf die Anmerkung, dass sehr dicke Menschen an mindestens einer Stelle Probleme haben könnten, sich zwischen den Felsen hindurchzuzwängen.

Ain Umm Ahmed

Das schöne **Ain Umm Ahmed** 7 gehört zu den wenigen Oasen, die vom Tourismus weitgehend unbehelligt blieben, und lohnt einen Aufenthalt von zwei Tagen (Selbstverpflegung!). Die Quelle der Mutter Ahmeds, wie der Name übersetzt heißt, erreicht man über die Straße nach Nakhl (Richtung Ahmed-Hamdi-Tunnel, Abzweigung bei Km 20). Von einem Wadi geht es über einen Pass in die Oase, die sich, wie vom Aussichtspunkt gut zu sehen ist, hinter einer in Ocker, Blau und Rot schimmernden Mondlandschaft mit ihrem Gürtel aus Palmen an den Fels schmiegt.

Einige Beduinen leben hier und heißen Besucher sehr willkommen. Am Wasser entlang kann man bis zum 3 km entfernten **Wadi el Ain** wandern, wo um eine Quelle Akazien wachsen. Den nahe gelegenen Berg **Ras el**

Auf diesem Plateau hat Moses die Zehn Gebote empfangen – und vielleicht schon damals die wunderbare Aussicht über das Sinai-Gebirge genossen

Kelb (999 m) sollten nur Kletterer unter Führung eines Beduinen besteigen.

Katharinenkloster

Karte: S. 348
Ungefähr 32 km südlich von Nuweiba führt eine gut ausgebaute Straße zum **Katharinenkloster** 8 im Zentralsinai. Es ist eine landschaftlich beeindruckende Tour zu einer der Top-Sehenswürdigkeiten Ägyptens. Wie eine Trutzburg liegt das UNESCO-Welterbe am Fuß des Mosesbergs auf einem Hochplateau inmitten einer fantastischen Bergwelt (wo es im Winter übrigens empfindlich kalt werden kann). Es hat sich all die Jahrhunderte, umgeben von Muslimen, geschickt gegen Zerstörung und Angriffe behauptet. Hat man das Kloster betreten, glaubt man in ein vom

Rätselhaft: Wer war Moses?

Thema

Moses führte die Israeliten aus Ägypten und empfing auf dem Berg Sinai die Zehn Gebote. So steht es in der Bibel. Wer aber war der Mann? Die Forschung tut sich schwer mit einer klaren Antwort zu einer Glaubensfrage.

Eine der rätselhaftesten Gestalten der Menschheitsgeschichte ist Moses, im Judentum und im Islam als Prophet verehrt. An Dutzenden Orten in Israel, Jordanien und auf dem Sinai soll er mit seinem Stab Wasser aus dem Fels geschlagen haben. Archäologen zweifeln, denn die Bibel ist voll von Übertreibungen und Ungenauigkeiten. Dass der kleine Moses wegen der befohlenen Tötung aller Babys in einem Korb auf dem Nil ausgesetzt, von einer Pharaonentochter gefunden und von ihr aufgezogen wurde, sei eher unwahrscheinlich. In nahöstlichen Erzählungen, z. B. im babylonischen Gilgameschepos, kommt dieses Motiv häufig vor. Möglicherweise ist Moses ein Sammelname für mehrere Fürsten eines Stammes. Fraglich erscheint vielen Forschern auch, ob er überhaupt Israelit war. Seine Frau Zippora hielt ihn anfangs für einen Ägypter, sein Sohn war nicht beschnitten.

Diese Bibelstellen bildeten einen der Ansatzpunkte für Sigmund Freuds Beitrag zur Mosesgeschichte. Moses, sagte der Jude und Vater der Psychoanalyse, sei u. U. kein Hebräer gewesen, sondern ein ägyptischer Prinz oder Hohepriester, der die Juden in Ägypten vom Monotheismus überzeugte – dafür habe er den Israeliten die Flucht aus der Sklaverei versprochen. Diese früher höchst umstrittene Deutung stünde im Kontext einer Periode von Unruhen, die Ägypten erschütterten. Die Forschung geht mit Freud davon aus, dass das Alte Testament Fiktionsliteratur ist, wie es Rolf Krauss vom Ägyptischen Museum in Berlin belegt sieht. Das Buch habe v. a. dazu gedient, mit über 500-jährigem Abstand die Vergangenheit zu glorifizieren. Nach Krauss – in Fachkreisen mit breiter Zustimmung quittiertem – Befund ist Moses der Pharao Amenmesse, der 1203 v. Chr. versuchte, seinen Vater Sethos II. vom Thron zu stürzen. Den »Rohstoff für seine Dichtung«, so Krauss, könnte der Bibelverfasser aus der dreibändigen Geschichte Ägyptens des alexandrinischen Gelehrten Manetho übernommen haben. Amenmesses und Moses Biografien, soweit sie die Bibel und Quellen wie Josephus Flavius erzählen, ähneln sich bis ins Detail: Beide sind ägyptische Prinzen, ihre Eltern sind vom Verwandtschaftsverhältnis her Tante und Neffe, sowohl Moses als auch Amenmesse heiraten eine Nubierin und müssen Ägypten wegen eines Totschlags und des Thronstreits, den sie verlieren, verlassen.

Der Ägyptologe Jan Assmann geht in seinem Buch »Moses ein Ägypter« der Frage nach, ob Echnaton der ägyptische Moses war. »Um die Mitte des 14. Jh. v. Chr. hat König Amenophis sich in Echnaton umbenannt, alle traditionellen Kulte geschlossen, ... die Hauptstadt Amarna verlegt und dort nur noch den einen Gott Aton (Sonnenscheibe) verehrt: der erste monotheistische Umsturz der Geschichte.« Hat also der Kopenhagener Alttestamentler Niels Lemche recht, der die Verfasser des Alten Testaments als Romanautoren sieht, die geschichtliche Tatsachen bewusst umdeuteten und wo nötig fingierten, so wie den Bibelhelden Moses? Es gibt Fragen, die sind und bleiben Glaubenssache.

Schriftsteller Umberto Eco entworfenes Labyrinth einzutauchen.

Im Katharinenkloster sind Pilger nicht wirklich willkommen. Die vom Tourismus überlasteten Mönche sehen sich weder als Seelsorger noch zelebrieren sie Messen. Sie fühlen sich in ihrem Eremitendasein durch den touristischen Massenansturm gestört. Dass viele Reisende an diesem Schauplatz biblischer Tradition wenigstens einmal im Leben gewesen sein wollen, beeindruckt sie im Alltag wenig. Auch wenn die Mönche viele Schätze aus Bibliothek und Ikonensammlung der Öffentlichkeit vorenthalten – was man zu sehen bekommt, das ist immer noch atemberaubend: den Platz des brennenden Dornbuschs, die mit Ikonen geschmückte Basilika oder das Gebeinhaus.

Vom Parkplatz aus führt ein sanft ansteigender Schotterweg in knapp zehn Minuten zum Plateau des Klosters. An einem Stand nahe der Touristenpolizei verkauft ein Beduine Dr. Ahmeds Kräutersäfte, die u. a. Linderung bei Husten, Kopfweh und Bauchweh versprechen.

Legende und Geschichte

Namensgeberin des Klosters ist Katharina, eine junge Frau aus Alexandria, die Anfang des 4. Jh. während der Christenverfolgung den Märtyrertod starb. Katharina war klug, schön, belesen und aus bestem Hause. Ihr Todesurteil unterschrieb sie, als sie versuchte, Kaiser Maximianus von seinem Glauben abzubringen. Bei der öffentlichen Enthauptung floss Milch statt Blut aus ihrem Körper, erzählte man sich. Danach brachten Engel den Leichnam auf den Gipfel des Bergs, wo ihn Mönche fanden und eine Kapelle errichteten. Ein Stück der Marmorsäule, an die Katharina vermutlich angebunden war, findet sich in der Kapelle. Erst im 10. Jh. benannte man das Kloster, bis dahin der Gottesmutter geweiht, offiziell in Katharinenkloster um.

Die Geschichte hängt (sie ist historisch nicht belegt) mit der Ausbreitung des Christentums zusammen, das der hl. Markus nach Ägypten trug. Die ersten Eremiten kamen im Jahr 300 an den Berg Sinai, um nur für Gott in Askese zu leben, wie Antonius. Kaiser Konstantin und seine Mutter Helena pilgerten 327 zur Stelle des brennenden Dornbuschs und Helena stiftete 330 eine der Gottesmutter geweihte Kapelle auf dem Berg Sinai. Eine Pilgerwelle unter der Aristokratie des byzantinischen Reichs brach aus und eine Reihe von Geistlichen blieb gar für immer, um auf dem Berg Kälte, Hunger und Hitze zu trotzen.

Im 6. Jh. errichtete Kaiser Justinian eine schützende Befestigung, weil Mönche und Pilger von Räubern und Wegelagerern überfallen wurden. Den Bau der Hagia Sofia in Konstantinopel und der hiesigen Basilika befahl ebenfalls Justinian (530). Heute gleicht die christliche Stätte mit ihrer 15 m hohen Granitmauer einer Festung, die seit jeher wertvolle Sammlungen von Ikonen und Manuskripten beherbergt.

Mohammeds Schutzbrief

Dass das Kloster in islamischem Herzland die Jahrhunderte fast unbeschadet überstand, hängt mit dem sogenannten Schutzbrief des Propheten Mohammed zusammen. Ägypten wurde 640 friedlich islamisiert, und obwohl das Kloster plötzlich so etwas wie ein vorgeschobener Posten der Christenheit war, konnte es sich sicher fühlen – 15 Jahre, bevor sich der Islam in ganz Arabien verbreitet hatte, war der reisende Prophet Mohammed im Kloster zu Gast gewesen und von den Mönchen höchst zuvorkommend behandelt worden. Der frühe Islam verzichtete ausdrücklich auf Zwangsmissionierung und -bekehrung, und so stellte der Prophet einer Abordnung von Brüdern, die ihn in Mekka aufsuchte, ein Schutzschreiben für das Kloster aus. Besiegelt mit seinem Handabdruck sicherte er ausdrücklich den Erhalt der geistlichen Stätte und die Glaubensfreiheit der Mönche zu (eine Kopie findet man am Eingang des Klosters rechter Hand von den Stufen des Gewölbes).

Die Mönche pochen auf die Echtheit des Briefs, die Wissenschaft geht eher von einer gekonnten Fälschung aus. Dagegen spricht wiederum ein Bezug in Sure 95 des Korans, in welcher der Prophet einleitend »beim Feigenbaum und dem Ölbaum und dem Berg Sinai und diesem sicheren Gebiet« schwört.

Wie auch immer – das Papier verfehlte seine Wirkung nicht: Ein ägyptischer Herrscher nach dem anderen erneuerte den Schutzbrief für das Kloster, das etwa 100 derartige Dokumente besitzt. 1517, als ottomanische Truppen den Sinai besetzten, stahlen diese das Original, gaben es dem Sultan in Istanbul als Geschenk und hinterließen dem Kloster nur die bis heute erhaltene Kopie.

Das Katharinenkloster heute

Das älteste von christlichen Mönchen bewohnte Gotteshaus gehört nicht zur koptischen Kirche Ägyptens, sondern zur griechisch-orthodoxen Kirche. Früher lebten hier Mönche aus vielen Ländern, heute sind es insbesondere Griechen, Syrer und Armenier, die ihren gemeinsamen Tag um 4 Uhr beginnen und gegen 17 Uhr beenden. Der Orden genießt größte Unabhängigkeit, die sich in der Wahl des Erzbischofs von St. Katharina, dem kleinsten Bistum der Welt, manifestiert. Den Bischof, gleichzeitig auch Abt, weihen der Patriarch von Jerusalem, ein ökumenischer Patriarch der griechisch-orthodoxen Kirche Griechenlands sowie die Bischöfe von Alexandria, Konstantinopel (Istanbul), Rom und Moskau.

Orientierung

Nur ein kleiner Teil der gesamten Klosteranlage, die im Innern aus wenigen Gassen, vie-

Zu den Schätzen des Katharinenklosters zählen auch meisterhafte Ikonen

len Treppen und verwinkelten Gebäuden besteht, ist für Besucher geöffnet. Das Kloster erstreckt sich über zwei Ebenen und besitzt eine Grundfläche von 85 x 75 m. Die 13 bis 15 m hohen, rötlichen Granitmauern aus dem 6. Jh. sind in bestem Zustand. Der Eingang befindet sich an der Nordostseite.

Der Schutzbrief des Propheten und ein Brief des Leipziger Theologen Konstantin von Tischendorf hängen in einem dunklen Gewölbe, das an einem Buchladen vorbei zur äußeren Gasse des Klosters führt. Links geht es zum brennenden Dornbusch, rechts zur Basilika Justinians.

Mosesbrunnen und Museum

Gegenüber der Nordwestecke der Basilika befindet sich ein stillgelegter **Brunnen,** aus dem angeblich Moses getrunken haben soll. Darüber liegt das **Museum.** Es zeigt in neun Räumen, die als heilige Sakristei bezeichnet werden, wundervolle Ikonen, darunter byzantinische Meisterwerke aus dem 6. Jh. Zu sehen sind auch Manuskripte in Aramäisch, seltene Gebetsbücher, wertvolle Bibeln, Kreuze, liturgische Gegenstände aus Silber, Gold, Elfenbein und Edelstein. Der Stolz des Klosters sind die in einer Glasvitrine gezeigten Blätter aus dem Codex Sinaiticus, der im Britischen Museum in London aufbewahrt wird (Mo–Do, Sa 9–12 Uhr, Fei geschl., 10 LE).

Frühbyzantinische Basilika

Die 40 x 20 m große frühbyzantinische Basilika betritt man seitlich durch die **Vorhalle,** eine mit Ikonen dekorierte Galerie und weltweit die wichtigste Einzelsammlung. 2000 Ikonen beherbergt das Kloster, die älteste datiert aus dem 6. Jh. Das Kloster geriet nie in den Bilderstreit des 8. und 9. Jh., der mit einem Verbot der Anfertigung und Verehrung von Heiligenbildern endete und sogar deren Zerstörung und Schwärzung verlangte. Am Ende der Vorhalle sind in Vitrinen Kopien einiger wertvoller Bibeln aus Äthiopien, Persien, Georgien und Griechenland ausgestellt. Schön sind auch die nach außen führenden Holzportale. Die Darstellungen von Christus mit verschiedenen Tieren sind Originale.

Codex Sinaiticus

Künftig wird der komplette Kodex für Forscher wie Laien zugänglich sein – in digitaler Form. Schritt für Schritt werden die Blätter mit der Webpräsentationstechnik Silverlight bearbeitet. Nach der Aufbereitung kann man im Internet per Mausklick durch den Band blättern, Teile der Seiten wie mit einer Lupe vergrößern, den handgeschriebenen altgriechischen Text in Reinschrift darstellen und sogar eine Übersetzung zur jeweiligen Passage aufrufen. Die 43 Leipziger Blätter sind zu besichtigen unter **http://www.e-manuscripts.org.** Die virtuelle Zusammenführung des Kodex startete 2008 unter **www.codexsinaiticus.net/de.** An dem Projekt beteiligt sind namhafte Forscher und Institute wie das Katharinenkloster, die British Library, die Russische Nationalbibliothek und die Universität Leipzig.

Auf dem Niveau des brennenden Dornbuschs (s. S. 356) liegt das breite **Mittelschiff** der Basilika, getragen von zwei Reihen mit je sechs Säulen und gesäumt von zwei schmalen Seitenschiffen. Das Innere wirkt mit seinen Ikonen, Kerzenleuchtern und Lüstern auf uns heute sehr überladen.

Die **Apsis** zeigt ein original erhaltenes frühchristliches Mosaik: die Verklärung Christi auf dem Berg Tabor (Matthäus 7,2–5). Um Jesus gruppieren sich Moses und Elias, zu seinen Füßen liegt Petrus, seitlich knien Jakob und Johannes. 32 Medaillons rahmen die zentrale Szene ein. Sie zeigen Bilder der zwölf Apostel, 16 Propheten, die beiden Stifter des Mosaiks (links und rechts in der Ecke) sowie König David (im Medaillon unter Jesus) und eine Kreuzdarstellung (im Medaillon über Christi Haupt). Moses steht am brennenden Dornbusch und nimmt die Zehn Gebote entgegen (über dem Doppelfenster).

Der marmorverkleidete **Altar** beherbergt links und rechts zwei Schreine der Katharina (mit Goldkrone geschmückter Kopf, mit Goldringen dekorierte Hand Katharinas), Schenkungen der russischen Zaren Peter der Große

(1680) und Alexander II. (1860). In den nicht zugänglichen **Seitenschiffen** reiht sich Kapelle an Kapelle. Eine weitere Besichtigung der Basilika ist, außer für privilegierte Reisegruppen, nicht möglich.

Brennender Dornbusch

Zurück durch die Basilika, am Mosesbrunnen und am Klostereingang vorbei, stößt man am Ende der Gasse auf den durch eine Mauer geschützten sogenannten brennenden Dornbusch. Die Pflanze existiert einzig auf dem Sinai und auch hier insgesamt nur zwölf Mal.

Glockenturm und Moschee

Der **Glockenturm,** ein Zarengeschenk aus dem 19. Jh., besitzt zehn Metallglocken sowie eine aus Holz. Sie wird allmorgendlich geschlagen, während die Metallglocken nur an Fest- und Sonntagen zu hören sind.

Neben dem Turm liegt die **Moschee,** die Archäologen zufolge in der Grundstruktur ein umgebautes Gästehaus ist und im 11. Jh. zur Besänftigung des Vandalen-Kalifen und Christenfeinds Al Hakim erbaut wurde.

Bibliothek

Vornehmlich Fachbesuchern ist die Bibliothek südlich der Basilika zugänglich. Sie beinhaltet rund 2000 Bücher und Manuskripte vom 3. bis 19. Jh. in zwölf Sprachen, u. a. Griechisch, Syrisch, Armenisch, Arabisch und Polnisch, und ist damit die größte Handschriftensammlung (3500 Bände) nach der des Vatikans. Zu ihr gehören die ältesten Bibeltexte, darunter der **Codex Syriaticus** aus dem 2. Jh. sowie Teile des nicht minder bedeutenden **Codex Sinaiticus** aus dem 4. Jh., der wiederum eng verbunden ist mit der Geschichte des Leipziger Theologen **Friedrich Konstantin von Tischendorf** (1815–74).

Der sächsische Theologe war ab 1844 auf Order des Zaren Alexander des Großen, Schutzherrn der Christenheit im Orient, mehrmals für Studienzwecke in St. Katharina und stieß dort u. a. mithilfe eines Mönchs auf den Codex, den er schließlich an sich nahm. »Ich verspreche«, schließt der als Faksimile im Klostereingang ausgestellte Brief Tischendorfs, »dieses Manuskript unbeschädigt und in gutem Zustand dem Kloster zurückzugeben.« Die Rede ist vom Codex Sinaiticus, der jedoch nie mehr ins Katharinenkloster zurückkehrte, sondern – nach vielen Umwegen – seit 1933 zum Großteil im Britischen Museum in London liegt, das 347 Bibelpergamente für 100 000 Pfund kaufte. Noch heute sprechen die Sinaimönche von Diebstahl, obwohl sie die Leihgabe später selbst in ein Geschenk umwidmeten, für das sie vom Zaren 27 000 Goldmark bekamen. Ein anderer Teil des Tischendorf-Funds, 53 Pergamente mit dem Namen Codex Friederico Augustinus, befindet sich heute in Leipzig: Tischendorfs Geschenk an König Friedrich August I., den großzügigen Finanzier seiner Forschungsreisen.

Angeblich war es ein Abfallkorb mit Pergamenten zum Verheizen, in dem Tischendorf den Codex entdeckt hatte, ein in Großbuchstaben und griechischer Sprache verfasstes Schriftstück. Die Bedeutung für die Bibelforschung erahnte der Theologe sofort, war der Sinaifund doch umfangreicher als etwa der bis dahin bekannte Codex Vaticanus. Zudem umfasste er sowohl Altes (teilweise) als auch Neues Testament (vollständig). Möglicherweise ist die Geschichte des Funds aus dem Papierkorb aber nur eine nachgeschobene Rechtfertigung von Tischendorf, denn sie widerspricht allen Schilderungen, wonach die Mönche (und das ist bis heute so) sehr genau wussten, welche Schätze sie besitzen.

Tischendorf war auf der Suche nach unentdeckten Bibelhandschriften bereits viele Jahre im Orient unterwegs gewesen und hoffte, mit der ältesten Kopie nun dem Inhalt und dem Wortlaut der echten Bibel ein Stück näherzukommen. Tatsächlich erwies sich bei der Übersetzung, die Tischendorf in Rekordzeit anfertigte, dass die vier Schreiber, des Kodex, der Nachwelt die einzige bekannte Kopie des griechischen Neuen Testaments hinterlassen hatten.

Unsicher ist, wo der Codex angefertigt wurde. Möglicherweise in der Umgebung von Caesarea (s. S. 240), nachdem Konstantin

Richtig Reisen-Tipp: Wanderung auf den Mosesberg

Karte: S. 348

Der 2285 m hohe **Mosesberg** 9**,** der heilige Berg der Christenheit, bietet einen grandiosen Blick über den Sinai. Gottes Lohn für die Mühe des Aufstiegs ist das erhebende Gefühl, am selben Ort zu stehen wie einst Moses. Durchschnittlich fitte Wanderer benötigen für die Tour sieben bis acht Stunden. In den Badeorten am Roten Meer werden von zahlreichen Agenturen und Hotels organisierte Trips angeboten, aber man kann sich auch in Eigenregie auf den Weg machen. Um die Mittagshitze zu vermeiden, sollte mit dem Aufstieg gegen 2 Uhr nachts begonnen werden. Sinnvollerweise reist man bereits am Vortag an und übernachtet in einem der Hotels von Katrien (s. S. 359). Zwischen November und März kann man die Tour auch am frühen Morgen beginnen, ohne die Mittagshitze fürchten zu müssen, verpasst dann aber den Sonnenaufgang.

Vor dem Start kann man sich in dem einfachen Matratzencamp, das Beduinen am Fuß des Mosesbergs aufgeschlagen haben, mit einem Glas heißen Tee stärken. Ein Schotterweg führt vom Camp zum Sammelplatz, wo bereits geschäftstüchtige Kameltreiber mit ihren Tieren auf Kunden warten. Mindestens 100 LE kostet der Spaß, sich etwa zwei Drittel der Strecke auf dem Rücken eines Kamels bis zum Mittelplateau tragen zu lassen. Die Tiere folgen dem meistbegangenen Weg, dem **Sikket el Basha.** Konditionsstarke Bergwanderer können auch den äußerst anstrengenden **Sikket Saydna Musa** nehmen, der hinter dem Kloster zum Mittelplateau führt. Die ›Mosesstiege‹ ist jedoch nur Geübten zu empfehlen, weil der Aufstieg sehr steil und bei Fehltritten gefahrenträchtig ist. Die 3700 Granitstufen hat ein Mönch in Erfüllung eines Gelübdes angelegt.

Die Gruppen, die den Berg besteigen wollen, den Moses mit weit über 80 Jahren erklommen haben soll, sind bunt gemischt: junge Rucksackreisende, Pauschaltouristen aus den Badeorten, Wüstenfans, die mit ihrem Jeep kreuz und quer durch den Sinai gefahren sind, und viele alte Leute, Gläubige aus aller Herren Länder, die sich mit der Begehung dieses Wegs einen lang gehegten Wunsch erfüllen.

Vor dem letzten steilen Stück lädt das Mittelplateau mit einer großen Zypresse zur Rast ein. Hier soll der Herr Elija erschienen sein und hier sollen sich zwei Höhlen befunden haben. In der einen verbarg sich Elija vor den Israeliten, die ihn töten wollten. Die zweite Grotte diente ihm als Versteck, nachdem er die Priester, die Gott Baal dienten, ermordet hatte. Eine verlassene Kapelle erinnert an den Propheten. Gemäß einer anderen Überlieferung soll der heilige Stefan Pilgern vor der Mosesstiege die Beichte abgenommen haben, ehe er ihnen Absolution erteilte und sie das Tor des Glaubens passieren ließ: barfuß, so wie auch Moses barfuß vor den Herrn trat.

Vom Mittelplateau führen Stufen, nicht viel mehr als zurechtgelegte Felsblöcke, zum Gipfel. Kurz davor liegt ein weiteres kleines Plateau. Ein Stein trägt einen Abdruck, von dem der beduinische Volksglaube sagt, es sei der Fußabdruck eines Kamels des Propheten und stehe in Verbindung mit Mohammeds Nachtreise in den Himmel (nach offizieller Auslegung islamischer Geschichte fand diese wunderbare Reise mit dem Pferd Al Buraq allerdings in Jerusalem statt, nach Mekka und Medina daher auch drittheiligster Ort der Muslime, s. S. 65).

Oben angekommen, sind alle Mühen vergessen. Die einen genießen das Panorama, wenn das Morgenrot das Grau der Dämmerung vertreibt und den Blick weit über den Sinai freigibt, die anderen blicken ergriffen zum Himmel und beten leise. Anstelle einer von Kaiser Justinian im 4. Jh. errichteten Kapelle steht auf dem Gipfel ein Neubau aus den 1930er-Jahren. Daneben erinnert eine Moschee an den als heilig verehrten Nebi Saleh, der hier in den Himmel aufstieg.

Vor dem Katharinenkloster warten beduinische Kameltreiber auf Kunden

der Große das Christentum als Religion in seinem Reich anerkannt und 331 befohlen hatte, die neue Religion in Wort und Schrift zu verbreiten.

In detektivischer Kleinarbeit revolutionierte Tischendorf mit Übersetzung, Vergleich und Analyse des Codex Sinaiticus die Bibelforschung. Seither ist u. a. klar, dass das Evangelium von Markus älter ist als die Evangelien von Matthäus und Lukas.

1975 machten die Mönche nach einem Brand hinter einer Wand eine weitere sensationelle Entdeckung: Sie fanden u. a. syrische Manuskriptrollen und ein Dutzend Pergamente, die Bestandteil des Codex Sinaiticus sind.

Der in Texas geborene Father Justin hat in seiner Computerwerkstatt nun begonnen, den Codex (soweit hier vorhanden) und die übrige Bibliothek (illuminierte alte Handschriften und dicke Folianten) mit einer Spezialkamera einzuscannen und digital zu katalogisieren. Irgendwann soll alles, auch der weltweit verstreute Codex, zusammengeführt werden – zuerst im Internet, dann in Bildbänden.

Ikonengalerie

So wenig zugängig wie die Bibliothek ist auch die benachbarte Ikonengalerie, der größte Schatz des Katharinenklosters. Den unermesslichen Reichtum an kostbaren Unikaten kann man nur erahnen, wenn man die vergleichsweise unspektakuläre Ikonenauswahl in der Basilika und in dem Museum gesehen hat.

Garten und Gebeinhaus

Den **Garten** außerhalb des Klosters versorgt eine Bergquelle mit ausreichend Wasser. Hier gedeihen Oliven, Aprikosen, Orangen und Gemüse. Lohnenswert ist ein Besuch in der **Kapelle des Tryphon,** in der die Skelette der verstorbenen Mönche aufbewahrt werden. Der felsige Steinboden rund ums Kloster macht das Anlegen von Gräbern unmöglich, weshalb die frisch Verstorbenen für gut ein Jahr auf einem Durchgangsfriedhof neben der Kapelle in der Erde begraben werden, bis ihre Leichname skelettiert sind. Dann kommen sie ins **Gebeinhaus,** wo eine dem Klosterleben entsprechende Hierarchie herrscht: Soweit es sich um einfache Mönche handelt, werden die Knochen auf einen Haufen geschichtet, die Schädel auf einen anderen. Märtyrer und Bischöfe dagegen verstaut man in Holzkästen in ausgewählten Nischen der Kapelle.

Katrien

Das Katharinenkloster liegt knapp 4 km entfernt vom Ort **Katrien 10,** auch Migla, Katreen, Katrin, St. Katherine oder St. Catherine genannt und geschrieben. Hier eine Nacht zu bleiben birgt den Vorteil, dass man am Morgen schon im Kloster unterwegs ist, wenn die Touristenbusse erst anrollen. Dass es relativ viele Unterkünfte an dem abgelegenen Ort gibt, hängt damit zusammen, dass die Gegend um St. Katherine Ausgangspunkt für Wanderungen, Trekking und ähnliche Aktivitäten ist.

Im Internet: www.st-katherine.net.

St. Catherine Tourist Village: Wadi El Raha, Tel. 0020 (0)69 347 03 24, Fax 0020 (0)69 347 03 74. Ordentliches Hotel, beliebt bei Reisegruppen. DZ ab 75 US-$.

Catherine Plaza: Tel. 0020 (0)69 347 02 88, Fax 0020 (0)69 347 02 92, www.cit-eg.com. Komfortables Hotel mit Pool, mehreren Restaurants, Billard, Gelegenheit zum Mountainbiking, Trekking (ein- und mehrtägig). DZ ab 70 US-$.

Monastery Guesthouse St. Catherine: am Katharinenkloster, Tel. 0020 (0)69 347 03 53. Modernisiertes, angenehmes Klosterhostel. DZ ab 45 US-$.

Daniela Village: am Ortseingang, Tel./Fax 0020 (0)69 347 03 79. Gute Mittelklasse. DZ ab 40 US-$.

Al Karm Ecolodge Sheikh Awad: Tel. 0020 (0)69 347 00 32, www.sheikhsina.com. Von Beduinen betriebenes, abgelegenes Camp. Der Aufenthalt hier bedeutet, sich in karger Umgebung auf das absolut Wesentliche und Notwendige zu beschränken. Man kann im Gebirge wandern und klettern, Kraft tanken. Andere Gäste sind des Fastens wegen hier. DZ ab 80 LE.

Ikhlas: nahe der Bäckerei, Tel. 0020 (0)69 347 04 55. Schlichtes, aber empfehlenswertes Essen. Ab 25 LE.

Katreen Resthouse: neben Ikhlas. Einfache Speisen. Ab 25 LE.

Busse und Servicetaxis fahren mehrmals tgl. nach Nuweiba, Dahab und Sham el Sheikh.

Dahab

Karte: S. 348

Dahab 11 heißt übersetzt ›Gold‹, nach der Farbe des Strands bei bestimmtem Licht. Berühmt ist der Ort für dreierlei: bei Tauchern für das legendäre Blue Hole, bei Surfern für seine windreichen Reviere und bei Reisenden mit kleinerem Budget für das freakige Leben, das dem Ort den Ruf einer Hippiekolonie, einer Aussteigerenklave eingebracht hat. Weite Sandstrände fehlen bei Dahab allerdings.

Dahab besteht aus mehreren Abschnitten. Für Besucher recht uninteressant ist **Dahab-City,** wo sich die Busstation sowie die Verwaltungs- und viele Wohngebäude befinden. **Mashraba** und **Masbat** bilden den Teil Dahabs, in dem sich das touristische Leben abspielt. Entlang der neu gestalteten Uferpromenade reihen sich Restaurants, Minisupermärkte, Souvenirgeschäfte, Camps, Hotels, Internetcafés und Tauchschulen aneinander. Weiter südlich liegen die schönen Strände, auch die wenigen Luxushotels. Im nördlich angrenzenden **Assalah,** u. a. Wohnsitz der Beduinen, gibt es kleine Geschäfte und ein paar Restaurants.

Dahab – das ist vor allem die traumhafte **Assalah Bay,** mit ihren Palmen eine der schönsten Buchten des Sinai, um die herum sich gut drei Dutzend Kaffeehäuser, Billigrestaurants und einige wenige Discos drängen. Auf Luxus legt man hier keinen so großen Wert. Dahab ist ein internationaler Hangout, ein Platz, wo man entspannten Urlaub macht.

Die Zeiten aber, da man hier, sich in Beduinenkissen räkelnd, seinen Joint rauchte, sind vorbei. Dieses Publikum hat sich eher nach Norden, in die Camps um Nuweiba zurückgezogen, während Dahab heute das Refugium derjenigen Urlauber ist, die das laute, das grelle Sharm el Sheikh nicht mehr ertragen können.

Im Internet: www.dahab.net (ein sehr gepflegtes Portal von der Deutschen Julia Lippold mit vielen aktuellen Infos zu allem, was man wissen muss).

Bis auf wenige luxuriöse Hotels sind Dahabs Unterkünfte einfach und günstig. Etliche Camps bieten Matratzenlager in schlichten Zimmern oder Bambushütten mit Gemeinschaftsbädern und meist auch -küche.

Le Meridien Resort: Tel. 0020 (0)69 364 04 25, Fax 0020 (0)69 364 04 28, www.starwoodhotels.com. Im Süden Dahabs liegt auf einer leichten Anhöhe und an einem der schönsten Strandabschnitte das neueste Luxushotel mit modern eingerichteten Zimmern, Pools und sehr guten Restaurants. DZ ab 160 US-$.

Hilton Dahab Resort: Hotel Strip südl. von Dahab, Tel. 0020 (0)69 364 03 10, Fax 0020 (0)69 364 04 24, www.hilton.com. Komfortabler Bungalowkomplex, Blick über die Lagunen, Wassersportcenter, Driving Range, Putting Green. DZ ab 97 US-$.

Ganet Sinai: Hotel Strip südl. von Dahab, Tel. 0020 (0)69 364 04 40, Fax 0020 (0)69 364 04 41. Hotel mit geräumigen Zimmern, schönem Strand und Surfcenter. DZ ab 60 US-$.

Swiss Inn Golden Beach: Hotel Strip südl. von Dahab, Tel. 0020 (0)69 364 04 71, Fax 0020 (0)69 364 04 70, www.swissinn.net. Beliebte Unterkunft in schöner, sandiger Bucht, mit Surfcenter. DZ ab 60 US-$.

Bamboo House: Masbat, Tel. 0020 (0)69 364 02 63, Fax 0020 (0)69 364 04 66. Hübsches kleines Hotel mit sieben Zimmern und Dachterrasse. DZ ab 130 LE.

Ali Baba: Assalah, Tel. 0020 (0)69 364 05 04, Fax 0020 (0)69 364 08 49, www.alibabahotel.net. Gemütliches neues Hotel mit geräumigen Zimmern. DZ ab 100 LE.

An der Assalah Bay reiht sich Café an Café, Restaurant an Restaurant. Angeboten werden meist einfache, billige Gerichte. Bier gibt es fast überall. Gewarnt sei vor ägyptischem Schnaps – so viel Aspirin kann keiner schlucken, wie man gegen diesen Kater bräuchte!

Lakhbatita: Mashraba, Tel. 0020 (0)69 364 13 06, tgl. 12–24 Uhr. Besitzer Ramez war ein ortsbekannter Freund schöner Frauen und harter Getränke. Dann, so erzählt er, hörte er die Stimme Gottes, die ihn auf den rechten Weg führte. Ramez gab das Hallodrileben auf, sammelte quer durch Ägypten Antiquitäten und möblierte mit dem Durcheinander (arab. *lakhbatita*) sein – selbstredend alkoholfreies Restaurant. Von der Decke hängen Zwiebeln und Knoblauch gleich kiloweise. Darüber hinaus hat Ramez italienische Frau die Regale mit Einmachgläsern gefüllt. Front und Decke des Lokals bestehen aus alten Türen und Portalen. Ab 40 LE.

Neptune: Masbat, Tel. 0020 (0)69 364 02 62, tgl. 12–15, 17–24 Uhr. Dahabs einziges und sogar ganz gutes chinesisches Restaurant. Nicht irritieren lassen: Die beiden als Samurai Verkleideten am Eingang sind nur die Kellner. Ab 20 LE.

Jay's Restaurant: Masbat, Tel. 0020 (0)12 335 33 77, tgl. 12–24 Uhr. Wöchentlich wechselnde Karte mit ägyptischen, europäischen, asiatischen Speisen, Szenetreff. Ab 20 LE.

Shark's Restaurant: Masbat, Tel. 0020 (0)10 561 00 23, tgl. 12–24 Uhr. Nur Abendessen im Liegen, reichhaltige Karte, auch vegetarische Gerichte, kein Alkohol. Ab 20 LE.

Wegen des ausgelassenen Nachtlebens kommt bestimmt niemand nach Dahab – da fährt man besser weiter ins hochtouristische Sharm el Sheikh (s. S. 361).

Tota's Restaurant & Bar: Masbat, am Beginn der Fußgängerzone, Tel. 0020 (0)69 364 00 14, tgl. ab 12 Uhr. Schiffsattrappe als Disco-Bar-Restaurant, ein äußerst beliebter Treff seit 1983. Pizza, Pasta, Burger, zum Bier gibt es eiskalte Gläser aus dem Gefrierschrank, getanzt und gefeiert wird bis zum Morgen. Drinks ab 12 LE.

Zahlreiche einladende Cafés säumen die Promenade im Badeort Dahab

Nesima Bar: Nesima Hotel & Restaurant, Mashraba, Tel. 0020 (0)69 364 03 20, Fax 0020 (0)69 364 03 21, www.nesimaresort.com. Auf der Dachterrasse immer Party, viel Techno und Trance. Drinks ab 12 LE.

Surfen: Die Masbat Bay ist wegen des schwierigen Einstiegs nur für Könner geeignet. Entlang der Küste ist bei Flut 50–70 cm Wasser auf dem Riffdach, dort kann man gut starten. Zum Kiten eignet sich Ras Abu Galum.

Tauchen: Von der Hardcore-Destination hat sich Dahab zum professionellen Tauchreiseziel entwickelt. In der Umgebung gibt es ca. 40 Tauchbasen. Das kilometerlange Saumriff vor der Küste bietet mit 30 Tauchplätzen Tauchern aller Erfahrungsstufen interessante Ziele. Als erfahrenstes Tauchzentrum (mit Hotel) gilt Inmo Divers Home, Tel. 0020 (0)69 364 03 70, Fax 0020 (0)69 364 03 72, www.inmodivers.de (Open-Water-Kurs 365 US-$).

Reiten: Blue Beach Club, Assalah, Tel. 0020 (0)69 364 04 13. Reitstall.

Öko-Safaris: MATE Dahab, Tel. 0020 (0)69 364 10 91, Tel. 0020 (0)10 138 84 58, www.mate-dahab.com. Safaris in Berge, Wüsten und ans Meer. Man lernt auf den Exkursionen viel über die Naturgeschichte des Sinai, über Beduinen, ihre Kräutermedizin und ihre Gesellschaft.

Busse: Tgl. mehrmals nach Sharm el Sheikh, Nuweiba, Taba, Kairo, zum Katharinenkloster. Die Busse starten von der Hauptstation im Südwesten von Dahab-City, Abfahrtszeiten erfragt man in den Hotels.

Sammeltaxis: Mehrmals tgl. nach Sharm el Sheikh, Dahab, Taba und Richtung Kairo.

Sharm el Sheikh und Umgebung

Karte: S. 348

Beinahe an der Südspitze des Sinai liegt »Charme el Sheikh« und »Charme el Chic«, wie die Tourismusleute gerne kalauern. Ganz billig ist der Urlaub in **Sharm el Sheikh** 12 nicht, die Anreise vielleicht ausgenommen. Für sein Geld, rechtfertigt man in Sharm, bekomme man aber auch etwas. Kein Gebäude sei höher als drei Etagen. Der Urlauber genieße also von überall einen Blick auf die wunderbaren Berge. Und überhaupt, so fragt man hier gerne rhetorisch, sehe Sharm mit seinen vorherrschend weiß getünchten Häusern und Hotels nicht ebenso einladend aus wie ein griechisches Inselstädtchen auf den Kykladen? So etwas habe seinen Preis. Den Großteil der Urlauber stellen mittlerweile nicht mehr Taucher und Surfer, sondern ganz normale Badetouristen.

Gut 27 000 Hotelbetten zählte der Ort 2009, bis 2015 sollen es über 65 000 werden. Die Hauptstadt des Sinai-Tourismus erstreckt sich über 16 km, beginnend im Süden mit dem Dorf **Sharm el Sheikh** an der **Sharm el Sheikh Bay** und der **Sharm el Maya Bay** mit dem **Sharm Old Market,** dem alten Ortszentrum. Das wichtige und lebhafte Touristenzentrum liegt fünf Autominuten nördlich an der Naama Bay. Noch in den 1980er-Jahren schlugen Camper dort ihre Zelte neben frei laufenden Kamelen auf. Alles war mehr oder weniger so, wie es die israelischen Besatzer nach ihrem Rückzug vom Sinai hinterlassen hatten. Heute säumen weiß, blau, gelb getünchte Fünf-Sterne-Hotels die ovalförmige Bucht. Eine Promenade trennt die Anlagen vom Strand, wo sich Sonnenschirm an Sonnenschirm im weißen Sand reiht.

Naama Bay

Sharms Touristenbasar liegt an der **Naama Bay** 13. In der lebendigen Fußgängerzone findet man Juwelier- und Souvenirgeschäfte, Apotheken, Banken und Supermärkte. Große Hotels, die außerhalb des Zentrums liegen, stellen morgens und am späten Nachmittag Shuttlebusse zur Verfügung. Taxis fahren rund um die Uhr. Fliegende Händler verkaufen entlang der Promenade und an den Strandzugängen vor allem deutsche und italienische Zeitungen. Man spricht deutsch, russisch, englisch und italienisch – auch die dienstbaren Ägypter, die die Aussicht auf einen relativ guten Verdienst und satte Trinkgelder aus Kairo, Alexandria, Luxor und Port Said in die Enklave am Meer zog.

Fürs Entertainment sorgen im Nightlife von Sharm Tanztruppen mit Shows, die mal modern, mal folkloristisch sind. Am Abend flanieren Frauen in Miniröcken und trägerlosen Tops, Männer in weißen Hosen und bunten Hemden auf der Promenade oder schlendern durch die Fußgängerzone mit ihren Geschäften. In den Cafés raucht man Wasserpfeife mit Apfelgeschmack, *shisha tufah,* und trinkt Tee mit Minze. Erst um Mitternacht erwacht das wahre Nachtleben. Im D. M., im Pasha/ Bus Stop (samstags mit Ministry-of-Sound-DJs) oder in dem in der Wüste gelegenen Echo Temple erklingen harte Beats, Softrock, Funk und Reggae bis Sonnenaufgang, wenn die Letzten müde in ihre Hotels zurücktrotten.

Nationalpark Ras Mohammed

20 km südlich von Sharm el Sheik ist der **Nationalpark Ras Mohammed** 14 ein ›Muss‹ für jeden Sinaibesucher, egal ob Taucher, Schnorchler oder einfach Naturfreund. Ras Mohammed, einer der großen Meeresparks der Erde, ist ein teils von Geröll überschüttetes Riff, das von vulkanischen Kräften über die Wasseroberfläche hinausgehoben wurde, sodass die Ränder oft fast senkrecht bis zu 80 m abfallen. Vom höchsten Punkt der Halbinsel (65 m über dem Meeresspiegel) bietet das **Shark Observatory** mit drei Terrassen Aussicht auf die Bucht und das Meer, in dem Taucher das quirlige Unterwasserleben näher erfahren können als irgendwo sonst. Barrakudas, Trompetenfische, Napoleonfische und sogar kleine Haie und Delfine kann man hier sehen (www.rasmohamed.com, tgl. 8–17 Uhr, 30 LE, Tickets online buchbar).

i Sharm hat kein Fremdenverkehrsbüro. Einfache Auskünfte gibt's im **Government Building,** Tel. 0020 (0)69 376 27 04, Sa–Do 8–13 Uhr, www.sharmelsheikh.com.

Sharm el Sheikh ist mit Abstand der teuerste Badeort in Ägypten, empfehlenswerte günstige Hotels gibt es vergleichsweise wenig. In jedem Fall muss man rechtzeitig buchen. Wer sich bereits in Ägypten aufhält, sollte Zimmer nicht direkt beim Hotel, sondern lieber über ein Reisebüro organisieren, das ist billiger.

Four Seasons: Four Seasons Blvd., Tel. 0020 (0)69 360 35 55, Fax 0020 (0)69 360 30 50, www.fourseasons.com/sharmelsheikh. Eines der Top-Hotels von Ägypten, von den edel möblierten Zimmern spektakulärer Blick über die Straße von Tiran. DZ ab 220 US-$.

Hyatt Regency: The Garden's Bay, Tel. 0020 (0)69 360 12 34, Fax 0020 (0)69 360 36 00, www.sharm.hyatt.com. Eines der schönsten und modernsten Hotels von Sharm, weitläufige Anlage, große, komfortable Zimmer, Riesenpool mit Strömungsanlage. Einziger Makel: Strand und Meerzugang sind eher klein. DZ ab 190 US-$.

Camel: Naama Bay, Tel./Fax 0020 (0)69 360 07 00, www.cameldive.com. Mit 38 Zimmern fast familiäre Atmosphäre, zentral, ruhig, behindertengerechte Zimmer, die Tauchlehrer des Camel Dive Center sind auch trainiert auf Behindertentauchen. DZ ab 50 US-$.

Cataract Layalina: Naama Bay, an der Fußgängerzone, Tel. 0020 (0)69 360 02 80, Fax 0020 (0)69 360 02 82. Nett ausgestattete Zimmer, kleiner Privatstrand und Pool am Hotel. DZ ab 40 US-$.

Pigeon's House: Naama Bay, Tel. 0020 (0)69 360 09 96, Fax 0020 (0)69 360 09 55, pigeon @access.com.eg. Einfaches, sehr gemütliches Haus, auch für Jugendgruppen. Die Bar ist ein beliebter Treff der in Sharm lebenden Ausländer. DZ ab 180 LE.

Shark's Bay Beduin Home: Shark's Bay, Tel. 0020 (0)69 360 09 41, Fax 0020 (0)69 360 09 43, www.sharksbay.com. Hüttendorf-Treff für junge Leute und solche, die eine echte Alternative zu den teuren 5-Sterne-Häusern suchen; eigene Tauchschule. DZ ab 130 LE.

Youth Hostel: auf dem Hügel nahe dem Aida Beach Hotel, Tel. 0020 (0)69 366 03 17. Billiger geht's nicht in Sharm. DZ ab 50 LE.

Sharm el Sheikh besteht fast nur aus Hotels mit groß angelegter Gastronomie. Auch McDonald's und Kentucky Fried Chicken sind mit Filialen vertreten. Selbst bei einem dreiwöchigen Urlaub könnte man kaum alle Lokale besuchen. Aus der Masse einige Empfehlungen (tgl. 12–15, 18–24 Uhr).

Kokai: im Ghazala Hotel, Tel. 0020 (0)69 360 01 50. An der Promenade der Naama Bay liegt das japanisch-polynesische Restaurant mit köstlichen Fleisch- und Fischgerichten, Fisch nach japanischer Art wird am Tisch zubereitet. Reservierung empfohlen. Ab 80 LE.

Andrea: Naama Bay, gegenüber Hard Rock Café. Tel. 0020 (0)69 360 09 72. Filiale eines Kairoer Ausflugsrestaurants, das sich auf Grillgerichte und ägyptische Vorspeisen spezialisiert hat. Ab 55 LE.

Byblos: Naama Bay, gegenüber Hard Rock Café, Tel. 0020 (0)69 360 08 20. Die Vorspeisen sind gut und reichlich, die Hauptgerichte ordentlich. Leider hat das Restaurant keinen einzigen libanesischen Wein anzubieten. Ab 50 LE.

Tam-Tam Oriental Café: im Ghazala Hotel, Tel. 0020 (0)69 360 01 50. An der Promenade der Naama Bay hat man die seltene Gelegenheit, ägyptische Hausmannskost kennenzulernen, dazu ägyptische Musik. Ab 30 LE.

Alle wichtigen und schönen Geschäfte findet man rund um die **Fußgängerzone** der Naama Bay. Im Naama Center kauft man auf drei Etagen Souvenirs, Handarbeiten von Beduinen, handgeknüpfte Teppiche, Figuren und Statuen, Schnitzereien, Gewürze. In den Shops rund um die Fußgängerzone gibt es Markenkleidung, Schmuck, Sportbedarf. Tipp: Folgen Sie besser nie den Schleppern, die Ihnen ihre Karte aufdrängen und Sie in eine Fabrik mitnehmen wollen. Und: immer feilschen!

Beinahe jedes größere Hotel hat eine Bar, Disco und/oder Nachtclub. Als Attraktionen locken Tanzshows, oft recht professionelle Folkloregruppen. Bei einigen Discos kontrollieren Türsteher – oder tun zumindest so, denn abgewiesen soll in Sharm eigentlich niemand werden, außer vielleicht Männer, die allein unterwegs und nirgends auf der Welt so richtig gerne gesehen sind.

Little Buddha: Naama Bay Hotel, Tel. 0020 (0)69 360 10 30, www.littlebuddha-sharm.com, tgl. 21–3 Uhr. Was in Paris und Las Vegas ein Publikumsmagnet ist, können nun auch Sharm-Besucher genießen – Lounge, Sushibar, In-Treff, über die Tanzenden wacht in mystischem Licht Buddha. Das ist das stilvolle und schicke Little Buddha, das neue Maßstäbe im Nachtleben von Sharm setzt. Snack und Drink ab 100 LE.

Black House Disco: Rosetta Hotel, Tel. 0020 (0)69 360 18 88, tgl. ab 23 Uhr. Populärer Tanzladen, meist sehr voll. Sehr gute DJs. Drinks ab 40 LE.

The Echo Temple – Desert Stage: 4 km außerhalb von Naama Bay, Tel. 0020 (0)10 569 99 60, www.pachasharm.com. Das ist ungeschlagen – Topdisco für House Music, ein Techno-Amphitheater mit Lichtgewittern mitten in der Wüste, mehrere Bars, alles unter freiem Himmel, kein Türsteher, da Platz für 4000 Tänzer. Drinks ab 30 LE.

Mojo Lounge: Iberotel Lido, Tel. 0020 (0)69 360 26 03 16. Ruhige Thai-Lounge mit weißen Sofas, großer Terrasse, gedämpfter Musik und vorzüglichem Essen. Drinks ab 50 LE.

Pacha/Bus Stop: Sanafir Hotel, Naama Bay, Tel. 0020 (0)69 360 01 97, Fax 0020 (0)69 360 01 96, tgl. ab 21 Uhr, www.pachasharm.com, Eintritt 125 LE. Sharms Topclub – der Name Pacha erinnert an eine der ersten Megadiscos auf Ibiza, das Programm orientiert sich an den Pool- und Schaumpartys ›Ibiza style‹. Legendär sind Do die House-Nation-Partys.

Die örtliche Wassersportindustrie lockt mit Videos und Plakaten zu Trips mit dem Glasbodenboot, zum Wasser- und Jetskifahren, zum wilden Gruppenritt auf der Wasserbanane oder zum Paragliding. War Sharm in den 1980er-Jahren eine Urlauberoase, die man kaum verließ, so ermöglichen heute Reiseagenturen und Mietwagenfirmen, dass man organisiert oder auf eigene Faust von hier aus den Sinai erkundet, v. a. die traumhafte Sonnenküste des Ostsinai.

Wassersport: Die Möglichkeiten sind schier unerschöpflich – Tauchen, Schnorcheln, Surfen und jeder andere Wasserspaß (Banana Riding, Jetski, Kitesurfen etc.) werden überall angeboten. Ausrüstung und Kurse organisieren die Hotels und zahlreiche Anbieter an den Stränden.

Glasbodenboot: Die Unterwasserwelt trockenen Fußes beobachten – wer das will, stolpert für entsprechende Fahrten geradezu über Anbieter.

Reiten: Das Sofitel, Tel. 0020 (0)69 360 00 81, ist eines der Hotels mit eigenem Reitstall (ca. 24 US-$/Std.).

Eislaufen: Eislauf und -hockey bei Discomu-

sik im Concorde El Salam Hotel, White Knight Beach, Tel. 0020 (0)69 360 14 60, tgl. 10–23 Uhr.
Gokart: Ghibli Raceway, Naama Bay nahe Hyatt Hotel, 12–1 Uhr. Auf vier Pisten brettert man in die Kurven.
Wüstensafaris: Buchungsmöglichkeiten für Touren mit dem Jeep, per Pferd oder Kamel an den Kiosken der Naama-Bay-Promenade oder im Hotel.

Von Sharm erreicht man mit Bussen und Flugzeugen alle Landesteile Ägyptens. Für die Strecke zur israelischen Grenze ist man auf Auto, Bus oder Taxi angewiesen.
Mietwagen: Die Mietwagenpreise in Sharm el Sheikh liegen im Schnitt höher als in Europa. Es lohnt sich, vor dem Urlaub die Preise der internationalen Anbieter einzuholen. One-Way-Anmietungen meist nur gegen Aufpreis von mindestens 150 US-$. Anbieter sind u. a. Avis, Morgana Trade Center, Tel. 0020 (0)69 360 24 00; Budget, Coral Bay Hotel, Tel. 0020 (0)69 360 16 10; Sixt, Hilton Fayrouz, Tel. 0020 (0)69 360 01 36.

Der Meerespark Ras Mohammed ist über und unter Wasser paradiesisch schön

Alltäglicher Anblick im Gazastreifen und Westjordanland: Palästinenserinnen protestieren für die Freilassung ihrer in Israel inhaftierten Männer und Söhne

Kapitel 6

Autonomes Palästina

Auf einen Blick: Autonomes Palästina

Umkämpftes Land

Die Palästinenser und alle arabischen Staaten sahen von Anfang an in dem 1967 von Israel eroberten Westjordanland (Westbank) und dem Gazastreifen besetztes Gebiet: *occupied territories* – so steht es auch auf allen arabischen Karten. Vor der Rückgabe dieser Gebiete wollen die meisten arabischen Staaten keine Beziehungen mit Israel knüpfen.

Was **Gaza** angeht, so war es für Israel einfach, ihm die Autonomie zu gewähren: Gaza besitzt weder Ressourcen noch heilige Orte und liegt geografisch in einer Randlage.

Anders verhält es sich mit dem **Westjordanland:** In **Hebron** etwa befinden sich die heiligen Gräber der drei Patriarchen Abraham, Isaak und Jakob, in **Bethlehem** die Geburtskirche und bei **Jericho** der Berg der Versuchung. Aus dem Westjordanland bezieht Israel über ein Drittel seines Trinkwassers, hier hat jeder Israeli zweieinhalb mal mehr Wasser zum Verbrauch als ein Palästinenser. Während die Palästinenser oft nicht einmal genug Wasser haben, um ihre Felder zu bestellen, sprudelt in den jüdischen Siedlungen das Nass geradezu verschwenderisch. Nicht selten stehen palästinensische Bauern vor vertrocknenden Feldern, während die vom Militär geschützten jüdischen Siedler in Sichtweite demonstrativ duschen.

Außer ultraorthodoxen Siedlern wagt sich seit Jahren kaum mehr ein Israeli ins Westjordanland. Bis Anfang der 1990er-Jahre wurden die mittlerweile 120 000 Westbanksiedler von jeder israelischen Regierung tatkräftig ermutigt, sich in den besetzten Gebieten niederzulassen. Es wurden Hoffnungen geweckt und Versprechen gemacht, die heute politisch nicht mehr haltbar sind. Unterstützt von ultraorthodoxen Rabbinern versuchten jüdische Siedler stets, ihr amtlich geduldetes Unrecht in verbrieftes Recht umzuwandeln, und für den Fall, dass ihnen das nicht gelänge, drohten sie immer wieder mit einer eindeutigen Antwort: Gewalt. Das Westjordanland ist mittlerweile zerstückelt von Mauern, Sperr-

zäunen, Checkpoints. Derzeit errichtet Israel zwei komplett unabhängige Straßensysteme. Auf dem einen dürfen nur Siedler bzw. Israelis fahren, das andere – mit vielen Tunnels, die unter den israelischen Straßen verlaufen – ist für die Palästinenser. Bethlehems evangelischer Pfarrer Mitri Rahib nennt das angewandte Apartheid. Und dann die Mauer. Im Ort Niilin ist der Widerstand dagegen am größten, denn hier zerschneidet sie eine Stadt und nimmt ein Drittel von deren Fläche ein – zum Schutz einer israelischen Siedlung. Jeden Freitag protestieren die Bewohner friedlich dagegen. Israels Armee geht mit Tränengas gegen die Demonstranten vor. Fliegen Steine, wird scharf geschossen.

Highlights

13 **Bethlehem:** Nicht nur zu Weihnachten pilgern Christen zur Geburtskirche Jesu, um dort zu beten und in der Milchgrotte den Boden zu berühren, der sich durch einen Tropfen Milch der stillenden Muttergottes nach der Überlieferung weiß verfärbte (s. S. 376).

14 **Jericho:** Der Ort ist die tiefstgelegene und älteste Siedlung der Welt. Auf einem Berg liegt das Kloster der Versuchung, unter dessen Altar sich jener Stein befindet, auf dem Jesus saß, als ihn der Teufel versuchte (s. S. 382).

15 **St. Georgskloster:** Wunderschön liegt im Wadi Qelt dieses griechisch-orthodoxe Kloster, dessen blau strahlende Kuppeln schon von Weitem zu sehen sind (s. S. 385).

Empfehlenswerte Route

Nach Jericho und ins Wadi Qelt: Abschüssige und viel befahrene Schnellstraßen haben üblicherweise keinen besonderen Reiz, doch die Strecke hinab nach Jericho ist ein Erlebnis. Nach der Erkundung des Orts begibt man sich am Berg der Versuchung auf Jesu Spuren, ehe man im Wadi Qelt das Georgskloster ansteuert (s. S. 382).

Richtig Reisen-Tipps

Höhlen von Machpela: Die Höhlen in Hebron beherbergen die Gräber der drei Patriarchen Abraham, Isaak und Jakob – für Juden, Muslime und Christen ein heiliger Ort (s. S. 383).

Auf den Berg der Versuchung: Bei Jericho erhebt sich dieser Berg, wo Jesus dem Teufel begegnete. Seither strömen Pilger hierher, Mönche errichteten ein Kloster. In dessen Kapelle befindet sich der Stein, auf dem Jesu saß und dem Bösen widerstand (s. S. 384).

Reise- und Zeitplanung

Reisende sind auf der Westbank willkommen. Allerdings sollte man klar zu erkennen geben, dass man kein Israeli ist, sonst kann es passieren, dass man mit Steinen beworfen wird. Hier Verständnis für Israel zu äußern oder zu versuchen, den israelischen Standpunkt in eine Diskussion einzubringen, das sollte man unterlassen. Meist genügt es, demonstrativ ein Palästinensertuch um die Schulter zu tragen. Zusätzlichen Schutz bietet ein arabischer Führer oder Taxifahrer. Da israelische Autovermieter Fahrten in die Autonomiegebiete meist untersagen, ist man auf Vermieter vor Ort oder öffentliche Verkehrsmittel angewiesen. Zwei weitgehend getrennte Straßennetze verbinden arabische Orte und jüdische Siedlungen.

Ob es ratsam bzw. möglich ist, alle Orte selbst mit dem Auto anzufahren, hängt von der tagesaktuellen Sicherheitslage ab. Jeden der Orte in der Westbank kann man in halb- oder ganztägigen Ausflügen von Jerusalem aus erreichen und besichtigen. In friedlichen Zeiten sollte man jedoch in Ramallah, Bethlehem oder Jericho übernachten, um etwas von der hiesigen Lebensart mitzubekommen. Zu einem touristischen Besuch des Gazastreifens kann derzeit nicht geraten werden.

Westjordanland (Westbank)

Karte S. 375

Moderne und alte Geschichte prallen im Westjordanland aufeinander. Hebron ist eine Stadt, die ganz besonders für die damit verbundenen Probleme steht. Bethlehem und Jericho dagegen sind als wichtige Orte der Jesus- und Menschheitsgeschichte eher touristisches Zukunftskapital eines irgendwann souveränen Palästina.

Unterwegs von Jerusalem ins Land diesseits des Jordan begegnet man ihr oft: der von Israel so vehement als Schutzwall verteidigten Mauer. Sie zieht sich neben der Straße her, gewaltig und groß, ist an vielen Stellen mit Graffiti besprüht. Ctrl+Alt+Delete hat jemand auf die Wand gesprüht. Diese Abkürzungen stammen aus der Computersprache und sind der Befehl zum erzwungenen, aber kontrollierten Absturz eines Systems, wenn ein Neustart anders nicht mehr möglich ist.

Ramallah

Karte: S. 375

Das früher wohlhabende **Ramallah 1**, auch einst ein Luftkurort, ist in Friedenszeiten eine quirlig-arabische Stadt. Ramallah, wo auch die palästinensische Brauerei Taybeh residiert, hatte sich als Big Olive mit seinen Wasserpfeifencafés, der Vielzahl unterschiedlicher Restaurants und seinem hippen Nachtleben zur Ausgeh- und Partyzone für Jerusa-

Von Mauern eingeschlossen: das Westjordanland

lemer gemausert – bis die zweite Intifada kam und die israelisch-palästinensischen Beziehungen wieder einfroren. In Ramallah haben sich Ministerien und Behörden der palästinensischen Regierung niedergelassen.

Rund um den **Manara Square** erstreckt sich das Zentrum. Das **Mausoleum Jassir Arafats,** ständig bewacht von zwei Mann Ehrengarde, findet man in der Al Ithaa Street. Einen guten Blick darauf bietet die **Mukataa,** Arafats einstiger Amtssitz.

Im **Khalil Sakakini Center** wird moderne palästinensische Kunst ausgestellt. Oft finden hier auch Veranstaltungen und Vernissagen statt. Ein Dauerthema ist selbstredend der Konflikt mit Israel (4 Raja St., Tel. 02 298 73 75, www.sakakini.org).

Im Internet: www.ramallah.ps (Infos zur Stadt); www.ramallahonline.com (aktuelle politische Informationen).

Grand Park: Al Masyoun Hights, Tel. 02 298 61 94, Fax 02 295 69 50, www.grandpark.com. Eines der neueren Hotels für die Businessgemeinde. DZ ab 340 NIS.

Gemzo Suites: 11 Al-Moba'deen St., Al-Bireh City, Tel. 02 240 97 27, www.gemzosuites.com. Klassisches Businesshotel. DZ ab 160 US-$.

Al Wedeh: 26 Nadah St., Tel. 02 995 64 52. Familiäres und sauberes Hotel zum günstigen Preis, schöner Garten. DZ ab 100 NIS.

Auch bei den Restaurants gibt es Einschränkungen – viele Gebäude sind zerstört, Lokale in Konkurs gegangen.

Al Bardouni: Jaffa St., Tel. 02 295 14 10, Fax 02 298 77 65, tgl. 12–15, 18–24 Uhr. Gute arabische Küche mit kräftigen Mezze und viel Gegrilltem als Hauptgang. 2009/10 Neueröffnung nach Renovierung. Ab 40 NIS.

Angelo: Rokab St., Tel. 02 295 64 08. Guter Italiener – seit Pizza-Ewigkeiten. Ab 40 NIS.

Zu den beliebten Cafés, Bars und Pubs gehören das **Zan's,** Al Kasaba Theatre & Cinematheque, Tel. 02 297 05 48, tgl. 11–23 Uhr, **Angelo,** Roqab St., Tel. 02 295 64 08, 9–23 Uhr, das **Ziryab,** neben Angelo, Tel. 02 295 90 93, tgl. 12–24 Uhr, und das **Stones,** Old City St., Tel. 02 296 60 38, tgl. 7–24 Uhr.

Sangria: Jaffa St., Tel. 02 295 68 08, tgl. 12–24 Uhr. Am Wochenende trifft man sich in dem Parkrestaurant, trinkt an der Bar und isst eine Kleinigkeit.

Goethe-Institut: Al-Salam St., Tel. 02 298 19 22, Fax 02 298 19 23, www.goethe.de/ins/ps/ram. Das Institut, zuständig für die palästinensischen Gebiete, bietet außer Sprachkursen auch Kunst- und Kulturreihen an und organisiert Ausstellungen – ein spannender Kulturtreff.

Mit dem Autor unterwegs

Kultur am Goethe-Institut

In **Ramallah** sollte man das Goethe-Institut besuchen, wenn man sich für die politische Lage und Kultur in Palästina aus berufenem Munde interessiert (s. u.).

Zur Taufstelle Jesu

Am Jordan bei Jericho liegt **El Maghtas,** wo Johannes Jesus taufte. Von israelischer Seite war die Stelle bisher nur selten zugänglich, das hat sich seit dem Papstbesuch 2009 geändert (s. S. 385).

Kontrolle an Checkpoints

Beim Besuch in der Westbank werden Reisende mindestens einmal an einem Checkpoint stoppen müssen. Die frühere Straße Nr. 60 von Jerusalem über Ramallah nach Nablus wurde infolge des Mauerbaus nach Osten verlegt. Ramallah erreicht man von Süden kommend über den Checkpoint Qalandia, einen der größten Kontrollpunkte Israels. Zwischen Ramallah, dem Qalandia-Flüchtlingslager und dem ebenfalls palästinensischen Ar-Ram gelegen, werden an dieser Grenze Pass oder Personalausweis kontrolliert, man muss Jacken, Mäntel, Taschen öffnen. Man sollte die Kontrollen ruhig über sich ergehen lassen – wer sich widersetzt, wird zurückgeschickt.

Die palästinensische Universität Bir Zeit

Bildung ist eine Waffe. Israel hat die Palästinenser häufig mit Bildungsentzug bestraft. Doch ein ungebildetes Volk hört auch leicht auf die falschen Leute. Dagegen kämpft die palästinensische Bir-Zeit-Universität, der in der Vergangenheit etliche Male der Lehrbetrieb untersagt wurde. Sie bildet Palästinas Elite von morgen aus.

Rund 7500 Studenten, etwa ein Drittel davon Frauen, sind an der größten palästinensischen Westbank-Universität in Bir Zeit, 9 km nördlich von Ramallah, u. a. in den Fakultäten Philosophie, Natur- und Wirtschaftswissenschaften immatrikuliert. Bir Zeit ist hervorgegangen aus einer 1924 gegründeten Mädchenschule. Der Name der Universität stand stets für den vornehmlich intellektuellen palästinensischen Widerstand, den die misstrauischen Israelis hier in Kollaboration mit dem militanten Widerstand wähnten, den Verdacht aber meist in den Vorwurf packten, das wissenschaftliche Niveau sei zu niedrig.

1988 wurde der Lehrbetrieb von Israel zum 15. und seither letzten Mal – damals wegen der Intifada – eingestellt. Die seinerzeit 280 Dozenten schickte man heim, für mehr als vier Jahre. Selbstredend konnten die Studenten nicht an israelischen Hochschulen weiterstudieren oder ihre Examen ablegen. Der Unterricht lief in Privatwohnungen weiter. Zu den Alltagsschwierigkeiten gehört bis heute, dass Studenten an Checkpoints zurückgewiesen oder aufgehalten werden und deswegen Vorlesungen und Prüfungen verpassen.

Heute wird Bir Zeit mit inzwischen 400 Dozenten nicht mehr nur als die Ausbildungsstätte der zukünftigen palästinensischen Führung eines souveränen Staats, sondern eines bisher kaum existenten Bildungsbürgertums angesehen. Der Mangel an einer Elite, die nicht auswandert, sondern im Land bleibt, ist gravierend. »Wir bilden junge Leute nicht nur für ihre berufliche Karriere aus«, sagt der frühere Universitätspräsident Hanna Nassir, »sondern auch, um nach den Jahrzehnten der Abhängigkeit eine produktive Wirtschaft aufzubauen. Unsere Universitäten haben ein Mandat, in einem weiten Sinne verantwortungsvolle, aktive und demokratische Bürger heranzubilden.«

Zu den Pflichtgrundkursen gehören für alle, egal ob Mediziner oder Archäologen, arabische und europäische Philosophie sowie die Geschichte der industriellen Revolution und der palästinensischen Freiheitsbewegung. Unter den arabischen Universitäten des Nahen Ostens ist Bir Zeit eine der wohl akademisch liberalsten Lehranstalten. Junge Leute aus dem Gazastreifen studieren hier ebenso wie Söhne und Töchter reicher Araber, die ihre Kinder nicht den Verlockungen europäischer Universitätsstädte aussetzen möchten, sie aber dennoch weniger gegängelt und profunder ausgebildet wissen wollen, als dies etwa an den Universitäten von Kairo oder Amman möglich ist. Dort ist Memorieren nach alter arabischer (Koranlern-) Tradition oft noch wichtiger als problemlösendes Denken. Bir Zeits Sprachen sind Arabisch und Englisch. 2006 wurde eine technische Fakultät eröffnet.

Lange Jahre hatte die PLO, unterstützt von den Golfstaaten, die Universität finanziert.

Thema

1994 übernahm die Europäische Union den palästinensischen Anteil von 45 %. Den Rest erbringen Förderer und Stiftungen. Die Studenten beteiligen sich mit 35 % an den Kosten, abgerechnet wird nach einem von Fach zu Fach unterschiedlichen Sockelbetrag je Lehreinheit. Frankreich richtete im Jahr 1995 eine Fakultät für Rechtswissenschaften ein, Deutschland fördert die Sportausbildung, Japan stiftete einige Hundert Computer.

Bir Zeits großer Vorzug ist Lebensnähe. Man arbeitet hier nicht nur um der Forschung willen – das Wissen wird weitergegeben. Dank Bir Zeit lernen analphabetische Palästinenser noch im Erwachsenenalter lesen und schreiben. Andere bekommen beim Aufbau ihres Unternehmens Hilfe von Wirtschaftswissenschaftlern, bis hin zur Einführung in den Umgang mit Computern und in korrekte Buchhaltung. Und Bir Zeit wäre nicht Bir Zeit, wenn es nicht einen ganz besonderen Studiengang gäbe, den alle PAS nennen: palästinensisch-arabische Studien. Der Fokus liegt auf Nahostpolitik und der palästinensischen Frage. Hochrangige Politiker sind dafür als Dozenten verpflichtet. Für viele Studenten ist es die akademische Aufarbeitung von Kindheit, Jugend und Alltag (www.birzeit.edu).

Etwa ein Drittel der Studenten an der Bir-Zeit-Universität sind Frauen

Tanzfestival (März/April): Getanzt wird im Sarayet Ramallah, dem Kulturzentrum, und im Al Kasaba Theatre & Cinematheque. Infos unter Tel. 02 295 26 90, www.alkasaba.org.

Sherut-Taxis: Regelmäßig nach Jerusalem (Damaskustor) und Nablus.

Nablus und Umgebung

Karte: S. 375

Nablus

Über die palästinensische Universitätsstadt Bir Zeit (s. S. 372) erreicht man **Nablus** 2 (Shechem), mit 140 000 Einwohnern die größte Stadt des Westjordanlands, die vorwiegend von Arabern bewohnt ist. Ebenso wie Hebron ist Nablus seit 1967 wegen der Gewalt zwischen Israelis und Palästinensern in den Schlagzeilen. Ein Besuch in der Stadt sollte von der jeweiligen Sicherheitslage abhängig gemacht werden.

Flavia Neapolis, wie Nablus einst hieß, wurde 72 n. Chr. vom römischen Kaiser Vespasian nahe dem antiken Sichem (s. u.) gegründet. Hier hatte Abraham von Gott das gelobte Land erhalten, Jakob für 100 Goldstücke Land gekauft und hier wurde Joseph begraben. Während der byzantinischen Zeit entstanden Kirchen. Die Kreuzritter befestigten die Stadt und machten sie zur zweiten Hauptstadt nach Jerusalem. Ein Erdbeben zerstörte Nablus 1927 fast völlig. Heute ist Nablus ein Landwirtschafts- und Industriezentrum. Alleine 40 Firmen stellen Seifenprodukte her, die älteste seit über 250 Jahren.

Das Zentrum von Nablus bildet der **Midan Hussein.** Südlich davon liegt die **Altstadt** mit einem pittoresken Markt und labyrinthhaft verwinkelten Gassen. Östlich des Zentrums befand sich das biblische **Sichem** (Tel Balata), dessen Besuch allerdings nur für Archäologiefans von Interesse sein dürfte. Südöstlich von Sichem liegen die **griechisch-orthodoxe Kirche,** 1914 erbaut auf den Grundmauern einer Kreuzfahrerkirche, und der **Jakobsbrunnen,** an dem Jesus – Versuch der Aussöhnung mit den verfolgten Samaritern – eine Samariterin um Wasser gebeten hatte, was sie ablehnte. Im 4. Jh. wurde die erste Kirche über dem Brunnen errichtet. Nördlich des Brunnens findet man das überkuppelte **Grab des Joseph,** Sohn Jakobs und Rahels, der nach Ägypten verkauft worden war.

Berg Gerizim

3 km südlich der Altstadt liegt der 881 m hohe **Berg Gerizim** 3 (Jebel el Tor), der heilige Berg der Samariter. Nach der Überlieferung wollte Abraham hier seinen Sohn Isaak opfern. Die Samaritaner, eine seit dem babylonischen Exil vom Judentum abgespaltene Religionsgemeinschaft, deren 400 Mitglieder heute fast ausnahmslos in Nablus leben, ziehen für ihr 40-tägiges Pessachfest an den Fuß des Bergs, erklimmen ihn, in weiße Gewänder gehüllt, schlachten und essen auf dem Gipfel ein Lamm – genau so, wie es 2. Mose 12 vorschreibt. Bis zum folgenden Morgen muss alles verspeist, müssen alle Reste und Knochen und unreinen Fleischteile (z. B. Fett) verbrannt sein. Besucher können an dem Ritual als Zuschauer teilnehmen.

Im 4. Jh. v. Chr. erbauten die Samaritaner auf dem Berg einen Tempel, der von den Hasmonäern zerstört und vom römischen Kaiser Hadrian 140 n. Chr. durch einen Jupitertempel ersetzt wurde. Kaiser Konstantin wählte den Berg im 4. Jh. für den Bau einer Marienkirche aus und verbot den Samaritern den Zugang zu ihrem heiligen Platz.

Sebastiya

12 km nordwestlich von Nablus liegen in dem arabischen Dorf **Sebastiya** 4 die Ruinen der Hauptstadt Samaria des israelitischen Nordreichs (10. Jh. v. Chr.). Hier herrschten die Könige Omir und Ahab nach der Abspaltung vom Südreich, bis die Assyrer 723 v. Chr. das Nordreich eroberten, Samaria zerstörten und seine Bewohner entführten. Alexander der Große baute die Stadt, die auch der Provinz den Namen gab, wieder auf, und Herodes benannte sie zu Ehren des Kaisers Augustus 300 Jahre später in Sebastos um, der griechische Ausdruck für Augustus.

Westjordanland

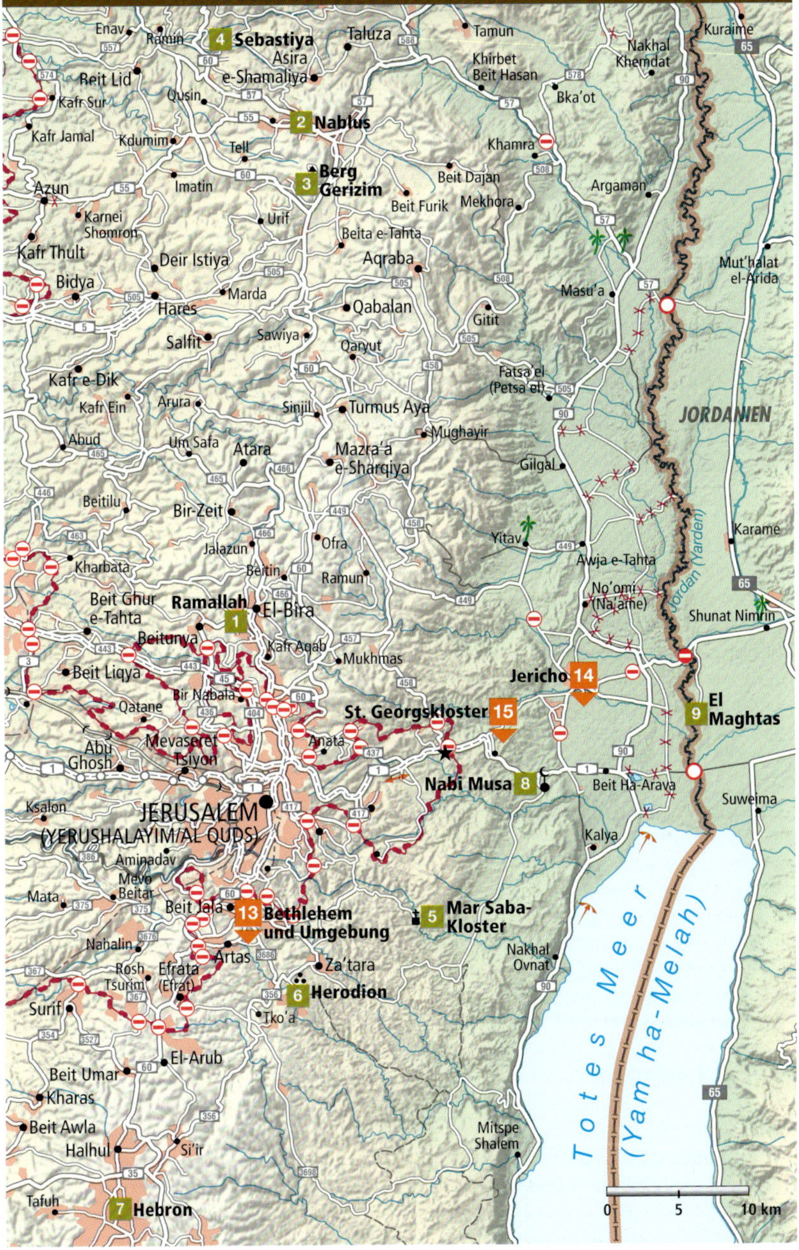

Noch immer wacht Jassir Arafat über die Palästinenser, auch beim Shoppen im Basar

Johannes der Täufer wurde hier begraben, im Dorf liegen Krypta und Ruinen der **Johanneskirche.** In der von Juden, Muslimen und Christen gleichermaßen als heilig geachteten Höhle sollen auch die Propheten Elija und Obadja sowie die Eltern von Johannes bestattet worden sein. Der heutige Kuppelbau ist eine Moschee. Ob hier jedoch wirklich die Gebeine von Johannes ruhen, ist zweifelhaft.

Ein kurzer Fußweg führt vom Dorf zu den frei zugänglichen **Ruinen von Samaria** mit Herodes Augustustempel, von dem nur noch das Fundament zu sehen ist, und dem Königspalast Omirs, den König Ahab luxuriös gestaltete und erweiterte. Die Römer erbauten zwischen West- und Osttor eine Kolonnadenstraße. Eine Mauer umschloss die Stadt.

13 Bethlehem

Karte: S. 375

Nur ein Katzensprung ist es von Jerusalem über die Straße Nr. 60 gen Süden ins 8 km entfernte **Bethlehem** (32 000 Einw.). Die fruchtbare Umgebung, geprägt von Getreidefeldern, Obstplantagen, Weinbergen und Olivenhainen – die heute von Israels 8 m hoher Sperrmauer dominiert wird –, gab der Stadt aus der Bibel ihren Namen: ›Haus des Brots‹ (hebr. Beit Lehem), ›Haus des Getreides‹ (arab. Beit Lahm). Bei der Anreise ist gut zu sehen, wie jüdische Siedlungen, die eifrig weitergebaut werden, immer näher an Bethlehem heranrücken.

Seit dem 24. Dezember 1995 untersteht Bethlehem nach dem vereinbarten Rückzug der israelischen Besatzer der palästinensischen Autonomiebehörde. Doch die zweite Intifada hat das Aufblühen der Stadt gestoppt und die monströse Mauer im Norden sowie strapaziöse Kontrollen am Checkpoint halten viele Touristen von der Anreise ab. Zahlreiche Gebäude wurden durch Israels Armee zerstört oder beschädigt. Weihnachten 2008 schöpfte man erstmals wieder Hoffnung: 1,2 Mio. Touristen hatten Bethlehem besucht, doppelt so viele wie im Jahr davor.

Wegen der Geburtskirche Jesu ist Bethlehem, 1967 von den Israelis erobert, einer der wichtigsten christlichen Wallfahrtsorte im Heiligen Land. Aber auch hier gilt, was schon von Nazareth zu sagen war: Der Besuch muss als spirituelles Erlebnis empfunden werden. Die Stadt selbst besitzt nicht die glänzende Ausstrahlung, die viele Pilger erwarten – auch nicht zur Zeit des Weihnachtsgottesdiensts, der in alle Welt übertragen wird. Und um die Geburtskirche Christi und den Zeitpunkt, wann die Weihnacht denn zu feiern sei, streiten sich die verschiedenen christlichen Konfessionen nicht weniger heftig als in Jerusalem um die Putzordnung in der Grabeskirche.

Vor ungefähr 3000 Jahren wurde hier David geboren. Vor dem Eingang der Stadt (Hebron Rd./Manger St.) liegt das Grab Rahels, der Frau Jakobs, die bei der Geburt ihres Sohns Benjamin starb. V. a. Frauen, die keine Kinder bekommen, pilgern zu dem leeren überkuppelten Grab und bitten Rahel um Nachwuchs. Der Ort ist heute nur mehr bedrückend. Die Häuser der rundum wohnenden palästinensischen Familien sind ›zum Schutz‹ des Rahel-Heiligtums fast komplett von der israelischen Mauer umgeben.

Geburtskirche

Den zentralen **Manger Square** mit seinen früher Dutzenden Andenkenläden dominiert die **Geburtskirche,** die wie eine Festung über jene Höhle gebaut wurde, in der Jesus zur Welt gekommen sein soll. Das Datum der Geburt variiert allerdings je nach Konfession: Nach römisch-katholischer Ansicht wurde Jesus in der Nacht zum 25. Dezember im Jahr 5 v. Chr. geboren, nach griechisch-orthodoxer Auffassung am 6. Januar 4 v. Chr., nach armenischem Glauben am 18. Januar 4 v. Chr. – und die Wissenschaft geht vom Jahr 7 v. Chr. aus. Auf das Jahr 0, auf dem die abendländische Zeitrechnung basiert, pocht keine der Konfessionen.

Die erste Geburtskirche wurde im 4. Jh. von Kaiser Konstantin errichtet. Im 6. Jh. ließ sie Justinian um eine fünfschiffige Basilika erweitern. Die Kreuzfahrer ergänzten den Bau mit Bronzetüren, die von Marmor gerahmt wurden, und krönten hier ihre Könige.

Man betritt das Gebäude durch das nur 1,20 m hohe Tor der Demut, das man vor dem Einfall der Türken so tief setzte, um zu verhindern, dass sie mit ihren Pferden in die Kirche ritten und dadurch den heiligen Platz entweihten. Die Größe des ursprünglichen Bogenportals ist noch gut zu erkennen. Ein silberner Stern in der Geburtsgrotte markiert die Stelle, wo Jesus geboren wurde. Öllampen brennen Tag und Nacht. Diese Grotte darf nur von griechisch-orthodoxen Gläubigen für Messen benutzt werden. Katholiken ist es lediglich erlaubt, den Silberstern zu beweihräuchern – sie müssen in der Krippengrotte zelebrieren, an der Stelle, an der das Neugeborene nach der Überlieferung in den Futtertrog gelegt wurde.

An Weihnachten wird vom lateinischen Patriarchen ein hölzernes Christuskind aus der Katharinenkirche in die Krippengrotte getragen, wo es bis zum Dreikönigsfest bleibt. Da die römisch-katholische, die griechisch-orthodoxe und die armenische Kirche gemeinsame Eigentümerinnen sind, wurde bereits unter britischem Mandat eine Verordnung beschlossen, die bis heute regelt, wer wann seine Messen halten und die Grotte besuchen darf. Der Friede ist dennoch zerbrechlich. Streitigkeiten entbrennen jedes Jahr, wenn es etwa darum geht, wer welchen Teil der Kirche reinigen darf (tgl. geöffnet, Eintritt frei).

Franziskanerkapelle und Milchgrotte

Über die Milk Grotto Street gelangt man in die **Franziskanerkapelle** von 1872 mit der darunterliegenden **Milchgrotte** (arab. Magharet Sitti Mariam, ›Höhle meiner Herrin Maria‹), in der die Jungfrau nach der Überlieferung das Jesuskind stillte. Dabei soll Milch auf den Boden getropft sein und ihn in weißen Kalkstein verwandelt haben. Fromme Mütter und Ammen sagen dem Gestein eine milchfördernde Wirkung nach, weswegen sie Kalkstaub aus der Grotte unter ihr Essen mischen (Tel. 02 274 24 25, tgl. geöffnet, Eintritt frei).

i **Palestine Tourist Information:** Manger St., Old Municipal Building, Tel. 02 274 15 81, 02 274 37 53, www.visit-palestine.com u. www.openbethlehem.org.

Die Hotelsituation hat unter dem ausbleibenden Tourismus schwer gelitten. Viele Häuser mussten schließen.
Intercontinental Jacir Palace: Hebron Rd., Tel. 02 276 67 77. Das beeindruckende Gebäude im arabischen Stil stammt von 1910 und liegt nur wenige Gehminuten von der Geburtskirche entfernt. Elegante Zimmer, guter Service, besonders schön: das Restaurant im Innenhof, nett auch der Pool. DZ ab 400 NIS.
Casa Nova Palace: Manger Sq., Tel. 02 274 27 98, Fax 02 274 15 62, www.casanovapalace.com. Angenehme Atmosphäre herrscht hier in unmittelbarer Nähe zur Grabeskirche. DZ ab 140 NIS.

Gegrillte Hühner, Felafel und Shawerma sind die Standardgerichte, die man in den kleinen Restaurants rund um den **Manger Square** findet.

Am Manger Square und dem dahinterliegenden **Souq** findet man Lebensmittelgeschäfte und vereinzelt Souvenirläden. Das Angebot umfasst Devotionalien aller Art, eine Spezialität sind Schnitzereien aus Olivenholz.

Heiligabend: Das größte Ereignis im Jahresverlauf ist die Weihnachtsmesse des lateinischen Patriarchen in der Geburtskirche. Um Mitternacht schreitet er aus der Sakristei der benachbarten Kirche (in der die Griechisch-Orthodoxen ihre Messe feiern) mit der Statue des Jesuskinds im Arm, die er in die Mitte des Altars legt. Traditionell reist zu der 3-stündigen Mitternachtsmesse auch der muslimische Präsident der Palästinenser mit Kabinettskollegen an.
Stadttouren: Auf Fact-Finding-Touren zeigen engagierte Bürger von Bethlehem, wie die israelische Mauer ihr Leben verändert, sie zu Gefangenen gemacht hat. Der Besuch von Jerusalem ist ihnen z. B. nur mit einer – fast nie erteilten – Genehmigung möglich. Info und Buchung unter Tel. 02 277 79 93, admin@openbethlehem.org.

Sherut-Taxis: Regelmäßige Verbindungen nach Jerusalem (Damaskustor).

Die Umgebung von Bethlehem

Mar-Saba-Kloster

Karte: S. 375
14 km östlich von Bethlehem liegt mitten in der judäischen Wüste im Qidrontal das **Mar-Saba-Kloster** 5. Im 5. Jh. zogen sich in diese Höhlen viele Mönche, u. a. der Gelehrte Saba, zurück. Der Klosterbau ist weithin sichtbar, v. a. wegen seiner Kuppel und des

Bethlehem ist einer der wichtigsten christlichen Wallfahrtsorte im Heiligen Land

Frauenturms, von dem aus Frauen das Kloster überblicken können, das sie nicht betreten dürfen.

Der heute nur noch von einer Handvoll Mönche bewohnte Konvent wurde auf den durch Eroberungen und Erdbeben teilweise zerstörten Vorgängerbauten errichtet. Im Innern sind in einem Glassarg die Gebeine Sabas aufgebahrt. Interessierte müssen in Bethlehem erfragen, ob das Kloster derzeit per Taxi erreichbar ist (So–Do 8–16 Uhr, 15 NIS).

Herodion

Karte: S. 375

Südöstlich von Bethlehem liegt das **Herodion** 6. Zwischen 24 und 15 v. Chr. ließ Herodes der Große den als Mausoleum gedachten Palast errichten, der die Umgebung um 100 m überragt und auf den ersten Blick einem schlummernden Vulkan ähnelt. Damals führte eine Marmortreppe zu dem Mauerring von Türmen, der Gemächer, Bäder und Gärten umschloss. Ob Herodes hier tatsächlich,

Machsom Watch – die Frauen vom Checkpoint Thema

Sie tragen schwarze T-Shirts, dazu Anstecker mit einem Auge als Piktogramm und der Aufschrift »Frauen gegen die Besetzung und für Menschenrechte in Palästina«. Israelische Aktivistinnen setzen sich an Checkpoints dafür ein, dass Palästinenser dort von Israels Militär nicht länger menschenunwürdig behandelt werden.

Es begann an einem eiskalten Morgen im Februar 2001. Da machten sich Roni Hammerman, Jahrgang 1940, und Yehudit Keshet, Jahrgang 1943, Tochter deutscher Juden, mit drei Freundinnen auf zum israelisch-palästinensischen Checkpoint Nr. 300 zwischen Jerusalem und Bethlehem. Von der israelischen Journalistin Amira Haas, die in Gaza und im Westjordanland lebt, hatten die Frauen über die demütigenden Kontrollen und die Menschenrechtsverletzungen durch israelische Soldaten an den Checkpoints (hebr. Machsom) erfahren. Es gab Berichte von hochschwangeren palästinensischen Frauen, die so lange kontrolliert und grundlos festgehalten wurden, bis sie an dem Kontrollpunkt ihre Kinder gebaren, manchmal nurmehr tot. Meist hatten die Soldaten die Wehen für vorgetäuscht gehalten oder bewaffnete Siedler blockierten den Weg. Rechtliche Konsequenzen hatte das – soweit bekannt – nie.

Es war die Anfangszeit der zweiten Intifada. Konnte das wahr sein? Yehudit Keshet und die anderen Frauen wollten es damals wissen – das war der Beginn von Machsom Watch, einer Menschenrechtsorganisation, der ausschließlich Frauen angehören, inzwischen weit über 500 Aktivistinnen. Täglich stehen die Frauen, mindestens zu zweit, an etlichen der 600 Checkpoints im Land, beobachten, schreiben detaillierte Berichte, die in Israel für Aufregung sorgen und die jeder auf der Machsom-Homepage – geordnet nach Checkpoints – nachlesen kann.

An den Checkpoints helfen die Aktivistinnen Kranken, meist Alten oder Frauen mit Kindern, damit sie schnell die Kontrollen passieren dürfen. Sie verhandeln mit den Soldaten, damit diese Lebensmittellieferungen zügiger durchlassen. Die Machsom-Frauen gehören heute zu den schärfsten Kritikerinnen der israelischen Besatzungspolitik. Die Checkpoints seien der verlängerte Arm eines Willkür- und Unterdrückungssystems, das nur ein Ziel kenne: »Land zu gewinnen und eine ethnische Säuberung durchzuführen, die zwar nicht Mord bedeutet, aber Menschen zwingt, ihre Heimat zu verlassen«, so Keshet.

Für den Vorwurf der »ethnischen Säuberung«, der Araberfeindlichkeit und der Apartheid gegenüber Palästinensern wurde Keshet in Israel als Nestbeschmutzerin heftig attackiert. Keshet nimmt nichts zurück, sagte in einem Interview: »Ich bin nicht die einzige, die das sagt. Die Menschen werden gleichsam zu Staub zerrieben, kulturell, sozial, wirtschaftlich, politisch, das ist eine Art ethnischer Säuberung. Man sagt ihnen, sie sollen gehen, man will sie nicht haben. In Israel reden die Leute immer offener darüber, dass es das Beste wäre, wenn wir die Araber ganz loswerden könnten. Vor zehn Jahren wäre es noch inakzeptabel gewesen, das zu sagen, auch wenn vielleicht viele Leute so gedacht haben. Aber heute ist das ganz normal.«

Im Jahr 2008 wurde Machsom Watch der Aachener Friedenspreis verliehen (www.machsomwatch.org).

wie von ihm verfügt, beigesetzt wurde, ist ungewiss. Während der jüdischen Kriege fiel das Herodion an die Aufständischen und im 5. Jh. errichteten Mönche ein Kloster in den Ruinen. Vom Hügel aus genießt man einen sehr guten Ausblick (So–Do 8–17, Fr 8–16 Uhr, 20 NIS).

Hebron

Karte: S. 375

35 km südlich von Jerusalem liegt **Hebron** 7 (El Khalil), die mit 160 000 Palästinensern und 600 jüdischen Siedlern zweitgrößte Stadt im Westjordanland. Gemäß der Abkommen von Oslo ist die Stadt in das von Palästinensern kontrollierte Gebiet H1 und das von Israelis kontrollierte Gebiet H2 aufgeteilt. Im Jahr 2002 übernahm die israelische Armee als Folge der zweiten Intifada und unter Verletzung der Oslo-Vereinbarungen wieder die gesamte Kontrolle und ließ seit 2005 im Sektor H1 illegale Wachtürme, Sperrzäune, Mauern und Straßenblockaden errichten – so berichtet es die Temporary International Presence in the City of Hebron (TIPH, www.tiph.org), eine nach Oslo eingerichtete unabhängige Beobachtertruppe. Sie registriert Verstöße gegen bestehende Abkommen und meldet diese an Palästina, Israel sowie die TIPH-Trägerländer Schweiz, Norwegen, Schweden, Italien, Türkei und Dänemark. Außerdem bemüht sich die TIPH um eine Fortführung des Dialogs und um Konfliktlösungen. Doch das wird zunehmend schwieriger. Die Siedler errichten auf palästinensischem Territorium immer mehr illegale Siedlungen mit schmucken roten Backsteinhäuschen. Ihre Zufahrtsstraßen durchschneiden die Felder, Gärten und Olivenhaine der palästinensischen Bauern, die die Siedlerstraßen nicht überqueren dürfen. Straßenschilder gibt es. Groß und schön, wenn sie zu den neuen israelischen Siedlungen weisen, umgestürzt oder in den Graben geworfen, wenn sie zu den alten palästinensischen Dörfern zeigen.

Im 18. Jh. v. Chr. lebten in Hebron, so schildert es die Bibel, riesenhafte Menschen, die Enakiter. David wurde hier zum König gekrönt und Abraham erstand hier die Höhlen von Machpela (s. S. 383), die der römische Kaiser Justinian im 6. Jh. mit einer Kapelle überbauen ließ. Im 7. Jh. wurde die Kirche dann zu einer Moschee umgewandelt. Unter den Kreuzrittern fungierte Hebron als christlicher Bischofssitz. Im 16. Jh. siedelten sich sephardische Juden an, die aus Spanien geflüchtet waren.

Nach dem Unabhängigkeitskrieg 1948 gehörte Hebron zu Jordanien und fiel erst mit der Besetzung des Westjordanlands 1967 an Israel. Die Bewohner hatten kampflos kapituliert und aus allen Häusern weiße Tücher gehängt. Die Auseinandersetzungen verschärften sich, als eine Gruppe ultraorthodoxer Juden 1968 sich in einem Hotel verbarrikadierte und schließlich 1972 die Gründung der stacheldrahtgeschützten Siedlung Qiryat Arba erreichte. 1979 besetzte eine Mutter mit ihren elf Kindern das Hadassa Hospital im einstigen jüdischen Viertel – sie durfte bleiben, beschützt von israelischer Polizei, obwohl die Regierung davor beschlossen hatte, Juden das Aufenthalts- und Wohnrecht für Hebron zu entziehen. Das Gegenteil passierte. Immer mehr, zumeist ultraorthodoxe Juden, zogen zu. Seit 1980 der arabische Bürgermeister der Stadt ermordet wurde, regiert die Gewalt. Den traurigen Höhepunkt stellt das Massaker in der Moschee von Hebron 1994 dar, bei dem 29 Betende von dem jüdischen Extremisten Baruch Goldstein ermordet wurden.

Dass Hebron ein Pulverfass ist, bestätigte sich erneut Ende 2008. Jüdische Siedler sollten nach einem Urteil des Obersten Gerichts von Israel in Hebrons Zentrum ein besetztes Haus räumen. Als Israels Armee die Räumung vollzog, begannen Siedler palästinensische Bewohner anzugreifen, ihre Gräber zu schänden, den Propheten Mohammed als Schwein zu beschimpfen und auf die Palästinenser zu schießen. Israels Regierung wertete das offiziell als Pogrom.

Hebron liegt so nahe an Bethlehem und Jerusalem, dass es nur selten Übernachtungsgäste gibt.

Hebron Tourist: Al Malik al Faysal St., Tel./Fax 02 222 67 60. Saubere Zimmer, nette Hotelbesitzer. DZ ab 180 NIS.

Charmantes arabisches Flair hat in ruhigen Zeiten der **Souq,** wo Schmiede, Keramiker etc. ihr Handwerk ausüben. Die Stimmung kann jedoch schnell umschlagen, wenn sich eine Gruppe orthodoxer Juden unter schwerem Militärschutz durch die Stadt eskortieren lässt.

Sherut-Taxis: Regelmäßig Verbindungen über Bethlehem nach Jerusalem (Damaskustor).

14 Jericho

Karte: S. 375

Der Weg nach **Jericho** (20 000 Einw.) ist eine der beeindruckenden Strecken im Land. Von über 800 m führt der Weg aus den Bergen Judäas hinab in die 395 m unter dem Meeresspiegel gelegene Stadt. Innerhalb einer knappen Stunde legt man einen Höhenunterschied von 1200 m zurück. Man spürt, wie die Temperatur steigt und die Hitze bleiern über der Jordansenke liegt.

Jericho, seit Mai 1994 von der Palästinensischen Autonomiebehörde regiert, ist die tiefstgelegene und älteste Siedlung der Welt. Bis zur zweiten Intifada war der Ort ein beliebtes Ausflugsziel der Jerusalemer, die auf dem hiesigen Markt ihren Wochenendeinkauf tätigten. Andere spielten in dem heute geschlossenen Casino Austria Roulette oder Blackjack und nächtigten im Interconti, das die Spielhölle beherbergte. All das war einmal. Nach dem Abkommen von Sharm el Sheikh im Jahr 2005, mit dem die zweite Intifada endete, wurde Jericho als erste Stadt wieder palästinensischer Führung übergeben. Doch Israel kontrolliert an Checkpoints die Zufahrt.

Geschichte

Nach biblischer Überlieferung war Jericho eine der ersten Städte, die von den Israeliten im Gelobten Land erobert worden war. Christen verbindet mit Jericho die Taufe im Jordan und der Berg der Versuchung, auf dem Jesus 40 Tage zubrachte. Jerichos Ursprünge gehen auf das 8. Jt. v. Chr. zurück. Tel el Sultan (s. u.) gilt als einer der gesicherten Orte, an dem die Menschen vom Nomadentum zur Sesshaftigkeit wechselten.

Alexander der Große stellte Jericho im Jahr 336 v. Chr. unter seine persönliche Obhut und Marcus Antonius schenkte die Stadt und die Oase seiner Geliebten, der ägyptischen Pharaonin Kleopatra. Im ersten jüdischen Krieg wurde Jericho von den Römern zerstört und spielt seitdem in der Geschichte keine Rolle mehr.

Zur Zeit des britischen Mandats verschenkten die Engländer Jericho an die Araber, die das Land wiederum an Juden verkauften. 1948 wurde Jericho Jordanien zugeschlagen. Im Sechstagekrieg eroberte Israel die Stadt zurück. Heute ist Jericho eine vom nicht üppigen Tourismus und der Landwirtschaft mehr schlecht als recht lebende Kleinstadt.

Tel el Sultan

Am Grabungshügel **Tel el Sultan,** dem alten Jericho, stießen Archäologen auf Reste einer Stadt aus dem 8. Jt. v. Chr. Die Stätte ist allerdings nur für archäologisch Interessierte zu empfehlen. Der Rundweg ist gut ausgeschildert. Zum Teil ist der über 8 m hohe, ungefähr 7500 v. Chr. erbaute und damit älteste bekannte Turm der Welt erhalten. Im Norden des Tell findet man Reste der einst 6 m hohen Hyksosmauer (im Sommer tgl. 8–18, im Winter 8–17 Uhr, Tel. 02 232 15 90, 10 NIS).

Hishampalast

Die 20 000 m² große Anlage des **Hishampalasts** (Khirbet el Mafjar), Ruine eines Omaijadenpalasts, betritt man von Süden her durch das einstige Haupttor. Unter dem Kalifen Hisham Ibn Abdel Malik 724 bis 734 in Auftrag gegeben, aber niemals vollendet, wurde das Bauwerk von den Einheimischen später als Steinbruch benutzt. Was heute noch sichtbar ist, zeigt starken persischen Einfluss. Im Innenhof fällt das Auge sofort auf ein riesiges

Richtig Reisen-Tipp: Höhlen von Machpela

Muslime, Juden und Christen verehren Hebrons heilige Stätte, die **Höhlen von Machpela** (Haram El Khalil). Abraham hatte sie als unbebautes Land »mit der Höhle darin und mit allen Bäumen auf dem Acker umher« (1. Mose 23,17) als Grab erworben. Die Mamluken erweiterten die über dem Grab liegende Moschee im 13. Jh. und errichteten zu Ehren der drei im Islam hoch verehrten Patriarchen vier Minarette, von denen zwei erhalten sind. Unter den Mausoleen im Hof der Moschee befinden sich die leeren Gräber Abrahams, seines Sohns Isaak, seines Enkels Jakob und ihrer Frauen Sara, Rebekka und Lea.

Seit Kreuzritter die Gräber aufbrachen und Muslime sie anschließend wieder versiegelten, hat kein Mensch mehr die Gruften betreten. Der Überlieferung nach sollen an der Stelle auch schon Adam und Eva begraben worden sein – weswegen viele von den Gräbern der vier Patriarchen sprechen.

Zwei Säle der Moschee dienen als Synagogen. Soldaten und Militärrabbiner wachen darüber, dass kein Gläubiger den Bereich der Andersgläubigen betritt. Von Besuchern wird Zurückhaltung und äußerst diskrete Kleidung erwartet (Tel. 02 222 82 13, So–Do 8–16 Uhr, Eintritt frei).

In den Höhlen von Machpela betet jede Konfession in einem eigenen Raum

restauriertes rundes Fenster, das die Dimensionen des geplanten Palasts plastisch werden lässt. Der einst von prachtvollen Gärten umgebene Wohn- und Regierungspalast mit Moschee besaß im Keller eine Therme. Viele architektonisch interessante Bruchstücke der Anlage sind im Jerusalemer Rockefeller-Museum untergebracht (s. S. 174), doch das Meisterwerk, den Mosaikboden, kann man im Ruheraum des nördlich gelegenen Bads finden. Der beste Blick darauf bietet sich vom oberen Ende der kleinen Treppe, die auf der Rückseite des Bads nach oben führt. Das Mosaik stellt Szenen aus der Natur dar:

Bäume und Rehe, einen Löwen, der eine Antilope reißt, etc. (Tel. 02 232 15 90, tgl. 8–17 Uhr, 10 NIS).

Sultan Tourist Center & Télépherique: Tel. 02 232 15 90, Fax 02 232 15 98. www.jericho-cablecar.com. Bei der Kabinenseilbahn am Berg der Versuchung (s. u.) sind am ehesten touristische Informationen zu bekommen.

Jerichos Hotelszene leidet spürbar unter der politischen Lage. Die meisten Besucher halten sich nur ein paar Stunden in der Stadt auf.

Jericho Resort Village: Bisan St., Tel. 02 232 12 55, Fax 02 232 21 89, www.jerichoresorts.com. Das große Hotel am nördlichen Ortseingang verfügt über elegante Zimmer, Bungalows mit Küchenzeile sowie einen herrlich großen Pool im Garten. Das Personal ist sehr freundlich und auch bei Ausflügen behilflich. DZ ab 400 NIS.

Einfache Grillspeisen bekommt man in Jericho mühelos. Am und auf dem Berg der Versuchung gibt es mehrere Ausflugsrestaurants und Coffeeshops.

Al Issawi/Abu Nabil: am Marktplatz, 8–23 Uhr. Hier kehren viele Reisegruppen ein. Am sichersten bestellt man Shawerma, dazu arabische Vorspeisen. Ab 40 NIS.

Jericho Heights: Berg der Versuchung, Télépherique Bergstation, Tel. 02 232 15 90, Fax 02 232 15 98, tgl. 9–18 Uhr. Die Aussicht ist überwältigender als das Essen, das jedoch in Ordnung ist. Wenn Reisegruppen anwesend sind, kann der Service schleppend sein. Ab 40 NIS.

Green Valley: Ain el Sultan St., Tel. 02 232 23 49, tgl. 11–22 Uhr. Mezze und einfache Grillgerichte. Ab 40 NIS.

Leihfahrräder: Zakis Bikes, am Hauptplatz von Jericho.

Sherut-Taxis: Regelmäßig nach Jerusalem (Damaskustor), Bethlehem, Nablus und Ramallah. Zum Berg der Versuchung kommt man nur mit einem Taxi oder dem eigenen Wagen.

Nabi Musa

Karte: S. 375

Ca. 11 km südlich von Jericho lohnt der pittoresk gelegene muslimische Wallfahrtsort **Nabi Musa** 8 (›Prophet Moses‹) einen Abstecher. Hier wird eines der vielen Gräber des

Richtig Reisen-Tipp: Auf den Berg der Versuchung

Jerichos zweite große Sehenswürdigkeit ist der 348 m hohe **Berg der Versuchung** (Djebel Qarantal), auf dem Jesus nach seiner Taufe im Jordan durch Johannes 40 Tage lang gefastet haben soll. 1905 wurde an dieser Stelle ein griechisch-orthodoxes Kloster errichtet, das einem Dorf ähnelt. Durch eine enge Gasse geht man am Refektorium und anderen Räumen und Zellen vorbei zu einer kleinen Kapelle. Unter dem erhöht gelegenen Altar befindet sich ein Stein, den Pilger küssen: Jesus saß auf ihm, als ihn der Teufel versuchte. Beim Verlassen der Kapelle sollte man den Korb für Spenden nicht übersehen, insbesondere wenn man das Kloster mit Erlaubnis der Mönche durch den Hinterausgang verlassen möchte, um in rund 25 Minuten zum Gipfelplateau zu wandern – die Mühe lohnt, denn von oben bietet sich eine herrliche Aussicht.

Von Jericho gelangt man nur per Taxi oder mit dem eigenen Auto an den Fuß des Bergs. Hier kann man sich entweder von einer Seilbahn zum Kloster bringen lassen oder die Strecke zu Fuß zurücklegen. Für den mühsamen Aufstieg sollte mit 20 bis 30 Minuten gerechnet werden (www.jericho-cablecar.com, tgl. ca. 8–18/18.30 Uhr, 55 NIS hin u. zurück).

mit 120 Jahren verstorbenen Mose vermutet – genau wie z. B. jenseits des Jordan nahe dem Kloster Syagha am Berg Nebo, wo Gott Moses das verheißene Land gezeigt hatte. Dennoch wollen viele Muslime hier nahe der Moschee mit dem leeren Ehrengrab Moses beigesetzt werden und alljährlich kommen in Friedenszeiten Zehntausende Pilger an diesem Ort zusammen. In einem der Gräber soll Aisha beigesetzt worden sein, die erste Frau des Propheten Mohammed.

El Maghtas

Karte: S. 375

Nur rund 15 Autominuten sind es von Jericho zur jordanischen Grenze nach **El Maghtas** 9 am Jordan, wo Johannes der Täufer Jesus mit Wasser taufte. Der bis Anfang 2009 benutzte Taufplatz Jesu ist heute meist geschlossen und liegt wenige Hundert Meter entfernt von der Stelle, die gemeinhin als historisch echter Taufplatz angesehen wird. Dieser befand sich bislang im militärischen Sperrgebiet des Grenzlands, wurde aber nun freigegeben. Nachdem auf jordanischer Seite Jesu Taufstelle, die Qasr el Jehud (›Festung der Juden‹), mit Millioneninvestitionen samt Kirche zur Touristenattraktion ausgebaut wurde, zog Israel auch auf seiner Seite des Jordan nach und begann zum Besuch von Papst Benedikt XVI. 2009 den Platz aufzuhübschen, zu dem bereits im Jahr 2000 Papst Johannes Paul II. gepilgert war. Gläubige, die das Taufritual nachvollziehen wollen, können dann bequem ins Wasser des – hochgradig verschmutzten – Flusses gelangen. Bislang war der Zugang von israelischer Seite nur an wenigen Tagen im Jahr möglich, dann drängten sich Zehntausende, viele auch nur, um ihre Weihwasserfläschchen abzufüllen.

Auf der gegenüberliegenden jordanischen Seite sieht man die orthodoxe Johanneskirche. 1996 hatten Archäologen dort Fundamente einer byzantinischen Kirche entdeckt, die dem Gedächtnis der Taufe Jesu geweiht war. Uneinig sind Theologen und Historiker, wo die Taufe Jesu durch Johannes den Täufer tatsächlich stattfand. Das Matthäus-Evangelium spricht vom judäischen Ufer des Jordan, das Johannes-Evangelium von Betanien auf der anderen Seite des Jordan. Seit der Entdeckung der byzantinischen Spuren halten Experten die Taufstelle jenseits des Jordan für die ›echtere‹. Der Vatikan hat sich bisher nicht entschieden. Offizielle Pilgerfahrten finden hüben wie drüben statt.

15 St. Georgskloster

Karte: S. 375

Das **St. Georgskloster** im Wadi el Qelt zu finden ist nicht ganz leicht, aber Einheimische weisen gerne den Weg zur Straße, die von Jericho in das Wadi führt. Bereits am israelischen Checkpoint auf dem Bergkamm sollte man das Auto abstellen – bei den Soldaten ist es vor Einbrüchen sicher, am 1,5 km entfernten Parkplatz leider nicht. Vom Checkpoint geht man bis zu der Stelle, wo fliegende Händler ihre Souvenirs anbieten. Von hier aus sieht man das tief unten liegende Gebäude.

In Blau strahlen die Kuppeln des 1871 erbauten griechisch-orthodoxen Klosters unübersehbar über den Taleinschnitt. Man benötigt rund 20 Minuten, um das Kloster an der gegenüberliegenden Felsklippe zu erreichen. Errichtet wurde es an der Stelle eines Konvents aus dem 5. Jh., in dem jüdische Religionseiferer 614 alle Mönche niedergemetzelt hatten. Geweiht ist das Kloster Georg von Koziba, nicht Georg dem Drachentöter. An der Stelle der Abtei soll Elija auf dem Weg zum Sinai gerastet haben, und Joachim wurde des Lebens nicht froh, da ihm seine Frau Anna keine Kinder gebären konnte – bis ihm hier ein Engel die Geburt einer Tochter prophezeite, die Maria heißen sollte. In der Kirche findet man einen sehr schönen Mosaikboden und in einer Gruft die gesammelten Gebeine der im Jahr 614 ermordeten Mönche (So–Fr 8–11, 15–17, Sa 9–12 Uhr).

Vom Checkpoint aus kann man durch das aufregend schöne Wadi el Qelt bis zur Kreuzung mit der Straße Nr. 1 fahren, die direkt nach Jerusalem zurückführt.

Wie ein Nest klebt das St. Georgskloster an der Wand des Wadi el Qelt

Gazastreifen

Reiseatlas S. 11

Landschaftlich wäre der Gazastreifen durchaus reizvoll: viel Grün, fruchtbares Agrarland, lange Mittelmeerstrände und hübsche Fischerhäfen. Doch die politische Wirklichkeit lässt diese Schönheiten in den Hintergrund treten – sofern man überhaupt Zugang bekommt.

1,4 Mio. Menschen leben im 365 km² großen Gazastreifen, über die Hälfte davon in Flüchtlingslagern. Seit Mai 1994 ist der Gazastreifen autonomes Palästina, mit eigener Polizei, eigener Verwaltung – und einer mit Stacheldraht und Eisenzäunen bewehrten Grenze zu Israel. So war es zumindest geplant, bis die zweite Intifada ausbrach und die mit Israel unversöhnliche Hamas die Region militarisierte, die gemäßigte Fatah ausmanövrierte, den Hass auf deren Anhänger schürte und mit ungebrochenem Raketenbeschuss immer wieder den Zorn des Nachbarn Israel provozierte. Zuletzt, zur Jahreswende 2008/09, marschierte Israel im Rahmen der Operation Gegossenes Blei (s. S. 49) im Gazastreifen ein und zerstörte an Infrastruktur, was bei früheren Angriffen noch nicht zerstört worden war. Schon am ersten Kriegstag fielen 100 t Bomben auf 50 Ziele und töteten 225 Palästinenser, darunter den Chef der Hamas-Polizei. Das Kriegsziel, die Hamas zu zerstören, wurde nicht erreicht.

Mit dem Autor unterwegs

Infos zum Grenzübertritt

Ausländische Besucher können nur über den **Checkpoint Eretz** an der Nordgrenze des Gazastreifens einreisen. Autos mit israelischer Nummer dürfen die Grenze nicht passieren. Mit Ausnahme von Diplomaten und Angehörigen der palästinensischen Regierung müssen alle Besucher den Grenzkorridor zu Fuß passieren. Auf der anderen Seite warten in der Regel Taxis.

Hauptleidtragende der desaströsen Lage ist die Bevölkerung, die nicht nur unter menschenunwürdigen Zuständen in schrecklicher Armut lebt, sondern neben dem äußeren Feind Israel auch im Innern bürgerkriegsähnliche Zustände erleiden muss. Seit die Hamas 2007 de facto die Macht über den Gazastreifen gewonnen und die Bevölkerung gleichsam als Geisel genommen hat, kommt es sowohl zur Jagd auf christliche Palästinenser als auch auf Anhänger der Fatah, die oft unter dem konstruierten Vorwand der Kollaboration mit Israel gefoltert und ermordet werden. Wer widerspricht, etwa den dauernden Raketenbeschuss Israels öffentlich missbilligt und Verständnis für die Reaktion der Nachbarn zeigt, dem droht zumindest die Ächtung. Der Hass gegen die Tyrannei der Hamas, die Furcht vor den Islamisten sind riesengroß. Die Hamas halte ihre Herrschaft in dem Küstenstreifen mit Folter und Hinrichtungen im Schnellverfahren aufrecht, erklärte die New Yorker Organisation Human Rights Watch 2009.

Wirtschaftlich sah es 2009 nicht minder schlimm im Gazastreifen aus. Die auf Handwerk und Landwirtschaft fußenden Unternehmen, meist kleine Familienbetriebe, haben durch die fast komplette Abriegelung des Gazastreifens ihre Abnehmer in Israel, auf der Westbank und in Ägypten verloren. Pendler, die nicht mehr zu ihren Jobs in Israel fahren können, sind zur Arbeitslosigkeit verurteilt. So leben nach Zahlen der UN über 81 % der

Mehr als die Hälfte der Bewohner des Gazastreifens lebt in Flüchtlingslagern

Menschen im Gazastreifen unter der Armutsgrenze, haben pro Tag und Kopf rund einen US-Dollar zur Verfügung. Somit hat sich das schon immer ärmliche Pro-Kopf-Einkommen seit 1999 um mehr als die Hälfte halbiert.

Gaza-Stadt

Reiseatlas: S. 11, B/C 1
Die Straße vom Checkpoint Eretz nach **Gaza-Stadt** (450 000 Einw.) besteht aus einer löchrigen Asphaltdecke, die regelmäßig von überlaufender Kanalisation überflutet wird. Die Häuser in der Stadt sind heruntergekommen, von Angriffen teils zerstört. Am deutlichsten wird das in den beiden Hauptstraßen von Gaza, der **Sharia Omar El Mukhtar** und der **Sharia El Wahida.** In den Arkaden, die die Blütezeit nur noch dunkel erahnen lassen, reiht sich Geschäft an Geschäft. Schuhe, Kleidung, Krimskrams, veraltete Elektroartikel sind im Angebot, gelegentlich findet man ein schäbiges Café oder ein Kebab-Restaurant. Die Stadt lebt nur auf, wenn beispielsweise ein bunt geschmückter Hochzeitskonvoi laut hupend durch die Straßen fährt, Kinder johlend nebenher laufen.

Der **Hafen** ist in ruhigen Zeiten geradezu unwirklich pittoresk. Am Abend prüfen die Fischer am Strand die Netze, machen ihre Boote für den nächsten Tag fangfertig, während die Sonne über dem Meer untergeht.

Nach dem Krieg 2008/09 stellte eine internationale Geberkonferenz 5,2 Mrd. US-Dollar für den Wiederaufbau von Gaza zur Verfügung. 900 Mio. US-Dollar sind von der EU.

Geschichte

Der Gazastreifen ist seit 2000 v. Chr. besiedelt. Er lag an der wichtigen Handelsroute von Syrien nach Ägypten und wurde auch von den Nabatäern genutzt – Gaza bedeutet im Arabischen so viel wie Schatz. Die Bibel erwähnt Gaza erstmals als kanaanitische Siedlung. Samson wurde hier festgesetzt und starb. Durch seine günstige geografische Lage war Gaza schon immer reich und ein

Von ihrem Haus in Jaffa sind dem palästinensischen Ehepaar nach der Vertreibung nur die Schlüssel geblieben

beliebtes Eroberungsziel. Nacheinander besetzten Griechen, Römer, Araber, die Kreuzfahrer, Türken, Briten, Ägypter und Israelis die Stadt. Napoléon Bonaparte, aus dessen Zeit eine Zitadelle stammt, nannte Gaza 1799 den Wächter Afrikas, das Tor nach Asien.

Flüchtlingslager

Ein Pulverfass sind die Flüchtlingslager, in denen nach unterschiedlichen Schätzungen bis zu 800 000 Menschen leben. **Bureij, Nuseirat** und **Khan Younis** sind die bekannteren Massenlager. Wer gute Nerven hat, kann die Camps besuchen – aber nur in palästinensischer Begleitung. Die meisten hier haben nur eins gelernt: Intifada. 82 % der Menschen sind unter 35 Jahren. Den Zugang zu Bildung verwehren war eine der kollektiven israelischen Bestrafungsmethoden für diese Generation von Palästinensern. Es ist der ideale geistige Nährboden, auf dem die Hamas ihren Hass säen kann.

Universitäten

Die **Islamische Universität Gaza** (Dschami'a al Islamiya bi Ghazzah, www.iugaza.edu.ps), mit Israels Zustimmung 1978 von der Moslembruderschaft gegründet, ist die wichtigste Bildungsinstitution im Gazastreifen und heute unter der Kontrolle der militanten Hamas. Die knapp 21 000 Studenten studieren nach Geschlechtern getrennt. Seit 2008 stand die

Eines der wenigen friedlichen Bilder von Gaza-Stadt: der pittoreske Hafen

Universität im Verdacht, der Hamas zur Herstellung und Lagerung von Waffen zu dienen. Israel bombardierte Anfang 2009 den Campus, zerstörte weite Teile der Universität. Für Schlagzeilen sorgten sieben Top-Studenten, denen Israel 2007 die Ausreise für Fulbright-fellowships-Stipendien des US-Außenministeriums verweigert hatte. Vier durften nach Intervention der US-Außenministerin ihre Reise schließlich doch noch antreten.

1982 wurde als Ableger der liberalen Kairoer Al-Azhar-Universität die **Al Azhar University of Gaza** (Dschami'a al-Azhar bi-Ghazzah, www.alazhar-gaza.edu) gegründet. Sie hat über 7000 Studenten, die u. a. Medizin studieren.

Rafah und Umgebung

Reiseatlas: S. 11, A 2/3

Die Palästinenser von **Rafah** bezahlten für den Camp-David-Frieden 1979 mit der Teilung ihrer Stadt: Ein Teil von Rafah ging mit dem Sinai in ägyptisches Hoheitsgebiet über, der andere Teil verblieb beim Gazastreifen. Die – für Palästinenser auf normalem Weg fast undurchlässige – Grenze rückte 2008/09 verstärkt ins öffentliche Interesse. Ein Ziel der israelischen Operation Gegossenes Blei war die Zerstörung der Tunnel, die unter der Grenze hindurch die beiden Rafahs verbinden und v. a. zum Waffenschmuggel in den Gazastreifen dienen. Das misslang.

Nahe Rafah liegen die Ruinen des Flughafens Jassir Arafat International Airport, der u. a. von Deutschland finanziert und 1998 in Anwesenheit von US-Präsident Bill Clinton feierlich eröffnet wurde. Den Bau des Flughafens ermöglichten die Oslo-Abkommen. Zu Beginn, d. h. sechs Jahre vor Arafats Tod, lautete sein Name noch Gaza International Airport. Während und nach der zweiten Intifada wurde der Flughafen von Israelis geschlossen, dann zum Großteil zerstört. Die der Autonomiebehörde gehörende Fluggesellschaft Palestinian Airlines wich ins ägyptische El Arish aus, musste aber 2008 den Betrieb einstellen – man warte auf bessere Zeiten, hieß es. Gründung und Untergang dieser kleinen Airline sind symptomatisch für die Lage im Autonomiegebiet.

Im Grenzbereich versuchte Israel im Sommer 2009 durch Bombardierungen den Waffenschmuggel durch Tunnel nach Ägypten einzudämmen. Über die Tunnel wurden auch viele Waren importiert, deren Einfuhr in den Gazastreifen Israel blockiert. Eine 4000 Güter und Waren umfassende Liste erlaubte die Einfuhr von nurmehr 40 Gütern. Verboten sind seit der Entführung eines israelischen Soldaten u. a. Tee, Kaffee, Backwaren, Lebensmittelkonserven, Bücher, Kleidung, Musikinstrumente und der zum Wiederaufbau zerstörter Häuser dringend benötigte Beton. Nudeln wurden nach Intervention eines US-Senators wieder zugelassen.

Register

Der Haupteintrag ist **fett** hervorgehoben.

Register

Der Haupteintrag ist **fett** hervorgehoben.

Register

Der Haupteintrag ist **fett** hervorgehoben.

Zitat

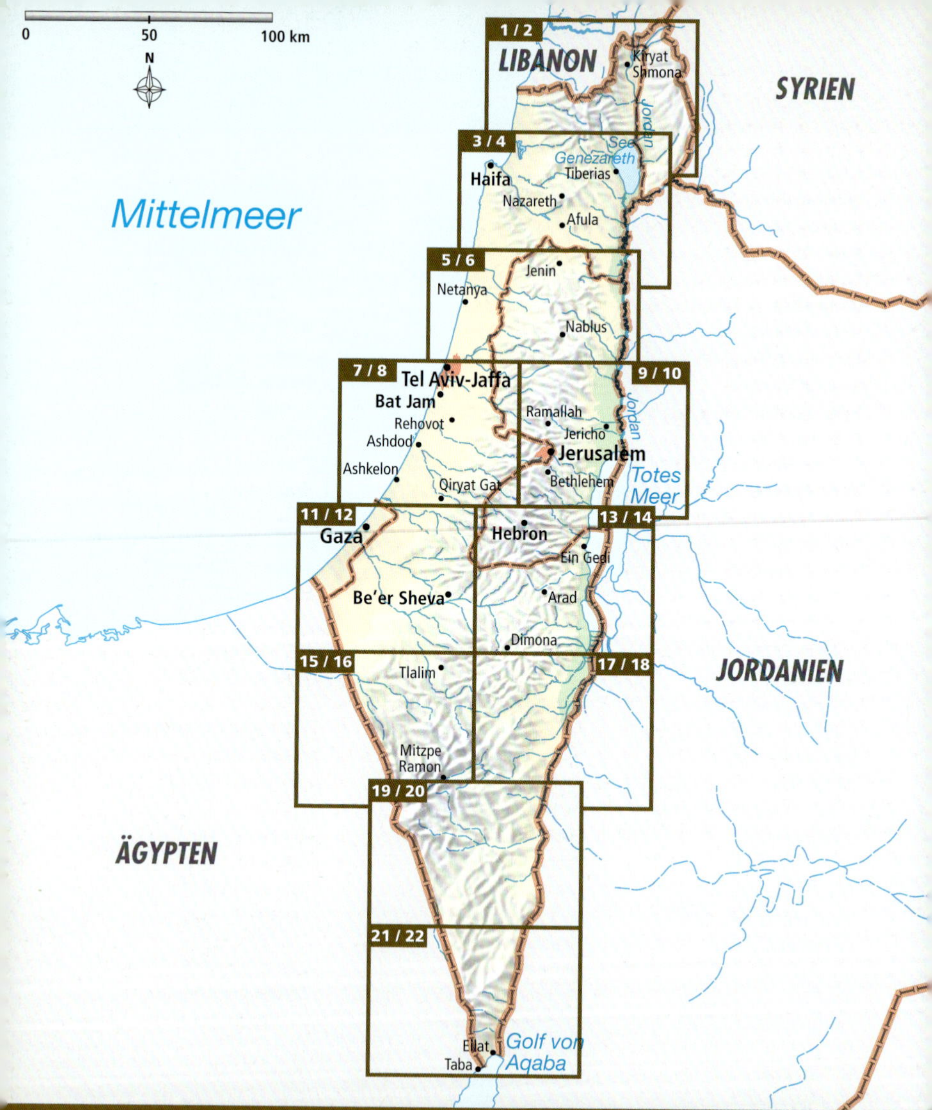

0
50
100 km
N
Mittelmeer
LIBANON
SYRIEN
JORDANIEN
ÄGYPTEN
1 / 2
3 / 4
5 / 6
7 / 8
9 / 10
11 / 12
13 / 14
15 / 16
17 / 18
19 / 20
21 / 22
Kiryat Shmona
Jordan
See Genezareth
Tiberias
Haifa
Nazareth
Afula
Jenin
Netanya
Nablus
Tel Aviv-Jaffa
Bat Jam
Rehovot
Ashdod
Ashkelon
Qiryat Gat
Ramallah
Jericho
Jerusalem
Bethlehem
Totes Meer
Gaza
Hebron
Ein Gedi
Be'er Sheva
Arad
Dimona
Tlalim
Mitzpe Ramon
Eilat
Taba
Golf von Aqaba

Legende

Autobahn mit Nummer und Anschlussstelle
Autobahn mautpflichtig mit Anschlussstelle
Schnellstraße
Fernstraße mit Nummer
Hauptstraße mit Nummer
Nebenstraße mit Nummer
Fahrweg, Piste
Straße in Bau; Straße in Planung
Straße für Kfz gesperrt
Tunnel
Eisenbahn
Güterbahn
Eisenbahn in Bau
Fähre, Schiffsverbindung
faktische Staatsgrenze
umstrittene Grenze
Gebiet unter UN-Kontrolle
Antipalestinensischer Schutzwall
militärisches Sperrgebiet
Militärflughafen
Militärflughafen geschlossen
Internationaler Flughafen
Intern. Flughafen geschlossen
Nationaler Flughafen
Nationaler Flughafen geschlossen
Flugplatz

Sehenswürdigkeit
Archäologische Stätte
Synagoge
Moschee
Kloster; Kirche
Burg; Burgruine
Denkmal
Leuchtturm
Wasserfall; Höhle
Berggipfel; Pass
Bergbau
Skigebiet
Busbahnhof
Garten
Nationalpark; Naturpark
Campingplatz
Oase
Aussichtspunkt
Badestrand
Hafen
Bad
Surfstrand
Tauchgebiet
Grenzübergang
Grenzübergang unter UN-Kontrolle (kein Übergang für Touristen)
Grenzübergang geschlossen
Checkpoint

Reiseatlas Israel

A
B
C
1
2
3
4
1000 m
500 m
200 m
Mazraat ej Joudiye
Kharayeb
Zrariye
Aabba
Aadchit
Qsaibe
Arzay
Nabi Qassem
Borj Rahhal
Tair Filsay
Litani
Froun
Bourghliye
Aabbassiye
Deir Qanoun-en Nahr
Hammadiye
Srifa
Sur
(Tyre)
Borj-ech-Chmali
Maarake
Bafliye
Deir Kifa
Bazouriye
Jouaiya
Tair Zebna
Rashidiya
Aitit
Deir Ntar
Qana
Tibnin
Rechkananey
Henniye
Siddiqine
Kafra
Haris
El Biyada
Mansuri
Zabqine
Ein el Aziya
Rachaf
Tiri
Shama'a
Beit Lit
Teir Harfa
Ramiye
Ain Ebel
Naqura
Aalma ech Chaab
Yarine
Zar'it
Yarun
Kfar Rosh Hanikra
Rosh Hanikra
Khanita
Adamit
Shomera
Shtula
Even Menahem
Rumaish
Betset
Shlomi
Matsuva
Ya'ar Khanita
Eilon
Goren
Godrim Cave
Fasuta
Akhziv N.P.A.
Gesher HaZiv
Avdon
Monfort Fortress
Sa'ar
Mi'ilya
Sasa
Nahariya
Kabri
Ma'alot-Tarshiha
Hurfesh
Har Meron 1206 m
Galei-Galil Beach
Ben Ammi
Ga'aton
Me'ona
Har Meron Reserve
Sheikh Danun
Yekhi'am Fortress N.P.A.
Yekhi'am
Khosen
Evron
Yanuh
Bukei'a (Pki'in)
Shavei Tsiyon
Kafr Sume'a
Meron Mo
Regba
Beit HaEmek
Jat
Beit Jan
Lohamei HaGetaot
Abu Snan
Yirka
Kisra
Bustan HaGalil
Shomrat
Kafr Yasif
Deir el-Asad
Sajur
Julis
Nakhef
Rama
Akko (Acre)
Makr
Tal-El
Bi'na
Shezor
Judeida
Majd el-Krum
Karmi'el
Beit Kerem Valley
Akhihud
Salama
Ein HaMifrats
Yas'ur
Yavor
Sha'ab
Shorashim
M'ghar
Kfar Masaryk
Ya'ad
Zvulun Valley
Kabul
Segev
Sakhnin
Deir Hana
Tamra
Rakefet
Araba
Kiryat Yam
Afeq
Shkhanya
Avtalyon
Eilabun
Kiryat Motskin
Kiryat Byalin
HAIFA (HEFA)
I'blin
Bu'eina-Nujeidat
Kiriyat Ata
Shfar'am
Kafr Manda
Beit Netofa Valley
Har Tir'an 548 m
Ramat Yokhanan
Eskhol Reservoir
Rumana
Kiryat Binyamin
Bir el-Maksur
Rumet Heib
Tur'an
4
70
85
89
899
784
805
806
864
79
75
672

1 cm = 3,5 km 1 : 350.000
0 5 km 10 km

A
B
C
1
2
3
4
5
Akko (Acre)
Makr
Judeida
Majd el-Krum
Ein HaMifrats
Yas'ur
Akhihud
Yavor
Sha'ab
Kfar Masaryk
Zvulun Valley
Kabul
Ya'ad
Segev
Tamra
Shkhanya
Afeq
Kiryat Yam
Kiryat Motskin
Kiryat Byalin
HAIFA (HEFA)
Kiriyat Ata
I'blin
Shfar'am
Eskhol Reservoir
Ramat Yokhanan
Kiryat Binyamin
Bir el-Maksur
Mt. Carmel
Nesher
Ibtin
Nofit
Ka'ablyye
HaSolelim
Kfar Galim
HaKhotrim
Tirat Karmel
Kfar Khasidim
Basmat Tab'un
Beit Lekhem-HaGlilit
Allone-Abba
Har Karmel Reserve
(Har Karmel)
Megadim
Oren Junction
Isfiya
Sha'ar HaAmakim
Alonim
Zarzir
Giv'at Ela
Kiryat Tiv'on
Timrat
Ein Hod
Nir Etsyon
Daliyat el-Karmel
Bet She'arim
Nahalal
Atlit
Beit She'arim
Kefar Yehoshua
Gvat
Neve Yam
Ein Karmel
Nakhal Me'arot Res.
Karmel Caves
Sarid
Geva Karmel
Yokne'am Ilit
Kishon
Jezreel (Izre'el) Valley
Kfar Barukh
Tsrufa
Kerem Maharal
HaZove'a
Kfar Barukh Reservoir
HaBonim
EnAyyala
Elyakim
Ofer
Ramat HaShofet
Nakhsholim
Mishmar HaEmek
HaYogev
Dor
Bat Shlomo
Ramot Menashe
Fureidis
Midrakh Oz
Megiddo Nationalpark
En HaShofet
Dalya
Megiddo
Zikhron Ya'akov
Amikam
Gadish
Ma'agan Mikha'el
Giv'at Nili
Even Yitskhak (Gal'ed)
Giv'at Oz
Musmus
Zalafa
Zububa
Jisr e-Zarqa
Um el-Fahm
Rummanah
Ti'anik
Bet Hananya
Avi'el
Regavim
Binyamina
Silat al-Hari
Qesaryya
Or Akiva
Giv'at Ada
Ara
Anin
Caesarea N.P.A.
Kafr Qari'a
Ar'ara
Yamun
Sdot Yam
Kefar-Pines
Pardes Khana-Karkur
Barkai
Barta'a
Rehan
Araqa
Hadera
En Shemer
Zibde
Ya'bad
Kufayrit
Gan Shmu'el
Ma'anit
Metser
Sha'ar-Menashe
Talmei El'azar
Khadera
Dotan
Giv'at Olga
Qafin
Mevo-Dotan
Kefar-Brandeis
Bet Eli'ezer
Baqa el-Gharbiya
Baqa e-Sharqiya
Nazla e-Sharqiya
Araba
Mikhmoret
Elyakhin
Levahot Khaviva
Mirka
Kfar HaRo'e
Giv'at Khayim (ikhud)
Ahituv
Sayda
Fahmah
Beit Yanai
Kfar Vitkin
Zeita
Kafr Ra'i
HaMa'pil
Atil
Illar
Bitan Aharon
Mishmar HaSharon
Omets
Yama
Aja
Rame
Sanur
4
85
70
79
784
805
75
705
672
2
73
77
66
6
652
654
596
653
65
611
585
574
581
584
60
Kafr

1 cm = 3,5 km 1 : 350.000
0 5 km 10 km

A
B
C
1
2
3
4
Hadera
Pardes Khana-Karkur
Kefar-Pines
Barkai
Kal Qari'a
Ar'ara
Barta'a
Rehan
Zibde
Qafin
Gan Shmu'el
Sha'ar-Menashe
Talmei El'azar
Metser
Giv'at Olga
Kefar-Brandeis
Bet Eli'ezer
Baqa el-Gharbiya
Baqa e-Sharqiya
Nazla e-Sharqiya
Mikhmoret
Elyakhin
Levahot Khaviva
Kfar HaRo'e
Giv'at Khayim (ikhud)
Ahituv
HaMa'pil
Sayda
Zeita
Atil
Kafr Ra'i
Ilar
Beit Yanai
Kfar Vitkin
Bitan Aharon
Mishmar HaSharon
Omets
Gan Yoshiya
Yama
Deir el-Ghusun
Avikhayil
Kefar-Monash
Hanni'el
Olesh
Bat Hefer
Iktaba
Bal'a
Attara
Netanya
Burgata
Dannabah
Anabta
Silat-ed
Qiryat Rabin
Kfar Yona
Nordiya
Yanuv
Tenuvot
Tul Karm (Tulkarem)
Irtah
Kafr e-Labad
Ramin
Enav
Ramat Yadin
Tsur Moshe
Ge'ullim
Zoran
Qalansuwa
Qiryat Nordau
Neot Menahem Begin
Even Yehuda
Kadima
Taibe
Ye'af
Udim
Tel Mond
Beit Lid
Kafr Sur
Kur
Ga'ash
Bnei Tsiyon
Herut
Mishmerut
Tira
Kokhav Ya'ir
Kafr Jamal
Kafr Abbush
Kafr Qaddum
Kdumim
Shfayim
Ramat HaKovesh
Eyal
Ra'anana
Sde Warburg
Beit Berl
Tsufin
Jayus
Funduq
Kafr Laqif
Jinsafut
Herzliya
Tsufit
Kalkilya (Qalqilya)
Herzliya Pituah
Kfar Saba
Azun
Alfe Menashe
Karnei Shomron
Habla
Hod HaSharon
Kafr Thult
Qarne Shomron
Nafim
Immar
Glil Yam
Yarkhiv
Nirit
Yaqqir
Ramat HaSharon
Horeshim
Oranit
Saniriya
Qarawat-Bani Hasan
Deir Istiya
Yarkona
Kafr Bara
Kafr Qasem
Elkana
Bidya
Hares
Ramat Aviv
Ramat Hayyal
Mas'ha
Sarta
Barqan
Zawiye
Rosh HaAyin
Rafat
Bruqin
Ale Zahav
Buruqin
Farkha
TEL AVIV-YAFO (TEL AVIV-JAFFA)
Ramat Gan
Petakh Tikva
Kiryat Ono
Nakhshonim
Deir Balut
Kafr e-Dik
Ganei Tikva
Rinatya
El'ad
Dayr-Ghassana
Bet Arye
Kafr Ein
Yehud
Bayt Rima
Bnei Atarot
Giv'at Ko'akh
Rantis
Nabi Saleh
Bat Jam
Holon
Yehuda
Ofarim
Abud
Ben Gurion Int. Airport
Tirat Yehuda
Tsafriya
Shoham
Beit Arif
Beit Dagan
Beit Nekhemya
Shuqba
Dayr-Abu Mash'al
Beitilu
Qibya
Jammala
Na'ala
Kfar Truman
Yagel
Budrus
Ni'lin
Al Mazra'a-Al Qibliya
Rishon Le Zion
Be'er Ya'akov
Lod
Ben Shemen
Khadid
Modi'in Illit
Kharbata
Neta'im
Nes Tsiyona
Akhisamakh
Ramla
Gimzo
Neot
Kafr Ni'ma
3
8

1 cm = 3,5 km 1 : 350.000

0 5 km 10 km

A
B
C
1
2
3
4
Ramat Aviv
TEL AVIV-YAFO
(TEL AVIV-JAFFA)
Bat Jam
Holon
Rishon Le Zion
Palmakhim
Palmakhim Beach
Neta'im
Ayanot
200 m
Mittelmeer
Yavne
Givat Brenner
Ben Zakai
Yavna Dunes
Shdema
Nir Galim
Kvutsat Yavne
Ashdod
Bitsaron
Gan Yavna
Bene Ayish
Hafez Hayyim
Kh. Ashod Yam
Shtulim
Khatsor Ashdod
Bnei Re'em
Tel Ashod
Sde Uziyahu
Talmei Yekhi'el
Ashdod Dunes
Kiryat Mal'akhi
Yinon
Arugot
Nitsanim
Masu'ot Yitskhak
Avigdor
Negba
Zrakhya
Nir Yisrael
Hodiyya
Nir-Banim
Sgula
Ashkelon
Negba
Yad-Natan
Qomemiyynt
Nahala
Zavdi'el
Menukha
Beit Shikma
Sede Yo'av
Revakha
Holot Ashqelon
Ge'a
Otsem
Nogah
Gat
Mavki'im
Talmei Yafe
Kokhav Mikha'el
Nehora
Shahar
Zikim
Karmiyya
Qiryat Gat
Nir Hen
Yad Mordekhai
Gvar'am
Uza
Khelets
Sde David
Eitan
Even-Shemu'el
No'am
Shalva
Tlamim
Akhuzam
Beit Lahiya
Bror Khayil
11

D
E
F
5
1
2
3
4
6
12
Elkana
Mas'ha
Sarta
Barqan
Ari'el
Salfit
Sawiya
Petakh Tikva
Rosh HaAyin
Zawiye
Rafat
Bruqin
Ale Zahav
Deir Balut
Burqin
Farkha
Lubban-Sarqiya
Ammuriya
Kiryat Ono
Ganei Tikva
Nakhshonim
Kafr e-Dik
Kafr Ein
Khirbat-Qeis
Qarawat-Bani Zeid
West
Ma'ale-Levona
Rinatya
El'ad
Dayr Ghassana
Bet Arye
Arura
Abwein
Jiljilya
Yehud
Bnei Atarot
Giv'at Ko'akh
Bayt Rima
Nabi Saleh
Dayr es Sudan
Yehuda
Rantis
Abud
Ofarim
Um Safa
Atara
Ben Gurion Int. Airport
Tirat Yehuda
Shoham
Tsafriya
Beit Arif
Beit Dagan
Beit Nekhemya
Shuqba
Dayr-Abu Mash'al
Kaubar
Bank
Ein Yabrud
Kfar Truman
Yagel
Qibya
Jammala
Beitillu
Na'ala
Bir-Zeit
Jifna
Budrus
Ben Shemen
Khadid
Al Mazra'a-Al Qibliya
Be'er Ya'akov
Lod
Ni'ilin
Abu Qash
Jalazun
Modi'in Illit
Kharbata
Bet El
Beitin
Nes Tsiyona
Akhisamakh
Gimzo
Ramla
Modi'in
Neot Kedumim
Kafr Ni'ma
Ramallah (Ram Allah)
El-Bira
Yashresh
Saffa
Beit Ghur e-Tahta
Burqa
Makkabbim-Reut
Matsli'akh
Yad Rambam
Rehovot
Kfar Rut
Beit Sira
Khirbat al Misbah
Beitunya
Beit Khoron
Kafr Aqab
Kfar Shmuel
Tira
Atarot Airport (closed)
Na'an
Gezer
Beit Liqya
Giv'at Ze'ev
Ayalon
Valley
ab 2012
Rafat
Kiryat Ekron
Petahya
Bir Nabala
Emmaus Church
Karme-Yosef
Mevo Khoron
Jib
Ganei Yokhanan
Qatane
Khulda
Nakhson
Bko'a
Latrun
Abu Ghosh
Ramat-Allon
Neve Ilan
Mevaseret Tsiyon
Har'el
Mesilat
Gizo
Tal Shakhar
Shoresh
Moza-Illit
Tsova
Kefar-Uriyya
Beit Me'ir
Giv'at-Ye'arim
Bet Zayit
Beit Khilkiya
Tsiyon
Eshta'ol
Yad Vashem
JERUSALEM (YERUSHALAYIM/AL QUDS)
Revadim
Sorek
Nakham
Ksalon
Ramat-Razi'el
Tirosh
Aminadav
Ramat Rakhel
Beit Shemesh
Mahseya
Gefen
Zano'akh
Kfar Menakhem
Sedot-Mikha
Bar-Giyyora
Mevo Beitar
Batir
Mata
Beit Jala
Bethlehem (Bayt Lahm/Beit
Husan
Zekharya
Netiv HaLamed He
Beit Sahur
HaEla
Agur
Betar Illit
Nahalin
Artas
Luzit
Newe Daniyyel
Avi'ezer
Nakhal Gva'ot
Rosh Tsurim
Li On
Newe Mikha'el
Giv'at-Yesha'yahu
Efrata (Efrat)
Surif
Allon-Shevut
Tsafririm
Teqoa
Tko'a
Bayt-Fajjar
Beit Nir
El-Arub
Gal'on
Nehusha
Beit Umar
Ma'ale-Amos
Sde Moshe
Beit Govrin
Kharas
Beit Govrin and Maresha Caves
Beit Awla
Nationalpark Beit Govrin
Si'ir
Halhul
E-Shuyukh
Tarqumiya
Lakhish N.P.A.
Beit Kahil
Lakhish
Idna
Hebron (Al Khalil/Khevron)

A
B
C
1
2
3
4
5
8
13
Rosh HaAyin
Elkana
Deir Balut
Kafr e-Dik
Nakhshonim
El'ad
Rinatya
Giv'at Ko'akh
Rantis
Shoham
Tirat Yehuda
Beit Arif
Beit Nekhemya
Shuqba
Qibya
Budrus
Ni'lin
Modi'in Illit
Modi'in
Makkabbim-Reut
Neot Kedumim
Gimzo
Kfar Rut
Beit Sira
Beit Liqya
Kharbata
Saffa
Beit Ghur e-Tahta
Khirbat al Misbah
Ayalon Valley
Gezer
Karme-Yosef
Nakhson
Latrun
Mevo Khoron
Salfit
Ari'el
Sawiya
Lubban-Sarqiya
Talfit
Qaryut
Qusra
Jalud
Majdal
Duma
Eli
Ammuriya
Farkha
Bruqin
Qarawat-Bani Zeid
Kafr Ein
Khirbat-Qeis
Arura
Abwein
Jiljilya
Sinjil
Turmus Aya
Mughayir
Mazra'a e-Sharqiya
Kafr Malik
Silwad
West Bank
Atara
Um Safa
Dayr es Sudan
Nabi Saleh
Bayt Rima
Dayr Ghassana
Bet Arye
Abud
Ofarim
Dayr-Abu Mash'al
Jammala
Beitilu
Na'ala
Kaubar
Bir-Zeit
Ein Yabrud
Jifna
Dayr Jarir
Ofra
Rimmonim
Ramun
Deir Dibwan
Bet El
Beitin
Jalazun
Abu Qash
Al Mazra'a-Al Qibliya
Kafr Ni'ma
Ramallah (Ram Allah)
El-Bira
Burqa
Beitunya
Beit Khoron
Tira
Giv'at Ze'ev
Kafr Aqab
Atarot Airport (closed)
Mukhmas
Jaba
Rafat
Bir Nabala
Ar Ram
Hizma
Almon
Emmaus Church
Jib
Qatane
Ramat-Allon
Anata
Mevaseret Tsiyon
Abu Ghosh
Neve Ilan
Shoresh
Moza-Illit
Tsova
Bet Zayit
Yad Vashem
JERUSALEM (YERUSHALAYIM/AL QUDS)
Ma'ale Adumim
Mishor Adummim
Abu Dis
Kedar
Har'el
Mesilat
Beit Me'ir
Kefar-Uriyya
Tsiyon
Eshta'ol
Giv'at-Ye'arim
Nakham
Ksalon
Ramat-Razi'el
Sorek
Beit Shemesh
Mahseya
Aminadav
Ramat Rakhel
Kidron
Zano'akh
Sedot-Mikha
Bar-Giyyora
Mata
Mevo Beitar
Batir
Husan
Beit Jala
Bethlehem (Bayt Lahm/Beit Lekhem)
Beit Sahur
Mar Saba
Zekharya
Netiv HaLamed He
Agur
Betar Illit
Nahalin
Artas
Newe Daniyyel
Nakhal Gva'ot
Rosh Tsurim
Avi'ezer
Li On
Newe Mikha'el
Giv'at-Yesha'yahu
Za'tara
Herodion
Efrata (Efrat)
Allon Shevut
Tsafririm
Surif
Teqoa
Tko'a
Bayt-Fajjar
El-Arub
Beit Umar
Nehusha
Ma'ale-Amos
Kharas
Beit Awla
Beit Govrin and Maresha Caves
Tarqumiya
Halhul
Si'ir
E-Shuyukh
Beit Kahil
Idna
Hebron (Al-Khalil/Hevron)
Tafuh
ab 2012

1 cm = 3,5 km 1 : 350.000

0 5 km 10 km

A
B
C
1
2
3
4
7
15
Beit Lahiya
Jabaliya
GAZA
(GHAZZAH)
Erez
Beit
Hanun
Sderot
Mefalsim
Yakhini
Netsarim
Kfar Aza
Sa’ad
Tkuma
Alumim
Zimrat
Nuseirat
Bureij
Netivot
Be’eri
Shokeda
Mughazi
Deir el-Balah
Kefar Darom
Re’im
Nezer-
Hazani
Kisufim
Ganne-Tal
Qatif
Ein HaShlosha
Khan Yunis
Bani Suheila
Nirim
Rannen
Gan Or
Abasan-
e-Sa’ir
Patish
Maslul
GAZA
Morag
Nir Oz
Urim
Khirbat-
Ikhza’a
Magen
Rafah
(Rafi’akh)
Bin HaBsor
Arafat
International
Airport
(geschlossen)
Rafah
Border Crossing
Nir
Yitskhak
Yesha
Ami’oz
Ohad
Mivtakhim
Talme-
Eliyyahu
Sede Nizzan
Kerem Shalom
Sadot
Peri Gan
Sede-Avraham
Yated
Talme-Yosef
Gvulot
Tse’elim
Yevul
Deqel
Nahal Bes
Reserve
Grar
Bsor
Khalutsa Sands
Sinai
Har Keren
334 m
34
232
25
242
234
241
222
10
30
304
31

1 cm = 3,5 km 1 : 350.000
0 5 km 10 km

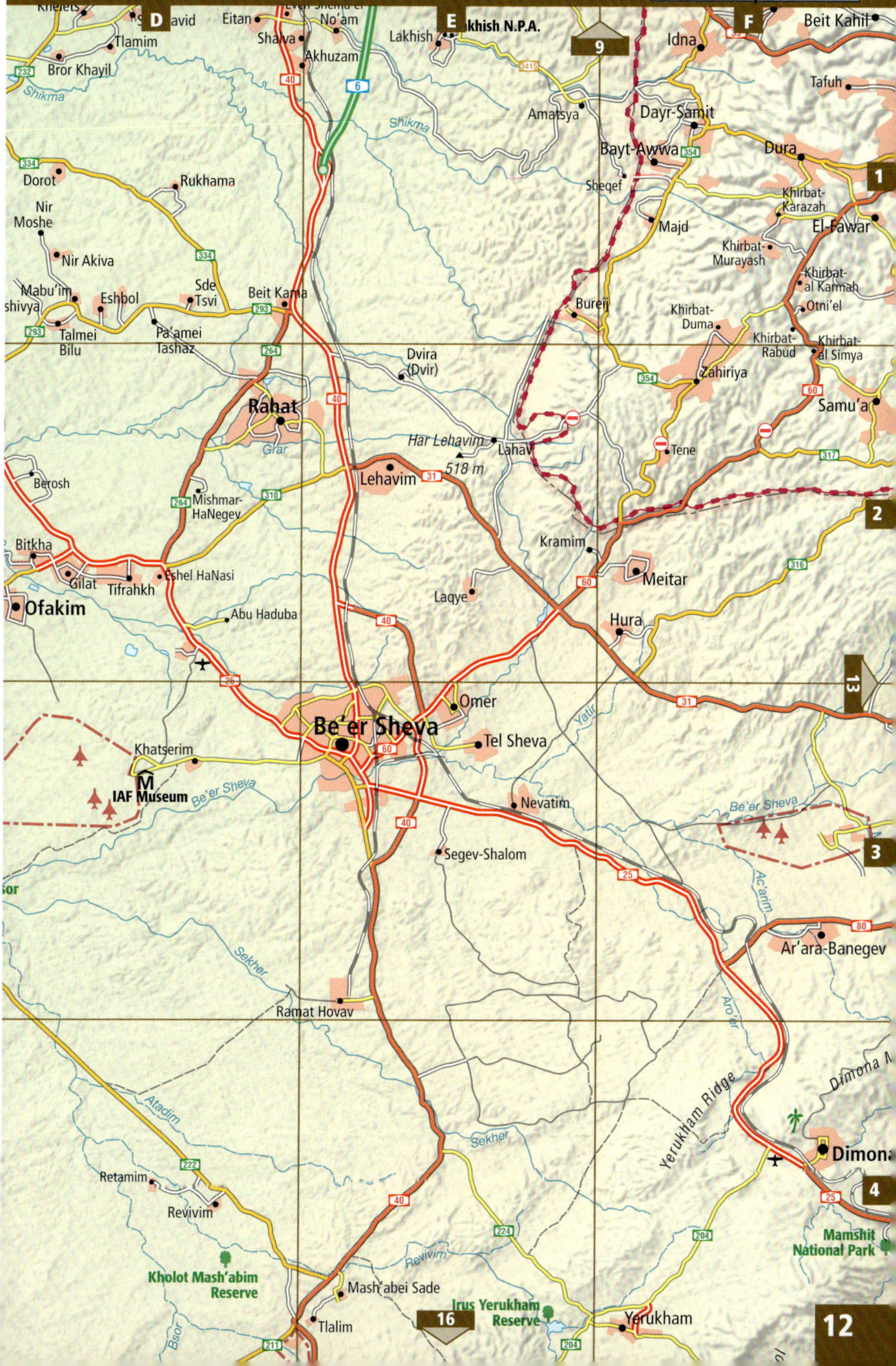

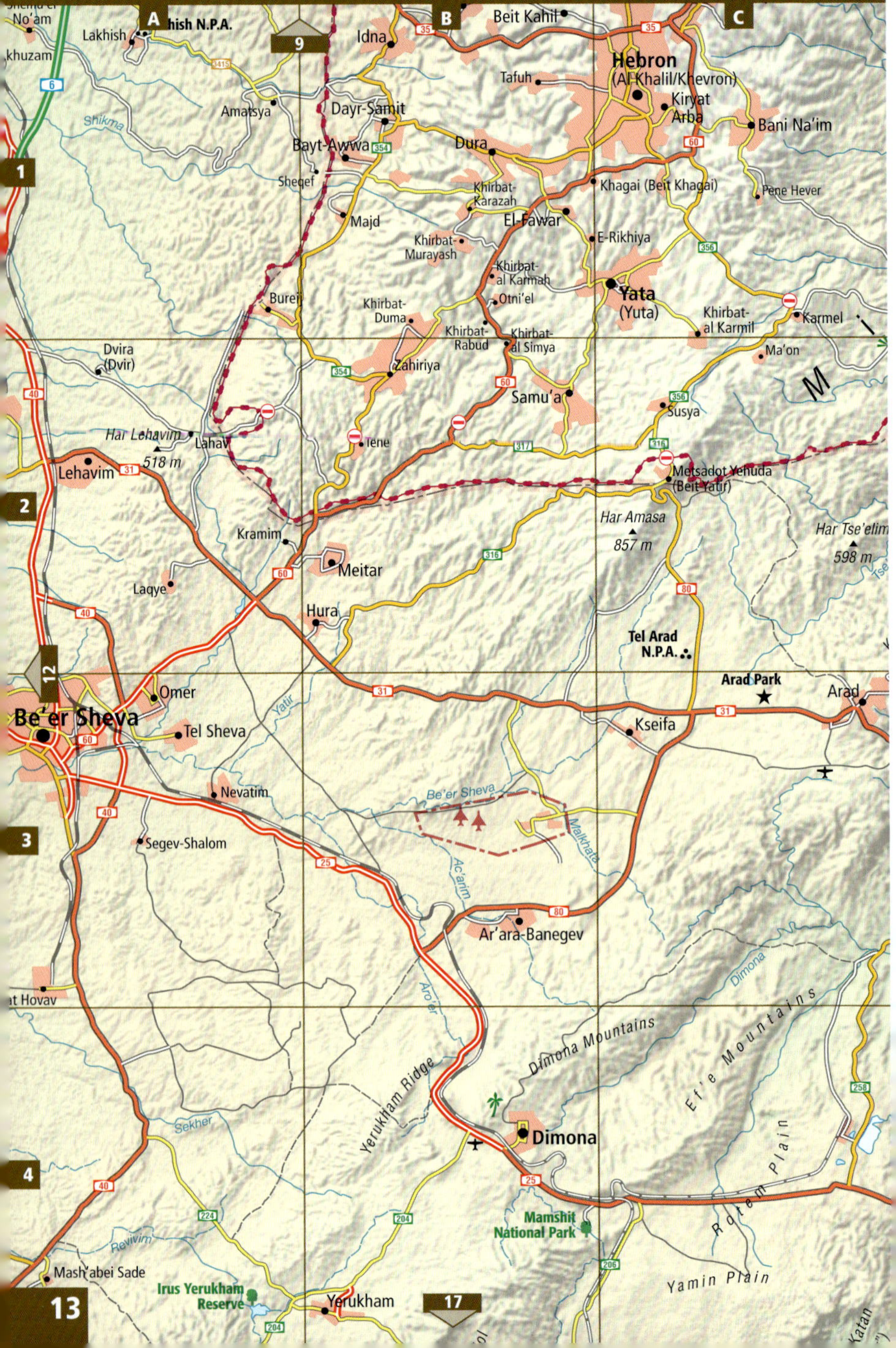
A
B
C
1
2
3
4
9
12
17
Lakhish
Lakhish N.P.A.
Amatsya
Idna
Beit Kahil
Hebron
(Al Khalil/Khevron)
Tafuh
Kiryat Arba
Bani Na'im
Dayr-Samit
Bayt-Awwa
Dura
Sheqef
Majd
Khirbat-Karazah
El-Fawar
Khagai (Beit Khagai)
Pene Hever
E-Rikhiya
Khirbat-Murayash
Khirbat-al Karmah
Otni'el
Yata
(Yuta)
Bureij
Khirbat-Duma
Khirbat-Rabud
Khirbat-al Simya
Khirbat-al Karmil
Karmel
Ma'on
Dvira
(Dvir)
Zahiriya
Samu'a
Susya
Har Lehavim
518 m
Lahav
Tene
Lehavim
Metsadot Yehuda
(Beit Yatir)
Har Amasa
857 m
Har Tse'elim
598 m
Kramim
Meitar
Laqye
Hura
Tel Arad N.P.A.
Arad Park
Arad
Omer
Be'er Sheva
Tel Sheva
Kseifa
Nevatim
Segev-Shalom
Ar'ara-Banegev
Dimona Mountains
Efe Mountains
Yerukham Ridge
Dimona
Rotem Plain
Mamshit National Park
Yamin Plain
Mash'abei Sade
Irus Yerukham Reserve
Yerukham
Shikma
Yatir
Be'er Sheva
Malkhata
Ac'arim
Aro'er
Sekher
Revivim
6
35
354
60
356
40
31
317
316
80
25
224
204
206
258

1 cm = 3,5 km 1 : 350.000
0 5 km 10 km

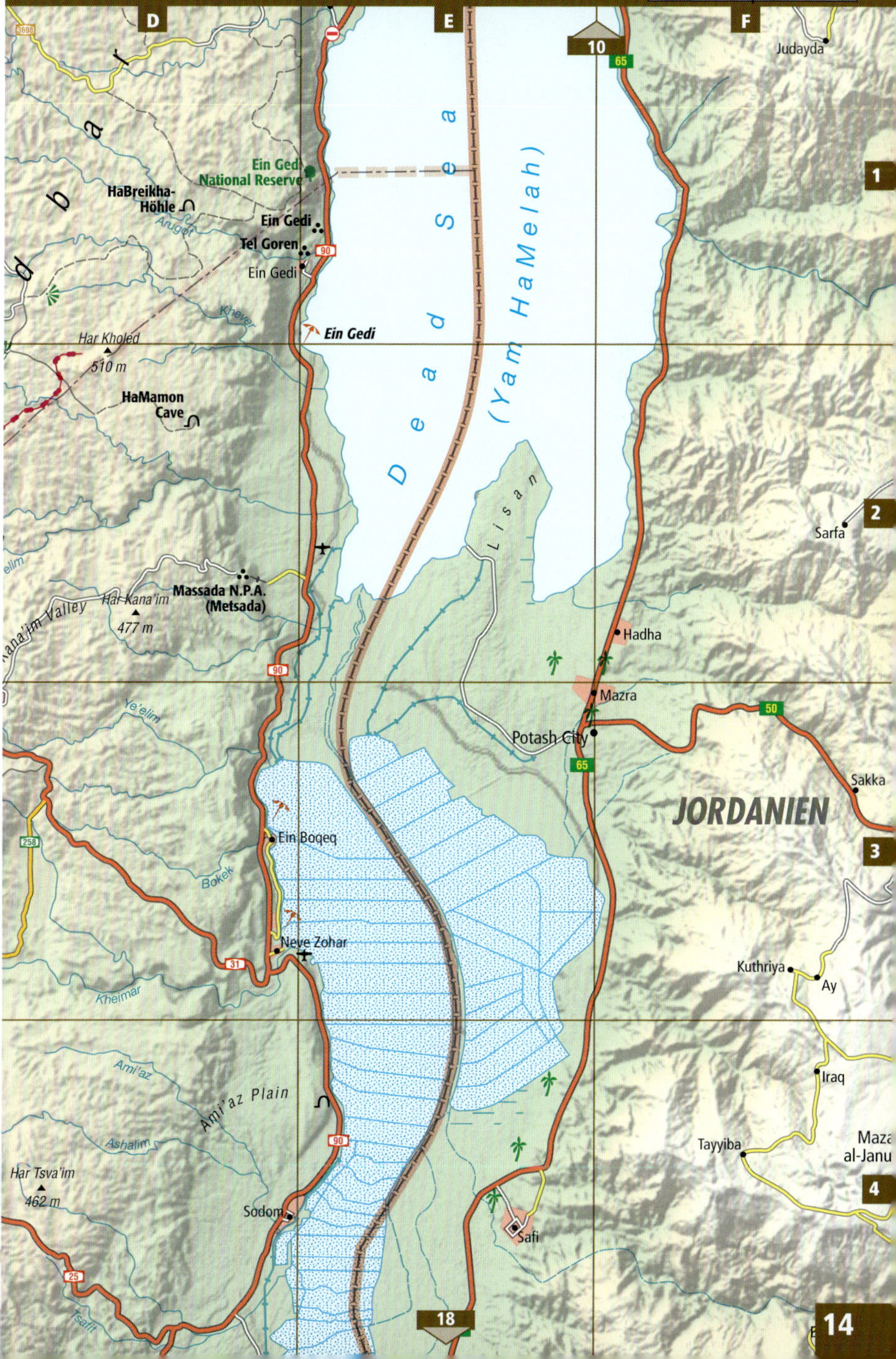

A
B
C
11
1
2
3
4
Sinai
304
10
31
Har Keren
334 m
Agur Sands
Kmehin
Nitsanei Sinai
(Kadesh Barne'a)
ÄGYPTEN
211
Nitsana
Border Crossing
Korkha Va
Ktsi'a Hills
Kvuda Hills
Rut Plateau
316
Ezuz
Barne'a
Plateau
El Quseima
Wadi el Gurûr
Har Khors
38
171
Gebel el Aneiqa
802 m

D
E
F
12
1
2
3
4
17
19
Golot Mash'abim Reserve
Mash'abei Sade
Tlalim
Irus Yerukham Reserve
Yerukham
Ashalim
Bsor
211
204
225
206
Boker Plateau
HaMakhtesh HaGadol ("The Large Crater")
Oron
HaRoa
Khatira Mountains
Shivta N.P.A.
Sde Boker
Midreshet Ben Gurion
Ben Gurion Burial Place N.P.A.
40
Tsin Valley
Ein Avdat
Gartengrab
Nationalpark Ein Avdat
Avdat
Negev (HaNegev)
Nafkha Plateau
Makhmal Valley
Nafkha Ridge
Har HaNegev Reserve
Har Arikha
865 m
Har Ardon
722 m
Ardon Valley
171
Desert Sculpture Park
Mitzpe Ramon
Planetarium
Makhtesh Ramon
(Ramon Crater)
Khadav Plateau
Har Ramon
1035 m
Keinan Ridge
Har Lots
Lots Cliffs
Meishar

A
B
C
1
2
3
4
13
16
20
Mash'abei Sade
Tlalim
Irus Yerukham Reserve
Yerukham
Yamin Plain
HaMakhtesh HaGadol ("The Large Crater")
HaMakhtesh HaKatan ("The Small Crater")
Oron
Khatira Mountains
HaRoa
Khatira
Sde Boker
Ben Gurion Burial Place N.P.A.
Tsin Valley
Tsin
Ein Avdat
Nationalpark Ein Avdat
Avdat
Ein Yahav Makhteshim Reserve
gev (HaNegev)
Nafkha Plateau
Makhmal Valley
Nafkha Ridge
Tsalmon Ridge
Har Arikha
Har Ardon
722 m
Ardon Valley
Desert Sculpture Park
itzpe Ramon
Planetarium
Makhtesh Ramon
(Ramon Crater)
Sapir
Tsofar
Omer Hights
Omer Ridge
Khadav Plateau
Tsuqim
Tsofar Plateau
Meishar
204
206
225
227
40
171
90

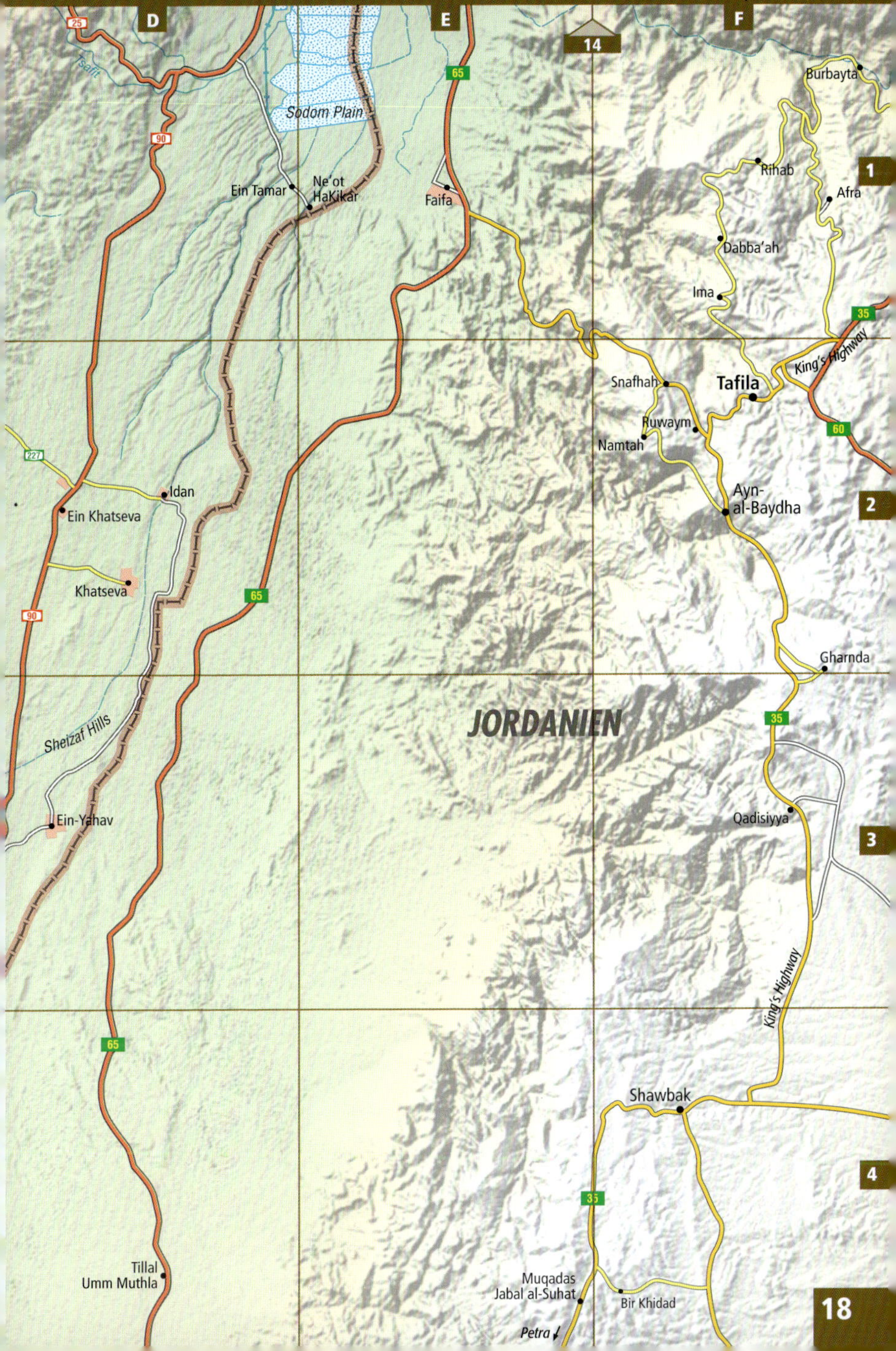
0
5 km
10 km
D
E
F
14
25
90
65
35
60
227
Tsafit
Sodom Plain
Ein Tamar
Ne'ot HaKikar
Faifa
Burbayta
Rihab
Afra
Dabba'ah
Ima
Snafhah
Tafila
King's Highway
Ruwaym
Namtah
Ayn-al-Baydha
Idan
Ein Khatseva
Khatseva
Gharnda
JORDANIEN
Sheizaf Hills
Ein-Yahav
Qadisiyya
Shawbak
Tillal Umm Muthla
Muqadas Jabal al-Suhat
Bir Khidad
Petra
1
2
3
4

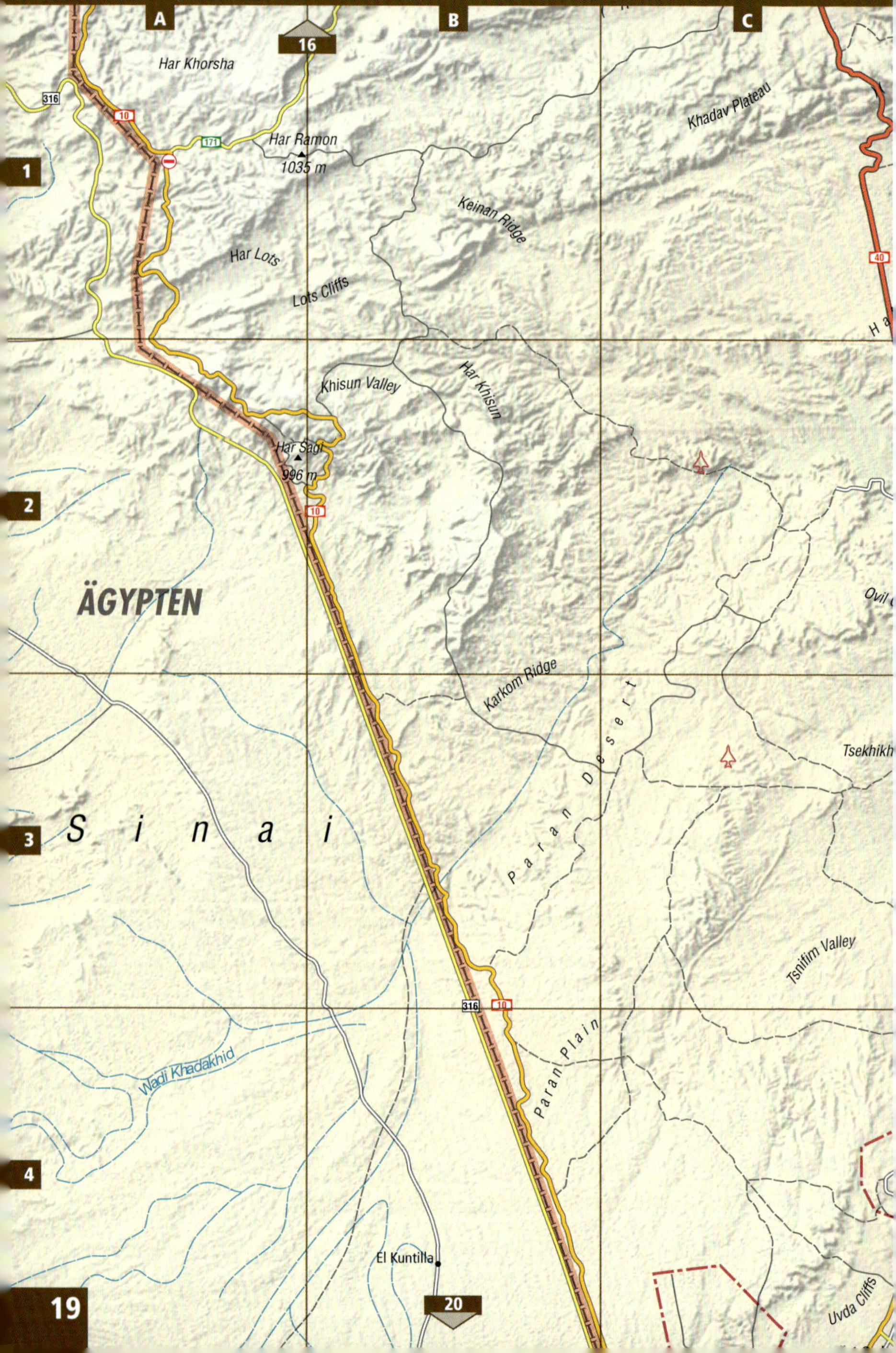
A
B
C
16
1
2
3
4
Har Khorsha
316
10
171
Har Ramon
1035 m
Khadav Plateau
Keinan Ridge
40
Har Lots
Lots Cliffs
Ha
Khisun Valley
Har Khisun
Har Sagi
996 m
10
ÄGYPTEN
Ovil
Karkom Ridge
Paran Desert
Tsekhikh
Sinai
Tsnifim Valley
316
10
Paran Plain
Wadi Khadakhid
El Kuntilla
20
Uvda Cliffs

1 cm = 3,5 km 1 : 350.000
0 5 km 10 km

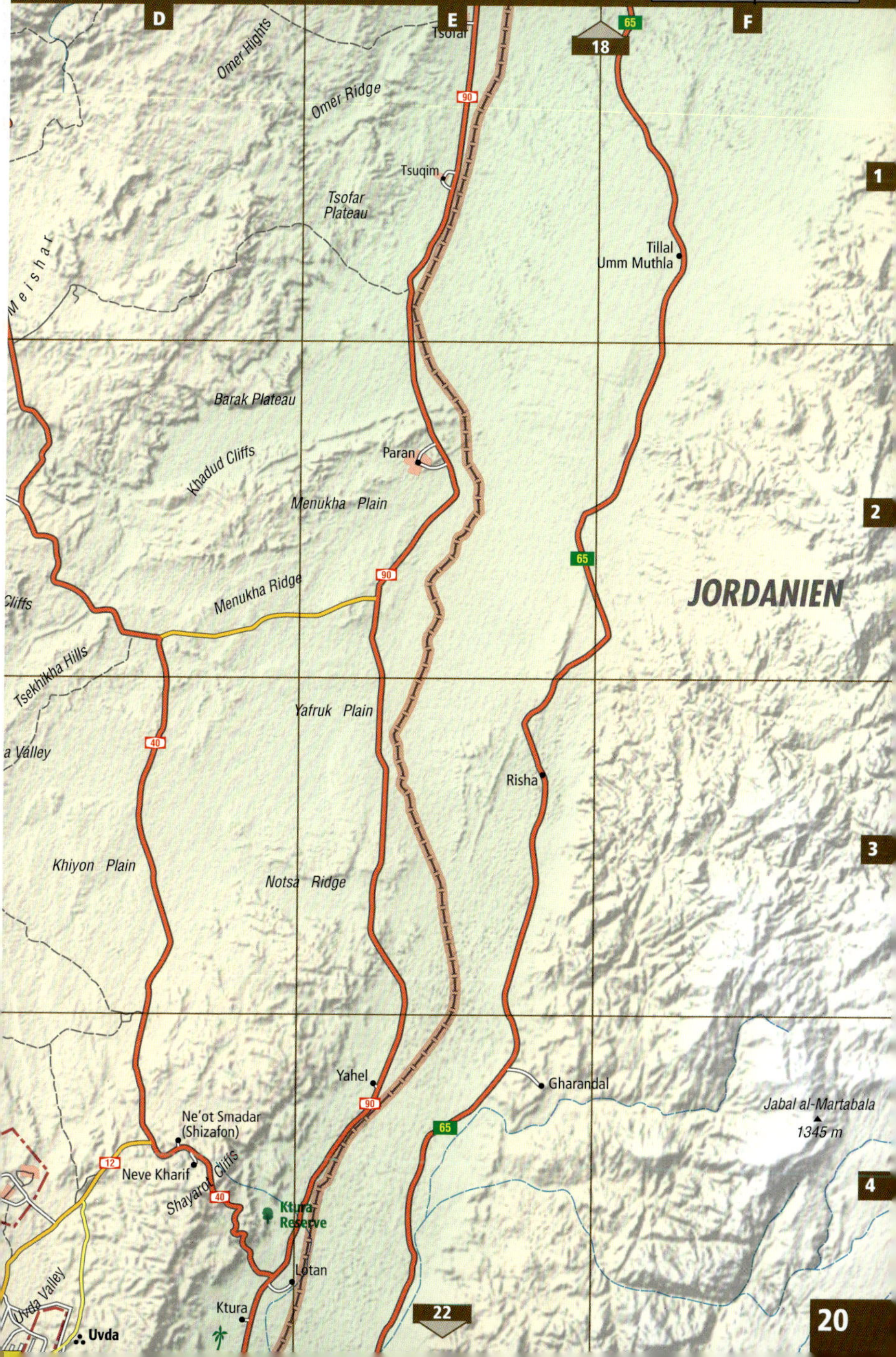

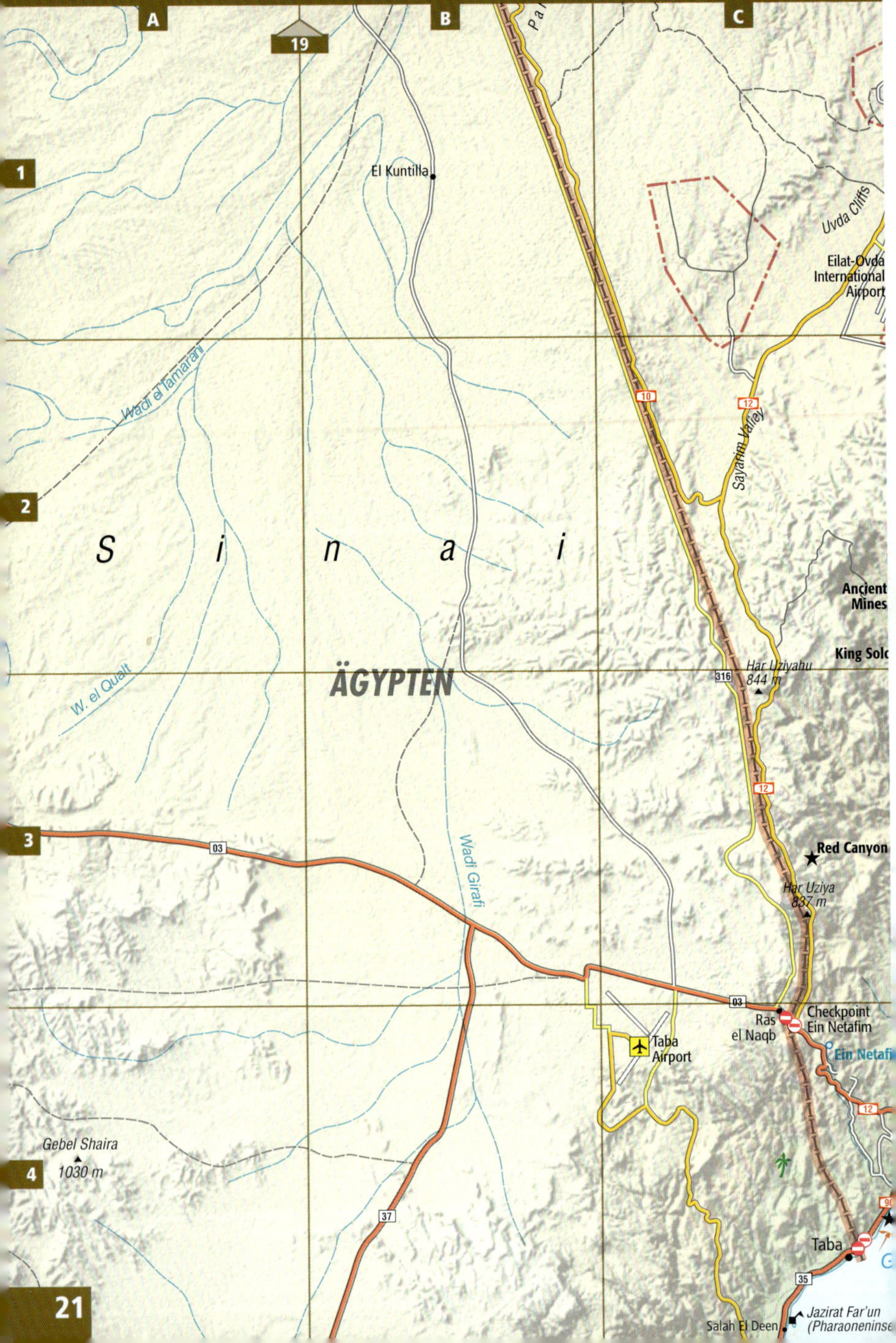
A
B
C
19
1
2
3
4
El Kuntilla
Wadi el Tamarani
S i n a i
ÄGYPTEN
W. el Qualt
Wadi Girafi
03
37
Gebel Shaira
1030 m
Taba
Airport
Ras
el Naqb
Checkpoint
Ein Netafim
Red Canyon
Har Uziya
837 m
Har Uziyahu
844 m
316
12
10
Sayarim Valley
Ancient
Mines
Eilat-Ovda
International
Airport
Uvda Cliffs
Taba
35
Salah El Deen
Jazirat Far'un

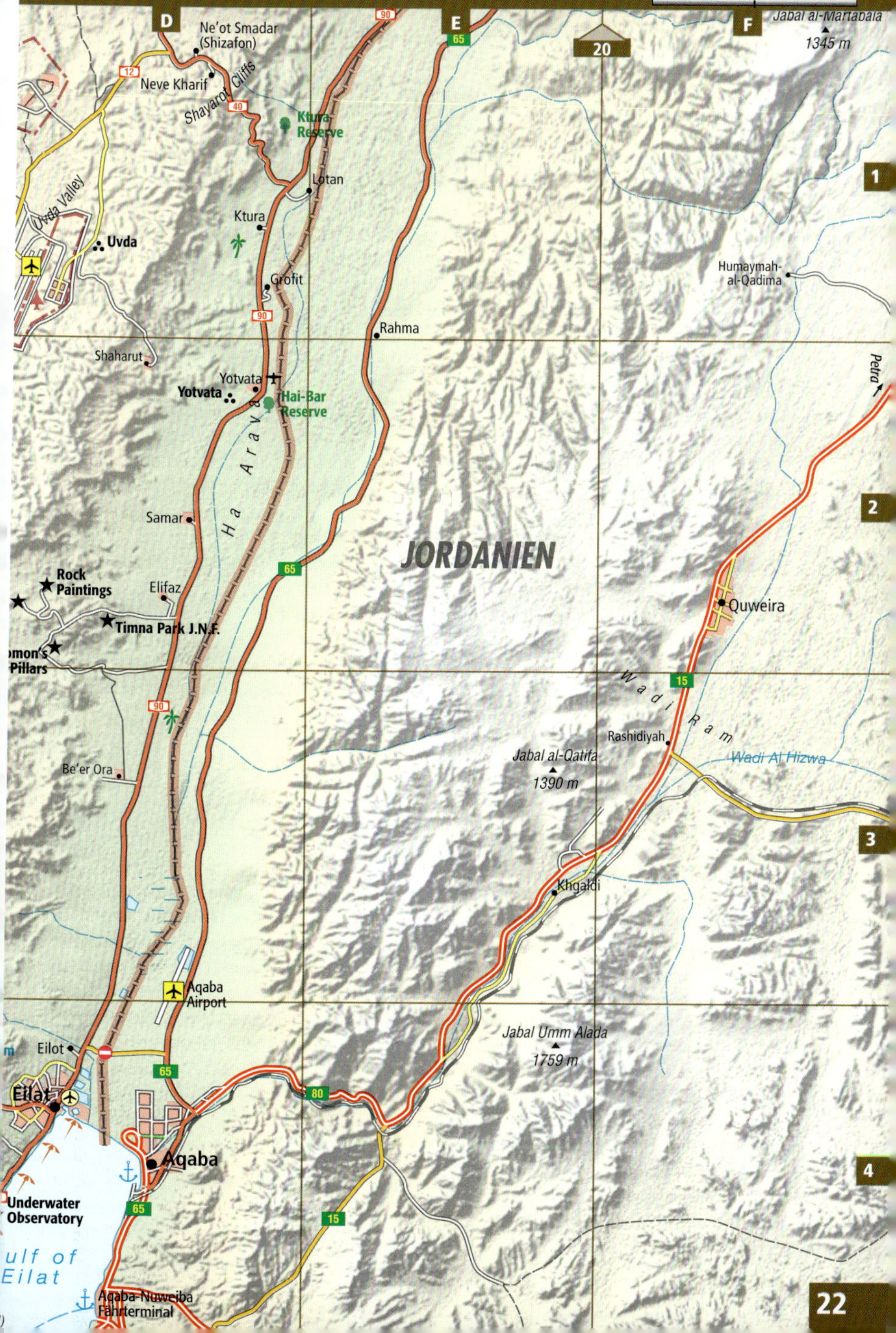
D
E
F
20
1
2
3
4
Jabal al-Martabala
1345 m
Ne'ot Smadar
(Shizafon)
Neve Kharif
Shayarot Cliffs
12
40
90
65
Ktura
Reserve
Lotan
Ktura
Uvda Valley
Uvda
Grofit
Rahma
Humaymah-
al-Qadima
Shaharut
Yotvata
Yotvata
Hai-Bar
Reserve
Petra
Ha Arava
Samar
JORDANIEN
Rock
Paintings
Elifaz
Timna Park J.N.F.
Pillars
Quweira
Wadi Ram
15
Rashidiyah
Jabal al-Qatifa
1390 m
Wadi Al Hizwa
Be'er Ora
Khgaldi
Aqaba
Airport
Jabal Umm Alada
1759 m
Eilot
Eilat
80
Aqaba
Underwater
Observatory
Gulf of
Eilat
Aqaba-Nuweiba
Fährterminal

Abbildungsnachweis
F1 Online, Frankfurt: S. 310 (ASAP)
Manuel Hauptmannl, Frankfurt: S. 3, 154/155, 227
HB Verlag, Ostfildern: S. 2, 4, 22, 140, 178, 194, 197, 198/199, 224, 232/233, 247, 264, 270, 300/301, 322, 386/387 (Argus)
Huber, Garmisch-Partenkirchen: S. 220/221 (Gerolimetto); 248/249 (Puku); Umschlag vorn, 1, 3, 5, 10/11, 158/159, 202/203, 244/245, 267, 286, 298, 303, 334/335, 338, 350/351, 364/365, Umschlag hinten (Schmid); 358 (Stadler)
laif, Köln: S. 48, 389 (Amra/Polaris); 55 (Biskup); 378/379 (de Bode); 134/135 (du Bolsberranger/Hemis); 9 (Eitan/eyedea); 8, 344 (Frumm/Hemis); 5, 30/31, 117, 129, 312/313, 315, 383 (Gerald); 74/75, 204/205 (Grassani/Invision); 92/93, 166/167 (Hahn); 1 (2 x), 4, 5, 8, 100, 125, 210/211, 214/215, 252, 276/277, 280, 284, 316/317, 330, 342/343, 361, Umschlag hinten (Hilger); 376 (Hill); 97 (Hoa-qui/Eitan/Eyedea); 3, 87, 292 (Jaenicke); 6, 366/367, 390/391, 392/393 (Khatib/Redux); 152 (Kirchgessner); 113, 184/185, 272/273, 337, 347; (Krause); Titelbild (Le Figaro); 172/173 (Luider/Holland Hoogte); 306/307 (Malherbe); 354 (Manaud/Le Figaro Magazine); 6, 328/329 (Martin); 52/53 (Morandi/hemis); 160, 189 (Polaris); 236/237 (Public); 27, 69, 258/259 (Schliack); 17, 190/191, 263 (Shabi); 40/41, 257 (The New York Times/Redux); 123 (UPI); 106 (Visser/Hollandse Hoogte); 84/85, 370 (Vrijdag)
Mauritius Images, Mittenwald: S. 290/291 (AGE); 7, 148/149 (Macia); 162/163 (Scott); 341 (Warburton-Lee); 136/137 (Vidler)
picture-alliance, Frankfurt: S. 34 (akg images); 47, 64/65, 79 (dpa); 295 (dpa/Fishman/ecomedia); 373 (epa/Safadi); 2, 103 (Godong); 60/61, 238 (Godong/P. Deliss); 7, 73 (Jazz Archiv); 7, 20/21 (KPA/Lessing); 37 (KPA/Top Foto)
Visum, Hamburg: S. 120 (Attal); 82/83 (Steche)

Kartografie
DuMont Reisekartografie, Fürstenfeldbruck

Umschlagfotos
Titelbild: Jerusalem, Felsendom
Umschlagklappen: Markt in Bethlehem (vorn), Boulevard in Afula/Galiläa (hinten)

Über den Autor: Michel Rauch war über zehn Jahre Nahostkorrespondent mit Sitz in Kairo. Er schrieb Reisebücher über Israel, Ägypten, Jordanien, den Libanon und die arabischen Golfstaaten. Homepage: www.yallacairo.com.

Hinweis: Autor und Verlag haben alle Informationen mit größtmöglicher Sorgfalt geprüft. Gleichwohl sind Fehler nicht vollständig auszuschließen. Alle Angaben erfolgen ohne Gewähr. Bitte schreiben Sie uns! Über Ihre Rückmeldung zum Buch und über Verbesserungsvorschläge freuen sich Autor und Verlag:
DuMont Reiseverlag, Postfach 3151, 73751 Ostfildern, E-Mail: info@dumontreise.de

1. Auflage 2010

Grafisches Konzept: Groschwitz, Hamburg
Printed in Germany